지금 당장 써먹는

윈도우 10

**진화하는
MS운영체제의
끝판왕**

박광수 (아크몬드)
지음

마스터북

 한빛미디어
Hanbit Media, Inc.

지은이 **박광수**

박광수라는 이름보다 '아크몬드'라는 필명으로 더 잘 알려진 블로거입니다. 2004년부터 지금까지 최신 Windows 정보를 꾸준히 나누고 있습니다. 2007년부터 5년간 Microsoft MVP(Windows 부문)를 수상했습니다. 2009년에는 윈도우 7 출시 행사에 발표자로 참가하여 777명의 블로거 앞에서 이야기했습니다. 소셜 창작자 네트워크인 TNM의 파트너 블로거로 활동 반경을 넓히고 있습니다. Office 365, Azure 등 Microsoft의 최신 기술에 열광합니다. 심리학에 관심이 많으며 최근에는 Windows Server 기술을 배우는 중입니다.

블로그: http://archwin.net
페이스북: http://fb.com/ArchSeven
이메일: archmond@outlook.com

본문에 사용한 배경 사진은 저작권자인 포토그래퍼 정재홍(닉네임 CHIC.A) 님의 허락을 받고 사용했습니다. CHIC.A님의 유리병 감성 사진을 더 살펴보려면 instagram.com/a.k.a_chic.a를 방문하세요.

지금 당장 써먹는
윈도우 10 마스터북

초판발행 2016년 01월 05일

지은이 박광수 / **펴낸이** 김태현
펴낸곳 한빛미디어(주) / **주소** 서울시 마포구 양화로 7길 83 한빛미디어(주) 실용출판부
전화 02-336-7129 / **팩스** 02-336-7124
등록 1999년 6월 24일 제10-1779호 / **ISBN** 978-89-6848-248-9 13000

총괄 임규근 / **책임편집** 전정아 / **기획** 김진한
디자인 김미현, the graph / **전산편집** 한지혜
영업 김형진, 김진불, 조유미 / **마케팅** 박상용, 송경석, 변지영 / **제작** 박성우

이 책에 대한 의견이나 오탈자 및 잘못된 내용에 대한 수정 정보는 한빛미디어(주)의 홈페이지나 아래 이메일로 알려주십시오. 잘못된 책은 구입하신 서점에서 교환해 드립니다. 책값은 뒤표지에 표시되어 있습니다.

한빛미디어 홈페이지 www.hanbit.co.kr / 이메일 ask@hanbit.co.kr

지금 하지 않으면 할 수 없는 일이 있습니다.
책으로 펴내고 싶은 아이디어나 원고를 메일(**writer@hanbit.co.kr**)로 보내주세요.
한빛미디어(주)는 여러분의 소중한 경험과 지식을 기다리고 있습니다.

최신 윈도우를 가장 세련되게

모든 원고를 마감하고 나서 그런지 하얀 바탕의 빈 문서가 너무나도 정겹게 느껴집니다. 올 한 해 이 책을 쓰는 동안 동고동락했던 녀석들을 소개하지 않으면 안 될 듯합니다. 저는 이 녀석들의 집사 노릇을 톡톡히 하며, 하루가 멀다 하고 올라오는 테스트 버전을 업데이트하느라 자주 밤을 새웠습니다.

태블릿: 서피스 프로3, 레노버 믹스2
노트북: 싱크패드 x1 카본
PC: Xeon 장착 데스크톱
가상컴퓨터: HP 마이크로서버 가상화
스마트폰: 루미아 635, 950XL
게임기: 엑스박스 원
IoT: 라즈베리 파이2

손가락, 펜, 마우스, 키보드, 그리고 게임 패드까지…. 다양한 입력 방식을 사용하는 서로 다른 기기에서, 신기하게도 윈도우 10의 동일한 향기를 느낄 수 있었습니다. 여담으로, 터치스크린이 장착된 태블릿이나 노트북을 사용한다면 태블릿 모드는 꼭 체험해 보시길 권하고 싶습니다.

윈도우 10은 마지막 버전이며 지속적으로 업데이트되는 OS입니다. 'Windows Insider'라는 100만이 넘는 테스터의 의견을 받아 출시된 만큼 정식 버전에서도 그 열기를 이어가 사람들이 불편하게 느끼는 부분을 끊임없이 개선해 주리라 기대합니다.

책을 마무리하며 도움을 주셨던 분들을 떠올립니다. 먼저 윈도우 10 출시 소식에 곧바로 기획안을 제안하고 책이 나오기까지 도움을 주신 한빛미디어의 여러 편집자에게 감사의 인사를 드립니다. 제가 출판 편집자에서 IT 엔지니어로 변신할 수 있게 조언을 아끼지 않으신 마이크로소프트의 백승주 부장님, JYP의 박찬 선생님께 감사드립니다. 본문을 유심히 읽어 보고 좋은 의견을 나눠 주신 가온아이의 이효섭 팀장님, 김민식 부장님, 엄태민 대리님, 박상국 님과 김혜진 님께 감사드립니다.

'최신 윈도우를 가장 세련되게 사용할 수 있도록' 윈도우 10을 처음 사용하는 분께 도움이 되기를 간절히 바랍니다.

박광수

이 책의 구성요소

Lesson

제목으로 어떤 내용을 배울지 확인한 후 설명 글을 보면서 실습 내용을 가늠할 수 있습니다.

LESSON 10

메시지와 Skype 영상
PC로 들어온 메신저와 화상 채팅 앱

메시지는 마이크로소프트의 텍스트 메신저 앱입니다. 카카오톡이나 라인처럼 친구에게 무료로 문자 메시지를 남길 수 있습니다. Skype 영상은 아이폰의 페이스타임처럼 화상 채팅을 지원합니다. 사용법이 아주 간단하니 가벼운 마음으로 따라해 보세요.

메시지 앱 실행하기

[웹 및 Windows 검색]에 '메시지'를 입력해 실행합니다. 마이크로소프트 계정으로 로그인해 있었다면 Skype 시작 화면이 보입니다. 마이크로소프트 계정이 스카이프와 연결되었으며 로그인되었다고 알려줍니다. [계속]을 누릅니다.

사용 중인 핸드폰 번호를 입력하면 다른 사람들이 내 번호를 보고 친구로 추가할 수 있습니다. 등록하려면 SMS로 전송된 인증 번호를 입력해 본인 인증을 해야 합니다(건너뛰려면 [나중에]를 누릅니다).

여러 가지 앱 둘러보기

스토어는 어떻게 생겼을까요? 과연 어떤 앱이, 얼마나 제공될까요? 윈도우 10의 스토어에는 아이폰, 안드로이드 스마트폰의 앱 스토어처럼 여러 항목들을 다채롭게 나열해 놓았습니다.

앱   게임

---

tip 국가와 지역 변경하기

국가 및 지역 설정은 스토어를 포함하여 윈도우 전반에 영향을 미칩니다. 미국 등 원하는 나라로 설정할 수 있으며, 우리나라에서 제공되지 않는 기능을 활용할 수 있습니다. 물론 원래대로 한국으로 되돌리면 본래의 설정을 유지할 수 있습니다.
[웹 및 Windows 검색]에 '국가 및 언어'를 입력해 [국가 및 언어 설정]에 들어갑니다. [국가 또는 지역]이 [한국]으로 되어 있습니다. 이를 원하는 국가로 변경하면 됩니다.

앱 아이콘

윈도우 10에서는 이전에 프로그램이라 부르던 명칭을 앱이라고 바꾸어 명명합니다. 타일로 표시된 앱 아이콘으로 더 빠르게 앱을 실행해 보세요.

Tip

추가로 필요한 설명이나 또 다른 방법을 알려줍니다. 또는 관련 정보를 참고할 수 있는 페이지로 안내합니다.

■Windows10

LESSON
04

스마트한 비서이자 팔방미인
코타나 둘러보기

윈도우 10의 검색 상자에는 코타나(Cortana)라는 비서가 숨어 있습니다. 코타나는 [시작 ■]의 오른쪽
인 [웹 및 Windows 검색]에 있습니다. 코타나는 파일부터 전자 메일, OneDrive까지 검색해 줍니다. 코
타나와 빨리 친해지면 윈도우 10을 빠르고 간편하게 사용할 수 있습니다.

화면 설명

설명하는 기능의 화면 위치와 함께 이를 확대해
구성 요소를 설명합니다.

코타나 둘러보기

[시작 ■]의 오른쪽에 있는 [웹 및 Windows 검색]을 눌러 검색할 키워드를 입력해 보세요.

■ 웹 및 Windows 검색

[시작 ■]을 누르거나 ■를 누른 뒤 검색할 키워드를 입력해도 됩니다.

동영상 보기

조금 복잡하거나 역동적인 화면을 확인할 수
있도록 QR 코드로 동영상 보기를 지원합니다.

036 지금 당장 써먹는 윈도우 10 마스터북

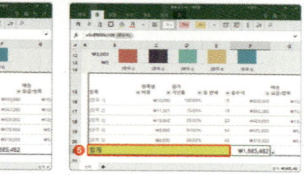

...효과를 줄 수 있습니다. [홈]의 [채우기 색 ▼]을 사용해 보세요.

테두리 스타일도 한 번에 설정할 수 있습니다. 셀을 선택한 후 [테두리 ▣]를 눌러 보세요.

메모 읽기와 삽입하기

메모를 읽으려면 [빨간 색 삼각형 ◣]이 있는 셀을 누른 뒤 [메모 ▣]를 누르면 됩니다. 메모 내용을
읽고 편집할 수 있습니다. 새 메모를 입력하려면 [삽입]의 [메모 ▣]를 선택하세요.

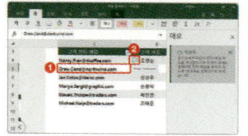

메모 읽기

메모 삽입하기

따라 하기

클릭, 입력, 터치 등 간단한 따라 하기를 보며
윈도우 10의 기능을 살펴보세요.

226 지금 당장 써먹는 윈도우 10 마스터북

윈도우 10의 커다란 변화

무료로 업그레이드되는 서비스형 운영체제

윈도우 10은 진정한 통합을 보여 주는 운영체제로 다시 태어났습니다. 더 이상 특정 버전에 연연할 필요 없이 꾸준하게 업그레이드되는 새로운 모습으로 다가왔습니다. 출시 후 1년간 무료로 업그레이드될 뿐 아니라, 사용하는 기간 동안 꾸준하게 지원되는 '서비스'형 운영체제로 발돋움했습니다.

윈도우 10 무료 업데이트 정보

윈도우 10은 출시 후 초기 1년간 무료로 업그레이드를 지원한다는 사실을 발표하며 화제를 모았습니다. 2015년 7월 29일부터 2016년 7월 28일까지 윈도우 7, 8, 8.1 사용자를 대상으로 합니다. 만약 윈도우 7 이상을 사용 중이라면 이 기회를 꼭 잡으세요. 윈도우 10으로 업그레이드하면 추가 비용 없이 새로운 기능을 사용하고 장치를 더 안전하게 보호하며 최신 상태를 유지할 수 있습니다. 설치 또는 업그레이드에 대한 자세한 정보는 30쪽을 참고하세요.

01 사용자 참여형 운영체제

Windows Insiders 프로그램을 가동해 만든 '사용자 참여형' 윈도우입니다. 314쪽 참고

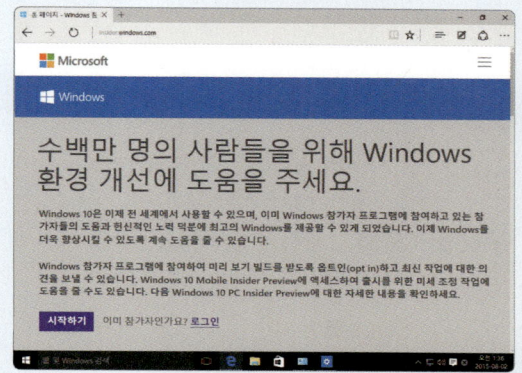 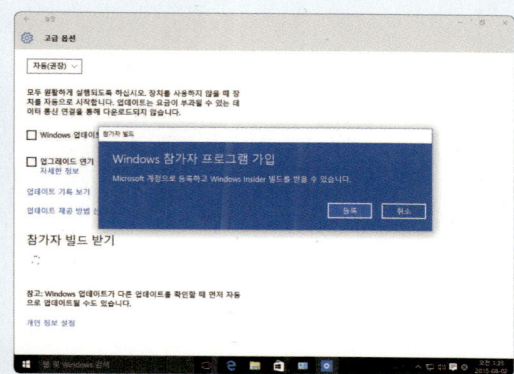

Windows Insider와 함께 만든 운영체제　　　정식 출시 이후에도 테스터로 참여 가능함

02 돌아온 시작 메뉴

기존의 윈도우에서 익숙했던 사용법을 그대로 살리면서, 타일형 인터페이스의 장점을 활용한 모습을 보여줍니다. 52쪽 참고

 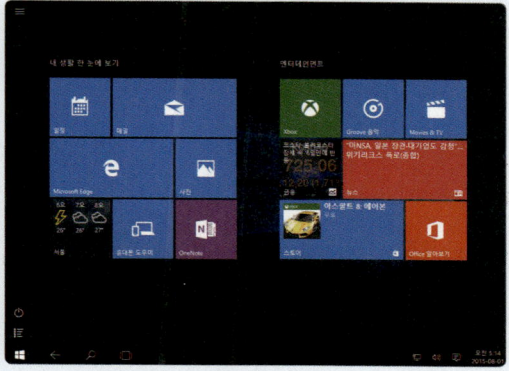

돌아온 시작 메뉴　　　태블릿에서는 좀 더 큼직해진 시작 메뉴

윈도우 10의 10가지 특징

03 새로운 설정으로 좀 더 쉬워진 제어판

전통적인 제어판이 아닌, 새로운 설정 앱에서 시스템의 옵션을 변경할 수 있습니다. 312쪽 참고

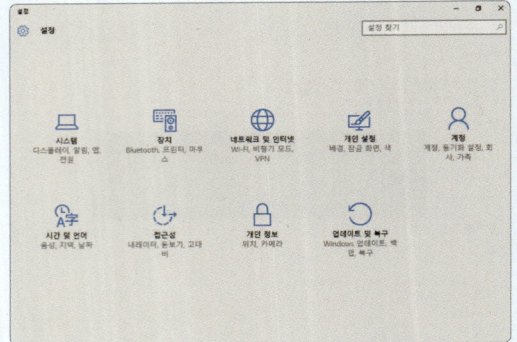

9개 분야로 나뉜 설정 항목

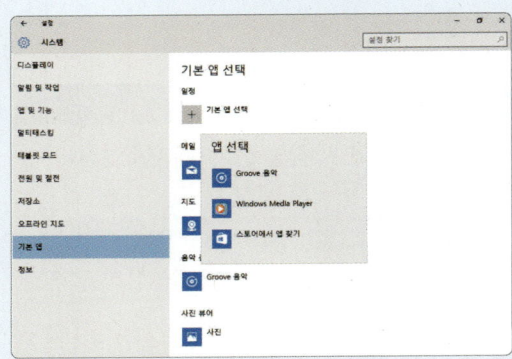

편리한 터치를 지원하는 설계

04 모바일 기기에 알맞은 태블릿 모드

본체에 키보드를 붙이거나 떼면 손가락으로 터치하기 편한 태블릿 모드로 자동 전환됩니다. 394쪽 참고

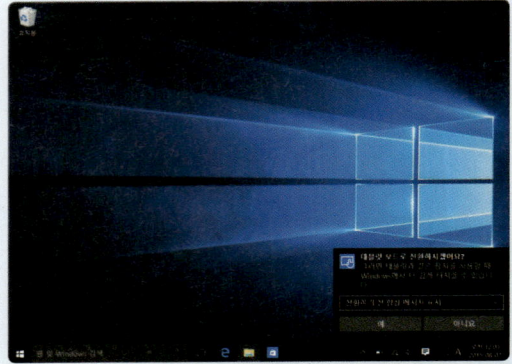

키보드 분리 시 태블릿 모드 전환 여부를 물어봄

태블릿 모드에서도 가능한 화면 분할

05 검색부터 음성 인식까지, 개인 비서 코타나

애플 시리(Siri), 구글 나우(Google Now)와 마찬가지로 윈도우 10에는 코타나(Cortana)
가 내장되어 있습니다. 58쪽 참고

음성 인식은 현재 영문판에서만 지원

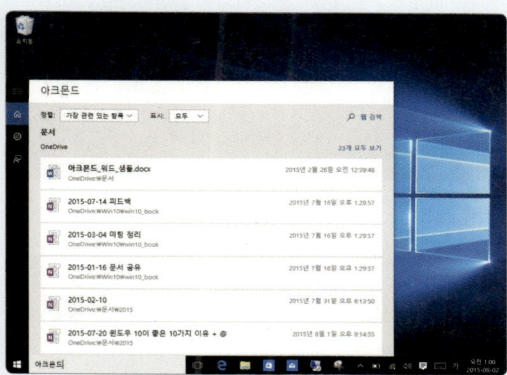
코타나를 이용한 파일 검색

06 제한된 모니터를 확장하는 가상 데스크톱

화면 공간 부족을 방지하는 가상 데스크톱 기능이 추가되었습니다. 63쪽 참고

[작업 보기]로 가상 데스크톱을 사용

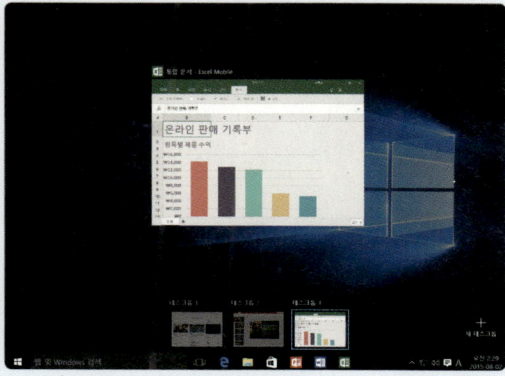
여러 가상 데스크톱에 앱을 나눠 실행한 모습

윈도우 10의 10가지 특징

07 **사용자의 유용함을 더하는 윈도우 스토어**
유용한 앱과 게임을 내려받을 수 있는 스토어가 있습니다. 102쪽 참고

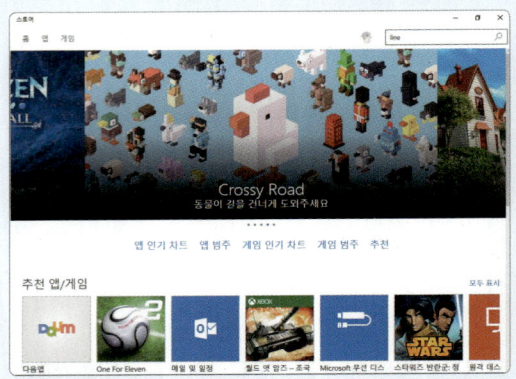

앱과 게임을 내려받을 수 있음

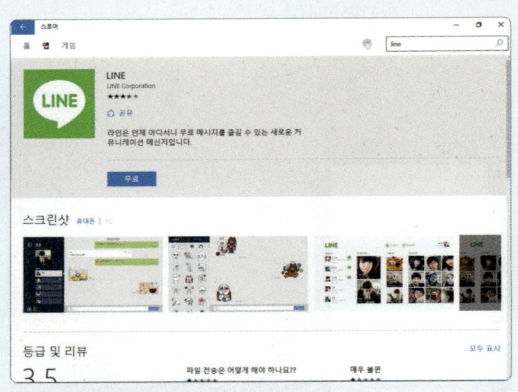

유용한 앱을 찾는 검색 창

08 **손가락이 편한 뷰어, 터치 버전 오피스**
문서를 읽고 간단히 편집할 수 있는 터치용 오피스를 사용할 수 있습니다. 228쪽 참고

부족함이 없는 뷰어

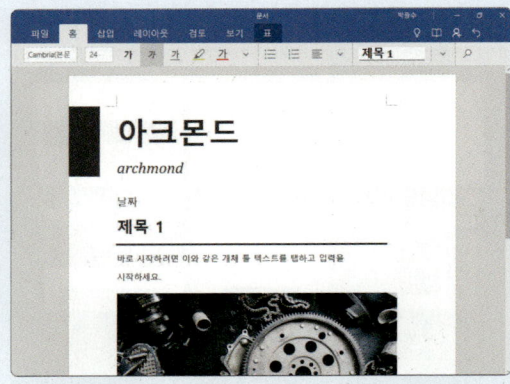

엑셀, 파워포인트, 워드, 원노트를 제공

09 새 시대를 여는 신개념 브라우저, 엣지

인터넷 익스플로러보다 훨씬 빠른 브라우저가 탑재되었습니다. 80쪽 참고

기본 브라우저인 엣지

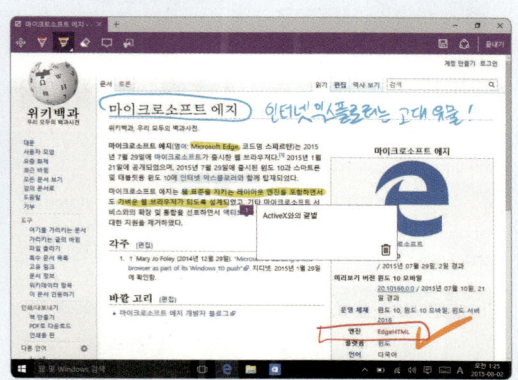
인터넷 서핑 중에 메모가 가능함

10 최신 게임기와 윈도우의 만남, 엑스박스 연동

엑스박스의 게임을 윈도우 10이 설치된 PC에서 그대로 즐길 수 있습니다. 146쪽 참고

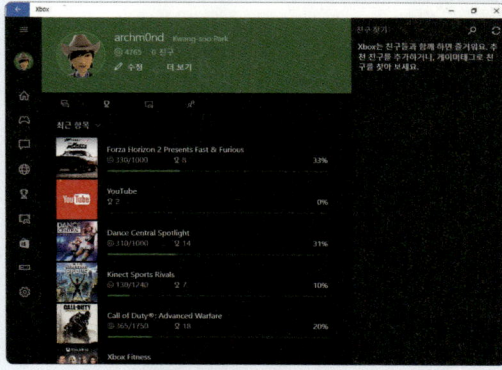
최근에 즐긴 게임과 도전 과제를 확인

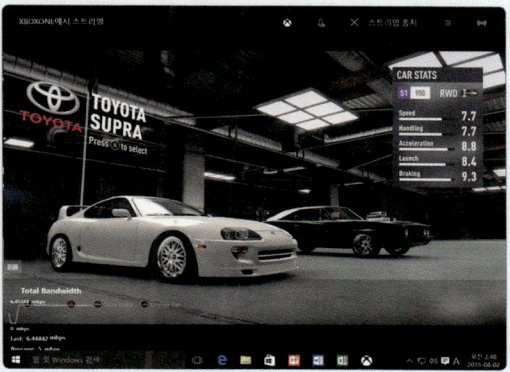
통째로 옮겨 온 엑스박스 게임

📱 윈도우 10 추천 앱

여기에 추천한 앱은 윈도우 10의 스토어에서 내려받을 수 있는 무료 앱입니다. 스토어 사용 방법은 PART 4를 참고하세요.

뉴스 및 정보

뉴스	뉴스	스포츠	영화
CNN App for Windows (CNN 뉴스)	Readiy (RSS&Feedly 리더)	Onefootball (축구팬을 위한 맞춤형 스포츠 정보)	MaxMovie (영화 정보)

날씨	날씨	법률 정보	뉴스
케이웨더 날씨 (시간별 동영상 일기예보)	The Weather Channel (날씨 정보)	생활법령 백문백답 (법률 정보)	연합뉴스

멀티미디어

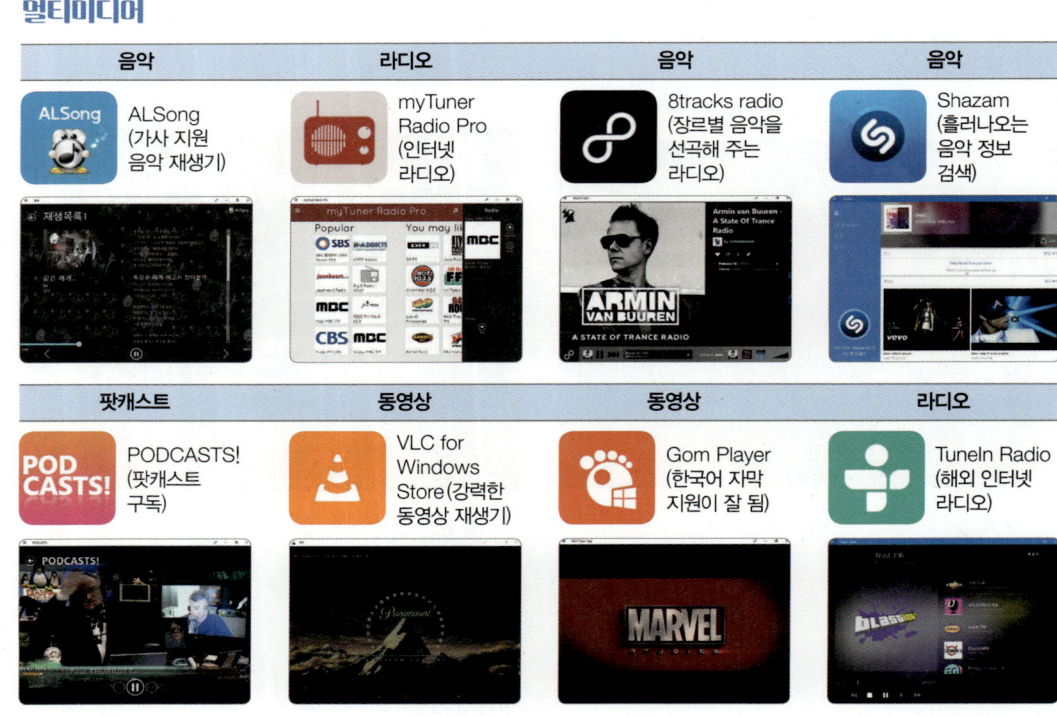

음악	라디오	음악	음악
ALSong (가사 지원 음악 재생기)	myTuner Radio Pro (인터넷 라디오)	8tracks radio (장르별 음악을 선곡해 주는 라디오)	Shazam (흘러나오는 음악 정보 검색)

팟캐스트	동영상	동영상	라디오
PODCASTS! (팟캐스트 구독)	VLC for Windows Store (강력한 동영상 재생기)	Gom Player (한국어 자막 지원이 잘 됨)	TuneIn Radio (해외 인터넷 라디오)

사진 편집	사진 편집	사진 편집	사진 편집
 Phototastic Collage (꼴라쥬 사진 만들기)	 Font Candy –Typography Photo Editor (영화 같은 사진 만들기)	PhotoFunia (사진합성: 손쉽게 재미있는 사진 만들기)	Fotor (사진 편집 및 보정)
			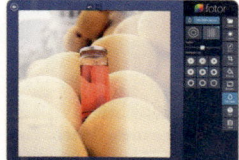

악기 연주	악기 연주	만화 뷰어	동영상 편집
 My Piano Phone (피아노 연주)	Music Maker Jam (음악 만들기: 리믹스)	Viewing Viewing (만화, PDF 뷰어)	나만의 동영상 (동영상 편집)
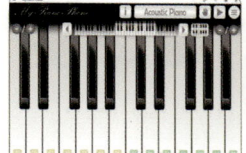			

요리 및 생활

요리	요리	요리	운동
 만 개의 레시피 (사진으로 정리된 레시피)	Allthecooks Recipes (영문 레시피)	Cocktail Flow (칵테일 제조 방법)	 Seven – 7 Minute Workout Challenge (7분 운동)
			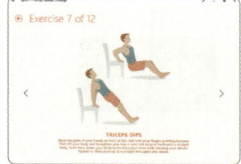

운동	일정	시계	요리
FitBit (건강 측정)	 RemindMe for Windows (기억해야 할 일을 정해진 시간에 알려줌)	 Alarm Clock HD (알람 시계)	 우리집 냉장고 (유통기한 관리)
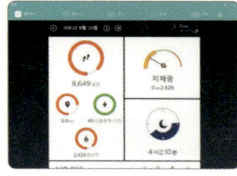	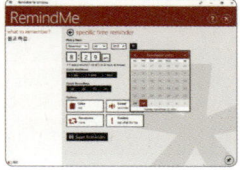		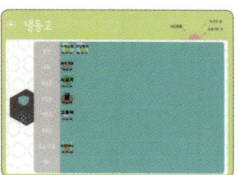

윈도우 10 추천 앱

단위 변환	환율	인터넷 속도 측정	계산기
단위 변환 (각종 단위 변환)	XE Currency (환율 변환)	Network Speed Test (인터넷 속도 측정)	계산기 X 8

지하철	운세	메모	요리
지하철 종결자 : Smarter Subway (지하철)	오늘의 운세 (운세 정보)	Memo Stick – Colorful notes on board (포스트잇 메모)	요리 타이머 요리보고

교육 및 기록

교육	교육	교육	교육
Khan Academy (다양한 분야에 대한 무료 교육)	이름이 뭐에요? (유아 한글 교육)	Periodic Table (원소 주기율표)	QDic (여러 사전을 한방에 검색)

교육	교육	기록	마인드맵
Advanced English Dictionary (영영사전)	Wikipedia (인터넷 백과사전)	Evernote Touch (아이디어 노트)	NovaMind MindMapping (마인드맵 작성)

쇼핑 및 전자책

쇼핑	쇼핑	쇼핑	오디오북
 위메프 (소셜커머스)	Amazon (아마존)	 Newegg (해외 전자제품 쇼핑)	Audiobooks from Audible (아마존의 오디오북 서비스)

전자책	전자책	서점	웹툰
Kindle (아마존의 전자책 서비스)	Book Creator (터치로 책 만들기)	 YES24 도서 (인터넷 서점)	모아모아 웹툰 (네이버, 다음, 네이트 웹툰)

게임

퍼즐	퍼즐	퍼즐	퍼즐
 Microsoft Minesweeper (지뢰찾기)	 Microsoft Sudoku (스도쿠)	 Microsoft Jigsaw (조각 맞추기)	 Microsoft Bingo (빙고)

퍼즐	퍼즐	기타	퍼즐
 Microsoft Mahjong (마작)	 Wordament (낱말 맞추기)	 Kinectimals Unleashed (동물과 놀기)	 Taptiles (짝맞추기 게임)

■ 윈도우 10 단축키 알아보기

■ + ABC 단축키

단축키	기능	단축키	기능
■ + A	알림 센터 열기	■ + M	모든 창 최소화
■ + B	알림 영역에 커서 이동	■ + Shift + M	최소화된 창을 원래대로
■ + D	바탕 화면 표시	■ + O	화면 회전 설정 및 해제
■ + E	파일 탐색기 열기	■ + P	프로젝트 연결
■ + G	게임 표시줄 열기	■ + R	실행 창 열기
■ + H	공유 열기	■ + S	검색(Cortana)
■ + I	설정 열기	■ + T	작업 표시줄의 앱을 차례로 선택
■ + K	기기 연결	■ + U	접근성 센터
■ + L	PC 잠금	■ + X	빠른 연결 메뉴

창 분할(스냅) 단축키

단축키	기능
■ + ↑	창을 위쪽으로
■ + ↓	창을 아래쪽으로
■ + ←	창을 왼쪽으로
■ + →	창을 오른쪽으로

작업 보기(가상 데스크톱) 단축키

단축키	기능
■ + Tab	작업 보기(실행 중인 앱과 가상 데스크톱 확인)
■ + Ctrl + D	가상 데스크톱 추가
■ + Ctrl + ←	왼쪽 가상 데스크톱으로 이동
■ + Ctrl + →	오른쪽 가상 데스크톱으로 이동
■ + Ctrl + F4	현재 가상 데스크톱 닫기

기타 단축키

단축키	기능
⊞ + .	바탕 화면 미리 보기
⊞ + Pause Break	시스템 속성 열기
⊞ + 숫자	작업 표시줄 앱을 숫자 순서대로 실행
⊞ + Space Bar	입력 언어 전환
⊞ + +	돋보기 확대
⊞ + −	돋보기 축소
⊞ + Esc	돋보기 끝내기
⊞ + Print Screen	화면을 캡처해 사진 폴더에 저장

단축키를 직접 만들어 보세요!

바로 가기 아이콘의 속성을 열어 보세요. '바로 가기 키'에 여러 키를 조합해 입력하면 나만의 단축키를 만들 수 있답니다. 자주 사용하는 앱을 여러분이 직접 만든 단축키로 실행해보세요!

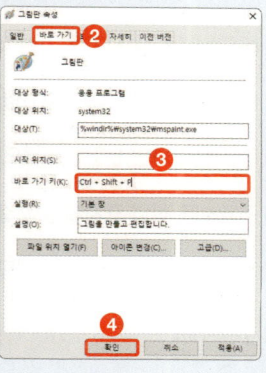

CONTENTS

게임 - 역동적인 게임 경험을 위한 사령탑

라이프 - 일상생활을 채우는 알짜 정보 창고

CONTENTS

PART 11

모바일 - 끈끈하게 연결하고 자유롭게 활용하기

첫 만남
윈도우 10 설치 또는
업그레이드하기

윈도우 10 무료 업그레이드를 예약하셨나요?

그렇다면 곧 새로운 운영체제로 탈바꿈하는 모습을 만날 수 있습니다.

하지만 업그레이드 예약 후 윈도우 10 설치가 곧바로 진행되지 않을 수 있습니다.

이 장에서는 빠르고 쉽게 윈도우 10을 설치하는 방법을 알아봅니다.

LESSON 01

윈도우 10
설치 전 알아두기

윈도우 10은 다양한 기기에 적용되는 운영체제입니다. PC용 윈도우 10의 종류만 해도 4가지입니다. 각
버전의 기능을 비교해 보고 내 컴퓨터에 적용 가능 여부도 살펴봅시다.

윈도우 10의 종류

윈도우 10은 PC부터 IoT까지 여러 플랫폼에 해당하는 에디션을 제공합니다.

▲ 윈도우 10 패키지

장치 형태	윈도우 10 에디션	용도	비고
PC	홈	가정용	PC, 태블릿, 2-in-1 컴퓨터에 최적화
	프로	개인용	홈 에디션에 비즈니스 기능 추가
	엔터프라이즈	기업용	프로 에디션에 기업용 기능 추가
	에듀케이션	교육기관용	엔터프라이즈 에디션과 흡사
모바일 기기	모바일	개인용	스마트폰과 소형 태블릿을 위한 기능 제공
	모바일 엔터프라이즈	기업용	모바일 에디션에 기업용 기능 추가
임베디드	IoT 코어	IoT용	라즈베리 파이 2, 인텔 갈릴레오 등 IoT 장치용

윈도우 10 버전별 기능 비교

윈도우 10 버전별로 제공되는 기능을 비교해 보세요.

핵심 기능

기능		홈	프로	엔터	에듀
익숙한 기능	맞춤형 시작 메뉴	√	√	√	√
	Windows Defender(백신) 및 Windows 방화벽	√	√	√	√
	빠른 시작(Hiberboot) 및 InstantGo(Connected Standby)	√	√	√	√
	TPM 지원	√	√	√	√
	배터리 절약 모드	√	√	√	√
	Windows Update	√	√	√	√
코타나 (Cortana)	음성이나 텍스트 입력	√	√	√	√
	개인에 맞춘 제안	√	√	√	√
	미리 알림	√	√	√	√
	웹, 장치, 클라우드 검색	√	√	√	√
	"Hey Cortana" 음성 활성화	√	√	√	√
윈도우 헬로 (Windows Hello)	지문 인식	√	√	√	√
	안면 및 홍채 인식	√	√	√	√
	엔터프라이즈급 보안	√	√	√	√
다중 작업	가상 데스크톱	√	√	√	√
	화면 분할(Snap)	√	√	√	√
	여러 모니터에 화면 분할 가능	√	√	√	√
컨티뉴엄(Continuum)	PC에서 태블릿 모드로 전환	√	√	√	√
마이크로소프트 엣지 (Microsoft Edge)	읽기 모드로 보기	√	√	√	√
	웹 메모 작성 기능	√	√	√	√
	코타나 통합	√	√	√	√

기업용 기능

기능	홈	프로	엔터	에듀
기본 제공 기능 장치 암호화	√	√	√	√
도메인 가입		√	√	√
그룹 정책 관리		√	√	√
비트라커(BitLocker)		√	√	√
엔터프라이즈 모드 인터넷 익스플로러(EMIE)		√	√	√
할당된 액세스 8.1(Assigned Access 8.1)		√	√	√
원격 데스크톱		√	√	√
클라이언트 Hyper-V		√	√	√
Direct Access		√	√	√
Windows To Go 제작			√	√
AppLocker			√	√
BrachCache			√	√
그룹 정책을 통한 시작 화면 제어			√	√
관리 및 배포 업무용 앱 사이드 로딩	√	√	√	√
모바일 장치 관리	√	√	√	√
클라우드 호스팅 앱의 통합 인증(SSO)을 통해 Azure Active Directory 가입 가능		√	√	√
기업용 스토어		√	√	√
세분화된 UX 제어		√	√	√
프로에서 엔터프라이즈 에디션으로 쉽게 업그레이드		√	√	
홈에서 에듀케이션 에디션으로 쉽게 업그레이드	√			√
보안 Microsoft Passport	√	√	√	√
Enterprise Data Protection		√	√	√
Credential Guard			√	√
Device Guard			√	√
서비스 Windows Update	√	√	√	√
Windows Update for Business		√	√	√
CBB(Current Branch for Business)		√	√	√
LTSB(Long Term Servicing Branch)			√	

시스템 요구 사양 비교

현재 윈도우 XP가 설치된 컴퓨터를 사용한다면 새 하드웨어를 구매할 필요가 있습니다. 이미 윈도우 7 이상을 사용한다면 큰 문제없이 윈도우 10으로 업그레이드할 수 있습니다. 아래 요구 사항보다 높은 성능의 컴퓨터를 권장하며, 태블릿이나 올인원 PC의 경우 터치스크린이나 펜(스타일러스) 제공 여부를 확인해야 합니다.

운영체제		윈도우 XP	윈도우 7	윈도우 8/8.1	윈도우 10
출시일		2001년 10월 25일	2009년 10월 22일	2012년 10월 26일(8) 2013년 10월 17일(8.1)	2015년 7월 29일
시스템 요구 사항	프로 세서	233MHz 이상	1GHz 이상		1GHz 이상 또는 SoC
	RAM	64MB 이상	1GB(32비트) 또는 2GB(64비트)		1GB(32비트) 또는 2GB(64비트)
	하드 디스크 여유 공간	1.5GB	16GB		16GB(32비트) 또는 20GB(64비트)
	그래픽 카드	Super VGA 800×600 해상도 이상	DirectX 9 그래픽 장치, WDDM 드라이버 포함		DirectX 9 그래픽 장치, WDDM 드라이버 포함
윈도우 10으로 업그레이드		전체적인 시스템 업그레이드 또는 새 PC 구매가 필요할 수 있습니다.	곧바로 업그레이드할 수 있습니다. 다만 윈도우 스토어 등을 사용하기 위해 마이크로소프트 계정을 미리 만들어 놓으면 좋습니다.	곧바로 업그레이드할 수 있습니다. 기존에 사용하던 마이크로소프트 계정을 활용하면 됩니다.	

LESSON 02

윈도우 10
업그레이드 묻고 답하기

윈도우 10은 출시 후 초기 1년간 무료로 업그레이드를 지원한다는 사실을 발표하며 화제를 모았습니다. 만약 윈도우 7 이상을 사용 중이라면 이 기회를 꼭 잡기 바랍니다. 뿐만 아니라 윈도우 10으로 업그레이드하면 추가 비용 없이 새로운 기능을 사용하고 장치를 더 안전하게 보호하며 최신 상태를 유지할 수 있습니다.

무료 업그레이드 기한은?

2015년 7월 29일부터 2016년 7월 28일까지 1년간 윈도우 7/8/8.1 사용자를 대상으로 무료 업그레이드를 제공합니다. 마이크로소프트 사이트에 접속해 직접 내려받거나 윈도우 업데이트를 통해 설치할 수 있습니다.

> **tip** 정품이 아닌 경우에도 업그레이드할 수는 있지만 해당 PC는 정품이 아닌 상태로 설치됩니다. 엔터프라이즈 에디션 등의 볼륨 라이선스에는 무료 업그레이드가 제공되지 않습니다.

내 컴퓨터도 업그레이드 가능할까요?

윈도우 7 이상을 사용 중이라면 아래와 같은 방법으로 업그레이드할 수 있습니다.

윈도우 10 업그레이드

사용 중인 운영체제	최종 업그레이드	설치 미디어(ISO)	윈도우 업데이트
윈도우 7 RTM	윈도우 10	⊙	⊘
윈도우 7 서비스 팩 1	윈도우 10	⊙	⊙
윈도우 8	윈도우 10	⊙	⊘
윈도우 8.1 RTM	윈도우 10	⊙	⊘
윈도우 8.1 업데이트	윈도우 10	⊙	⊙
윈도우 RT	-	⊘	⊘
윈도우 폰 8.0	-	없음	⊘
윈도우 폰 8.1	윈도우 10 모바일	없음	⊙

⊙ 곧바로 업그레이드
⊘ 곧바로 업그레이드 안 됨
🚫 지원 안 됨

윈도우 10 업그레이드를 간단하게 정리하면?

- **업그레이드 설치** : 최신의 윈도우 7 서비스 팩 1과 윈도우 8.1 업데이트 버전에서는 Windows Update 를 통해 자동으로 윈도우 10 업그레이드가 가능합니다.
- **새로 설치** : 윈도우 7, 8, 8.1은 설치 미디어를 사용해 수동으로 업그레이드할 수 있습니다.

업그레이드하면 어떤 버전으로 바뀌나요?

윈도우 7이나 8.1에서 업그레이드하면 홈, 프로, 엔터프라이즈 에디션 중 하나로 업그레이드됩니다. 구체적인 업그레이드 결과는 다음과 같습니다.

윈도우 7/8.1 에디션		윈도우 10 업그레이드 이후 에디션		
		홈	프로	엔터프라이즈
윈도우 7	스타터	○	×	×
	홈 베이직	○	×	×
	홈 프리미엄	○	×	×
	프로페셔널	×	○	×
	얼티밋	×	○	×
	엔터프라이즈	×	×	○
윈도우 8.1	코어(일반 8.1)	○	×	×
	with Bing	○	×	×
	프로	×	○	×
	엔터프라이즈	×	×	○

> **tip** 윈도우 7과 윈도우 8.1 에디션별 특징   ■ Windows10
>
> **윈도우 7**
> - 스타터: 넷북 등의 용도로 경량화에 초점을 맞추어 개발한 에디션
> - 홈 베이직: 에어로 기능과 멀티 터치, 미디어 센터 등이 포함되지 않는 개발도상국용 에디션
> - 홈 프리미엄: 가정용, 멀티미디어 기능 강화
> - 프로페셔널: 기업용, 홈 프리미엄에 몇몇 기능이 추가됨
> - 얼티밋: 모든 기능을 포함하는 최상위 에디션
> - 엔터프라이즈: 대기업용, 볼륨 라이선스로 제공. 비트라커 등을 사용 가능
>
> **윈도우 8.1**
> - 코어(일반 8.1): 기본 에디션. 가정용 기능을 포함하여 모든 기본 기능을 제공
> - with Bing: MS의 검색 엔진인 빙(Bing)을 익스플로러 기본 검색 엔진으로 지정한 에디션
> - 프로: 윈도우 7 프로페셔널과 얼티밋의 뒤를 잇는 에디션으로, 고급 사용자와 비즈니스 사용자용 기능 제공
> - 엔터프라이즈: 윈도 8 프로의 모든 기능을 포함하며 추가로 IT 조직용 보조 기능이 제공됨

LESSON 03
윈도우 10으로
업그레이드하기

윈도우 10으로 업그레이드할 준비가 되었나요? 중요한 자료는 USB 메모리나 외장 하드, 클라우드 저장 공간 등에 미리 백업해 두세요. 설치된 프로그램 목록을 기록해 두는 것도 중요합니다. 윈도우 10으로 업그레이드한 후 일부 프로그램에서 호환성 문제가 일어날 수 있기 때문입니다. 호환되지 않는 앱이 있다면 윈도우 10에서 동작하는 버전으로 새로 설치해야 합니다.

윈도우 10 업그레이드 예약(윈도우 7, 윈도우 8.1)

가장 쉬운 업그레이드 방법입니다. 작업 표시줄에서 윈도우 10으로 업그레이드할 수 있다는 메시지가 나타나면 이를 클릭해 예약합니다. 예약하더라도 곧바로 업그레이드가 진행되지 않을 수 있습니다. 업그레이드를 급히 할 필요가 없다면 예약해 놓고 느긋하게 기다려도 좋습니다.

윈도우 7

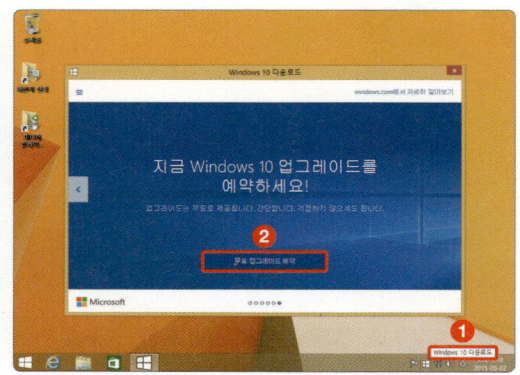
윈도우 8.1

며칠 정도 지나 준비가 되면 업그레이드가 가능하다고 알려줍니다. 윈도우 업데이트 창에서 [시작하기]를 누르면 윈도우 10 설치에 필요한 파일을 3GB 정도 내려받기 시작합니다. 인터넷 속도에 따라 다르지만 대부분 1시간 정도 소요됩니다. 윈도우 10 설치 마법사가 나타나면 [적용]을 눌러 업그레이드를 시작합니다.

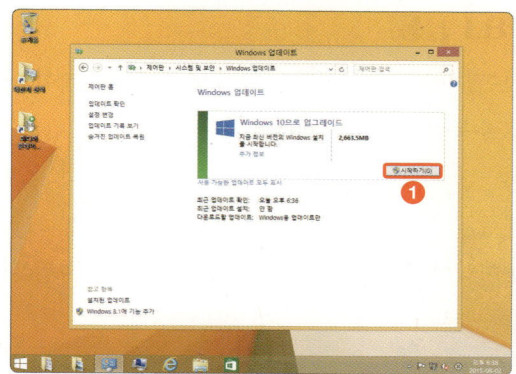 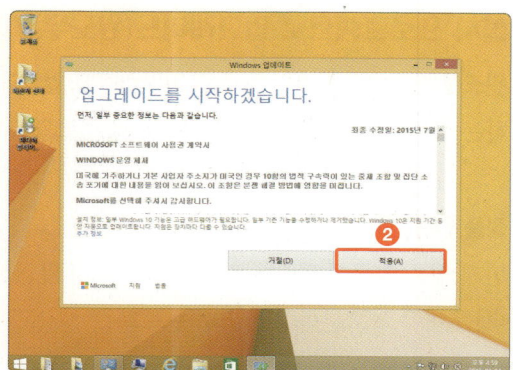

지금 바로 업그레이드를 시작하거나 원하는 시간을 예약해 설치할 수도 있습니다.

 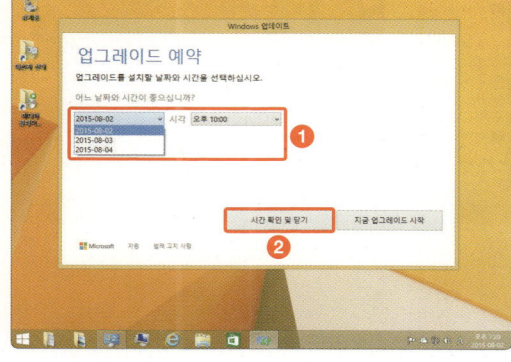

지금 바로 시작하기   예약해서 설치하기

지정된 시간에 윈도우 10으로 업그레이드합니다. 설정을 마치면 윈도우 10을 사용할 수 있습니다.

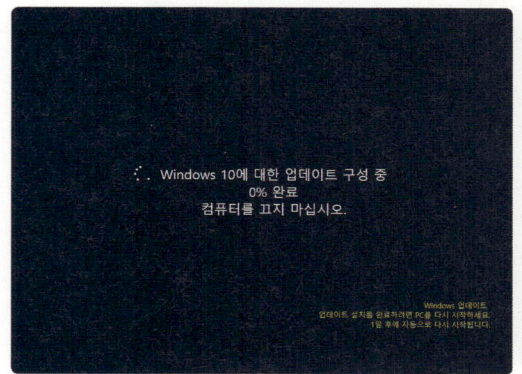 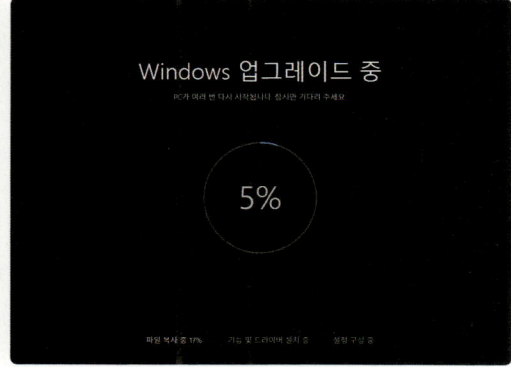

tip 이후에는 일반적인 윈도우 10 설치 화면과 동일한 형태로 흘러갑니다. 42쪽을 참고하세요.

설치 프로그램으로 업그레이드(윈도우 7/8/8.1 공통)

윈도우 10 예약을 걸었는데 내 PC는 언제 업그레이드될까요? 기다릴 필요 없이 빠르게 업그레이드하는 방법이 있습니다. 윈도우 10 설치 프로그램으로 수동 업그레이드하면 됩니다.

정품 인증 상태 확인

먼저 정품 인증이 된 정상적인 윈도우인지 확인해야 합니다. 윈도우 7이라면 [시작]을 누른 뒤 [컴퓨터]를 마우스 오른쪽 버튼으로 누르고 [속성]을 선택하세요.

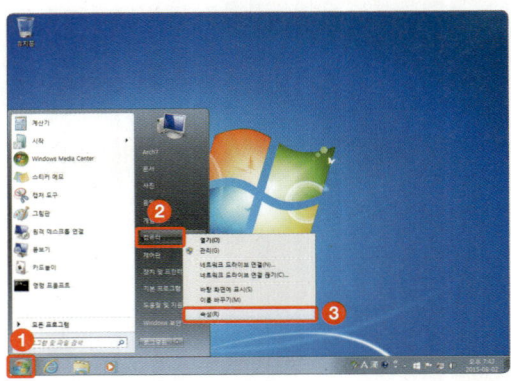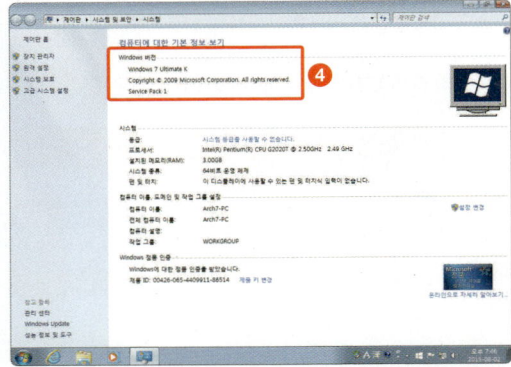

윈도우 7

윈도우 8/8.1에서는 화면 왼쪽 아래의 [시작]을 마우스 오른쪽 버튼으로 누른 뒤 [시스템]을 선택합니다. 시스템 정보 창에서 정품 인증 여부를 확인합니다.

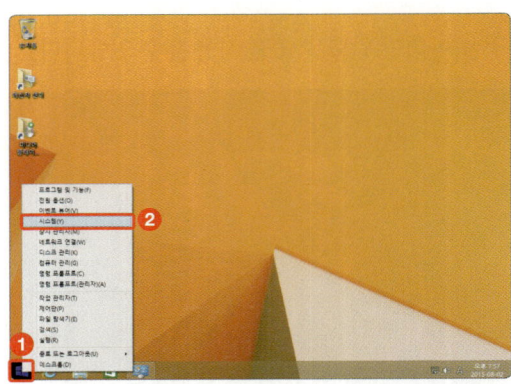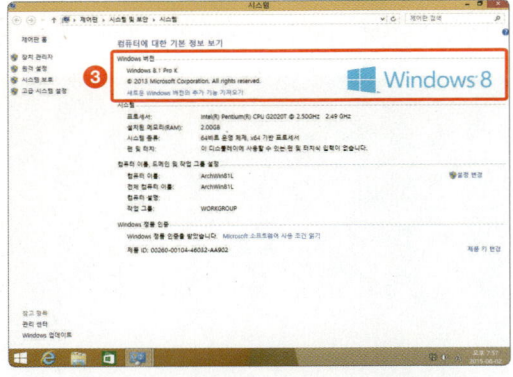

윈도우 8.1

윈도우 10 설치 프로그램 다운로드 및 실행

웹 브라우저로 https://www.microsoft.com/ko-kr/software-download/windows10에 접속합니다. [지금 도구 다운로드]를 눌러 설치 프로그램을 내려받아 실행합니다. Windows 10 설치 프로그램이 나타나면 [지금 이 PC 업그레이드]를 선택하고 [다음]을 누릅니다.

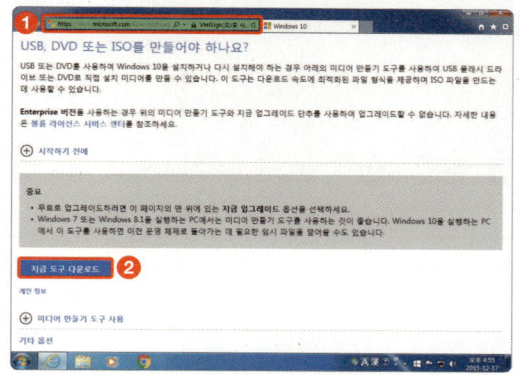 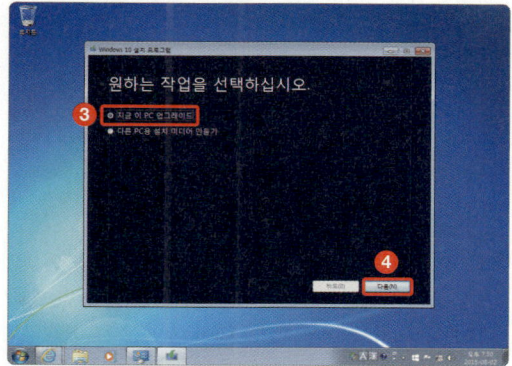

윈도우 10 설치 준비가 되면 사용 조건에 동의합니다.

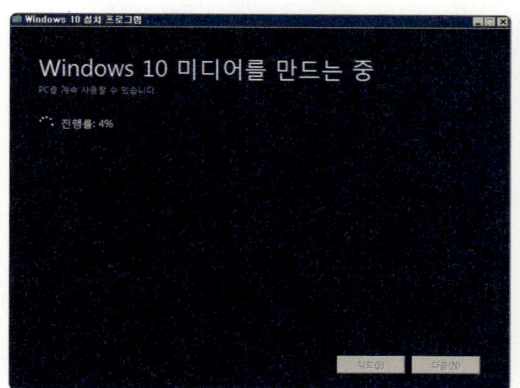 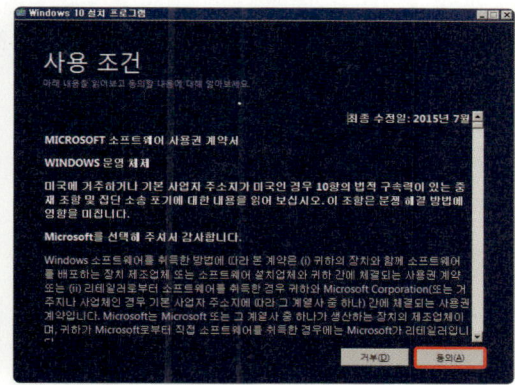

준비가 완료되면 바로 [설치]를 눌러 진행할 수 있지만, [유지할 항목 변경]을 눌러 업그레이드 시 유지할 항목을 선택할 수 있습니다. 업그레이드 중 가장 중요한 옵션입니다. 신중히 선택하세요.

- **개인 파일, 앱을 유지합니다.** : 개인 파일과 앱을 모두 유지합니다. (기본값)
- **개인 파일만 유지합니다.** : 앱과 설정이 유지되지 않습니다.
- **아무것도 유지하지 않습니다.** : 윈도우를 새로 설치합니다.

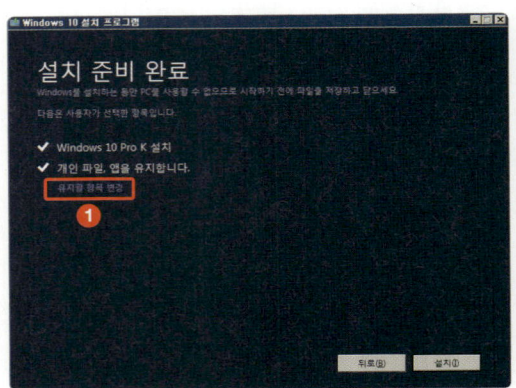

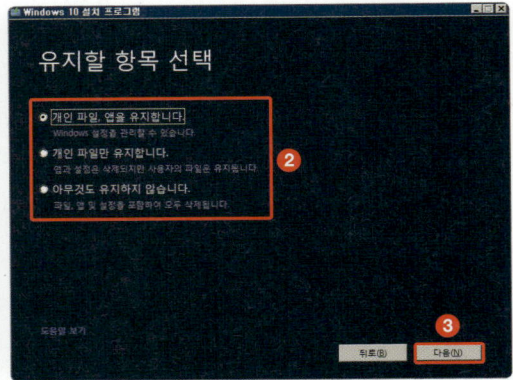

tip 업그레이드 후 이전 버전으로 다시 돌아오려면 [개인 파일, 앱을 유지합니다.]를 선택해야 합니다. [아무것도 유지하지 않습니다.]를 선택하면 윈도우 7~8.1로 다시 돌아올 수 없습니다. 기본값인 [개인 파일, 앱을 유지합니다.]를 선택했다면 업그레이드 후에도 이전 사용자 계정을 그대로 활용합니다. 계정의 비밀번호를 잊지 말고 기억해 두세요.

tip 한 번 성공적으로 윈도우 10 정품 인증이 되었다면 무료 업그레이드 기간 이후에도 윈도우 10을 정상적으로 사용할 수 있으며 재설치 또한 가능합니다. 업그레이드 후 윈도우 10을 다시 설치하려면 384쪽의 PC 초기화 기능을 사용하세요. 마치 스마트폰의 공장 초기화 기능처럼 간단하게 윈도우 10을 재설치할 수 있습니다.

윈도우 10 설치

설치 준비가 되면 윈도우가 다시 시작됩니다.

윈도우 7에서 업그레이드했을 때(로컬 계정 비밀번호를 입력)　윈도우 8, 8.1에서 업그레이드했을 때(마이크로소프트 계정 또는 로컬 계정으로 로그인)

 이후의 설치 과정은 42쪽과 동일합니다. 만약 업그레이드 후 다시 이전 운영체제로 돌아오려면 45쪽을 참고하세요.

LESSON 04

윈도우 10을
새로 설치(클린 설치)하기

데이터를 모두 백업했다면 윈도우 10을 깨끗하게 새로 설치하는 것도 좋습니다. 윈도우 10을 한 번 정품 인증받았다면 새로 설치(클린 설치)하더라도 정품 인증 상태가 유지됩니다. 4GB 정도의 USB 메모리 또는 빈 DVD 하나를 준비합니다. 한 번 설치 미디어를 만들고 나면 나중에 재활용할 수 있습니다.

정품 인증 여부 확인하기

[시작 ■]을 눌러 [설정]에 들어갑니다. [업데이트 및 복구]에서 [정품 인증]에 들어가면 'Windows 정품 인증을 받았습니다.'라는 메시지를 확인합니다. '버전' 정보도 확인해 두세요.

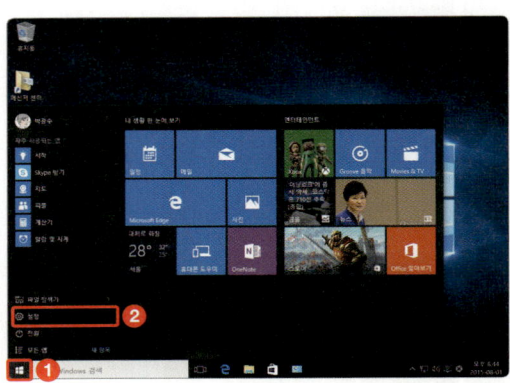 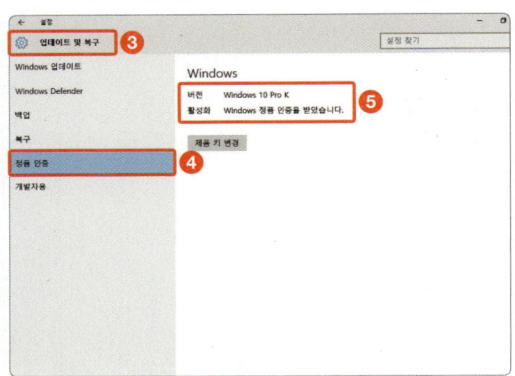

> **tip** 정품 인증 상태를 확인했나요? 윈도우 7~8.1에서 한 번도 윈도우 10으로 업그레이드하지 않은 상태에서 윈도우 10을 새로 설치하면 정품 인증이 되지 않을 수 있습니다. 최소한 한 번은 업그레이드 설치를 통해 정품 인증을 받을 필요가 있습니다. 32쪽을 참고해 업그레이드 설치를 먼저 수행하세요. 물론 처음 사용자용 윈도우 10을 구매한 분은 예외이므로 41쪽을 참고하세요.

> **tip** 윈도우 10 버전 1511 이상의 경우 윈도우 7, 8, 8.1의 제품 키를 입력해도 정품 인증됩니다. 윈도우 10을 설치한 후 설정 앱의 [업데이트 및 복구]에서 [정품 인증]에 들어가 [제품 키 변경]을 누르세요. 정품 인증과 관련한 세부 사항은 아래 웹 사이트에서 확인할 수 있습니다.
> http://windows.microsoft.com/ko-kr/windows-10/activation-in-windows-10
> 정품 인증과 관련하여 한국 마이크로소프트에 전화로 문의할 수도 있습니다. ☎1577-9700

새로 설치용 USB 메모리 만들기

웹 브라우저로 https://www.microsoft.com/ko-kr/software-download/windows10에 접속합니다. [지금 도구 다운로드]를 눌러 설치 프로그램을 내려받아 실행합니다. Windows 10 설치 프로그램이 실행되면 [다른 PC용 설치 미디어 만들기]를 선택하고 [다음]을 누릅니다.

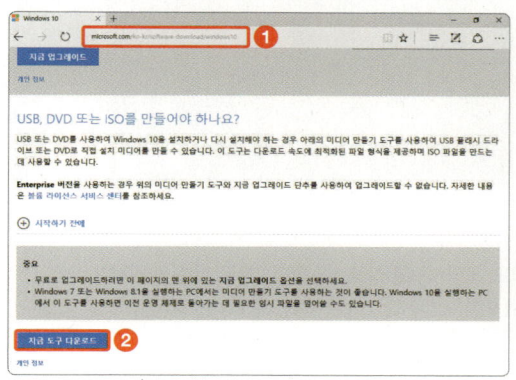 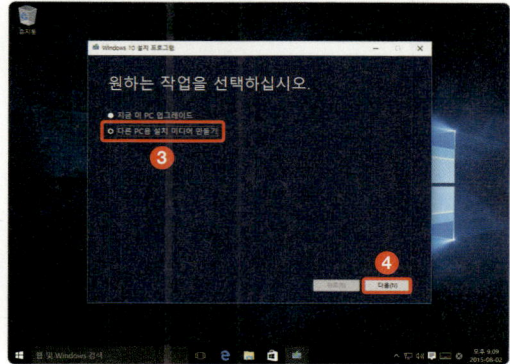

언어, 버전, 아키텍처 선택이 나타납니다.

- **언어** : 원하는 언어를 선택합니다.
- **버전** : 이전에 정품 인증을 받았던 에디션을 선택합니다.
- **아키텍처** : 알맞은 비트 수를 선택합니다. [모두]를 선택하면 6GB 이상이 필요합니다. 32/64비트 중에서 고르면 3GB 정도의 공간을 차지하게 됩니다.

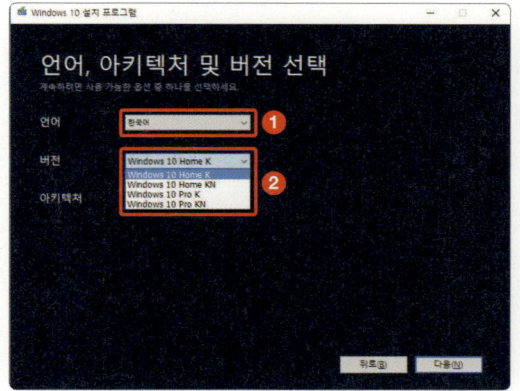 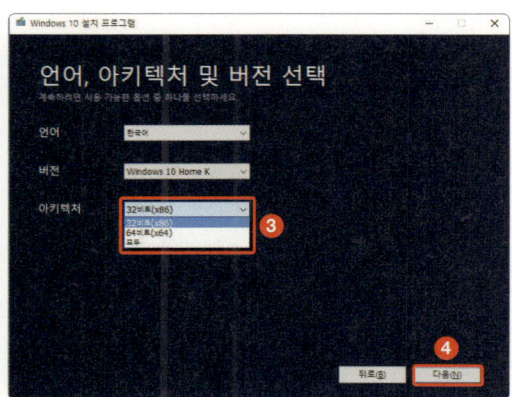

USB 메모리를 가지고 있다면 [USB 플래시 드라이브]를 선택합니다. 그렇지 않다면 [ISO 파일]로 내려받은 후, 나중에 DVD로 굽거나 이 글을 참고해 USB로 만들 수 있습니다. USB 메모리나 공 DVD를 컴퓨터에 삽입하세요.

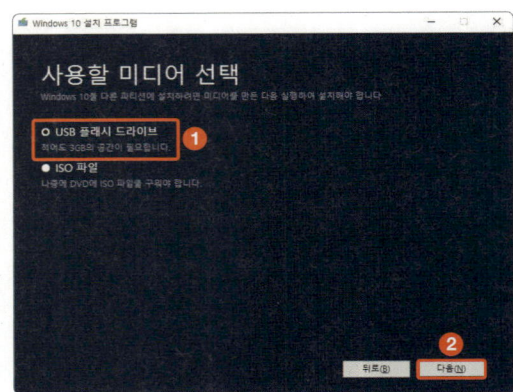
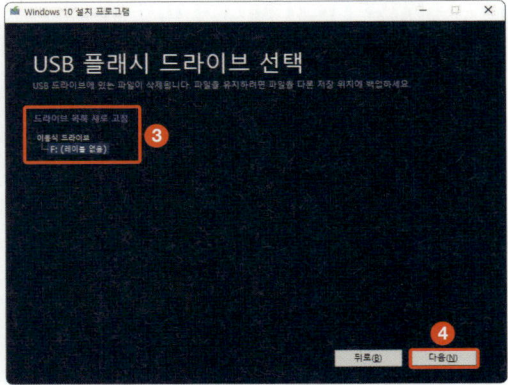

선택한 드라이브가 초기화되므로 드라이브 명을 잘 확인하세요. 드라이브를 잘못 선택하면 데이터 유실의 위험이 있습니다. 탐색기를 열면 이동식 디스크가 어떤 드라이브 레이블을 갖고 있는지 확인할 수 있습니다. 아래 사진의 경우 F:라는 이름을 갖고 있습니다.

Windows 10을 다운로드하고 설치 미디어를 자동으로 만듭니다.

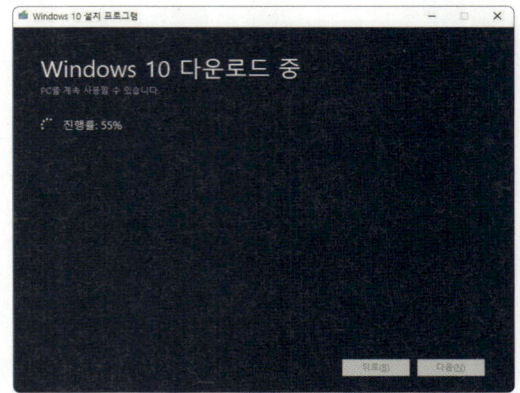
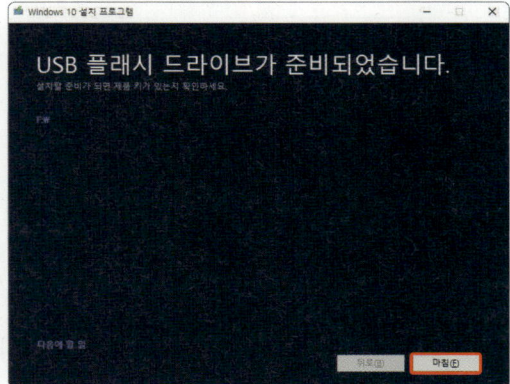

윈도우 10 새로 설치하기

윈도우 10을 클린 설치하려면 USB 메모리(또는 DVD)로 부팅 가능하도록 설정해야 합니다. 컴퓨터를 켜고, CMOS 설정으로 들어갑니다.([Del] 또는 [F2] 등 컴퓨터마다 다양한 방법이 있습니다.) 부팅우선순위(Boot Priority)에서 연결한 USB 메모리(또는 DVD)를 가장 빠른 순서로 설정합니다.

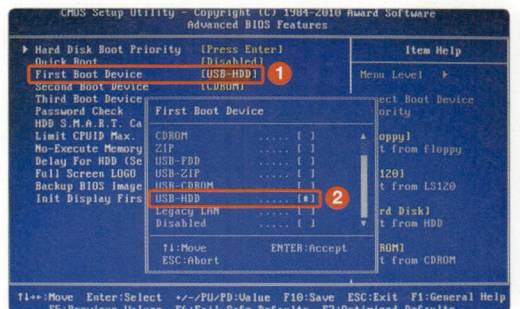 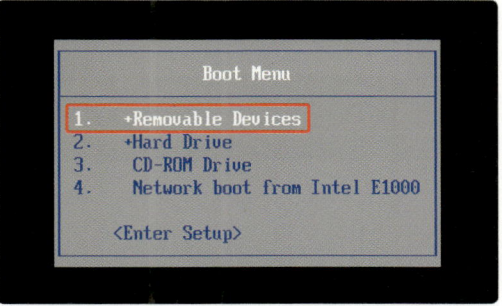

Windows 설치 프로그램이 나타나면 국가와 언어를 설정합니다. Windows 정품 인증을 위한 제품키 입력에서 아래쪽의 [건너뛰기]를 선택하세요.

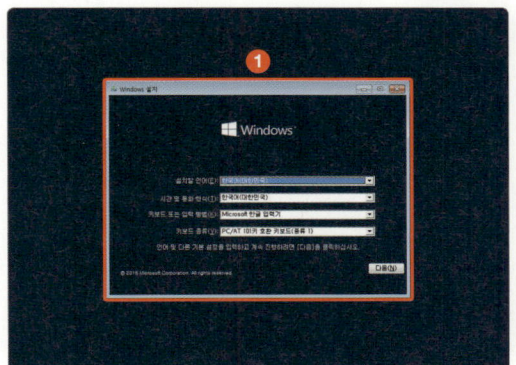 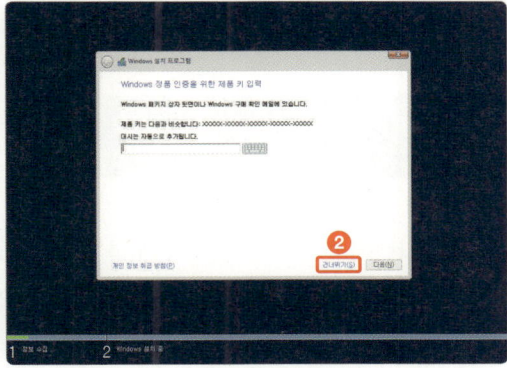

> **tip** 처음 사용자용 윈도우 10을 구입했다면 제품 키를 입력하여 진행하세요.

사용 조건에 동의하고 새로 설치하기 위해 [사용자 지정]을 선택합니다.

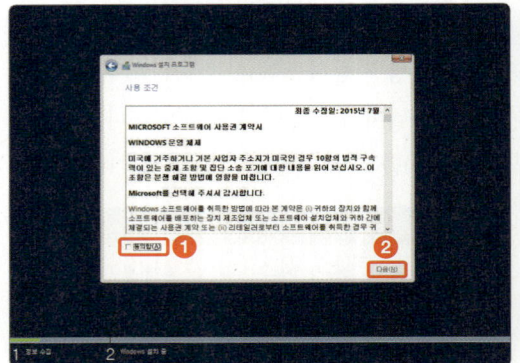 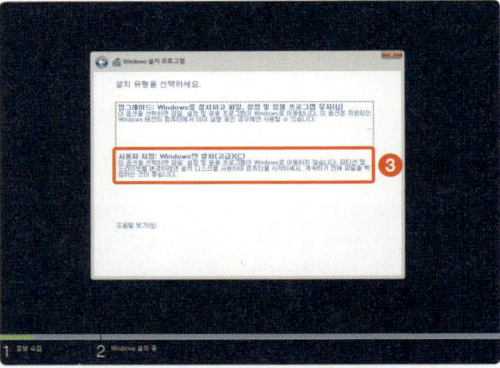

윈도우를 설치할 파티션을 선택하면 자동으로 설치가 진행됩니다.

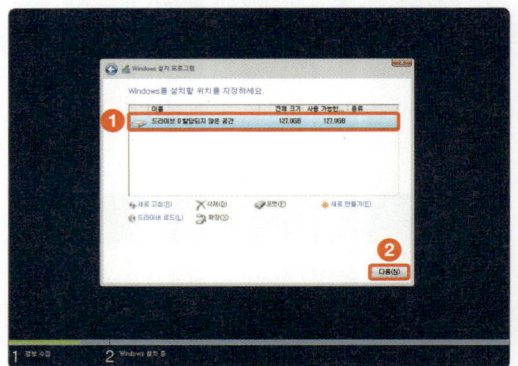 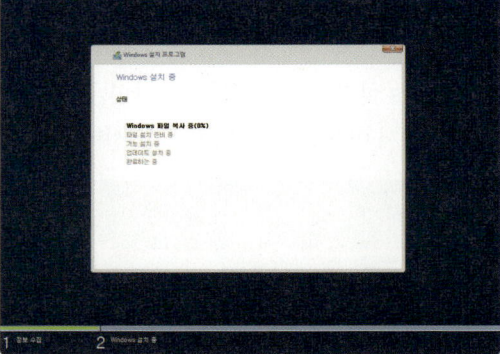

제품 키 입력에서 아래쪽의 [나중에]를 선택하세요. 빠른 시작 페이지가 나오면 원하는 옵션을 선택합니다. [기본 설정 사용]을 누르면 권장하는 값으로 빠르게 설정됩니다.

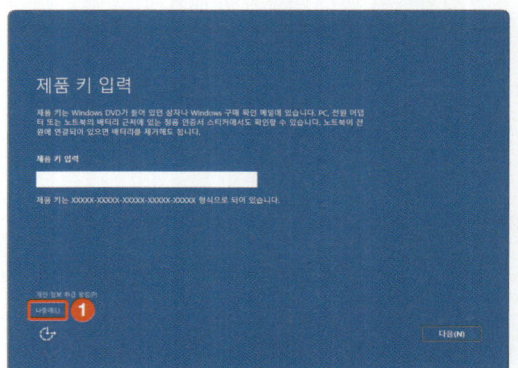 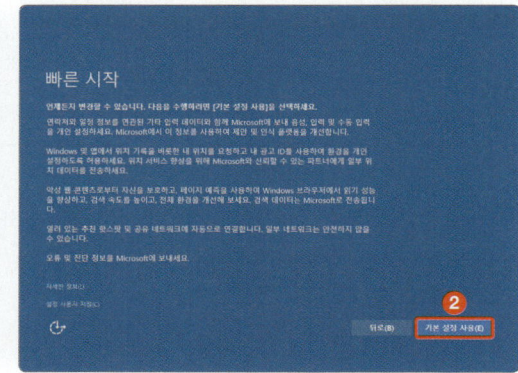

> **tip** 처음 사용자용 윈도우 10을 구입했다면 제품 키를 입력하여 진행하세요.

tip [설정 사용자 지정]을 누르면 업데이트, 개인 정보 보호 옵션을 스스로 선택할 수 있습니다.

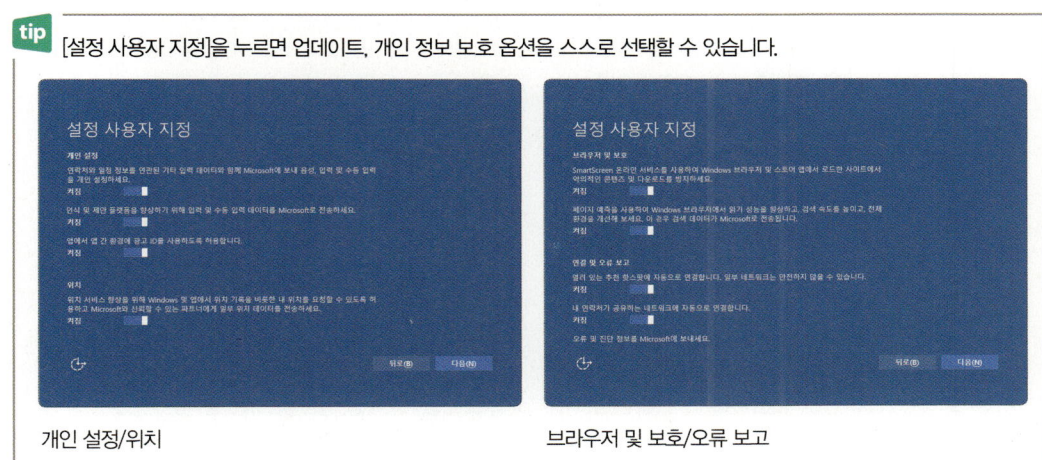

개인 설정/위치   브라우저 및 보호/오류 보고

'이 PC를 누가 소유하고 있나요?'라는 물음이 나오면 조직 소유인지, 개인 소유인지를 선택하여 진행합니다. 일반적인 개인용 컴퓨터라면 [내가 소유합니다.]를 누르면 됩니다.

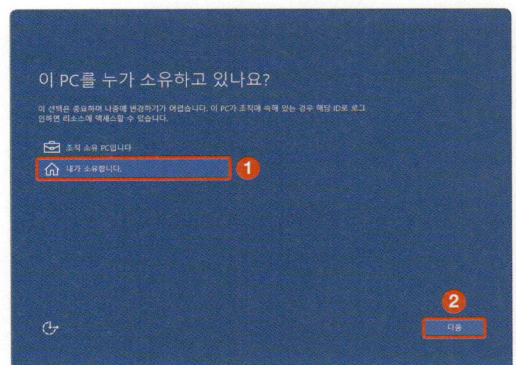

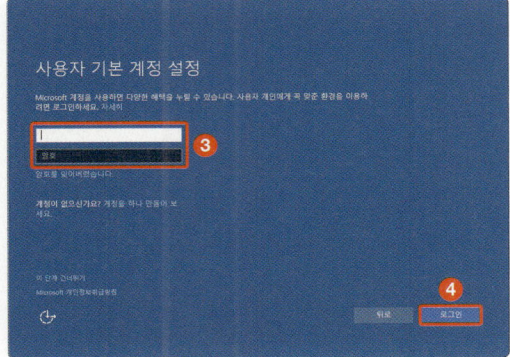

tip '사용자 기본 계정 설정'에서 [이 단계 건너뛰기]를 선택하면 마이크로소프트 계정을 사용하지 않고 로컬 계정을 만들어 로그인할 수 있습니다. 하지만 스토어, OneDrive 등을 활용하려면 마이크로소프트 계정으로 로그인해야 합니다. 계정이 없으면 [계정을 하나 만들어 보세요.]를 클릭하세요. 더 자세히 알아보려면 319쪽을 참고하세요.

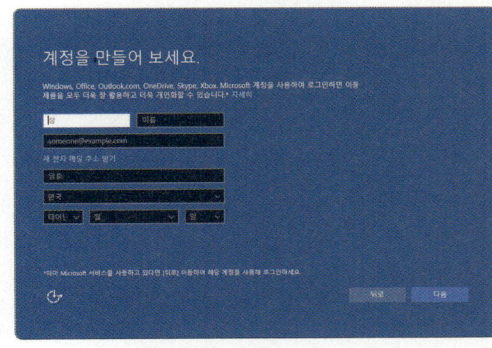

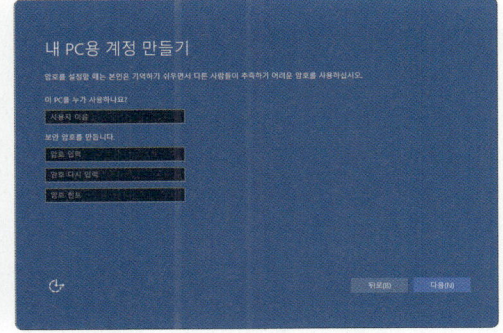

마이크로소프트 계정 생성   로컬 계정 생성

tip 오피스 365 등 회사나 기관에서 제공하는 계정을 사용해 로그인해야 한다면 [조직 소유 PC입니다.]를 선택하세요. Azure AD 조인과 도메인 조인 중에서 선택할 수 있습니다.

Azure AD 조인   도메인 조인

'암호는 구시대 방식입니다.'라는 메시지가 보입니다. 간단한 숫자로 구성된 추가 암호를 만드는 과 정입니다. [PIN 설정]을 누르고 4~6자리 정도의 숫자 암호를 입력합니다.

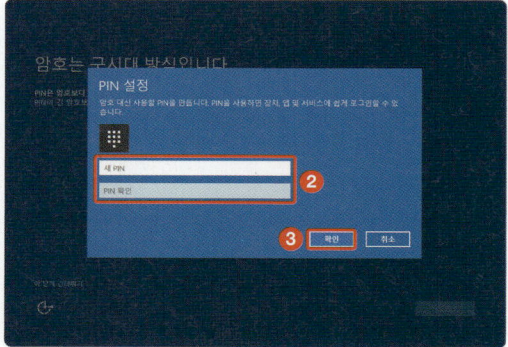

tip PIN(Personal Identity Number)으로 윈도우에 로그인할 수 있습니다. 325쪽을 참고하세요.

이후 설정 작업을 자동으로 수행합니다. 완료되면 바탕 화면이 나타납니다.

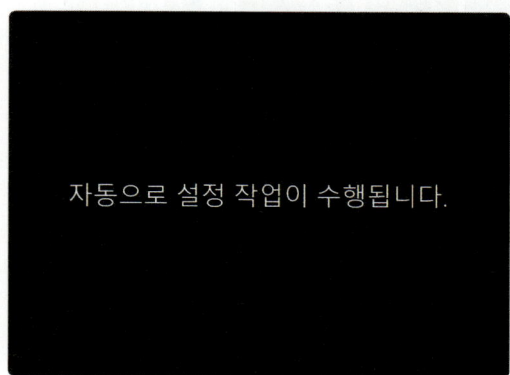

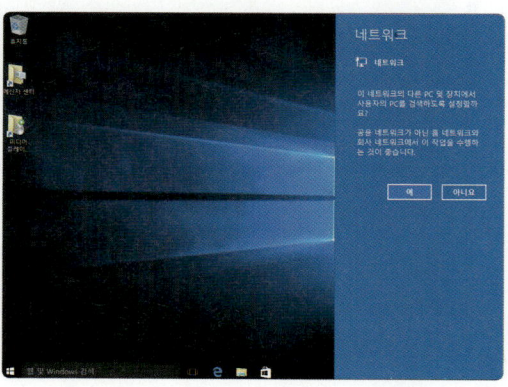

LESSON 05
이전 운영체제로
되돌리기

새로운 운영체제와의 만남은 무척 설레는 일입니다. 하지만 프로그램의 호환성이나 하드웨어의 한계, 개인의 취향에 따라 이전 버전으로 되돌려야 하는 상황도 발생합니다. 이번에는 이전 윈도우로 다시 복구하는 방법을 살펴보겠습니다. 중요한 자료는 미리 백업하고 진행하세요.

복구 조건 확인하기

윈도우 10으로 업그레이드했을 때 기본 값인 [개인 파일, 앱을 유지합니다.]를 선택한 경우에만 다운그레이드가 가능합니다. 그리고 윈도우 10 업그레이드 이후 1개월 동안만 원상 복구할 수 있으니 업그레이드했던 날짜를 꼭 기억해 놓으세요.

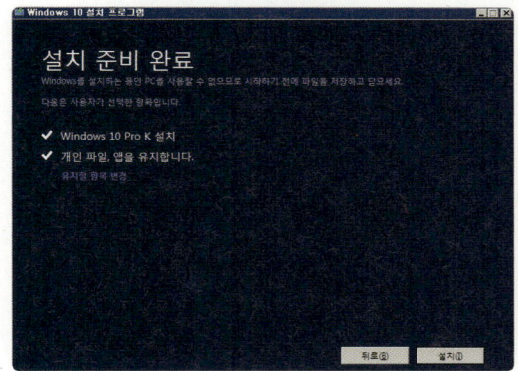
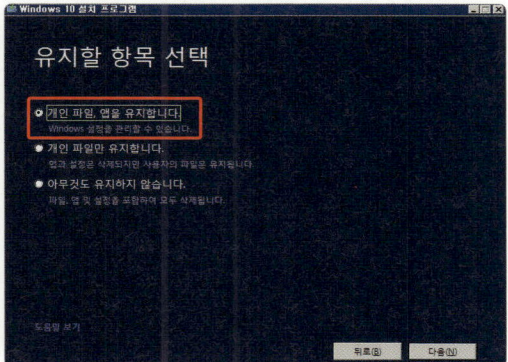

복구 방법 살펴보기

[시작 ■]에서 [설정]을 누른 뒤 [업데이트 및 복구]를 선택합니다.

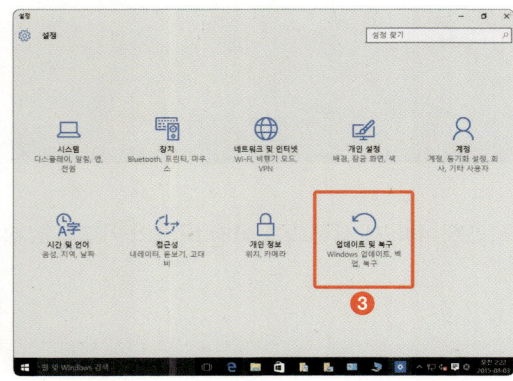

[복구]에서 Windows 7/8.1로 돌아가기'아래에 있는 [시작]을 누릅니다.

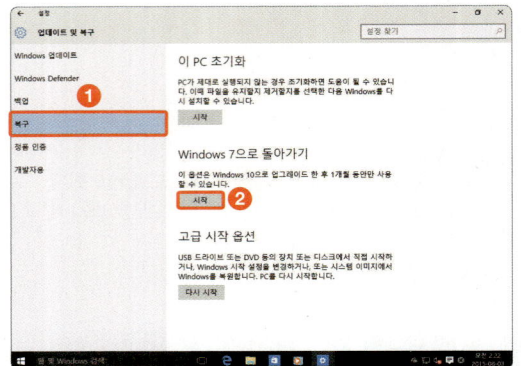
Windows 7

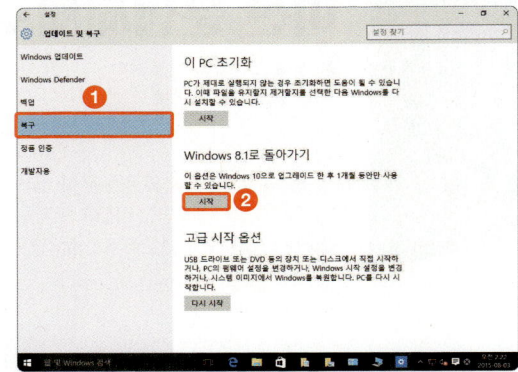
Windows 8.1

되돌리려는 이유를 선택하고 '알아야 할 사항'을 읽어 보세요. 이전 버전으로 복원하면 설치한 프로그램이나 파일이 영향을 받을 수 있다고 알려줍니다.

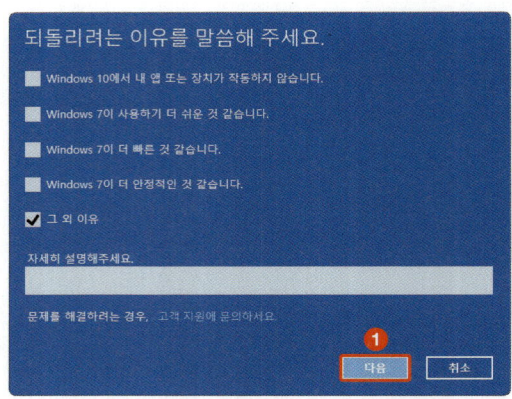

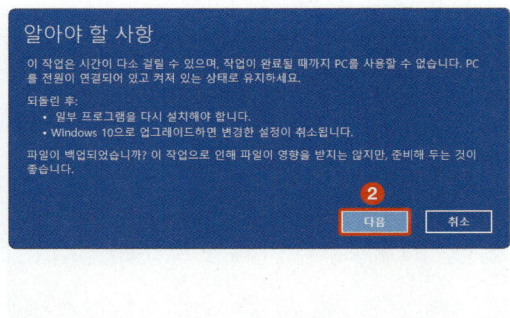

이전 윈도우 버전에서 사용했던 암호도 숙지해 놓습니다. 'Windows 7/8.1로 되돌리기'를 선택합니다.

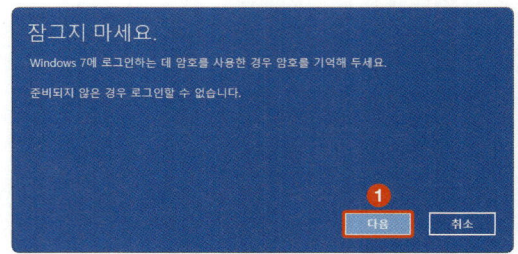

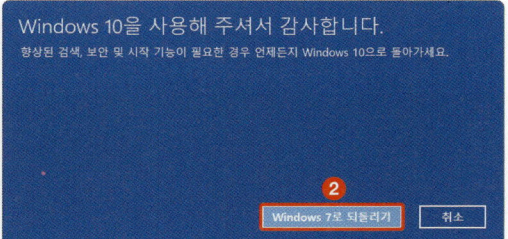

시스템이 다시 시작되고 이전 버전의 윈도우로 복원합니다.

익숙한 예전 로그온 화면으로 돌아왔습니다. 이전에 사용하던 비밀번호로 로그인하면 됩니다.

Windows 7으로 복원

Windows 8.1로 복원

 다운그레이드로 윈도우 7~8.1로 돌렸더라도 다시 윈도우 10으로 업그레이드할 수 있습니다. 34쪽을 참고하세요.

썸 타기
깔끔하게 단장한
새 모습 살펴보기

윈도우 10은 시작 메뉴를 새롭게 선보였습니다.
윈도우 7보다 더 체계적으로 사용할 수 있게 향상되었습니다.
윈도우 8과 같은 전체 크기의 시작 메뉴도 제공됩니다.
시작 메뉴를 내가 원하는 대로 꾸며서 재미있게 사용해 봅시다.

LESSON 01
윈도우 10에서 컴퓨터 켜고 끄기

컴퓨터를 사용하려면 전원 단추를 눌러 컴퓨터를 켜면 됩니다. 컴퓨터를 켜고 나면 끄는 방법도 알아야 겠죠? 윈도우 7처럼 윈도우 10에서도 시작 메뉴를 통해 시스템을 종료할 수 있습니다.

잠금 화면에서 로그인하기

전원 버튼을 눌러 컴퓨터를 켜면 잠금 화면이 나타납니다. 마치 스마트폰이나 태블릿처럼 현재 시간, 네트워크 상태, 일정 등이 보입니다. 정해진 사용자 외에는 사용할 수 없도록 사생활 보호 기능도 제공합니다. 마우스로 아무 데나 누르거나 키보드로 아무 키나 누르면 비밀번호 입력 화면으로 넘어갑니다. 태블릿처럼 터치스크린에서는 손가락으로 화면을 쓸어 올려도 됩니다.

tip 좀 더 편리한 암호 입력 방식 사용하기

태블릿에서는 손가락을 사용하는 사진 암호를, 또 빠르게 로그인하려면 4자리로 된 PIN 번호를 입력할 수도 있습니다. Windows Hello를 사용하면 지문이나 홍채 등 생체 정보로도 로그인할 수 있습니다. 자세한 내용은 327쪽을 참고하세요.

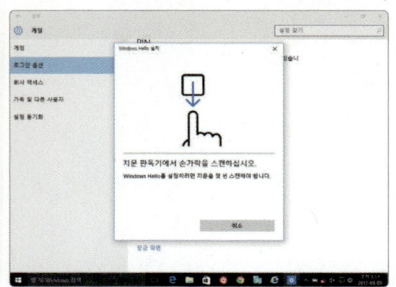

(왼쪽) 사진 암호

(오른쪽) Windows Hello

시스템 종료로 컴퓨터 끄기

컴퓨터를 끄려면 [시스템 종료]를 찾아야 합니다. 데스크톱과 태블릿은 시스템 종료 방법이 조금 다릅니다. 마우스와 키보드를 사용하는 데스크톱이나 노트북에서는 윈도우 7과 동일하게 시작 메뉴에서 시스템을 종료할 수 있습니다. 태블릿에서는 전원 단추를 활용합니다.

시작 메뉴에서 시스템 종료하기

[시작 ⊞]을 누르거나 키보드의 ⊞를 누릅니다. 시작 메뉴가 나타나면 [전원]을 누른 뒤 [시스템 종료]를 선택하면 잠시 후 컴퓨터가 꺼집니다.

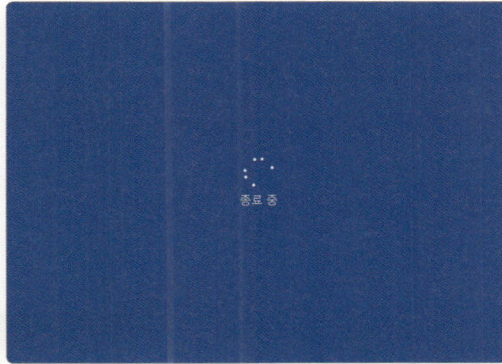

전원 단추를 눌러서 시스템 종료하기

서피스 같은 기기에서는 손가락으로 편리하게 컴퓨터를 끌 수 있습니다. 전원 단추를 5초 정도 누르면 [내려서 PC 종료] 화면이 나타납니다. 이때 전원 단추에서 손을 뗀 후 화면을 끌어내리면 컴퓨터가 꺼집니다. 스마트폰을 종료할 때와 비슷합니다.

LESSON 02

만능 관리 센터
시작 메뉴 살펴보기

윈도우 10에서 시작 메뉴가 돌아왔습니다. 시작 메뉴만 잘 활용해도 윈도우 10을 습득하는 데 큰 도움을 줍니다. 윈도우의 모든 기능이 이곳에 있다고 해도 과언이 아니기 때문입니다. 폴더나 웹 사이트, 자주 사용하는 앱을 고정하거나 타일 또는 시작 메뉴 자체의 크기를 조정할 수 있습니다.

시작 메뉴 자세히 보기

시작 메뉴로 이동하려면 [시작 ■]이나 키보드의 ⊞를 누릅니다. 시작 메뉴의 왼쪽에는 자주 사용되는 앱이 나타납니다. 오른쪽에는 앱이 타일 형태로 나열되어 있습니다. 왼쪽은 윈도우 7의 장점을, 오른쪽은 윈도우 8/8.1의 장점을 잘 섞어 놓은 모습입니다.

① **사용자 이름** : 사용자를 전환하고 계정 설정을 변경할 수 있습니다.

② **자주 사용되는 앱** : 자주 사용하는 앱을 빠르게 실행할 수 있습니다.

③ **최근에 추가한 항목** : 스토어에서 최근에 설치한 앱이 나타납니다.

④ **각종 폴더와 설정 및 전원 메뉴** : 파일 탐색기, 설정, 전원 메뉴 등이 자리합니다. 자주 사용하는 폴더를 추가할 수
    도 있습니다. 57쪽을 참고하세요.
⑤ **모든 앱** : 컴퓨터에 설치된 모든 앱 목록이 나타납니다.
⑥ **시작 화면** : 앱(프로그램)을 타일 형태로 추가할 수 있는 공간입니다.

기본 사용법 알아보기

시작 메뉴 크기 조절하기

시작 메뉴의 끝부분을 잡고 내리거나 올리면 너비나 높이를 조절할 수 있습니다.

앱(프로그램) 목록 보기

시작 메뉴에서 [모든 앱]을 누르면 컴퓨터에 설치된 모든 앱(프로그램)이 나타납니다. 원하는 앱을
찾아 실행할 수 있습니다.

LESSON 03

사용자 친화적으로
시작 메뉴 설정하기

윈도우 10의 기능은 시작 메뉴에서 출발해 시작 메뉴에서 끝난다고 해도 무방합니다. 이런 공간을 사용자 입맛에 맞게 설정할 수 있습니다. 자신에게 편리하도록 시작 메뉴를 설정하는 방법에 대해 살펴봅시다.

시작 화면에 앱 고정하기

자주 사용하는 앱을 시작 화면에 고정할 수 있습니다. 왼쪽의 목록에서 오른쪽으로 앱을 끌어다 놓으면 고정됩니다. 왼쪽 앱에서 마우스 오른쪽 버튼을 눌러 [시작 화면에 고정]을 선택해도 됩니다.

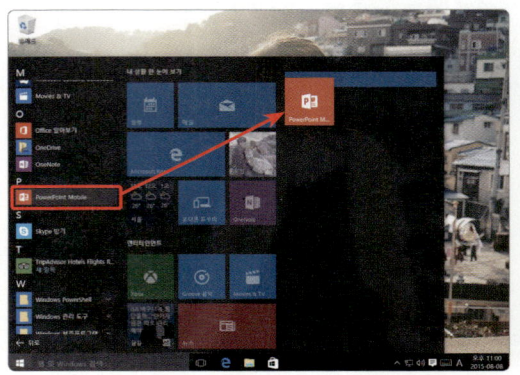
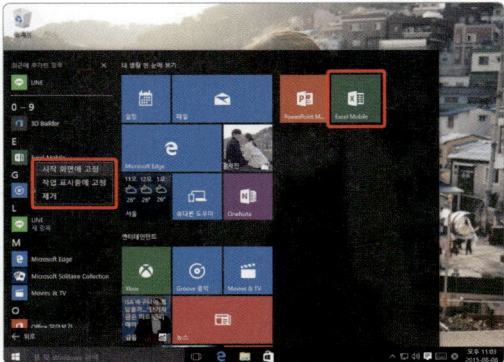

시작 화면에서 앱 제거하기

시작 화면에서 사용하지 않거나 필요 없어진 타일은 고정을 해제할 수 있습니다. 타일을 마우스 오른쪽 버튼으로 눌러 [시작 화면에서 제거]를 선택하면 됩니다.

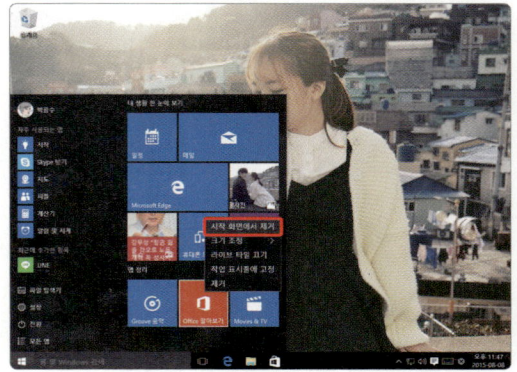

타일 크기 조절하기

타일을 마우스 오른쪽 버튼으로 누른 뒤, [크기 조정]에서 네 가지 크기(①작게, ②보통, ③넓게, ④크게) 중에 선택할 수 있습니다. 사용하기 편리할 뿐 아니라 예쁘게 꾸밀 수도 있습니다.

앱을 그룹으로 묶기

시작 화면의 타일 고정 영역에 각 섹션마다 이름을 넣을 수 있습니다. 타일 위의 빈 공간을 선택하면 이름을 입력할 수 있습니다.

그룹의 이름을 잡고 움직이면 원하는 곳으로 옮길 수 있습니다.

전체 화면 크기로 확대하기

윈도우 8처럼 화면을 꽉 채우는 시작 메뉴를 만들 수 있습니다. 자주 사용하는 앱을 시작 메뉴에 고정했다면 한번 사용해 보세요. [시작 ■]의 [설정]에서 [개인 설정]으로 들어갑니다.

 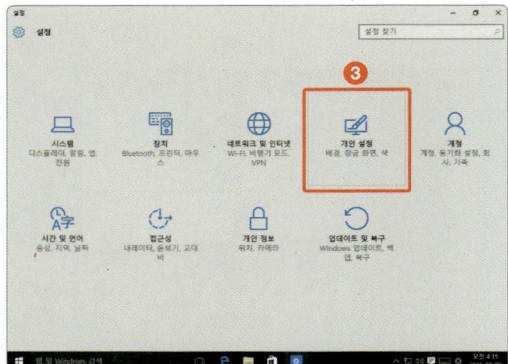

[시작]에서 [전체 시작 화면 사용]을 마우스로 눌러 [켜짐 ●]으로 바꾸면 시작 메뉴가 화면 전체를 꽉 채웁니다.

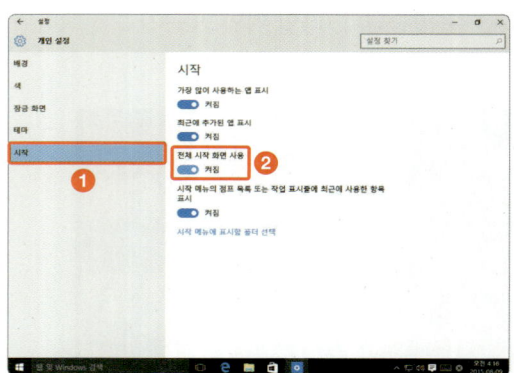 

위쪽의 [메뉴 ■]를 누르면 시작 메뉴의 왼쪽 항목이 보이고, 아래쪽의 [모든 앱 ▤]을 누르면 앱 목록이 나타납니다.

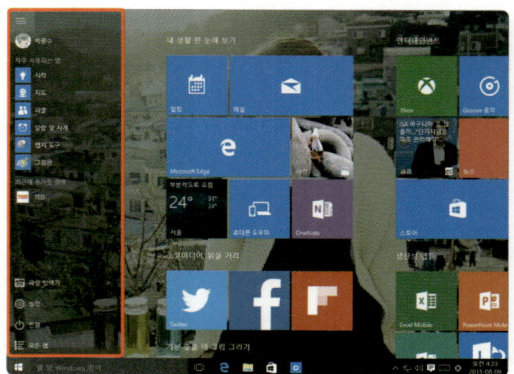 

자주 찾는 폴더를 표시하기

시작 메뉴를 열면 [설정] 위에 [파일 탐색기]가 보입니다. 이 부분에 자주 찾는 폴더를 추가할 수 있습니다. [시작 ⊞]의 [설정]에서 [개인 설정]에 들어갑니다.

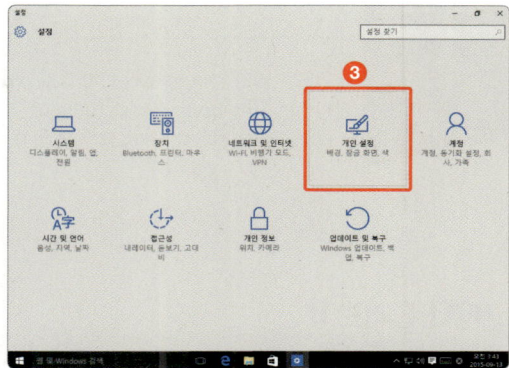

[시작]에 들어가면 [시작 메뉴에 표시할 폴더 선택]이 보입니다. 이를 누르고 시작 메뉴에 보이길 원하는 폴더를 추가합니다. 여기서 [켜짐 ●]으로 표시된 폴더가 시작 메뉴에 나타납니다.

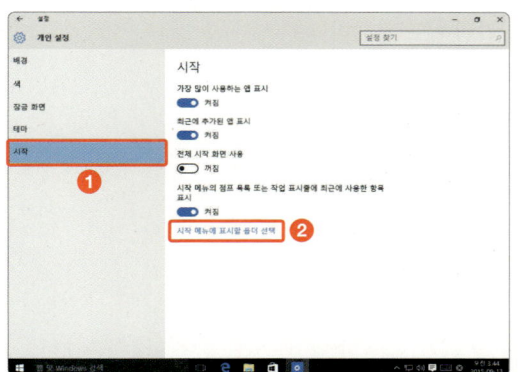
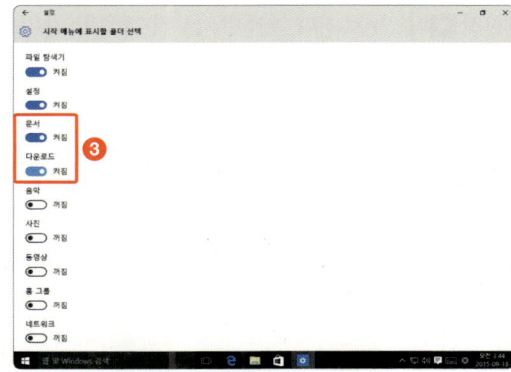

[시작 ⊞]을 눌러 추가된 폴더를 확인하세요. 이제부터는 시작 메뉴에서 빠르게 접근 가능합니다.

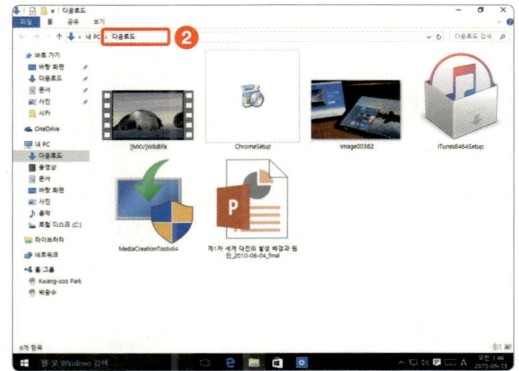

LESSON 04

스마트한 비서이자 팔방미인 코타나 둘러보기

윈도우 10의 검색 상자에는 코타나(Cortana)라는 비서가 숨어 있습니다. 코타나는 [시작 ■]의 오른쪽인 [웹 및 Windows 검색]에 있습니다. 코타나는 파일부터 전자 메일, OneDrive까지 검색해 줍니다. 코타나와 빨리 친해지면 윈도우 10을 빠르고 간편하게 사용할 수 있습니다.

코타나 둘러보기

[시작 ■]의 오른쪽에 있는 [웹 및 Windows 검색]을 눌러 검색할 키워드를 입력해 보세요.

[시작 ■]을 누르거나 ⊞를 누른 뒤 검색할 키워드를 입력해도 됩니다.

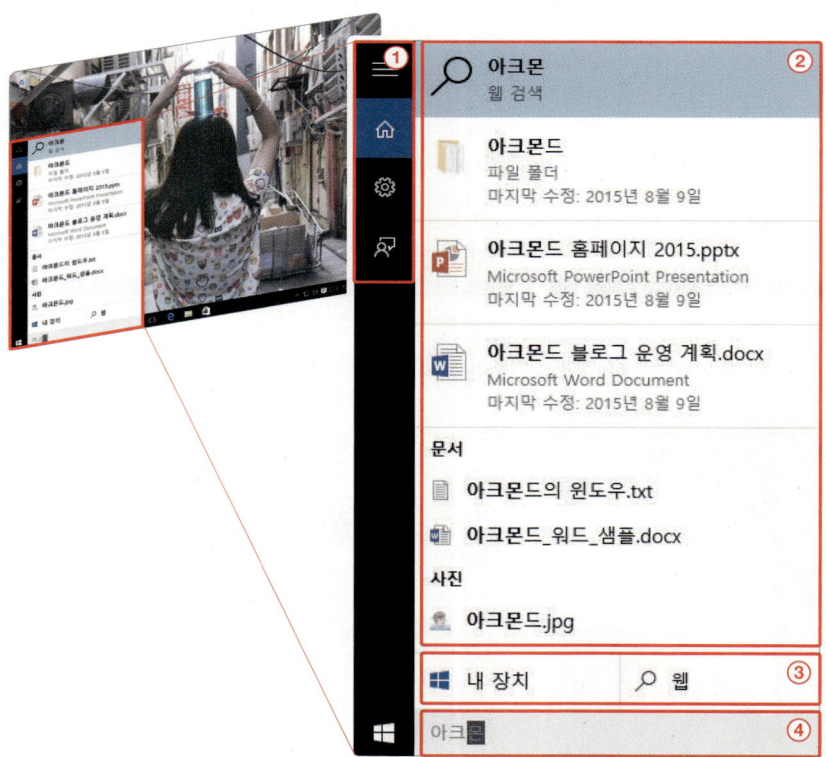

① **메뉴** : 홈, 설정, 피드백 등 코타나와 관련한 메뉴를 열 수 있습니다.

② **검색 결과** : 검색 상자에 입력한 키워드에 대한 검색 결과가 나타납니다.

③ **검색 위치** : 내 장치와 웹 검색 결과 중에서 검색할 위치를 선택할 수 있습니다.

④ **검색 상자** : 이곳에 원하는 키워드를 입력하여 검색합니다.

> **tip** 검색 상자가 작업 표시줄을 너무 많이 차지한다고 느껴지나요? 작업 표시줄의 검색 상자를 마우스 오른쪽 버튼으로 눌러 [검색 → 검색 아이콘 표시]를 선택하면 검색 상자가 작아집니다. 작업 표시줄을 꾸미는 방법은 72쪽을 참고하세요.

> **tip** **코타나(Cotrana)란?**   Windows10
>
> 코타나는 인공 지능 소프트웨어입니다. 마이크로소프트의 게임 시리즈 헤일로(Halo)의 등장인물에서 유래했습니다. 코타나는 윈도우 10 속에서 개인 비서 역할을 합니다. 사용자의 작업을 돕고 다양한 최신 정보를 제공합니다.

코타나로 검색하기

내 장치에서 찾기

[웹 및 Windows 검색]에 키워드를 입력하면 곧바로 검색을 시작합니다. 두 가지 검색 위치 중에서 [내 장치]를 누르면 내 컴퓨터의 자료를 먼저 보여 줍니다. [정렬]과 [표시] 드롭다운 메뉴로 검색 범위를 더 좁혀 나갈 수 있습니다. 내 PC뿐 아니라 OneDrive의 자료도 찾아 줍니다.

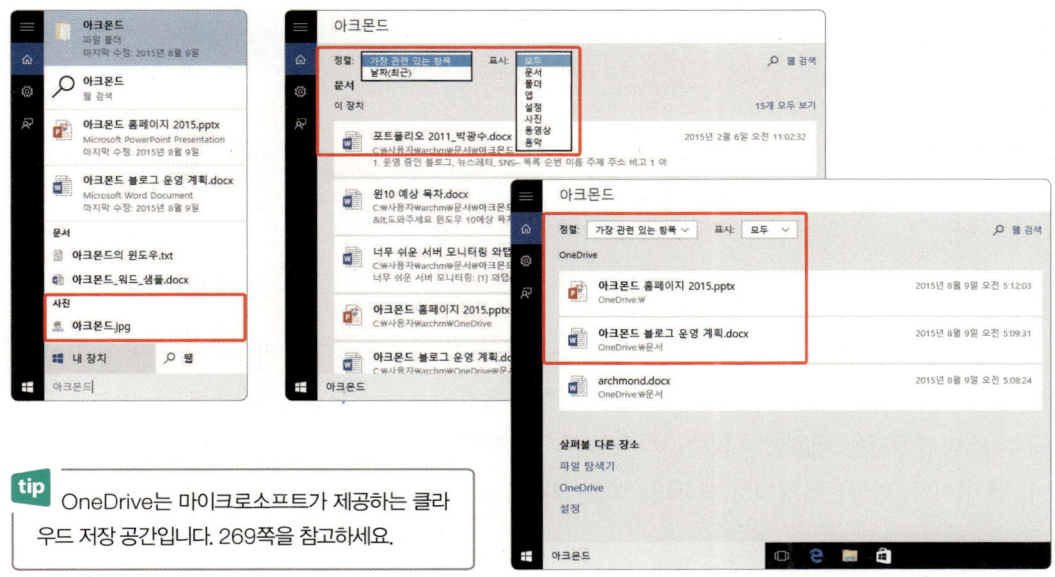

> **tip** OneDrive는 마이크로소프트가 제공하는 클라우드 저장 공간입니다. 269쪽을 참고하세요.

자료 검색 외에도 앱을 실행하는 용도로 활용할 수 있습니다. 검색 상자에 실행하려는 앱의 이름을 입력하고 Enter 를 누르면 바로 실행됩니다.

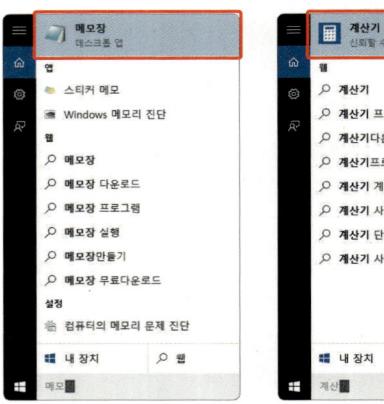
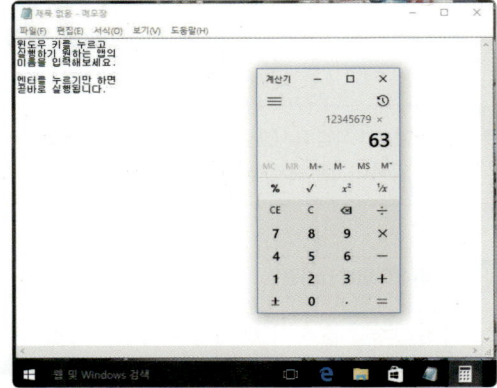

웹에서 찾기

검색 상자에서 [웹]을 선택하면 웹 브라우저가 열리면서 키워드를 빠르게 검색할 수 있습니다. 기본으로 열리는 웹 브라우저를 구글 크롬 등으로 바꾸고 싶다면 85쪽을 참고하세요.

코타나의 음성 인식 알아보기

코타나는 단순한 검색 서비스가 아니라 마이크로소프트가 제공하는 개인 비서입니다. 음성 인식 기능과 함께 아래처럼 다양한 분야를 넘나들며 사용자에게 맞춤형 서비스를 제공합니다. 아쉽게도 현재 한글 버전에서는 제공되지 않습니다. 2015년 10월 현재 프랑스어, 이탈리아어, 독일어, 스페인어, 영어(미국, 영국), 북경어로 제공되고 있습니다.

초기 화면

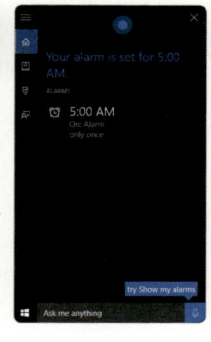
알람

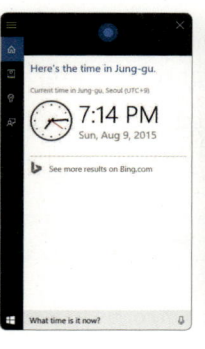
시간

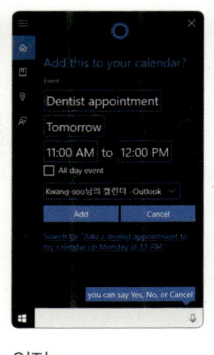
일정

날씨

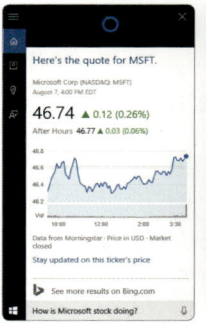
주식

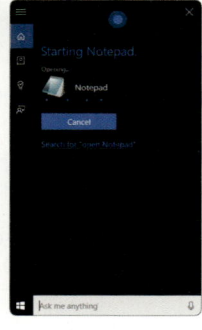
앱 실행

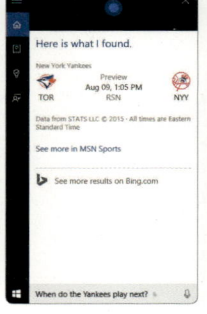
스포츠 일정

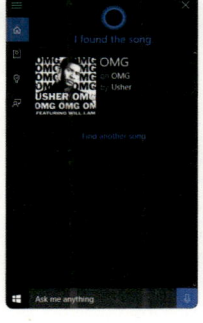
음악 검색

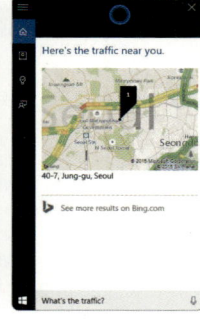
교통

> **tip 윈도우 10 모바일의 코타나(스마트폰 버전)** ⊞ W i n d o w s 1 0
>
> 코타나는 원래 윈도우폰에서 먼저 선보인 기능입니다. 윈도우 10 모바일에서도 똑똑한 비서를 활용할 수 있습니다. 기본 기능에 전화, 메모 등 스마트폰에 특화된 기능을 추가로 제공합니다.
>
>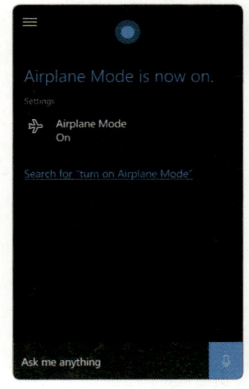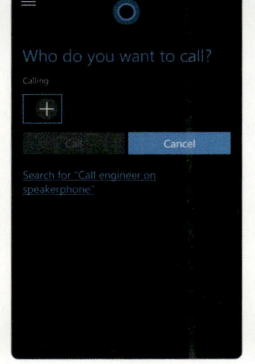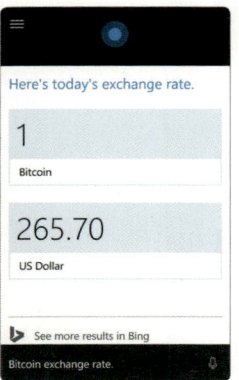

코타나 음성 명령의 예

이 책을 집필할 시점에는 한글 버전의 코타나가 제공되지 않고 있습니다. 하지만 2016년 말에 한글 버전이 출시된다는 소식은 있습니다. 영문 버전에서 제공되는 음성 명령의 예를 통해, 이후 한글 버전에서도 어떤 식으로 명령을 내릴 수 있을지 가늠해 봅시다.

항목	음성 명령 예	결과
📅 일정	"What do I have next?" "Put dentist appointment on my calendar tomorrow"	다음 일정 확인 일정 추가/수정
💡 통보	"Remind me to buy fresh fruit tomorrow"	잊지 않도록 알려줌
⏰ 알람	"Wake me up at 6 AM" "Turn on my 3PM alarm"	알람 설정
✉ 이메일	"Send an email"	이메일 작성
🎵 음악	"Play all albums" "What song is playing?"	음악 재생 흘러나오는 노래 정보 확인
📍 장소	"Show me a map" "When does Starbucks open?"	지도에서 현재 위치 보기 주변 레스토랑 정보 확인
ⓘ 정보	"Who is the president of Finland?" "When does Fall begin?"	정보 확인
🖥 조회	"Flight status Southwest 11" "When will my package arrive?"	항공편 조회 배송 조회
🏅 스포츠	"What's the Arsenal score?" "When is the next MANU game?"	경기 결과 조회 경기 일정 확인
🎫 티켓	"What movies are playing near me?" "Draft Punk events near me"	주변 지역 영화 상영 정보 주변 지역 콘서트 정보
📈 금융	"Convert 100 dollars to won" "What's the value of Microsoft stock?"	환율 정보 조회 주식 시세 확인
🔢 수학	"Convert 172 pounds to kilograms" "How many meters in 1 kilometer?"	수식 계산 단위 변환
📖 사전	"Define delve" "Translate hello to Korean"	단어 뜻 확인 번역 결과
☁ 날씨	"What's the weather?" "Do I need an umbrella?"	현재 날씨 강수 예보 확인
🔍 검색	"Show me today's news" "How much protein in a ham sandwich?"	뉴스 확인 궁금한 사항 질문

> **tip** 윈도우를 영문판으로 변경하여 코타나를 사용해 보려면 332쪽을 참고하세요.

LESSON 05

작업 보기로
가상 데스크톱 만들기

■ Windows10

가상 데스크톱 기능이 윈도우 10에 추가되었습니다. 가상 데스크톱은 복수의 바탕 화면을 만드는 기능입니다. 여러 앱을 실행했을 때, 화면별로 사용하기 좋게 정리할 수 있습니다. 이제는 맥 OS와 리눅스를 부러워할 필요가 없겠네요. 가상 데스크톱에서 앱을 그룹처럼 모아 사용하면 됩니다.

가상 데스크톱 만들기

작업 표시줄의 [작업 보기 ▣]를 누른 뒤 다시 오른쪽 아래의 [새 데스크톱 ➕]을 누릅니다.

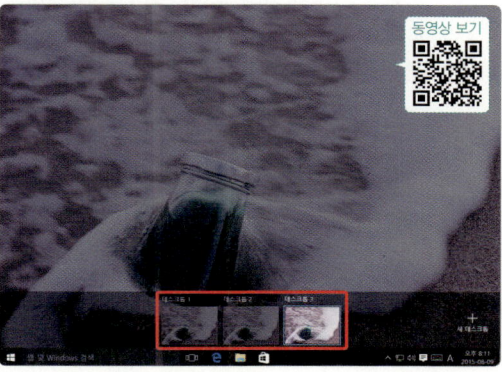

마치 별도의 모니터로 앱을 실행하는 것처럼 각각의 데스크톱에서 서로 다른 앱을 실행할 수 있습니다. 오피스 앱은 데스크톱 1에서, 웹 브라우저는 2에서, 게임은 3에서 실행한 모습입니다.

오피스

웹 브라우저

게임

작업 보기 모드에서 앱을 오른쪽 아래의 [새 데스크톱 ➕]으로 끌어넣으면 새로 만들어진 데스크톱 4에 이동된 모습을 볼 수 있습니다. 기존에 실행된 앱이 많으면 [새 데스크톱 ➕]을 만들어 앱을 실행하는 것보다 편리합니다.

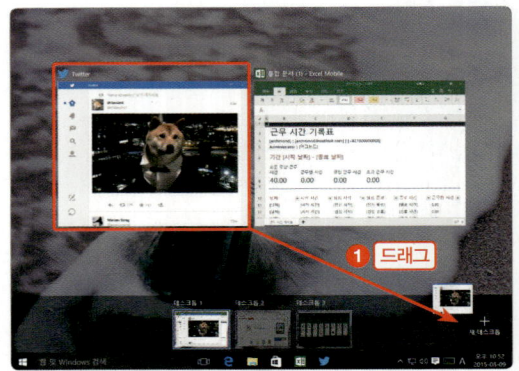
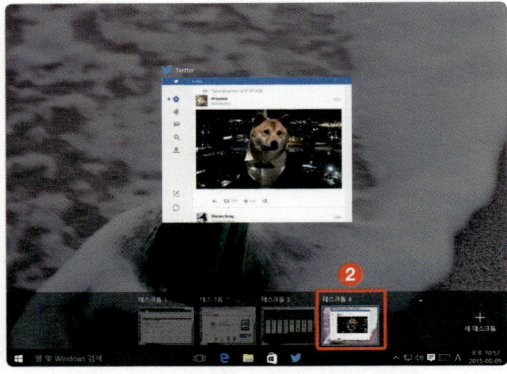

가상 데스크톱 간에 앱 이동하기

실행 중인 앱을 드래그해 원하는 곳으로 넣을 수 있습니다. 아래는 데스크톱 1에 있던 파워포인트를 데스크톱 2에 끌어넣어 이동한 모습입니다. 이 방법은 터치스크린에서 더욱 편리합니다.

앱 썸네일을 마우스 오른쪽 버튼으로 눌러 [이동]을 선택해도 됩니다.

가상 데스크톱 닫기

데스크톱을 닫으려면 아래의 데스크톱 목록에서 [닫기 ✕]를 누르면 됩니다. 가상 데스크톱은 사라지지만 그곳에서 실행 중인 앱은 종료되지 않고 다른 열려 있는 데스크톱으로 이동됩니다(앱을 종료하려면 데스크톱이 아니라 위쪽의 앱에 마우스를 가져가 [닫기 ✕]를 눌러야 합니다).

모든 데스크톱을 닫으면 하나로 합쳐지면서 가상 데스크톱을 만들지 않았던 상태로 돌아옵니다.

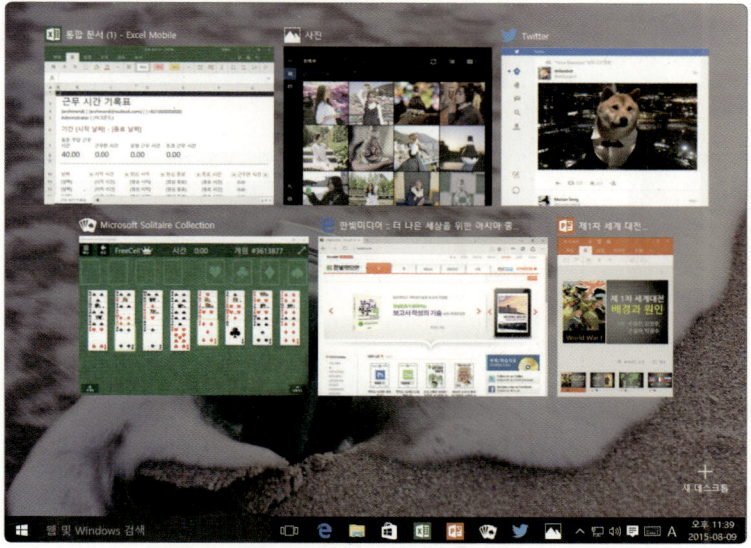

---

tip 단축키를 사용해 '작업 보기'를 전문가처럼 활용해 봅시다. 가상 데스크톱 관련 단축키는 ⊞ + Ctrl 을 사용한다는 것만 기억하세요.

- 새 가상 데스크톱 만들기: ⊞ + Ctrl + D
- 현재 가상 데스크톱 닫기: ⊞ + Ctrl + F4
- 가상 데스크톱 이동하기: ⊞ + Ctrl + ← 또는 →

가상 데스크톱 설정하기

[시작 ■]에서 [설정]을 열어서 [시스템]의 [멀티태스킹]에 들어가면 [가상 데스크톱]의 설정을 변경할 수 있습니다. 작업 표시줄이나 Alt + Tab 에서 열린 창을 표시하는 옵션을 [모든 데스크톱] 또는 [내가 사용하는 데스크톱만] 중에서 선택할 수 있습니다.

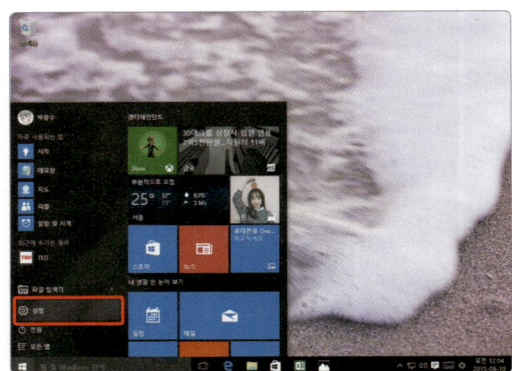 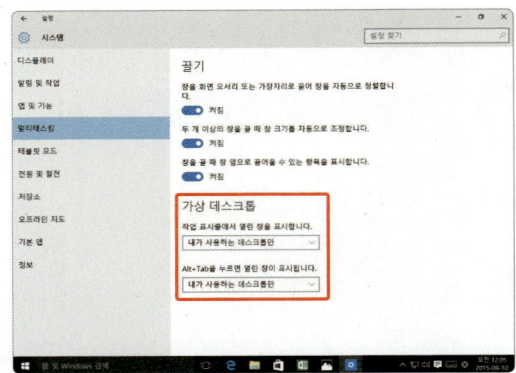

기본값인 [내가 사용하는 데스크톱만]을 선택하면 해당 가상 데스크톱에서 실행된 앱만 보여줍니다. [모든 데스크톱]을 선택하면 실행된 앱을 모두 표시합니다. 작업 표시줄을 잘 살펴보세요.

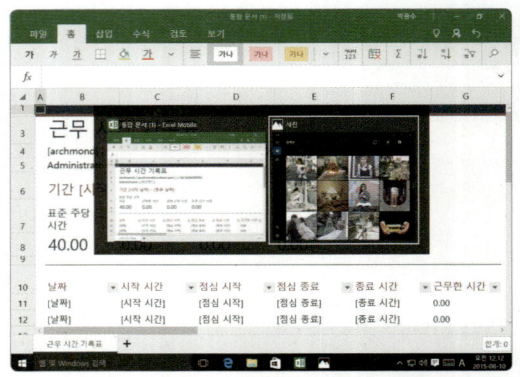 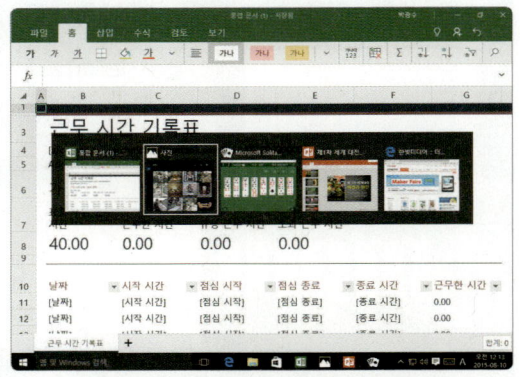

[내가 사용하는 데스크톱만] 선택 시: 현재 데스크톱에서 실행 중인 앱만 나타납니다(기본값).

[모든 데스크톱] 선택 시: 모든 데스크톱에서 실행 중인 앱 전체가 나타납니다.

 tip Alt + Tab vs ⊞ + Tab ⊞ Windows 10

Alt + Tab 을 누르는 전통적인 단축키는 Tab 을 떼는 순간 작업이 전환되어 속도가 빠릅니다. 하지만 가상 데스크톱이 나타나지 않습니다. 윈도우 10은 두 가지 단축키를 모두 지원합니다. 가상 데스크톱 기능을 제대로 활용하려면 새로운 단축키인 ⊞ + Tab 을 사용해보세요.

LESSON 06

알림 센터
시스템 유지, 관리, 보안의 최전선

작업 표시줄의 오른쪽에 처음 보는 모양인 [알림 🗩]이 있습니다. 알림 센터는 원래 시스템의 유지, 관리, 보안 메시지가 나타나는 곳이었습니다. 윈도우 10에서는 최근 메시지와 장치 설정과 관련된 항목들이 나타나는 곳으로 변모했습니다. 각종 설정을 빠르게 변경할 때 아주 유용합니다.

알림 센터 살펴보기

PC라면 작업 표시줄의 [알림 🗩]을 클릭하고, 태블릿이라면 오른쪽 가장자리에서 안쪽으로 손가락을 쓸어 보세요. 오른쪽에 알림 센터가 나타납니다. 단축키인 🪟+Ⓐ를 눌러도 됩니다(A는 Action center를 뜻합니다).

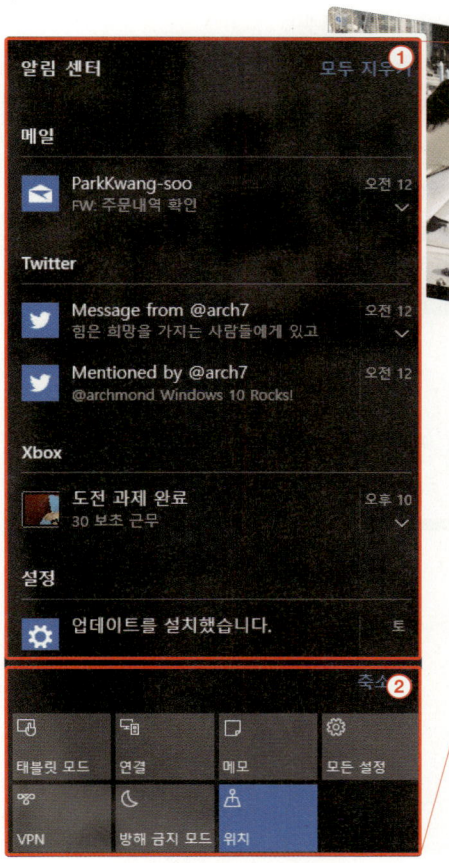

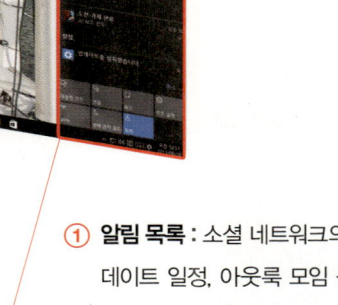

① **알림 목록** : 소셜 네트워크의 새 메시지, 윈도우 업데이트 일정, 아웃룩 모임 등 필요한 알림을 한눈에 볼 수 있습니다. [펼쳐보기 ⌄]를 누르면 자세한 내용을 확인할 수 있습니다. 내용을 클릭하면 관련된 앱이나 설정에 연결됩니다. [닫기 ✕]를 누르면 알림이 사라집니다.

② **시스템 기능** : [태블릿 모드], [연결], [메모], [모든 설정], [VPN], [방해 금지 모드], [위치] 등이 있습니다. 껐다 켰다 하는 스위치라고 보면 됩니다. 기존에는 제어판에 들어가 복잡한 과정을 거쳐서 설정해야 했던 기능을 편리하게 바꿀 수 있습니다.

각종 설정에 빠르게 접근하는 바로 가기

알림 센터의 아래쪽에 있는 '바로 가기'를 누르면 스마트폰처럼 Wi-Fi, Bluetooth 등을 켜고 끌 수 있습니다. 이곳에 나타나는 아이콘은 컴퓨터마다 다르지만 보통 아래와 같은 항목으로 이뤄집니다.

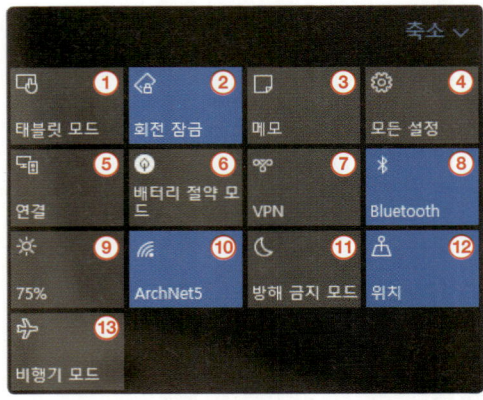

① **태블릿 모드** : 태블릿에 최적화된 형태로 시작 메뉴 등을 변경합니다.

② **회전 잠금** : 기기의 화면 방향에 따라 회전하는 것을 방지합니다.

③ **메모** : 원노트 앱을 실행합니다.

④ **모든 설정** : 설정에 들어갑니다.

⑤ **연결** : 무선 장비와 연결합니다.

⑥ **배터리 절약 모드** : 밝기와 푸시 등을 조절하여 배터리 사용 시간을 늘립니다.

⑦ **VPN** : 가상 사설망에 연결합니다.

⑧ **Bluetooth** : 블루투스를 켜고 끕니다.

⑨ **화면 밝기** : 화면 밝기를 조절합니다. 25%, 50%, 75%, 100% 순서로 바뀝니다.

⑩ **Wi-Fi** : 무선 랜을 켜고 끕니다.

⑪ **방해 금지 모드** : 팝업 형태로 나타나는 알림을 멈춰 줍니다.

⑫ **위치** : 위치 정보를 사용합니다.

⑬ **비행기 모드** : 비행기 모드를 켜고 끕니다.

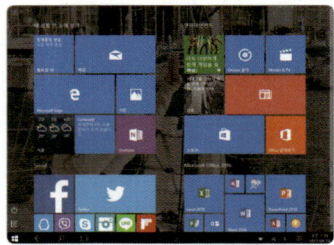

① **태블릿 모드** → 394쪽 참고

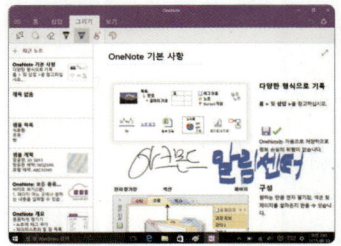

③ **메모** → 251쪽 참고

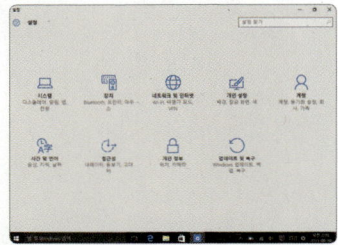

④ **모든 설정** → 312쪽 참고

⑤ **연결** → 420쪽 참고

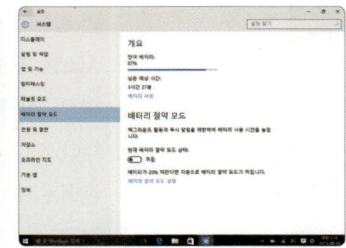

⑥ **배터리 절약 모드** → 428쪽 참고

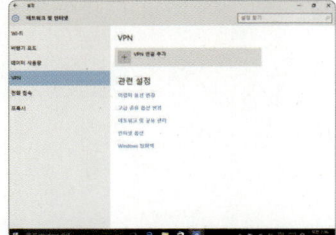

⑦ **VPN** → 282쪽 참고

알림 센터의 아이콘 바꾸기

알림 센터의 아래에 나타나는 장치 설정 바로 가기를 다른 것으로 변경하려면 알림 센터에서 [모든 설정]을 누르세요. [시스템]의 [알림 및 작업]에 있는 [바로 가기 선택]에서 원하는 기능으로 바꾸면 됩니다.

 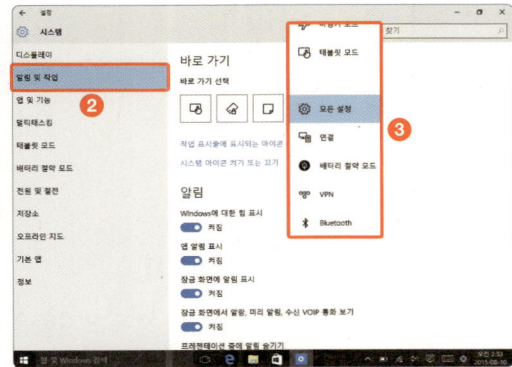

위에서 바꿨던 항목은 알림 센터의 아이콘을 [축소]했을 때 보이는 4개 아이콘에 적용됩니다.

tip 윈도우 10 모바일의 알림 센터(스마트폰용)   ⊞ Windows10

알림 센터는 모바일에서도 데스크톱용 버전과 동일한 역할을 합니다. 장치에 대한 설정을 빠르게 변경하고 최근에 받은 알림을 확인할 수 있습니다.

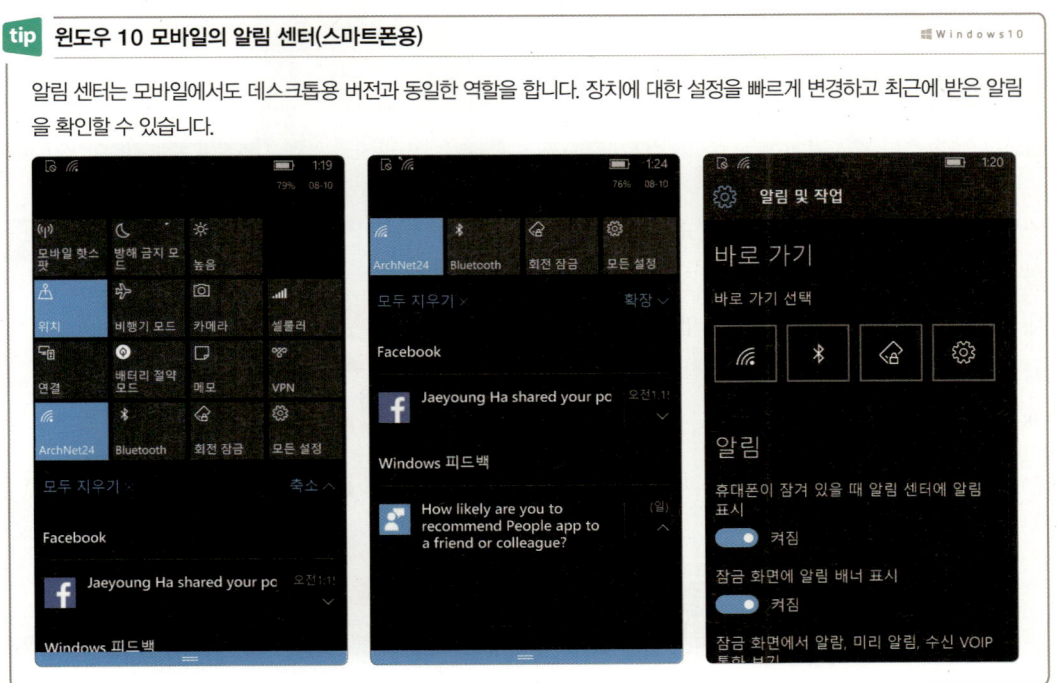

LESSON 07

화면 분할
스냅으로 동시에 여러 창을 비교하기

화면에 앱을 잘 배치하는 것은 데스크톱 사용자의 생산성을 높이는 중요한 부분입니다. 여러 개의 창을
아주 쉬운 방법으로 분할해 주는 스냅(Snap) 기능을 살펴보세요.

한 번 드래그로 즉시 분할하기

여러 앱을 실행하고 있을 때, 창의 제목 표시줄을 잡고 가장자리로 드래그해 화면을 분할하는 기능을
아시나요? 윈도우 7부터 있던 기능이지만 이제는 한 번만 가장자리로 끌면 됩니다. 남은 절반을 채
울 창은 직접 드래그할 필요 없이 앱 목록에서 선택하면 됩니다.

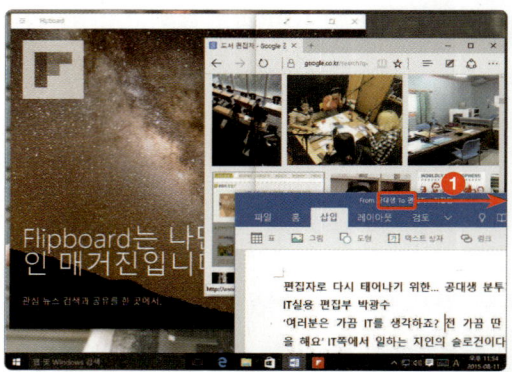
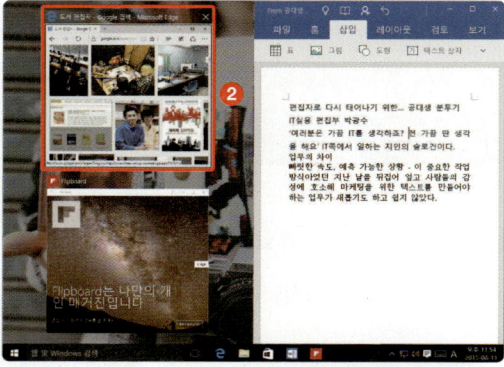

스냅을 사용하면 두 개의 창을 비교해
볼 수 있어 편리합니다. 좌우측 창의
내용을 비교하거나, 서로 다른 앱을
균등하게 배열하여 겹치지 않게 할 때
효과적입니다.

동영상 보기

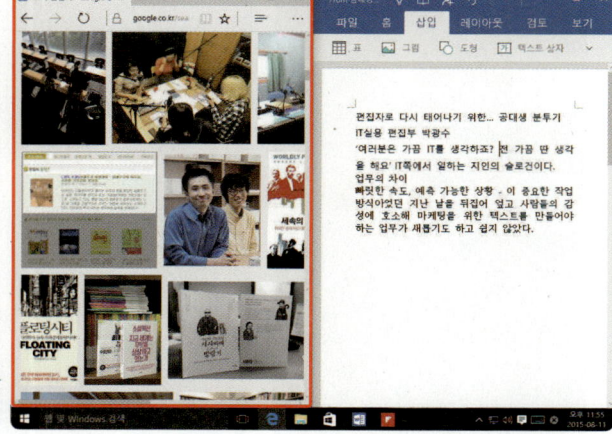

상하로도 자유롭게 분할하기

창의 제목 표시줄을 잡고 왼쪽 위/아래쪽 모서리나 오른쪽 위/아래쪽 모서리로 끌어놓아 보세요. 화면 절반을 또다시 절반으로 나눌 수 있습니다. 이 기능은 고해상도 모니터에서 유용합니다. 해상도가 낮은 모니터에서 너무 많이 분할하면 내용이 잘 보이지 않을 수 있으니 주의하세요.

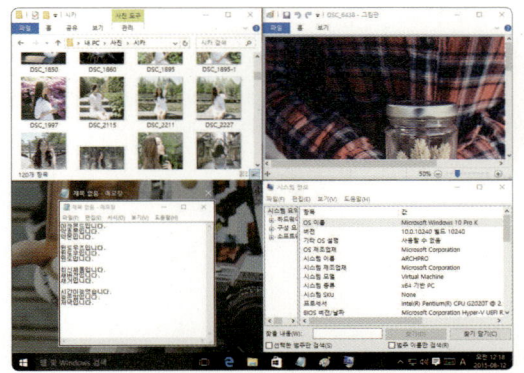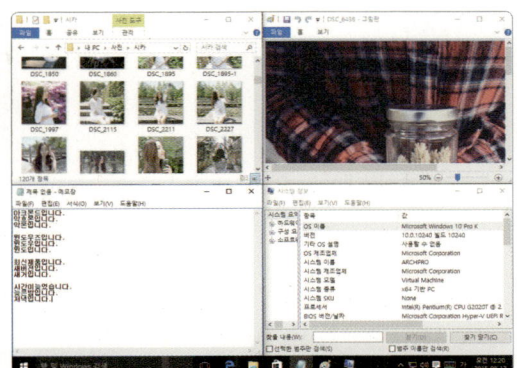

▲ 앱을 좌우측 모서리로 끌어다 놓으면 상하로도 분할 가능합니다.

 스냅으로 모니터 하나당 최대 2×2까지 분할 가능합니다.

 좀 더 많은 창을 분할하려면?

스냅은 드래그를 해서 화면을 분할하는 기능입니다. 좀 더 여러 창을 정렬하고 싶다면 [창 정렬]을 사용해 보세요. 작업 표시줄에서 마우스 오른쪽 버튼을 눌러 [창 가로/세로 정렬 보기]를 선택하면 좀 더 많은 앱을 화면에 정렬해 볼 수 있습니다. 정렬을 취소하려면 [모든 창 가로/세로 정렬 보기 취소]를 선택하면 됩니다.

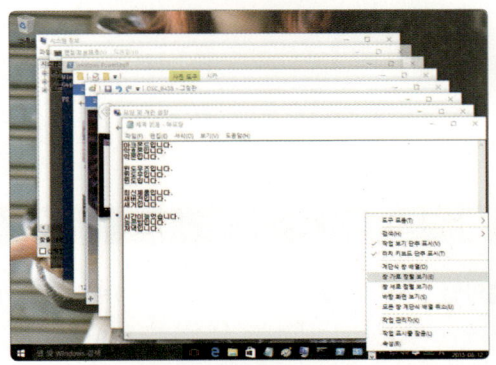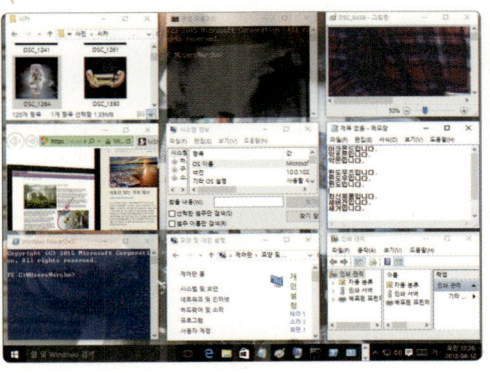

LESSON 08

작업 표시줄
앱 실행부터 Wi-Fi 접속, 날짜와 시간 확인까지

화면의 맨 아래에 항상 보이는 기다란 바가 보이시나요? 바로 작업 표시줄입니다. 시작 메뉴와 더불어 윈도우 운영체제의 특징 중 하나입니다. 작업 표시줄에 자유롭게 앱을 배치하거나 어떤 작업을 하고 있는지 빠르게 파악하도록 도와줍니다.

작업 표시줄 살펴보기

작업 표시줄에는 앞에서 설명한 시작 메뉴와 코타나([웹 및 Windows 검색])뿐 아니라, 고정 또는 실행 중인 앱 목록이 나타납니다. 오른쪽에는 알림 영역의 아이콘과 시계 등이 보입니다.

① 시작 ② 코타나 ③ 작업 보기 ④ 고정된/실행 중인 앱 ⑤ 알림 영역 ⑥ 시계 ⑦ 바탕 화면 보기

작업 표시줄 기본 사용법

시작 메뉴뿐 아니라 작업 표시줄에도 앱을 고정해 둘 수 있습니다. 앱을 마우스 오른쪽 버튼으로 누른 뒤 [작업 표시줄에 고정]을 선택합니다. 시작 메뉴보다 빠르고 쉽게 실행되므로 매일 사용하는 중요 프로그램을 추가해 놓으면 편리합니다. 고정된 아이콘을 좌우로 이동하여 원하는 대로 꾸밀 수도 있습니다.

tip 단축키로 작업 표시줄 앱 실행하기   Windows10

작업 표시줄에 등록해 놓은 앱을 단축키로 빠르게 실행할 수 있습니다. ⊞+[숫자]를 누르면 해당 위치에 있는 프로그램이 실행되고, 이미 실행된 프로그램은 활성화됩니다. ⊞+Alt+[숫자]를 누르면 해당 앱에 대한 점프 목록이 나타납니다.

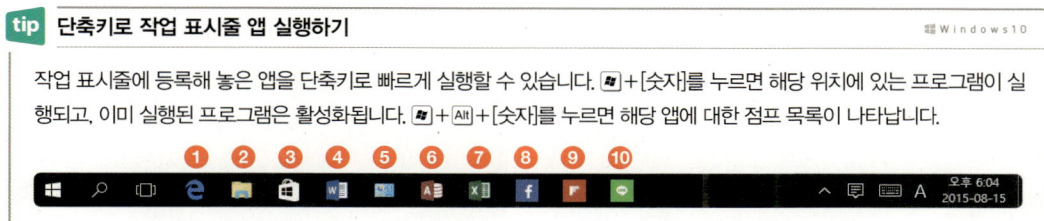

자주 사용하는 문서나 항목을 고정하는 점프 목록

작업 표시줄의 앱 아이콘에서 마우스 오른쪽 버튼을 누르면 '점프 목록'이 나타납니다. 점프 목록의 상단에는 최근에 사용했던 파일이나 폴더 등이 나타납니다. 그중에서도 자주 사용하는 항목을 [고정 📌]해 놓으면 언제든 해당되는 문서를 빨리 불러올 수 있어 편리합니다.

 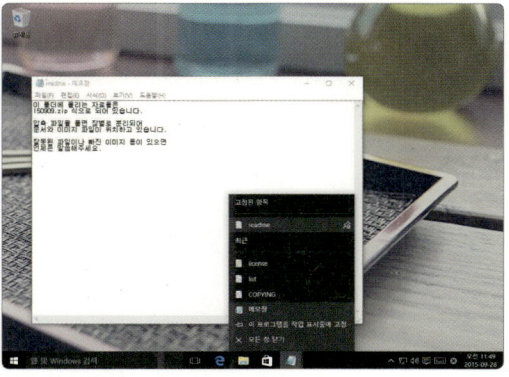

알림 영역: 숨겨진 아이콘 표시하기

알림 영역에서 [숨겨진 아이콘 표시 ∧]를 누르면 감춰진 아이콘이 나타납니다. 비좁은 작업 표시줄을 조금이라도 넓게 사용하도록 쓰지 않는 아이콘을 드래그해 숨기거나 나타낼 수 있습니다.

알림 영역: Wi-Fi 접속하기

[Wi-Fi 📶]를 누르면 접속할 수 있는 무선 네트워크가 나타납니다. 암호가 걸려 있는 Wi-Fi는 아이콘 📶으로 나타내며, 암호 없이 접속할 수 있는 것 📶은 작은 느낌표 표시가 붙어 있습니다.

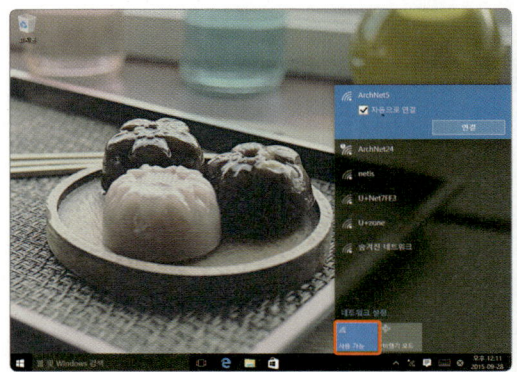

> **tip** Wi-Fi 암호를 입력할 때 나타나는 [연락처와 네트워크 공유]는 와이파이 센스(Wi-Fi Sense)라는 기능으로, 비밀번호 공유 기능이라고 보면 됩니다. 저장된 정보를 주소록에 등록된 사람들에게 자동으로 전송합니다. 더 자세한 정보는 422쪽을 참고하세요.

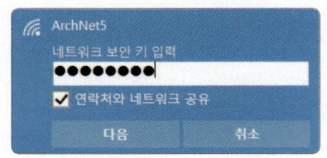

알림 영역: 볼륨 조절하기

알림 영역의 [볼륨 🔊]을 눌러 음량을 조절할 수 있습니다. 볼륨 아이콘을 마우스 오른쪽 버튼으로 눌러 [볼륨 믹서 열기]를 선택하면 앱에 따라 개별적으로 볼륨을 조절할 수 있습니다.

알림 영역: 배터리 전원 확인하기

[전원 🔋]을 누르면 현재 남아 있는 배터리 양을 보여줍니다. [밝기 ▪▪▪]를 누를 때마다 25%, 50%, 75%, 100%으로 순서대로 화면의 밝기가 바뀝니다. [배터리 절약 모드 🔋]를 켜면 PC를 사용할 수 있는 시간이 길어집니다. 대략적인 배터리 가용 시간은 오른쪽에 표시됩니다. 배터리 절약 모드에 대해 자세히 알아보려면 428쪽을 참고하세요.

시계: 다른 나라의 시각을 동시에 살펴보기

오른쪽의 [시간 🕐]을 클릭하면 달력이 올라옵니다. 출장 등의 목적으로 다른 나라의 현재 시각을 알고 싶다면 [날짜 및 시간 설정]에서 [다른 시간대에 대한 시계 추가]를 눌러 적용할 수 있습니다.

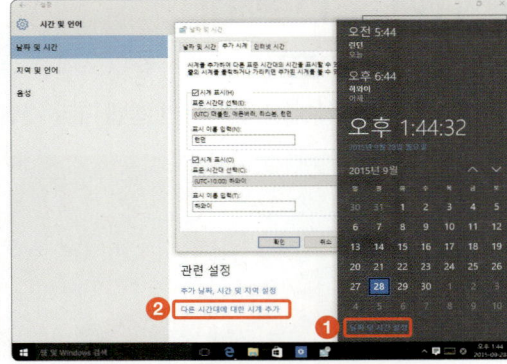

바탕 화면 보기

작업 표시줄의 가장 오른쪽에 작은 네모 상자가 있습니다. 여기에 마우스를 올려놓으면 바탕 화면을 엿볼 수 있습니다. 클릭하면 바탕 화면이 보이고, 한 번 더 누르면 원래 화면으로 돌아갑니다. 현재 실행 중인 창은 아래처럼 테두리만 남은 채 투명하게 비치게 됩니다.

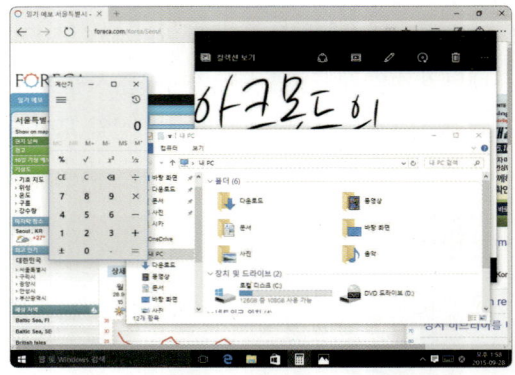

> **tip** 바탕 화면 미리 보기가 동작하지 않을 경우 화면의 오른쪽 아래 가장자리에서 마우스 오른쪽 버튼을 눌러 [바탕 화면 미리 보기]에 체크합니다.

> **tip** **태블릿 모드의 작업 표시줄**   ⊞ Windows 10
>
> 알림에 있는 태블릿 모드로 전환하면 시작 메뉴만 변하지 않고, 작업 표시줄도 태블릿 사용자에게 적합한 형태로 변경됩니다. [시작 ⊞]의 오른쪽에 [뒤로]가 생기고, 실행 중인 앱 아이콘은 감춰집니다. 태블릿 모드에 대해서는 394쪽을 참고하세요.
>
>

LESSON 09

작업 표시줄을
윈도우 XP처럼 바꾸기

작업 표시줄은 윈도우 95 이후 10에 이르기까지 비슷한 모습과 기능을 쭉 제공해 왔습니다. 여전히 작업 표시줄의 옵션만 조금 손보면 윈도우 10 작업 표시줄이 XP와 비슷한 모습으로 변합니다.

작업 표시줄에서 마우스 오른쪽 버튼을 눌러 [속성]을 클릭합니다. [단추 하나로 표시 안함]이나 [작업 표시줄이 꽉 차면 단추 하나로 표시]를 선택하고, [작은 아이콘 사용]도 잊지 말고 체크하세요.

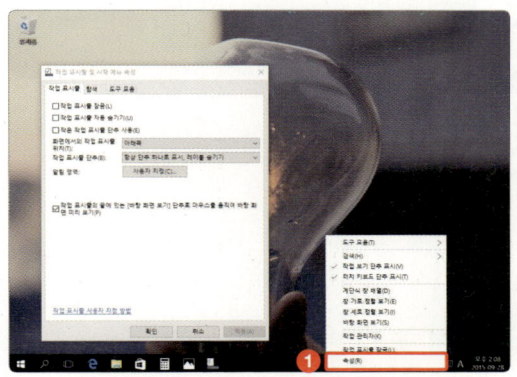
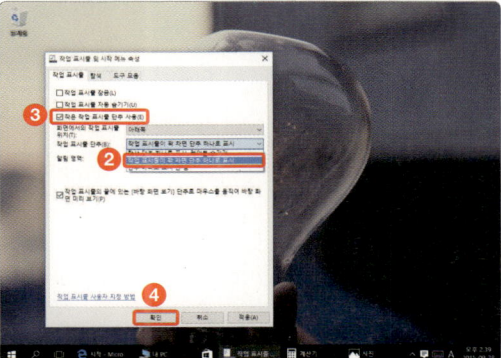

왼쪽은 윈도우 XP, 오른쪽은 윈도우 10입니다. 시대가 변해도 여전히 예전 스타일로 작업할 수 있도록 관련된 설정을 제공하므로 원하는 대로 꾸며 보세요.

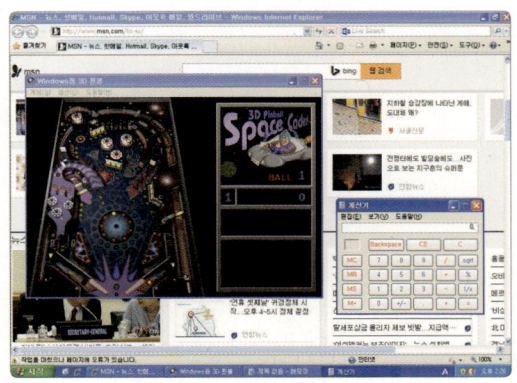
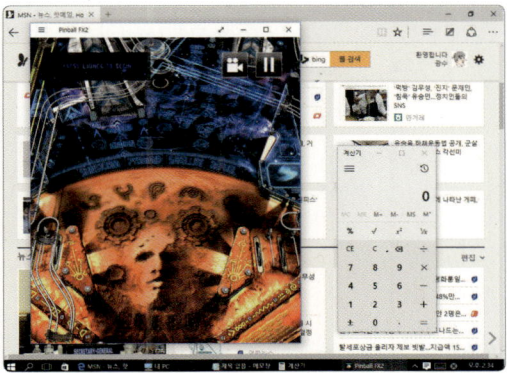

엣지
인터넷을 항해하는
빠르고 강한 선장

■■ Windows10

드넓은 웹을 항해하는 최신 방법을 소개합니다.
시작 메뉴나 작업 표시줄에서
새로운 마이크로소프트 엣지 웹 브라우저를 실행해 보세요.
여러분이 보고 있는 웹 페이지를 캔버스로 만들어
필요한 내용을 메모하고 그림을 그릴 수 있습니다.

마이크로소프트 엣지
인터넷을 여는 새로운 창

윈도우 10에는 새로운 웹 브라우저인 엣지(Edge)가 포함되어 있습니다. 깔끔한 인터페이스가 인상적이며 '읽기 모드, 웹 메모 만들기, 향상된 즐겨 찾기' 등 놀라운 기능이 추가되었습니다. 펜과 아주 잘 어울리는 새 브라우저와 친해져 보세요. 빠른 속도는 덤입니다.

엣지 브라우저 살펴보기

작업 표시줄 왼쪽의 [엣지 e]를 클릭하면 엣지 웹 브라우저가 나타납니다.

① **탭 브라우징**: 탭을 만들고 전환할 수 있습니다. 탭 하나당 하나의 웹 페이지가 나타납니다. 탭 브라우징의 고수가 되려면 95쪽을 참고하세요.

② **내비게이션**: 이전이나 앞에 열었던 웹 페이지를 찾아가거나, 최신 내용으로 새로 고침할 수 있습니다. 홈 단추를 추가하면 엣지를 실행했을 때 맨 처음 나오는 웹 페이지를 보여줍니다. 자세한 내용은 93쪽을 참고하세요.

③ **명령 모음**: 허브, 웹 메모, 공유, 기타 작업이 있습니다. 자세한 내용은 91쪽을 참고하세요.

④ **사용자 계정**: 계정 설정을 변경하거나, InPrivate 브라우징 창을 열 수 있습니다.

⑤ **주소 표시줄**: 처음에는 이곳에 표시되지만 한 번 웹 사이트에 들어가면 위쪽으로 이동합니다. 웹 페이지의 주소를 입력하거나 검색하고 싶은 단어를 적을 수 있습니다.

⑥ **주요 사이트**: 자주 찾아가는 사이트와 엣지에서 추천하는 사이트가 함께 나타납니다.

⑦ **제안된 콘텐츠**: MSN 뉴스, 날씨 등의 개인화된 정보를 제공합니다. 새 탭을 열 때마다 나타나니 동향을 간단하게 살피기에 좋습니다.

기본 사용법 알아보기

엣지를 실행하면 맞춤형 홈페이지가 먼저 나타납니다. [웹 주소 검색 또는 입력]에 찾아가고 싶은 사이트의 주소나 검색할 키워드를 입력하여 결과를 확인할 수 있습니다.

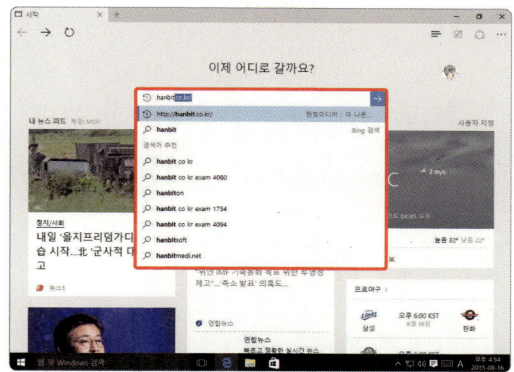 

주소 표시줄에 검색하려는 키워드를 입력하면 검색 엔진을 통해 해당 내용을 찾아줍니다. 기본 검색 엔진을 변경하려면 94쪽을 참고하세요.

기본 검색 엔진을 변경하려면 94쪽을 참고하세요.

---

tip **홈페이지(새 탭 페이지) 바꾸기**   ⊞ W i n d o w s 1 0

엣지를 실행할 때 기본으로 나타나는 홈페이지를 원하는 사이트로 바꿔 보세요. 오른쪽 위의 [기타 작업 •••]을 누른 후 [설정]에 들어갑니다. [다른 프로그램으로 열기] 아래의 [특정 페이지]에서 [사용자 지정]을 선택한 뒤, 기본값인 'about:start'를 제거하고 원하는 주소를 [추가 +]합니다. 그러곤 브라우저를 다시 시작해 보세요.

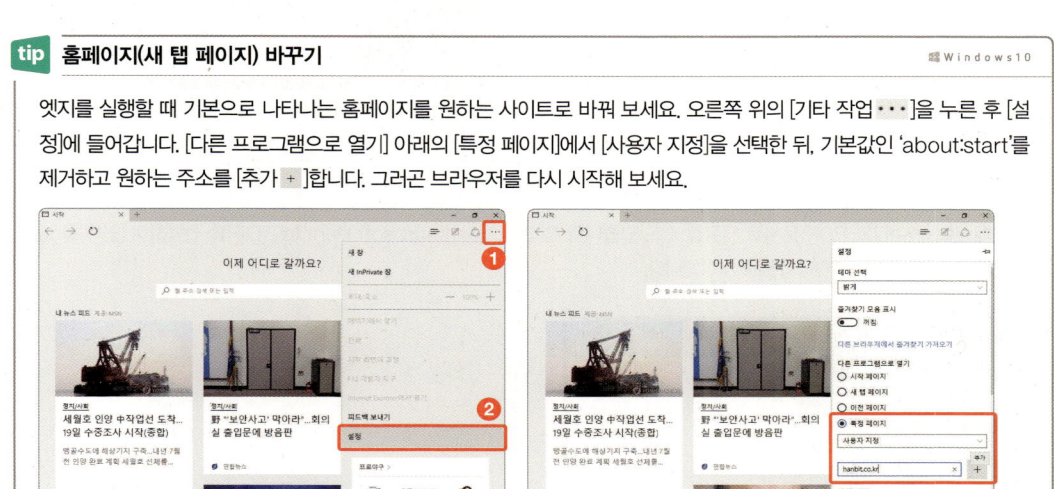

시작 화면에 웹 사이트 고정하기

자주 찾는 웹 사이트를 시작 화면에 고정해 보세요. [기타 작업 ⋯]에서 [시작 화면에 고정]을 누릅니다. 앞으로 시작 화면에 고정시켜 놓은 타일만 누르면 웹 사이트가 바로 열립니다.

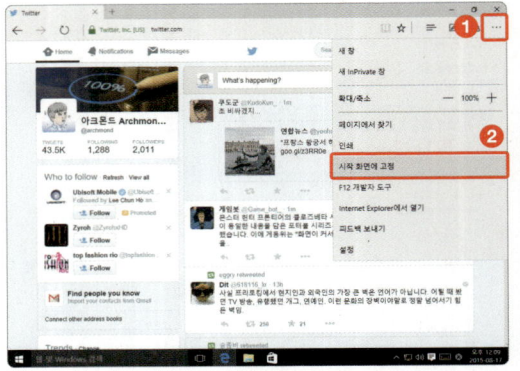 

웹 페이지 인쇄하기

지금 보고 있는 웹 페이지를 인쇄해 보세요. [기타 작업 ⋯]에서 [인쇄]를 선택하거나 Ctrl + P 를 누르면 빠르게 인쇄할 수 있습니다.

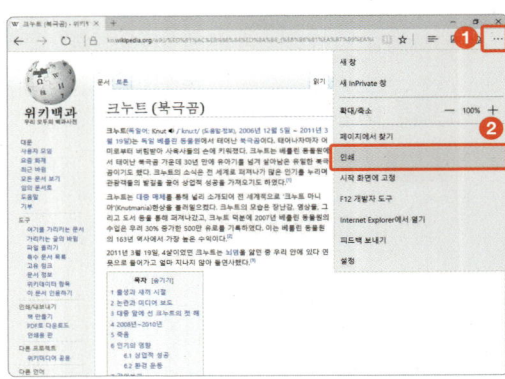 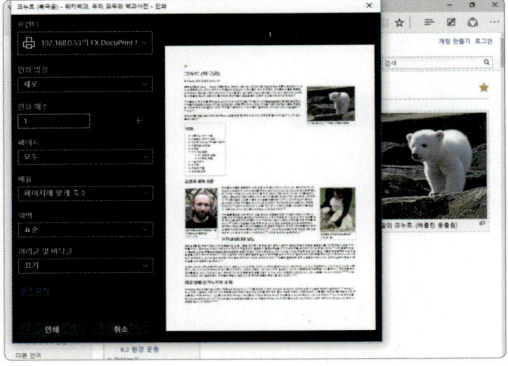

> **tip** 인터넷 문서를 PDF로 인쇄하기
> 🖥 Windows10
>
> 종이에 인쇄하지 않고 PDF 문서로 저장할 수도 있습니다. 인쇄 창에서 [Microsoft Print to PDF]를 선택하여 [인쇄]를 눌러보세요. 문서 폴더에 PDF 파일로 저장됩니다.

LESSON 02

엣지 vs 익스플로러
자유롭게 넘나들기

윈도우 10에는 최신 웹 브라우저인 엣지뿐만 아니라 호환성 유지를 위해 이전 브라우저인 인터넷 익스플로러(Internet Explorer)도 동시에 제공합니다.

호환성이 필요하다면 익스플로러

빠른 웹 브라우징을 원하면 새로운 엣지를 사용하고, 인터넷 뱅킹이나 쇼핑몰 등을 이용할 때는 기존의 익스플로러를 활용하세요.

엣지

익스플로러

엣지 vs 익스플로러 비교하기

브라우저	마이크로소프트 엣지	인터넷 익스플로러 11
출시일	2015. 07. 29	2013. 10. 17
속도	아주 빠름	빠름
ActiveX 지원	미지원	지원
웹 표준 준수	높음	보통
이전 버전 호환성	미지원	지원(호환성 보기)
차후 버전	지속적으로 업그레이드	다음 버전은 나오지 않을 예정
렌더링 엔진	EdgeHTML	Trident, Chakra
부가 기능	읽기 모드, 펜 입력 등	바로 연결, 추적 방지 목록
용도	최신의 웹 기술을 지원하는 페이지를 빠르게 보여줍니다.	인터넷 뱅킹과 쇼핑몰 등 IE가 필요한 상황에 활용합니다.

자동으로 전환하기

인터넷 익스플로러에 더 어울리는 사이트를 자동으로 감지해 알려줄 때가 있습니다. 이럴 때는 [Internet Explorer에서 열기]를 눌러 보세요. 인터넷 익스플로러가 새 창으로 열립니다.

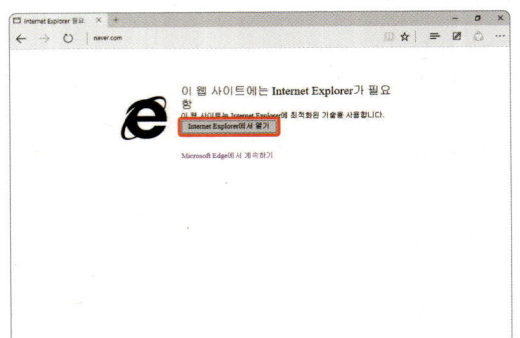

'이 웹 사이트에는 Internet Explorer가 필요함' 경고 무시하기

인터넷 익스플로러로 열라는 알림이 귀찮나요? 해당 메시지를 무시하고 엣지로 계속 웹을 항해할 수 있습니다. 주소 표시줄에 'about:flags'를 입력해 Enter 를 누르세요. [개발자 설정]의 [Microsoft 호환성 목록 사용]의 체크를 해제하면 완료됩니다. 엣지를 재시작하면 앞으로 번거로운 알림을 피할 수 있습니다.

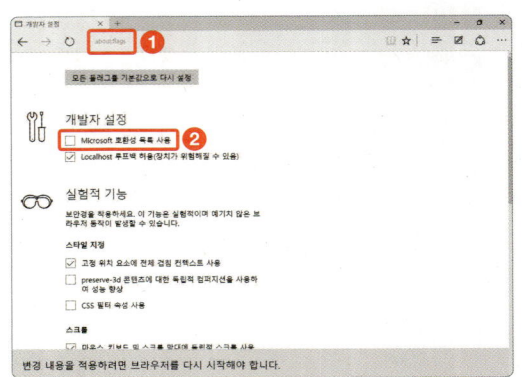

> **tip** 내 컴퓨터에 저장된 브라우징 기록을 직접 삭제하려면 97쪽을 참고하세요.

수동으로 전환하기

ActiveX 설치가 필요한 사이트이지만 인터넷 익스플로러에서 열라는 경고를 내보내지 않을 때가 있습니다. 이럴 때는 [기타 작업 …]에서 [Internet Explorer에서 열기]를 누르면 됩니다. 현재 엣지로 보고 있는 사이트가 인터넷 익스플로러로 열립니다.

인터넷 익스플로러 사용하기

[웹 및 Windows 검색] 상자에 'internet'만 입력하면 익숙한 인터넷 익스플로러를 실행할 수 있습니다. 인터넷 익스플로러를 자주 사용한다면 작업 표시줄에 고정해 사용해 보세요.

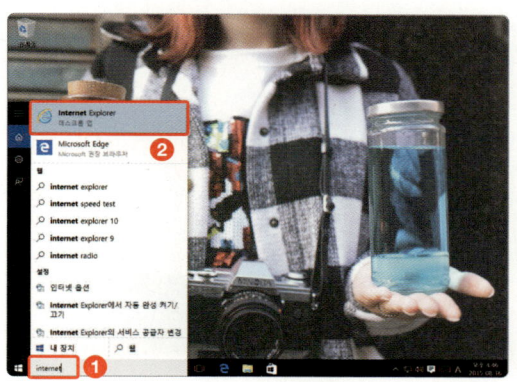
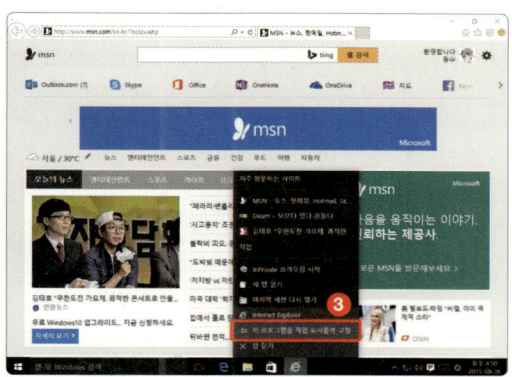

tip **기본 브라우저 변경하기**   Windows10

기본 웹 브라우저를 엣지에서 크롬이나 인터넷 익스플로러 등 다른 브라우저로 변경할 수 있습니다. [웹 및 Windows 검색] 상자에 '기본 앱'을 입력한 후 [기본 앱 설정]에서 [웹 브라우저]를 원하는 프로그램으로 변경합니다. 앞으로는 선택한 앱으로 웹이 열립니다.

LESSON 03

읽기 모드와 웹 메모
유니크함을 높이는 킬러 팁

오피스 프로그램에 있었던 '읽기 모드'가 엣지에도 탑재되었습니다. [읽기용 보기 📖]를 누르면 복잡한
웹 페이지가 읽기 좋은 상태로 바뀝니다. 내용에만 집중할 수 있어 눈이 훨씬 편안해집니다.

읽기 모드로 내용에 집중하기

주소 표시줄 끝의 [읽기용 보기 📖]가 활성화되면 클릭해 보세요. 블로그나 뉴스 사이트가 읽기 좋은
형태로 바뀝니다. 원래대로 돌아가려면 다시 같은 아이콘을 누르면 됩니다.

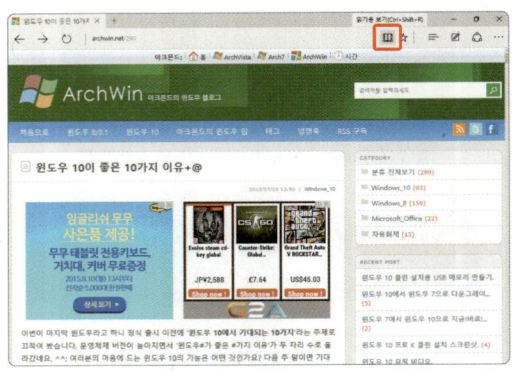

> **tip** 키보드에서 Ctrl + Shift + R 을 눌러 '읽기용 보기'를 빠르게 켜고 끌 수 있습니다.

읽기용 보기 스타일 조절하기

[기타 작업 …]의 [설정]에서 [읽기용 보기 글꼴 크기]를 조절하거나 [읽기용 보기 스타일]을 조절해
자신에게 편한 화면으로 바꿀 수 있습니다. 본인에게 최적인 옵션을 맞춰 보세요.

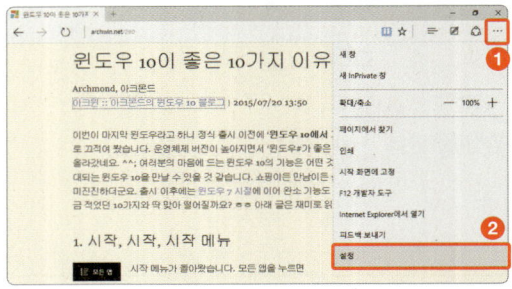
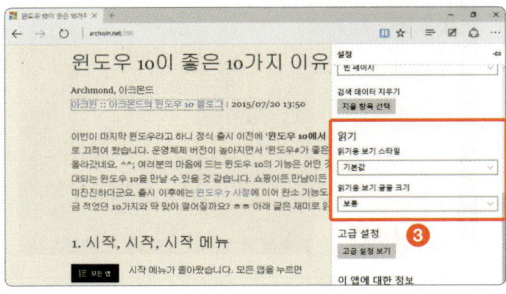

[기본값/밝게/어둡게/보통]을 적용한 결과입니다.

기본값

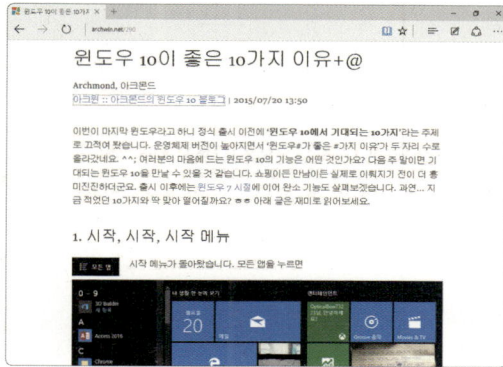

밝게

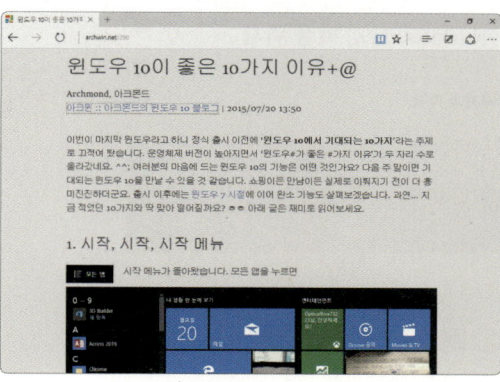

보통

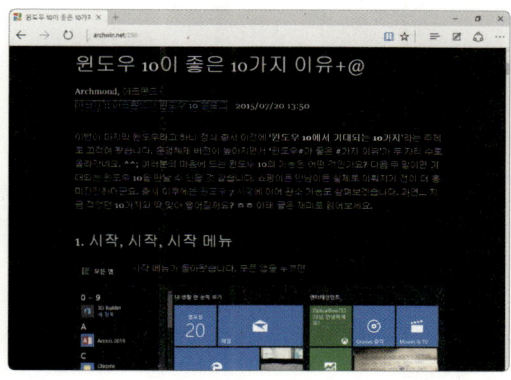

어둡게

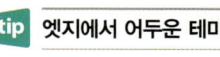 엣지에서 어두운 테마(Dark Mode) 사용하기   Windows10

읽기 모드뿐만 아니라 엣지 브라우저 자체를 깜깜한 밤에 어울리는 [어둡게] 테마로 변경할 수 있습니다. [기타 작업 …]에서 [설정]의 [테마 선택]에서 취향에 따라 [밝게], [어둡게] 중 하나를 선택합니다. 이 기능은 읽기용 보기와는 별개로 브라우저 자체에 적용됩니다.

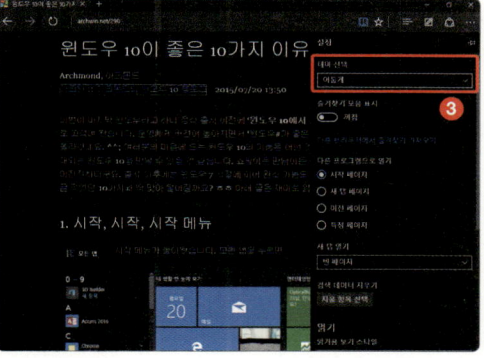

내 맘대로 인터넷에 필기하는 웹 메모 만들기

웹 메모 기능을 활용하면 보고 있는 웹 페이지에 메모를 하거나 내용을 강조하고 펜으로 그림을 그릴 수 있습니다. 웹 서핑 중에 좋은 아이디어가 떠오르면 주저 말고 펜을 활용해 보세요.

웹 브라우저를 원노트처럼 사용하기

엣지를 원노트처럼 사용할 수 있습니다. [웹 메모 작성 ✏]을 누르면 메뉴 바가 보라색으로 바뀝니다. 원하는 도구를 선택해 필기 입력을 시작합니다.

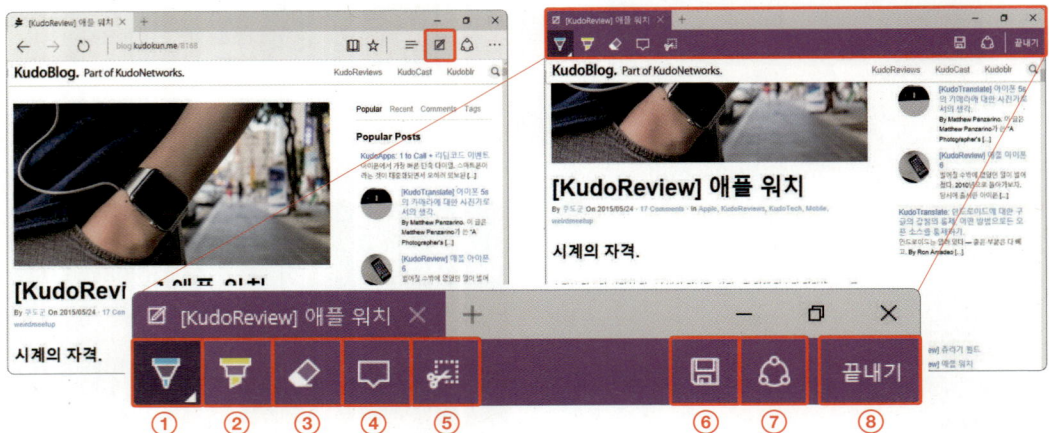

① 🔻 펜으로 필기합니다.

② 🖍 형광펜으로 강조합니다.

> 애플 워치가 소통 방면에서 가장 빛나는 것은 아무래도 알림일 것이다. 워치용 앱 분만 아니라 아이폰으로 오는 알림을 모두 워치로 연계시킬 수 있다. 하지만 이건 추천할 만한 건 아니다. 모든 알림이 워치로 가게 하면 내내 울릴 게 뻔하기 때문이다. 따라서 워치에는 정말 중요한 알림만 오게 설정해두는 것이 좋다. 나 같은 경우 메시지나 카톡(이것도 단독은 까놔도), 회사 메신저(슬랙) 등의 중요한 것

③ 🔶 펜이나 형광펜을 지웁니다.

> 애플 워치가 소통 방면에서 가장 빛나는 것은 아무래도 알림일 것이다. 워치용 앱 분만 아니라 아이폰으로 오는 알림을 모두 워치로 연계시킬 수 있다. 하지만 이건 추천할 만한 건 아니다. 모든 알림이 워치로 가게 하면 내내 울릴 게 뻔하기 때문이다. 따라서 워치에는 정말 중요한 알림만 오게 설정해두는 것이 좋다. 나 같은 경우 메시지나 카톡(이것도 단독은 까놔도), 회사 메신저(슬랙) 등의 중요한 것

④ 💬 설명을 삽입합니다.

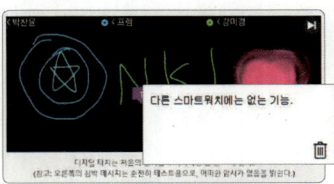

⑤ ✂ 원하는 부분만 잘라냅니다.

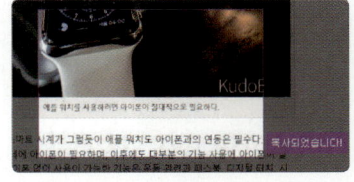

⑥ 저장   ⑦ 공유   ⑧ 끝내기

> **tip** 원노트는 마이크로소프트의 메모 프로그램입니다. 강력한 펜 입력 기능이 유명합니다. 자세한 정보는 251쪽을 참고하세요.

웹 메모 저장하기

여러 가지 펜을 사용해서 웹 페이지에 선을 긋고 강조하고 메모를 삽입합니다. 필기가 끝났다면 웹 메모를 [저장 🔲]할 수 있습니다.

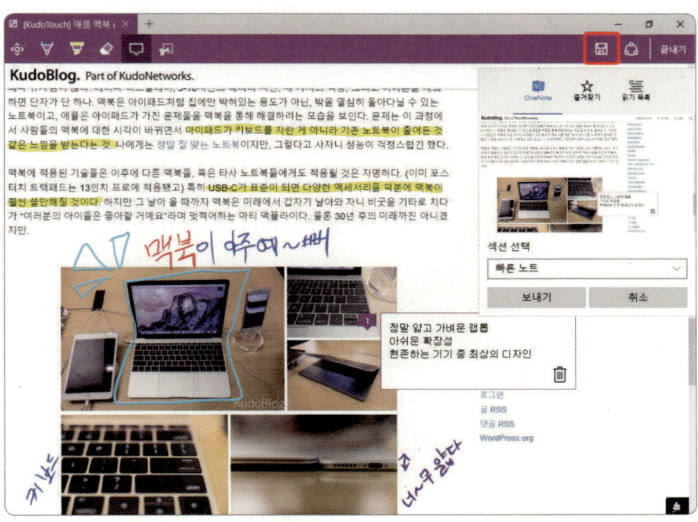

원노트, 즐겨찾기, 읽기 목록 중에서 원하는 곳에 저장할 수 있습니다. 아래는 원노트로 내보낸 모습입니다. 웹 메모로 필기한 부분뿐 아니라 해당 웹 페이지 전체를 저장해 줍니다. 맨 마지막에는 원본 문서의 주소가 포함되어 출처를 찾기도 편리합니다.

 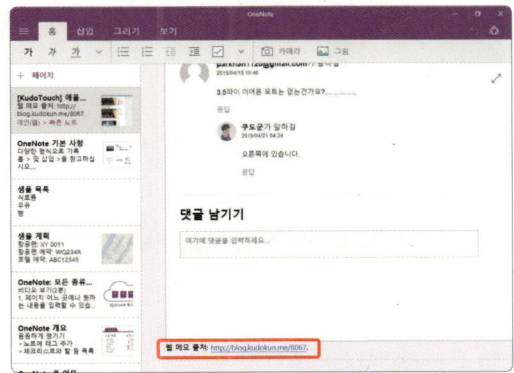

---

tip **즐겨찾기나 읽기 목록에 저장하면 어떻게 되나요?**　　　　　　　　　　　　　　🏁 W i n d o w s 1 0

웹 메모를 저장할 때 즐겨찾기나 읽기 목록에 저장할 수도 있습니다. [저장 🔲]을 누른 뒤 [즐겨찾기 ☆]나 [읽기 목록 ≣]을 누르면 됩니다. 웹 메모는 필기를 포함해 그림 형태로 저장되며 언제든 원할 때 다시 불러올 수 있습니다. 허브에 대해서는 91쪽을 참고하세요.

웹 메모 공유하기

웹 페이지와 함께 메모한 웹 메모를 다른 사람과 공유하고 싶다면 [공유 🔔]를 눌러 보세요. 화면 오른쪽에 공유에 사용할 수 있는 앱 목록이 나타납니다. [메일]을 눌러 공유해 보겠습니다.

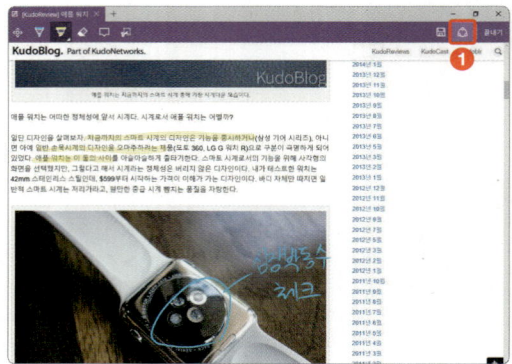 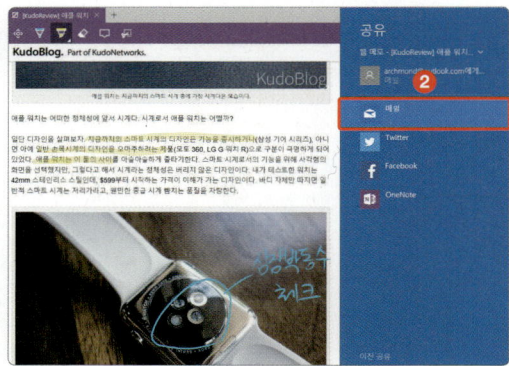

[받는 사람]에 메일 주소를 입력하고 [보내기]를 누르면 웹 메모를 공유할 수 있습니다. 메일 앱 사용법은 218쪽을 참고하세요.

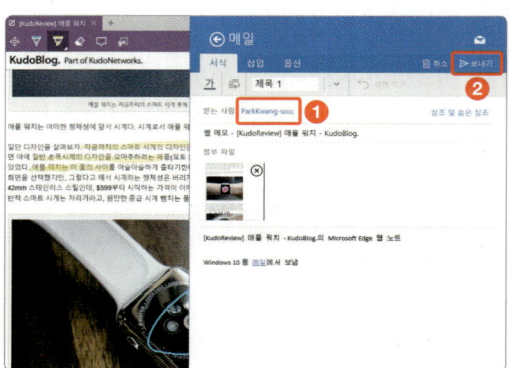 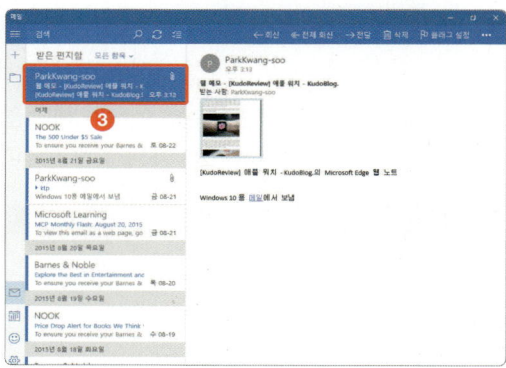

---

tip **SNS에 공유할 때는 스크린샷을 선택하세요.** ⊞ Windows 10

기본 공유 기능은 웹 문서 전체를 그림 파일로 저장해 보내므로 매우 길쭉한 사진으로 나타납니다. 따라서 트위터, 페이스북 등 소셜 미디어에 공유할 때는 현재 메모한 부분만 보이도록 스크린샷을 이용하면 더 편리합니다. 트위터 등 SNS 앱에 대해서는 214쪽을 참고하세요.

 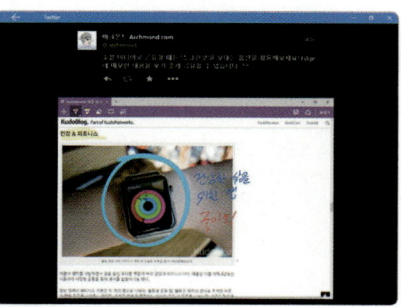

LESSON
04

허브
중요한 정보를 한곳에서 관리하기

엣지에서 즐겨찾기와 읽기 목록, 브라우징 기록, 다운로드한 파일을 한눈에 보여주는 곳이 '허브'입니다. 엣지는 화면에 보이는 메뉴는 적은 편이지만 필요한 기능은 다 갖추었는데요, 여러 기능을 한군데 모아 놓은 대표적인 공간입니다.

즐겨찾기와 읽기 목록 중에 선택해서 저장하기

[별표 ☆]를 눌러 자주 찾는 페이지를 [즐겨찾기] 또는 [읽기 목록]에 [추가]할 수 있습니다.

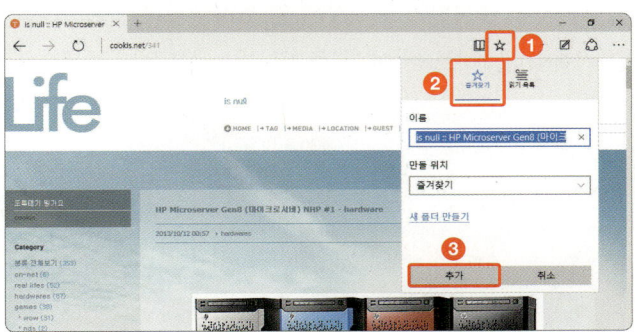

즐겨찾기에 추가하기

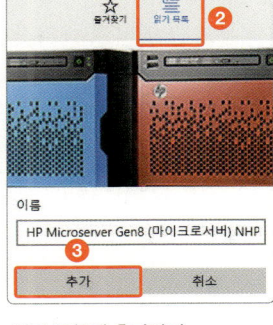

읽기 목록에 추가하기

[즐겨찾기] 또는 [읽기 목록]에 추가해 봅시다. 폴더별로 [즐겨찾기]를 만들면 체계적으로 관리하기 좋습니다. [읽기 목록]에 추가하면 헤드라인 사진을 포함해 보여 줍니다.

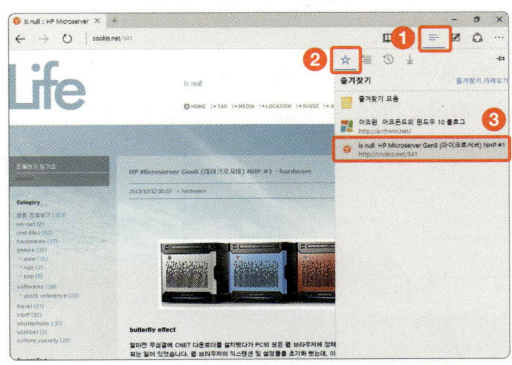

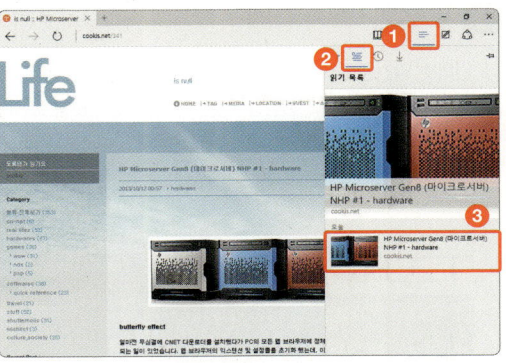

tip 자주 찾는 홈페이지는 [즐겨찾기]에, 나중에 읽을 기사나 블로그 포스트는 [읽기 목록]에 추가하면 보기도 좋고 관리하기도 편합니다. 다 읽은 기사는 마우스 오른쪽 버튼을 눌러 삭제하면 읽지 않은 글만 남기고 최신 글을 유지할 수 있습니다.

다른 곳에 저장된 즐겨찾기 가져오기

구글 크롬 같은 다른 브라우저에서 사용하던 즐겨찾기를 엣지로 가져와 보세요. [기타 작업 ⋯]을 누른 뒤 [설정]에 들어갑니다.

 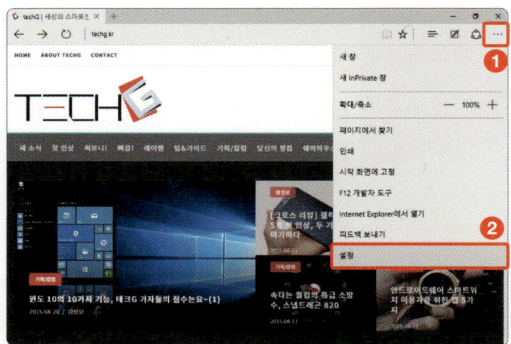

[다른 브라우저에서 즐겨찾기 가져오기]를 누른 뒤 즐겨찾기가 저장된 웹 브라우저를 선택합니다. [가져오기]를 누르면 엣지로 즐겨찾기를 가져옵니다. [허브 ≡]에서 [즐겨찾기 ☆]를 눌러 보세요.

> **tip** **즐겨찾기 모음 사용하기**   Windows10
>
> 인터넷 익스플로러나 구글 크롬에서 사용하던 즐겨찾기 모음을 엣지에서도 사용할 수 있습니다. 기본으로 숨겨져 있지만
> [기타 작업 ⋯]에서 [설정]을 누른 뒤 [즐겨찾기 모음 표시]를 [켜짐 ●]으로 바꾸면 나타납니다. 북마크를 추가할 때 [즐겨
> 찾기 모음]에 저장하면 이곳에 나타납니다.
>
>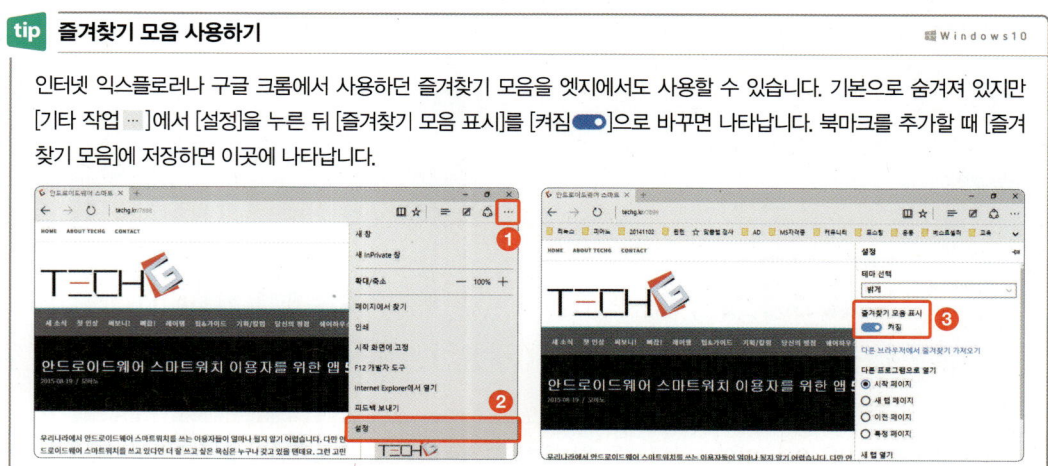

브라우징 기록 찾아보기

[허브 ☰]에서 [기록 ⏱]에 들어가면 이전에 검색한 기록이 나타납니다. 키보드의 Ctrl + H 를 누른 것과 동일한 결과를 보여줍니다. 원하는 기간을 선택해 브라우징 기록을 살펴볼 수 있습니다.

다운로드한 파일 확인하기

파일을 다운로드하면 [허브 ☰]의 [다운로드 섹션 ↓]에서 진행 상황을 실시간으로 확인할 수 있습니다. 키보드의 Ctrl + J 를 누르면 조금 더 빠르게 확인할 수 있습니다. [폴더 열기]를 클릭하면 내려 받은 파일이 저장된 〈다운로드〉 폴더가 열립니다.

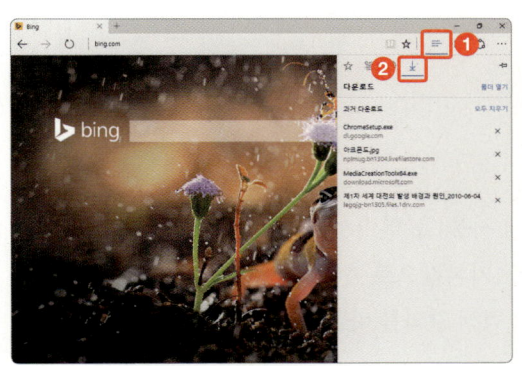 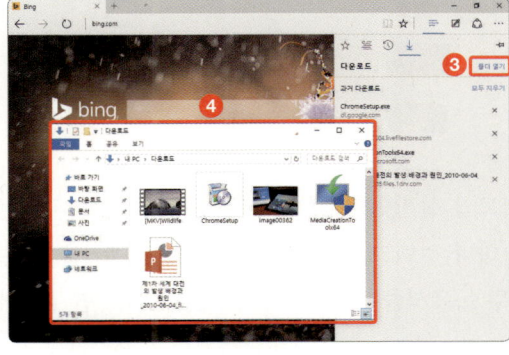

tip 엣지에 홈 단추 만들기

[홈 ⌂]을 만들려면 [기타 작업 …]의 [설정]에 들어가 [고급 설정 보기]를 누릅니다. [홈 단추 표시]를 [켜짐 ⬤]으로 하고 아래쪽에 원하는 웹 사이트 주소를 입력한 뒤 [저장]을 누릅니다. 이제 [홈 ⌂]을 누르면 해당 웹 사이트로 이동합니다.

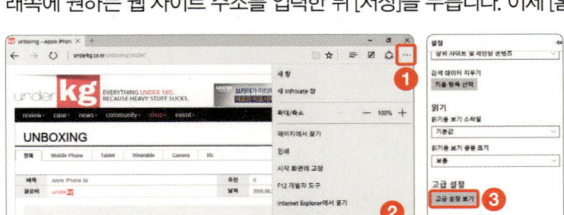

알수록 더 편리한
엣지 활용 팁

웹 브라우저에는 사용자의 요구에 맞춰 수정할 수 있는 설정과 편리한 활용법이 존재합니다. 엣지도 마찬가지입니다. 예전 기능을 비롯해 강화되거나 새로워진 엣지 활용 팁을 만나 보세요.

기본 검색 엔진을 구글로 변경하기

엣지의 주소 표시줄에 단어를 입력하면 기본적으로 MS의 검색 엔진인 빙으로 검색됩니다. 기본 검색 사이트를 변경하려면 구글(Google.co.kr)에 접속한 뒤 [기타 작업 …]에서 [설정]을 누릅니다.

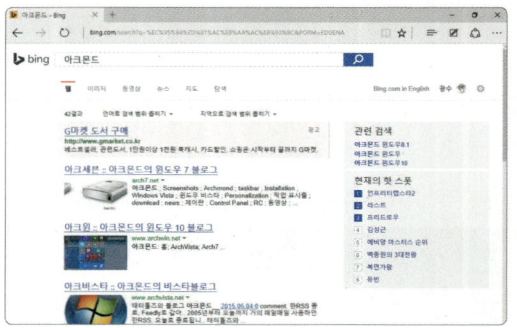

[고급 설정 보기]를 누른 뒤 [주소 표시줄의 검색에 사용]을 열어서 [〈새로 추가〉]를 선택합니다. [하나 선택]에서 [www.google.co.kr]을 누른 뒤 [기본값으로 추가]를 선택합니다. 이제부터는 주소 표시줄에서 검색할 단어만 입력하면 구글에서 검색 결과를 바로 확인할 수 있습니다.

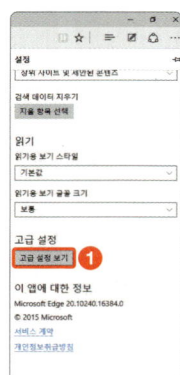
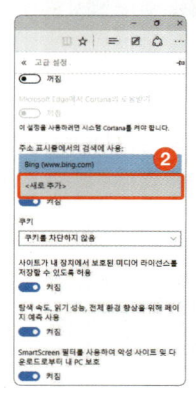
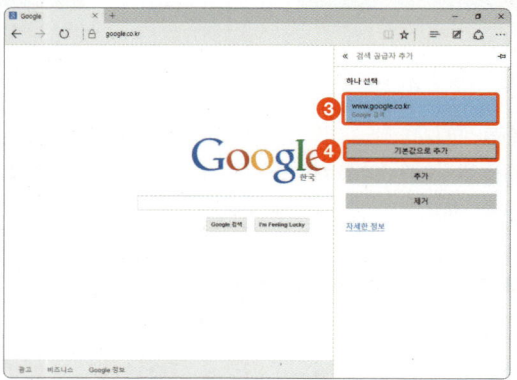

탭 브라우징 완전 정복하기

익스플로러, 엣지, 크롬 등은 모두 '탭 브라우징을 지원'합니다. 브라우저를 벗어나지 않고, 한 화면에서 여러 페이지를 넘나들 수 있는 편리한 기능입니다. 전문가처럼 능숙하게 탭 브라우징을 도와주는 몇몇 단축키를 살펴보겠습니다. 여러 브라우저에서 통용되므로 기억해 두세요.

탭 브라우징에 필요한 Ctrl

가장 기본이 되는 단축키부터 살펴보겠습니다. 탭 브라우징에 사용되는 단축키는 대부분 Ctrl을 조합하므로 잘 기억해 두세요.

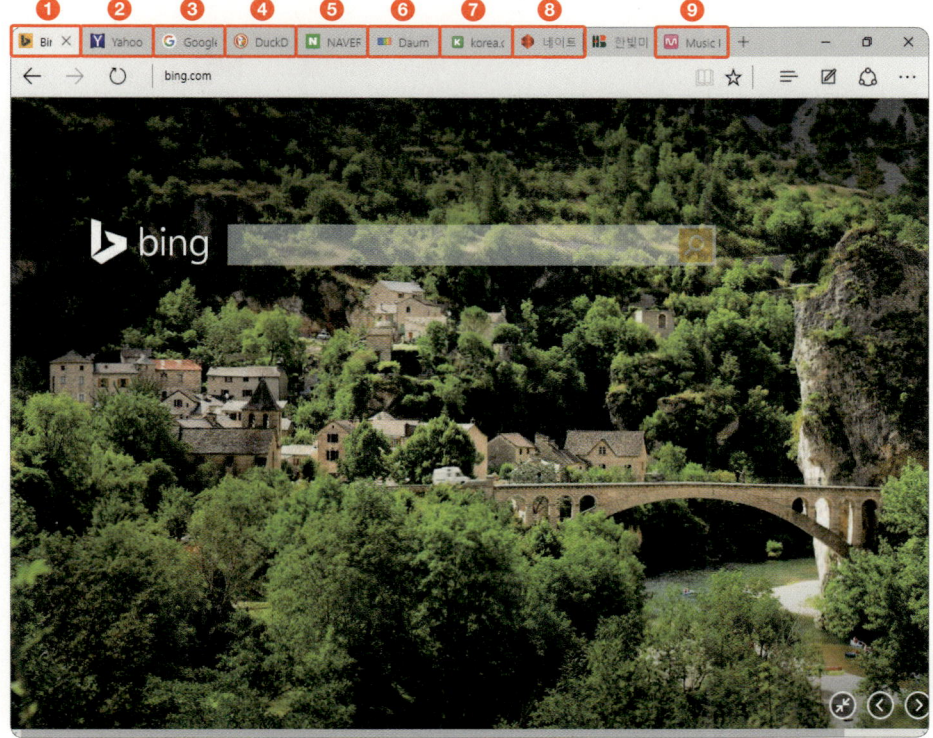

동영상 보기

- Ctrl + T : 새 탭으로 열기
- Ctrl + 1 ~ 8 : 왼쪽부터 순서대로 탭 전환 / Ctrl + 9 : 가장 끝에 있는 탭으로 전환
- Ctrl + Tab : 탭을 누를 때마다 순차적으로 탭이 전환, Shift 를 같이 누르면 왼쪽 탭으로 전환
- Ctrl + Shift + T : 마지막에 닫은 탭을 다시 열기
- Ctrl + W : 현재 열려 있는 탭만 닫기
- Ctrl + 마우스 왼쪽 버튼 누르기 : 링크를 새 탭으로 열기

> **tip** 새 탭을 눌렀을 때 나오는 기본 페이지를 변경하려면 81쪽을 참고하세요.

흔적을 남기지 않는 InPrivate 사용하기

InPrivate 브라우징은 웹을 검색할 때 흔적을 남기지 않습니다. 이를 사용하면 다른 사람이 여러분이 웹에서 본 내용을 알 수 없습니다. In Private는 '다른 사람이 없는 곳에서, 비공식적으로, 개인적으로, 조용히'라는 의미를 갖고 있습니다.

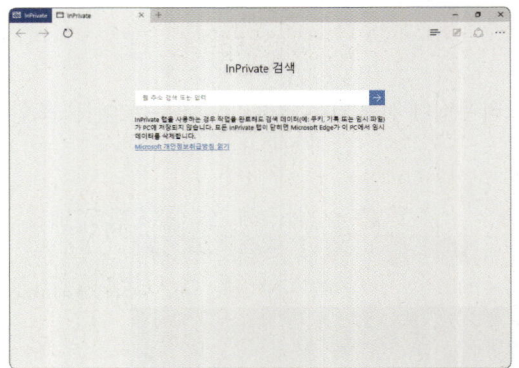 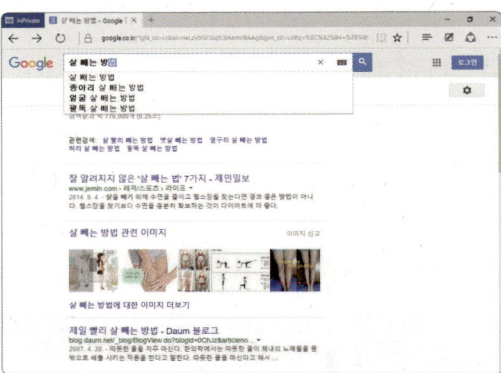

InPrivate 브라우징 사용하기

엣지에서 [기타 작업 …]을 누른 뒤 [새 InPrivate 창]을 선택하거나 Ctrl + Shift + P 를 누르면 [InPrivate]라는 라벨이 달린 엣지가 나타납니다. 브라우저 사용법은 동일하며 이 라벨이 보이는 동안에는 조금 더 안전하게 인터넷을 항해할 수 있습니다. 이 단축키는 인터넷 익스플로러에서도 그대로 사용할 수 있습니다.

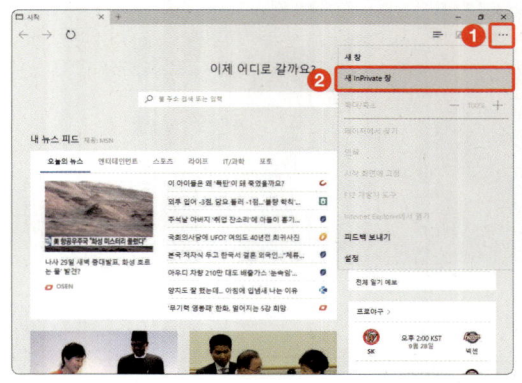 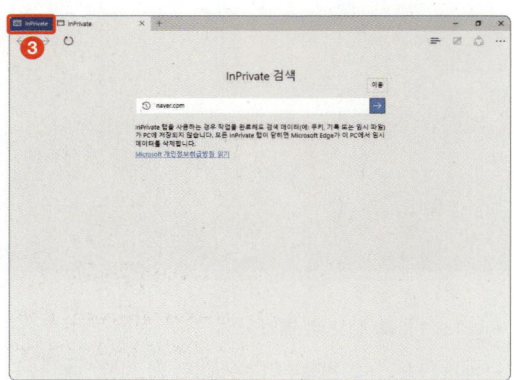

---

tip **InPrivate 브라우징의 원리**   Windows10

InPrivate 브라우징을 사용해 웹을 서핑하는 동안 웹 브라우저에서는 사용자가 방문한 웹 페이지가 올바로 작동하도록 쿠키와 임시 인터넷 파일 등을 저장합니다. 하지만 InPrivate 브라우징 세션이 끝나면 모든 임시 데이터를 지워 줍니다.

개인 정보 내역 관리하기

브라우징 기록 제거하기

인터넷 사용 기록을 지우려면 [기타 작업 …]의 [설정]에 들어가서 [검색 데이터 지우기]의 [지울 항목 선택]을 누릅니다. 삭제할 항목을 선택한 후 [지우기]를 누르면 사용 기록이 깨끗하게 지워집니다. 단축키로 좀 더 빠르게 제거하려면 Ctrl + Shift + Delete를 누릅니다(이 단축키는 크롬, 익스플로러 등에서도 동일하게 작동합니다).

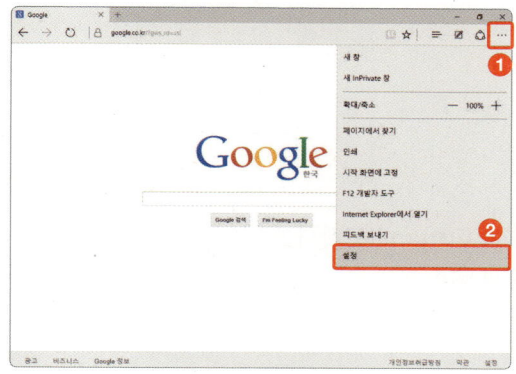 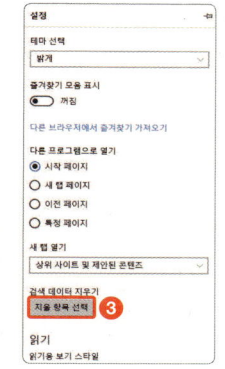 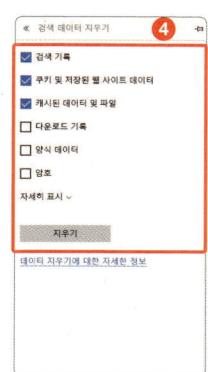

개인 정보 저장 옵션 살펴보기

인터넷을 하다 보면 입력했던 개인 정보나 아이디, 비밀 번호가 저장되는 경우가 있습니다. 어떨 땐 편리하지만 개인 정보 보호에는 좋지 않습니다. 이를 방지하려면 개인 정보 저장 옵션을 살펴보세요. [기타 작업 …]의 [설정]에 들어가서 [고급 설정 보기]를 클릭한 뒤 [암호를 저장하도록 제안], [양식 항목 저장] 등의 옵션을 설정할 있습니다. 꼭 필요한 사이트만 선택적으로 암호를 저장하거나 그럴 필요가 없는 곳은 [×]를 눌러 삭제할 수 있습니다.

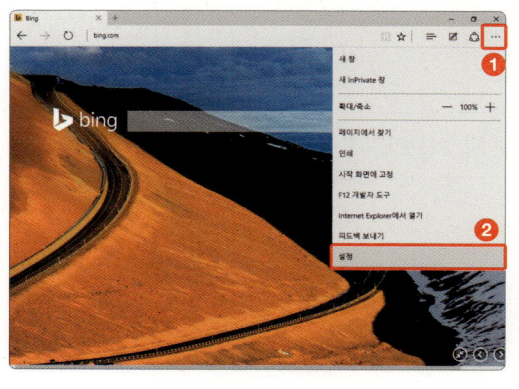 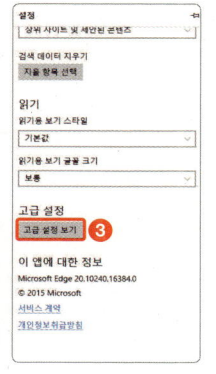 

> **tip** Do Not Track(추적 방지)은 방문자의 웹 사용 정보를 추적하여 연관된 광고 등을 나타내지 않도록 요청하는 기능입니다. 이를 [켜짐]으로 바꾸면 개인 정보 보안성을 높일 수 있지만, 일부 사이트에서 표시할 수 있는 콘텐츠가 제한될 수도 있습니다.

LESSON 06

나만의 음성 비서
코타나가 엣지에도

코타나가 엣지에도 연계되어 있습니다. 인터넷 검색부터 사용자 개인에 대한 맞춤형 정보까지 개인 비서 코타나의 활약이 계속됩니다. 코타나 자체가 아직 한글판에서 제공되지 않지만 국가를 미국으로 바꾸면 약간의 기능 맛보기는 가능합니다.

코타나에 물어보기(Ask Cortana)

단어를 선택한 뒤 마우스 오른쪽 버튼을 누르면 [Ask Cortana(코타나에 물어보기)]가 있습니다. 'Web'이라는 키워드를 선택하면 마치 사전처럼 검색 결과를 나타내 줍니다. 단어에 대한 발음도 들을 수 있습니다. 'Windows 10'을 선택하니 출시일부터 기능 목록, 심지어는 언론사의 리뷰까지 연결해 보여줍니다.

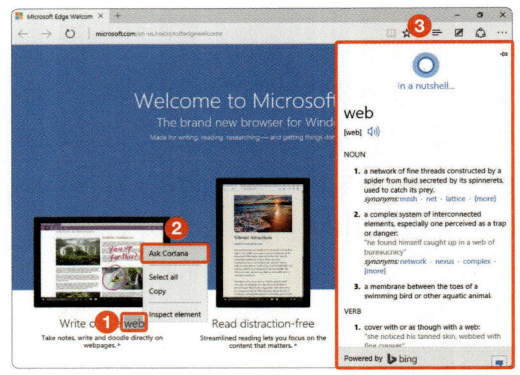

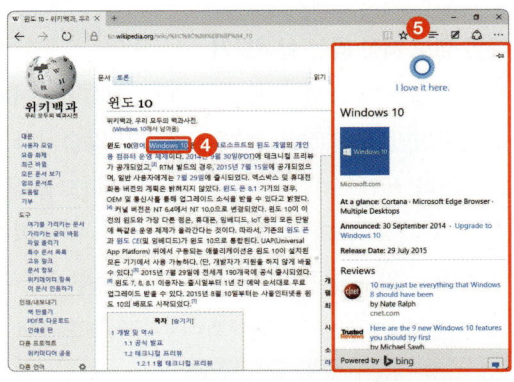

 tip 코타나에 물어보기(Ask Cortana) 기능은 영문판에서 동작합니다. 영문 윈도우로 변경하는 방법은 332쪽을 참고하세요.

실시간 주식 시세, 날씨 정보 살펴보기

'msft'라고 입력하면 Microsoft Corp(나스닥)의 최신 주식 시세를 알려줍니다. 또 주소 표시줄에 'weather'이라고 입력하면 현재 위치의 날씨를 알려줍니다. 도시에 대한 약어(ny 등)도 잘 인식합니다.

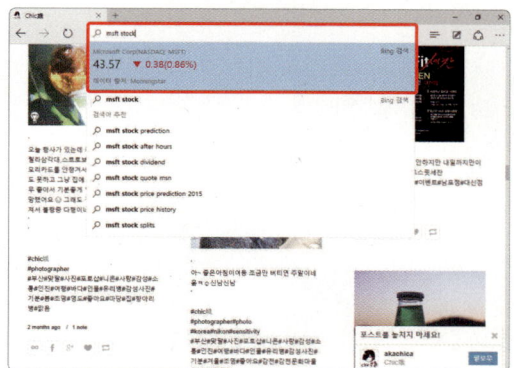 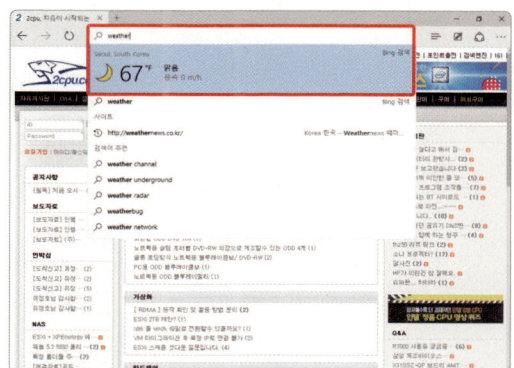

사회적 이슈나 상식, 생활 정보 물어보기

주소 표시줄에 '추수감사절은 언제에요?(when is thanksgiving 2015), korea라는 단어의 정의 (define korea)'도 물어볼 수 있습니다. Enter를 누르지 않아도 실시간으로 결과를 보여줍니다. 62쪽 에서 알아본 코타나 명령어 중 일부는 엣지에서도 사용 가능합니다. 인도의 시각(time in india), 1 달러 환율(1 dollar to won)도 바로 알려줍니다.

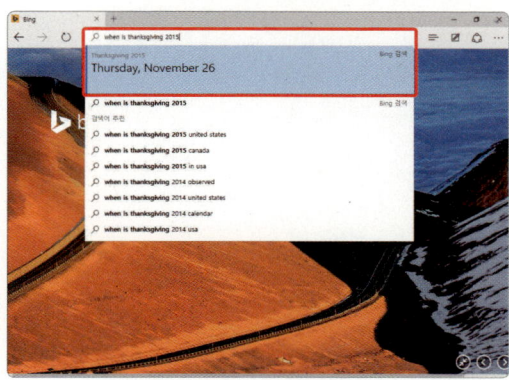 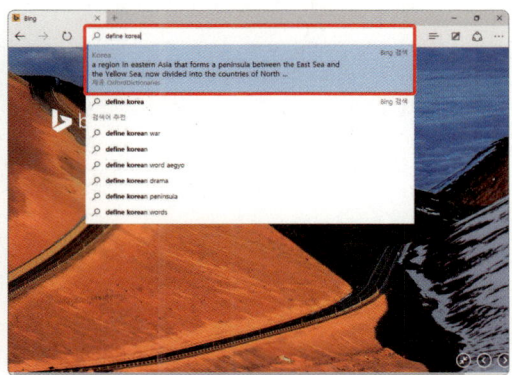

> **tip** 주식과 날씨 정보, 이슈나 생활 정보에 대한 기능은 한글판에서도 사용 가능합니다. 103쪽을 참고하여 '국가 또는 지역'을 미국으로 변경해 보세요.

스토어
각양각색 앱들이 뽐내는
커다란 보물섬

윈도우 10에서 기본으로 제공하는 앱도 쓸 만하지만
내가 정말로 원하는 앱은 따로 설치해야 하는 경우가 많습니다.
스토어에서 터치에 최적화된 앱을 검색하고 설치해 보세요.
전통적인 데스크톱 프로그램에 스토어에서 내려받은 앱을 더해
풍부한 환경으로 꾸며 보세요.

LESSON

01

윈도우에 등장한
앱 보물창고

윈도우 10은 터치에 최적화된 기능과 사용자 경험이 잘 어울린 유니버셜 앱 스토어를 제공합니다. 이를 잘 활용하면 업무를 수행하고 멀티미디어를 즐기는 데 도움이 됩니다. 유니버셜 앱(Universal app)은 PC와 태블릿, 스마트폰, 엑스박스 등에서도 같은 기능을 실행할 수 있는 앱입니다.

스토어 살펴보기

작업 표시줄의 [스토어 🗔]을 누르면 스토어가 나타납니다.

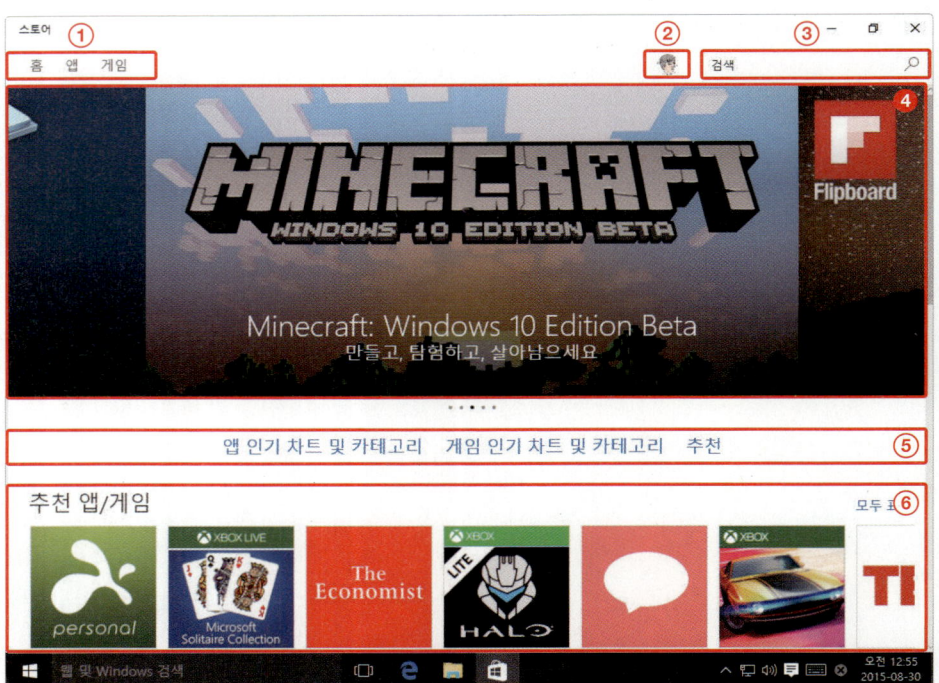

① **메인 메뉴:** 홈(첫 화면), 앱(애플리케이션), 게임 중에서 선택할 수 있습니다.

② **계정 및 설정:** 사용자 계정 및 지불, 앱 업데이트 및 스토어에 대한 설정을 살펴봅니다.

③ **검색 상자:** 원하는 앱을 빠르게 찾을 수 있도록 도와줍니다.

④ **앱 하이라이트:** 마이크로소프트에서 추천하는 앱을 큼직한 사진으로 광고합니다.

⑤ **추천 카테고리:** 링크를 누르면 사람들이 많이 찾는 앱 및 게임 차트와 카테고리를 보여줍니다.

⑥ **추천 앱/게임:** 추천 앱 목록을 타일 형식으로 나열해 보여 줍니다.

여러 가지 앱 둘러보기

스토어는 어떻게 생겼을까요? 과연 어떤 앱이, 얼마나 제공될까요? 윈도우 10의 스토어에는 아이폰, 안드로이드 스마트폰의 앱 스토어처럼 여러 항목들을 다채롭게 나열해 놓았습니다.

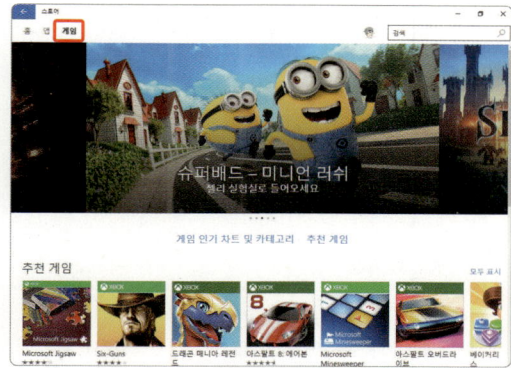

앱   게임

---

tip 국가와 지역 변경하기   Windows 10

국가 및 지역 설정은 스토어를 포함하여 윈도우 전반에 영향을 미칩니다. 미국 등 원하는 나라로 설정할 수 있으며, 우리나라에서 제공하지 않는 기능을 활용할 수 있습니다. 물론 원래대로 한국으로 되돌리면 본래의 설정을 유지할 수 있습니다.
[웹 및 Windows 검색]에 '국가 및 언어'를 입력해 [국가 및 언어 설정]에 들어갑니다. [국가 또는 지역]이 [한국]으로 되어 있습니다. 이를 원하는 국가로 변경하면 됩니다.

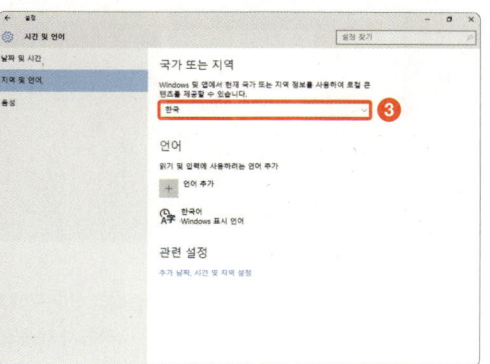

한국에서는 엑스박스 Music/Video 서비스가 되지 않아 앱과 게임 카테고리만 제공합니다. 한국의 스토어에 제공되지 않는 앱과 게임뿐 아니라 음악, 비디오, 영화 및 TV까지 살펴보려면 다른 나라의 스토어에 들어가야 합니다. 대표적인 국가로는 미국이나 일본이 있습니다.

아래 사진은 국가 및 지역 설정을 미국으로 변경한 모습입니다. 스토어를 실행하면 앱과 게임 외에도 [음악]과 [영화 및 TV]가 생겨났습니다.

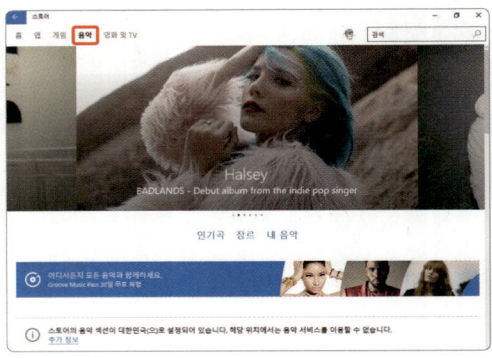 

아쉽게도 컴퓨터를 사용하는 곳이 해당 국가가 아니면 음악이나 영화 등의 콘텐츠를 구매할 수 없습니다. 다만 예고편 등을 살펴보는 것은 가능합니다.

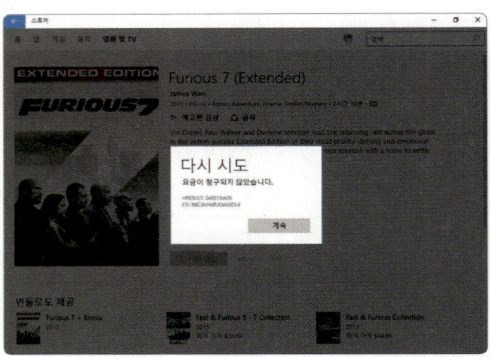 

이번에는 국가 및 지역을 일본으로 변경했습니다. 인기곡에 대한 미리 듣기가 가능합니다. 여전히 결재는 불가능합니다. 언제든지 한국 스토어로 변경할 수 있으니 다른 나라에서 제공되는 콘텐츠에는 무엇이 있는지 살펴보는 용도로 활용해 봅시다.

카테고리 또는 검색으로 앱 살펴보기

윈도우 10을 처음 설치하고 나면 [인기 무료]나 [신규 인기] 카테고리에서 필요한 앱을 살펴보세요.
이곳에서는 데스크톱용은 아니지만 손가락이나 펜으로 터치하기 편리한 앱이 제공됩니다.

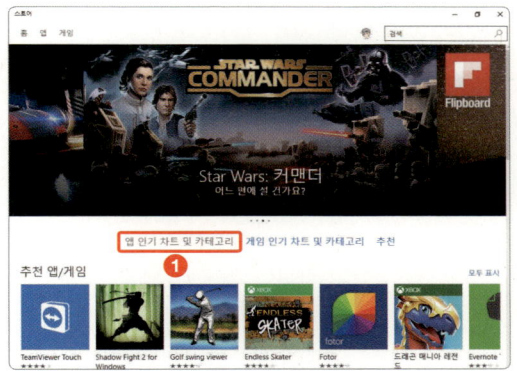 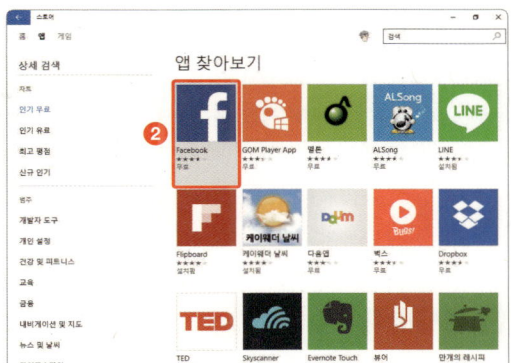

일반적인 스마트폰의 앱 스토어와 사용법이 비슷합니다. 앱을 찾고 자세한 정보를 확인한 뒤 마음에
들면 설치합니다. 스크린샷이나 평점, 리뷰 등을 살펴보면 좋은 앱을 판별하는 데 도움이 됩니다.

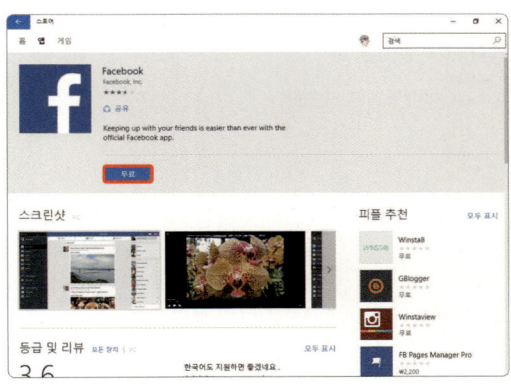 

카테고리별로 찾아서 앱을 검색해도 되지만 검색 상자에서 원하는 앱을 찾을 수도 있습니다.

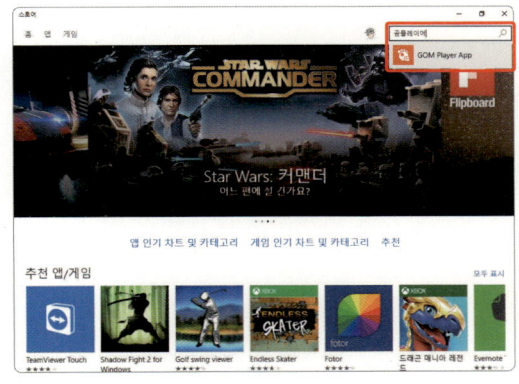 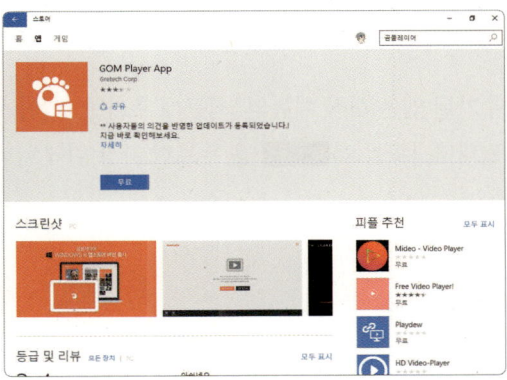

LESSON 02

자유롭고 간편하게
앱 설치하고 제거하기

스마트폰과 마찬가지로 윈도우 10에서도 좋은 앱을 찾아서 설치하는 것이 중요합니다. 또 시작 메뉴에 예쁘게 정렬해 놓으면 보기도 좋겠죠. 시작 메뉴에 자주 찾는 항목을 고정해 두는 것은 윈도우 10을 제대로 쓰는 비법이기도 합니다.

앱 설치하기

원하는 앱을 찾았다면 파란색 [무료]를 눌러 설치합니다. [사용자 계정 아이콘🙎]의 왼쪽에 나타나는 [↓](다운로드 및 설치)를 누르면 현재 다운로드 중인 앱이 대기열에 나타납니다. 앱의 크기가 작다면 미처 나타나기도 전에 설치가 완료될 수도 있습니다.

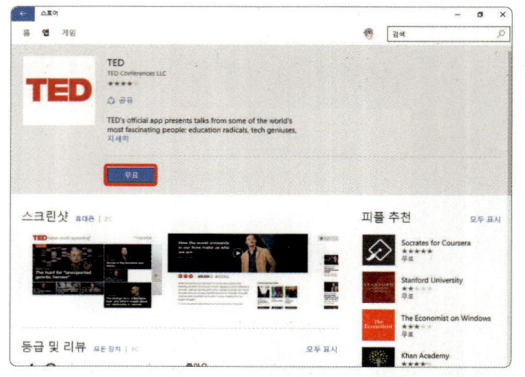 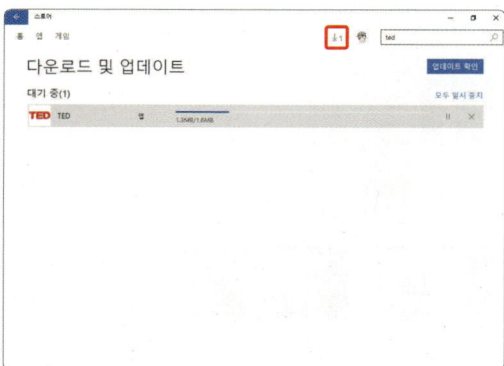

> **tip** 무료 앱은 부담을 갖지 말고 설치해 보세요. 데스크톱 앱과 달리 스토어에 있는 앱은 컴퓨터의 성능이나 저장 공간을 많이 차지하지 않아 부담 없이 설치할 수 있습니다.

추가된 앱은 시작 메뉴의 [최근에 추가한 항목]에 나타납니다. 이곳에는 가장 최근에 받은 앱이 표시됩니다. [모든 앱 ☰ 모든 앱]을 누르면 가장 위에 나타납니다.

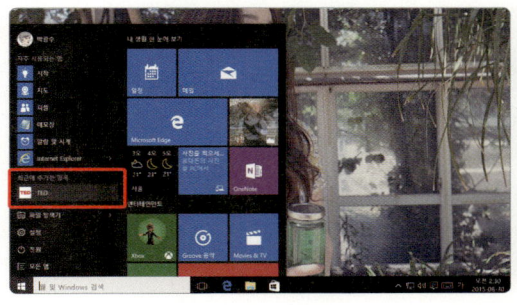 

앱 고정하기

설치된 앱에서 마우스 오른쪽 버튼을 눌러 메뉴를 연 뒤 시작 화면이나 작업 표시줄에 고정할 수 있습니다. 업무용 필수 앱은 작업 표시줄에, 뉴스나 멀티미디어, 게임 등은 시작 화면에 추가하면 좋을 듯합니다.

앱 제거하기

설치된 앱에서 마우스 오른쪽 버튼을 눌러 [제거]를 선택합니다. '이 앱 및 관련 정보가 제거됩니다.' 라는 메시지가 나올 때 다시 [제거]를 누르면 앱이 삭제됩니다.

> **tip** 한 번 설치한 앱의 경우 언제든 스토어에서 다시 설치할 수 있습니다. 다음에 나오는 [내 라이브러리]에서 내려받거나 다시 검색해서 설치하면 됩니다.

LESSON 03

앱 업데이트와 라이브러리로 기기 간 넘나들기

스토어에서는 앱을 관리하는 서비스도 제공합니다. 이를 잘 활용하면 여러 기기를 같은 환경으로 설정해 사용할 수 있습니다. 유니버설 앱으로 점점 더 닮아 가는 모바일 스토어도 살펴봅니다.

앱 업데이트하기

기본적으로 스토어에서 받은 앱이나 게임은 자동으로 업데이트됩니다. 하지만 수동으로 업데이트 상태를 확인할 수도 있습니다. [사용자 계정](👤)을 누르고 [다운로드 및 업데이트]에 들어갑니다. 또는 다운로드 항목 개수를 보여주는 [↓ 숫자]를 선택해도 됩니다.

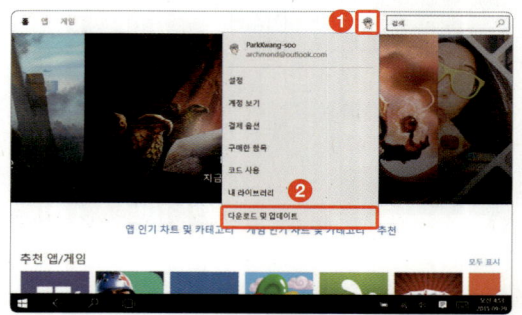 

내 라이브러리 보기

[사용자 계정]을 누르고 [내 라이브러리]를 선택하면 설치했던 앱 목록이 나타납니다. 만약 제거한 앱을 다시 깔려면 [다운로드 및 설치 ↓]를 눌러 곧바로 설치할 수 있습니다. 앱과 게임 등 카테고리별로 나눠져 있으며 [모두 표시]를 누르면 전체 앱 목록을 보여줍니다.

 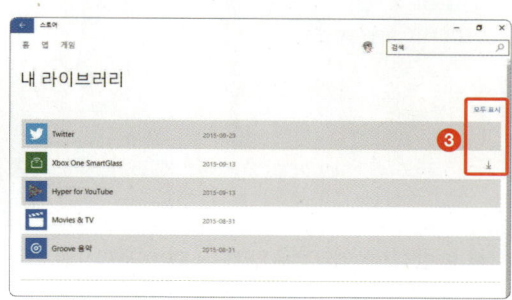

윈도우 10 모바일의 스토어 살펴보기

모바일(스마트폰용)의 스토어에서도 PC 버전에서 보았던 앱을 많이 찾아볼 수 있습니다. 스토어 앱 자체도 PC 버전과 비슷한 생김새를 하고 있습니다.

앱 소개 화면이나 다운로드 및 설치 화면도 앞에서 살펴본 데스크톱 버전과 비슷합니다. 앱을 실행하면 스마트폰 화면에 딱 맞게 나타납니다. 현재는 모든 기기가 아니라 PC에서만, 스마트폰에서만 제공되는 앱이 많지만 점점 '유니버셜' 앱답게 여러 기기에서 동일하게 사용할 수 있는 앱이 늘어날 것으로 예상됩니다.

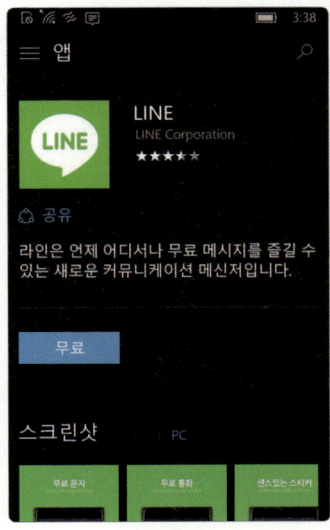

tip 곧 엑스박스 원에도 윈도우 10이 적용되어 PC, 태블릿, 스마트폰에 이어 게임기에까지 동일한 스토어와 앱을 사용할 수 있을 예정입니다. 더 자세한 정보는 157쪽을 참고하세요.

멀티미디어
오감을 유혹하는
화려한 공연장

모바일 기기가 부흥하면서 각종 콘텐츠도 홍수처럼 쏟아지는 세상입니다.

윈도우 10에 기본으로 제공되는 음악, 사진, 동영상, 카메라 앱과 함께,

스토어에서 제공하는 앱을 잘 활용하면

그 어느 때보다 풍성하고 화려하게 멀티미디어를 즐길 수 있습니다.

LESSON 01

좋아하는 노래를 들을 때는 Groove 음악 앱

여러분이 보유한 노래를 즐겨 보세요. 깔끔한 인터페이스의 Groove 음악 앱으로 우아하게 음악을 들을 수 있습니다. 좋아하는 노래의 재생 목록을 만들고 편집하는 기능도 제공합니다. 아이튠즈(iTunes)에서 미리 만든 재생 목록을 가져올 수도 있습니다.

음악 바로 듣기

시작 메뉴에서 'Groove 음악'을 실행한 화면입니다. 음악 라이브러리에 저장한 곡이 있다면 화면에 바로 나타납니다. 원하는 음악을 선택해 [▷ 재생]을 누르면 노래를 들을 수 있습니다.

① 곡 정보   ② 재생 컨트롤   ③ 이전   ④ 재생/일시 정지   ⑤ 다음   ⑥ 볼륨   ⑦ 순서 섞기   ⑧ 반복

> **tip** Groove 음악 앱으로 재생할 수 있는 파일 형식은 .mp3, .flac, .aac, .m4a, .wav, .wma, .ac3, .3gp, .3g2, .amr 등 입니다.

> **tip** 왜 Groove 음악인가요?   Windows10
>
> 마이크로소프트는 윈도우 10을 출시하면서 엑스박스 Music 서비스를 'Groove'로, 엑스박스 Video 서비스는 'Movies & TV'로 변경했습니다. 구글과 애플의 음악 서비스에 대응하기 위해서입니다. Groove의 사전적 의미는 음악의 리듬(그루브) 을 뜻합니다.

음악이 보이지 않으면 [설정 ⚙]을 누른 뒤 [음악 검색 위치 선택]을 선택하세요. 그러곤 음악 파일이 있는 위치를 [추가 ⊕]하면 됩니다. 음악이 추가되면 오른쪽 위에서 알려줍니다.

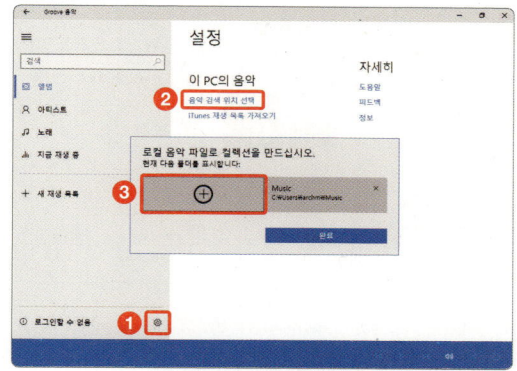
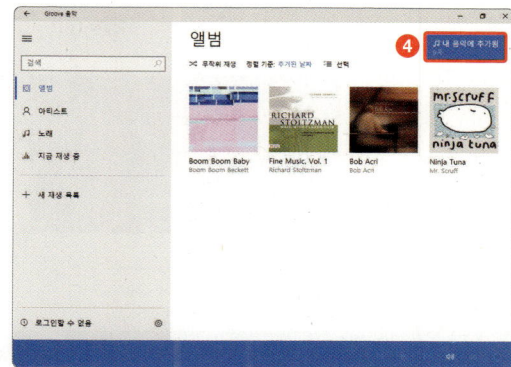

재생 목록 만들고 음악 추가하기

[+새 재생 목록] 메뉴를 누릅니다. 이름을 입력하고 [저장]하면 왼쪽 아래에 재생 목록이 추가됩니다.

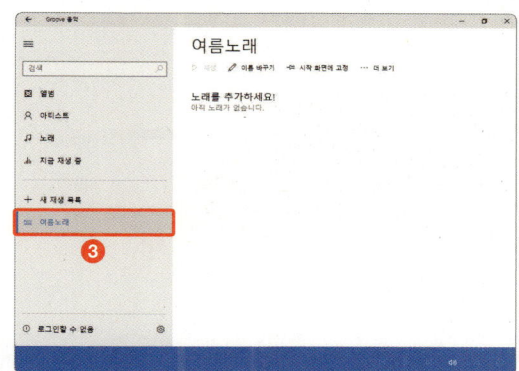

이제 재생 목록에 곡을 추가하기만 하면 됩니다. [앨범]이나 [아티스트] 목록에서 원하는 노래를 마우스 오른쪽 버튼으로 선택해 새로 만든 재생 목록에 넣습니다.

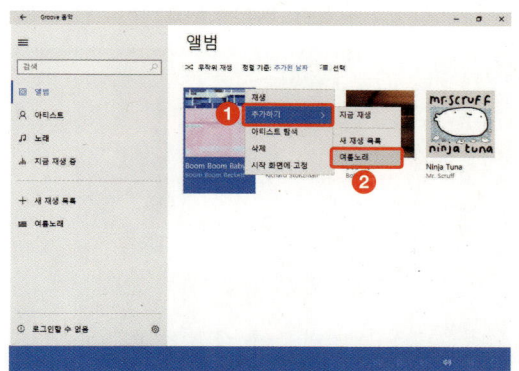
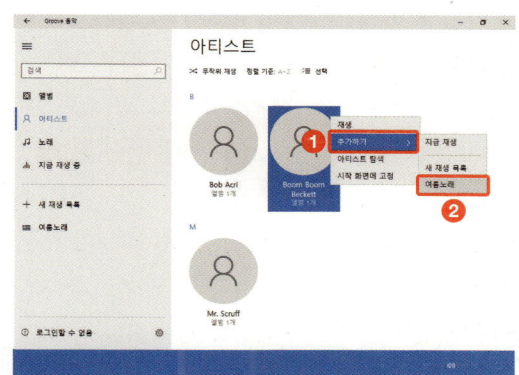

[노래] 목록에서 [선택]을 누른 뒤 원하는 곡을 체크해서 아래에 나오는 [+추가하기]를 눌러 재생 목록에 넣어도 됩니다. 이 재생 목록을 선택하면 목록에 추가했던 노래를 모두 들을 수 있습니다.

 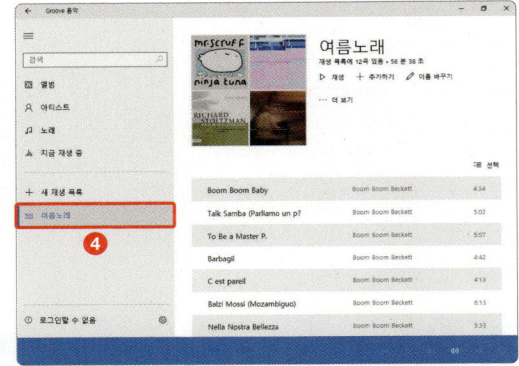

음악을 시작 화면에 고정하기

노래나 앨범, 아티스트를 마우스 오른쪽 버튼으로 선택한 뒤 [시작 화면에 고정]을 누르면 시작 화면에 해당 항목이 추가되어 언제든 원하는 곡을 바로 들을 수 있습니다.

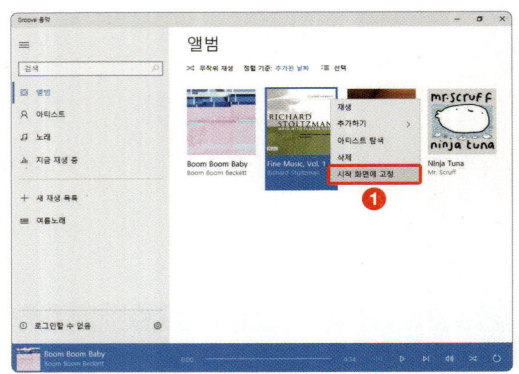 

동일한 방법으로 시작 화면에 [재생 목록]을 추가할 수도 있습니다. 그러면 시작 화면에서 이 타일만 눌러도 재생 목록이 바로 열립니다. 윈도우 10의 참맛은 무엇이든 고정시키는 데 있습니다.

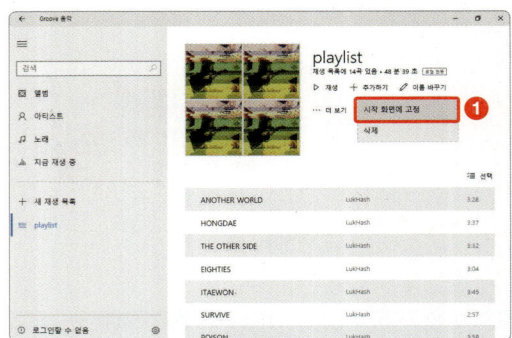 

어두운 테마 적용하여 분위기 바꾸기

인터넷 브라우저만이 아니라 Groove 음악 앱에서도 온통 새까맣게 바꾸는 [어둡게] 테마를 적용할 수 있습니다. [설정⚙]을 누른 뒤 취향에 따라 [배경]을 [밝게], [어둡게]로 바꿔 보세요.

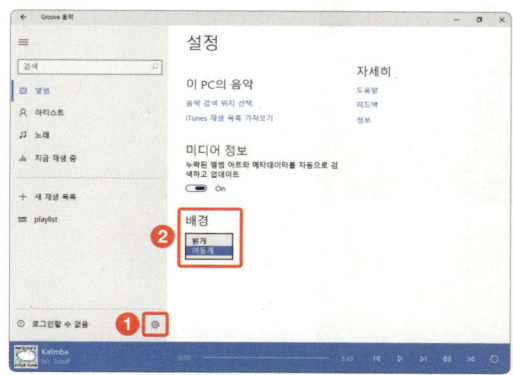
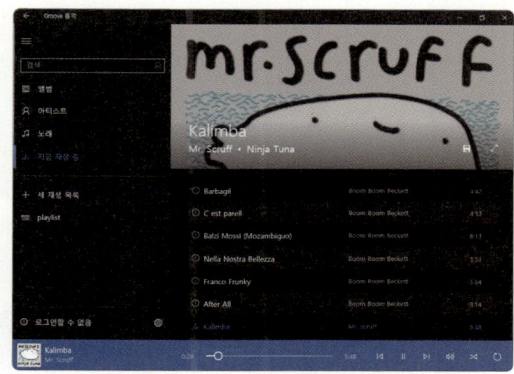

전체 화면에서 음악 재생하기

왼쪽의 [지금 재생 중]을 누른 뒤 오른쪽 끝에 있는 [전체 화면으로 이동↗]을 누르면 앨범 커버가 화면을 꽉 채웁니다.

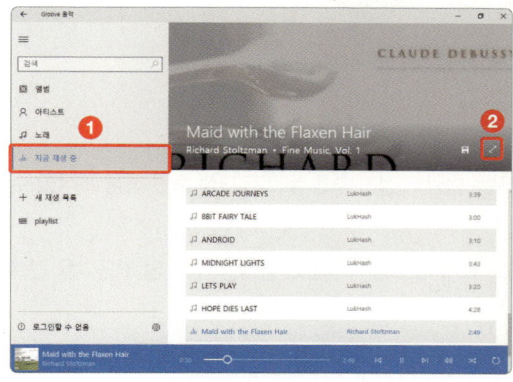

앱 화면을 열지 않고 조작하기

Groove 음악 앱을 조작하는 방법은 여러 가지입니다. 키보드나 기기의 음량 조절 단추를 눌렀을 때 나오는 재생 컨트롤을 활용하거나, 창을 축소해 작은 미디어 플레이어로 활용할 수도 있습니다. 작업 표시줄의 앱 아이콘에 마우스를 갖다 대면 [이전/재생 및 일시 정지/다음]을 바로 선택할 수 있습니다.

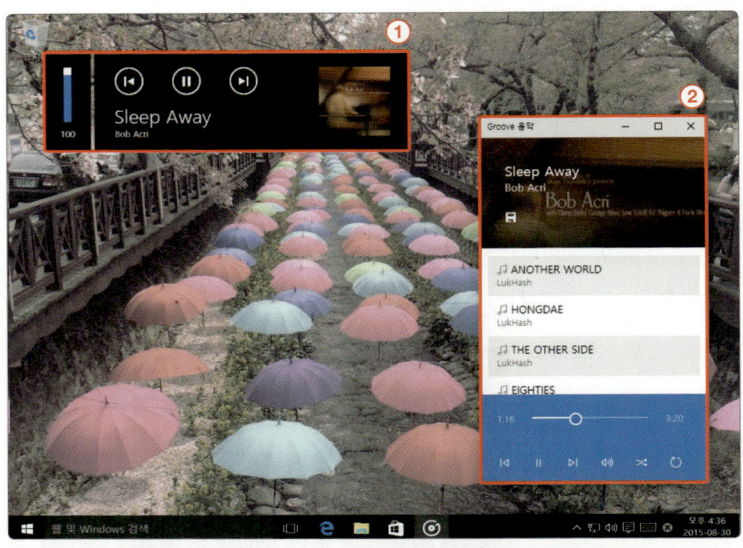

① **음량 조절 단추를 눌렀을 때 :** 키보드나 노트북, 태블릿에 있는 음량 조절 단추를 누르면 재생 중인 곡을 조작할 수 있는 창이 나타납니다.

② **창을 작게 만들었을 때 :** 다른 음악 재생 프로그램처럼 창을 작게 축소해서 작업에 영향을 주지 않고 음악을 컨트롤할 수 있습니다. 창 크기를 줄여 보세요.

③ **작업 표시줄에서 :** 작업 표시줄의 Groove 음악 앱 아이콘에 마우스를 갖다 대면 재생 컨트롤이 나타납니다.

LESSON
02

Movies & TV 앱으로
동영상 감상하기

윈도우 10에는 음악 재생 프로그램 외에도, 웬만한 동영상은 다 재생할 수 있는
Movies & TV 앱이 포함되어 있습니다. 아쉽게도 국내에서는 TV(엑스박스 Video라고
하는 VOD 서비스) 기능이 제공되지 않지만, 간단한 동영상 재생 프로그램으로 활용하
기에는 손색이 없습니다.

동영상 재생하기

시작 메뉴에서 Movies & TV 앱을 찾아 실행합니다. 동영상 라이브러리에 있는 비디오를 자동으로
검색해 나열해 줍니다. 보고 싶은 영상을 누르면 재생됩니다.

Movies & TV 앱의 재생 화면은 아래와 같습니다. 자세한 기능을 찬찬히 살펴보겠습니다.

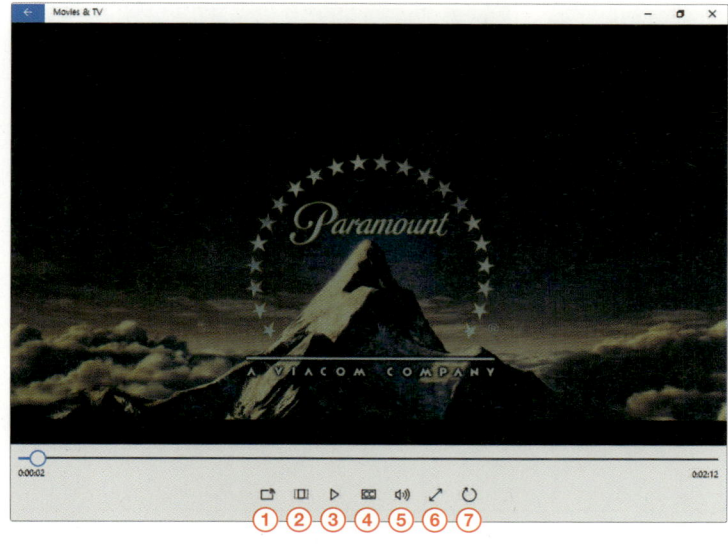

동영상 보기

① 장치로 전송
② 가로 세로 비율
③ 재생/일시 중지
④ 자막 선택 메뉴
⑤ 볼륨
⑥ 전체 화면
⑦ 반복 재생

다른 장치와 연결하고 화면 비율 바꾸기

[장치로 전송 □]은 138쪽에서 설명하는 [장치로 캐스트]와 동일한 기능을 합니다. 현재 재생되는 동영상을 다른 기기에 원격으로 출력할 수 있습니다. [가로 세로 비율 ▥]을 누르면 화면을 꽉 채우고, 한 번 더 누르면 원래 비율대로 축소됩니다.

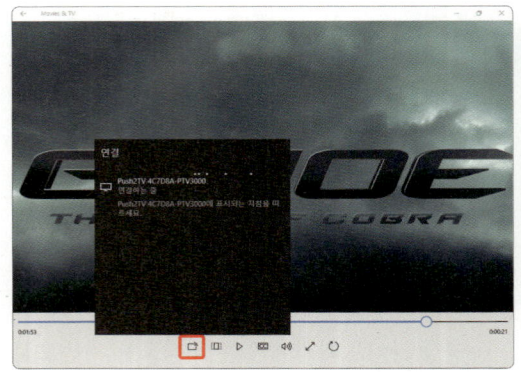

tip [전체 화면 ↗]을 누르면 동영상이 전체 화면으로 재생됩니다. [전체 화면 끝내기 ↙]를 누르면 원래 화면으로 돌아옵니다.

자막 표시하기

[선택 자막 메뉴 표시 CC]를 누르면 동영상에서 지원하는 언어로 자막을 표시할 수 있습니다. 동영상 파일 자체에 자막이 포함된 경우에는 잘 나오지만, 우리나라에서 일반적으로 사용되는 smi 등의 자막은 잘 지원하지 않습니다.

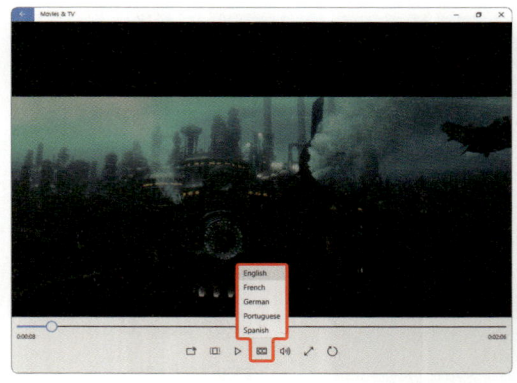

tip Movies & TV 앱으로 재생할 수 있는 파일 형식은 .m4v, .mp4, .mov, .asf, .avi, .wmv, .m2ts, .3g2, .3gp2, .3gpp입니다. .mkv 파일도 재생 가능합니다.

LESSON 03

멀티미디어 재생 오류
미디어 팩으로 해결하기

앞에서 설명한 사진 앱, Groove 음악, Video & TV 앱으로 각종 멀티미디어 파일이 재생되지 않는 경우가 있습니다. 미디어 팩(Media Pack)을 설치해서 문제를 해결하는 방법을 알아보겠습니다.

멀티미디어 파일이 재생되지 않는다면?

사진 파일을 열거나 음악 및 동영상 파일을 재생하려고 할 때 아래처럼 오류 메시지가 나오는 경우가 있습니다. '원격 프로시저를 호출하지 못했습니다', 'To use Groove, please make sure you have Media Feature Pack installed.'라고 알려 주는 경우 이번 내용을 한번 읽어 보세요.

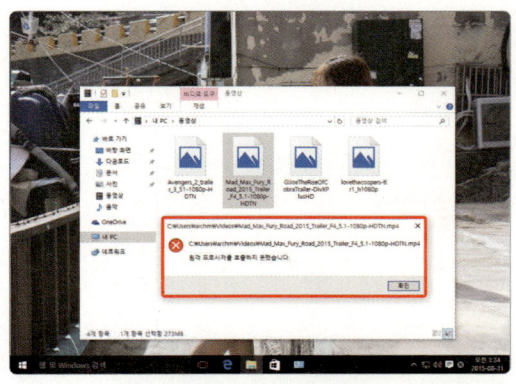
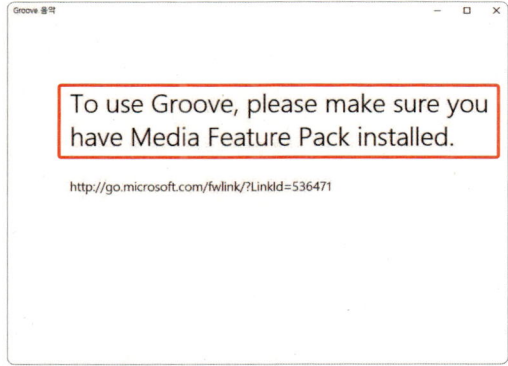

윈도우 10 KN이나 N 에디션을 사용 중이라면?

윈도우 10 KN 및 윈도우 10 N 에디션은 Windows Media Player와 관련 기술을 제외하고 윈도우 10과 동일한 기능을 포함합니다. 필요한 경우 윈도우 10 KN 및 N 버전을 위한 미디어 기능 팩(KB3010081)을 설치하여 이 기능을 정상적으로 활성화할 수 있습니다. 내 컴퓨터가 어떤 에디션인지 확인하려면 [시작]을 마우스 오른쪽 버튼으로 눌러 [시스템]을 선택합니다. 'Windows 버전'에 KN이나 N이 보이면 다음 내용을 참고해 미디어 기능 팩을 설치합니다.

미디어 기능 팩 설치하기

윈도우 10 KN 및 N에서 멀티미디어를 재생하려면 미디어 기능 팩을 설치해야 합니다. 웹 브라우저로 http://www.microsoft.com/ko-kr/download/details.aspx?id=48231에 접속해 다운로드를 선택하세요. x86(32비트) 또는 x64(64비트) 중 내 컴퓨터에 적용 가능한 파일을 다운로드합니다.

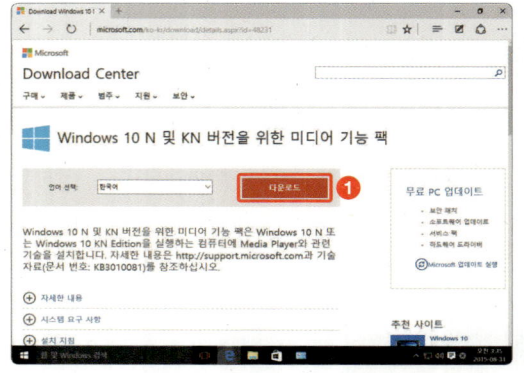
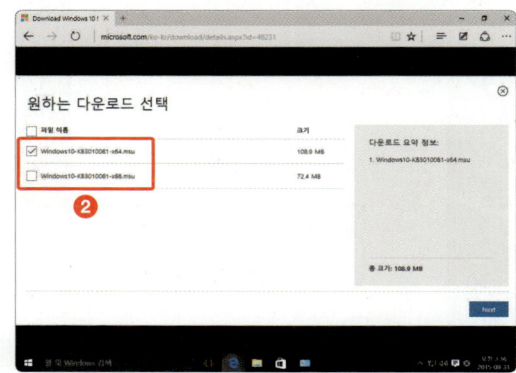

KB3010081 업데이트를 설치한 뒤 컴퓨터를 다시 시작합니다. 동영상이나 사진, 음악을 재생해 봅니다. 오류 메시지가 나타나지 않으면 제대로 설치된 것입니다.

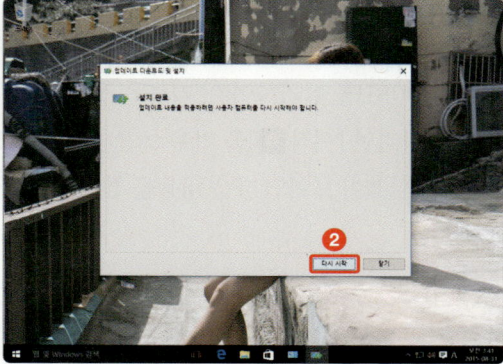

스토어에서 Groove 음악, Movies & TV 설치하기

미디어 기능 팩을 설치했더라도 컴퓨터에 Groove 음악과 Movies & TV 앱이 없다면 스토어에서 직접 내려받아 설치할 수 있습니다. 스토어에서 앱 이름을 입력해 검색합니다. 설치된 앱을 시작 화면에 드래그해 고정하면 편리하게 사용할 수 있습니다.

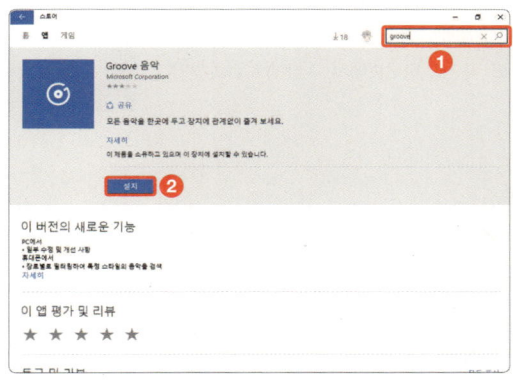 

윈도우 미디어 플레이어 설치하기

윈도우 미디어 플레이어가 제대로 실행되지 않는다면 [웹 및 Windows 검색]에서 [windows 기능 켜기/끄기]를 검색해 [미디어 기능]에 체크해 설치해 봅시다.

 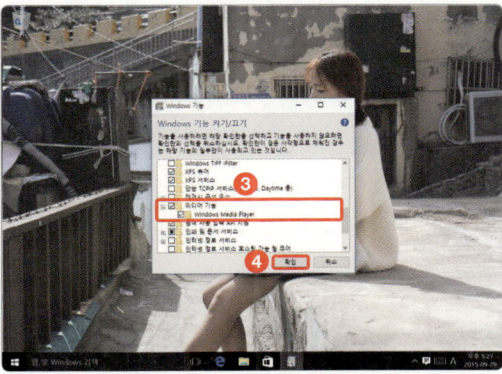

tip 윈도우 10에서 윈도우 미디어 센터(Windows Media Center)는 제공되지 않습니다. 그 대신 스토어에서 'Windows DVD 플레이어'를 유료로 제공합니다. DVD나 CD를 재생하려면 팟플레이어나 곰플레이어 등 다른 미디어 플레이어를 설치하는 것이 더 경제적입니다.

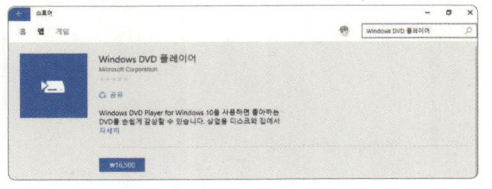

LESSON 04

흩어진 사진을 한곳에 모아서 확인하기

이제 흩어진 사진을 찾기 위해 끝도 없이 검색할 필요가 없습니다. 사진 앱이 모든 사진과 동영상을 한곳에 모아 줍니다. 스마트폰, PC 및 원드라이브에서 수집한 사진과 동영상을 한자리에서 감상해 보세요.

컬렉션 살펴보기

시작 메뉴에서 사진 앱을 열면 컬렉션이란 항목이 가장 먼저 보입니다. 같은 시기에 촬영된 사진을 월 단위로 모아 보여 줍니다. [~년 ~월]을 눌러 보세요.

월별로 촬영된 사진들의 목록을 모아 줍니다. 보고 싶은 시기를 누르면 해당 사진이 쫙 나타납니다.

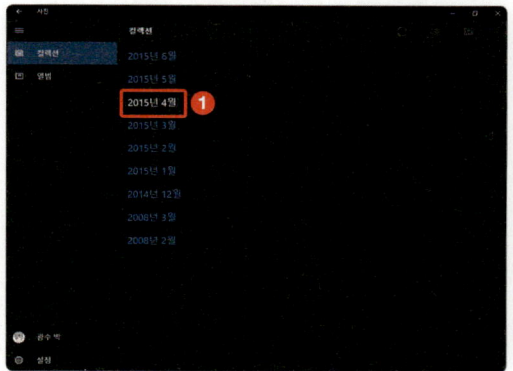
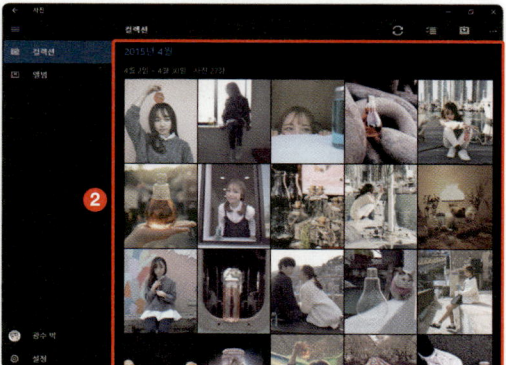

tip 사진 앱의 컬렉션에서는 컴퓨터에 있는 사진뿐 아니라 원드라이브에 저장된 사진까지 함께 보여 줍니다. [설정]에서 [소스] 아래의 [+ 폴더 추가]를 누르면 해당 폴더의 사진도 나타납니다. 원드라이브는 마이크로소프트가 서비스하는 클라우드 저장 공간입니다. 자세한 정보는 269쪽을 참고하세요.

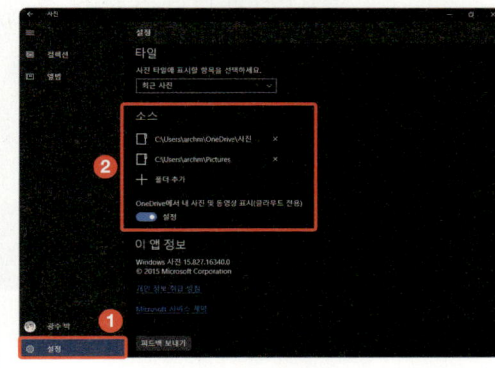

앨범 살펴보고 꾸미기

특정 장소와 시간에 촬영한 사진을 모아 자동으로 앨범을 만들어 줍니다. 추억의 순간을 포착한 사진을 앨범으로 예쁘게 정리해 보세요.

앨범의 맨 아래를 보면 [+ 사진 추가 또는 제거]를 눌러 앨범에 보일 사진을 선택할 수 있습니다. 선택을 마무리했다면 [완료✔]를 누릅니다.

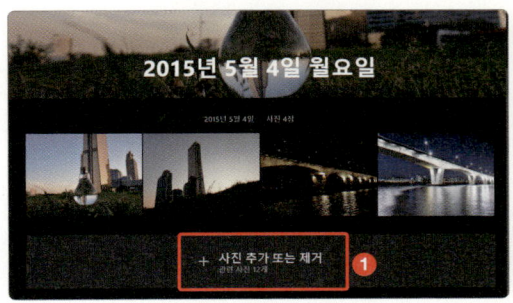

위쪽의 [편집 ✏️]을 눌러 제목을 입력하고 원하는 표지 이미지로 변경해 앨범을 꾸밀 수 있습니다.

여러 사람과 함께 공유하기

사진 보기 도중에 위쪽의 [공유 🔗]를 누르면 메일이나 SNS로 사진을 공유할 수 있습니다. 탐색기를 열지 않고도 곧바로 공유할 수 있으므로 아주 편리합니다. 컬렉션에서 여러 개의 사진을 선택해 공유해도 됩니다.

> **tip** 메일 앱 설정에 대해서는 218쪽을 참고하세요.

디지털 액자처럼 슬라이드 쇼 보기

윈도우 10을 설치한 컴퓨터와 사진만 있으면 디지털 액자로 활용할 수 있습니다. [슬라이드 쇼 🔲]만 누르세요. 지난날의 추억을 여러 사람과 공유할 수 있습니다.

자동 보정 기능 활용하기

사진을 보다가 [자동 보정 ✎]을 눌러 바로 보정할 수 있습니다. 어두운 그림을 밝게 하거나 보기 좋은 형태로 사진을 보정하는 기능입니다. 한 번 더 누르면 보정이 해제됩니다.

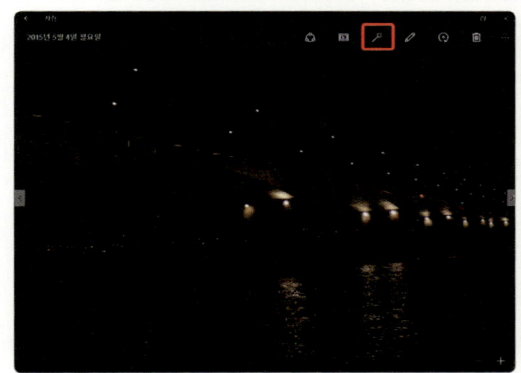

> **tip** 라이브러리를 잘 활용해 보세요. 탐색기를 열면 사진, 음악, 동영상, 문서 등의 폴더가 기본적으로 제공됩니다. 이 분류에 따라 자료를 나눠 저장하면 별도의 설정 없이도 앞서 살펴봤던 앱(사진, Groove 음악, Movies & TV)에서 바로 열리는 것을 확인할 수 있습니다.

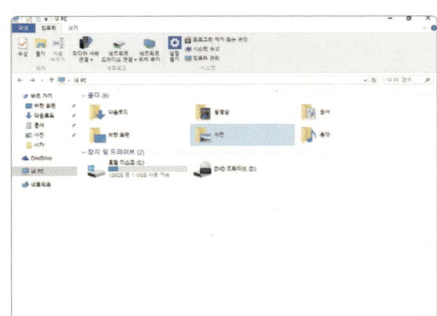
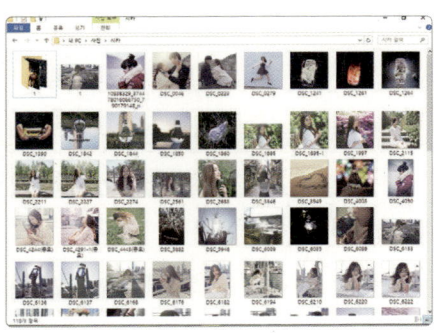

스마트폰용 윈도우 10에서도 PC용과 동일한 앱을 제공합니다. 보정 및 편집 기능이 그대로입니다.

LESSON 05
사진을 편집하는
풍부한 기능과 활용법

사진 앱은 흩어진 사진을 모아 주는 기능뿐만 아니라 편집하고 공유하는 다양한 기능도 추가로 제공합니다. 포토샵 같은 편집 프로그램이 없어도 간단한 작업을 손쉽게 적용할 수 있습니다.

사진 보기 화면의 여러 기능들

사진 파일을 직접 열거나 사진 앱의 컬렉션에서 특정 사진을 열면 아래와 같은 화면이 나타납니다. 자동으로 사진을 보정하고 편집부터 공유까지 한 화면에서 끝낼 수 있어 편리합니다. 구체적인 기능을 하나씩 살펴봅시다.

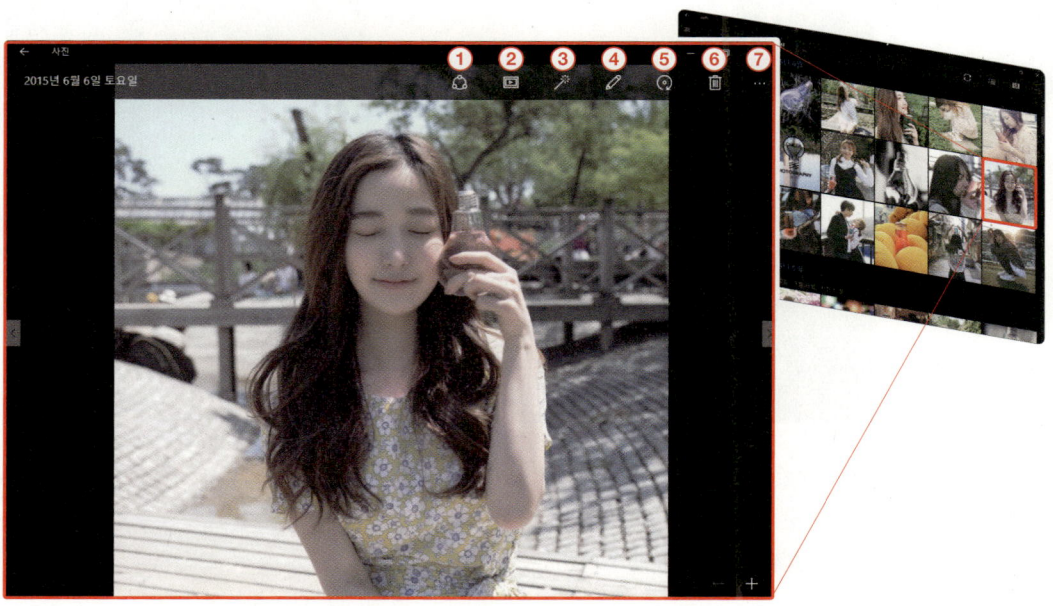

① 🔔 **공유 :** 사진 파일을 공유합니다.

② ▦ **슬라이드 쇼 :** 전체 사진을 슬라이드 쇼로 차례대로 감상합니다.

③ 🪄 **보정 :** 사진을 자동으로 보정합니다.

④ ✏ **편집 :** 자르기, 필터 적용, 색 온도, 효과 등을 조절하여 사진을 편집합니다.

⑤ ◉ **회전 :** 사진을 회전시킵니다.

⑥ 🗑 **삭제 :** 사진 파일을 삭제합니다.

⑦ ⋯ **자세히 보기 :** 사진 파일과 관련된 다양한 옵션을 엽니다.

사진 편집 모드 살펴보기

사진을 보다가 [편집 🖊]을 누르면 사진 편집 모드로 바뀝니다. 화면의 양옆에 사진을 수정할 수 있는 다양한 메뉴가 나타납니다.

① **실행 취소** : 이전에 적용한 수정 사항을 취소합니다.

② **다시 실행** : 실행 취소했던 사항을 다시 실행합니다.

③ **비교** : 원본과 편집 전/후를 손쉽게 비교합니다.

④ **복사본 저장** : 원본 사진에는 영향을 주지 않고 복사본을 만들어 저장합니다. 새로 만들어진 파일은 원본 파일과 같은 위치에 저장됩니다.

⑤ **저장** : 원본 사진을 덮어쓰며 저장합니다.

⑥ **취소** : 편집 모드에서 나갑니다.

⑦ **상위 카테고리** : 사용 가능한 상위 편집 기능입니다.

⑧ **하위 효과** : 상위 카테고리에 대한 세부적인 편집 효과가 나열됩니다.

⑨ **확대/축소** : 사진을 확대하거나 축소합니다. 사진 편집 모드에서 특히 유용합니다.

사진 편집 기능의 활용법

회전 : [회전]을 한 번 누를 때마다 시계 방향으로 90°씩 회전합니다.

자르기 : 선택한 부분만 남기고 사진을 자릅니다. 중요한 부분만 강조할 때 효과적입니다.

수평 조절 : 비뚤어진 사진의 수평을 조절할 수 있습니다. 격자를 보며 원하는 각도로 맞추면 됩니다.

> **tip** 사진 수정이 완료되면 [복사본 저장🖫]을 눌러 저장하세요. 원본 파일이 바뀌지 않고 안전하게 새 파일로 저장됩니다. 사진 편집 결과가 마음에 들지 않는다면 언제든 [취소✖]할 수 있습니다.

잡티 제거 : 점이나 흉터 등을 감쪽같이 없애 주므로 인물 사진 편집에 유용합니다. 말끔한 피부를 갖고 싶다면 사용해 보세요.

필터 적용 : 지원하는 필터의 종류는 많지 않지만, 마치 인스타그램(Instagram) 앱처럼 사진에 여러 효과를 줄 수 있습니다. 같은 사진을 완전히 다른 느낌으로 꾸며 보세요.

선택적 포커스 : 선택한 부분을 제외하고 배경을 흐리게 만듭니다. 부드러운 분위기를 연출하는 데 효과적입니다.

마음에 드는 사진으로 내 컴퓨터 꾸미기

사진 앱을 활용해 내 컴퓨터를 원하는 대로 꾸밀 수 있습니다. 사진 보기(뷰어) 모드에서 [자세히 보기 ■■■]를 눌러 보세요. 원하는 사진을 잠금 화면이나 배경 화면, 사진 타일로 설정할 수 있습니다.

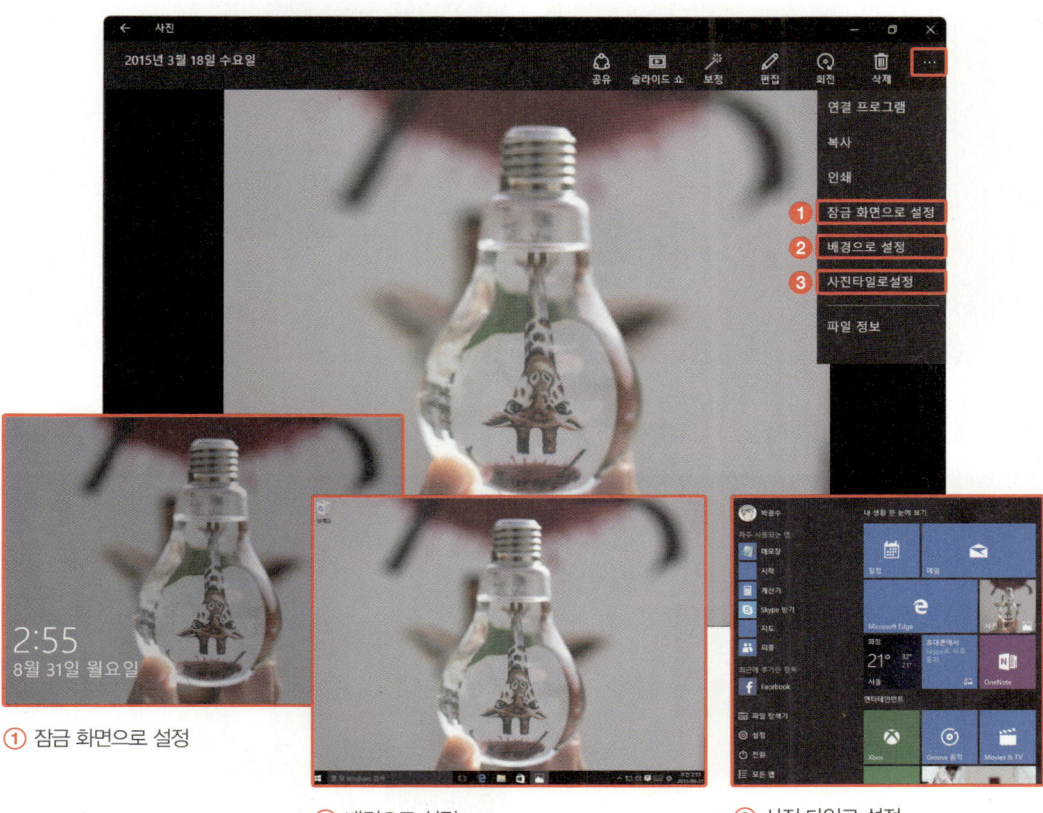

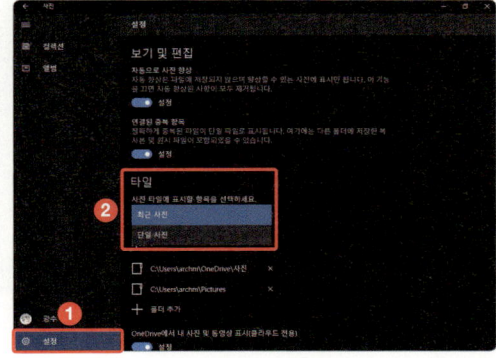

① 잠금 화면으로 설정

② 배경으로 설정

③ 사진 타일로 설정

> **tip** 시작 메뉴의 사진 타일에 표시할 항목을 원래대로 되돌리려면 사진 앱의 [설정]에서 [사진 타일에 표시할 항목을 선택하세요]를 [최근 사진]으로 바꾸면 됩니다. 사진이 타일에 표시되지 않게 하려면 시작 메뉴의 사진 앱을 마우스 오른쪽 버튼으로 클릭해 [라이브 타일 끄기]를 선택합니다.

디지털 카메라의 사진을 스마트하게 가져오기

스마트폰, 미러리스, DSLR, 일반 디지털 카메라 등을 연결하고 사진 앱을 켠 뒤 [가져오기 🖼]를 눌러 보세요. 자동으로 새 사진과 동영상을 찾아줍니다.

 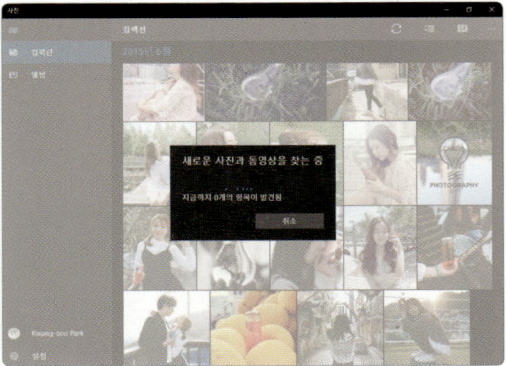

새로운 항목을 발견하면 PC로 가져올지 물어봅니다. [가져오기]를 누르면 진행 상황을 보여 줍니다.

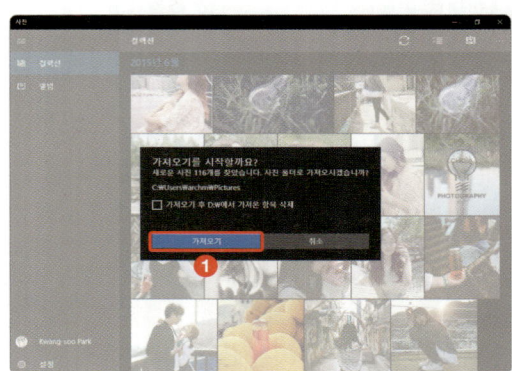 

가져온 사진은 [앨범]의 [마지막 가져오기]에서 확인 가능합니다.

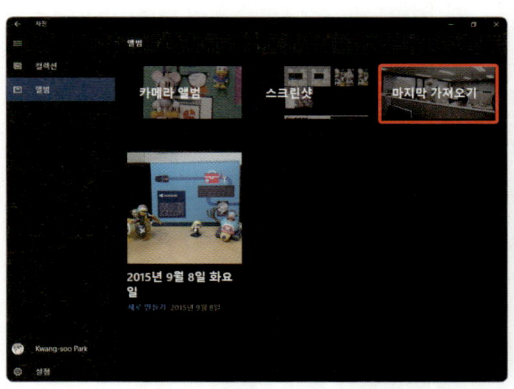 

tip 사진 앱으로 가져온 사진은 탐색기에서 〈사진〉의 폴더에 저장됩니다.

LESSON 06

윈도우에서 카메라로 사진 찍기

요즘 노트북이나 태블릿에는 최소 하나 이상의 카메라가 있습니다. PC에서는 웹캠 등을 장착해 사진을 촬영할 수 있습니다.

카메라

카메라 앱 실행하기

[웹 및 Windows 검색]에 '카메라'를 입력해 실행합니다.

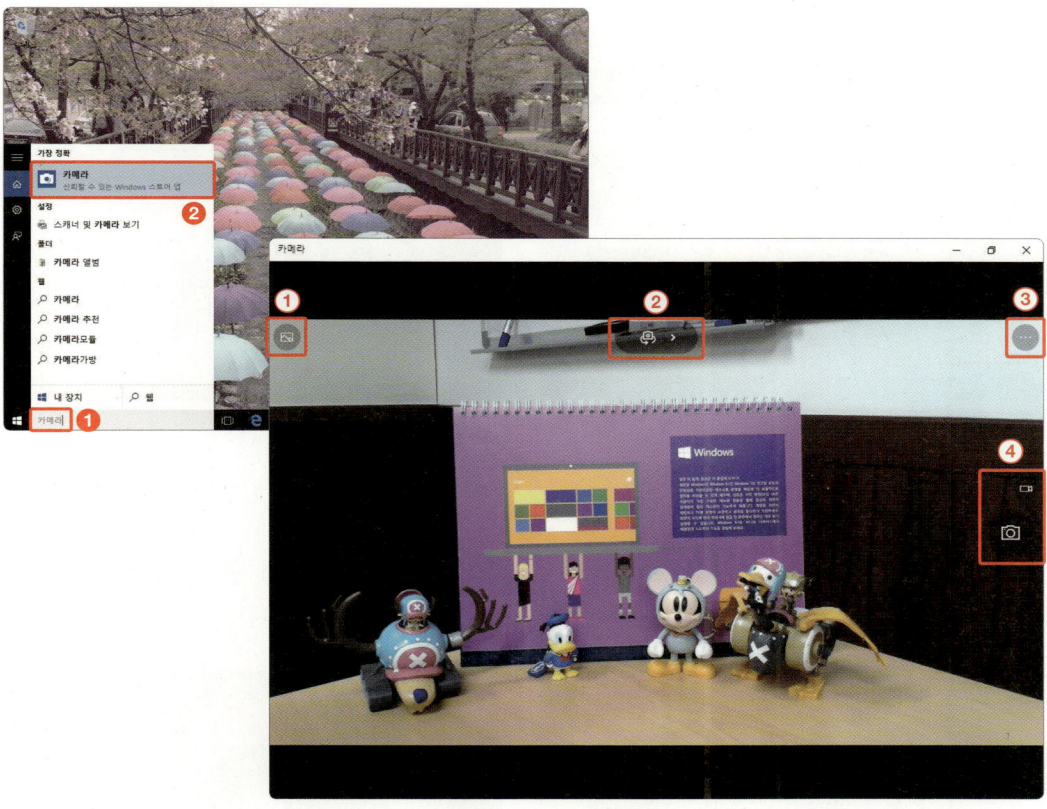

① 사진 보기　②　전면 카메라/밝기　③　옵션　④　사진/동영상 촬영 전환

 카메라 앱으로 촬영한 사진은 〈사진〉의 〈카메라 앨범〉 폴더에서 찾을 수 있습니다.

밝기와 크기 조절하기

촬영할 사진의 밝기를 조절하려면 상단의 [밝기 ⊗]를 누릅니다. 오른쪽에 나오는 밝기 단추를 위로 올리거나 내리면 밝기가 바뀝니다.

터치스크린이나 태블릿에서 손가락을 모으고 벌리는 제스처로 사진을 확대 및 축소할 수 있습니다.

앞쪽 카메라로 찍기

앞뒤 카메라가 모두 있는 경우 기본으로 화질이 좋은 뒤쪽 카메라를 먼저 사용합니다. [전면 카메라 ⊡]를 눌러 앞쪽 카메라로 전환하면 셀카를 찍을 수 있습니다. 얼굴을 자동으로 인식합니다.

동영상 촬영하기

[동영상 📷]을 누르면 동영상 촬영 모드로 바뀝니다. 한 번 더 누르면 촬영이 시작됩니다.

카메라 설정 완전 정복

위쪽의 [자세히 ⚪]를 눌러 [사진 타이머] 또는 [설정]에 들어갑니다.

타이머를 설정하면 촬영 단추를 누른 뒤 일정 시간 후에 촬영되도록 할 수 있습니다. 원하는 옵션을 선택한 후 체크해 적용합니다. 화면에 동그란 타이머가 나타나므로 쉽게 타이밍을 맞출 수 있습니다.

> **tip** [카메라 버튼을 다시 누를 때까지 #초마다 계속 사진을 촬영합니다.]를 선택하면 #초 간격으로 사진이 자동으로 촬영됩니다. 중지하려면 촬영(카메라) 단추를 다시 누르면 됩니다.

[설정]에 들어가면 [화면 비율]을 조절할 수 있습니다. 기본값인 16:9에서 4:3 등으로 바꿔 보세요.

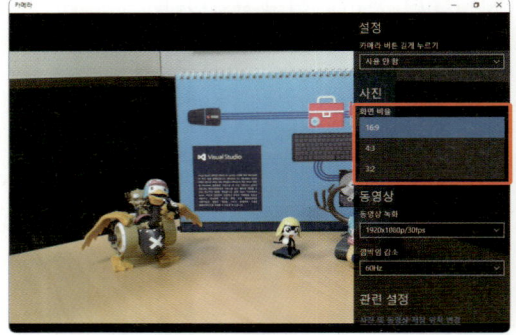 

[구도 그리드]를 켜면 화면에 격자가 나타나 구도를 보며 사진을 촬영할 수 있습니다.

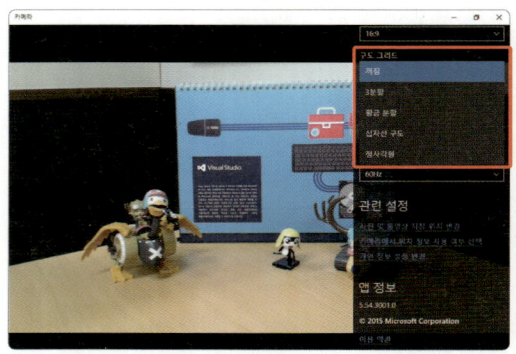 

스마트폰 버전에서도 동일하게 사용하기

윈도우 10 모바일에서도 카메라 앱을 선택하여 PC 버전과 마찬가지로 사용할 수 있습니다. 사진에 여러 효과를 주는 [필터]를 추가할 수 있는 것이 데스크톱 버전과의 차이점입니다.

LESSON 07

윈도우 미디어 플레이어
익숙한 멀티미디어 재생기

윈도우 10에는 Groove 음악, Movies & TV 외에도 훌륭한 멀티미디어 재생기인 윈도우 미디어 플레이어(Windows Media Player)도 포함되어 있습니다. 윈도우 3.0 시절부터 운영체제에 내장되기 시작해 지금까지 빠지지 않고 CD나 MP3, 동영상 재생에 쓰이는 프로그램입니다.

기본 사용법(음악/비디오/사진)

[웹 및 Windows 검색]에서 'media player'로 검색해 실행할 수 있으며 음악 앨범을 가볍게 듣는 용도로 사용하기 좋습니다.

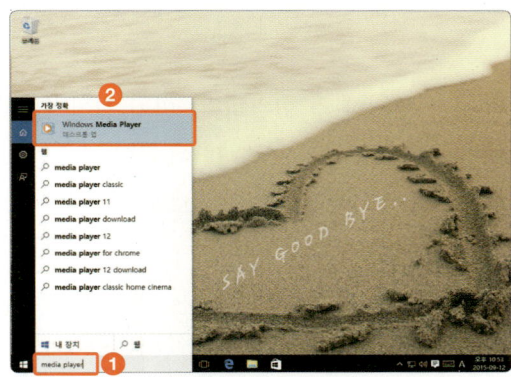

동영상과 사진도 재생할 수 있습니다. 윈도우 10에서 .mkv 동영상을 지원하기 시작하면서 윈도우 미디어 플레이어에서도 재생 가능하게 변경되었습니다.

음악 CD/DVD 굽기

[굽기] 탭을 누르고 파일을 끌어다 놓은 뒤, [굽기 시작]을 누르면 CD나 DVD로 구울 수 있습니다. 이 외에도 윈도우 미디어 플레이어로 할 수 있는 작업들이 상당히 많습니다. 자세히 알아보려면 http://goo.gl/97maJH(저자의 블로그)에서 확인해 보세요.

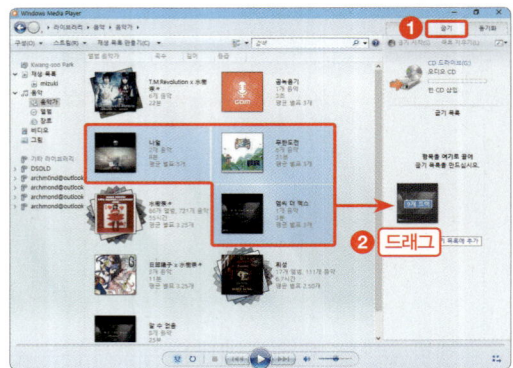
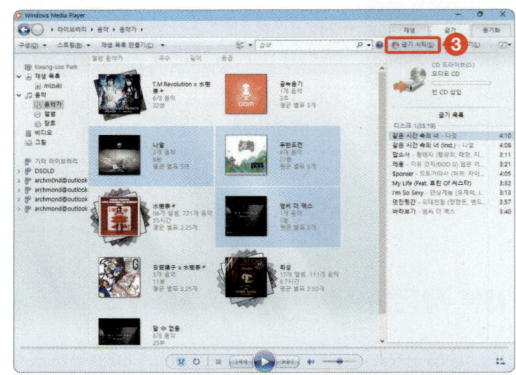

연결된 장치로 멀티미디어를 원격 재생하기

블루투스 스피커나 스마트 TV 등으로 음악과 동영상을 재생할 수 있습니다. 먼저 설정 앱의 [Bluetooth]에서 연결된 장치 상태를 확인한 후, 원격 재생하고자 하는 멀티미디어 파일을 마우스 오른쪽 버튼으로 누릅니다. [장치로 캐스트]에서 [원격 장치]를 선택하면 해당 장치로 재생됩니다.

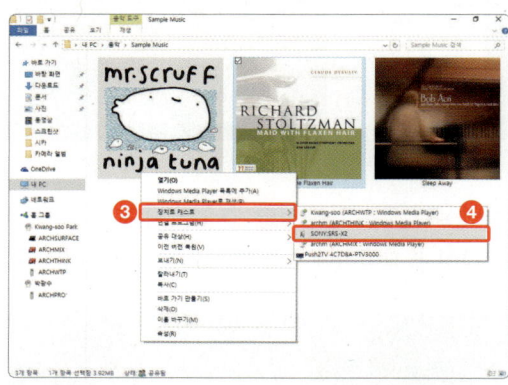

---

tip 장치로 캐스트(DLNA, 블루투스) 살펴보기   ⊞ W i n d o w s 1 0

탐색기의 멀티미디어 파일에서 마우스 오른쪽 버튼을 누르면 나오는 [장치로 캐스트]는 어떤 기능일까요? 윈도우 10은 홈 네트워크의 다양한 장치로 멀티미디어를 스트리밍할 수 있는 힘을 지녔습니다. 내 컴퓨터의 멀티미디어(음악, 비디오, 사진)를 다른 기기(또는 컴퓨터)에서 손쉽게 재생시킬 수 있답니다. 윈도우 7에서 [원격 재생(Play To)]으로 불리던 기능이 바로 [장치로 캐스트]입니다.

재생하는 도중에 새로운 음악을 추가하거나 재생되는 곡을 일시 정지 등 원격에서 컨트롤할 수 있습니다. 직장이나 가정에서 여러 대의 멀티미디어 장비를 보유했을 때 유용합니다. 멀티미디어를 스트리밍하는 기능이므로 직접 동영상이나 음악 파일 등을 옮기지 않아도 되므로 편리합니다.

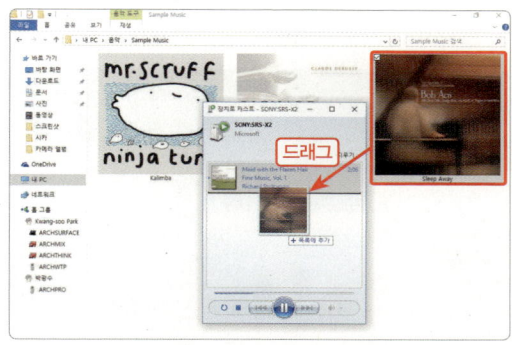 

다른 컴퓨터로 멀티미디어를 원격 재생하기

이번에는 [장치로 캐스트]를 이용해 다른 PC에서 음악과 사진, 동영상을 원격으로 재생하는 방법을 살펴보겠습니다.

원격 재생을 허용하기(준비 작업)

원격 재생 기능은 홈 그룹에 가입된 PC에서만 사용 가능합니다. [웹 및 Windows 검색]에 '홈 그룹'을 입력해서 가입된 상태인지 확인합니다. 원격 재생을 사용할 컴퓨터와 재생시킬 원격 컴퓨터 모두 홈 그룹에 가입해야 합니다.

원격 재생의 대상 컴퓨터(컴퓨터 B라 칭하겠습니다)는 미리 원격 제어에 대한 허용을 설정해야 합니다. 윈도우 미디어 플레이어를 실행한 뒤 [스트림]에서 [내 플레이어 원격 제어 허용]을 누릅니다. 플레이어의 원격 제어를 허용하겠냐는 물음에 [이 네트워크에서 원격 제어 허용]을 선택합니다. 이제 다른 컴퓨터에서 이 컴퓨터로 원격 재생하는 것이 가능해졌습니다.

컴퓨터 B

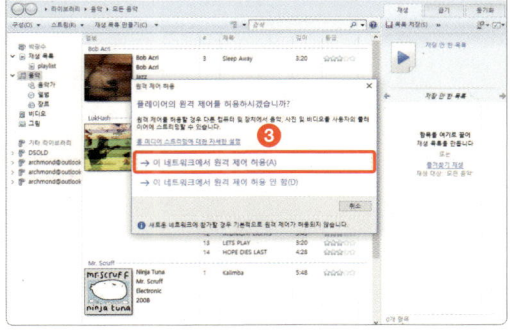

컴퓨터 B

멀티미디어를 원격으로 재생하기

다른 컴퓨터에서 이 컴퓨터로 동영상을 한번 재생시켜 볼까요? 컴퓨터 A의 탐색기 등에서 음악/동영상 파일을 마우스 오른쪽 버튼을 눌러 [장치로 캐스트]를 선택합니다. 원격으로 재생할 대상(컴퓨터 B)을 선택하면 해당 기기에서 바로 재생됩니다.

컴퓨터 A

컴퓨터 B

 홈 그룹에 가입하는 방법은 336쪽을 참고하세요.

LESSON 08

오감을 즐겁게 하는
멀티미디어 추천 앱

윈도우 10에서 기본으로 제공하는 음악, 사진, 동영상, 카메라 앱을 사용하면 멀티미디어를 간편하게 즐길 수 있습니다. 이에 더해 더 풍성하고 화려하게 즐기고 싶다면 스토어에서 제공하는 여러 앱을 이용해 보세요.

유튜브(Hyper for YouTube)

엣지 같은 웹 브라우저에서 직접 유튜브 웹 사이트(youtube.com)에 들어가도 되지만, 윈도우 10에 알맞게 만들어진 앱을 사용하는 것도 좋습니다. 스토어에서 'hyper'를 입력해 [Hyper for YouTube]를 설치해 보세요.

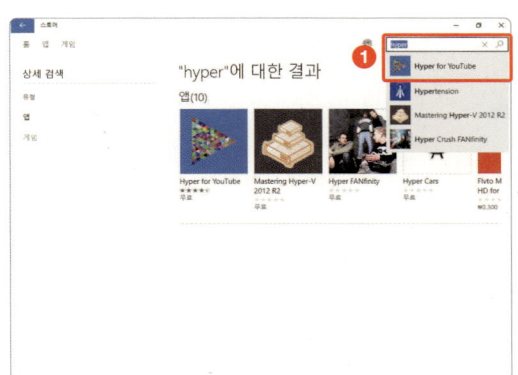
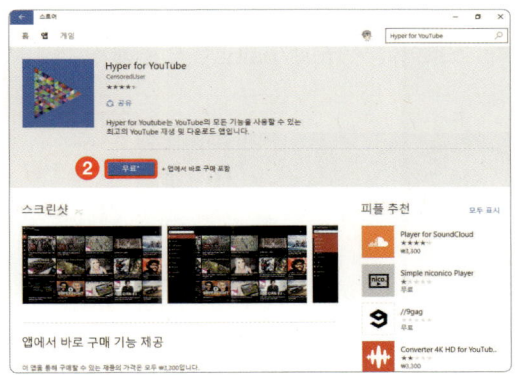

시작 메뉴에서 [Hyper for YouTube] 앱을 실행합니다. 동영상을 선택해 바로 재생할 수 있습니다.

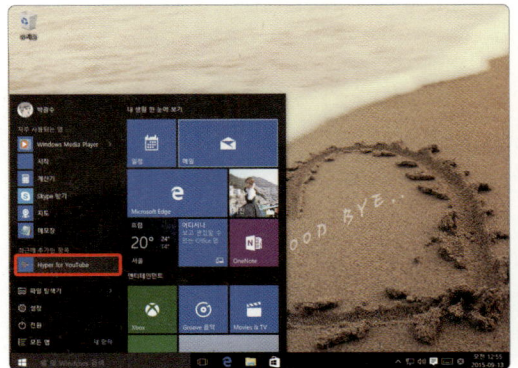
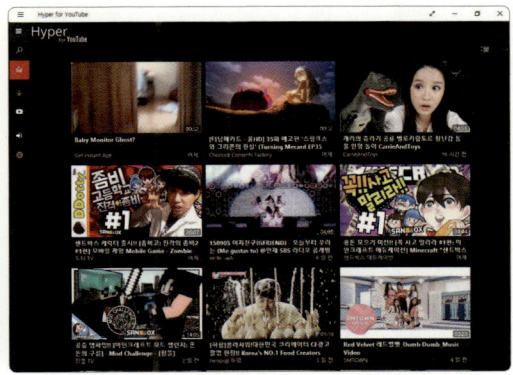

왼쪽 메뉴를 열어서 로그인하면 개인에 맞춘 정보를 확인할 수 있습니다. 유튜브 동영상을 재생하는 도중에 [다운로드]를 누르면 동영상 라이브러리의 〈Hyper〉 폴더에 저장됩니다. 다운로드할 동영상의 화질을 선택하는 것은 물론 뮤직비디오의 음악(오디오)만 추출할 수도 있습니다.

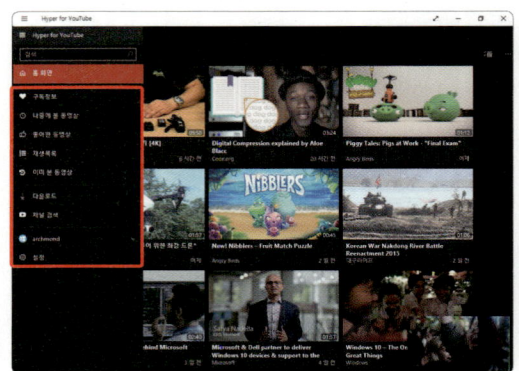 

그림 그리기(Fresh Paint)

펜(스타일러스)을 사용할 수 있는 태블릿이라면 Fresh Paint 앱으로 그림을 그리는 것도 재미있습니다. 스토어에서 'fresh paint'를 입력해 설치해 보세요.

 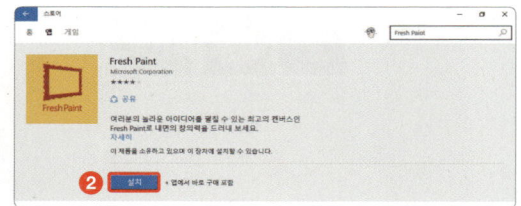

시작 메뉴에서 Fresh Paint 앱을 실행합니다. 첫 화면에서 제공하는 아트워크를 선택하거나 빈 캔버스에 그림을 그릴 수도 있습니다.

Fresh Paint 앱을 활용해 간단한 낙서부터 멋진 풍경 사진 그리기까지 도전해 보세요. 실제 미술 도구를 사용하듯 붓과 물감을 선택할 수 있습니다. 손가락이나 마우스로도 그릴 수 있습니다.

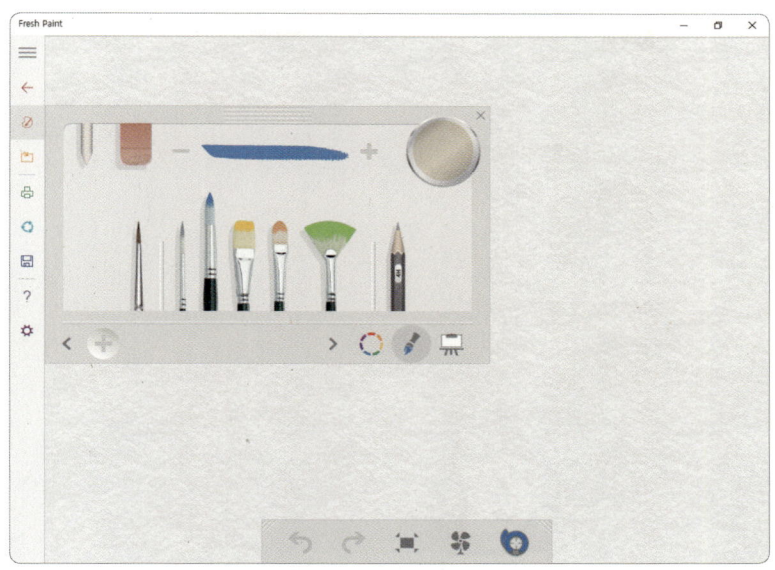

게임
역동적인 게임 경험을 위한
사령탑

모바일에서 가장 잘 팔리는 앱은 단연 게임입니다.

요즘은 TV나 지하철 광고에까지 스마트폰 게임이 흔하게 등장합니다.

이번에는 개인에 초점을 맞춘 윈도우 10의 게임 경험에 대해 알아봅니다.

윈도우 10은 게임 플랫폼으로 가치가 높습니다. 기존의 PC 기반 게임뿐 아니라

새롭게 추가된 윈도우 스토어에 올라오는 터치 기반 게임까지

덤으로 플레이할 수 있기 때문입니다.

LESSON 01

Xbox
게임을 즐기는 핵심 센터

엑스박스는 원래 마이크로소프트가 개발한 가정용 게임기입니다. 엑스박스 앱을 사용하면 친구 소식, 게임 및 업적을 한자리에서 확인할 수 있습니다. 파티 채팅을 즐기고 여러 장치 간의 멀티플레이 게임도 가능합니다.

Xbox 앱 둘러보기

시작 메뉴에서 Xbox를 실행해 보세요. Xbox 앱은 아래처럼 구성되어 있습니다. 맨 왼쪽에는 메뉴, 중간에는 내용, 오른쪽엔 친구 목록(메신저 기능)과 파티 채팅 등을 보여줍니다. 중요한 기능이 모여 있는 왼쪽 메뉴를 살펴보겠습니다.

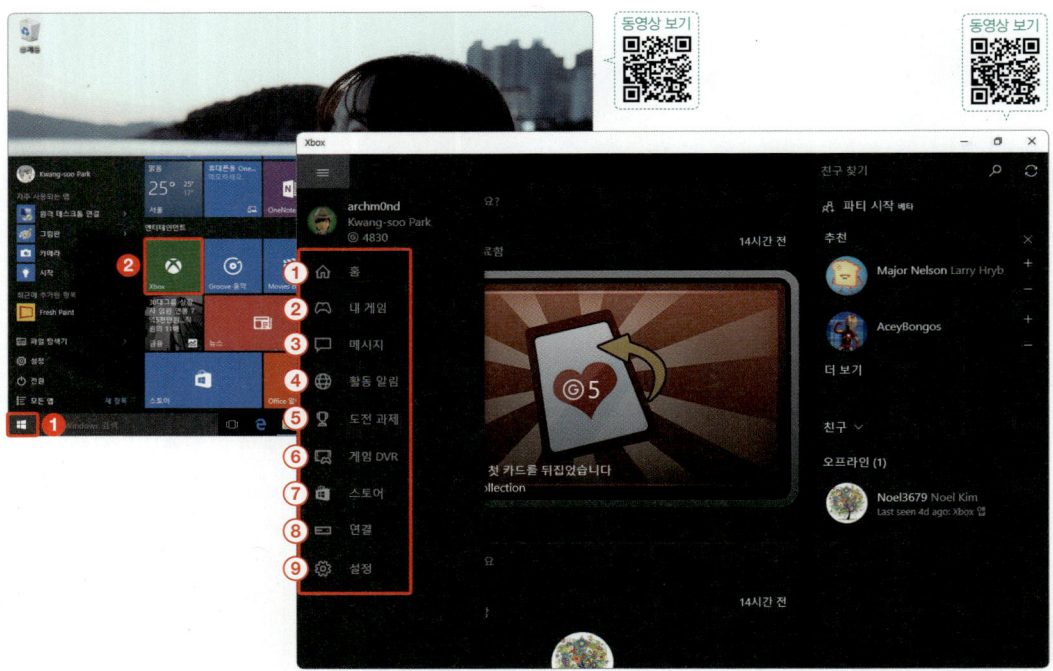

① 🏠 **홈** : 친구들의 소식을 확인할 수 있습니다.   ② 🎮 **내 게임** : 내가 보유한 게임을 플레이합니다.

③ 💬 **메시지** : 친구에게 받은 메시지를 열람합니다.   ④ 🌐 **활동 알림** : 나의 최근 활동을 살펴봅니다.

⑤ 🏆 **도전 과제** : 게임별 업적 획득 정보를 엽니다.   ⑥ 📷 **게임 DVR** : 게임 플레이 영상을 살펴봅니다.

⑦ 🏪 **스토어** : 스토어의 게임 카테고리로 연결됩니다.   ⑧ 🖥 **연결** : 내 Xbox One 게임 콘솔을 연결합니다.

⑨ ⚙ **설정** : Xbox 앱의 전반적인 설정이 모여 있습니다. 게임 DVR과 Xbox One 관련 옵션도 제공됩니다.

내 게임

[내 게임🎮]을 누르면 내 컴퓨터에 설치된 게임 목록을 보고 실행할 수 있습니다. 목록에서 [플레이]만 누르면 바로 즐길 수 있습니다. 게임을 선택하면 다른 친구의 진행률도 살펴볼 수 있습니다.

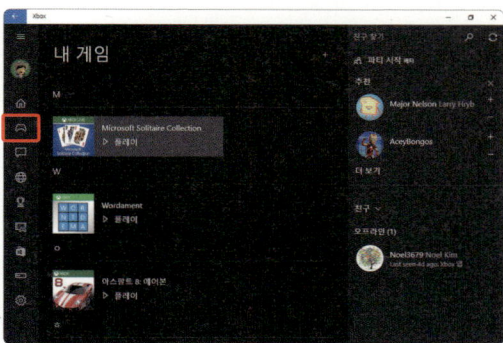
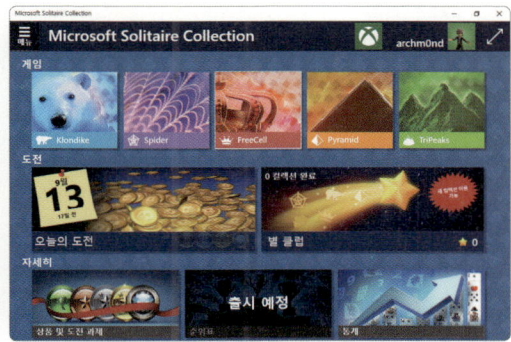

메시지와 도전 과제

Xbox 친구들과 연결해 [메시지📩]를 주고받을 수 있습니다. 친구가 플레이하는 게임, 업적 및 게임 영상 등을 구경할 수도 있습니다. 오른쪽 메신저 영역에서 언제든지 친구를 찾고 추가해 봅시다.

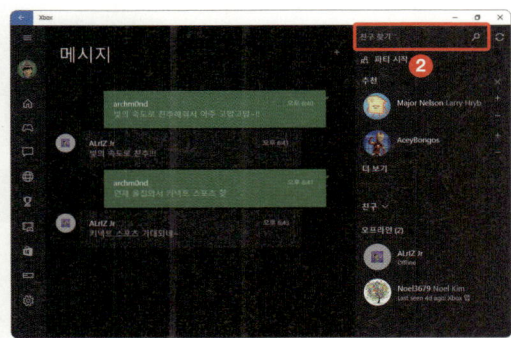

게임별 [도전 과제👤]에서는 진행률을 확인할 수 있습니다. Xbox는 게임별 업적 시스템이 잘 되어 있는 게임 콘솔로 유명합니다.

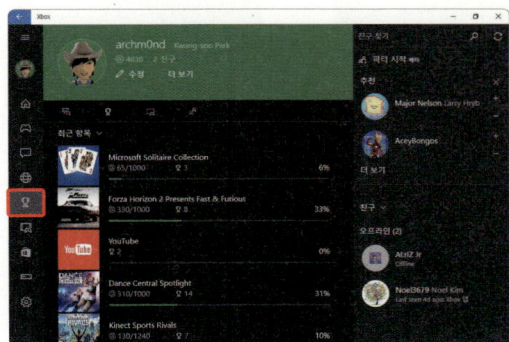
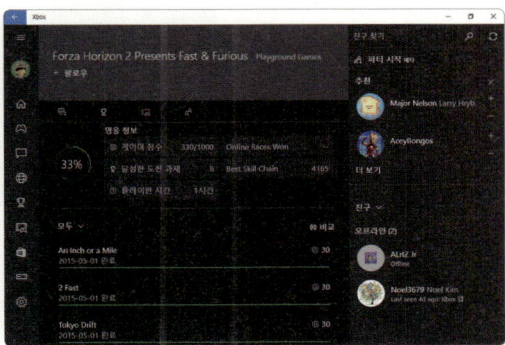

게임 DVR
플레이를 동영상으로 공유하기

게임 DVR을 사용하면 가장 멋진 게임 순간을 쉽게 녹화, 편집 및 공유할 수 있습니다. 어떤 게임이든
⊞+G를 누르기만 하면 됩니다. 게임 DVR(Digital Video Recorder)은 게임 영상 녹화를 말하며 녹화
된 영상은 게임 클립이라고 부릅니다. 원래 Xbox One에서 제공되는 기능이었지만 이제는 윈도우 10에
서도 제공됩니다.

게임 표시줄 살펴보기

게임 녹화 기능을 살펴보기 위해 윈도우 10에 내장된 카드놀이 게임을 실행해 보겠습니다. [웹 및
Windows 검색]에 'solitaire'을 입력해 [Microsoft Solitaire Collection]을 실행합니다. ⊞+G를
누르면 하단에 게임 표시줄이 나타납니다. 각각의 역할을 잘 살펴보세요.

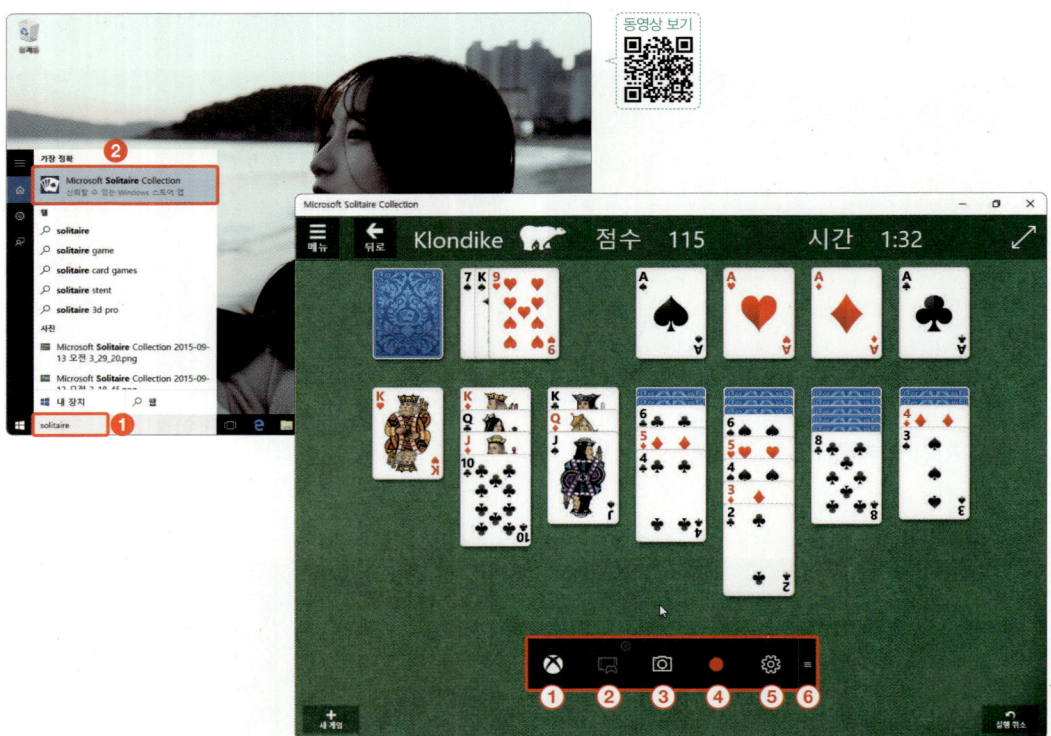

① Xbox 앱을 실행합니다. ② 배경 녹화 기능을 사용합니다. ③ 스크린샷을 촬영합니다.
④ 녹화를 시작합니다. ⑤ 설정 메뉴를 엽니다. ⑥ 게임 표시줄의 위치를 이동시킵니다.

게임 플레이 영상(게임 DVR) 녹화하기

동영상 녹화하기

⊞+G를 누르면 아래에 게임 표시줄이 나타납니다. [녹화 시작 🔴]을 누르면 동영상으로 녹화되며 (단축키: ⊞+Alt+R), 녹화된 동영상에는 게임 표시줄이 나타나지 않습니다.

동영상으로 녹화되는 도중에는 게임 표시줄이 사라집니다. 촬영을 마치려면 ⊞+G를 누른 뒤 [녹화 중지 ⬜]를 누릅니다(⊞+Alt+R을 눌러도 됩니다).

스크린샷 촬영하기

[스크린샷 📷]을 누르면 게임 스크린샷을 촬영할 수 있습니다(⊞+Alt+Print Screen을 눌러도 됩니다).

플레이의 마지막 30초를 동영상으로 녹화하기

앞에서 게임 영상을 수동으로 촬영했다면 이 기능은 자동으로 마지막 순간을 저장하는 편리한 기능입니다. 게임을 하다가 좋은 장면이 나오면 '아차' 할 필요 없이 녹화해 보세요(⊞+Alt+G). 이 기능은 기본적으로 해제되어 있으므로 [배경 녹화 기능을 켜세요]를 선택해야 합니다.

게임을 즐기는 도중에 [녹화 ]를 누르면 플레이의 마지막 30초가 동영상으로 저장됩니다.

게임 플레이 영상 보기

Xbox 앱에서 보기

저장한 게임 DVR은 Xbox 앱에서 확인할 수 있습니다. [게임 DVR 🎮]을 눌러 보세요. 녹화한 영상을 전체 화면으로 보면 좀 더 박진감이 넘칩니다.

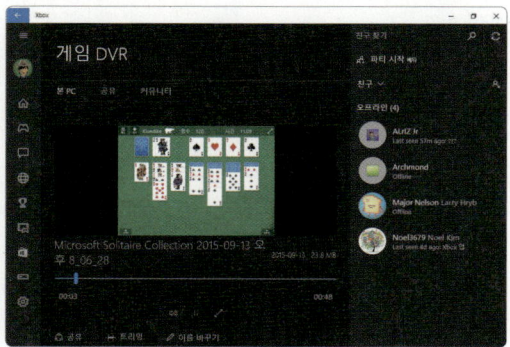

탐색기에서 보기

탐색기에서 동영상 라이브러리에 들어간 뒤 〈캡처〉 폴더를 보면 게임 DVR 영상이나 스크린샷이 저장되어 있습니다.

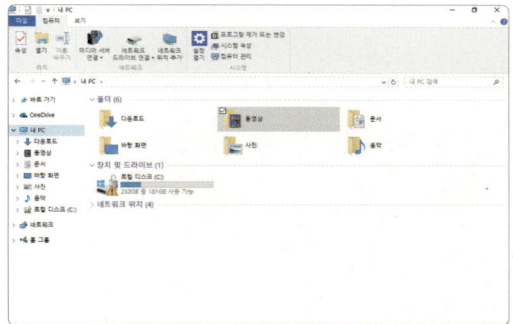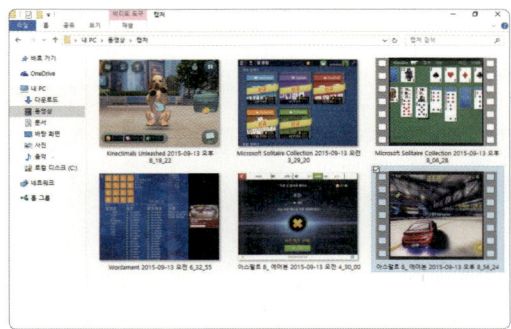

게임 플레이 영상 편집하고 공유하기

녹화된 게임 플레이 영상을 [트리밍]으로 하이라이트만 남기고 잘라 낼 수 있습니다.

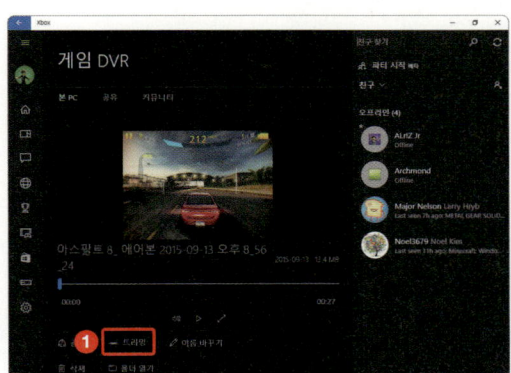

[공유]를 누르면 자동으로 업로드됩니다. [공유] 탭에 있는 게임 영상을 선택하고 다시 [공유]를 누르면 Xbox 소셜 네트워크로 공유할 수 있습니다. 멋진 순간을 친구와 함께 즐겨 보세요.

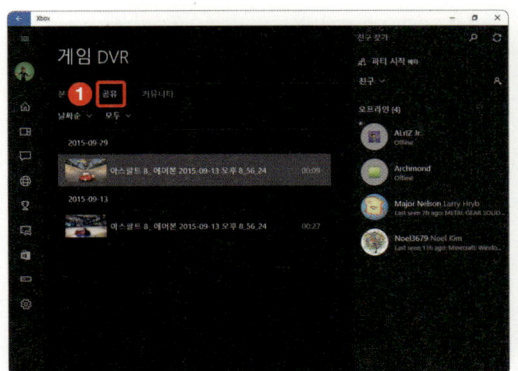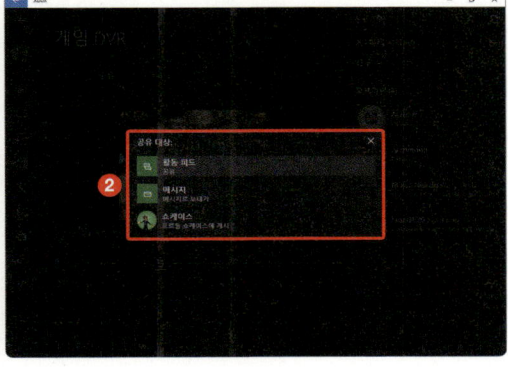

녹화 기능을 다른 앱에서 활용하기

꼭 게임이 아니더라도 게임 DVR 기능을 응용하여 일반적인 프로그램에서도 활용할 수 있습니다. ⊞+ⓖ를 누르면 게임이 아니더라도 게임 표시줄이 나타납니다. [예, 게임입니다.]를 선택하여 게임 표시줄을 켠 뒤 [녹화 시작 ⏺]을 누릅니다.

녹화하는 동안 화면에서 변경된 내역이 고스란히 촬영됩니다. 완료되면 [녹화 중지 ⏹]를 누르세요.

저장된 영상은 동일하게 동영상 라이브러리의 〈캡처〉 폴더에 존재합니다. 저장된 영상을 실행하면 결과물을 확인할 수 있습니다. 게임 DVR 기능을 여러 프로그램에서 다양하게 활용해 보세요.

녹화 기능을 사용하기 위한 시스템 환경

그래픽카드의 사양을 충족하지 못하면 게임 표시줄에서 녹화 기능이 동작하지 않을 수 있습니다. 이를 확인하려면 바탕 화면에서 마우스 오른쪽 버튼을 눌러 [디스플레이 설정]에 들어가세요. 설정 제어판이 열리면 아래쪽의 [고급 디스플레이 설정]을 누릅니다.

 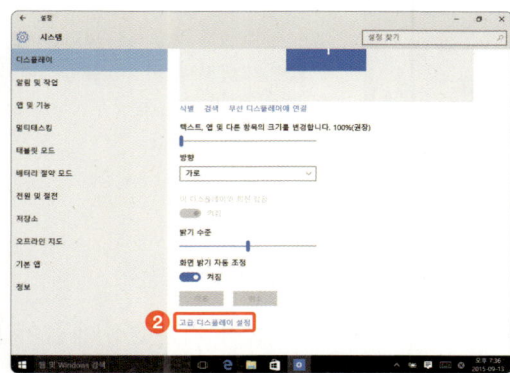

한 번 더 아래쪽으로 스크롤해서 [어댑터 속성 표시]를 누르면 어댑터 문자열에 사용하고 있는 그래픽 카드의 이름이 나타납니다. 권장 사항을 충족하는지 꼭 확인하세요.

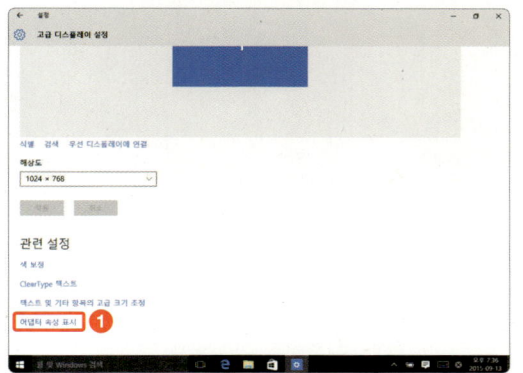 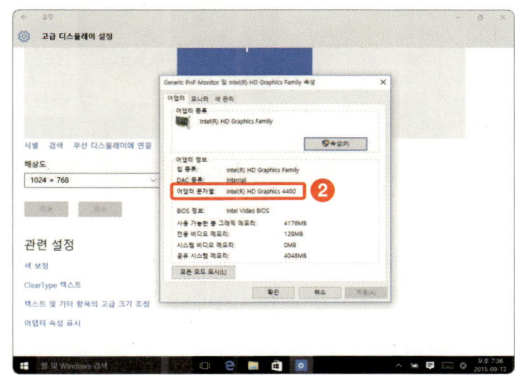

만약 아래에 표시된 그래픽카드인데도 동영상 녹화 기능이 동작하지 않는다면 그래픽카드 드라이버를 최신 버전으로 설치하고, 윈도우 업데이트를 모두 완료한 뒤 시스템을 재시작해 보세요.

---

tip 게임 DVR을 사용하려면 아래 그래픽카드 중 하나가 필요합니다.

- AMD: AMD Radeon™ HD 7000 시리즈, HD 7000M 시리즈, HD 8000 시리즈, HD 8000M 시리즈, R9 시리즈 및 R7 시리즈
- NVIDIA: GeForce 600 시리즈 이상, GeForce 800M 시리즈 이상, Quadro Kxxx 시리즈 이상
- Intel: Intel HD graphics 4000 이상, Intel Iris Graphics 5100 이상

LESSON 03

Xbox 게임 스트리밍 컴퓨터에서 동시에 즐기기

게임 스트리밍은 Xbox One 본체의 게임을 홈 네트워크의 모든 윈도우 10 PC에서 원격으로 플레이할 수 있는 기능입니다. 이 기능을 통해 홈 네트워크 액세스를 사용하여 본체가 없는 곳에서도 좋아하는 게임을 플레이할 수 있습니다.

Xbox One에서 설정하기

Xbox One의 [설정]을 눌러 [기본 설정]에 들어갑니다. 다시 [기본 설정]을 선택합니다.

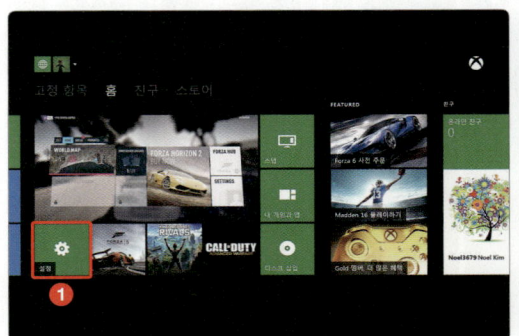 

[다른 장치로 게임 스트리밍 허용]과 [SmartGlass 장치 허용]을 선택하여 홈 네트워크에 연결된 모든 사용자가 게임을 스트리밍할 수 있게 허용합니다. 이 옵션은 Xbox One 업데이트에 따라 변경될 수 있습니다.

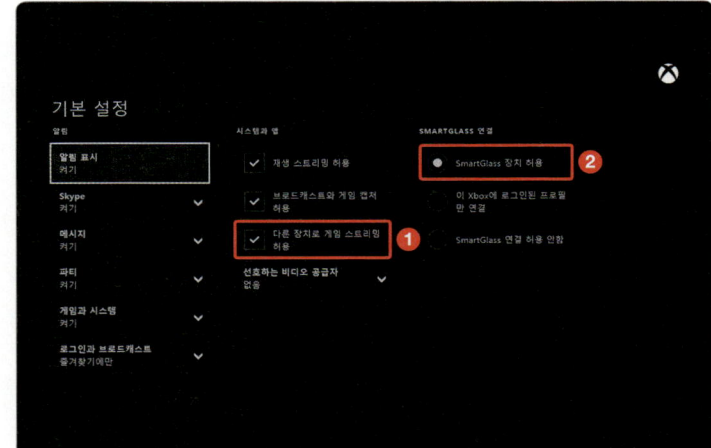

동영상 보기

윈도우 10 컴퓨터에서 게임 스트리밍 즐기기

Xbox와 동일한 계정으로 로그인하기

Xbox One 본체와 같은 계정으로 윈도우 10의 Xbox 앱에 로그인해야 합니다. 이미 Xbox와 동일한 마이크로소프트 계정으로 로그인했다면 이 내용을 건너뛰어도 됩니다. 서로 다른 계정으로 로그인 했다면 [설정 ⚙]에서 [로그아웃]을 선택합니다. 마이크로소프트 계정을 선택해 진행합니다.

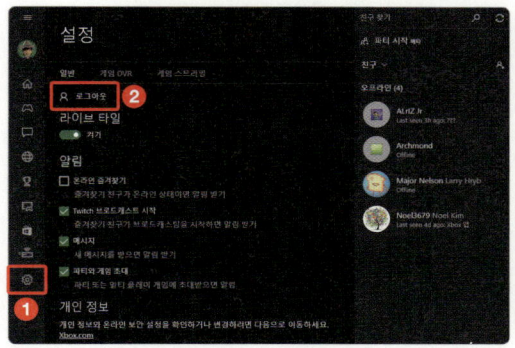 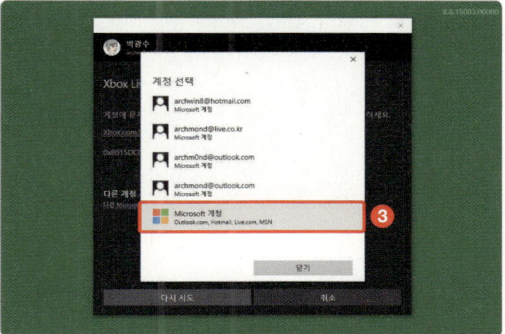

Xbox와 동일한 계정으로 로그인한 후 [플레이해요!]를 누르면 됩니다.

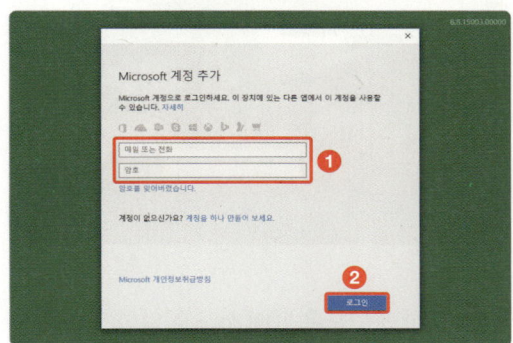 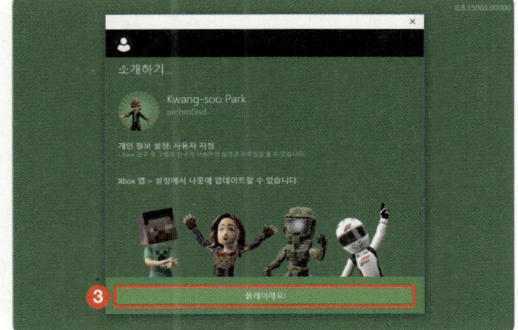

Xbox 게임 컨트롤러 연결하기

Xbox One 컨트롤러와 PC를 Micro USB 케이블로 연결할 수 있습니다. 스트리밍을 하기 전에 미리 연결해 보세요. Xbox 스트리밍은 현재 한 대의 PC와 연결 가능합니다. 참고로 Xbox 게임 컨트롤러를 연결하지 않더라도 게임 스트리밍으로 화면을 같이 보는 것은 가능합니다.

Xbox One Controller USB Laptop © Microsoft

Xbox 게임 스트리밍 켜기

[연결 ▭]을 누르면 동일한 네트워크에 있는 Xbox One을 보여 줍니다.

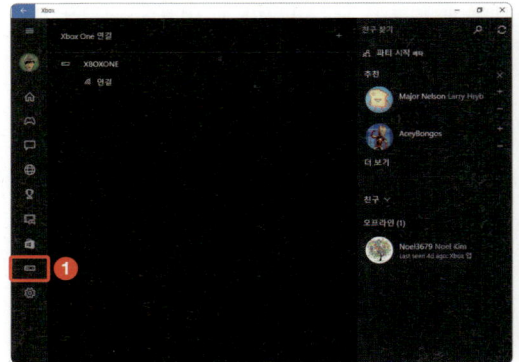 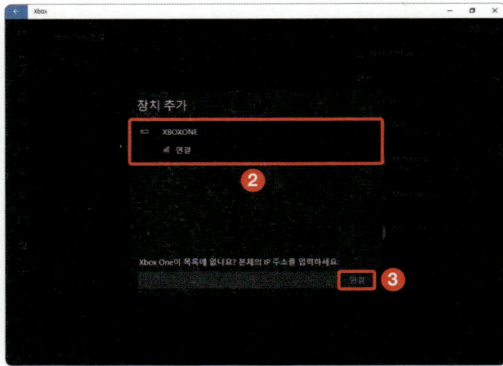

초록색 바탕의 '연결 중...'이란 메시지가 보이고 이어서 Xbox One 화면이 나타납니다.

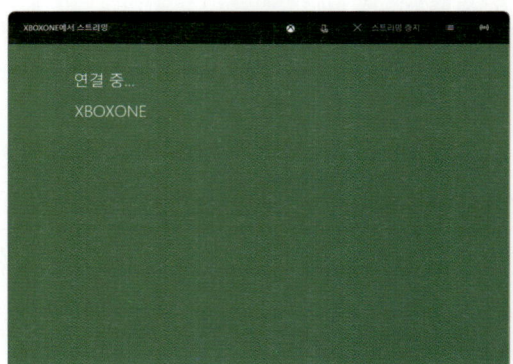 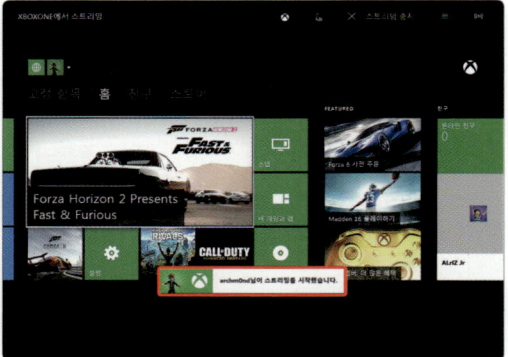

이제부터 Xbox에서 게임을 시작하거나 멀티미디어를 재생하면 윈도우 10에서도 동일하게 즐길 수 있습니다. 윈도우 10에도 게임 컨트롤러를 연결하면 더욱 흥미롭게 게임을 함께 즐길 수 있습니다.

오른쪽 위쪽의 [스트리밍 품질]을 눌러 네트워크 품질에 맞게 설정할 수 있습니다. [대역폭 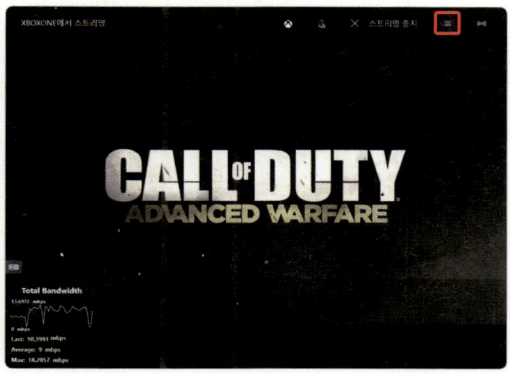] 을 누르면 현재 스트리밍되는 데이터의 대역폭을 mbps로 보여줍니다. 대역폭이 떨어지면 스트리밍 품질을 중간이나 낮음으로 설정해 원활하게 게임을 즐길 수 있습니다.

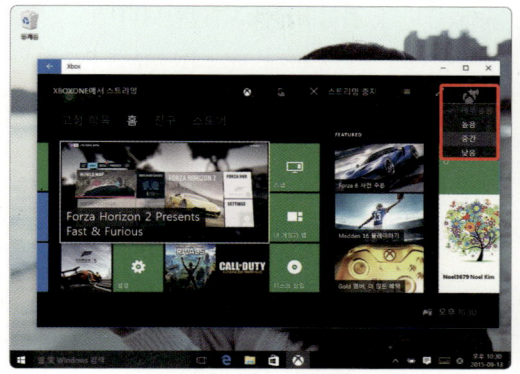
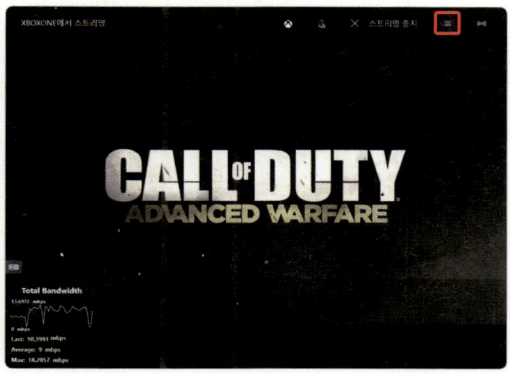

Xbox 게임 스트리밍을 위한 시스템 환경

먼저 PC가 게임 스트리밍을 위한 하드웨어 요구 사항을 충족하는지 확인해야 합니다. 1.5GHz 이 상의 멀티 코어 프로세서, 4GB 이상의 RAM(최소 2GB), Xbox One 콘솔 및 컨트롤러가 필요합니 다. 게임 스트리밍에는 유선 이더넷 연결이 가장 적합합니다(PC 및 Xbox One 본체 모두 권장). 가 능한 경우 네트워크 케이블을 사용하여 PC와 Xbox One을 라우터에 연결하세요. 무선 연결의 경우 802.11N 또는 최신 무선 어댑터를 사용하면 좋습니다.

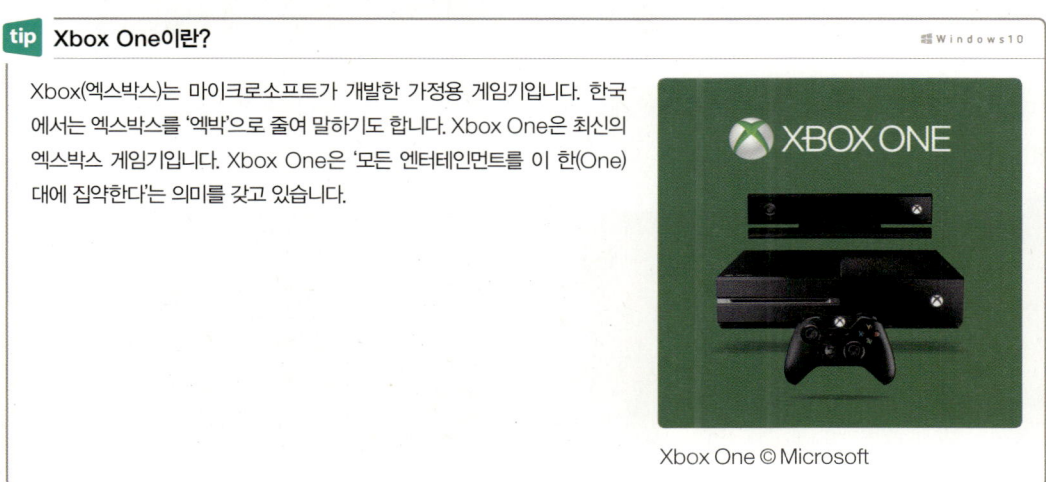

tip **Xbox One이란?**   ⊞ W i n d o w s 1 0

Xbox(엑스박스)는 마이크로소프트가 개발한 가정용 게임기입니다. 한국 에서는 엑스박스를 '엑박'으로 줄여 말하기도 합니다. Xbox One은 최신의 엑스박스 게임기입니다. Xbox One은 '모든 엔터테인먼트를 이 한(One) 대에 집약한다'는 의미를 갖고 있습니다.

Xbox One © Microsoft

내 컴퓨터를 Xbox 컨트롤러로 사용하기

집 안에 있는 Xbox를 조작하기 위해 전용 컨트롤러 외에도 윈도우 10 컴퓨터를 활용할 수 있습니다. [연결🖥] 메뉴를 누르면 [컨트롤]이 보입니다. [컨트롤러]와 [볼륨] 중에서 선택해 보세요. 컨트롤러의 경우 내 컴퓨터를 Xbox 전용 컨트롤러처럼 활용할 수 있습니다. 볼륨 조절도 간단합니다.

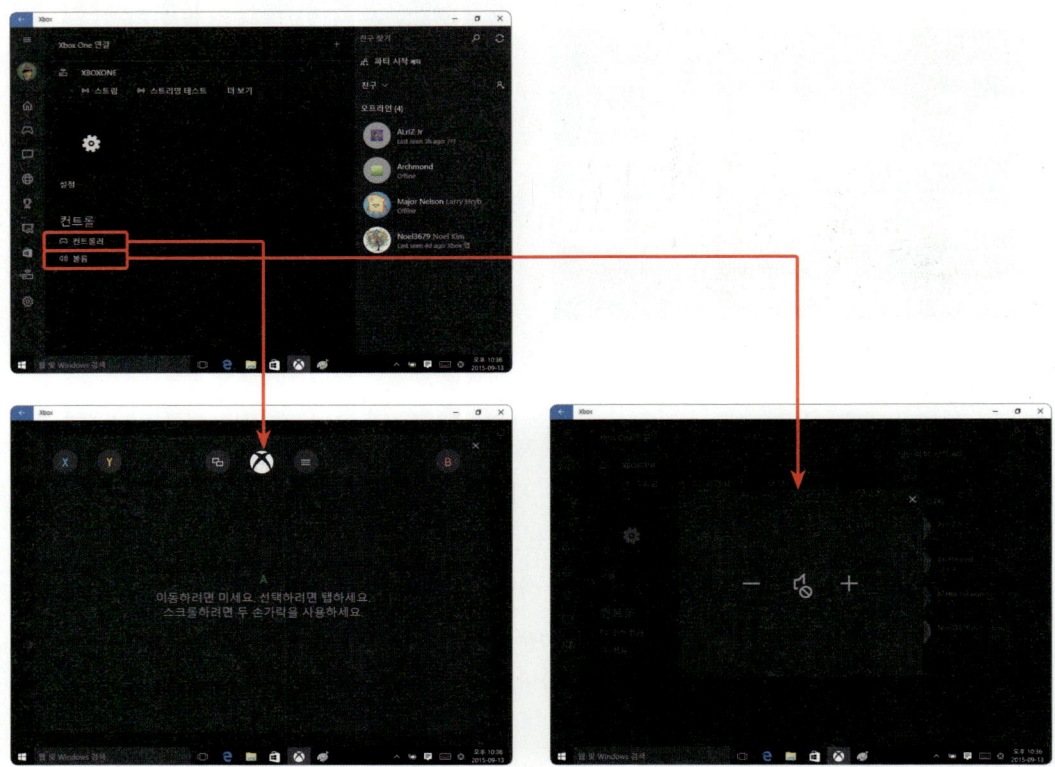

[더 보기]에서 [끄기]를 누르면 Xbox 게임기를 끌 수 있습니다. 다시 [켜기]를 누르면 원격에서 Xbox를 켤 수 있습니다.

> **tip** 태블릿을 Xbox의 컨트롤러로 만들어 주는 기능은 윈도우 10 이외에 다른 기기에서도 사용할 수 있습니다. 구글의 플레이스토어나 애플의 앱스토어 등에서 'Xbox SmartGlass'로 검색해 보세요. 윈도우 8/8.1, 윈도우폰의 스토어에서도 찾을 수 있습니다.

LESSON 04

모바일에서 즐기는 Xbox 앱과 다양한 추천 게임

윈도우 10의 스마트폰 버전인 윈도우 10 모바일에서도 Xbox 앱을 PC와 동일하게 사용할 수 있습니다. 여러 기기를 뛰어넘는 게임 플랫폼으로 윈도우 10의 가치를 느껴 보세요.

Xbox 앱으로 스마트폰에서 동일하게 사용하기

윈도우 10 모바일에서도 Xbox 앱을 선택하여 PC 버전과 마찬가지로 사용할 수 있습니다. 기본적인 메뉴와 화면 구성이 동일합니다.

강화된 Xbox 게임 커뮤니티 기능도 그대로 활용할 수 있으며 게임 DVR 감상도 가능합니다.

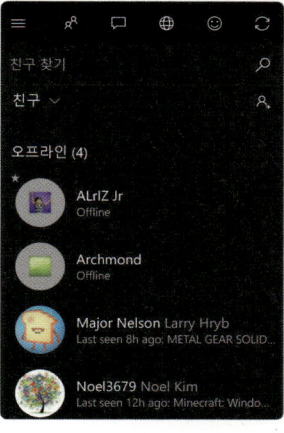
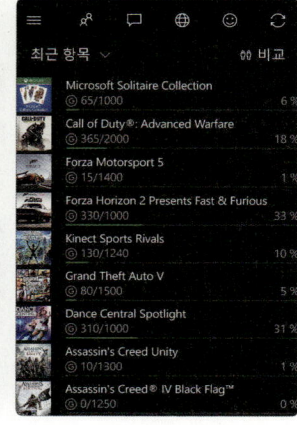

아쉽게도 모바일에서 Xbox 게임 스트리밍은 불가능하지만 게임 콘솔과 연결하여 컨트롤러로 활용할 수 있습니다. 윈도우 10의 게임 경험은 모바일에서도 쭉 이어집니다.

기본으로 제공하는 카드놀이(Solitaire)

윈도우 10에는 카드놀이 솔리테르(Solitaire) 25주년을 기념하는 게임이 포함되었습니다. 프리셀, 스파이더, 피라미드 등 다양한 카드놀이를 즐길 수 있습니다. [웹 및 Windows 검색]에서 'solitaire'를 입력해 실행할 수 있습니다.

추억의 게임을 다시 한 번

과거에는 고정된 위치에서 PC나 콘솔 게임기로 게임을 즐겼습니다. 하지만 지금은 예전과는 달리 스마트폰이나 태블릿 같은 모바일 기기에서 게임을 즐기는 시간이 훨씬 많아졌습니다. 윈도우 10에서는 이동 시에도 즐기기 좋은 터치 지원 게임을 많이 선보이고 있습니다.

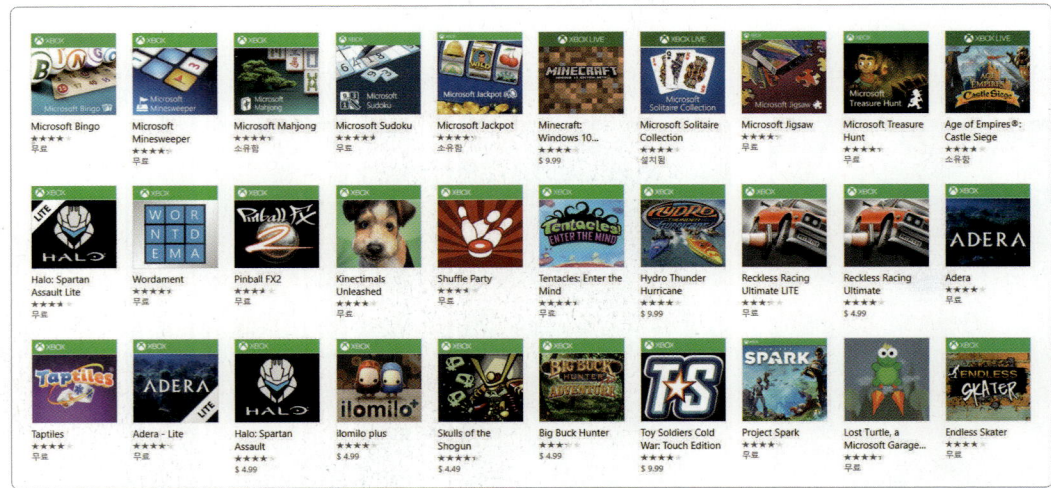

기본으로 제공되는 카드놀이 외에도 지뢰 찾기, 핀볼, 에이지 오브 엠파이어 같은 추억 속의 게임이 더 멋있는 그래픽과 게임성으로 스토어에 제공됩니다. 무료 게임 차트의 상위권에 있으니 한번 즐겨 보시기 바랍니다. 스토어의 기본 사용법은 PART 4를 참고하세요.

 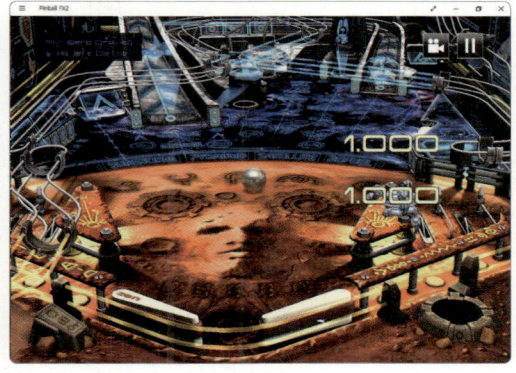

모바일 게임 순위에서 상위를 차지하는 인기 게임 마인크래프트(Minecraft)가 윈도우 10 전용 버전으로 스토어에 입점해 있습니다. 현재는 베타 상태이며 유료 구입 또는 무료 체험이 가능합니다.

모바일부터 데스크톱까지 풍부하게 누리는 게임 경험

윈도우 10은 게임 플랫폼으로 가치가 높습니다. 기존의 PC 기반 게임을 즐길 수 있을 뿐 아니라, 새롭게 스토어에 올라오는 게임까지 덤으로 플레이할 수 있기 때문입니다. 요즘은 데스크톱용도 터치를 잘 지원하는 게임이 많아졌습니다.

라이프
일상생활을 채우는
알짜 정보 창고

윈도우 10에는 업무용 앱 외에도 지도, 음성 녹음기, 연락처, 계산기, 날씨 등

일상생활에 필요한 앱을 많이 갖추고 있습니다.

특히 다방면의 소식을 전해 주는 뉴스, 스포츠, 금융 앱을 통해

우리 주변에서 일어나는 소중한 일을 놓치지 않게 도와줍니다.

삶을 더 가치 있게 만들기를 목표로 하는 윈도우 10을 살펴보세요.

LESSON 01

뉴스
전 세계 소식을 빠르게

전 세계 소식을 빠르게 파악하고 덤으로 다른 언어까지 공부할 수 있는 멋진 뉴스 앱을 사용해 보세요. 손가락으로 쉽게 기사를 살펴볼 수 있어 편리합니다.

뉴스

뉴스 앱 실행하기

시작 메뉴에서 [뉴스]를 누릅니다. 앱을 처음 실행하면 뉴스 속보 알림을 받을 것인지 물어봅니다.

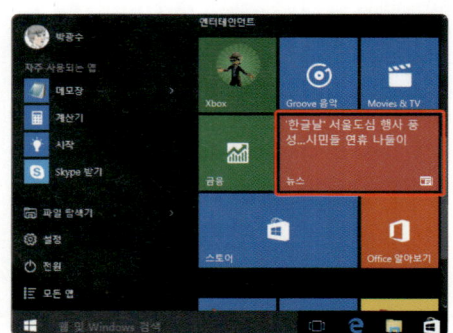

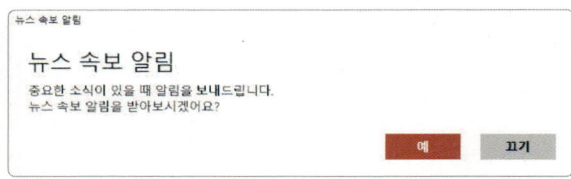

큼직한 사진을 배경으로 뉴스 기사를 시원시원하게 확인할 수 있습니다.

뉴스 읽고 공유하기

관심이 가는 뉴스를 눌러 자세한 내용을 읽을 수 있습니다. 손가락이나 키보드를 이용해 좌우로 스크롤하면 이전/다음 기사가 나타나며 오른쪽 위의 [공유 🔄]를 눌러 기사를 공유할 수 있습니다.

> **tip** 손가락으로 화면을 좌우로 쓸거나, 키보드의 방향키(←, →)로 이전/다음 기사를 확인할 수 있습니다. 또는 노트북의 터치 패드를 두 손가락으로 좌우로 쓸어도 동일합니다.

원드라이브, 메일, SNS 등 원하는 곳에 공유해 보세요. [메일 🔷]을 선택해 받는 사람을 입력하면 전자 메일로 해당 기사를 공유할 수도 있습니다.

포토 기사 보기

[카메라 📷] 아이콘이 있는 기사를 누르면 고화질의 사진을 짧은 설명과 함께 보여 줍니다. 여기에서도 좌우 스크롤을 이용해 더 많은 내용을 확인할 수 있습니다.

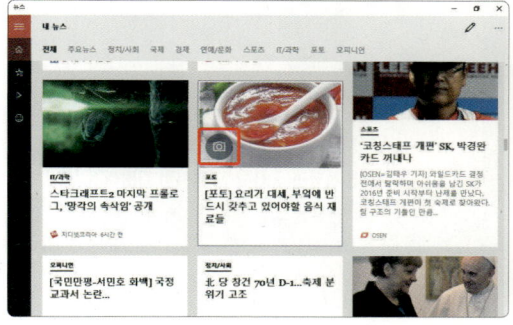 

관심 분야 선택하기

뉴스 화면의 레이아웃도 원하는 대로 꾸밀 수 있습니다. [메뉴 ☰]를 눌러 [관심 분야 🔧]에 들어가세요. [전체 보기]를 눌러 모든 분야에서 원하는 것만 선택하면 나에게 딱 맞는 뉴스 앱으로 변신합니다.

동영상 뉴스 보기

여러 언론사의 동영상 뉴스를 확인할 수 있습니다. [메뉴 ☰]를 눌러 [동영상 ▶]에 들어가세요.

스포츠, 사회 현안 등 다양한 영상이 제공됩니다. 마치 TV를 보듯 동영상으로 뉴스를 확인하세요.

전 세계 뉴스 보기

뉴스 앱으로 세계정세를 파악하고 덤으로 언어까지 공부해 보세요 [메뉴 ≡]의 [설정 ⚙]에 들어간 뒤 [버전 선택]에서 한국 외에 다른 나라를 선택할 수 있습니다. 선택했으면 [앱 닫기]를 누릅니다.

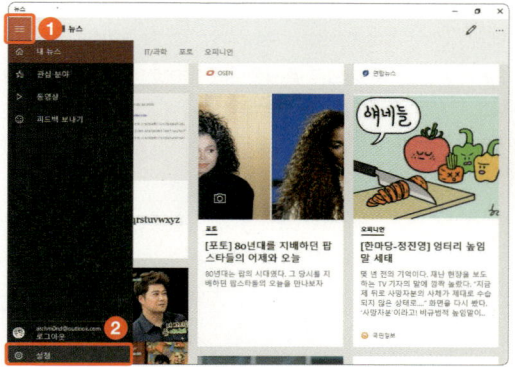
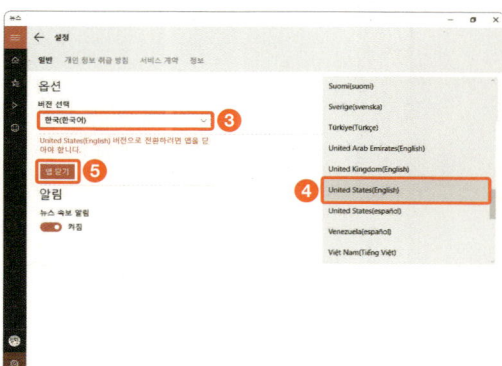

[United States(English)]를 선택한 모습입니다. 미국에서 방송된 다양한 뉴스를 볼 수 있습니다. 같은 방식으로 일본이나 중국 기사도 확인 가능합니다. 전 세계 소식 중에서 관심 있는 국가의 뉴스를 골라 보세요.

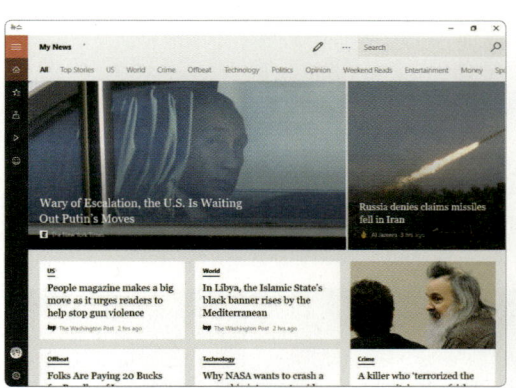
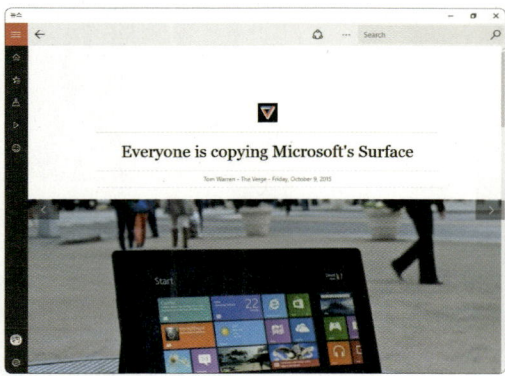

---

tip MSN 뉴스를 웹에서 보기
⊞ Windows10

뉴스 앱의 기사는 마이크로소프트의 포털 사이트인 MSN에서 가져옵니다. 웹 브라우저에서 아래 주소를 입력하면 동일한 뉴스를 확인할 수 있습니다.

- 한국 뉴스: http://msn.com/ko-kr/news
- 미국 뉴스: http://msn.com/en-us/news
- 일본 뉴스: http://msn.com/ja-jp/news

좀 더 많은 국가를 선택하려면 http://msn.com/ko-kr/msn-worldwide에 들어가 보세요.

LESSON 02

스포츠
뉴스 앱의 스포츠 정보가 부족하다면

스포츠 앱은 뉴스 앱에서 스포츠 섹션을 잘라 만든 느낌을 줄 정도로 흡사합니다. 나아가 각종 스포츠 정보를 한눈에 보고 빠르게 최신 기사를 확인할 수 있도록 도와줍니다. 관심 있는 스포츠 선수나 팀이 있다면 이 앱에서 최신 게임 결과/진행 정보를 살펴볼 수 있습니다. 뉴스 앱의 스포츠 섹션으론 부족한 사람이라면 스포츠 앱이 필수입니다.

스포츠 앱 실행하고 기사 읽기

[웹 및 Windows 검색]에 '스포츠'를 입력하여 앱을 실행합니다. 앱을 실행하면 스포츠 기사가 화면을 채웁니다. 현재 이뤄지는 경기 정보를 실시간으로 보여 줍니다.

뉴스 앱과 마찬가지로 기사 제목을 누르면 자세한 기사가 나타나며 [공유 🌀]를 눌러 원하는 기사를 다른 사람과 공유할 수 있습니다.

득점판 보기

메인 화면에서 뉴스 오른쪽에는 [득점판]이 있습니다. 당일 이뤄지는 경기 정보를 실시간으로 알려 줍니다.

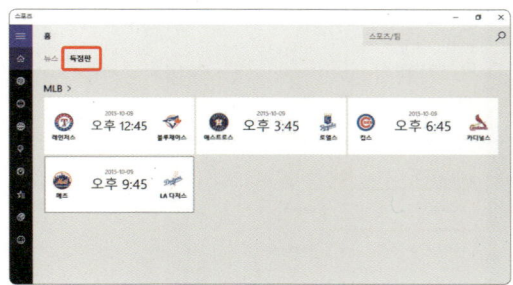 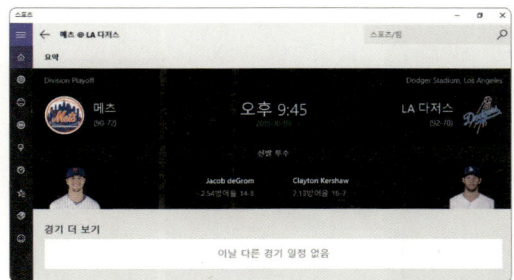

리그 정보 확인하기

[메뉴 ☰]를 눌러 [K리그 ⚙]에 들어가면 경기 결과, 대진표, 순위를 확인할 수 있습니다.

 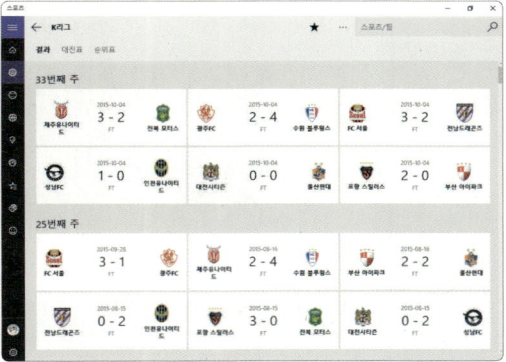

관심 있는 팀 검색하기

스포츠 앱의 오른쪽 위에 있는 검색 상자에서 리그나 스포츠, 팀 이름으로 검색할 수 있습니다.

다양한 스포츠 정보 살펴보기

[메뉴 ≡]를 눌러 [스포츠 더 보기 🏅]를 누르면 전 세계의 다양한 스포츠를 살펴볼 수 있습니다. 좋아하는 항목은 [별표☆]를 눌러 즐겨찾는 스포츠로 추가해 보세요.

 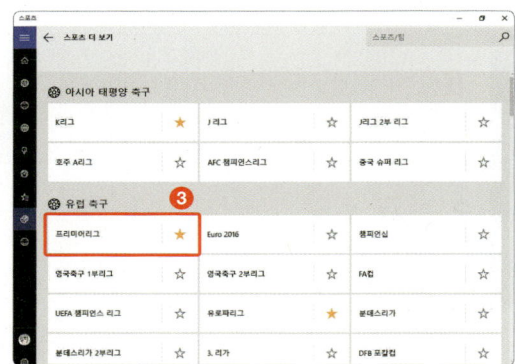

[메뉴 ≡]에서 내 [즐겨찾기 ⭐]를 선택해 좋아하는 스포츠를 살펴볼 수 있습니다. 앞에서 즐겨찾는 스포츠로 등록한 항목이 나타납니다.

 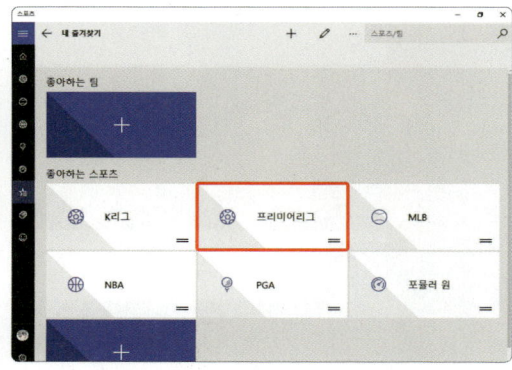

즐겨 보는 리그를 선택하면 경기 결과나 대진표, 순위 등을 확인할 수 있습니다. 종료된 경기라면 해당 시합에서 득점과 관련된 선수나 중요한 경기 포인트를 한눈에 파악할 수 있습니다.

> **tip** **MSN 스포츠 뉴스를 웹에서 보기**   ⊞ W i n d o w s 1 0
>
> 스포츠 앱의 기사는 마이크로소프트의 포털 사이트인 MSN에서 가져옵니다. 웹 브라우저에서 아래 주소를 입력하면 동일한 스포츠 뉴스를 확인할 수 있습니다.
>
> • 한국 뉴스: http://msn.com/ko-kr/sports

LESSON
03

금융
증시와 세계 시장 정보까지 한눈에

뉴스, 스포츠에 이어 금융 앱도 제공됩니다. 간단한 증시부터 전 세계 시장의 주요 지수 정보까지 한눈에 살펴보세요.

금융

금융 앱 실행하고 기사 읽기

앱을 실행하려면 시작 메뉴에서 [금융]을 누릅니다. 뉴스와 마찬가지로 앱을 처음 실행하면 속보 알림을 받을지 물어봅니다.

뉴스, 스포츠 앱과 흡사한 화면이 나타납니다. 윗부분에서는 큼직한 사진으로 금융 뉴스를 보여줍니다. 아래쪽에는 증시 정보가 보이고 즐겨찾기에 내가 원하는 회사를 등록해서 살펴볼 수 있습니다.

기사를 확인하고 공유하는 방법 등은 뉴스와 스포츠 앱과 동일합니다.

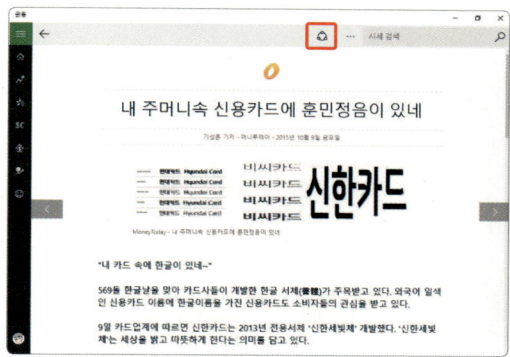

증시 정보 확인하기

[메뉴 ≣]를 눌러 [증시 ≃]에 들어가면 코스피, 코스닥 등 우리나라의 증시 정보뿐 아니라 상하이 종합 지수와 니케이 등 세계 시장 정보까지 나타납니다.

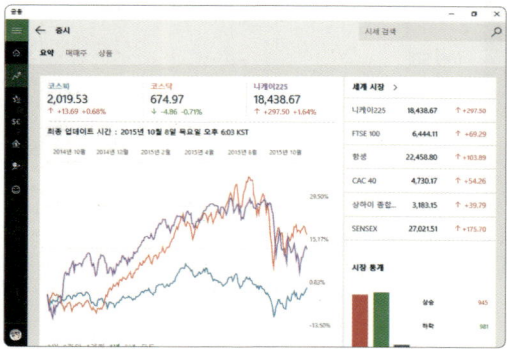

관심종목 추가하기

[메뉴 ≣]에서 [관심종목 ★]에 들어가 [+즐겨찾기 추가]를 눌러 자주 찾는 종목을 추가할 수 있습니다.

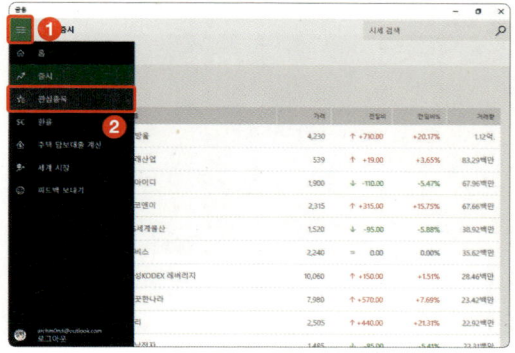
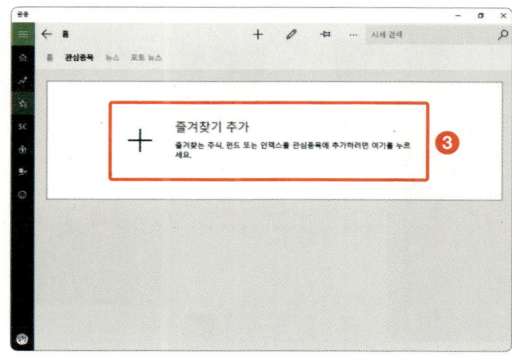

종목의 번호나 기업 이름으로 검색합니다. 한 번 즐겨찾기에 추가해 놓으면 나중에 언제든 꺼내 볼 수 있으므로 편리합니다.

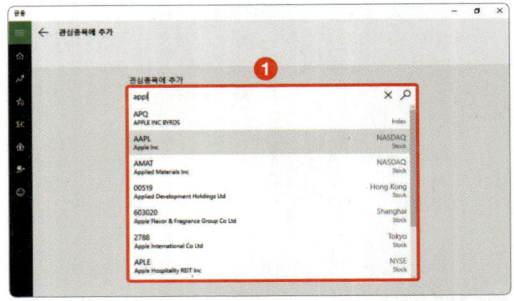 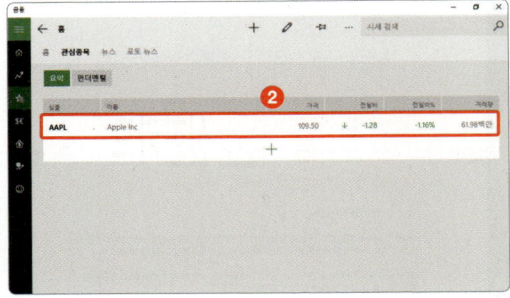

관심종목 정보 확인하기

등록한 관심 종목을 누르면 자세한 정보가 나타납니다. 기업에 투자하기 전에 주요 통계와 프로필 등 여러 정보를 확인해 보세요.

환율 정보 확인하기

증시와 종목에 이어 환율 정보도 제공됩니다. [메뉴 ≡]를 눌러 [환율 $€]에 들어가 보세요. 기준과 대상 통화를 선택하여 현재 환율은 물론 1년간 환율 변동 추세를 살펴볼 수 있습니다.

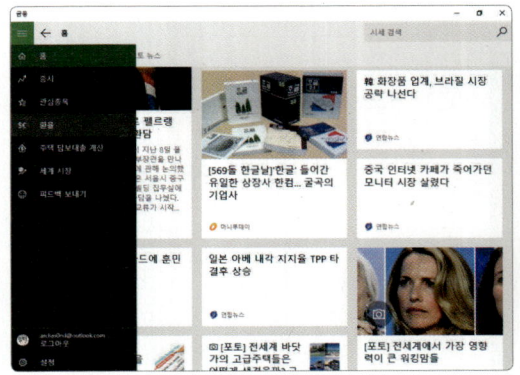 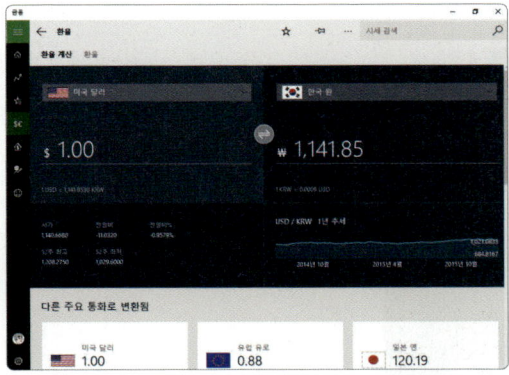

주택 담보대출 계산하기

[메뉴 ☰]에서 [주택 담보대출 계산 🏠]에 들어가면 대출액과 수수료, 이율 등을 입력해 매달 지불해야 할 금액과 대출금 이자 등을 빠르게 계산할 수 있습니다.

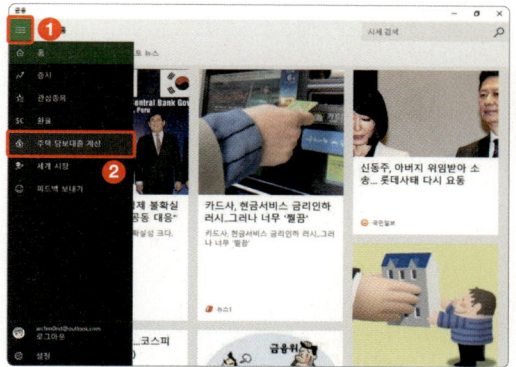 

세계 시장 정보 살펴보기

[메뉴 ☰]에서 [세계 시장 👤]을 누릅니다. 세계 지도를 배경으로 주요 지수 정보를 한눈에 볼 수 있습니다. 미국, 유럽, 아시아의 현황 파악이 가능합니다.

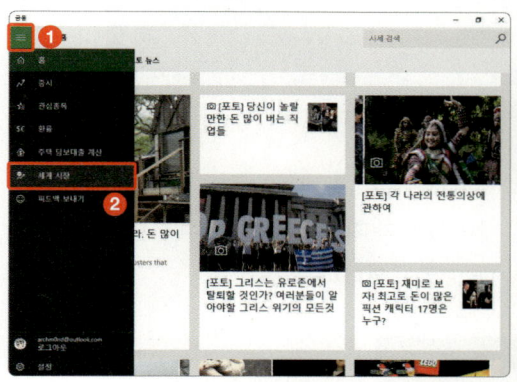 

> **tip** **MSN 금융 뉴스를 웹에서 보기**   ⊞ Windows 10
>
> 금융 앱의 기사는 마이크로소프트의 포털 사이트인 MSN에서 가져옵니다. 웹 브라우저에서 아래 주소를 입력하면 동일한 뉴스를 확인할 수 있습니다.
>
> • 한국 뉴스: http://msn.com/ko-kr/money

LESSON 04

날씨
본연의 임무에 충실한 기상 정보 앱

날씨 앱은 일정이나 메일처럼 스마트폰과 태블릿에 탑재되는 것이 너무 당연한 앱이기도 합니다. 뉴스, 금융, 스포츠 앱에 이어 날씨 앱도 윈도우 10에서 기본으로 제공됩니다.

날씨 앱 실행하기

시작 메뉴에서 [날씨]를 눌러 실행합니다. 날씨 앱을 처음 실행하면 사용자의 기본 위치를 물어봅니다. 거주하는 지역이나 일하는 장소를 입력하세요.

날씨 앱의 메인 화면입니다. 현재, 일주일간, 시간별 날씨 정보를 확인할 수 있습니다. 매일의 최고/최저 온도도 알려 주기 때문에 그날 입을 옷을 선택할 때 도움이 됩니다.

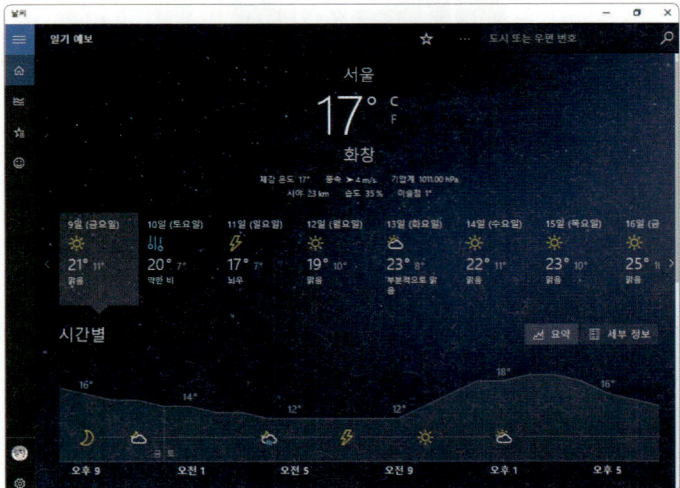

세부 정보를 누르면 좀 더 상세한 시간별 정보가 나타납니다. 화면 아래쪽에는 일출 및 월출, 강수량 등을 볼 수 있습니다.

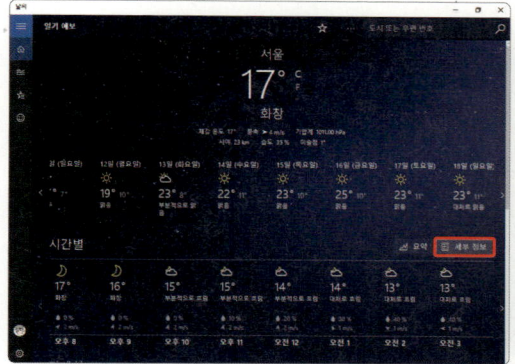 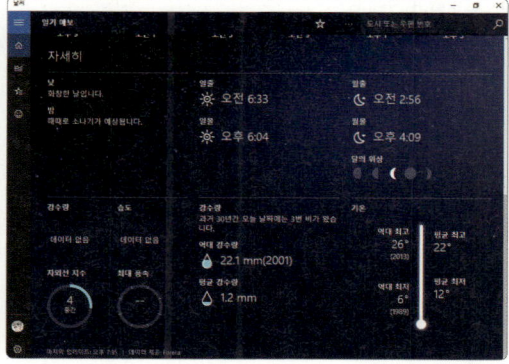

과거 날씨와 비교하기

[메뉴]의 [과거 날씨]에서는 이번 달의 기온과 강수량을 과거 기록과 비교할 수 있습니다.

 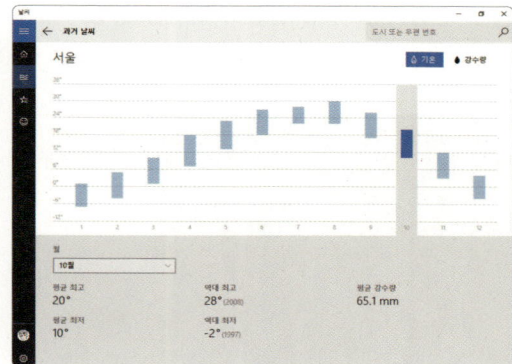

지역 추가하기

여러 지역의 날씨를 살펴보려면 [메뉴]에서 [지역]에 들어갑니다. 좋아하는 장소의 [+]를 눌러 다른 장소를 추가합니다. 지역의 이름을 입력하면 날씨가 추가됩니다. 여러 지역을 등록해 [지역]에서 날씨를 확인합니다.

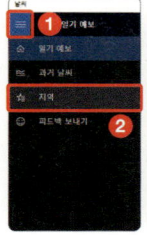 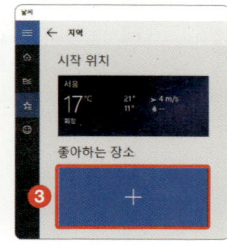 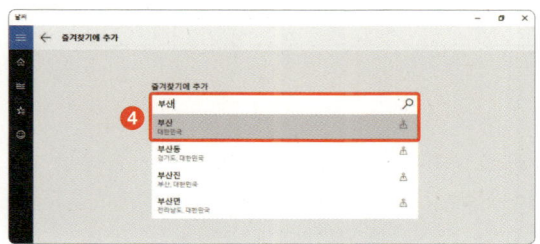

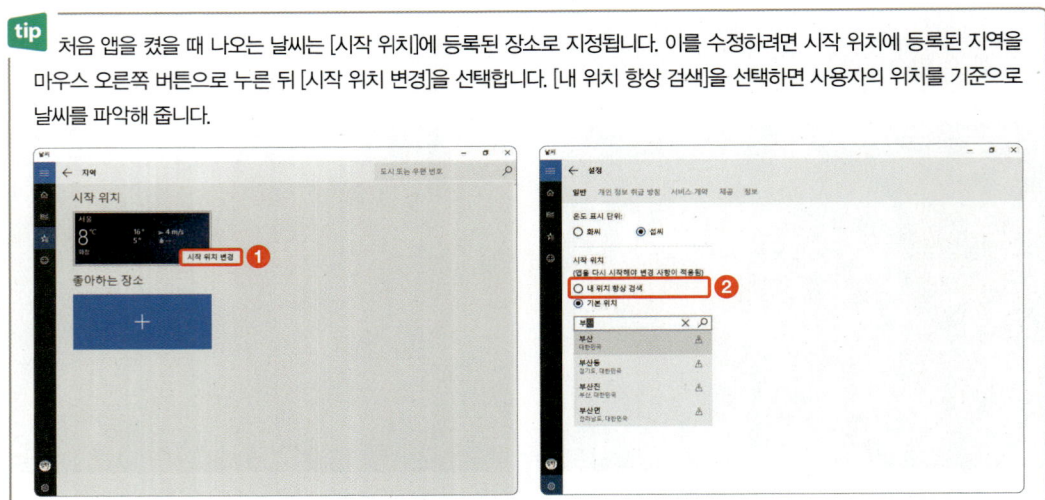

지역 검색하기

오른쪽 위의 검색 상자에 지역 이름을 입력해 날씨를 빠르게 확인할 수 있습니다. 영문 또는 한글로 검색 가능합니다.

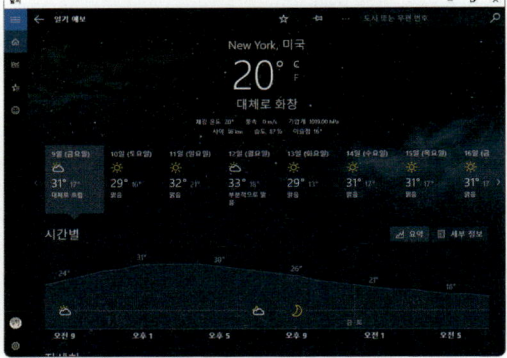

LESSON 05

피플
여러 연락처를 한자리에서

스마트폰에 주소록이 있다면 윈도우 10에는 피플 앱이 있습니다. 연락처를 저장하여 필요할 때 사용해 봅시다. 구글, 애플, 회사 계정(오피스 365, Exchange) 등의 주소록을 함께 관리할 수 있습니다.

피플 앱 실행하기

[웹 및 Windows 검색] 상자에 '피플'을 입력해 실행합니다. 피플 앱을 처음 실행하면 연락처가 비어 있습니다. 왼쪽 위의 [+]를 눌러 주소록에 새 항목을 추가할 수 있습니다.

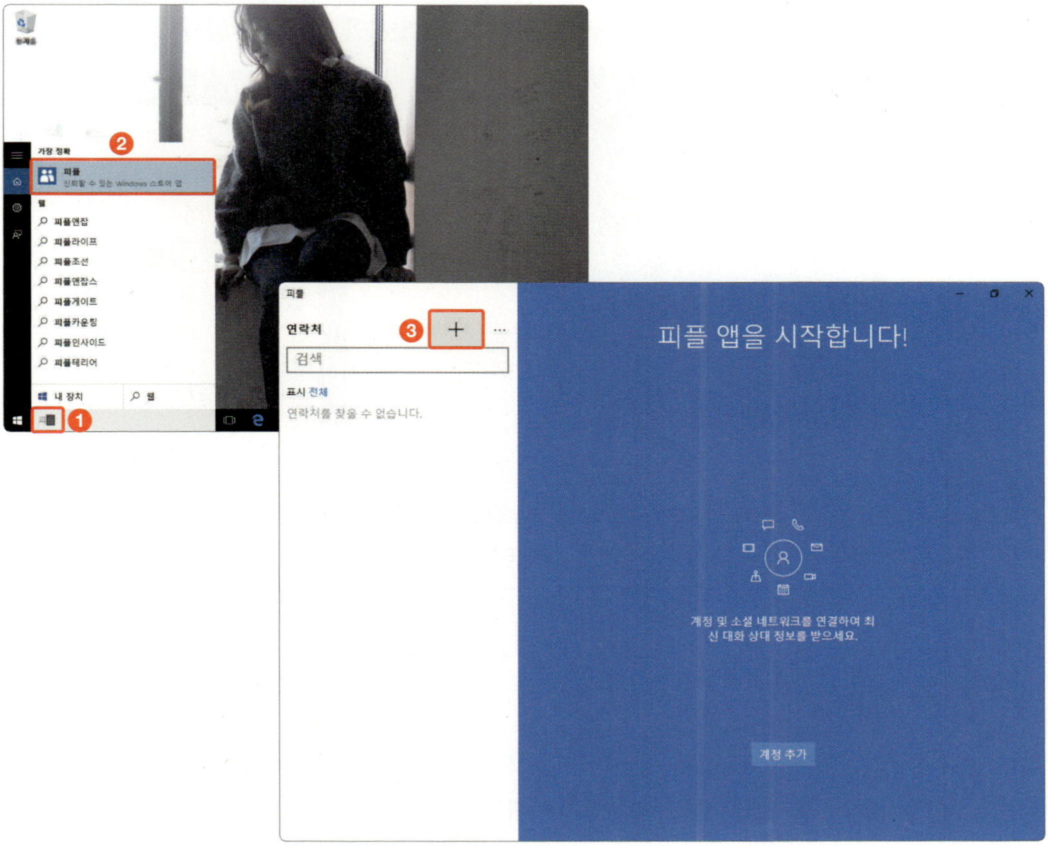

연락처 추가하고 공유하기

추가할 사람의 이름과 휴대폰 번호, 이메일 주소를 입력하고 [저장]을 누르면 새 연락처가 만들어집니다. 오른쪽의 [자세히 보기 •••]를 눌러 [대화 상대 공유]를 선택하면 다른 사람에게 연락처를 보낼 수 있습니다.

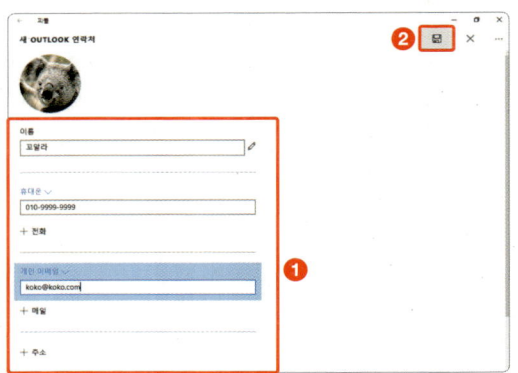 

메일 등 원하는 서비스를 선택해 공유하면 vcf 파일이 첨부되었음을 확인할 수 있습니다.

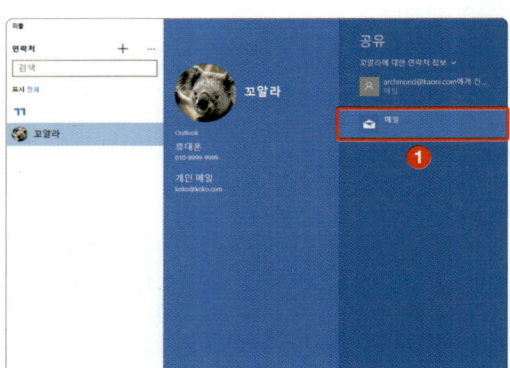 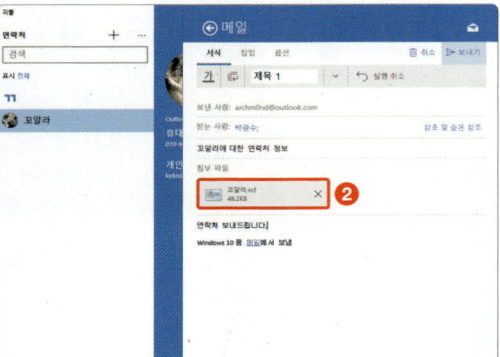

> **tip** vcf 파일은 vCard 파일을 말하며 이는 전자 명함의 역할을 합니다. vCard를 사용하면 이름, 주소, 전화번호 및 전자 메일 주소 같은 개인 정보를 간편하게 교환할 수 있습니다. 안드로이드 등의 스마트폰에서도 사용 가능한 파일 형식입니다.

웹으로 연락처 보기

피플 앱에 저장한 연락처를 인터넷에서 볼 수 있습니다. 웹 브라우저로 people.live.com에 접속해 보세요. 마이크로소프트 계정에 저장된 연락처를 확인할 수 있습니다.

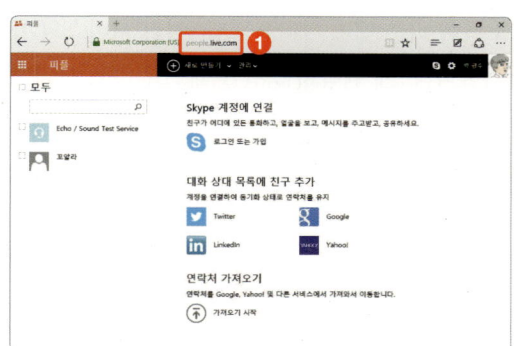
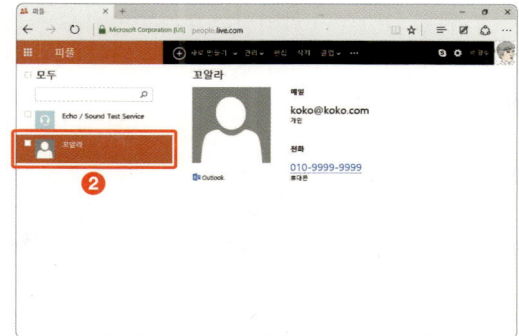

구글 연락처 추가하기

앞에서는 마이크로소프트 계정에 연락처를 추가했습니다. 이번에는 구글 같은 다른 서비스의 연락처를 함께 살펴보는 방법을 알아보겠습니다. 왼쪽 상단의 [자세히 보기 ▪▪▪]에서 [설정]으로 들어간 뒤 [+ 계정 추가]를 누릅니다.

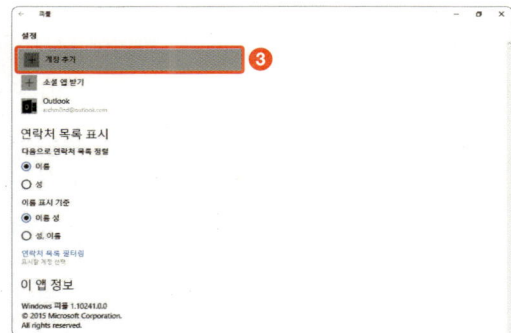

사용 중인 구글(Google)이나 오피스 365(Exchange), 애플 아이클라우드(iCloud)에 로그인합니다.

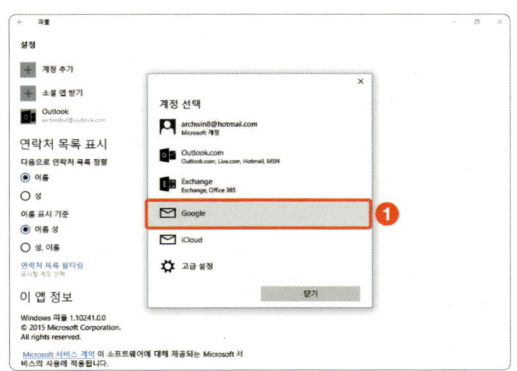
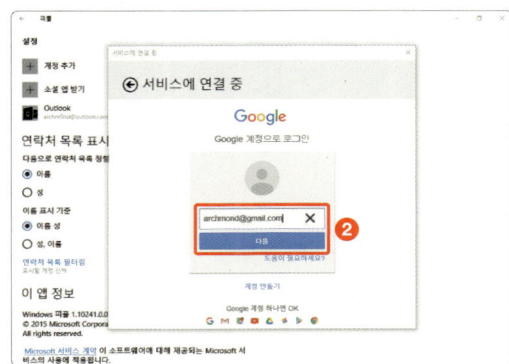

> **tip** [소셜 앱 받기] 기능은 현재 동작하지 않습니다.

사용 중인 서비스의 아이디로 로그인하면 등록된 주소록이 피플 앱에 나타납니다. 여러 서비스의 아이디를 추가하면 한자리에서 모두 확인할 수 있어 편리합니다. 새 연락처를 만들 때도 원하는 서비스에 선별적으로 추가할 수 있습니다.

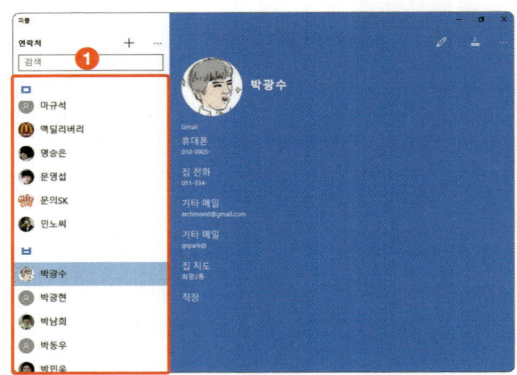
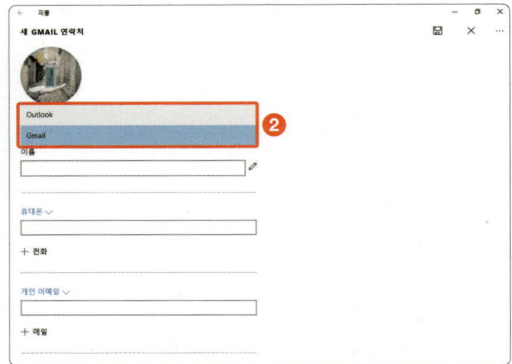

대화 상대 필터링하기

여러 주소록 중 원하는 것만 골라 화면에 표시할 수 있습니다. 왼쪽 위의 [자세히 보기 ...]를 눌러 [설정]으로 들어갑니다. [연락처 목록 필터링]을 눌러 표시할 주소록을 선택하면 됩니다.

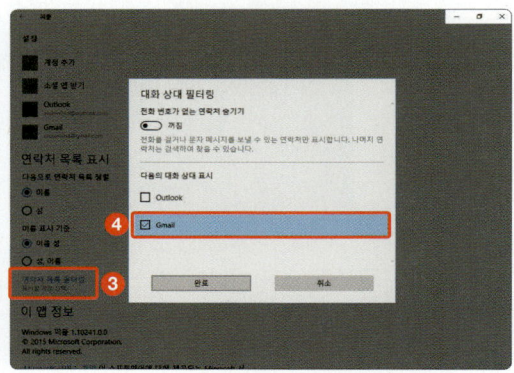

LESSON
06

지도
해외에서 더 요긴한 지도 앱

스마트폰을 사용하면서 초행길에 지도 앱을 활용하는 경우가 많아졌습니다. 윈도우 10에 기본으로 제공되는 지도 앱을 사용하면 전 세계의 멋진 장소를 쉽고 빠르게 확인할 수 있습니다. 주변의 장소와 찾아가는 길을 간단하게 검색해 보세요.

지도 앱 실행하기

[웹 및 Windows 검색]에서 '지도'를 입력해 실행합니다. 처음 앱을 실행하면 위치 정보를 사용할 것인지 물어봅니다. [예]를 누릅니다.

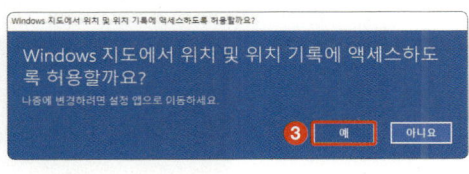

지도 앱은 스마트폰용 운영체제인 윈도우 10 모바일이나 8인치 이하 태블릿에도 어울릴 만한 간소한 메뉴를 보여줍니다. 위치를 검색하고, 지도를 보고, 길을 찾는 3가지 기능이 핵심입니다.

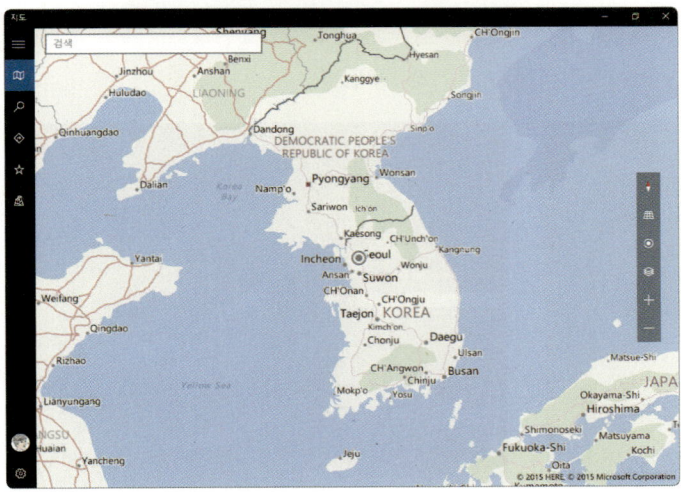

지도 보기와 검색하기

처음에는 한글/영어가 섞여 있지만 지도를 [확대+]하면 한글로 표시됩니다. 오른쪽의 메뉴 중에서 [지도 보기 선택 ▣]을 눌러 위성 모드로 바꿀 수 있습니다.

 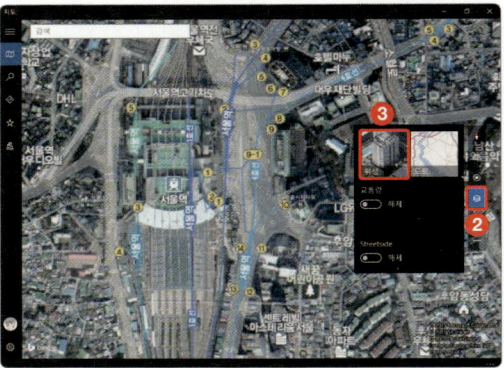

검색 상자에서 원하는 장소를 입력해 찾을 수 있습니다. 뉴욕과 동경 등 다양한 지명을 입력해 보세요.

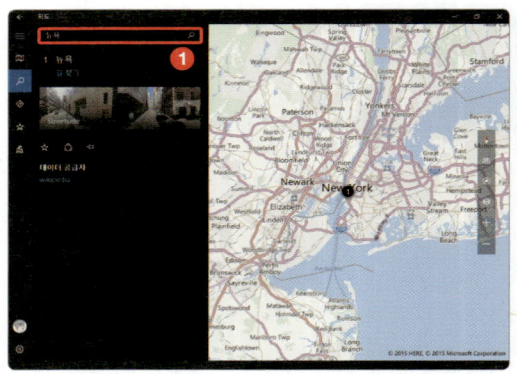 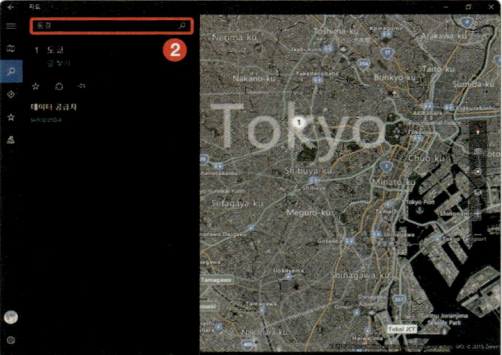

즐겨찾기 추가하기

[즐겨찾기에 추가 ☆]를 눌러 원하는 장소를 검색한 뒤 추가해 보세요.

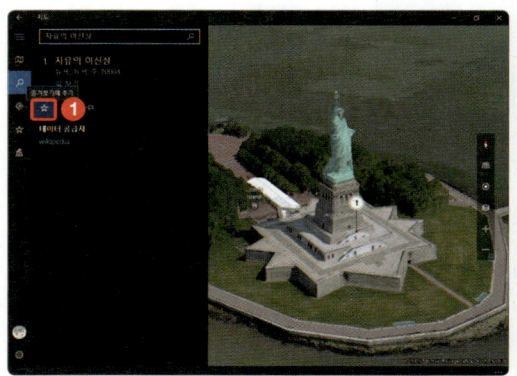 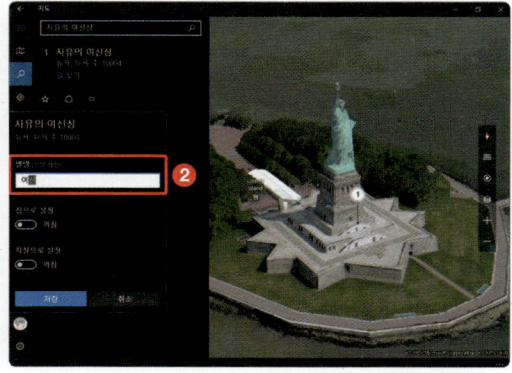

언제든지 [메뉴 ▤]에서 [즐겨찾기 ☆]에 들어가면 추가한 항목이 보입니다.

 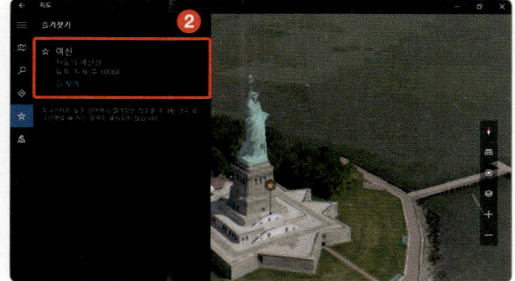

시작 화면에 추가하기

[고정 ⊞]을 누르면 시작 화면에 지도 앱에서 추가한 장소가 나타납니다. 시작 화면에서 해당 타일만 누르면 그 위치로 바로 이동, 확인할 수 있습니다.

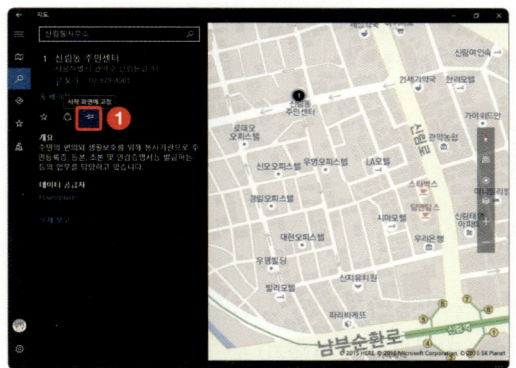 

길 찾기

[길 찾기 ◈]에 들어가면 출발지부터 목적지까지의 거리와 예상 시간을 확인할 수 있습니다. 아쉽게도 국내에서는 대중교통과 도보 정보가 잘 제공되지 않습니다.

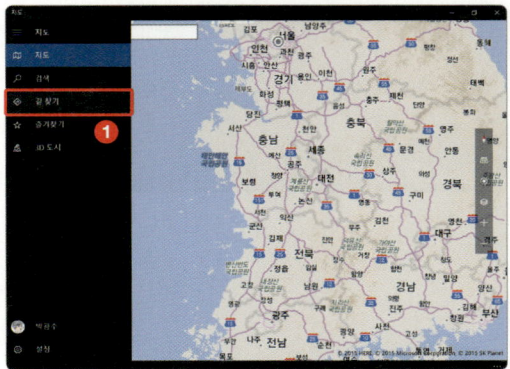 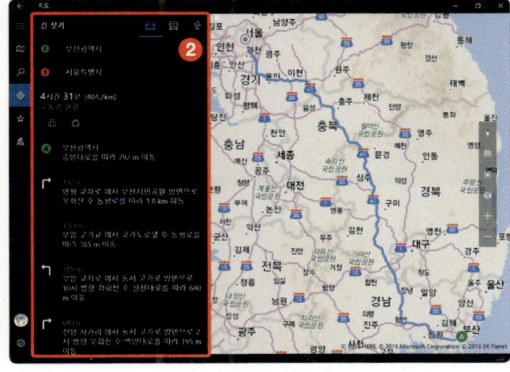

거리를 거닐 듯 StreetSide 보기

미국 등의 나라에서는 대도시를 기준으로 거리 뷰 보기(StreetSide)를 제공합니다. 이 서비스를 제공하는 장소에서 [지도 보기 선택]을 눌러 StreetSide를 설정하면 푸른색으로 칠해진 거리에서 거리 뷰보기를 체험할 수 있습니다. 왼쪽 아래에는 언제 촬영한 화면인지 보여줍니다.

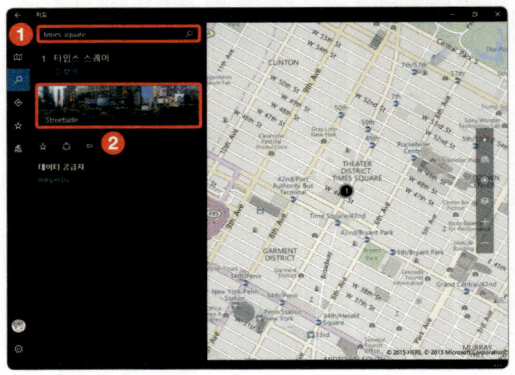 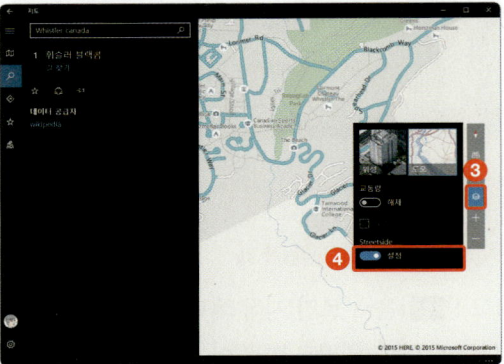

> **tip** StreetSide 기능은 현재 미국, 영국, 프랑스가 준비되어 있습니다. 그리고 캐나다의 밴쿠버, 휘슬러도 부분적으로 제공하며 스페인은 제공 준비 중이라고 합니다.

입체적으로 조망하듯 3D 도시 보기

[메뉴 ≡]에서 [3D 도시 🏔]에 들어가면 세계의 여러 도시를 입체적인 3D로 탐험할 수 있습니다. StreetSide가 거리를 걷는 느낌을 줬다면, 3D 도시 기능은 하늘에서 비행기나 드론으로 전체를 조망하는 느낌을 줍니다. 주로 전 세계 명소를 3D로 준비해 두었습니다.

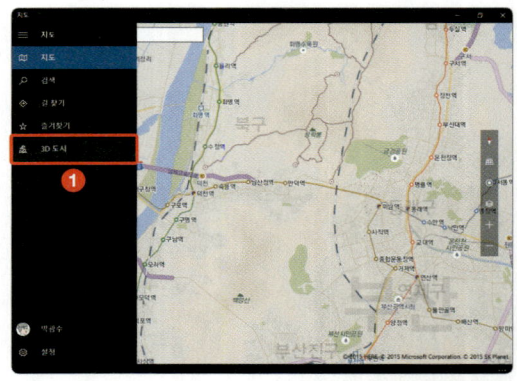 

오프라인 지도 내려받기

유/무선 인터넷이 잘 구축되지 않은 외국에서 지도 앱을 사용하면 제대로 실행되지 않는 경우가 많습니다. 이럴 때를 대비해 미리 '오프라인 지도'를 내려받아 놓으세요. [메뉴 ▤]에서 [설정 ⚙]에 들어간 뒤 오프라인 지도에서 [지도 다운로드 또는 업데이트]를 누르면 됩니다.

 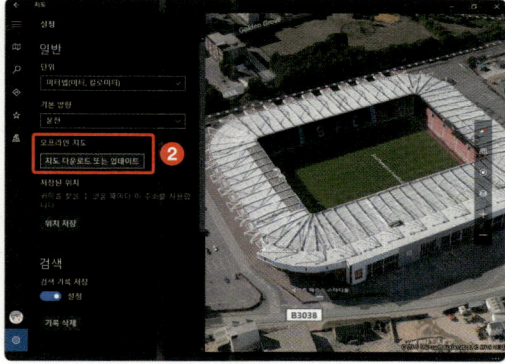

[지도 다운로드]를 누르면 대륙별 지도가 나타납니다. 원하는 지도를 내려받으세요.

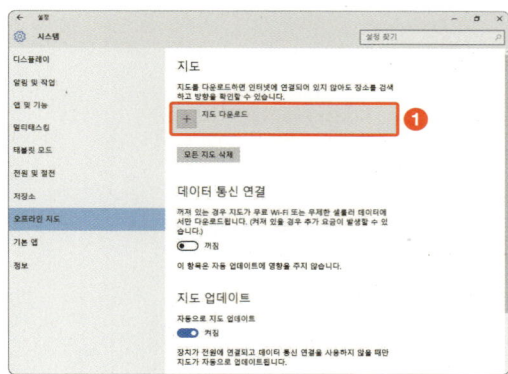 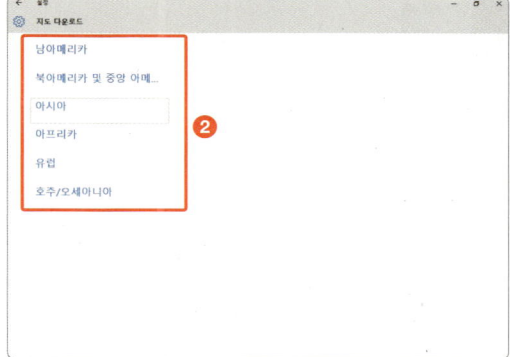

인터넷에 연결되지 않더라도 오프라인 지도를 내려받았다면 화면에 위치가 표시됩니다. 해외에 오랫동안 체류할 예정이라면 미리 국내에서 오프라인 지도를 받아 놓으세요.

 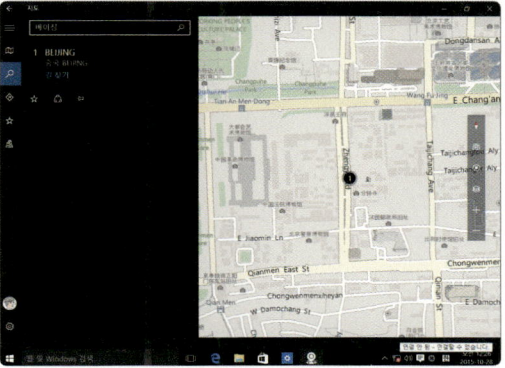

알람 및 시계
필요한 기능을 간결하게

윈도우 10에는 알람 및 시계 앱이 있습니다. 약속이 있거나 정확한 시간을 맞춰야 할 때 유용합니다. 외국에 갔을 때 현지와 한국의 시간을 비교해 보는 것도 가능합니다.

알람 및 시계

알람 앱 실행하기

[웹 및 Windows 검색]에서 '알람'을 입력해 실행하면 처음에 알람이 나타납니다.

위쪽에 있는 4가지 메뉴 중 [세계 시간 🌐]을 누르면 세계 지도가 나타납니다.

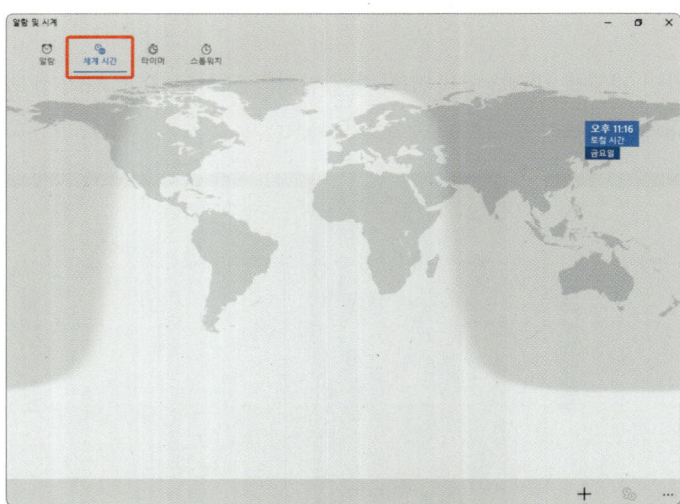

세계 시간 확인하기

다른 나라의 시간을 확인하려면 아래쪽의 [+]를 눌러 도시 이름이나 나라 이름을 입력합니다. [시간
변환 ⏱]을 누르면 다른 나라의 시간을 비교할 수 있습니다.

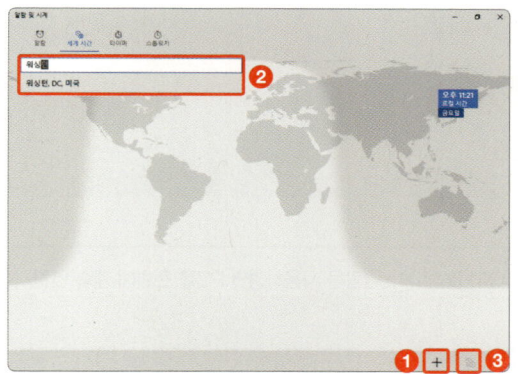
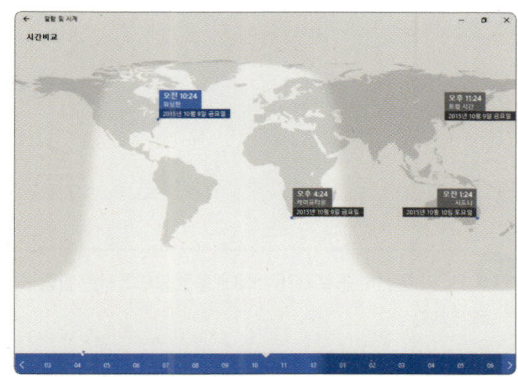

자주 찾는 지역의 시간을 마우스 오른쪽 버튼으
로 누른 뒤 [시작 화면에 고정]을 선택하면 언제
든 시작 화면에서 바로 확인할 수 있습니다.

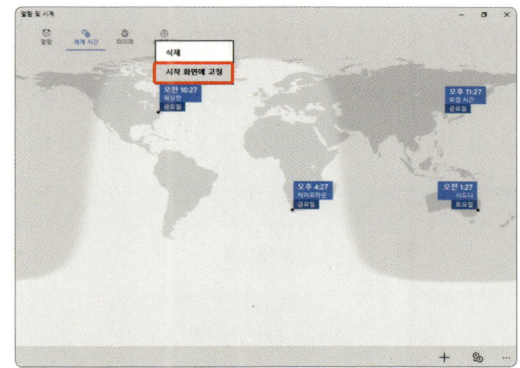

원하는 시간에 맞춰 알람 등록하기

위쪽의 [알람 ⏰]에서 상세 설정이 가능합니다. 아래쪽의 [+]를 눌러 새 알람을 추가한 뒤 원하는 대
로 설정하고 [저장 💾]하세요. 취소하려면 위쪽의 [뒤로 ←]를 누르면 됩니다.

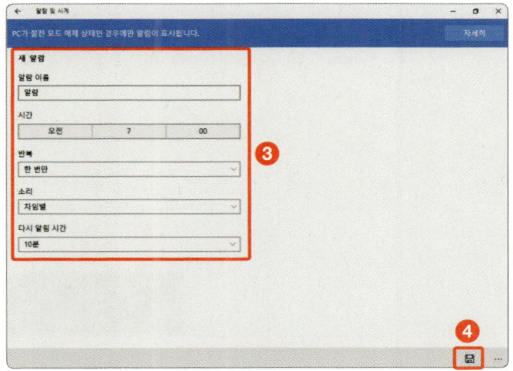

알람을 설정하면 해당 시간에 울립니다. 아래쪽 [관리 ▤]를 눌러 필요 없는 항목을 제거할 수 있습니다.

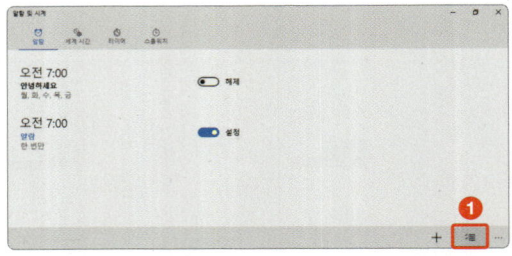 

> **tip** PC가 완전히 종료되거나 최대 절전 모드에서는 알람 소리가 나지 않습니다. 알람을 사용하려면 PC를 전원에 계속 연결해 두세요.

요리나 운동을 할 때 타이머 사용하기

요리나 운동을 할 때 카운트다운의 용도로 타이머를 활용해 보세요. 위쪽의 [타이머 ◷]에서 [+]를 눌러 적절한 이름을 입력하고 시간을 설정한 뒤 [저장 💾]하면 됩니다.

 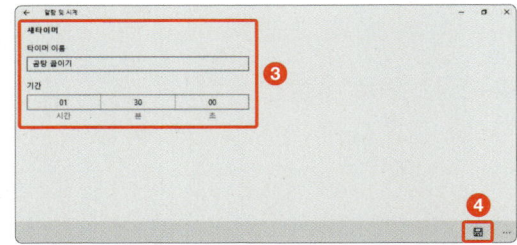

타이머를 [시작 ▷]하여 설정한 시간이 되면 오른쪽 아래에 '타이머 완료' 메시지가 나타납니다. 타이머가 동작하는 중에 [확장 ↗]을 누르면 전체 화면으로 볼 수 있습니다.

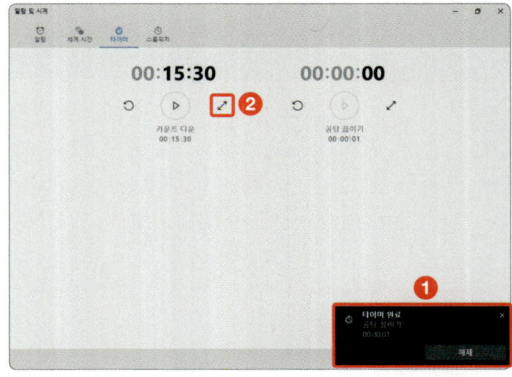 

스톱워치로 시간 측정하기

위쪽의 [스톱워치🕐]에 들어가면 [시작▷]한 이후의 경과 시간을 측정할 수 있습니다. [랩/누적 시간🏳]을 누르면 해당 시점마다 체크해 나중에 살펴볼 수 있습니다.

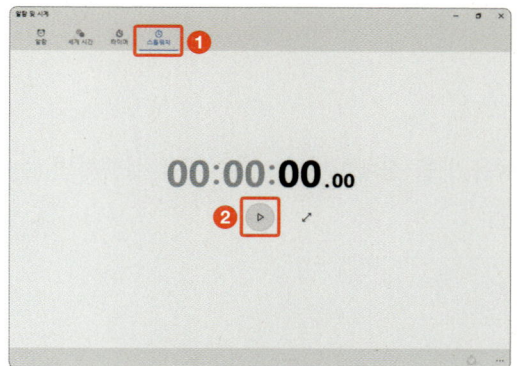
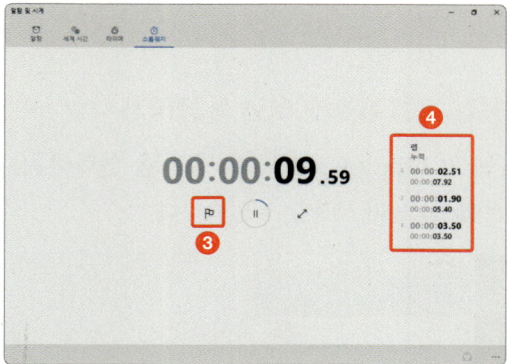

물론 스톱워치를 사용하는 도중에도 [확장↗]을 누르면 전체 화면 보기가 지원됩니다. 아래쪽의 [공유◻]를 눌러 스톱워치로 수집한 랩/누적 시간 정보를 메일로 보낼 수 있습니다.

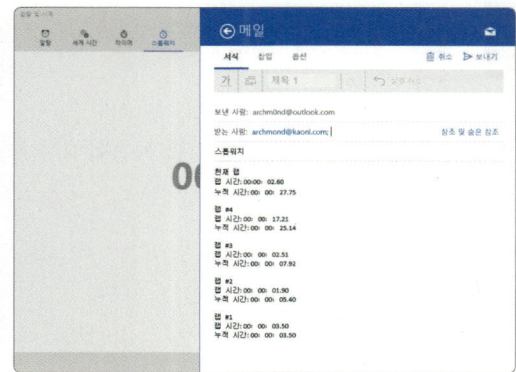

LESSON 08

음성 녹음기
강의나 대화 기록하기

음성을 기록할 수 있는 도구가 윈도우 10에서 제공됩니다. 녹음기를 동작시켜 소리를 기록하고, 다른 창에서는 강의 내용을 메모할 수 있습니다.

음성 녹음기

음성 녹음기 실행하고 녹음하기

[웹 및 Windows 검색]에 '음성'을 입력해 [음성 녹음기]를 실행합니다. 앱을 처음 실행하면 [녹음 🔵]을 눌러 시작할 수 있습니다.

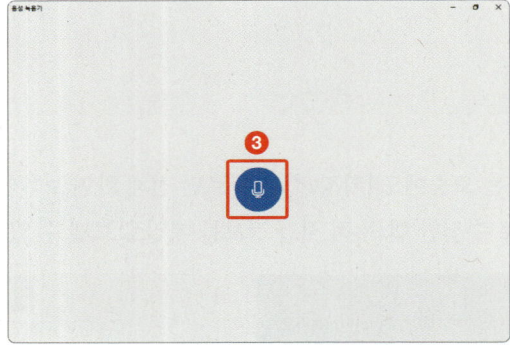

컴퓨터에 장착된 마이크로 소리를 녹음합니다. 창을 작게 줄여도 사용하는 데 무리가 없습니다.

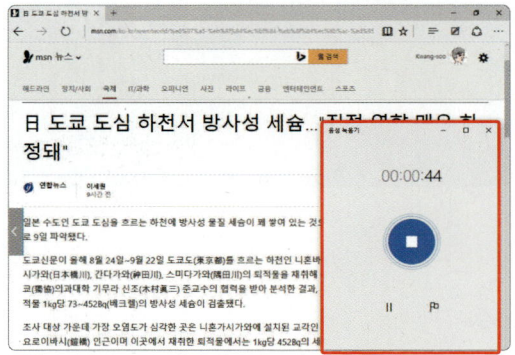

> **tip** 컴퓨터에 마이크가 장착되어 있지 않으면 음성 녹음기를 사용할 수 없습니다. 마이크가 있는데도 제대로 동작하지 않으면 사운드카드 드라이버를 새로 설치하세요. Media Pack이 설치되어 있지 않다고 나오면 119쪽을 참고하세요.

중요한 부분에 마커 찍기

녹음하는 도중에 [마커 추가 ⚑]를 누르면 해당 시점의 시간이 기록됩니다. 나중에 녹음된 내용을 확인할 때 마커를 찍었던 시점으로 빠르게 이동할 수 있습니다. [일시 중지 ‖]를 누르면 잠시 중지되며 [녹음 중지 ⏺]를 누르면 녹음이 마무리됩니다.

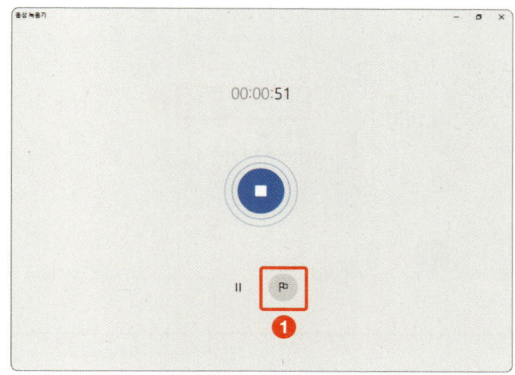 

녹음한 내용 들어보기

[재생 ▷]을 눌러 녹음한 내용을 들어 보세요. 중요한 부분에 체크했던 마커를 클릭해 해당 부분으로 건너뛸 수 있습니다. 내용을 다시 들으면서 새로운 마커를 추가할 수도 있습니다.

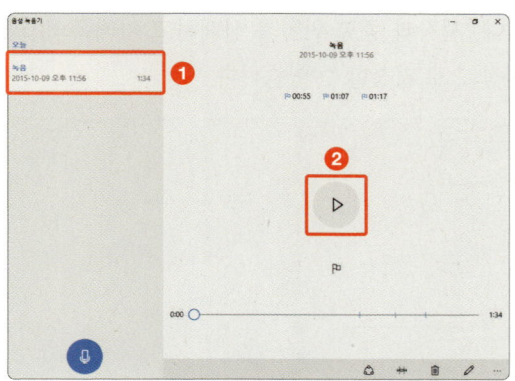 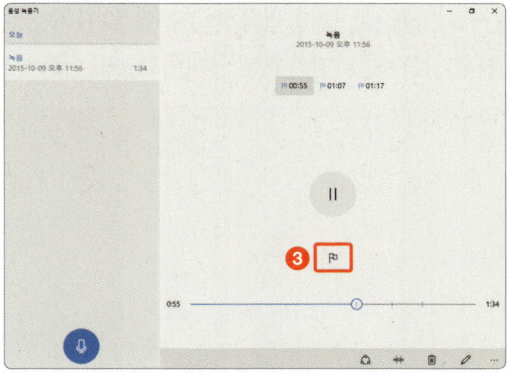

녹음한 내용 공유하기

[공유🔔]를 눌러 녹음한 내용을 전자 메일로 보낼 수 있습니다. 파일의 확장자는 m4a입니다.

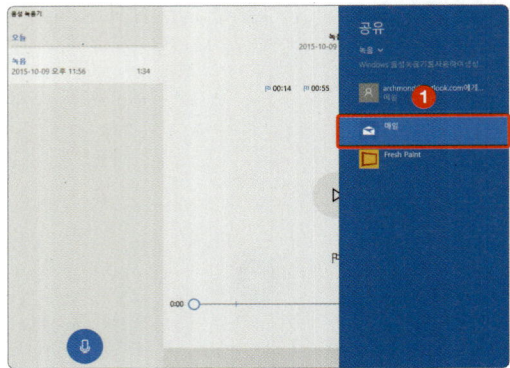 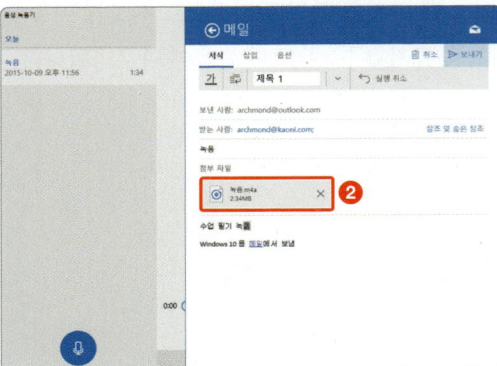

> **tip** **m4a를 mp3로 바꾸기**　　　　　　　　　　　　　　　　　　　　🖥 W i n d o w s 1 0
>
> 인터넷에서 m4a 파일을 mp3로 변환할 수 있습니다. http://media.io에 들어가서 m4a 파일을 업로드해 보세요. 이곳 외에
> 도 다른 서비스를 사용하려면 구글에서 'm4a to mp3'로 검색하면 다양한 서비스를 만날 수 있습니다.

필요한 부분만 자르기

[자르기 ⵘ]를 눌러 필요한 부분만 남길 수 있습니다. 시작과 종료 위치를 선택하고 아래쪽의 [확인✓]을 누릅니다. [원본 업데이트] 또는 [복사본 저장]으로 저장할 수 있습니다.

 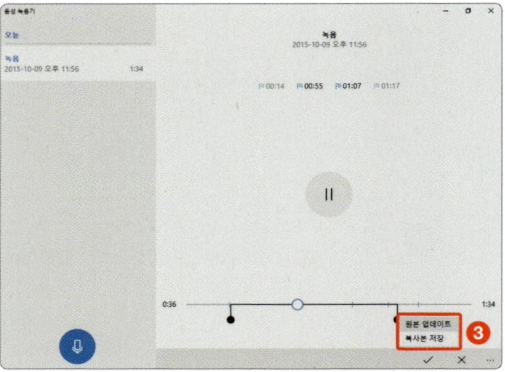

녹음된 파일의 위치 열기

왼쪽의 녹음 항목을 마우스 오른쪽 버튼으로 누른 뒤 메뉴에서 [파일 위치 열기]를 선택합니다. 탐색기에서 저장된 파일이 바로 나타납니다. 여러 파일을 한꺼번에 선택해 USB 등에 저장해 보세요.

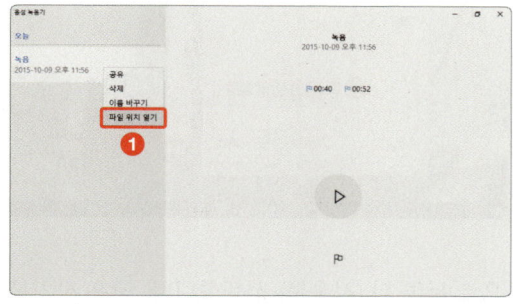 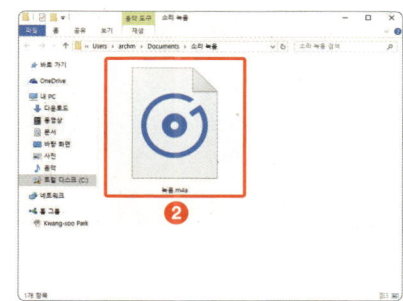

녹음한 파일의 이름 바꾸고 삭제하기

[이름 바꾸기 ✎]를 눌러 파일 이름을 변경할 수 있습니다. 녹음한 파일이 필요 없다면 [삭제 🗑]를 눌러 지우는 것도 가능합니다.

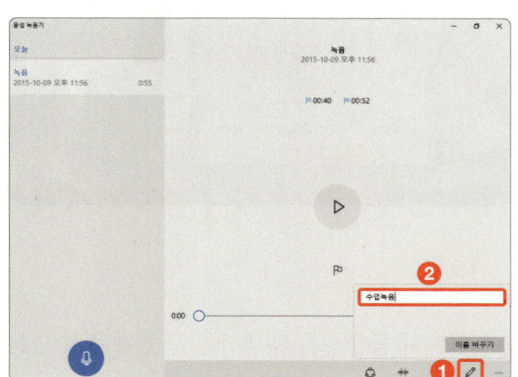 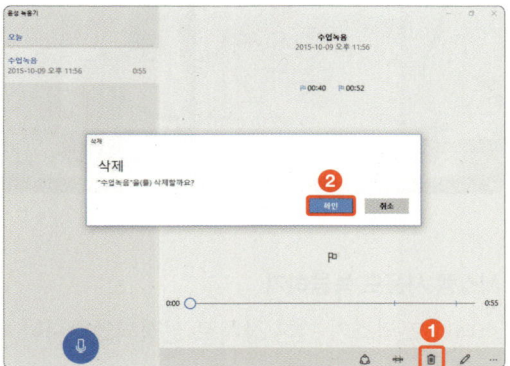

내 컴퓨터의 시스템 사운드를 녹음하기

윈도우 10에 내장된 음성 녹음기로 음악, 동영상 등을 재생했을 때 시스템 사운드를 녹음할 수 있습니다. 녹음기를 사용해서 시스템 사운드를 저장하는 방법을 알려 드립니다.

시스템 사운드를 녹음할 환경 만들기

먼저 녹음 환경을 만들어야 합니다. 작업 표시줄에서 [스피커 🔊]를 마우스 오른쪽 버튼으로 누른 뒤 [녹음 장치]를 선택합니다. 녹음 장치 목록에서 다시 마우스 오른쪽 버튼을 누른 뒤 [사용할 수 없는 장치 표시]를 선택합니다.

스테레오 믹스가 나타나면 이를 마우스 오른쪽 버튼으로 누른 뒤 [사용]을 선택합니다. 같은 장치를 다시 마우스 오른쪽 버튼으로 누른 뒤 [기본 장치로 설정]을 선택합니다.

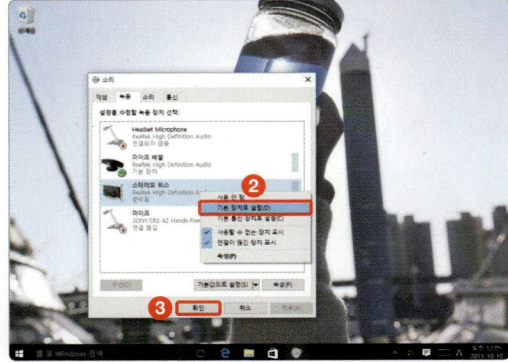

시스템 사운드 녹음하기

스테레오 믹스가 기본 장치로 설정되었습니다. 이제 음악이나 동영상을 재생하는 도중에 음성 녹음 기 앱을 켜서 [녹음 🎤]을 누르면 녹음이 가능합니다.

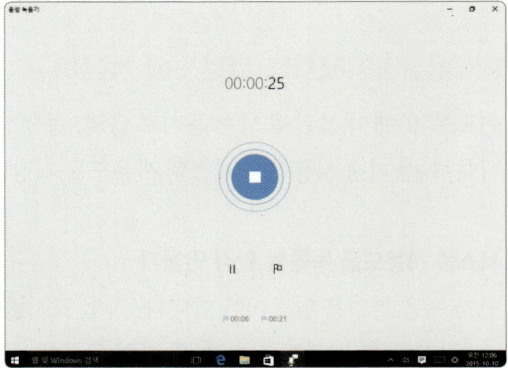

설정 원래대로 되돌리기

기존에 활용하던 마이크를 사용하려면 시스템 사운드를 녹음한 뒤 이전 상태로 되돌려야 합니다. 스테레오 믹스를 마우스 오른쪽 버튼으로 누른 뒤 [사용 안 함]을 선택하면 됩니다.

 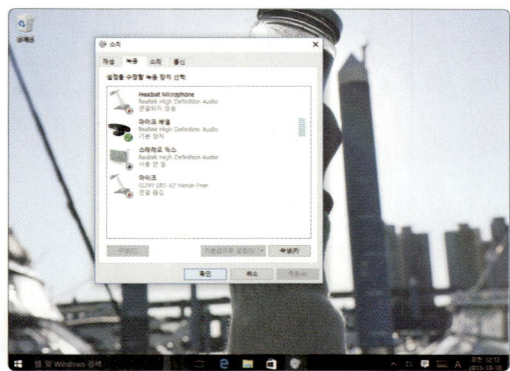

---

tip **녹음 장치의 볼륨 높이기**   Windows10

녹음된 파일을 재생했는데 소리가 작게 들리나요? 녹음 장치를 마우스 오른쪽 버튼으로 누른 뒤 [속성]을 선택합니다. 속성 창이 나타나면 [수준] 탭에서 장치의 볼륨을 높이면 좀 더 큰 소리로 녹음됩니다.

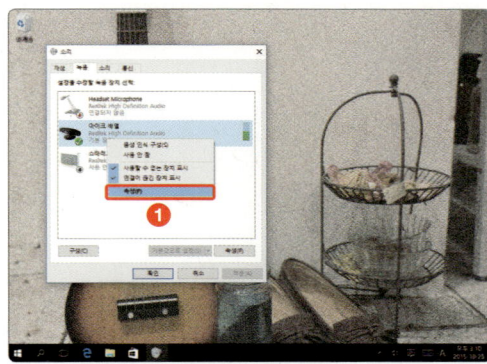 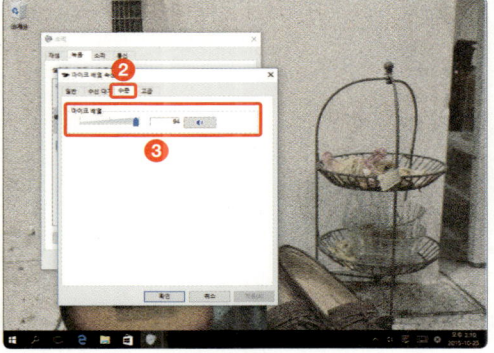

계산기
간단한 계산에서 복잡한 수학까지

윈도우 10에 탑재되는 계산기는 평소에 보던 전통적인 모습을 벗어나 유니버설 앱으로 다시 돌아왔습니다. 공학용, 프로그래머용 기능과 단위 변환 기능을 갖추고 있습니다.

계산기 실행하기

[웹 및 Windows 검색]을 눌러 '계산기'를 입력한 뒤 실행합니다. 기존 계산기와 달리 화면 크기가 너무 크다고 겁먹지 마세요. 사용 방법은 일반적인 계산기와 동일합니다.

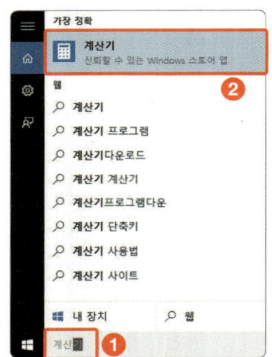
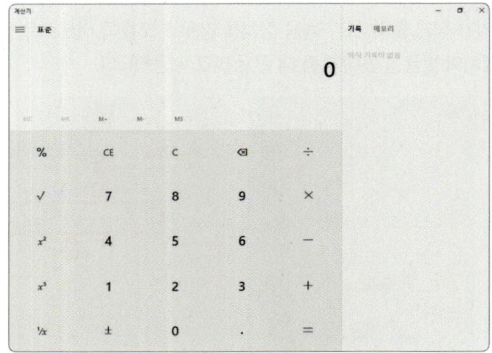

여러 개를 동시에 실행할 수 있으며 크기도 비교적 자유롭게 늘리고 줄일 수 있습니다.

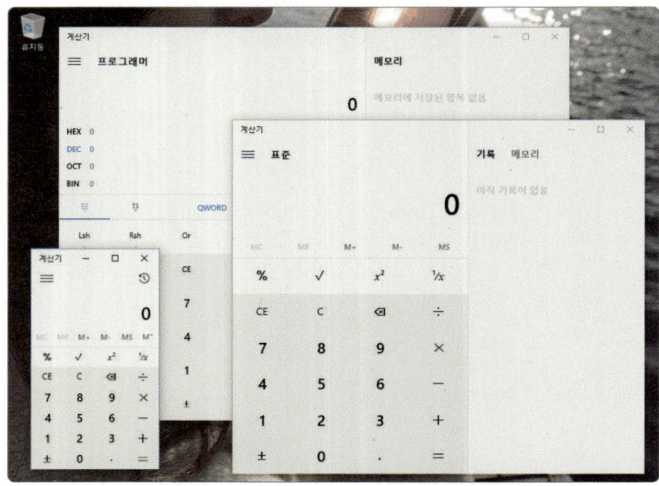

화면 구성 살펴보기

손가락으로 터치하기 쉽게 큼직큼직합니다. 한번 계산한 항목들은 오른쪽의 [기록]에서 볼 수 있습니다. 만약 이 부분이 보이지 않는다면 계산기 크기를 키워 보세요.

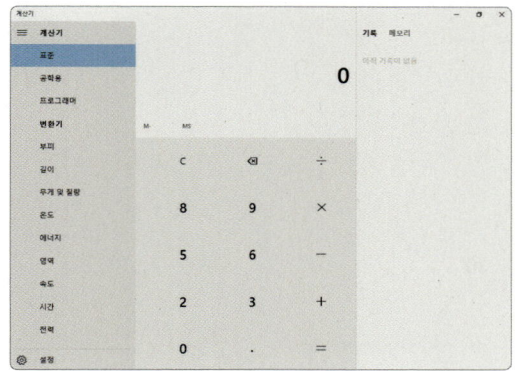 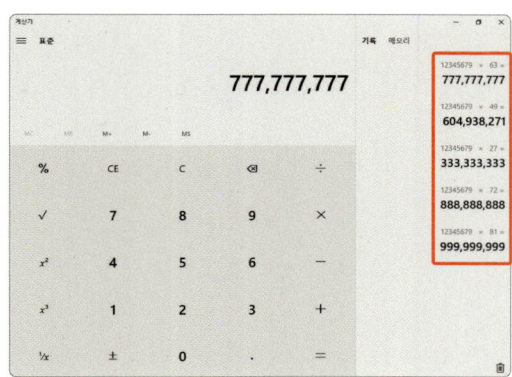

3가지 모드로 지원하는 계산기

[메뉴 ≡]를 눌러 모드를 변경할 수 있습니다. [표준]과 [공학용], [프로그래머] 모드가 있습니다.

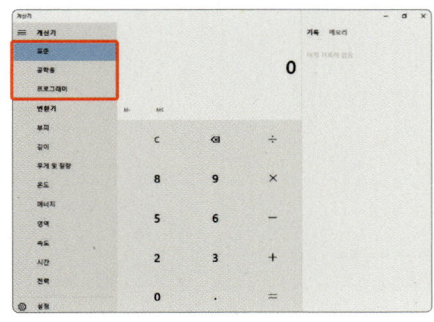

3가지 모드 중 선택 가능합니다.

1. 표준

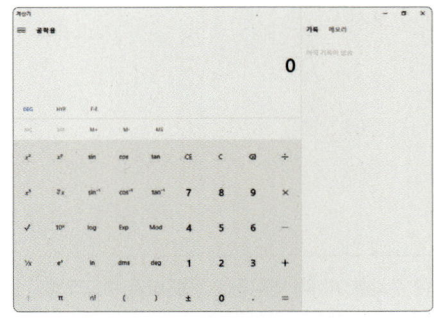

2. 공학용

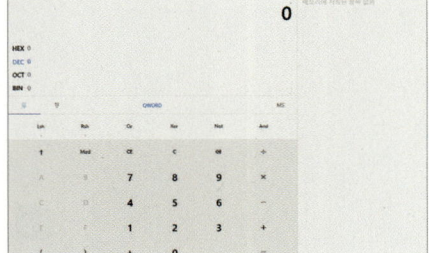

3. 프로그래머

> **tip** 단축키 Alt+1, 2, 3을 이용해 각각의 모드로 변경할 수 있습니다.

변환기(단위 변환) 사용하기

계산기의 [변환기] 기능도 매우 유용합니다. [메뉴 ☰]를 누르면 아래쪽에서 [부피], [길이], [무게]
등 총 12개의 단위 변환 기능을 제공합니다. 수치를 입력하면 바로 원하는 단위로 변환됩니다.

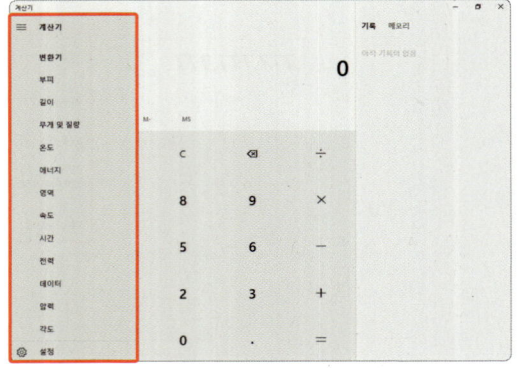 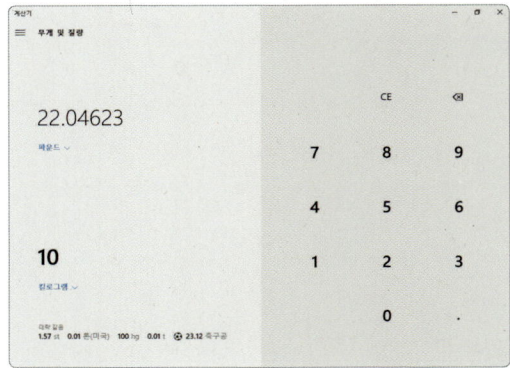

[∨]를 눌러 다른 단위로 바꿀 수 있습니다.

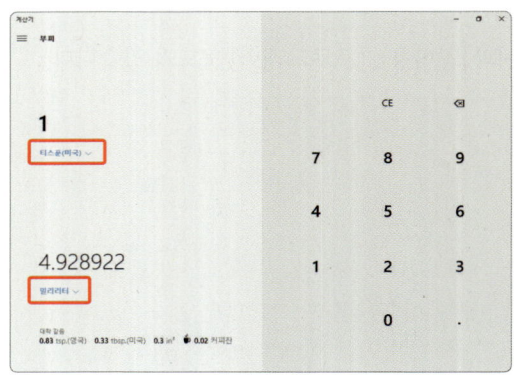 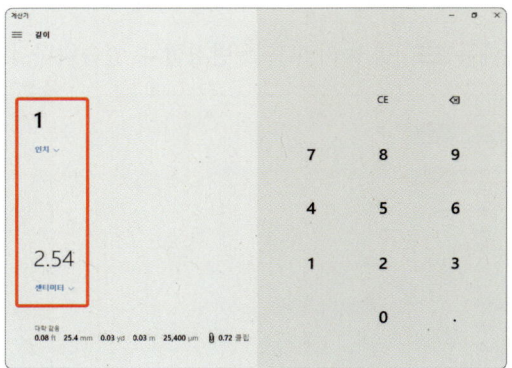

변환된 단위 아래쪽에는 '대략 같음' 부분에서 또 다른 유사 수치들을 보여줍니다. 50마일/시간은 약
22.35m/s와 같다고 하네요. 작은 배려가 가득한 계산기를 만나 보세요.

> **tip** 입력한 수치뿐 아니라 변환될 수치를 바꿀 수도 있습
> 니다. 예를 들어 위에서는 인치를 센티미터로 변환했습니
> 다. 여기서 단위가 아니라 그 위의 수치를 누른 뒤 입력해
> 도 수치가 자동으로 계산됩니다.

LESSON 10

메시지와 Skype 영상
PC로 들어온 메신저와 화상 채팅 앱

메시지는 마이크로소프트의 텍스트 메신저 앱입니다. 카카오톡이나 라인처럼 친구에게 무료로 문자 메시지를 남길 수 있습니다. Skype 영상은 아이폰의 페이스타임처럼 화상 채팅을 지원합니다. 사용법이 아주 간단하니 가벼운 마음으로 따라해 보세요.

메시지 앱 실행하기

[웹 및 Windows 검색]에 '메시지'를 입력해 실행합니다. 마이크로소프트 계정으로 로그인해 있었다면 Skype 시작 화면이 보입니다. 마이크로소프트 계정이 스카이프와 연결되었으며 로그인되었다고 알려줍니다. [계속]을 누릅니다.

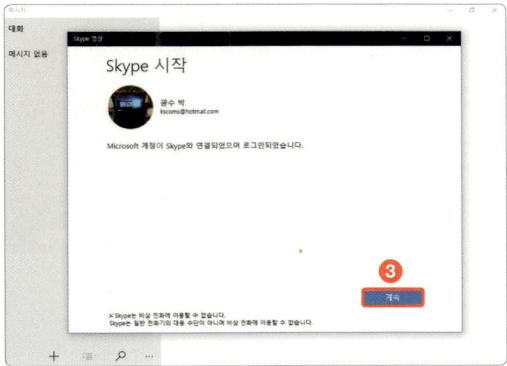

사용 중인 핸드폰 번호를 입력하면 다른 사람들이 내 번호를 보고 친구로 추가할 수 있습니다. 등록하려면 SMS로 전송된 인증 번호를 입력해 본인 인증을 해야 합니다(건너뛰려면 [나중에]를 누릅니다).

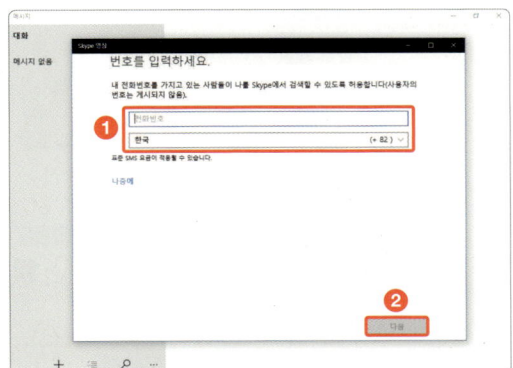
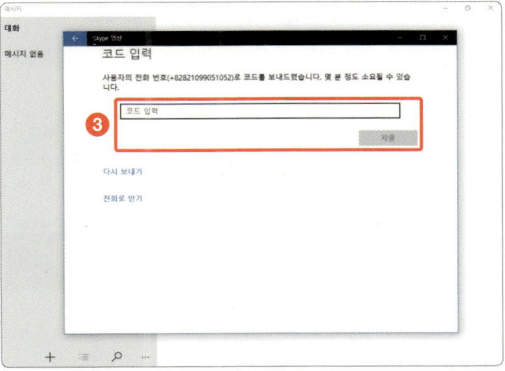

카카오톡처럼 메시지 보내기

메시지 앱의 왼쪽 아래에 있는 [+새 메시지]를 눌러 [받는 사람]에 대화할 사람의 이름을 입력합니다. 메시지를 입력하면 1:1로 대화가 가능하며 아기자기한 이모티콘도 보낼 수 있습니다.

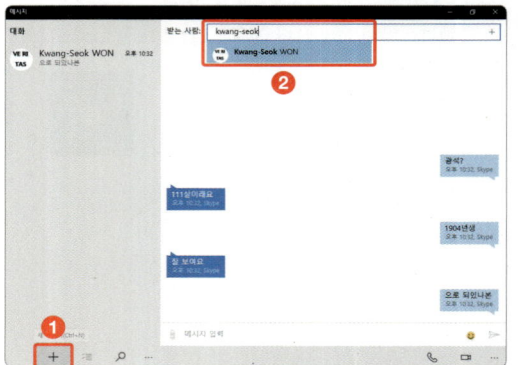 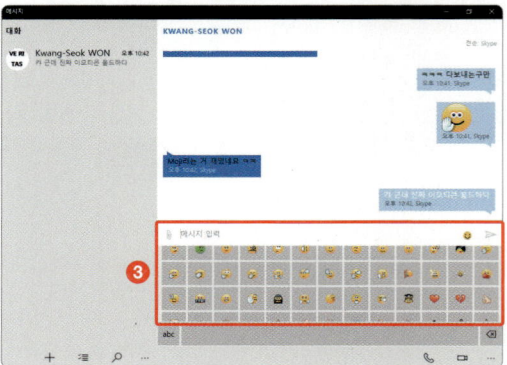

다른 사람의 메시지를 받으면 오른쪽 아래에 알림이 나타납니다. 입력 상자에 내용을 입력해 바로 답할 수 있으며, 부재중에 읽지 못한 메시지는 ⊞+Ａ를 누른 뒤 [알림 센터 ▤]를 열어 확인할 수 있습니다.

여러 사람과 동시에 대화하기

여러 사람과 이야기하려면 [받는 사람]에 여러 사람을 추가하면 됩니다. 자유롭게 대화에 참여해 보세요.

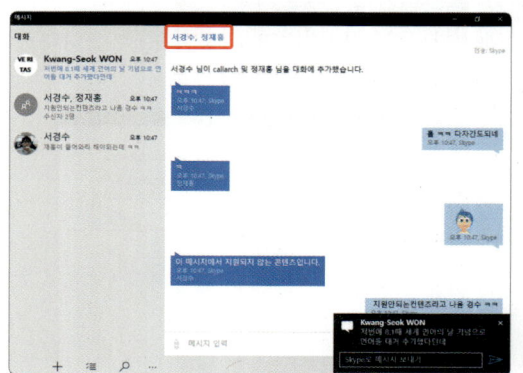 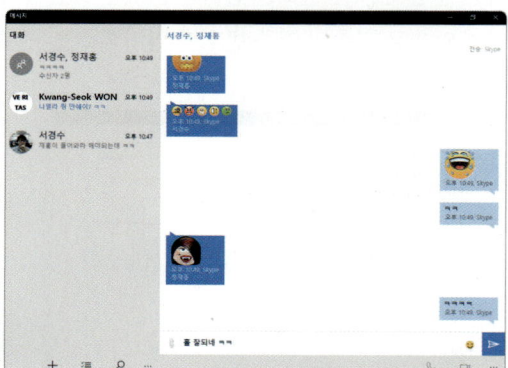

> **tip** 메시지 앱은 최신 버전에서 제공합니다. ⊞+Ｒ을 누르고 'winver'를 입력한 뒤 버전 1511 이상인지 확인하세요.

대화 내용 검색하기

메시지 앱으로 대화했던 내용을 검색하려면 왼쪽 아래의 [검색 🔍]을 누른 뒤 키워드를 입력하세요. 검색어에 대한 대화 내용을 바로 찾을 수 있습니다.

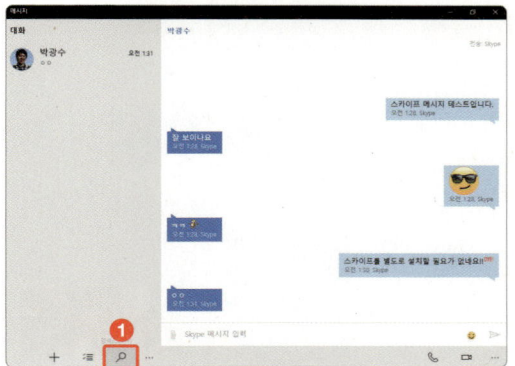 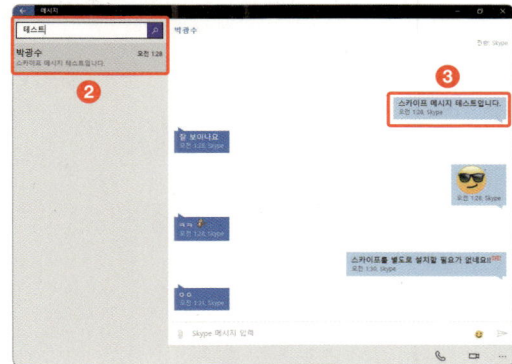

tip 179쪽의 피플 앱에서 등록된 연락처에 메시지를 보낼 수 있습니다. 채팅 상대를 추가하려면 아래를 참고하세요.

Skype 영상 실행하고 사용자 추가하기

[웹 및 Windows 검색]에 'skype'를 입력해 [Skype 영상]을 실행합니다. 먼저 [연락처 추가 👤₊]를 눌러 스카이프 사용자를 추가해 보겠습니다.

 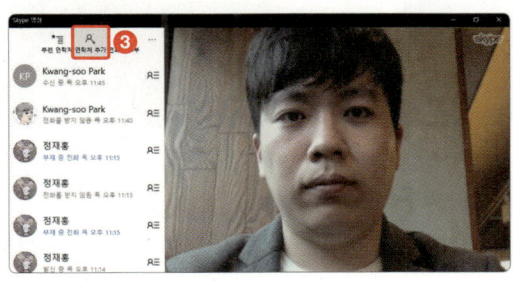

스카이프 연락처를 추가합니다. 사용자의 이름이나 스카이프 닉네임, 이메일 주소 중의 하나를 입력하여 엔터를 누릅니다. 찾는 연락처가 나오면 [전송]을 눌러 연락처 추가 요청을 보내세요.

 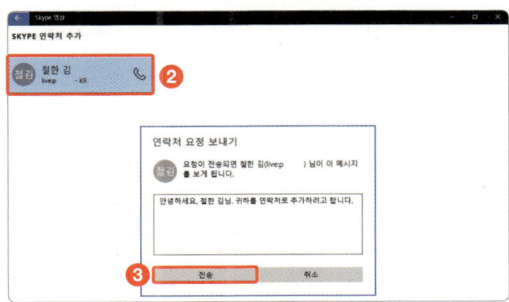

영상 통화 걸기

[통화 📞]를 눌러 전화를 걸 수 있습니다. 상대방이 전화를 받으면 영상 통화로 연결됩니다. 상대방은 나를 연락처에 추가하고 스카이프도 실행하고 있어야 받을 수 있습니다.

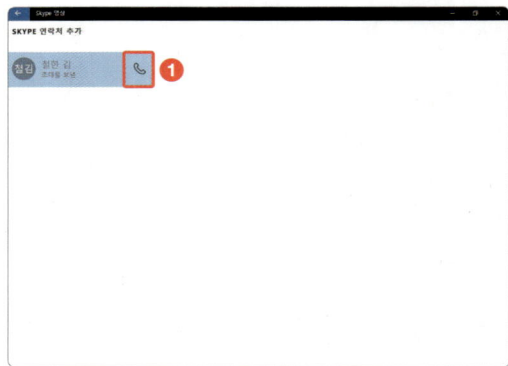

통화가 연결되면 음성과 화상으로 대화를 나눌 수 있습니다. 끝내려면 [통화 종료 📞]를 누릅니다.

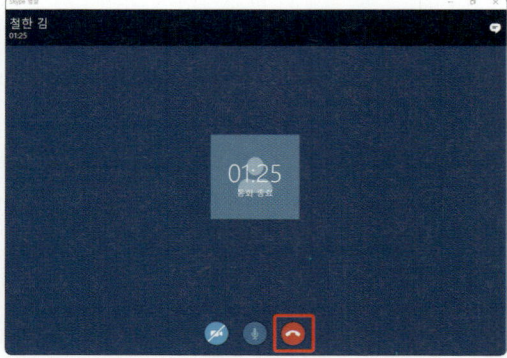

이미 연락처로 등록된 사용자라면 [전화번호부 👥]를 눌러 보세요. 대화 상대를 선택한 뒤 [Skype 영상(화상 통화)]을 누르면 곧바로 화상 통화가 시작됩니다. 카메라가 없으면 [전화]를 선택하세요. 참고로 전화를 선택해도 상대편이 카메라가 있으면 대화 상대의 영상을 볼 수 있습니다.

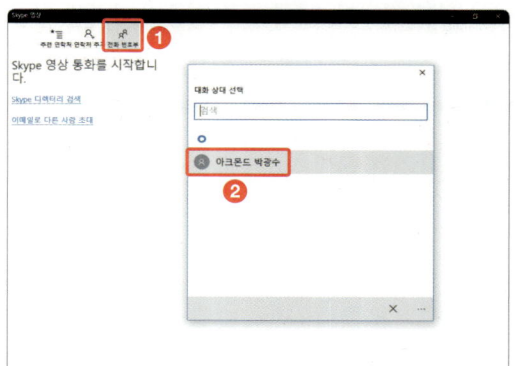
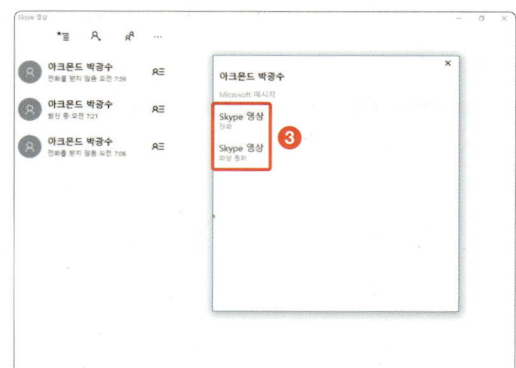

영상 통화 받기

Skype 영상을 사용하는 도중 전화가 오면 오른쪽 아래에 통화 알림이 나타납니다. [비디오 📹]를 누르면 화상 통화로 연결됩니다. 영상을 보내기 힘든 환경이라면 [오디오 📞]를 눌러 음성 대화로 참여하세요.

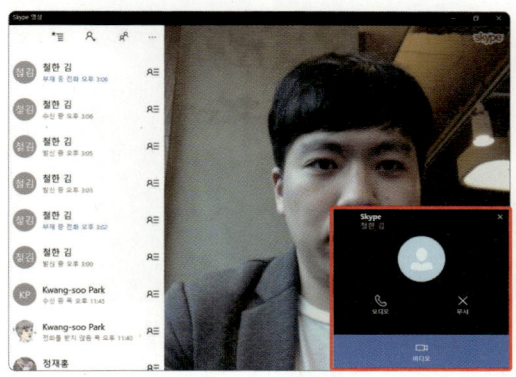 

윈도우 10 모바일(스마트폰)에서도 자유롭게

PC버전과 동일한 Skype 영상 앱이 윈도우 10 모바일에도 그대로 제공됩니다. 윈도우 10 모바일에서 [메시지]를 실행하면 스카이프로 메시지를 보내거나 기존의 SMS&MMS를 사용할 수도 있습니다.

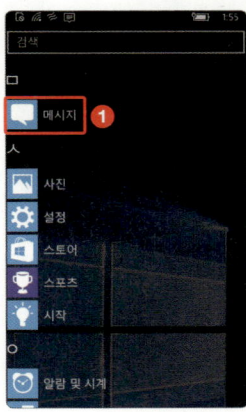 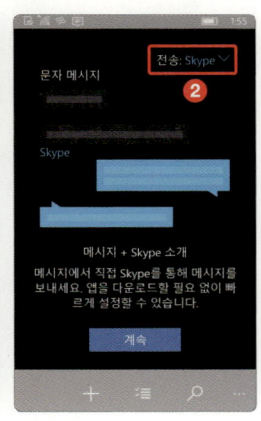  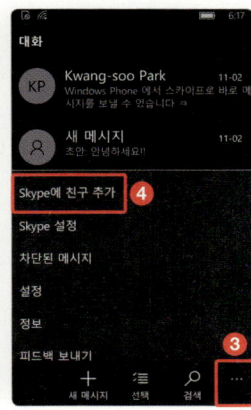

스카이프 사용자를 연락처로 등록하는 것도 PC 버전과 동일합니다. 대화 중에 이모티콘도 자유롭게 입력할 수 있습니다.

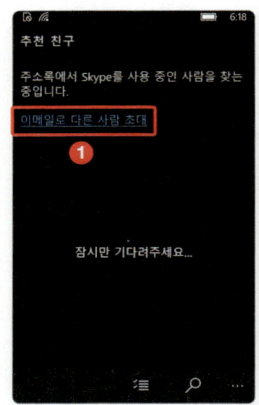  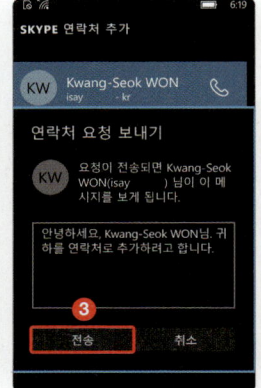 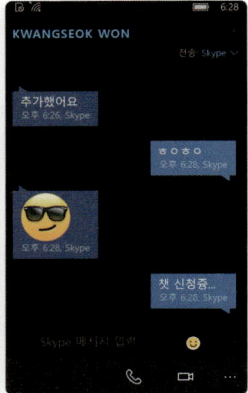

[Skype 영상]을 실행해 스카이프 연락처에 화상 통화를 요청할 수 있습니다. 스마트폰을 가로로 눕히거나 세로로 세울 때 서로 다른 화면 모드로 나타나니 참고하세요.

LESSON 11

일상생활을 돕는
다재다능한 앱 살펴보기

윈도우 10 스토어는 업무용 앱 외에도 일상생활에 필요한 많은 앱을 갖추고 있습니다. 삶을 더 풍요롭게 하기 위한 목적으로 만들어진 다채로운 앱을 만나 보세요.

TED_공유할 가치가 있는 모든 아이디어

TED는 미국의 비영리 재단에서 운영하는 강연회입니다. 기술, 디자인 등 다양하고 폭넓은 정보를 윈도우 10에서 편하게 확인하세요.

스토어에서 'TED'로 검색해 설치합니다. 앱을 실행하면 맨 위쪽에 최신 영상 목록이 나타납니다.

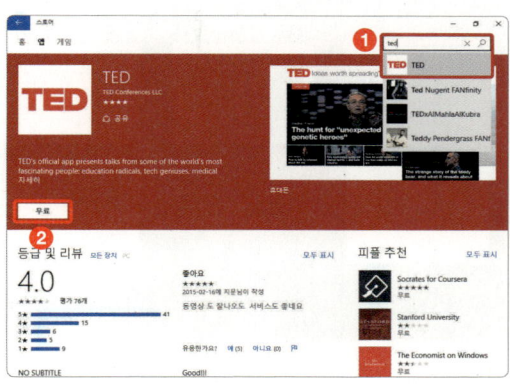
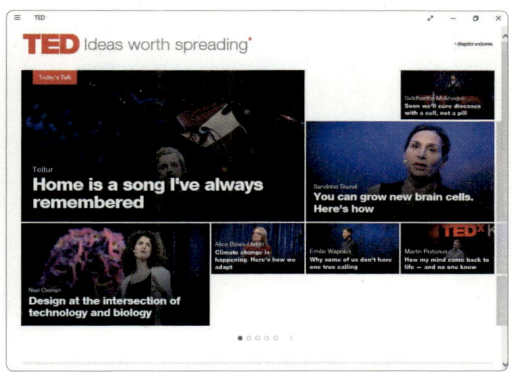

중간에는 인기 있는 강연 테마가 보입니다. [Browse more playlists]를 누르면 더 많은 목록이 나타납니다. 다양한 주제의 영상을 입맛에 맞게 골라 보세요.

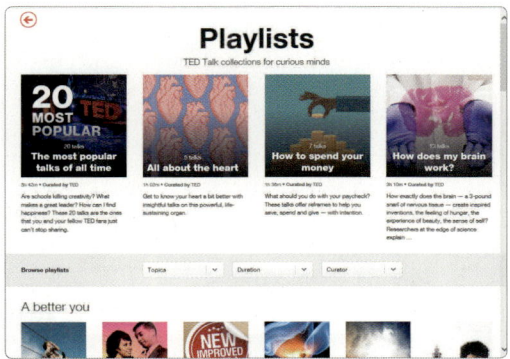

뷰어 _ 어도비 리더 없이 PDF 문서 보기

PDF, XPS, TIFF 문서를 간단하게 열어 보려면 스토어에서 뷰어를 내려받으세요. 어도비 리더가 없어도 PDF 문서를 열어볼 수 있습니다.

스토어에서 '뷰어'로 검색해 설치합니다. 앱을 실행한 뒤 [찾아보기◎]를 눌러 문서를 열어 보세요.

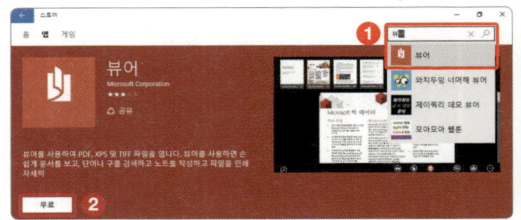
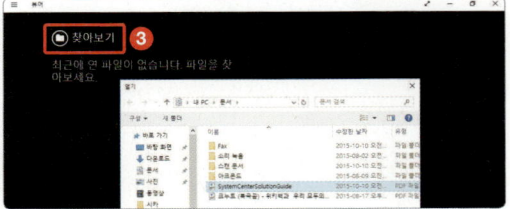

PDF 문서가 열리면 왼쪽 위의 페이지 번호①를 눌러 번호를 입력하면 해당 페이지로 바로 이동합니다. 아래쪽의 [축소−] 또는 [확대+]로 문서를 자세히 살펴보거나 읽고 싶은 페이지로 빠르게 이동할 수 있습니다.

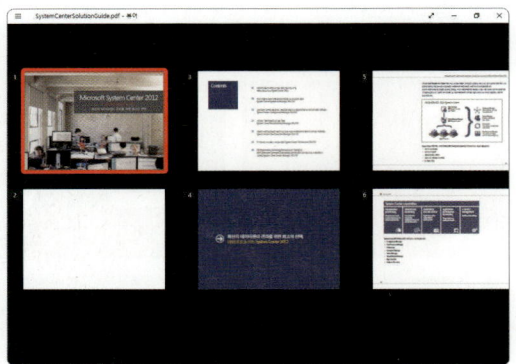

위쪽의 [메뉴☰]를 눌러 [앱 명령⋯]을 선택하거나, 마우스 오른쪽 버튼을 누르면 위아래로 기다란 바가 나타납니다. 위쪽 바에는 탭 브라우징처럼 [다른 파일 열기⊕]를 눌러 여러 파일을 한 화면에서 확인할 수 있습니다. 아래쪽의 [찾기◎]를 누르면 본문의 내용을 검색할 수 있습니다.

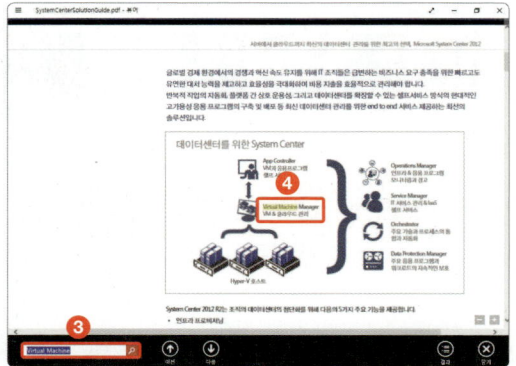

Flipboard _ 한자리에서 여러 콘텐츠를 즐기는 방법

한곳에서 여러 언론사의 뉴스를 읽고, 관심 있는 분야의 새로운 소식을 파악하는 데에는 플립보드(Flipboard)보다 좋은 앱을 찾아보기 힘듭니다.

스토어에서 'Flipboard'로 검색해 설치합니다. 마치 잡지처럼 좌우로 쓸어 넘길 수 있는 멋진 콘텐츠 뷰어가 나타납니다.

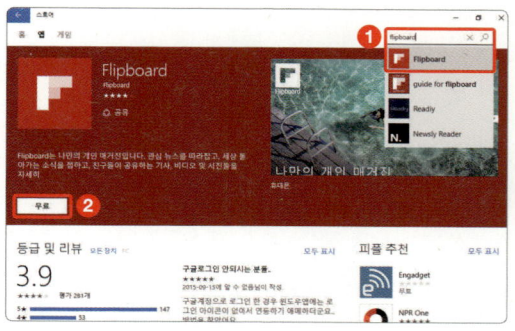

관심 있는 분야를 선택해 뉴스를 읽을 수 있습니다. 시원시원한 레이아웃이 인상적입니다.

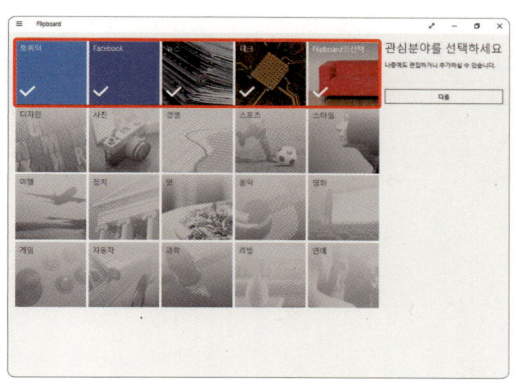
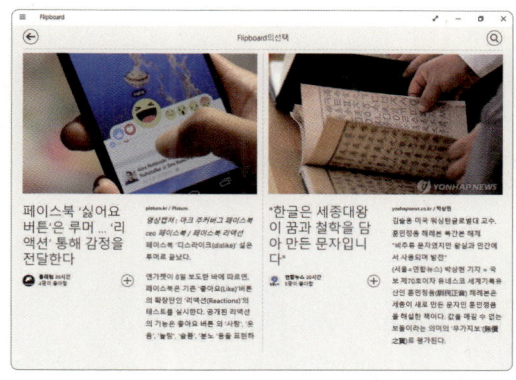

오른쪽 위의 [검색 🔍]을 눌러 원하는 기사를 찾거나 [추가 ⊕]를 눌러 언제든 공유할 수 있습니다.

듀오링고 _ 매일매일 조금씩 외국어 실력 올리기

게임 형식으로 사용자에게 동기부여를 해주는 외국어 학습 앱인 듀오링고가 윈도우 10용으로 나왔습니다. 매일 조금씩 듀오링고 앱으로 외국어를 재미있게 공부하세요.

스토어에서 'duolingo'로 검색해 설치합니다. 앱을 처음 실행하면 계정을 만들거나 로그인해야 합니다.

학습할 언어와 일일 목표를 선택합니다. 하루에 채워야 할 포인트만큼 공부할 수 있습니다.

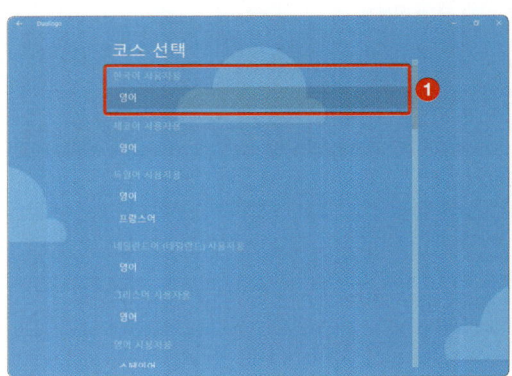
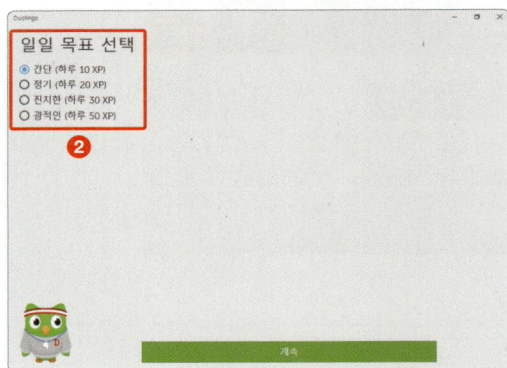

듀오링고 앱으로 말하고 듣고 쓰다 보면 새로운 언어를 재미있게 배울 수 있습니다.

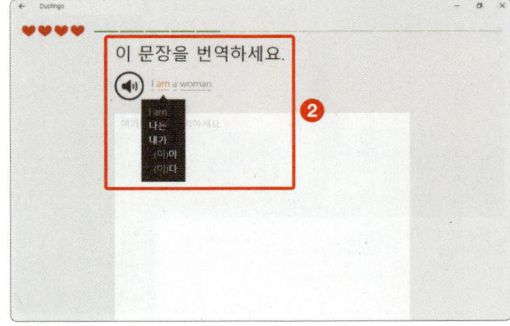

 **TripAdvisor _ 여행지 숙소, 맛집, 관광명소 정보 확인하기**

여행 사이트로 유명한 TripAdvisor가 앱으로 제공됩니다. 실제로 여행을 가 본 사람의 조언을 얻거나 호텔 예약도 가능합니다.

스토어에서 'tripadvisor'로 검색해 설치합니다. 앱을 실행하면 위쪽에 호텔, 음식점 등을 선택할 수 있는 메뉴와 검색 상자가 보입니다.

여행지를 선택해 체크인/체크아웃 날짜를 선택합니다. 머물 곳의 요금이나 평가를 볼 수 있습니다.

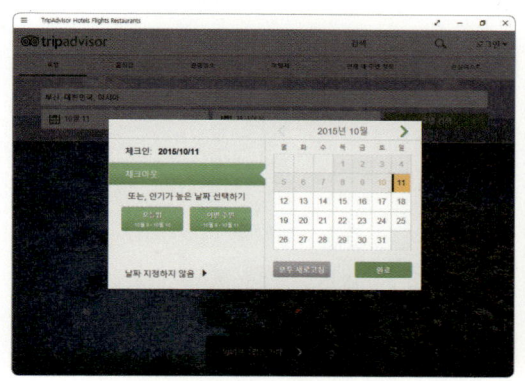

관광지 근처의 음식점 정보도 확인 가능하며, 최저가 숙박 정보도 검색할 수 있습니다.

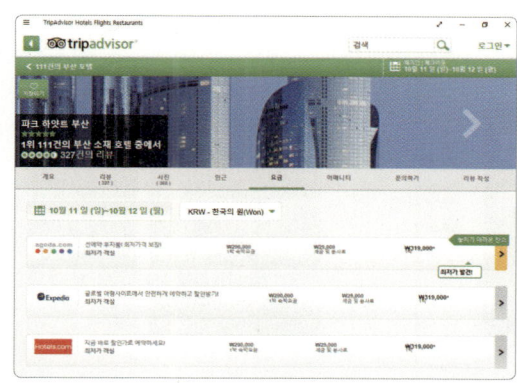

SkyScanner _ 항공편 검색을 쉽고 빠르게

SkyScanner 앱에서 다양한 항공권 검색 옵션을 제공합니다. 나에게 적합한 상품을 경제적인 가격으로 구입할 수 있습니다.

스토어에서 'skyscanner'로 검색해 설치합니다. 앱을 실행하면 출발지와 도착지를 선택해 항공편을 검색할 수 있습니다.

검색된 결과에서 항공권의 가격이나 비행시간을 비교하거나 원하는 항공사를 선택할 수 있습니다.

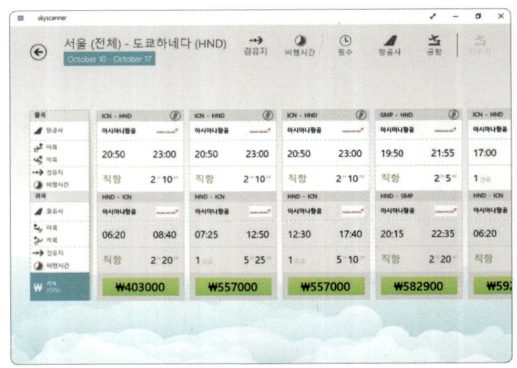

저가 항공편 검색뿐 아니라 출발/도착 날짜에 따라 달라지는 항공편 가격을 살펴볼 수 있습니다.

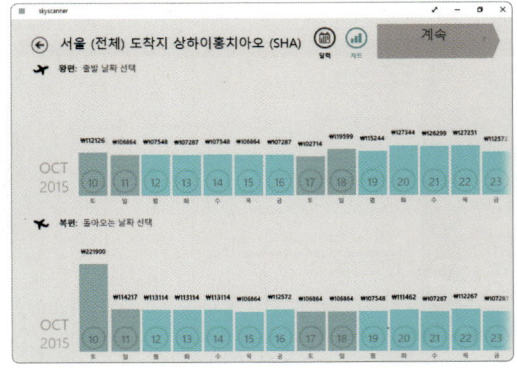

Translator _ 카메라를 비춰 자동으로 번역하기

윈도우 폰용 Translator 앱이 윈도우 10에도 들어왔습니다. 카메라만 비추면 잠시 후 번역된 결과가 나타납니다. 간편하고 빠르게 번역해 보세요.

스토어에서 'translator'로 검색해 설치합니다. 앱을 실행하여 음성, 텍스트 입력으로 번역할 수 있습니다.

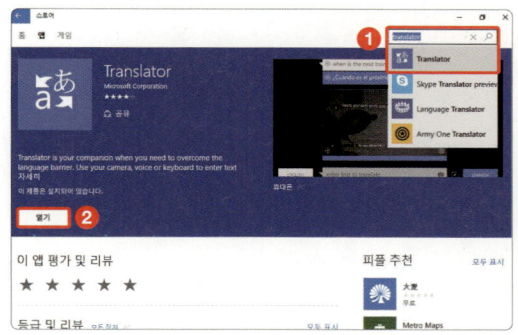

원본 언어와 번역할 언어를 선택한 뒤 카메라만 비추면 화면에 곧바로 번역 결과를 보여줍니다.

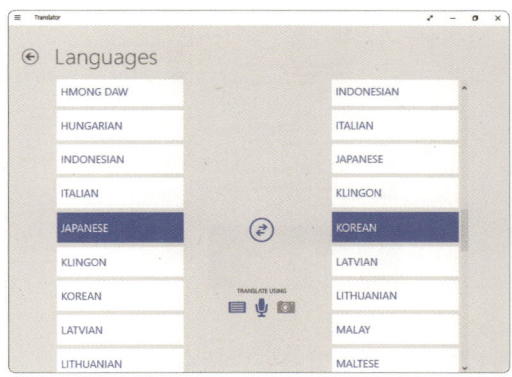
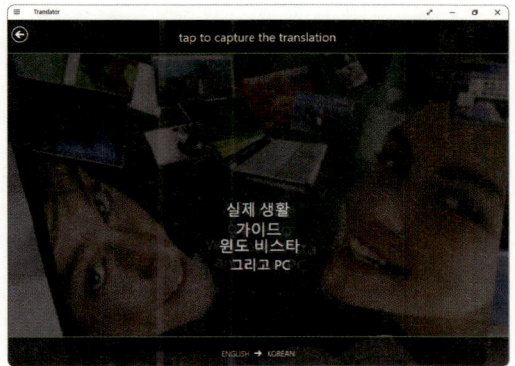

PC 모니터 화면도 잘 번역합니다. 번역했던 결과는 자동으로 저장되니 나중에 다시 읽을 수 있습니다.

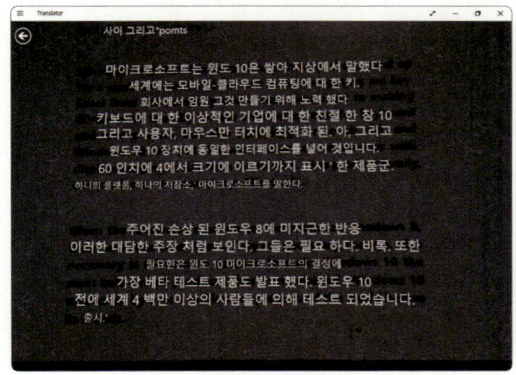
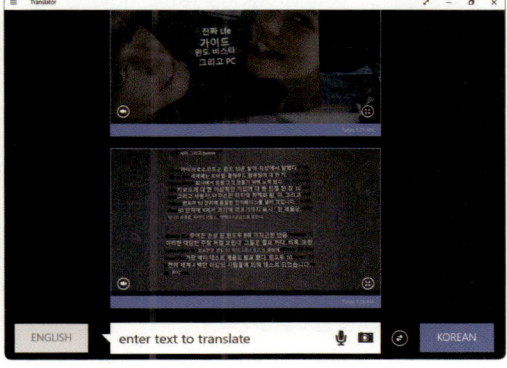

 **Facebook _ 자유롭게 페이스북 사용하기**

윈도우 10에서 제공하는 알림 기능을 사용하거나 다른 앱에서 공유하여 페이스북에 게시하려면 앱을 설치해 사용하세요.

스토어에서 'facebook'으로 검색해 설치합니다. 앱을 실행하여 로그인하면 사용할 준비가 끝납니다.

자신의 담벼락에 사진을 포함해 글을 올리거나 실시간으로 알림을 확인할 수 있습니다.

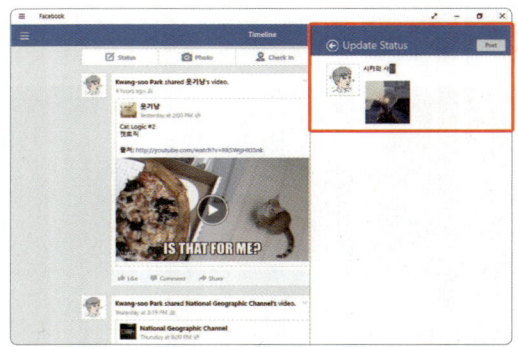

커뮤니티와 페이지의 내용을 확인하고 앱을 사용하지 않더라도 최신 알림을 받을 수 있습니다.

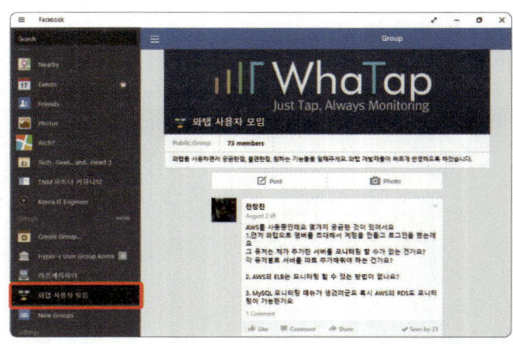
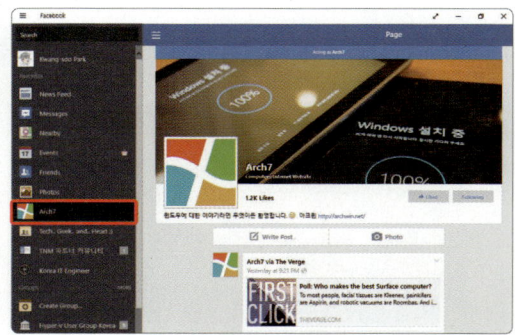

tip 앱을 설치하면 윈도우에서 각종 항목을 Facebook으로 공유하는 기능이 활성화됩니다.

Twitter _ 가볍게 필요 기능을 모두 갖춘 트위터 앱

트위터도 페이스북과 마찬가지로 앱을 설치하면 새 소식을 알림으로 받을 수 있고, 공유 기능으로 트위터에 내보내는 것도 가능해집니다.

스토어에서 'twitter'로 검색해 설치합니다. 앱을 실행하여 트위터에 로그인합니다.

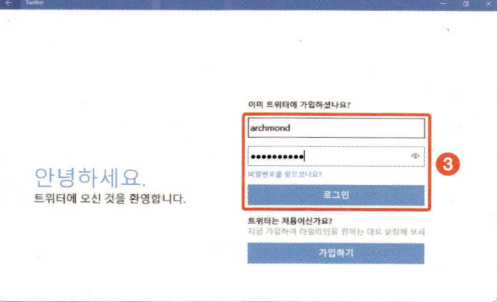

홈, 소식, 알림, 쪽지 등의 메뉴가 제공됩니다. 손쉽게 타임라인 및 멘션을 읽을 수 있습니다.

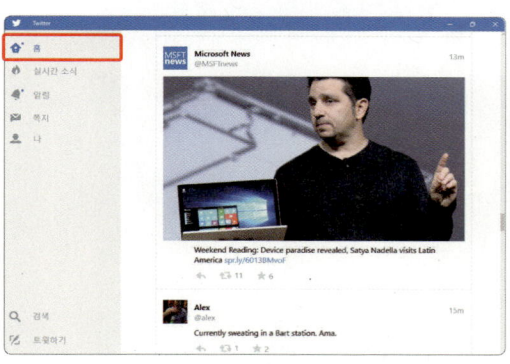

프로필을 보거나 검색 상자에 키워드를 입력해 최신 소식을 확인할 수 있습니다.

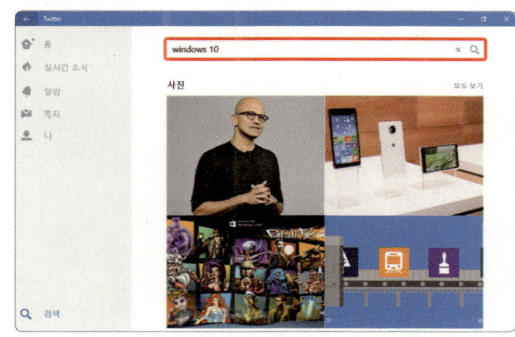

> **tip** 앱을 설치하면 윈도우에서 각종 항목을 Twitter로 공유하는 기능이 활성화됩니다.

비즈니스
생산성을 높이는 강력한
오피스 활용법

윈도우 10은 기존에 사용하던 데스크톱용 업무 프로그램은 물론,
스토어에서만 제공하는 오피스 모바일을 더해 역대 최고의 생산성을 자랑합니다.
마이크로소프트는 최고의 영상통화 서비스인 스카이프(Skype)뿐 아니라
유명한 To-Do-List 앱인 분더리스트(Wunderlist) 등을 인수하여
개인 사용자에게 무료로 제공합니다.
윈도우 10을 강력한 생산 도구로 만들어 주는 다양한 앱의 활용 방법을 배워 보세요.

메일
여러 서비스의 메일을 한자리에서

마이크로소프트 오피스 제품군에서 아웃룩의 메일 기능만 빼고 터치용 버전으로 만든 앱이 '메일'입니다. 데스크톱 아웃룩보다 적은 기능을 제공하지만, 메일을 읽고 쓰는 데는 문제가 없습니다.

메일

메일 계정 추가하기

시작 메뉴에서 [메일]을 눌러 실행합니다. 앱을 처음 실행하면 환영 메시지가 나타납니다.

기본으로 윈도우 10에 로그인할 때 사용한 마이크로소프트 계정이 추가되어 있습니다. 계정 선택 화면에서 자주 사용하는 구글, 야후, 애플 계정 등을 추가해 놓으면 편리합니다.

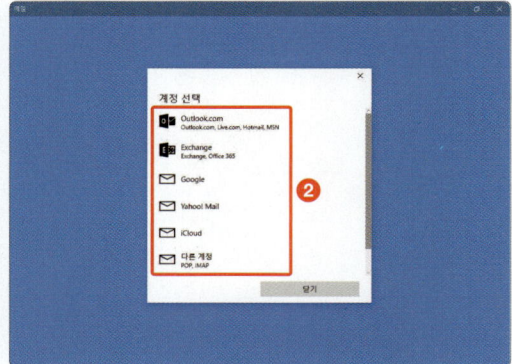

사용할 계정을 모두 추가한 뒤 [준비 완료]를 누르면 바로 사용할 수 있습니다.

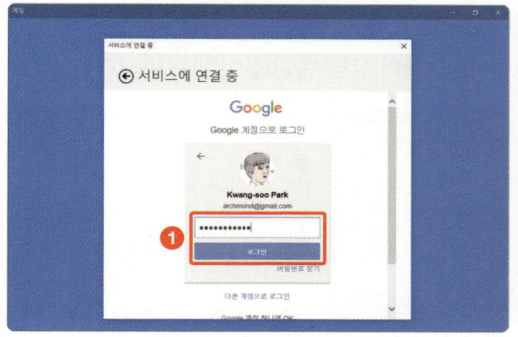 

> **tip** 메일 및 일정 앱은 윈도우 10에 기본으로 설치되어 있습니다. 게다가 다른 오피스 모바일 앱(엑셀, 파워포인트, 워드)과는 달리 모든 기능이 무료입니다.

계정 전환하고 폴더 열기

메일 앱의 기본 사용법을 알아봅시다. 왼쪽의 [메뉴 ≡]를 누르면 [계정 👤]과 [폴더 🗀]가 나타납니다. 여기서 원하는 계정과 폴더를 선택해 메일을 읽을 수 있습니다.

 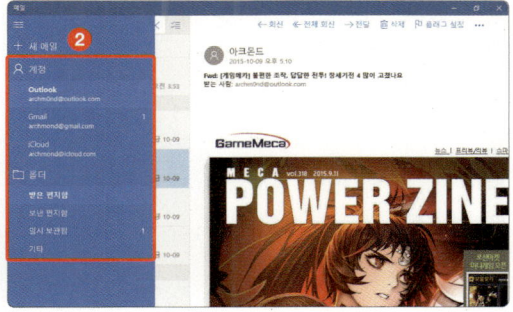

또는 바로 [계정 👤]과 [폴더 🗀]를 눌러도 됩니다. [메뉴 ≡]를 눌렀을 때와는 달리, [폴더 🗀]를 바로 누르면 전체 폴더 목록이 나타나므로 살펴보기 편리합니다.

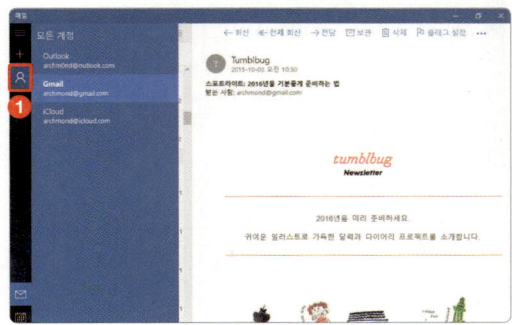 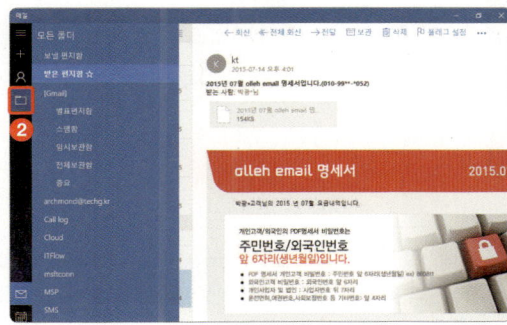

메일 읽기

왼쪽의 메일 목록에서 마우스 오른쪽 버튼을 누르거나, 태블릿에서 오래 누르고 있으면 단축 메뉴가 나타납니다. 오른쪽 위의 [동작 •••]을 누르면 읽고 있는 메일의 상태 변경 등이 가능합니다.

 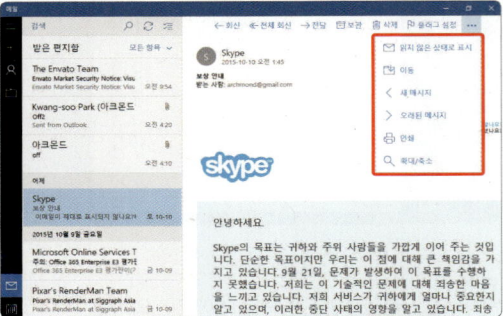

새 메일 쓰고 회신하기

왼쪽 위의 [새 메일 ➕]을 누르면 메일을 작성할 수 있습니다. 중앙 위쪽의 [서식], [삽입], [옵션]을 보면 워드 모바일의 글 작성 기능이 그대로 녹아 있습니다. 자세한 내용은 236쪽을 참고하세요.

 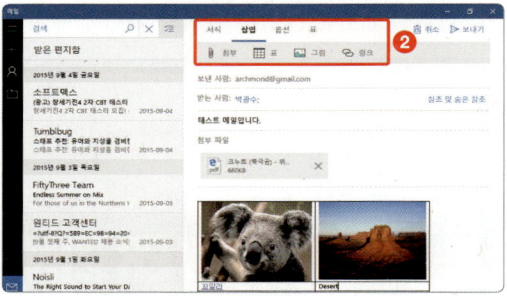

위쪽의 [←회신]을 누르면 답장을 보낼 수 있습니다. 본문을 입력해 빠르게 회신 메일을 보내세요.

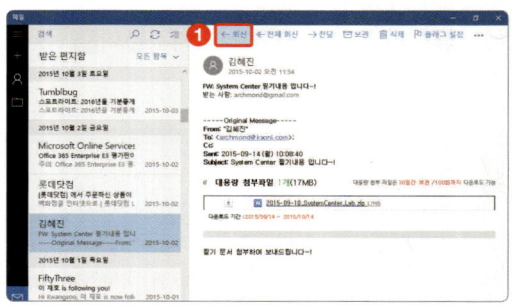 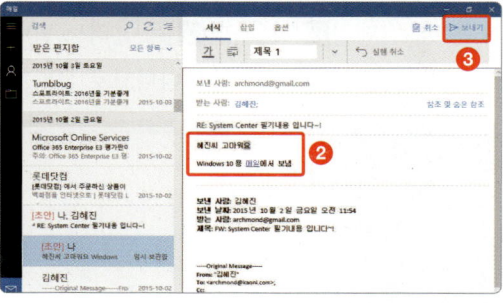

> **tip** 메일을 쓸 때 기본으로 'Windows 10용 메일에서 보냄'이라는 문구가 붙습니다. '감사합니다.'처럼 자주 입력하는 말이나 자신만의 서명을 만들어 보세요. [설정 ⚙]을 누른 뒤 [옵션]에 들어가 서명을 변경하면 됩니다.

메일 좌우로 밀어 빠르게 정렬하기(터치스크린 전용)

메일을 더 빠르게 정렬하는 방법이 있습니다. 메일을 왼쪽으로 밀면 삭제되어 휴지통(지운 편지함)으로 들어갑니다. 이 방법은 터치스크린이나 태블릿에서 사용 가능합니다.

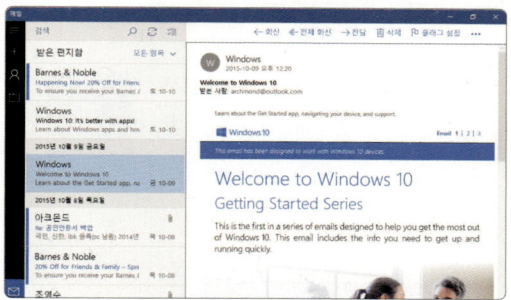 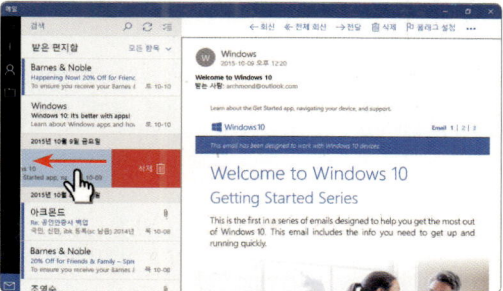

오른쪽으로 밀면 플래그(깃발)가 설정되는데 중요한 메일임을 표시할 때 사용합니다. 한 번 더 오른쪽으로 밀면 플래그가 사라집니다. '살짝 밀기'를 설정해 자주 하는 동작을 편하게 사용해 보세요.

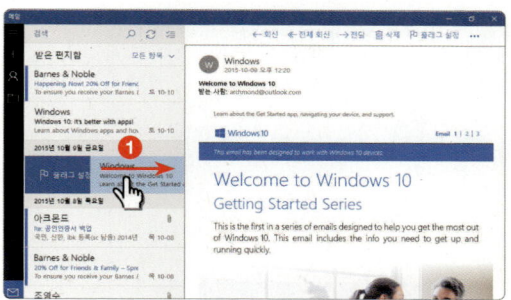 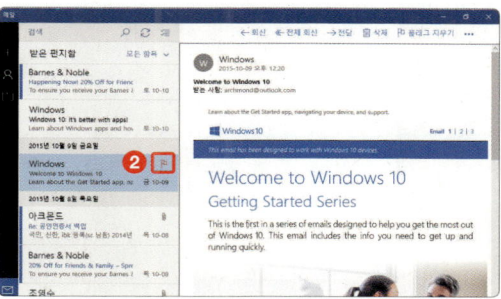

'살짝 밀기'를 다른 동작으로 바꾸려면 [설정⚙]을 눌러 [옵션]에 들어간 뒤, [살짝 밀기 동작]을 원하는 대로 설정할 수 있습니다.

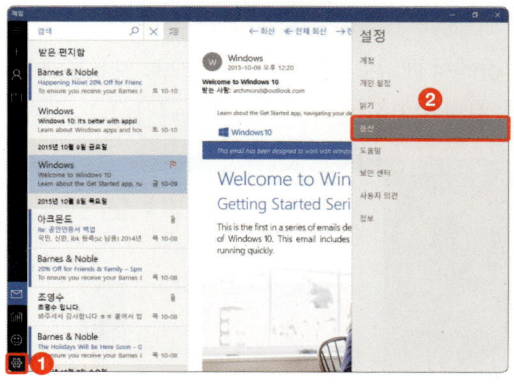 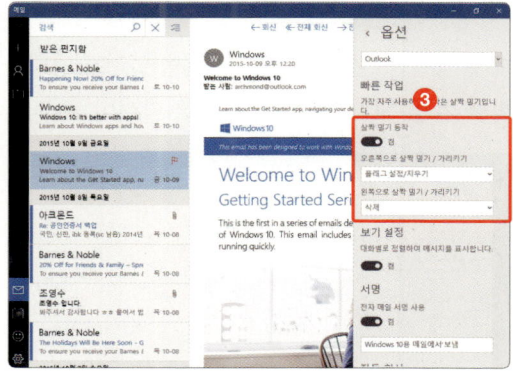

> **tip** '메일 좌우로 밀기' 기능은 윈도우 10 모바일, 안드로이드, iOS 아웃룩(Outlook) 앱에서도 동일하게 사용할 수 있습니다. 스마트폰/패드용 아웃룩 앱을 받으려면 267쪽을 참고하세요.

LESSON 02

일정
스케줄을 관리하는 스마트한 비서

이번에는 일정 앱입니다. 메일 앱과 마찬가지로 마이크로소프트 오피스의 아웃룩에서
일정 기능만 빼서 만든 느낌을 줍니다. 이 앱도 윈도우 10에 기본으로 제공되어 별도로
설치하지 않아도 됩니다.

일정 앱 실행하기

시작 메뉴에서 [일정]을 눌러 실행합니다. 일정 앱을 처음 실행하면 환영 메시지가 나타납니다. 메일
앱에서 미리 계정을 추가했다면 해당 설정이 일정 앱에서도 그대로 이어집니다.

> **tip** 일정 앱의 계정 선택 화면에서 자주 사용하는 구글, 야후, 애플 계정을 추가해 놓으면 편리합니다. 설정 방법은 메일 앱과
> 동일합니다. 218쪽을 참고하세요.

메일 앱에서 [일정으로 전환▦]을 눌러도 됩니다. 일정에서 메일로, 메일에서 일정으로 자유롭게 전
환할 수 있습니다. 왼쪽에는 작은 달력이, 오른쪽에는 실제 일정이 보이는 달력이 나타납니다.

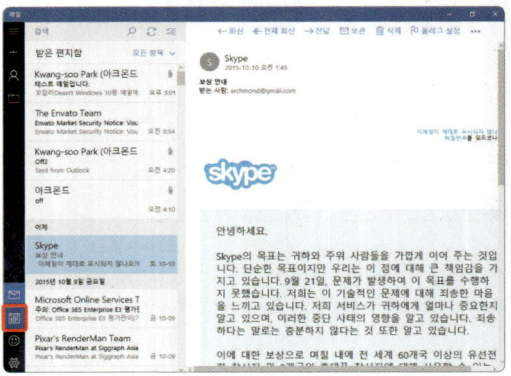

일정 살펴보기

구글, 애플 계정을 등록했다면 왼쪽의 [Gmail], [iCloud] 등을 선택해 일정을 함께 살펴볼 수 있습니다. [메뉴▤]를 누르면 화면이 좀 더 넓어집니다. 기본적으로 당일부터 5일간의 날씨와 최고/최저 온도가 함께 나타나므로 일상생활에도 도움을 줍니다.

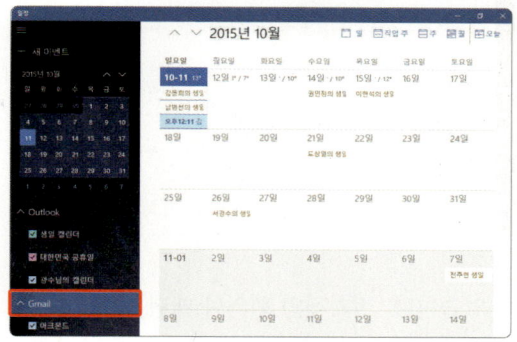 

> **tip** 날씨를 변경하려면 [설정⚙]을 눌러 [날씨 설정]에 들어가세요. 일정 앱에서 위치 정보를 사용하도록 설정하지 않으면 날씨 정보를 받아오지 못합니다.

일정을 보는 방법은 여러 가지입니다. 생활이나 업무 방식에 따라 적절한 것을 골라 사용하세요. 다른 일정을 확인 중이더라도 [오늘▣]을 누르면 언제든 현재로 바로 돌아옵니다.

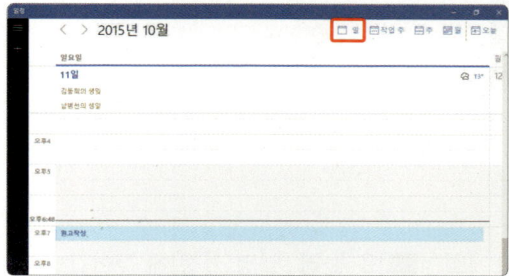

일별 보기

3일 보기

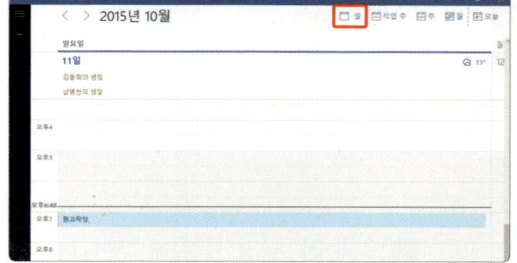

작업 주별 보기

주별 보기

새 일정 만들기

일정을 추가하려면 원하는 날짜를 누르면 됩니다. 제목만 입력하면 간단하게 일정이 만들어지며, [세부 정보]를 누른 뒤 일정을 자세히 편집할 수 있습니다.

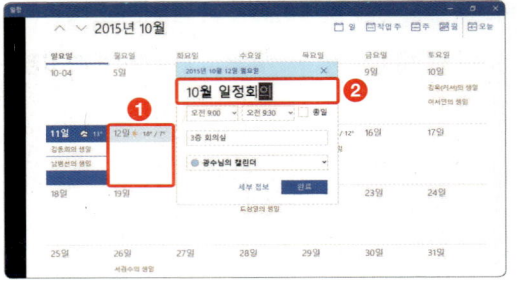 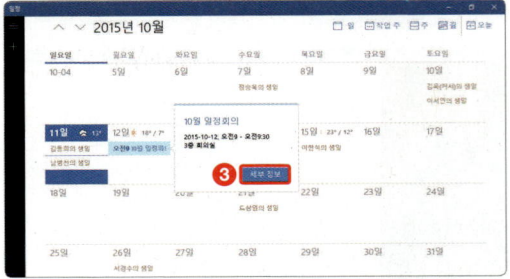

[반복]을 누르면 정기적으로 반복되는 일정을 만들 수 있습니다. 정기적인 회의나 매년 돌아오는 가족 행사를 입력해 보세요.

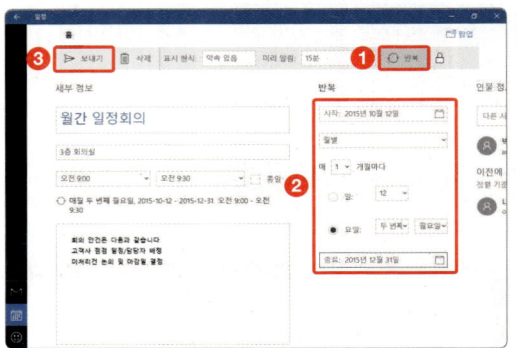 

음력 일정 보기

음력이 나오지 않아 불편했다면 한 번 따라 해보세요. [설정⚙]을 눌러 [일정 설정]에 들어갑니다. 아래쪽의 [다른 달력]을 [한국어]와 [음력]으로 사용하도록 설정하면 음력 날짜가 함께 나타납니다.

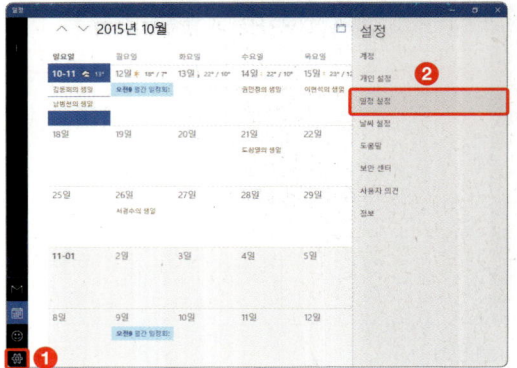 

LESSON 03

메일과 일정
스타일 꾸미고 동기화하기

메일과 일정 앱은 업무뿐 아니라 일상에서도 자주 쓰입니다. 따라서 스타일에 맞게 예쁘게 꾸미면 더욱 친근해질 겁니다. 메일과 일정 앱에 입력한 정보는 기본으로 마이크로소프트 계정에 저장됩니다. 구글 이나 애플 계정 등에 추가했다면 각 서비스에 저장됩니다.

메일과 일정 앱 꾸미기

색 테마와 배경 이미지를 바꿔 여러분만의 스타일을 찾아보세요. 왼쪽 아래의 [설정⚙]을 눌러 [개 인 설정]에 들어갑니다. [색]과 [밝은 테마], [어두운 테마]를 비롯해 [배경]도 원하는 대로 꾸며 보 세요.

메일이나 일정 앱 한쪽에서 테마를 변경하면 두 군데 모두 적용됩니다.

 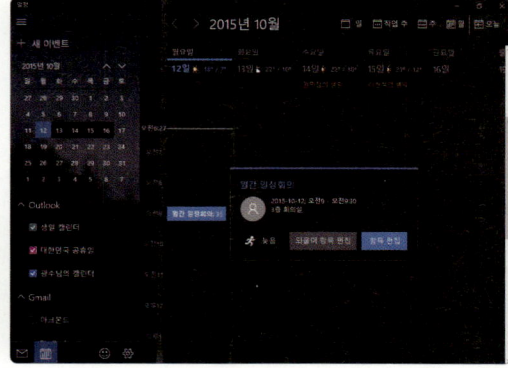

[배경]에서 [찾아보기]를 눌러 원하는 사진으로 지정할 수도 있습니다. [전체 창]을 끄면 원래 사진의 비율을 지켜 줍니다. 여러분의 추억이 담긴 사진과 좋아하는 색을 더해 꾸며 보세요.

온라인에서 메일과 일정 정보 확인하기

내 컴퓨터가 아니라도 아래의 웹 사이트에서 메일과 일정(캘린더)을 어디서나 확인할 수 있습니다. 메일은 outlook.com에서 확인 가능하며, 일정은 calendar.live.com에서 볼 수 있습니다(마이크로소프트 계정 사용 시).

 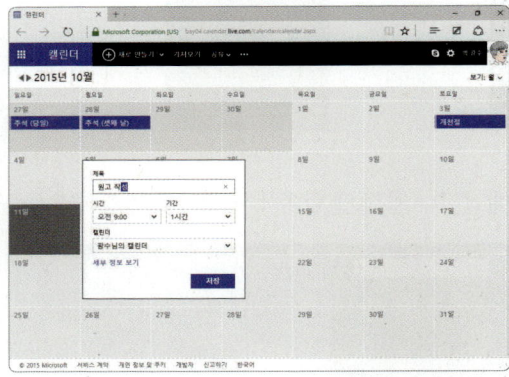

---

tip 구글과 애플 계정에 있는 메일과 일정을 웹 사이트에서 확인하기   ⊞ Windows 10

- 구글 계정의 메일과 일정은 각각 gmail.com과 calendar.google.com에서 볼 수 있습니다.
- 애플 계정의 메일과 일정은 icloud.com에서 확인할 수 있습니다.

LESSON 04

오피스 플랫폼
모바일, 웹, 데스크톱을 넘나들기

마이크로소프트 오피스는 1989년부터 출시되기 시작한 유명한 사무용 소프트웨어 패키지입니다. 그중에서도 엑셀, 파워포인트, 워드, 아웃룩 등은 아주 유명하고 많은 사용자를 보유하고 있습니다.

오피스 모바일, 오피스 온라인, 오피스 2016 비교(윈도우 PC용)

앱 형태의 오피스 모바일, 웹 브라우저에서 만나는 오피스 온라인, 기존 설치형인 오피스 2016까지. 마이크로소프트 오피스가 제공하는 서비스의 범위가 점점 넓어지고 있습니다. 요즘에는 구독형인 '오피스 365'도 강하게 권장하는데 잘 짜인 온라인 협업 도구라는 점이 특징입니다. 모바일, 웹, 데스크톱을 하나로 통합해 다양한 환경을 아우르는 새로운 오피스 플랫폼을 만나 보세요.

구분	오피스 모바일	오피스 온라인	오피스 2016
개요	윈도우 10을 위해 특별 제작된 모바일 버전 오피스. 스토어에서 내려받을 수 있습니다.	웹(office.com)으로 접근 가능한 온라인 오피스. 웹 브라우저만 있으면 어디에서든 접속 가능합니다.	패키지로 구매하는 기존 데스크톱용 오피스. 오피스 365를 구독해도 내려받을 수 있습니다.
용도	화면 크기 10.1인치 이하 태블릿에서 유용합니다. 마우스나 키보드로도 사용할 수 있으나 기본적으로 터치에 최적화되어 있습니다.	어떤 기기에서나 웹 브라우저만 있으면 사용 가능합니다.	기존 데스크톱 PC나 노트북에서 사용합니다. 기본적으로는 키보드와 마우스로 사용하지만 터치 모드도 제공합니다.
기능 수준	하 (뷰어 및 기본적인 문서 작성 기능 제공, 가벼움)	중 (화면은 오피스 2016과 흡사하지만 부분적인 기능만 제공)	상 (모든 기능 제공, 강력함)
설치 시간	1~5분	웹 브라우저를 실행해 바로 사용(네트워크 속도에 영향을 받음)	10~30분
가격	• 설치 및 기본 문서 보기: 무료 • 엑셀, 파워포인트, 워드 문서 작성 및 편집: 유료(오피스 365 구독이 필요합니다.)	무료	유료
지원 OS	윈도우 10	윈도우, 리눅스, 맥OS 등을 지원하며, 웹 브라우저에서 접근 가능합니다.	윈도우 7 서비스팩 1 이상

윈도우 10을 위해 특별 제작된 오피스 모바일 앱

마이크로소프트는 이미 터치 전용 오피스 앱을 iOS와 안드로이드 플랫폼에 출시한 바 있습니다. 윈도우 10에 제공하는 새로운 터치 버전 오피스는 뷰어와 간단한 편집 기능을 원하는 사용자를 위해 유니버설 앱 형태로 출시되었습니다. 스토어에서 'office'로 검색하면 윈도우 10용 오피스 모바일 앱이 나타납니다.

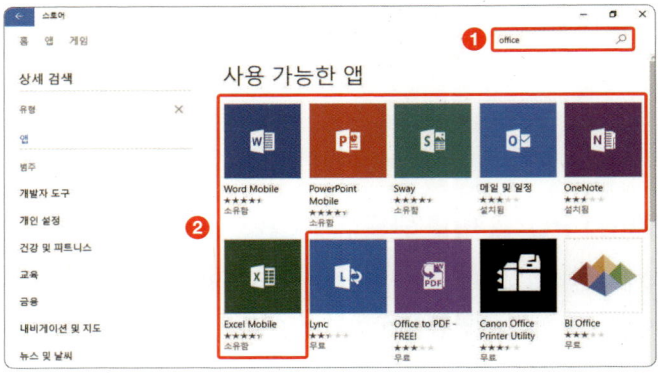

엑셀, 파워포인트, 워드 등이 터치에 어울리는 앱으로 만들어져 있습니다. 기존에 사용하던 오피스 프로그램과는 조금 다르므로 하나씩 천천히 살펴보겠습니다.

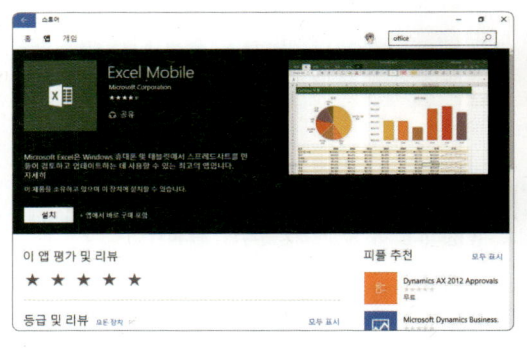

tip 엑셀, 파워포인트, 워드, 스웨이는 미리 설치해 놓으세요. 스토어의 기본 사용법은 102쪽을 참고하세요.

LESSON 05
워드 모바일
가장 빠르고 가벼운 워드 프로세서

윈도우 10용 오피스 모바일 중에 가장 가볍고 쉽게 접근할 수 있는 워드부터 살펴보겠습니다.

워드 모바일 실행하기

[웹 및 Windows 검색]에서 'word mobile'을 입력해 실행합니다. 앱을 실행하면 사용 방법을 알려줍니다.

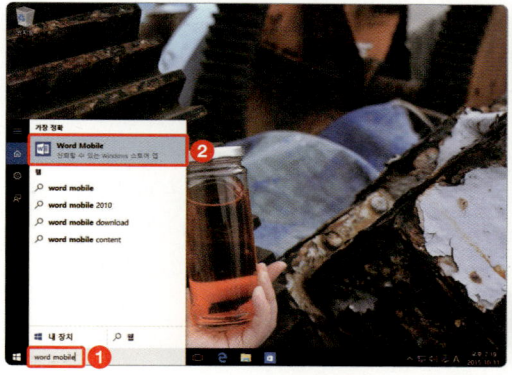

윈도우 10에서 사용 중인 계정으로 로그인됩니다. ① 앱을 실행할 때마다 자동으로 로그인됩니다. ② 왼쪽 아래의 [찾아보기]로 기존 문서를 열거나, ③ 오른쪽의 문서 템플릿을 선택해 새 문서를 만들 수 있습니다.

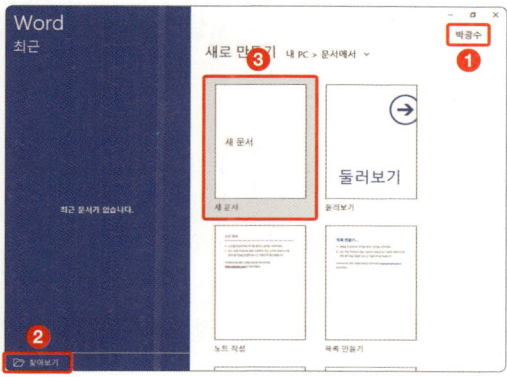

오피스 365를 구독하지 않은 무료 사용자는 새 문서를 만들 수 없으며 아래처럼 구독 안내가 나타납니다. 무료로 사용하더라도 문서를 읽고 확인하는 것은 가능합니다.

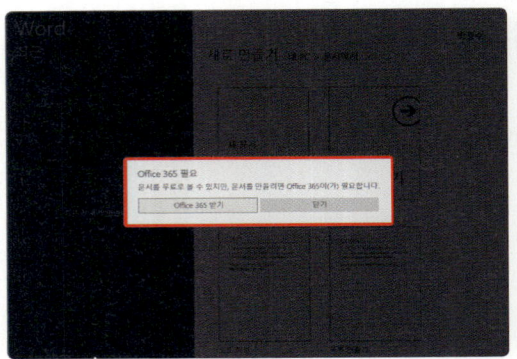 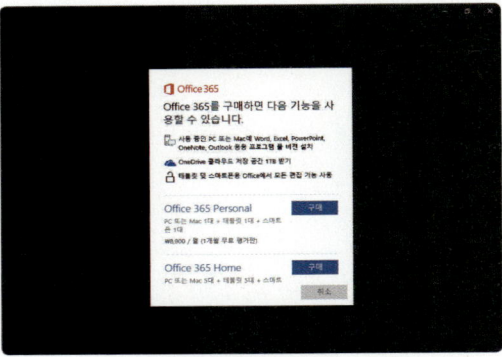

> **tip** 오피스 365 구독을 신청하려면 웹 브라우저로 office.com에 접속해 살펴보세요. 구독에는 다양한 옵션이 존재합니다. 개인 및 가정용만 하더라도 Home, Personal, Home&Student 2016 등 여러 가지가 있습니다. 가격과 제공하는 옵션이 천차만별이니 꼼꼼히 비교하고 구입하세요.

문서 편집 화면 살펴보기

초기 화면에서 [찾아보기]를 눌러 문서를 열면 다음과 같은 화면이 나타납니다. 기존 데스크톱 버전보다 간결하고 큼직큼직한 인터페이스로 사용자를 맞이합니다.

① 리본 메뉴　　② 문서 이름 지정　　③ 도구(텔미, 읽기, 공유)　　④ 찾기 및 바꾸기
⑤ 본문　　⑥ 터치 키보드 잠금

파일 메뉴(백스테이지) 살펴보기

문서 편집 화면에서 [파일]을 누르면 백스테이지라는 특별 무대가 나타납니다. 현재 작업 중인 문서와 관련된 각종 메뉴가 준비되어 있습니다.

① 이전으로 복귀　② 여러 템플릿 중 선택해 새 문서 만들기　③ 최근 문서 열기　④ 문서 버전 관리
⑤ 문서 공유 및 협업　⑥ 최근 문서 외에 다른 문서를 찾아보기　⑦ 자주 사용하는 문서 고정

> **tip** 전체 화면으로 열리는 파일 메뉴를 백스테이지(무대 뒤, Backstage)라고 합니다. 예전에는 왼쪽 위의 [오피스 🗄]를 눌렀을 때 나타났지만, 오피스 2010부터는 [파일 파일]로 변경되었습니다.

문서 읽기

오피스 365 구독자가 아니어도 기본적인 문서 열기가 가능합니다. 워드 모바일을 실행해서 왼쪽 아래의 [찾아보기 📂]를 누릅니다. 원하는 문서를 선택해 열어봅니다.

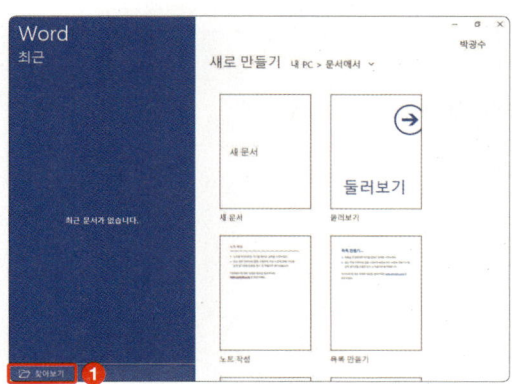
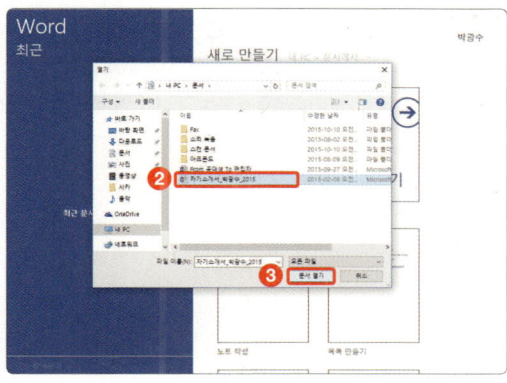

[삽입] 등 편집 기능이 동작하지 않는 것을 볼 수 있습니다. 하지만 문서를 읽기에는 문제가 없습니다.

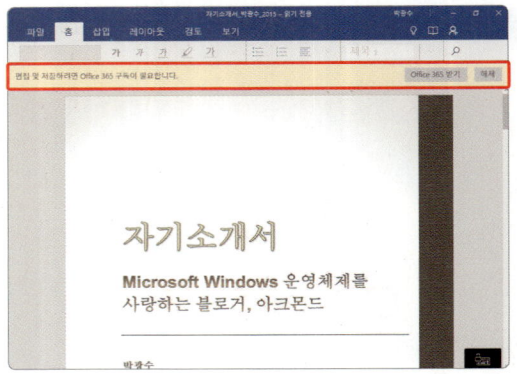 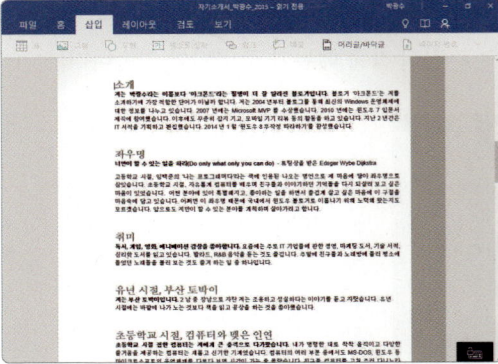

스마트 조회 기능

본문의 내용을 읽다가 궁금한 점이 있으면 [검토]의 [스마트 조회 🔍]를 사용할 수 있습니다. 해당 키워드에 대한 웹 검색 결과를 바로 보여줍니다.

 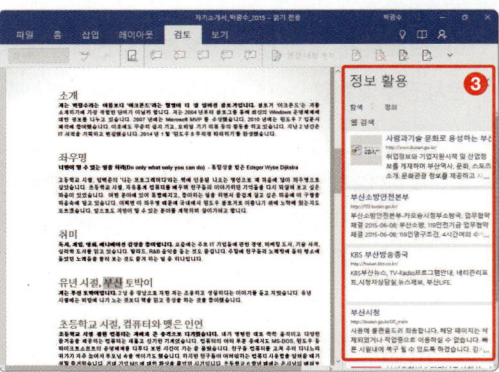

> **tip** 워드 모바일은 *.docx, *.doc(워드 문서), *.docm(매크로 사용 워드 문서), *.odt(Open Document 텍스트) 파일 형식을 지원합니다.

> **tip** [스마트 조회]는 마이크로소프트의 검색 엔진인 빙(bing.com)을 활용하는 서비스입니다.

읽기 모드 설정으로 좀 더 편하게 읽기

위쪽의 [읽기 📖] 또는 [보기]의 [읽기 📖]를 선택해도 됩니다. 전자책을 읽듯이 원하는 대로 보기 방식을 변경할 수 있습니다. [리본 메뉴 표시 •••]를 누르면 좀 더 자세한 옵션이 나타납니다.

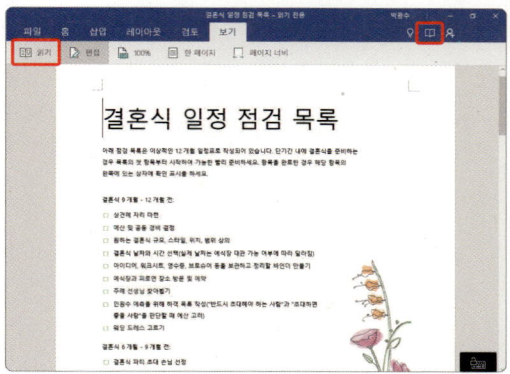 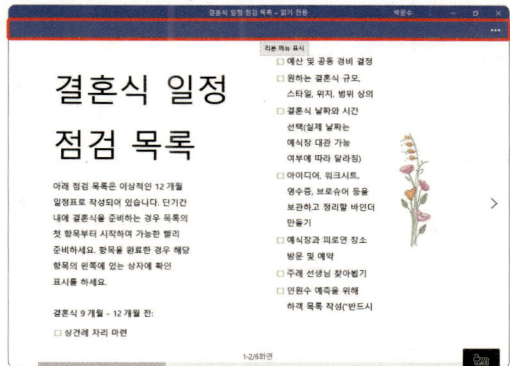

문서를 읽기 편하게 모드를 조절할 수 있습니다. [텍스트 크기 가가]를 눌러 크기를 조절해 보세요.

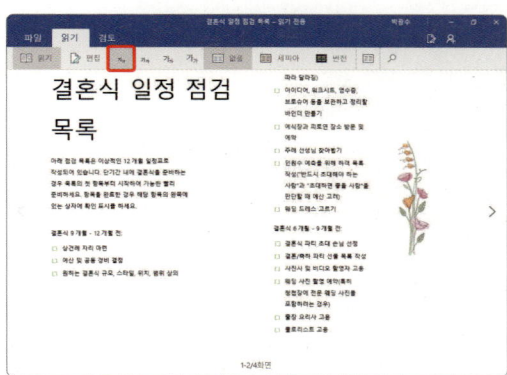 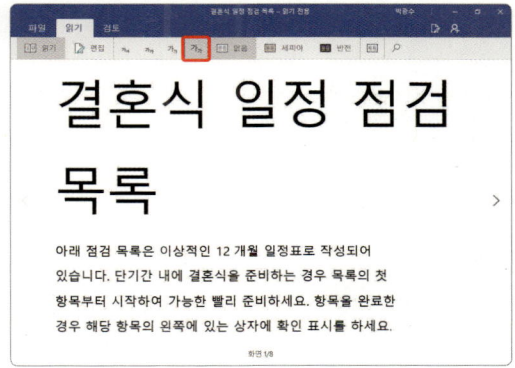

문서를 오랫동안 읽을 때에는 흰색 배경보다 눈에 편한 [세피아 ▦]나 [반전 ▦]을 선택해도 좋습니다. 분량이 많은 문서를 좀 더 편하게 살펴보세요.

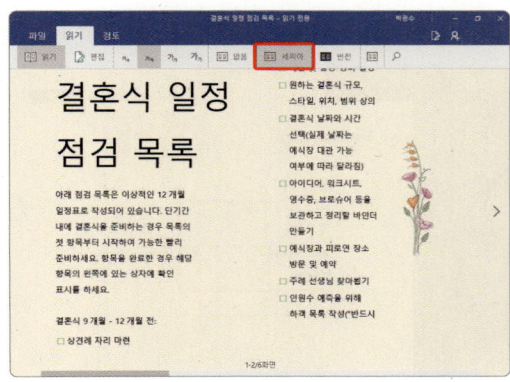 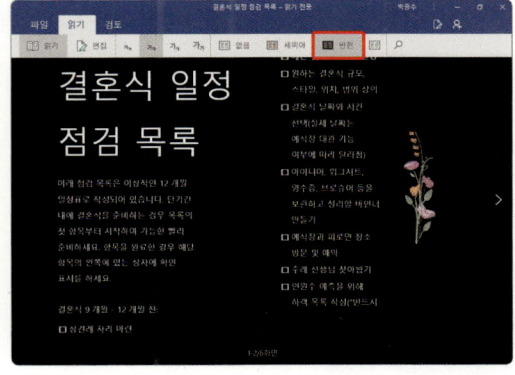

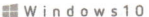

LESSON 06

워드 모바일
편집 기능 살펴보기

이번에는 오피스 365 구독자의 경우 활성화되는 문서 작성과 편집 기능을 알아보겠습니다. 오피스 365 구독과 관련해서는 230쪽을 참고하세요.

오피스 365 구독 활성화하기

[웹 및 Windows 검색]에서 'word mobile'을 입력해 실행합니다. 첫 화면에서 오른쪽 위의 [사용자 이름]을 선택하면 계정 선택 창이 나옵니다. 오피스 365 계정이 아니라면 로그아웃합니다(이미 오피스 365 계정으로 로그인했다면 이 내용은 건너뛰어도 됩니다).

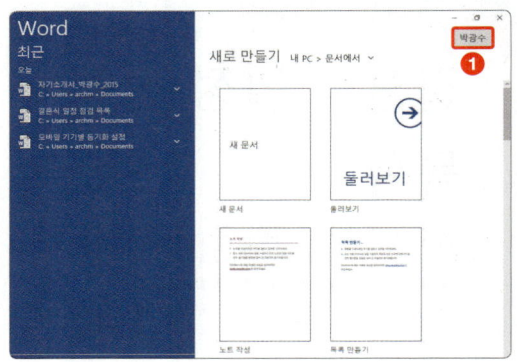
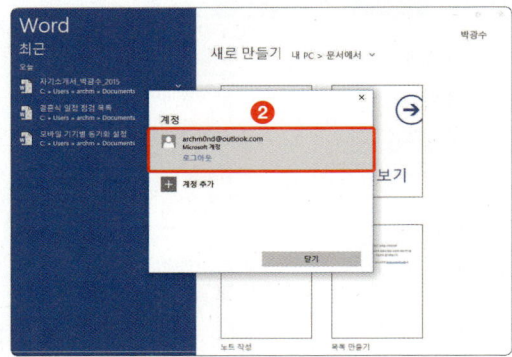

개인용 오피스 365라면 [Microsoft 계정]을, 회사나 학교에서 발급받은 계정이라면 [직장 또는 학교 계정]을 선택해 로그인합니다. 정상적으로 로그인되면 새 문서를 만들고 편집하는 등 오피스 모바일 앱의 모든 기능을 사용할 수 있습니다.

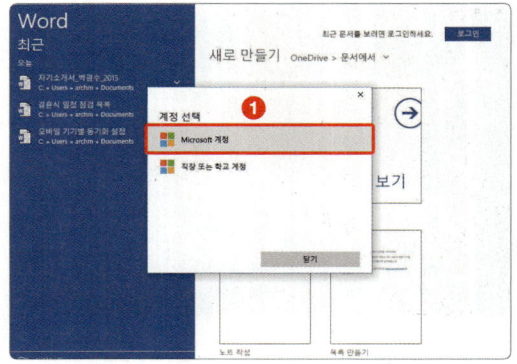
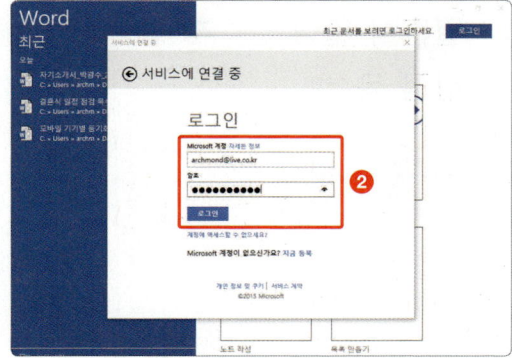

자동 저장 기능 활용하기

문서 편집 중에 저장에 대한 걱정은 하지 않아도 됩니다. 문서가 자동으로 저장되며 작업 창을 그대로 닫아도 마지막에 수정한 내용이 반영되기 때문입니다. 편집 화면에서 위쪽 중간의 제목을 누르면 문서 이름을 바꿀 수 있습니다. 문서 이름 옆에 '-저장됨'이 붙어 있으면 잘 저장된 것입니다.

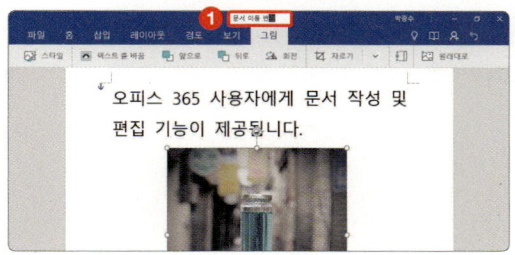 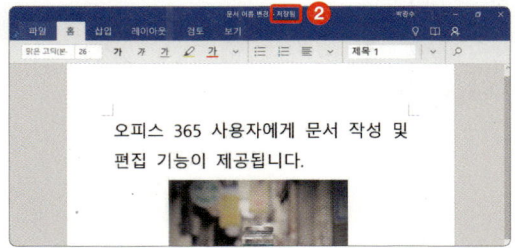

[파일]을 누른 뒤 왼쪽에 있는 [사용 기록]을 선택하면 오른쪽에 이전 버전이 보입니다. 이전 단계를 눌러 원하는 시점으로 돌아갈 수 있습니다.

 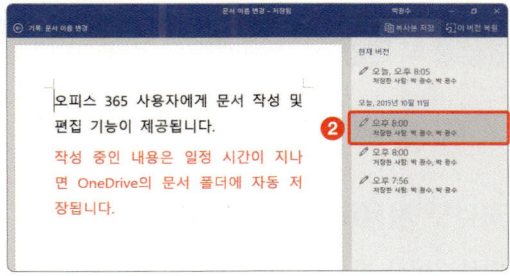

[복사본 저장 圁]을 누르면 이전 버전의 문서를 새 이름으로 저장할 수 있습니다. 가장 최신 버전은 [현재 버전]을 보면 됩니다. 편집 화면으로 돌아가려면 [뒤로 ⊝]를 누르세요.

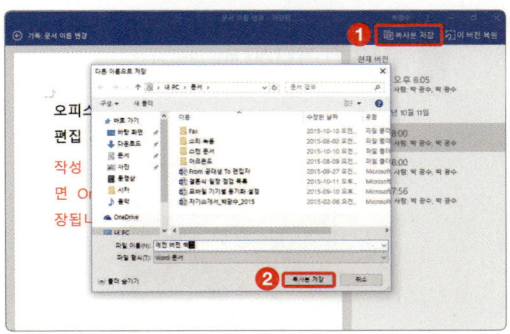 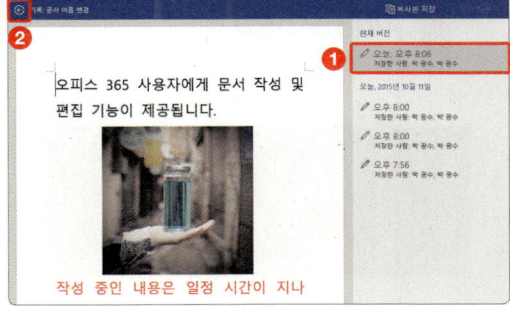

새 이름으로 저장하기   현재(최신) 버전 보기

> **tip** 예전 버전을 열 수 없다는 메시지가 나타나도 걱정하지 마세요. 해당 버전을 한 번 더 누르면 정상적으로 열리는 경우가 많습니다.
>
>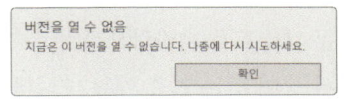

워드 모바일
편의 기능 살펴보기

워드 모바일을 좀 더 강력하게 만들어 주는 편의 기능을 살펴보세요. 손가락 터치에 최적화되고, 원하는 기능을 검색해 실행하며, 다른 사람과 손쉽게 문서를 공유할 수 있습니다.

터치하기 쉬운 큼직한 리본 메뉴

오피스 모바일 앱은 태블릿이나 스마트폰에서 사용하기 좋게 기본적으로 손가락으로 누르기 좋은 크기로 만들어져 있습니다.

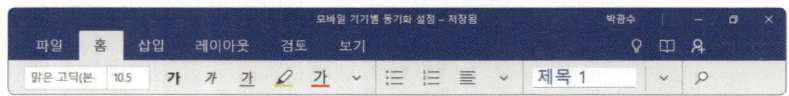

키보드 사용하기와 숨기기

태블릿이나 터치스크린의 경우 본문을 누르면 터치 키보드가 나타납니다. 오른쪽 아래의 [자물쇠 ⌨]를 눌러 [잠금 ⌨]으로 바꾸면 문서 본문을 눌러도 터치 키보드가 나타나지 않습니다.

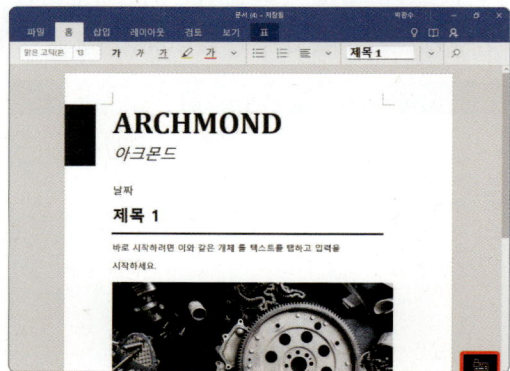

텍스트와 그림 편집하기

본문 텍스트를 손가락으로 누르거나 마우스로 드래그해 선택할 수 있습니다. 모두 선택, 잘라내기, 복사 등이 있는 단축 메뉴가 나타납니다. 이번에는 그림을 선택해 보세요. ① 손가락으로도 축소하고 회전시킬 수 있으며 ② 리본 메뉴의 [그림]에서 [텍스트 줄 바꿈]을 선택해 원하는 정렬 방식을 선택할 수 있습니다.

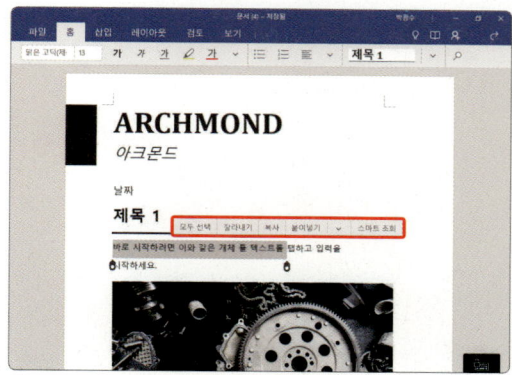 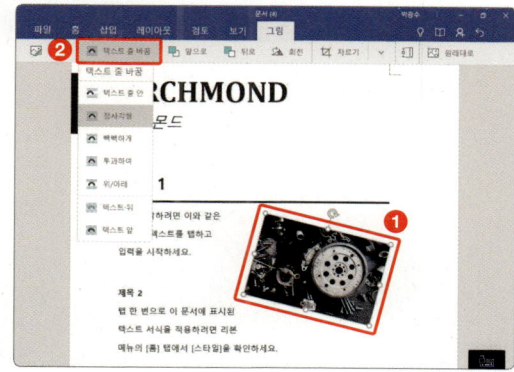

텔미: 어떤 작업을 원하시나요?

오피스 모바일에서 제공되는 텔미(Tell me)는 메뉴에 숨겨진 기능을 쉽게 찾을 수 있게 도와줍니다. 전구 모양인 [어떤 작업을 원하시나요💡, 이하 텔미]를 눌러 원하는 작업을 입력합니다. '표 삽입'을 입력해 봤습니다. 드롭다운 메뉴에 나타나는 [표 삽입]을 눌러 표를 바로 삽입할 수 있습니다.

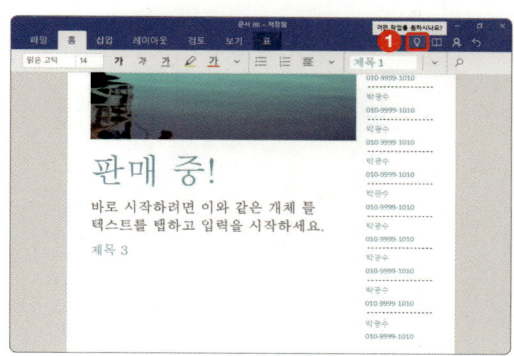 

리본 메뉴의 [표] 탭에서 원하는 서식을 적용해 빠르게 꾸밀 수 있습니다. 이번에는 [텔미💡]를 눌러 '메모'를 입력했습니다. [메모 삽입]을 눌러 곧바로 메모를 넣을 수 있습니다.

[텔미 💡]를 눌러 '그림'을 입력해 [그림 스타일]을 선택하여 [입체 타원, 검정]을 선택했습니다. 빠르고 쉽게 문서 작업을 완료하세요.

문서를 다른 사람과 공유하기

문서를 공유해 여러 사람과 함께 편집하면 좀 더 빠르게 완성할 수 있습니다. 워드 모바일 앱의 오른쪽 위의 [공유 👤]를 눌러 다른 사람과 문서를 공유해 보세요. 동료(공유할 사람)의 이메일 주소를 적고, 적절한 권한을 선택하면 됩니다.

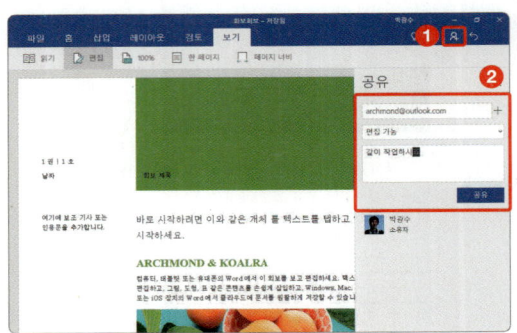 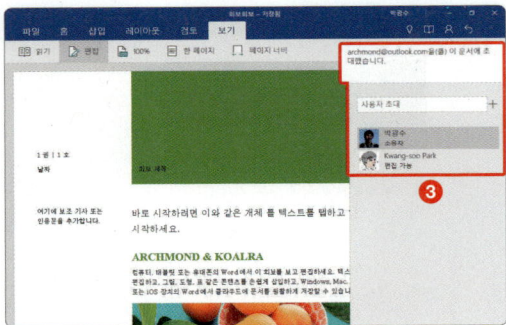

동료는 메일에서 [OneDrive에서 보기]를 누르기만 하면 웹 브라우저로 문서를 편집할 수 있습니다.

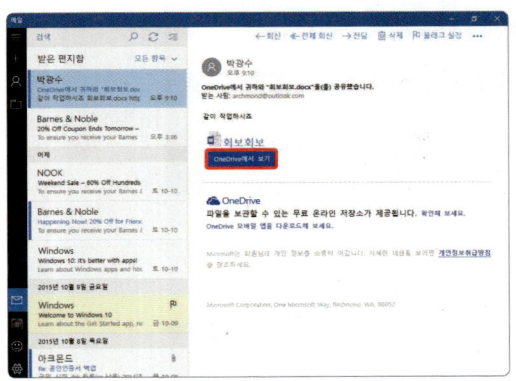 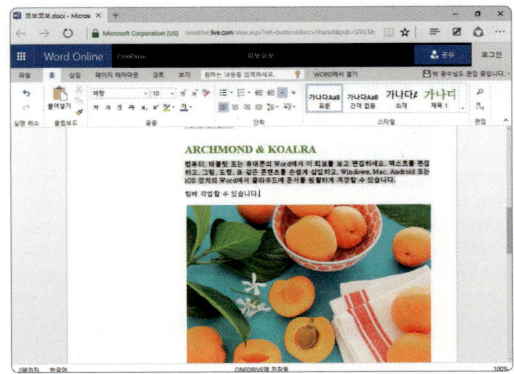

첨부 파일로 보내기

작업 중인 문서를 메일의 첨부 파일로 전송할 수 있습니다. [공유 👤]를 눌러 하단의 [첨부 파일로 보내기]를 선택하세요. 메일 본문을 입력하고 받을 사람을 선택해 문서를 발송할 수 있습니다.

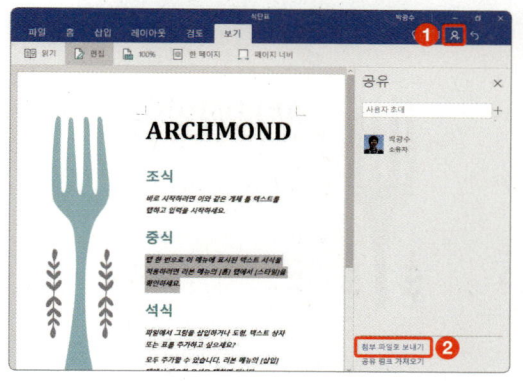 

> **tip** 메일 외에 컴퓨터에 설치된 다른 앱으로도 내보낼 수 있습니다.

> **tip** 원드라이브(OneDrive)에 대해 자세히 알아보려면 269쪽을 참고하세요.

공유 링크 가져오기(인터넷 주소로 문서 공유하기)

[공유 👤]의 마지막 항목입니다. [공유 링크 가져오기]를 눌러 편집 또는 보기 전용 링크를 만들 수 있습니다.

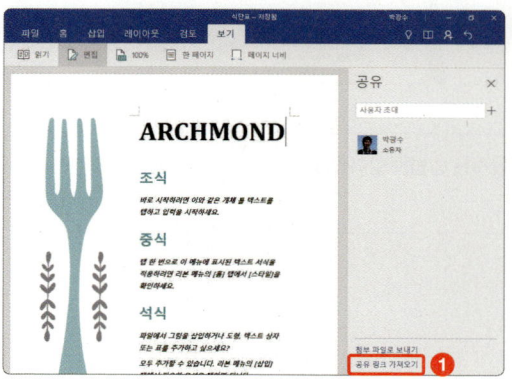 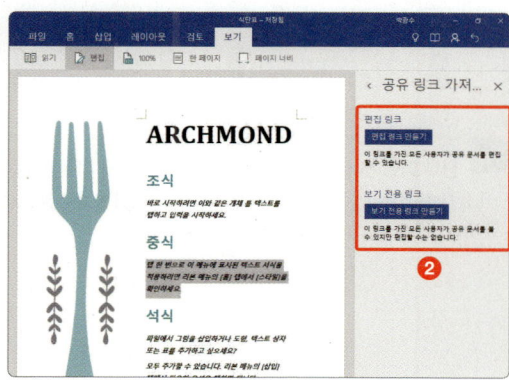

편집 링크나 보기 전용 링크를 복사해 보세요. 해당 주소를 메신저 등으로 공유할 사람에게 전달하면 됩니다. 링크에 접속하면 웹 브라우저로 문서가 열립니다.

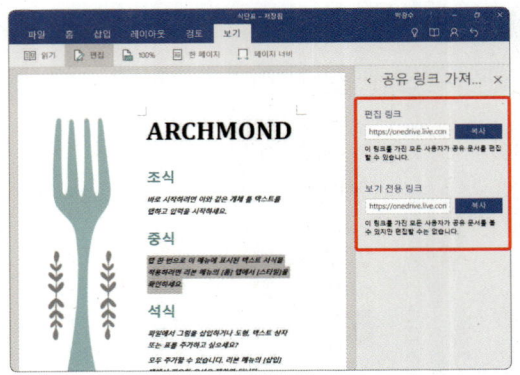

공유 링크 없애기

더 이상 공유할 필요가 없는 경우 기존에 만들었던 링크를 제거할 수 있습니다. [편집 링크 🔗]나 [보기 링크 🔗]를 마우스 오른쪽 버튼으로 누른 뒤 [링크 제거]를 선택하면 됩니다.

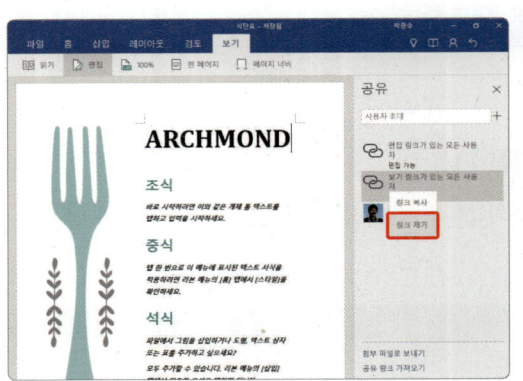
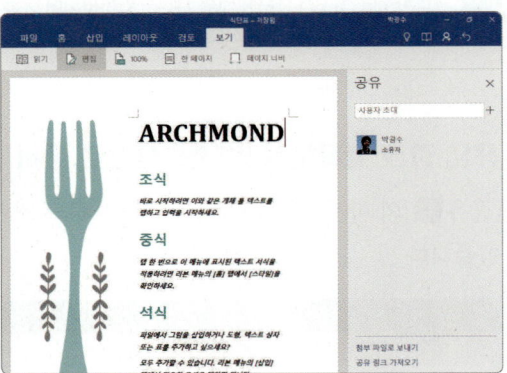

> **tip** 첨부 파일이나 공유 링크 등을 사용해 문서를 다른 사람과 공유하는 방법을 살펴봤습니다. 이런 공유 기능은 워드뿐만 아니라 파워포인트, 엑셀 등에서도 동일하게 사용할 수 있습니다.

LESSON 08

파워포인트 모바일
작지만 강한 프레젠테이션 도구

발표 자료 만들기에 안성맞춤인 파워포인트 모바일은 간단한 화면 구성을 가진 앱입니다. 파워포인트 모바일이 설치되어 있지 않다면 228쪽을 참고해 설치해보세요.

파워포인트 모바일 실행하고 살펴보기

[웹 및 Windows 검색]에서 'powerpoint'를 입력해 실행합니다. 파워포인트 모바일도 다른 오피스 모바일 앱과 동일한 시작 화면을 보여줍니다.

파워포인트 모바일은 좌측의 슬라이드 탐색과 우측의 본문으로 화면 구성이 확실히 구분되어 있습니다.

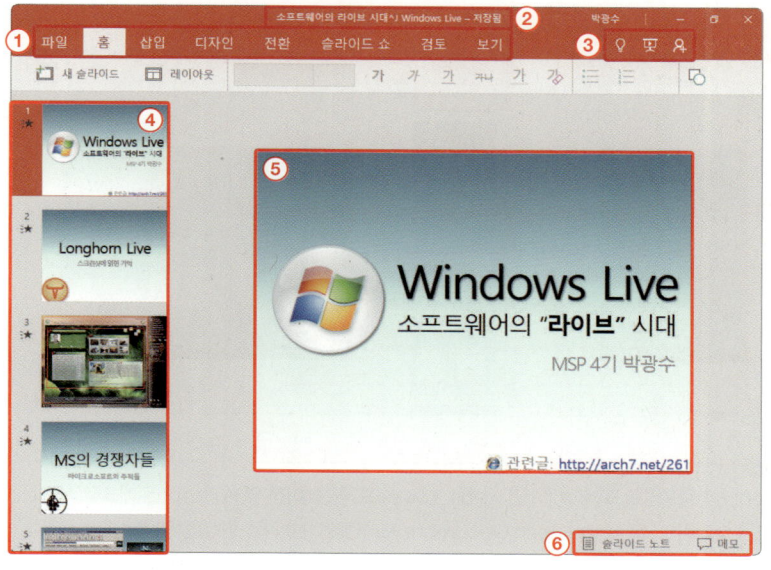

① 리본 메뉴
② 문서 이름 지정
③ 도구(텔미, 슬라이드 쇼 보기, 공유)
④ 탐색
⑤ 본문
⑥ 노트와 메모 읽기

새 파워포인트 문서 만들기

모바일에서는 주로 보는 데 사용하지만 편집 기능도 무난하게 제공합니다. 파일 메뉴나 첫 화면에서 마음에 드는 템플릿을 선택해 새 프레젠테이션을 만들어 봅시다.

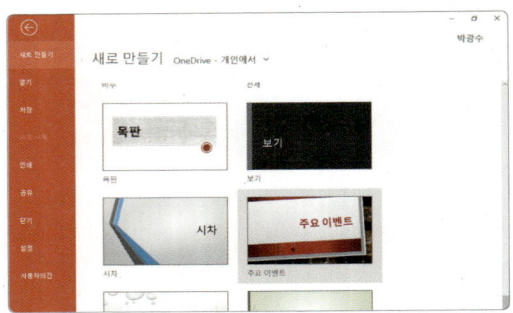 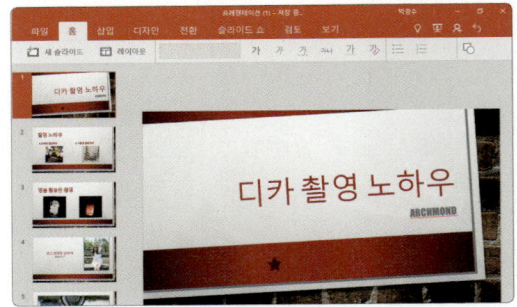

[레이아웃 ▦]을 누르면 편집 중인 슬라이드의 구성을 바꿀 수 있습니다. 텍스트나 그림을 삽입해 꾹 누르거나 마우스 오른쪽 버튼을 누르면 단축 메뉴가 나타납니다.

 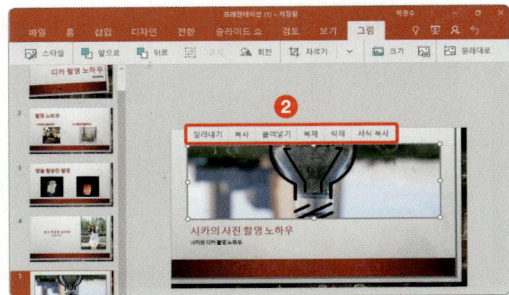

슬라이드가 전환될 때의 효과도 지정할 수 있습니다. [전환]에서 원하는 효과를 선택해 보세요. [미리 보기 ▶]를 눌러 결과를 살펴볼 수도 있습니다.

 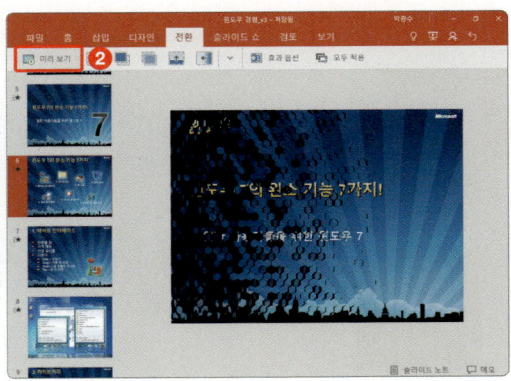

> **tip** 파워포인트 모바일은 *.ppt, *.pptx(파워포인트 프레젠테이션), *.pps, *.ppsx(프레젠테이션 및 쇼), *.pptm(매크로 사용 프레젠테이션), *.ppsm(매크로 사용 슬라이드 쇼), *.odp(Open Document 프레젠테이션) 파일 형식을 지원합니다.

슬라이드 노트 보기

[슬라이드 노트 ▤]를 눌러 내용을 살펴볼 수 있습니다. 아쉽지만 현재 파워포인트 모바일에서는 메모 보기는 가능하지만 추가하거나 제거, 변경할 수는 없습니다. 데스크톱 버전이나 웹에서 문서를 편집할 때 입력 가능합니다.

터치스크린에서도 자유롭게 편집하기

큼직큼직한 버튼으로 텍스트나 그림을 편집할 때 손가락으로 누르기 좋습니다.

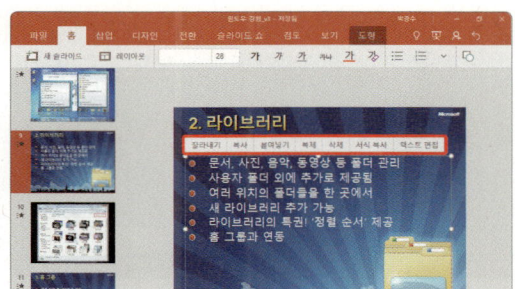

텔미(Tell me): 어떤 작업을 원하시나요?

[텔미 💡]를 눌러 원하는 작업을 입력해 바로 실행할 수 있습니다. '시작'을 입력해 슬라이드 쇼를 바로 시작해 보세요.

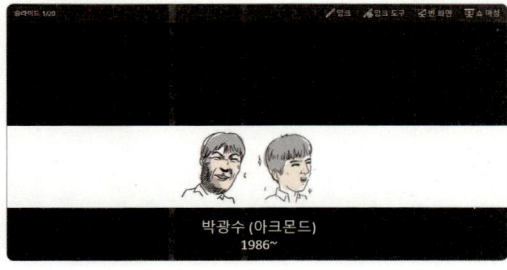

슬라이드 쇼 보기

파워포인트 모바일은 작은 화면을 가진 태블릿에 최적화되었지만 슬라이드 쇼를 보는 기능에는 아무런 제약이 없습니다. 발표자 도구를 지원하며 프로젝터 같은 외부 디스플레이 장치와도 연결할 수 있습니다. 오른쪽 위의 [슬라이드 쇼 시작 🖵]을 누르면 슬라이드 쇼가 시작됩니다.

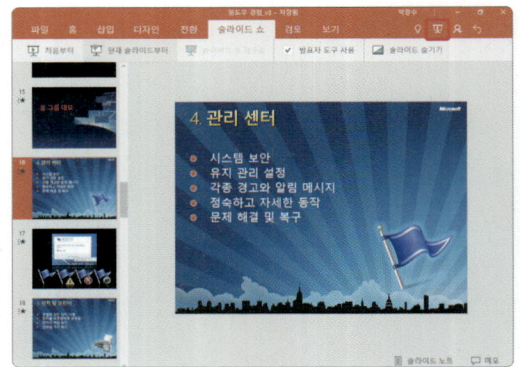 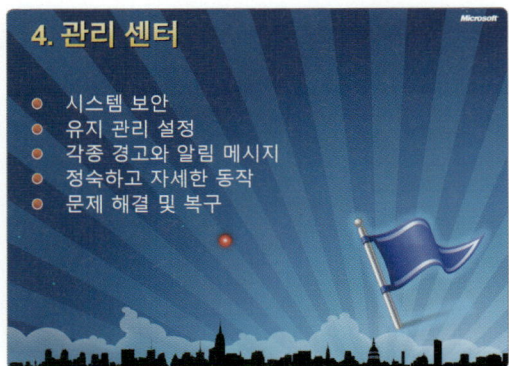

tip 마우스 왼쪽 버튼을 오랫동안 누르고 있으면 빨간 점이 나타납니다. 누른 상태로 움직이면 마치 레이저 포인터처럼 특정 부분을 가리키는 용도로 사용할 수 있습니다.

상단의 잉크 도구를 꺼내려면 마우스 오른쪽 버튼을 누르거나 최상단을 탭하면 됩니다.

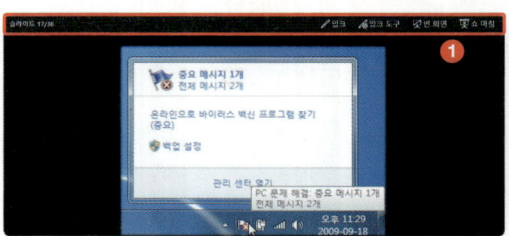 

펜이나 마우스로 화면에 낙서하거나 강조할 수 있습니다. 컨트롤 단추를 누른 상태에서 마우스 휠을 내리거나, 두 손가락을 모아서 전체 슬라이드를 타일 형태로 살펴볼 수 있습니다. 찾아가려는 슬라이드를 누르면 해당 부분으로 점프해서 보여줍니다.

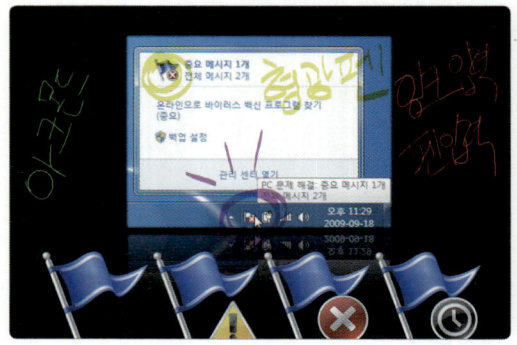 

발표자 도구 사용하기

모니터(또는 TV)와 연결해 보세요. 키보드의 ⊞+P를 눌러 [확장]을 선택하면 됩니다.

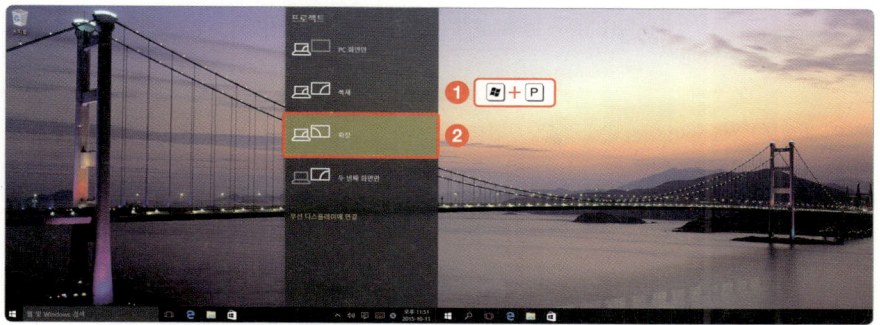

슬라이드 쇼 메뉴에서 [발표자 도구 사용]을 체크합니다. [처음부터 ☵]를 눌러 슬라이드 쇼를 시작합니다.

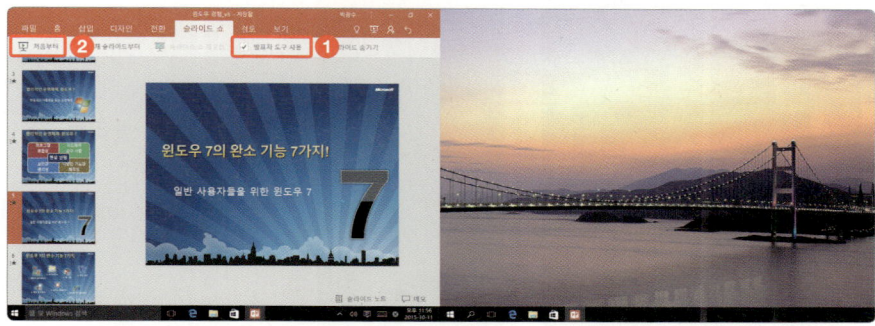

발표자가 보는 화면(왼쪽)에서는 프레젠테이션을 컨트롤할 수 있고, 청중이 보는 화면(오른쪽)에서는 프레젠테이션이 나타납니다. 발표자 도구 화면에 입력한 내용이 그대로 외부 디스플레이 장치에 나타납니다.

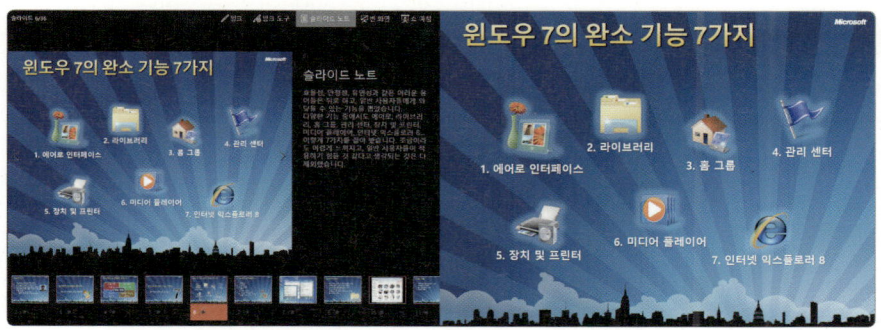

> **tip** 선 없이 무선으로 외부 모니터나 TV로 컴퓨터의 화면을 전송하는 방법이 있습니다. 미라캐스트(Miracast)나 와이다이 (Intel WiDi)로 무선 디스플레이에 연결하면 됩니다. 421쪽을 참고하세요. 무선 디스플레이에서도 발표자 도구를 그대로 사용할 수 있습니다.

LESSON 09

엑셀 모바일
여전히 강력한 스프레드시트

워드, 파워포인트에 이어 이번에는 엑셀입니다. 다른 오피스 모바일 앱에 비해 조금은 복잡한 화면 구성을 하고 있습니다. 하지만 여전히 쉽게 접근할 수 있으니 걱정하지 않으셔도 됩니다. 엑셀 모바일이 설치되어 있지 않다면 228쪽을 참고하세요.

엑셀 모바일 실행하고 살펴보기

[웹 및 Windows 검색]에서 'excel'을 입력해 실행합니다. 무료 사용자는 문서를 읽기만 가능합니다.

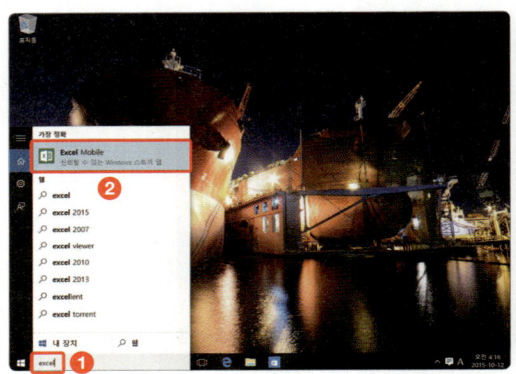
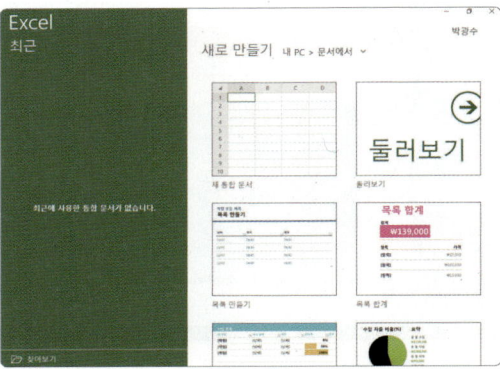

초기 화면에서 [찾아보기]를 눌러 문서를 열면 아래와 같은 화면이 나타납니다. 데스크톱용 엑셀 프로그램과 화면 구성이 동일하므로 손쉽게 사용할 수 있습니다.

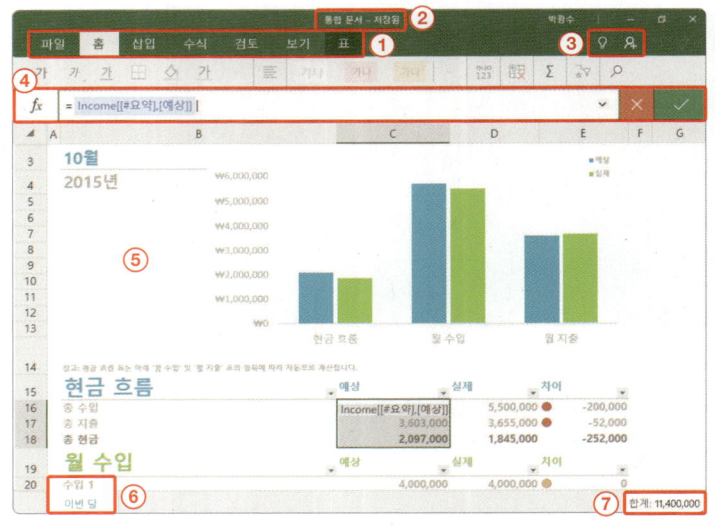

① 리본 메뉴
② 문서 이름 지정
③ 도구(텔미, 공유)
④ 함수
⑤ 본문
⑥ 시트
⑦ 빠른 계산(합계, 평균, 개수 등)

수식 입력하기

수식을 입력할 셀을 누른 뒤 왼쪽 위의 [함수 삽입 f_x]을 누릅니다. 원하는 함수를 선택해 수식을 완성했다면 오른쪽의 [체크 √]를 누릅니다.

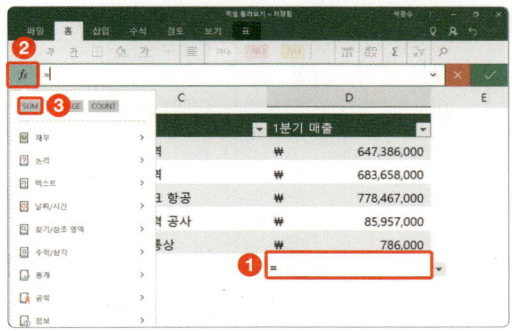 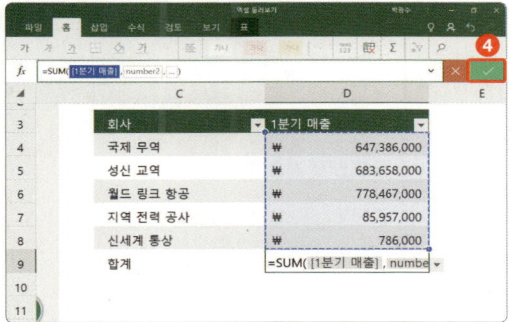

셀의 오른쪽에 있는 [드롭다운 메뉴▼]를 누르면 평균, 최대값, 최소값 등을 선택해 빠르게 적용할 수 있습니다.

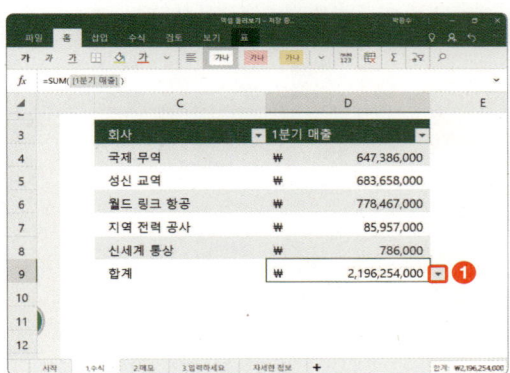 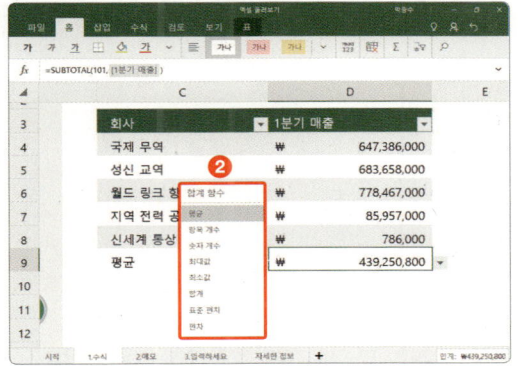

차트 만들기

데이터가 입력된 셀에서 [삽입]의 [차트 📊]를 선택해 원하는 종류의 그래프를 삽입할 수 있습니다.

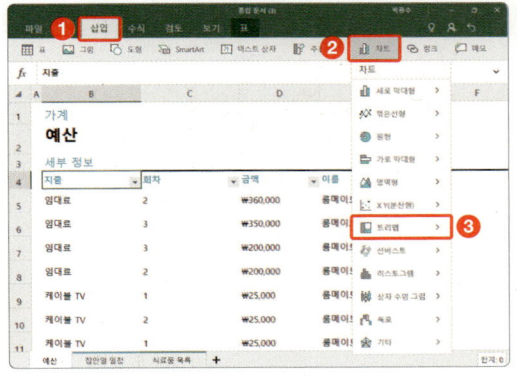 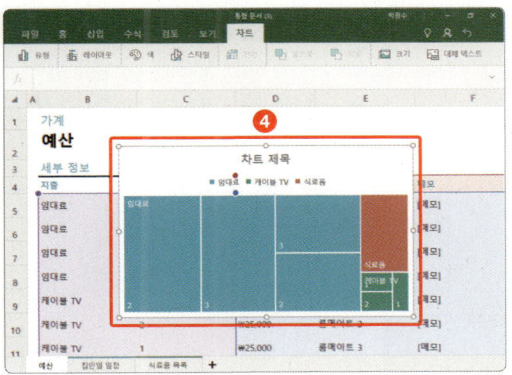

셀 편집하기

원하는 셀을 선택한 후 각종 꾸밈 효과를 줄 수 있습니다. [홈]의 [채우기 색 🖌]을 사용해 보세요.

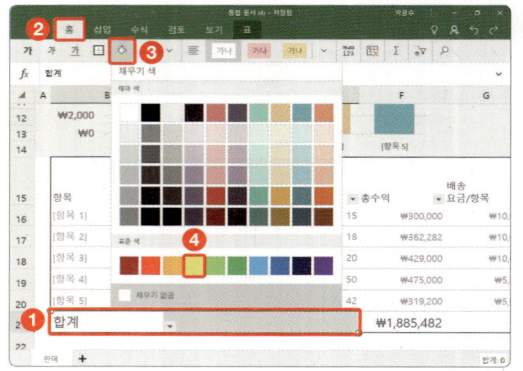 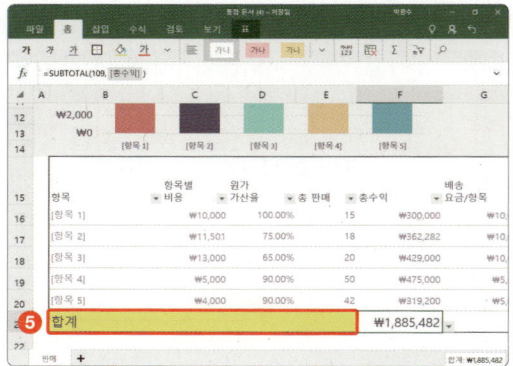

테두리 스타일도 한 번에 설정할 수 있습니다. 셀을 선택한 후 [테두리 ⊞]를 눌러 보세요.

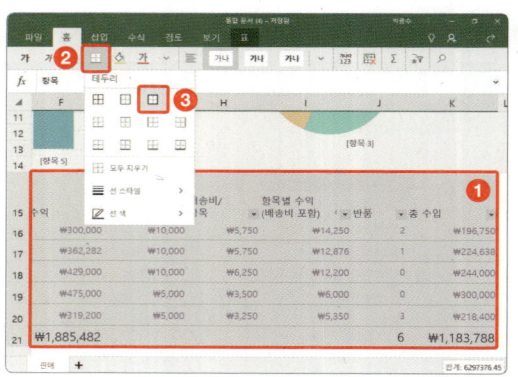 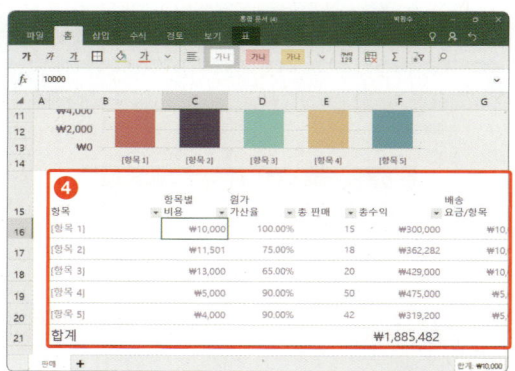

메모 읽기와 삽입하기

메모를 읽으려면 [빨간 색 삼각형 ◣]이 있는 셀을 누른 뒤 [메모 🗩]를 누르면 됩니다. 메모 내용을 읽고 편집할 수 있습니다. 새 메모를 입력하려면 [삽입]의 [메모 🗩]를 선택하세요.

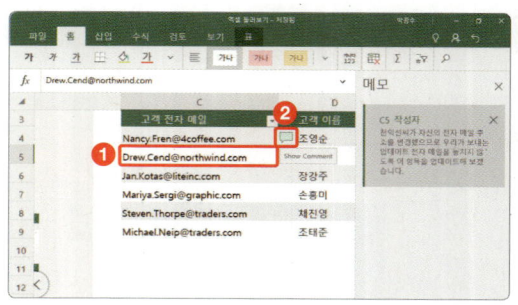 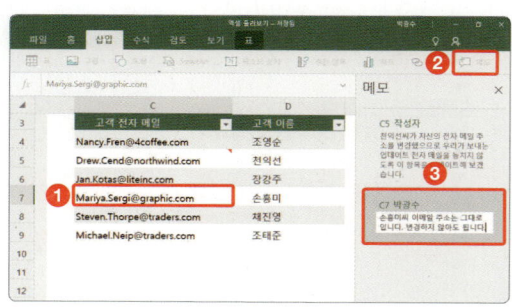

메모 읽기　　　　　　　　　　　　　　　　　　메모 삽입하기

손가락으로 행과 열 다루기

행과 열은 손가락으로 누르기 좋은 크기로 만들어져 있습니다. 행이나 열, 셀을 손가락으로 누르면 회색의 단축 메뉴가 나타납니다. 여기서 [삽입]만 누르면 새로운 행이나 열이 만들어집니다.

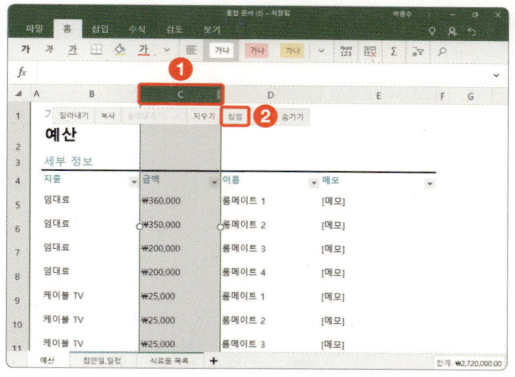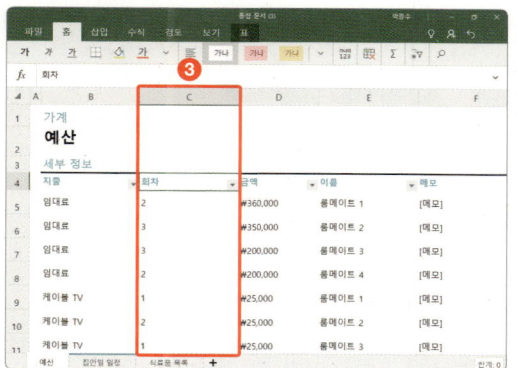

행이나 열을 이동하는 것도 어렵지 않습니다. 행이나 열 이름을 오랫동안 누른 뒤 원하는 곳으로 옮기면 됩니다.

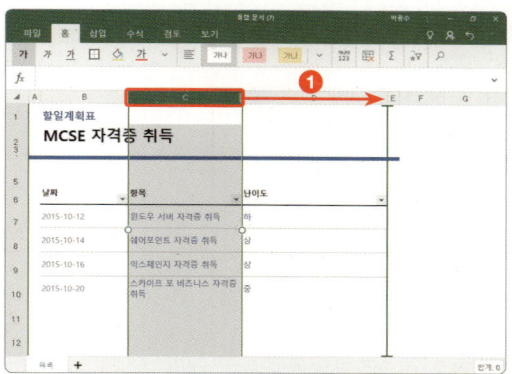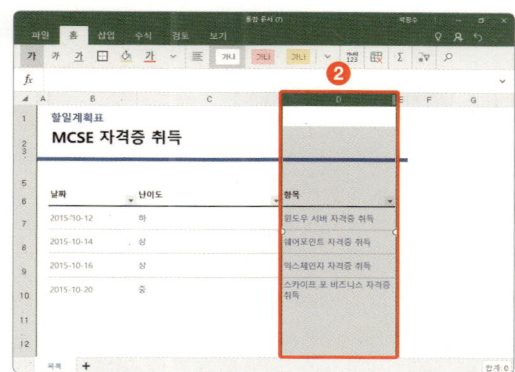

열이나 행을 선택하면 끝 부분에 [두 줄로 된 바 ▌]가 나타납니다. 이를 잡고 늘리면 셀의 폭이나 높이가 조절됩니다.

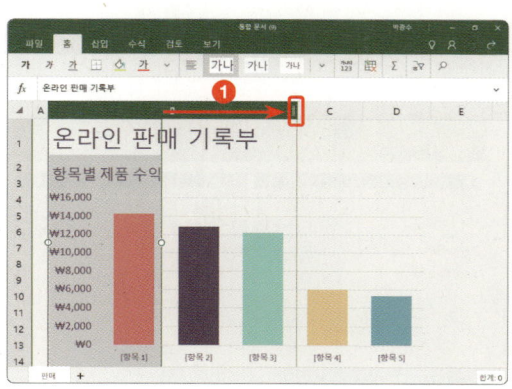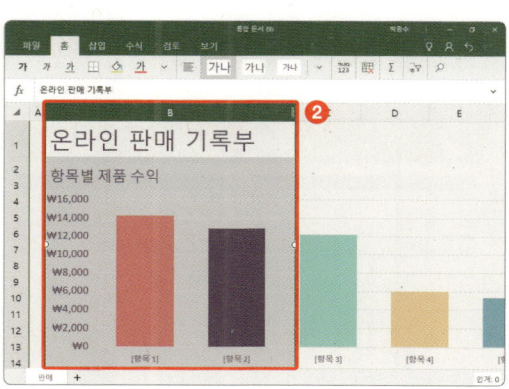

텔미: 어떤 작업을 원하시나요?

[텔미 💡]를 눌러 원하는 작업을 입력합니다. 이름을 기준으로 오름차순 정렬하기 위해 [정렬]이라고 입력했습니다. 드롭다운 메뉴에 나타나는 [오름차순 정렬]을 선택해 정렬할 수 있습니다.

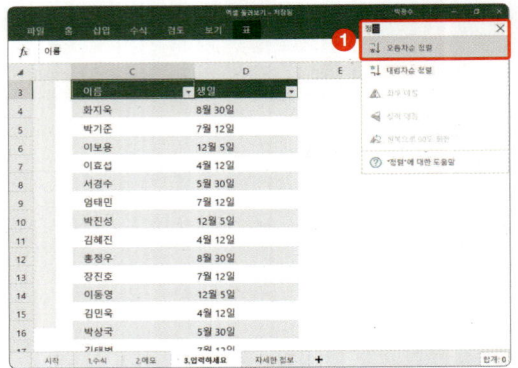 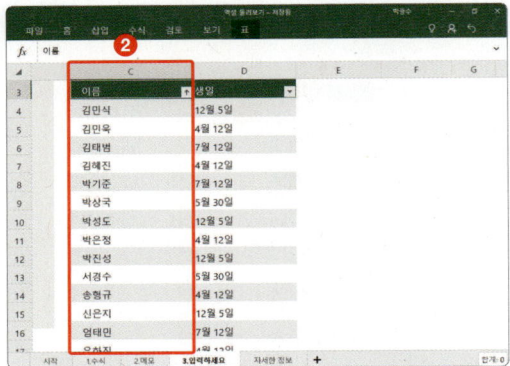

이번에는 생일을 기준으로 내림차순 정렬을 하기 위해 다시 '정렬'이라고 입력했습니다. 드롭다운 메뉴에 나타나는 [내림차순 정렬]을 선택해 정렬할 수 있습니다.

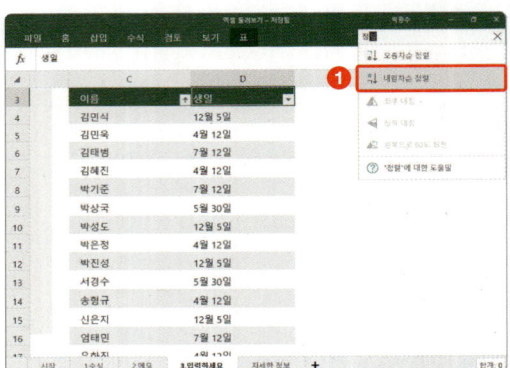 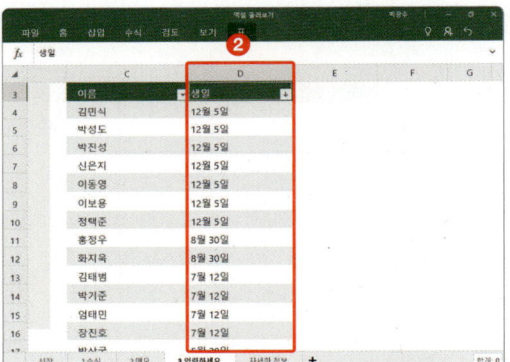

여러 개의 셀을 선택해 [병합하고 가운데 맞춤] 기능도 정상적으로 동작합니다. 텔미를 다양하게 활용해 보세요.

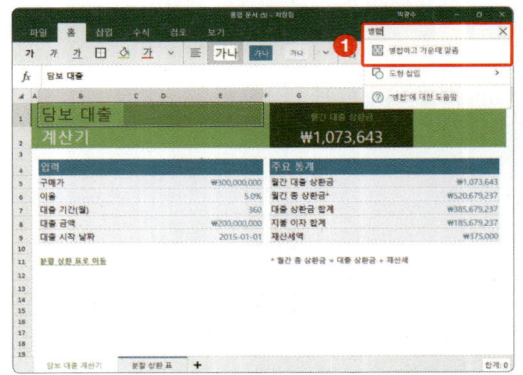 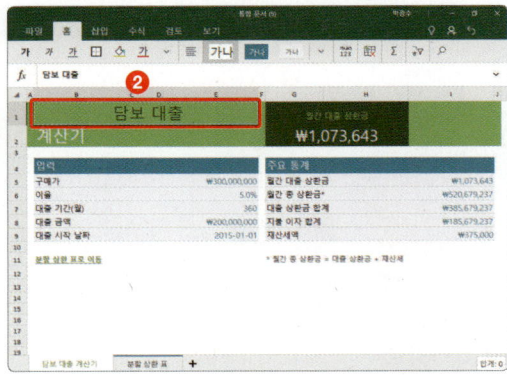

원노트 모바일
최고의 자료 수집 앱

원노트(OneNote)는 업무회의나 강의에서의 노트 필기장 대신으로 사용하는 경우가 많아 직장인부터 대학생까지 폭넓게 애용하는 도구입니다. 각종 자료의 수집이나 정보를 정리하고 공유하는 데 뛰어납니다.

원노트 모바일 실행하고 살펴보기

[웹 및 Windows 검색]에서 'onenote'을 입력해 실행합니다. 원노트는 윈도우 10에서 기본으로 제공하며 다른 오피스 모바일 앱과는 달리 작성 및 편집 기능이 모두 무료입니다.

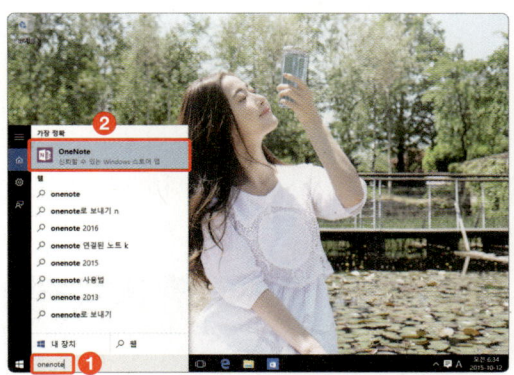

원노트의 생김새는 다이어리나 노트의 구성과 흡사해서 쉽게 사용할 수 있습니다.

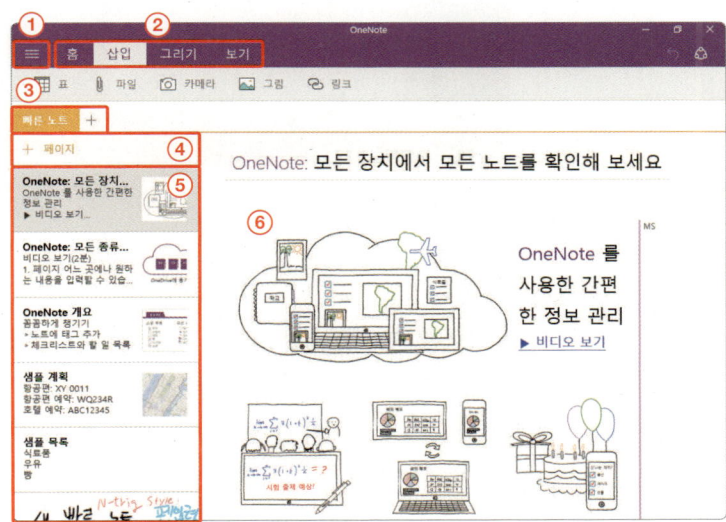

① 필기장 열기 및 검색

② 리본 메뉴

③ 섹션 추가/전환

④ 페이지 추가

⑤ 페이지 목록

⑥ 본문

새 전자 필기장 만들기

새 전자 필기장을 만들어 정보 수집이나 기록을 위한 터를 잡는 방법부터 살펴보겠습니다. [메뉴 ☰]
에서 전자 필기장 끝에 있는 [+]를 눌러 이름을 입력하면 새 전자 필기장이 만들어집니다. 목적과 콘
셉트에 따라 여러 개의 전자 필기장을 만들어 사용해 보세요.

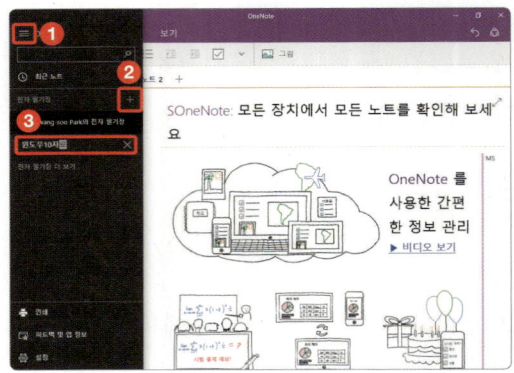 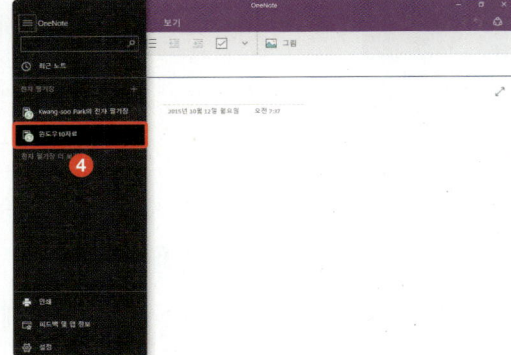

다른 전자 필기장 열기

[메뉴 ☰]에서 [전자 필기장 더 보기]를 누르면 기존에 만들어 놓았던 전자 필기장을 열 수 있습니다.
지금 접속하고 있는 것과 다른 계정에서 사용했던 문서라면 [계정 추가...]를 눌러 다른 아이디로 로
그인하면 됩니다.

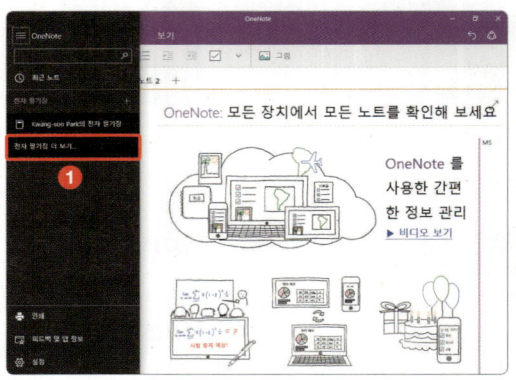 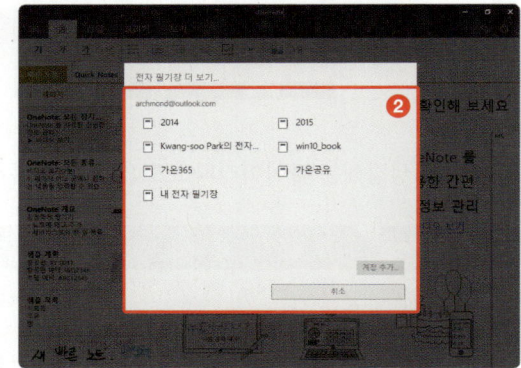

전자 필기장 동기화하기

기본적으로 원노트에 작성한 내용은 자동으로 동기화되지만 [메뉴 ☰]에서 [이 전자 필기장 동기화]
를 눌러 좀 더 빠르게 최신 내용으로 동기화할 수 있습니다. 여러 개의 전자 필기장을 열었을 때 사용
하지 않는 것은 [이 전자 필기장 닫기]를 통해 전자 필기장 목록에 보이지 않게 닫을 수 있습니다.

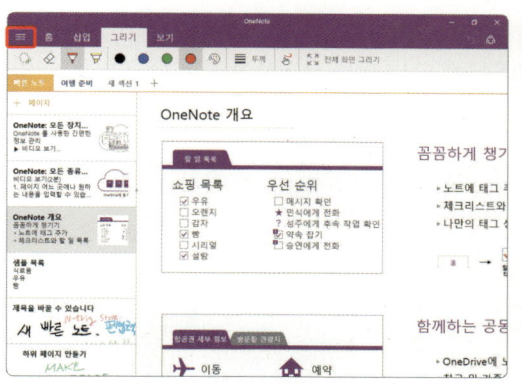
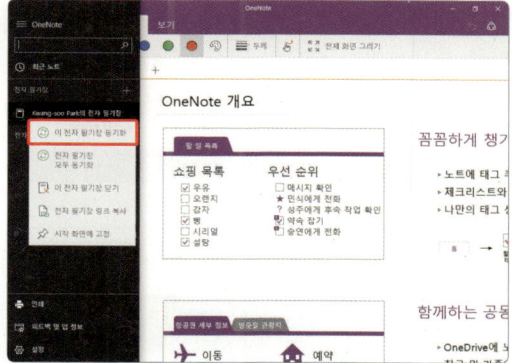

관련 있는 것끼리 섹션에 모으기

원노트에 편하게 내용을 추가하다 보면 관련성이 적은 내용끼리 섞일 수 있습니다. 적절하게 섹션으로 분류해 체계적으로 정리해 보세요.

새 섹션 만들기

섹션은 다이어리의 탭과 같습니다. 같은 분류의 내용끼리 모아 놓으면 좋습니다. [+]를 눌러 추가해 보세요.

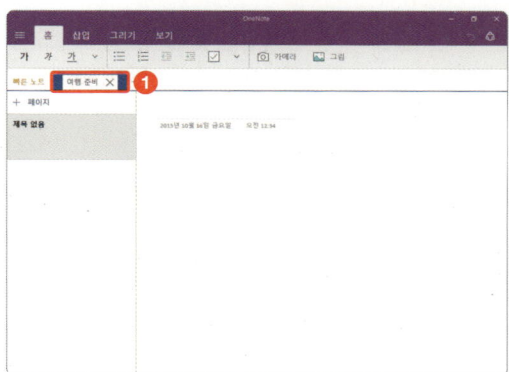
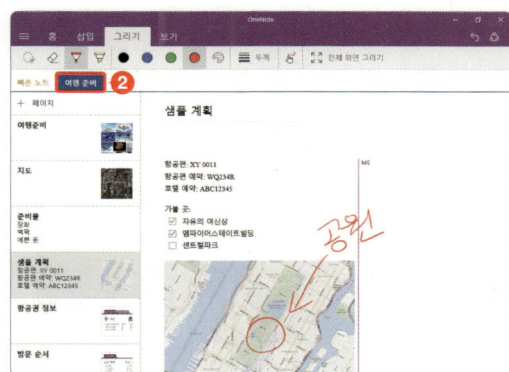

섹션 관리하기

자주 사용하거나 중요한 섹션의 색을 변경해 보세요. 눈에 띄는 색을 선택하여 빠르게 구분할 수 있습니다. 섹션에서 단축 메뉴를 열어 [색션 색]을 선택하면 됩니다.

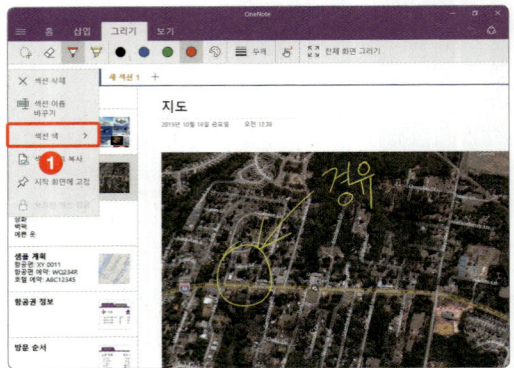
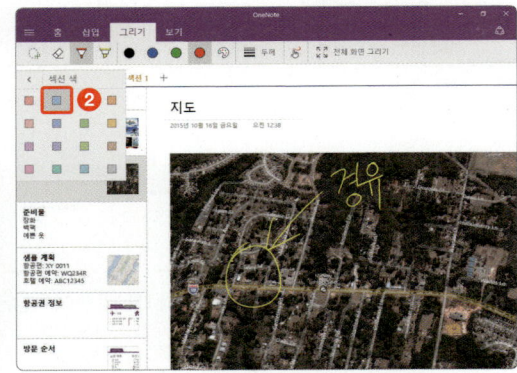

> **tip** 원노트에는 [저장]이 없습니다. 틈틈이 자동으로 저장되고 최신 버전으로 동기화되기 때문에 사용자가 직접 [저장]을 누를 필요가 없습니다.

새 페이지 만들기

엑셀의 가장 작은 단위가 셀이라면 원노트에서는 페이지가 그렇습니다. 왼쪽의 [+ 페이지]를 눌러 새 페이지를 만들고 마음껏 내용을 입력해 보세요. [보기] 탭에서 [노트 선]을 눌러 페이지의 배경 스타일을 변경할 수 있습니다. 캠퍼스 노트처럼 꾸며 사용할 수도 있습니다.

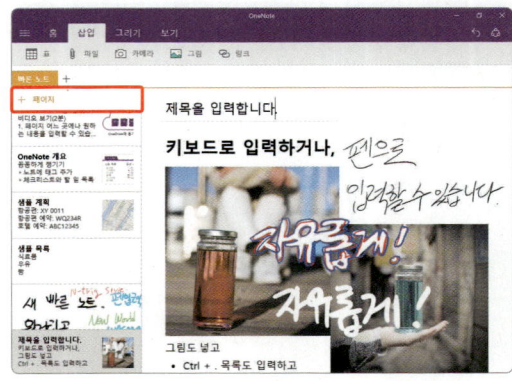

새 페이지 만들기

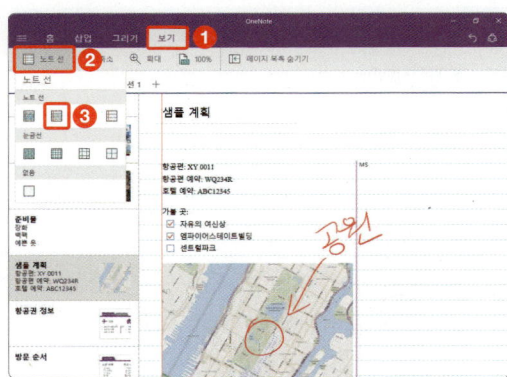

배경 스타일 변경하기

페이지 관리하기

왼쪽의 페이지 목록에서 마우스 오른쪽 버튼을 누르면 단축 메뉴가 나타납니다. 다른 오피스 모바일 앱과 달리 원노트는 페이지 하나하나가 모인 필기장 형태이므로 페이지당 메뉴가 중요한 역할을 합니다. 하나씩 살펴보겠습니다.

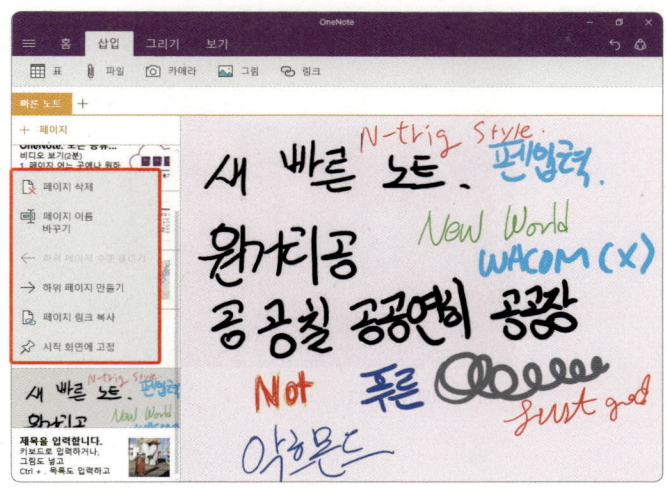

페이지 이름 바꾸기 / 하위 페이지 만들기

단축 메뉴에서 [페이지 이름 바꾸기📝]를 눌러 제목을 입력하면 페이지 제목이 변경됩니다. [하위 페이지 만들기→]를 누르면 하위 페이지가 만들어집니다. 페이지의 계층 구조를 보여주는 역할을 합니다.

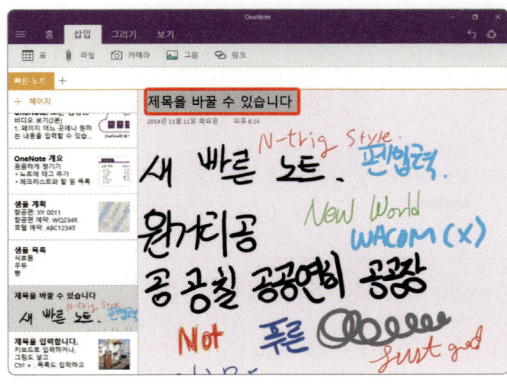

페이지 이름 바꾸기

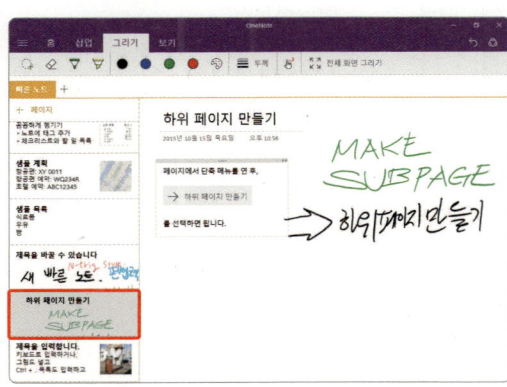

하위 페이지 만들기

페이지 링크 복사하기 / 시작 화면에 고정하기

[페이지 링크 복사📄]를 누르면 웹에서 필기장을 열 수 있는 링크를 복사할 수 있습니다. [시작 화면에 고정📌]을 누르면 현재 페이지가 시작 화면에 추가됩니다. 페이지에 좀 더 빠르게 접근할 수 있습니다.

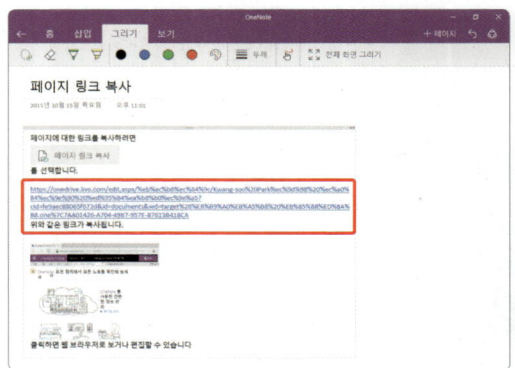

페이지 링크 복사하기

시작 화면에 고정하기

페이지 목록 숨기기

[보기]의 [페이지 목록 숨기기◀]를 눌러 좀 더 넓은 화면에서 작업할 수 있습니다.

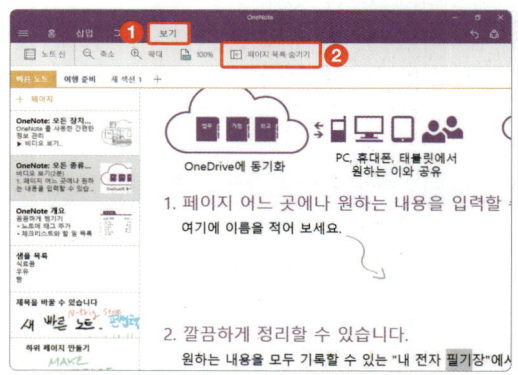

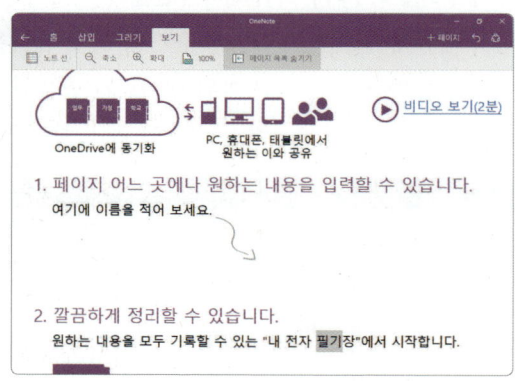

> **tip** 원노트와 함께 사용할 수 있는 다양한 앱을 살펴보려면 http://www.onenote.com/apps에 접속하세요.

펜이나 형광펜으로 입력하기

원노트에서는 텍스트와 그림뿐 아니라 잉크 입력도 가능합니다. 펜이나 손가락으로 자유롭게 메모하고 그림을 그릴 수 있습니다. [펜▽]으로 자유롭게 입력해 보세요. 특정 부분을 강조하려면 [형광펜🖍]도 좋습니다. [손가락으로 그리기✍]를 눌러 펜 없이 손가락으로도 화면에 입력할 수 있습니다.

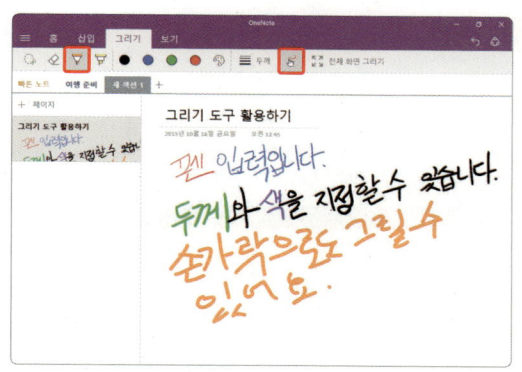
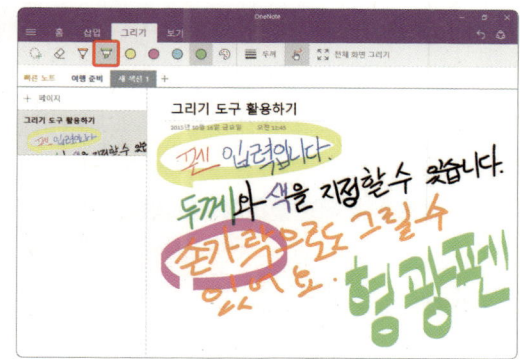

자유롭게 선택 가능한 올가미 도구 써보기

[그리기]의 [올가미 선택 ⊙]을 눌러 펜으로 입력한 내용을 원하는 대로 선택할 수 있습니다.

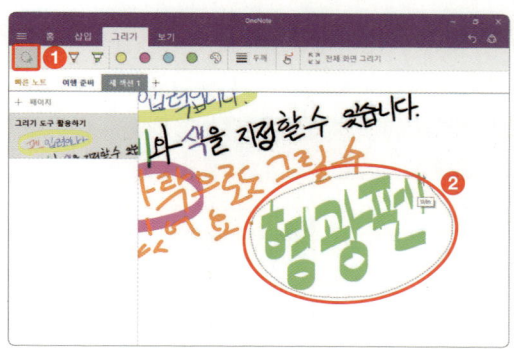
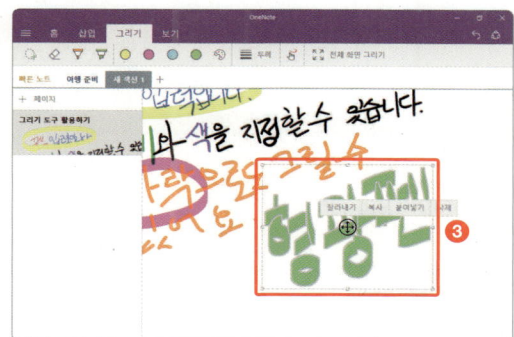

지우개로 싹싹 지우기

[지우개 ◇]로 입력한 내용을 지워 보세요. [획 단위 지우개]로 글자를 깔끔하게 지울 수도 있습니다.

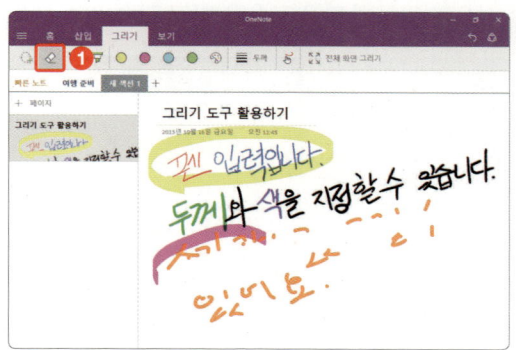
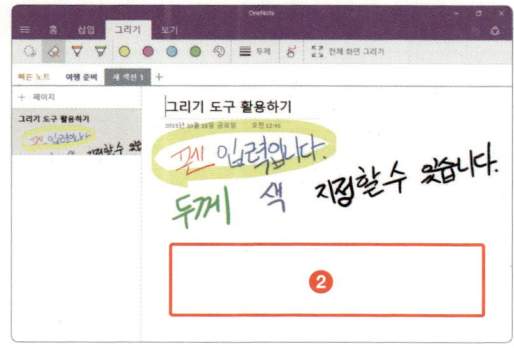

tip　좀 더 넓은 화면에서 그리고 싶다면 [그리기]의 [전체 화면 그리기]를 눌러 캔버스를 확대하세요.

공유할수록 더 강력해지는 원노트 필기장

전자 필기장 자체를 공유하려면 원노트 온라인(http://onenote.com)에 접속해 로그인하세요. 지금까지 편집한 원노트 필기장이 실제로 저장된 공간입니다. 공유할 필기장을 선택해 열어 보세요.

 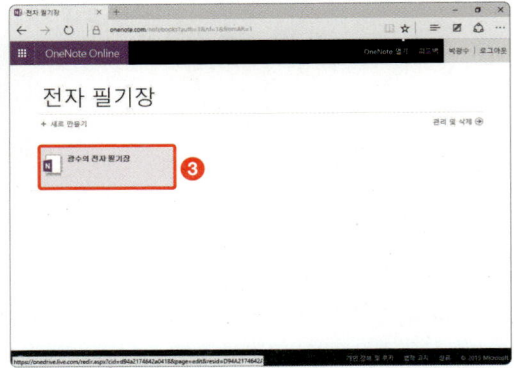

위쪽의 [공유 👤]를 누르면 함께 편집할 사람을 추가할 수 있습니다. 이메일 주소를 입력해 공유하세요.

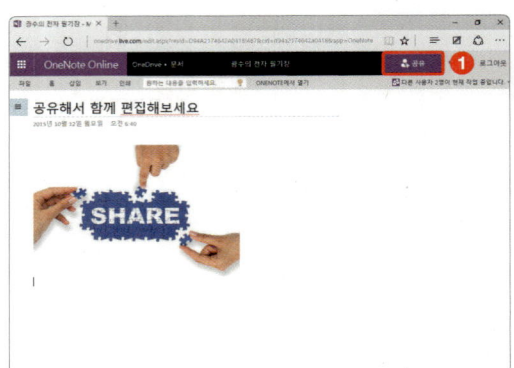 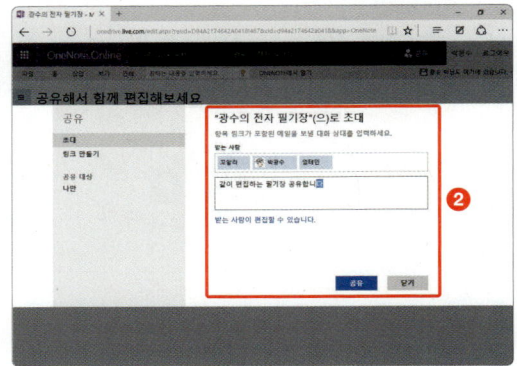

저는 회사 동료와 정보를 나누기 위해 필기장을 공유해 사용하고 있습니다. 공유된 필기장에 섹션을 만들어 각자의 이름을 붙인 뒤 그곳에 자료를 모으는 식으로 업무에 많은 도움을 받고 있습니다.

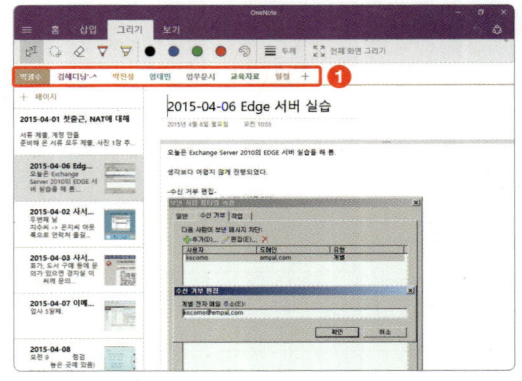 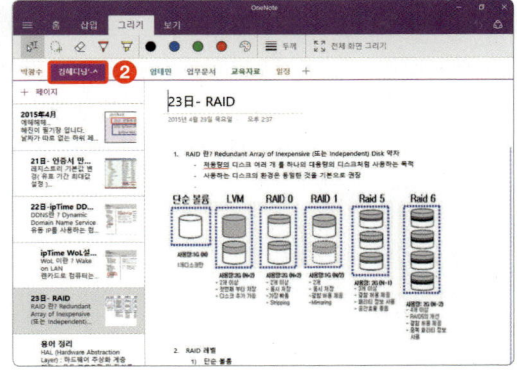

이메일로 원노트에 저장하기

급하게 자료를 저장해야 할 때, 메일만 보내면 원노트에 저장할 수 있습니다. 한 번만 설정하면 두고 두고 편하게 자료를 모을 수 있습니다. me@onenote.com이라는 메일 주소를 기억해 두세요.

사전 설정하기

웹 브라우저로 http://onenote.com/EmailToOneNote에 접속하세요. [OneNote로 보내는 전자 메일 선택]을 누른 뒤 이메일 주소와 저장될 필기장 위치를 선택하면 간단하게 설정이 끝납니다.

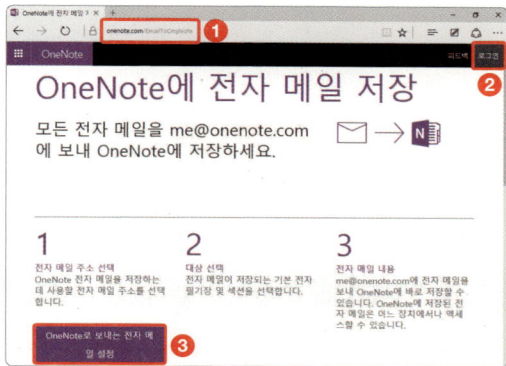
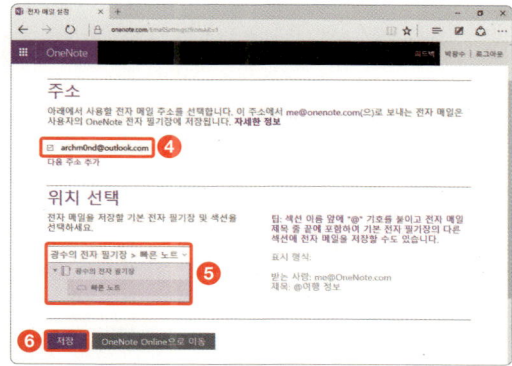

me@onenote.com으로 메일을 보내면 원노트에 쏘옥!

설정을 마쳤다면 me@onenote.com으로 메일을 보내 보세요. 전자 필기장에 바로 저장됩니다.

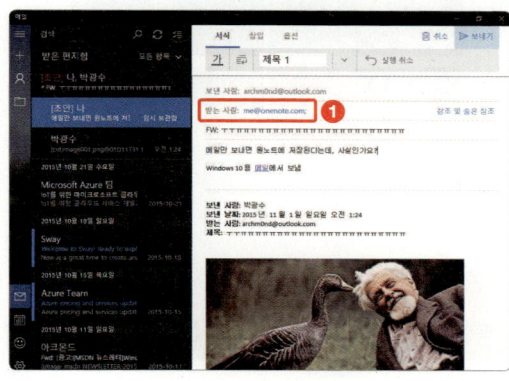

메일을 보낼 때 제목 끝에 '@섹션명'을 넣으면 전자 필기장의 해당 섹션으로 쏙 들어갑니다.

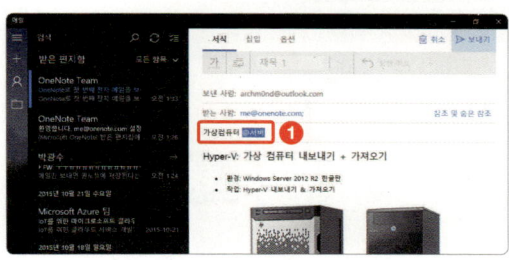

LESSON 11

스웨이
콘텐츠를 만드는 새로운 방법

스웨이(Sway)는 원노트처럼 무료로 제공됩니다. 프레젠테이션, 자기소개 자료, 뉴스레터, 보고서 등 다양한 문서를 만들고 쉽게 공유할 수 있습니다. 여러분의 콘텐츠만 추가하세요. 나머지는 스웨이가 알아서 처리해 줍니다.

Sway

스웨이 실행하고 새로 만들기

[웹 및 Windows 검색]에서 'sway'를 입력해 실행합니다. [+ 새로 만들기]를 눌러 스웨이 문서를 만들어 봅시다.

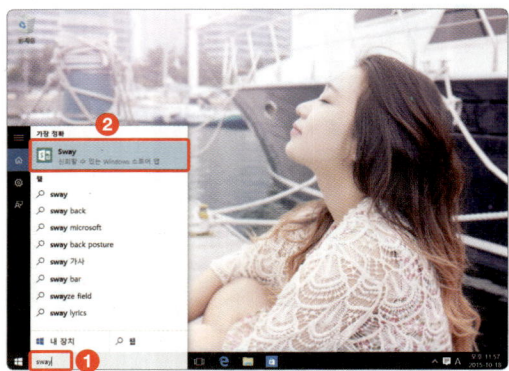

삽입 메뉴 살펴보기

위쪽의 [삽입]을 활용해 텍스트와 이미지, 동영상을 넣을 수 있습니다.

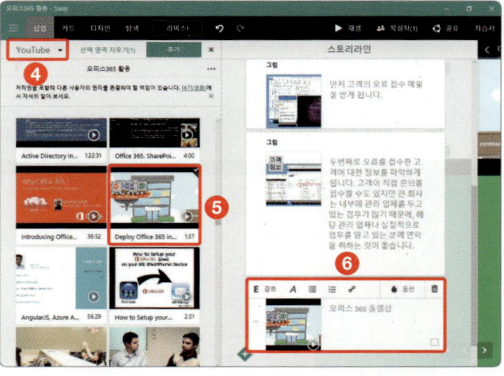

카드 메뉴 살펴보기

좀 더 다양한 콘텐츠를 삽입해 활기 있는 문서를 만들어 보세요. 비디오로 아이디어를 표현하거나 차트를 추가하여 깊이 있게 표현할 수 있습니다. 위쪽의 [카드]를 누르면 좀 더 다양한 항목을 삽입할 수 있습니다. 트위터, 유튜브 비디오 등 원하는 항목을 추가해 보세요.

그룹으로 묶기

오른쪽 아래의 체크 박스를 선택하면 여러 항목을 한꺼번에 선택할 수 있습니다. [그룹 📇]을 눌러 원하는 대로 묶어 보여줄 수 있습니다.

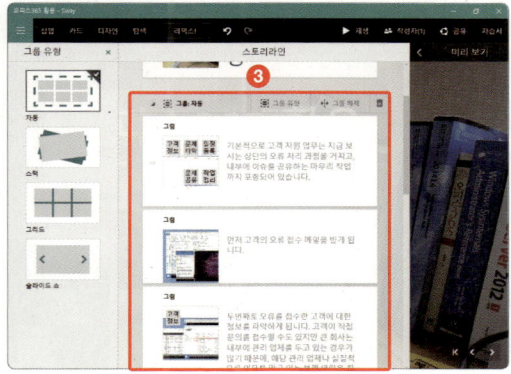

디자인 메뉴와 리믹스로 예쁘게 꾸미기

콘텐츠를 예쁘게 꾸며 보세요. 스웨이에서 알아서 처리해 드립니다. 오른쪽에 살짝 나와 있는 미리보기 화면에서 확인 가능합니다. 위쪽의 [리믹스!]를 눌러 다른 디자인을 적용해 보세요. [리믹스!]를 누를 때마다 새로운 디자인으로 바뀝니다. 마음에 들지 않는다면 [디자인]에서 직접 변경할 수도 있습니다.

 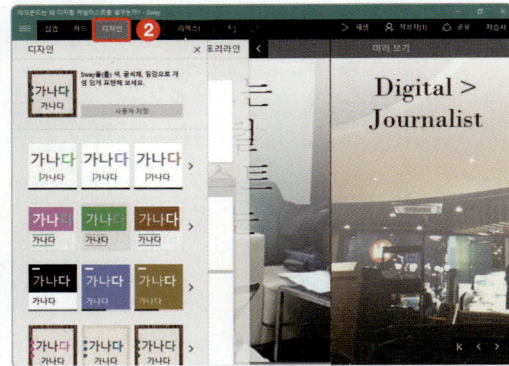

링크로 간단하게 스웨이 문서 공유하기

[공유 <svg/>]를 눌러 다른 사람과 공유해 보세요. 인터넷 주소만 알려 주면 별도의 프로그램이 없어도 웹 브라우저에서 언제 어디서나 열람할 수 있습니다. 터치를 지원하므로 쉽게 화면을 넘길 수 있습니다.

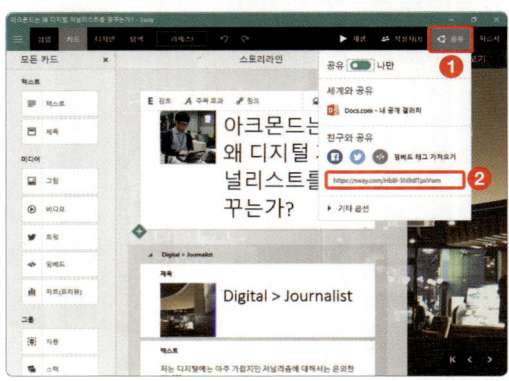 

스웨이 문서 공동 편집하기

다른 사람과 함께 스웨이 문서를 편집할 수 있습니다. 오른쪽 위의 [작성자 👤]를 누르면 또 하나의
인터넷 주소가 나타납니다. 이 주소를 공동으로 편집할 사람에게 보내 주면 됩니다.

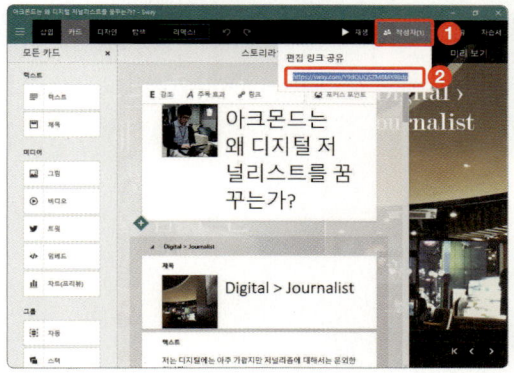 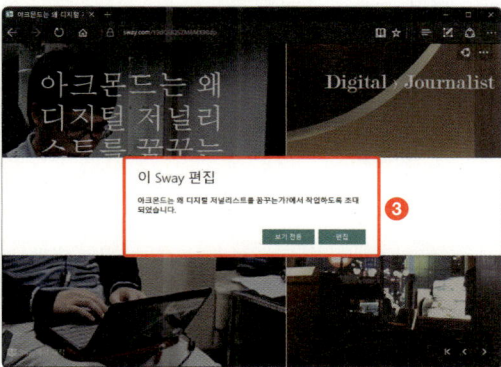

tip 다른 사람들이 만든 스웨이 문서를 더 살펴보려면 웹 브라우저로 docs.com에 접속해 sway로 검색해 보세요. docs.
com은 마이크로소프트가 운영하는 서비스로 파워포인트, 엑셀, 워드, PDF 및 스웨이 문서를 전 세계에 널리 공유하기 위
한 웹 사이트입니다.

LESSON 12

스마트폰용 오피스
윈도우 10 모바일용 오피스 살펴보기

앞에서 살펴본 PC용 오피스 모바일과 동일한 앱이 윈도우 10 모바일에도 그대로 제공됩니다.

메일과 일정(Outlook)

윈도우 10 모바일에는 기본으로 Outlook 메일 및 일정 앱이 설치되어 있습니다. 메일 목록을 보고
읽는 화면 구성이 PC 버전과 다르지 않습니다. 메일 작성 화면 또한 아래에서 각종 서식을 잘 지원합
니다.

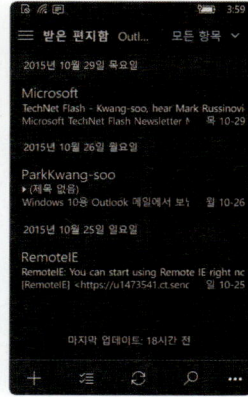
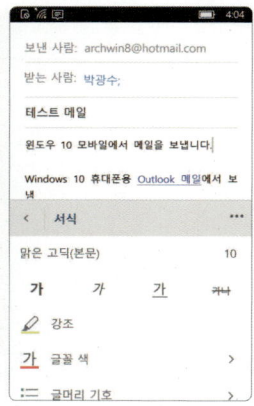

일정 앱은 다양한 보기 모드를 지원하며 새 일정을 만들 때 함께 참석할 사람을 추가할 수 있습니다.

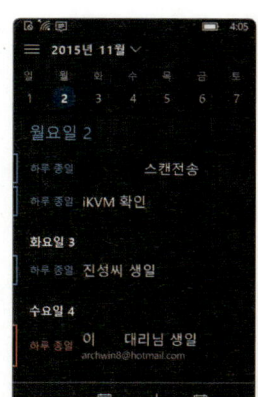
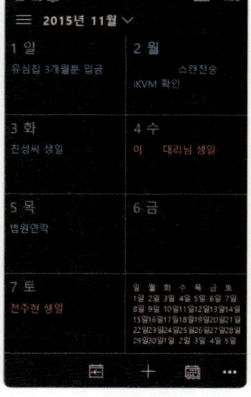
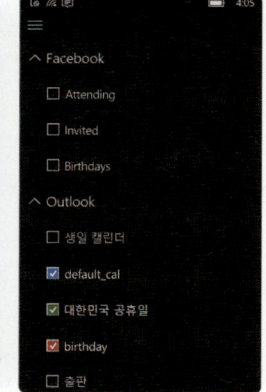

엑셀

화면이 좁은 스마트폰에서도 쉽게 사용할 만한 오피스 앱이 제공됩니다. 스토어에서 'microsoft office'로 검색해 설치하세요. 엑셀은 수식, 각종 서식, 차트 추가 등 핵심 기능을 잘 지원합니다.

  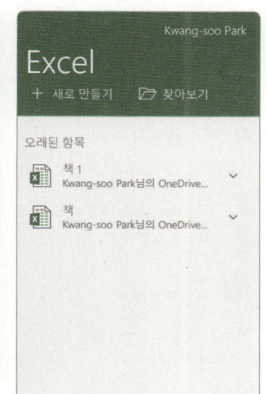 

파워포인트

파워포인트는 화면 특성상 화면을 가로로 눕혀서 봐야 편리합니다. 문서를 열고 확인하기 편리하며 간단한 수정이 가능합니다. 슬라이드 쇼 보기나 손가락으로 화면에 선을 그을 수 있습니다.

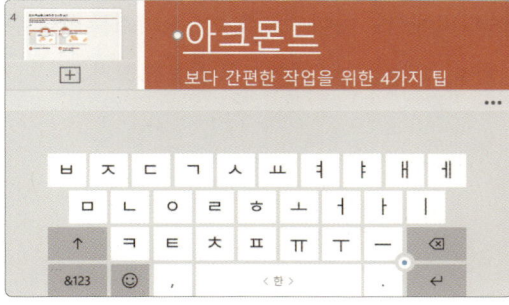 

워드

워드에서는 [읽기 모드]로 문서를 살펴보기 편리합니다. 본문 내용을 쉽게 찾을 수도 있습니다.

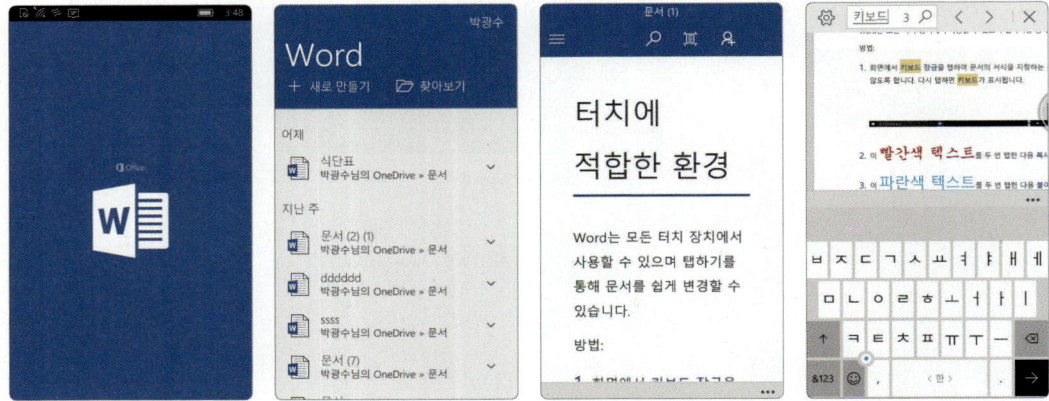

원노트

기존 원노트 필기장의 내용을 모두 동기화하지는 않고 항목을 누르면 메모했던 내용을 확인하는 형태입니다. 펜이나 손가락으로 입력했던 자료도 잘 불러옵니다.

안드로이드 스마트폰과 아이폰, 아이패드와 같은 iOS 장비에서도 마이크로소프트 오피스를 만날 수 있습니다. 윈도우 10에서 오피스 모바일을 만났던 경험을 그대로 살려 폰에서도 활용해 보세요.

스마트폰/패드용 마이크로소프트 오피스(안드로이드)

구글 플레이 스토어에서 'microsoft corporation'으로 검색하면 각종 오피스 앱이 나타납니다.

워드, 파워포인트, 엑셀, 원노트 등 다양한 오피스 앱을 설치해 사용해 보세요.

  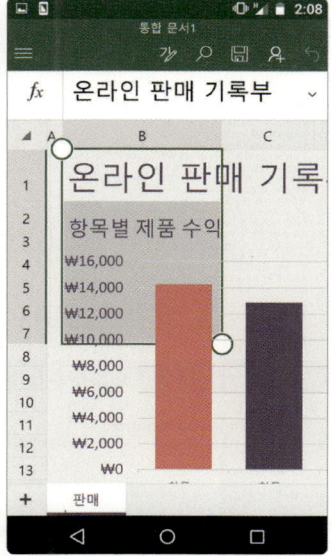

tip 구글 플레이 스토어에서는 기본적인 오피스 앱뿐 아니라 아웃룩(Outlook), 스웨이(Sway) 등도 제공합니다.

아이폰/아이패드용 마이크로소프트 오피스(애플 iOS)

앱 스토어에서 'microsoft office'로 검색해 보세요. iOS용 마이크로소프트 오피스를 만날 수 있습니다.

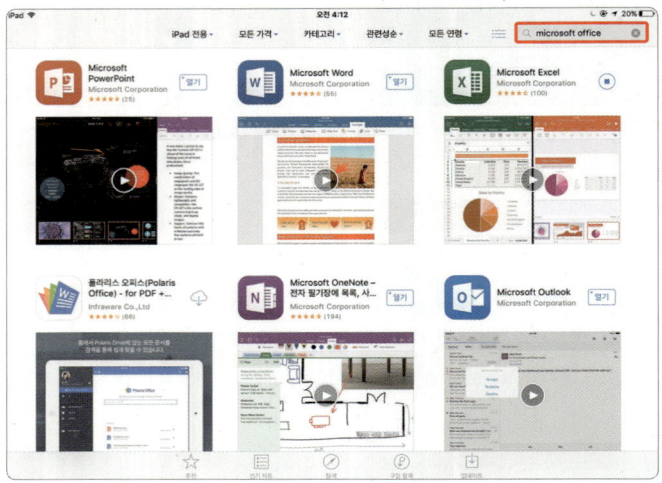

아이폰도 좋지만 아이패드에서는 좀 더 시원하고 큰 화면으로 오피스 문서를 살필 수 있습니다.

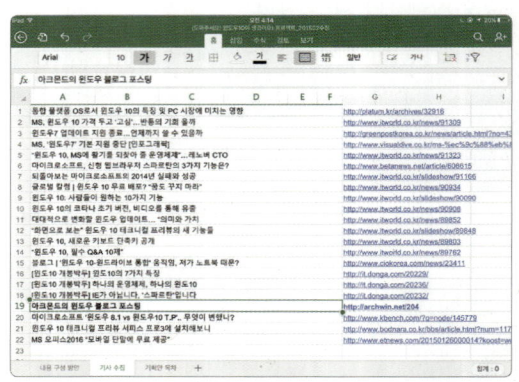

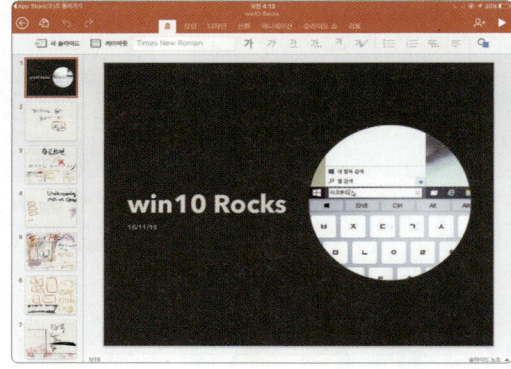

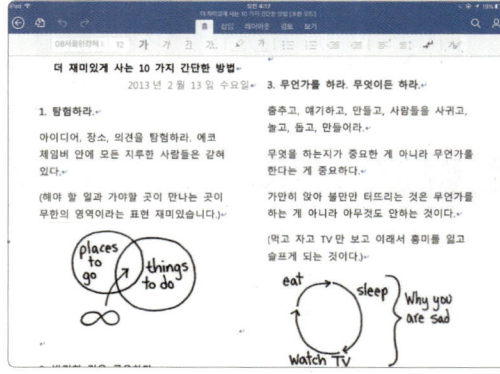

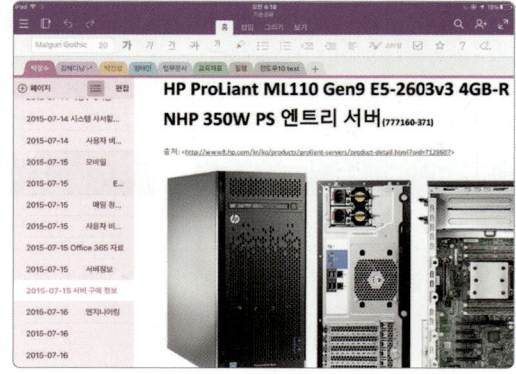

LESSON 13

원드라이브
무료 클라우드 저장소 사용법 알아보기

원드라이브(OneDrive)는 마이크로소프트가 제공하는 무료 클라우드 저장소입니다. 문서, 사진뿐 아니라 여러 가지 파일을 저장해 보세요. 스마트폰, 태블릿, 컴퓨터에서 모두 사용 가능합니다.

개인용과 기업용으로 나뉜 원드라이브

현재 원드라이브는 마이크로소프트 계정을 가진 개인 사용자용(OneDrive)과, 오피스 365 계정을 가진 기업 사용자를 위한 비즈니스용(OneDrive for Business) 두 가지가 있습니다. 이 책에서 다룰 내용은 개인 사용자용입니다. 사용법은 크게 다르지 않으니 한 가지만 제대로 배워도 좋습니다.

원드라이브 기본 사용법

탐색기의 왼쪽의 파란색 [　OneDrive] 폴더에 들어간 뒤 원하는 파일을 넣으면 됩니다.

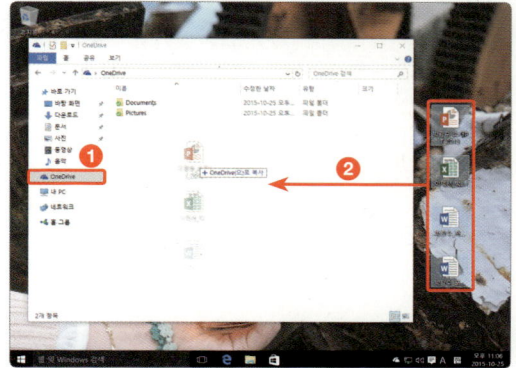

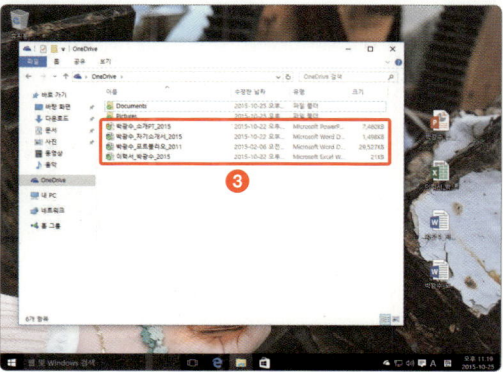

인터넷 웹 브라우저에서 onedrive.com에 접속하면 방금 폴더에 넣었던 파일이나 폴더를 확인할 수 있습니다. 앞으로 OneDrive 폴더에 파일을 넣으면 자동으로 클라우드 저장소와 동기화됩니다.

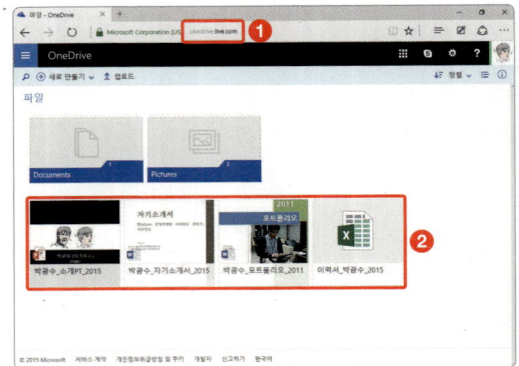 

> **tip** 원드라이브에 동기화된 파일이나 폴더는 컴퓨터를 포맷하거나 초기화했을 때에 다시 나타납니다. 자료를 오랫동안 잃어버리지 않고 보관하려면 원드라이브 폴더에 저장하는 습관을 들이면 좋습니다.

파일과 폴더 공유하기(파일 링크 공유)

원드라이브 폴더에서 공유할 파일이나 폴더를 마우스 오른쪽 버튼으로 클릭해 단축 메뉴를 엽니다. [☁OneDrive 링크 공유]를 누르면 [준비가 완료]되었다고 오른쪽 아래에서 알려줍니다. 이제 어디서든 Ctrl + V 만 누르면 공유 링크를 붙일 수 있습니다.

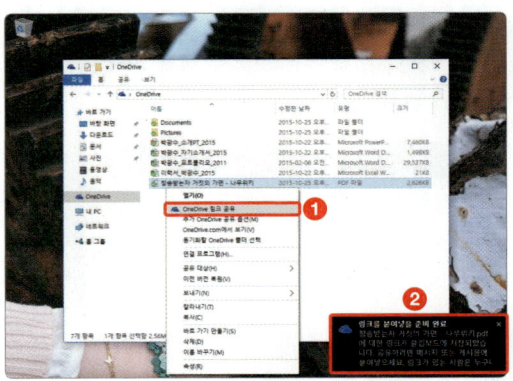 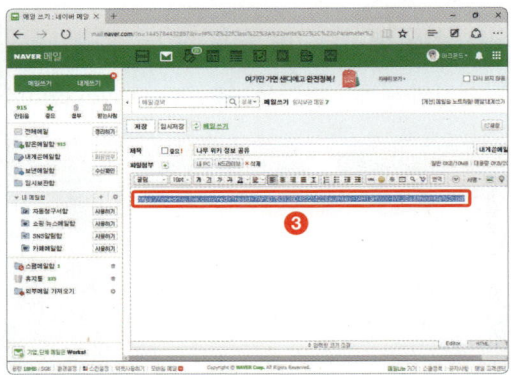

메일이나 메신저 프로그램 등에서 해당 링크를 클릭하면 웹 브라우저가 열리고 파일 내용을 바로 확인할 수 있습니다. 워드, 파워포인트, 엑셀, PDF 등 다양한 문서를 다른 사람들과 공유할 때 매우 편리합니다.

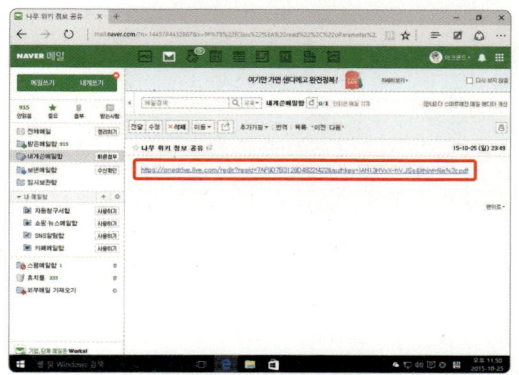
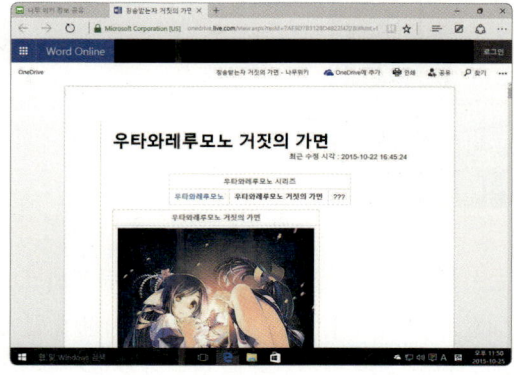

문서 공유하기(공동 편집 기능)

앞에서는 단순히 폴더나 파일의 링크를 공유했다면 이번에는 원드라이브로 동시에 편집할 수 있는 링크를 만들어 보겠습니다. 원드라이브의 문서를 마우스 오른쪽 버튼으로 누른 뒤 [추가 OneDrive 공유 옵션]을 선택합니다. 오피스 모바일 문서를 공동 편집할 수 있도록 공유했던 기능과 동일합니다. 공유 링크는 메일로 전송되며 문서를 함께 편집할 사람의 이메일 주소와 초대 메시지를 적절히 입력해 공유합니다.

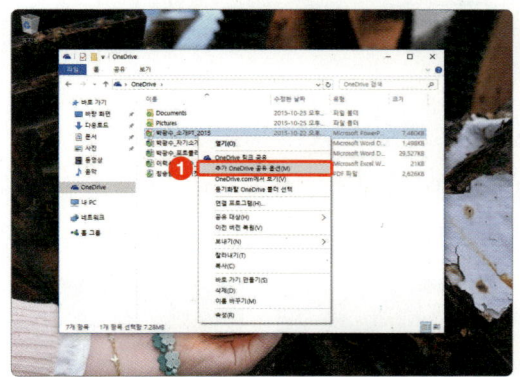
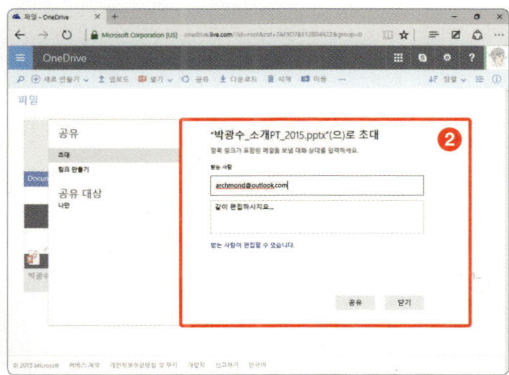

메일을 받은 사람은 [OneDrive에서 열기]를 선택해 [브라우저에서 편집]을 누르면 해당 문서를 바로 편집할 수 있습니다.

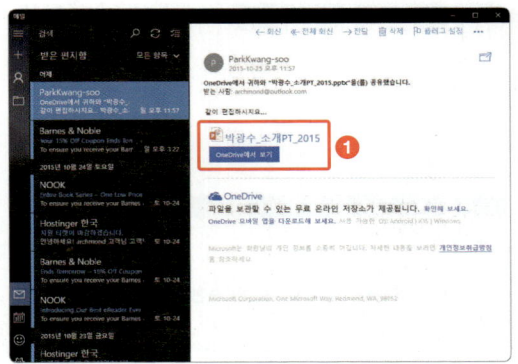 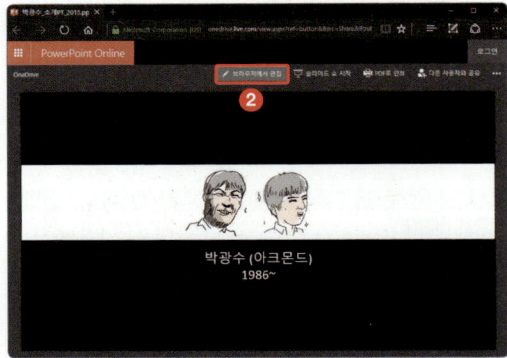

문서를 마우스 오른쪽 버튼으로 누른 뒤 [OneDrive에서 보기]를 선택하면 웹 브라우저에서 바로 편집할 수 있습니다. 다른 사람과 같은 시간에 웹에서 문서를 공동 편집할 수 있으며 수정 내용이 동시에 나타납니다. 편집하는 데 별도의 오피스 프로그램이 필요하지 않습니다.

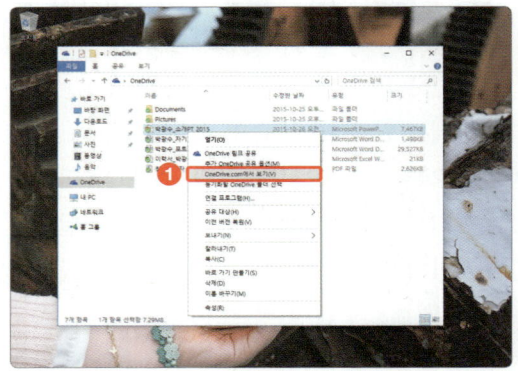 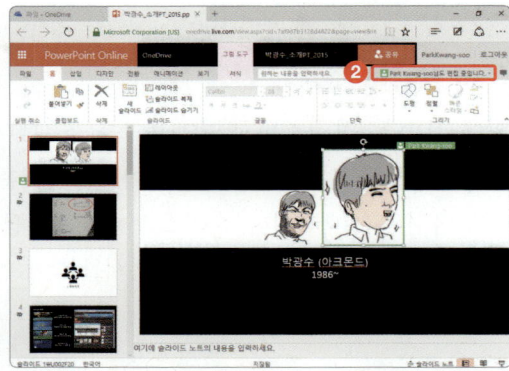

카메라 업로드 기능 활성화하기(iOS, 안드로이드, 윈도우 10 모바일)

스마트폰과 스마트패드로 사진을 많이 찍는다면 원드라이브의 카메라 업로드 기능을 꼭 살펴보세요. 카메라로 촬영한 내용을 자동으로 백업하려면 스토어에서 OneDrive를 검색해 설치합니다.

앱을 실행해 설정에 들어가면 [카메라 업로드]가 있습니다. 이 기능을 켜면 촬영한 사진이 자동으로 원드라이브에 업로드됩니다. 사진을 촬영하고 나서 번거롭게 컴퓨터와 연결할 필요가 없습니다.

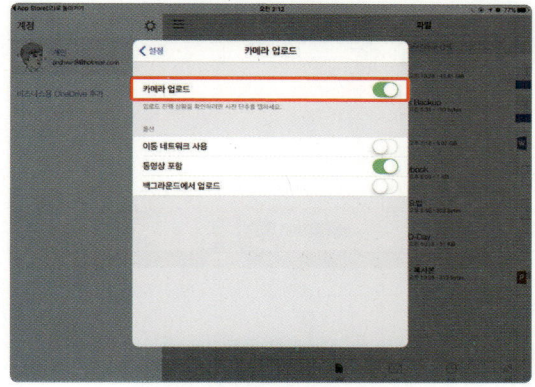 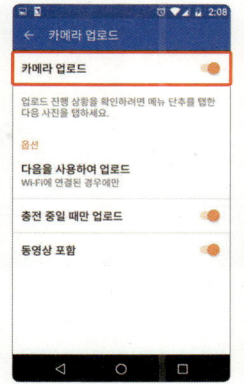 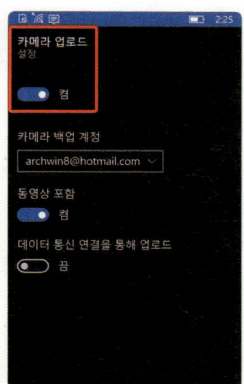

컴퓨터, 스마트폰 등 모든 기기에서 동일한 사진을 확인할 수 있습니다.

  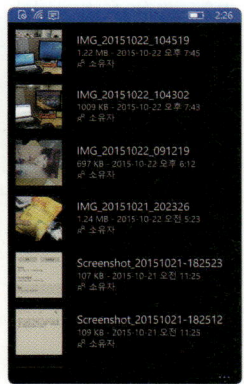

> **tip** 스마트폰을 초기화해도 원드라이브에 업로드한 사진은 사라지지 않습니다. 원드라이브를 사용하지 않더라도 단순히 사진 백업용으로 활용해도 훌륭합니다. 업로드한 사진은 원드라이브 [사진]의 [카메라 앨범] 폴더에 저장됩니다.

원하는 폴더만 동기화하기: 디스크 공간 절약하기

소중한 시간과 디스크 용량을 절약해 주는 팁입니다. 작업 표시줄 알림 영역의 원드라이브 아이콘을 마우스 오른쪽 버튼으로 누른 뒤 메뉴에서 [설정]을 누릅니다. [계정] 탭의 [이 장치에서 동기화할 폴더 선택]의 [폴더 선택]을 누르면 원하는 폴더만 동기화할 수 있습니다. 체크하지 않은 폴더는 원드라이브 폴더에서 사라집니다.

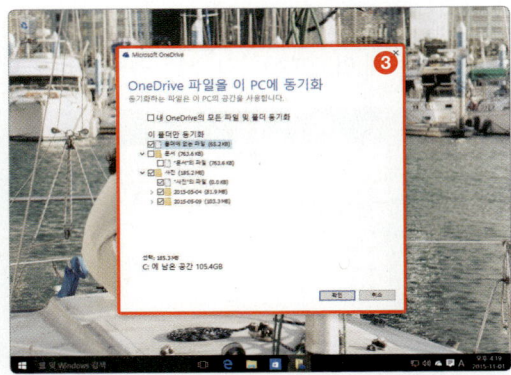

스마트폰, 디카 사진을 스마트하게 백업하기

스마트폰이나 디지털 카메라로 찍은 사진을 자동으로 원드라이브에 백업할 수 있습니다. 원드라이브 설정에서 [자동 저장] 탭에 있는 [내 PC에 카메라, 휴대폰, 또는 기타 장치를 연결할 때마다 OneDrive에 사진 및 비디오를 자동으로 저장합니다.]를 체크하세요. 컴퓨터에 스마트폰이나 미러리스 카메라 등을 연결하면 원드라이브에서 자동으로 사진과 동영상을 찾습니다.

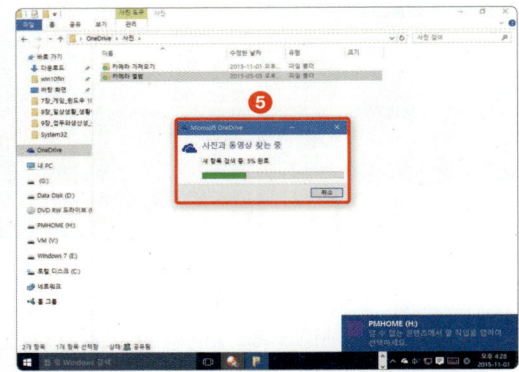

사진 및 동영상은 원드라이브 [사진]의 [카메라 가져오기] 폴더에 저장됩니다. 사진이나 동영상의 수가 많으면 가져오거나 동기화가 다 될 때까지 기다리는 시간이 필요합니다.

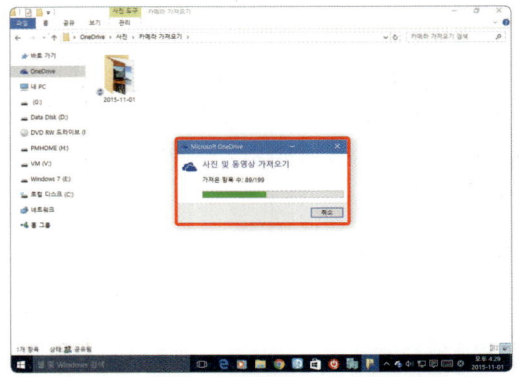
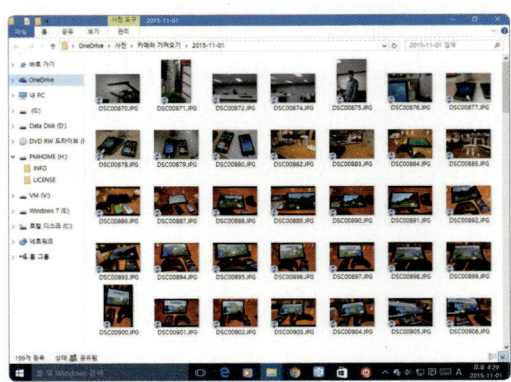

업무 생산성을 돕는 편리한 앱 살펴보기

LESSON 14

윈도우 10을 강력한 생산 도구로 만들어 주는 다양한 앱의 활용법을 살펴봅시다. 윈도우에 내장된 앱 뿐 아니라 스토어에 있는 유용한 앱도 추가로 내려받아 활용해 보세요.

스티커 메모

스티커 메모 _ PC 속의 포스트잇, 스티커 메모 활용하기

스티커 메모는 윈도우 7 시절에도 제공되던 유용한 메모 도구입니다. 갑자기 생각 난 아이디어나 일정을 마치 포스트잇처럼 간단하게 기록할 때 편리합니다.

스티커 메모 시작하기

스티커 메모는 [웹 및 Windows 검색]에서 '스티커'를 입력해 실행합니다. [새 메모+]를 눌러 메모를 새로 기록할 수 있습니다. 메모를 마우스 오른쪽 버튼으로 누른 뒤 색을 지정할 수도 있습니다.

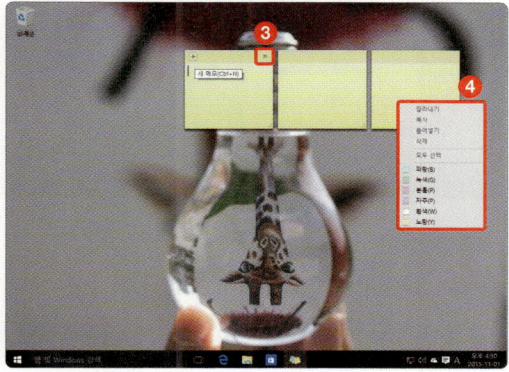

메모를 눈에 띄게 꾸미기

필요 없는 메모는 [X]를 눌러 제거할 수 있습니다. 메모를 꾸밀 때 글꼴 굵게, 기울이기, 밑줄, 취소 선 효과와 글꼴을 크고 작게 만드는 작업은 키보드 단축키로 해결할 수 있습니다. 글머리가 필요할 때는 Ctrl + Shift + L을 누르면 되는데 누를 때마다 목록 스타일이 바뀝니다.

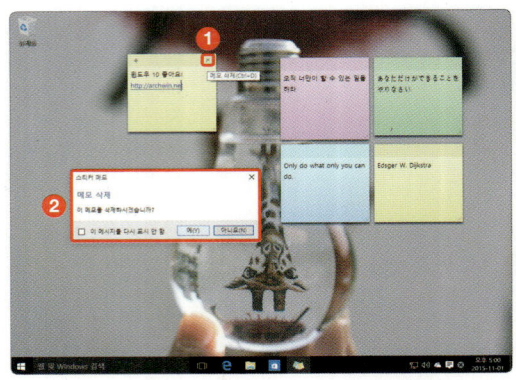

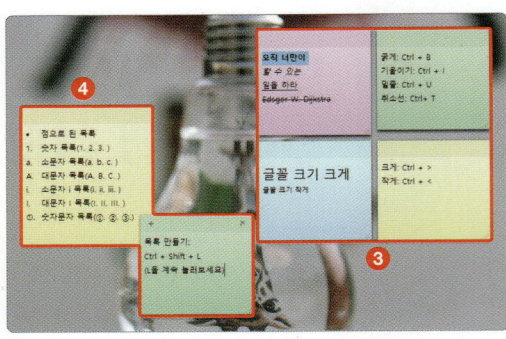

메모 백업하기

⊞+R을 눌러 실행 창을 연 뒤 %AppData%₩Microsoft₩Sticky Notes를 입력해 실행하면 Sticky Notes.snt 파일이 나타납니다. 이 파일을 복사한 뒤 원할 때 동일한 폴더로 복구하면 됩니다. 다른 컴퓨터에 붙여 넣어도 마찬가지로 잘 복구됩니다.

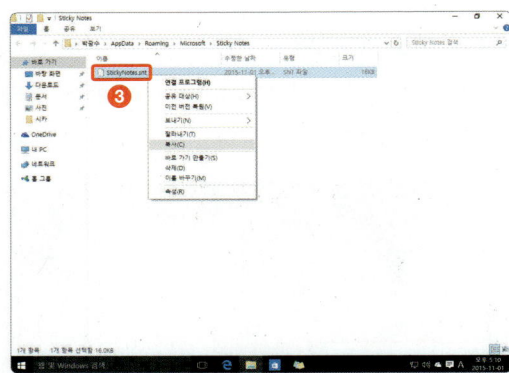

스티커 노트를 작업 표시줄에 고정하기

[웹 및 Windows 검색]에서 '스티커'를 입력한 뒤 마우스 오른쪽 버튼으로 누릅니다. 단축 메뉴에서 [작업 표시줄에 고정]을 선택하면 더 편리하게 스티커를 확인, 수정할 수 있습니다.

캡처 도구

캡처 도구 _ 스크린샷 촬영의 모든 것

윈도우 10에서 화면을 캡처하는 모든 방법을 알려드립니다. 원드라이브 자동 저장 기능까지 배워 보세요.

풀 스크린샷 = ⊞ + Print Screen

전체 화면의 스크린샷을 촬영하려면 ⊞ + Print Screen 을 눌러 보세요. 캡처 결과가 〈사진〉의 〈스크린샷〉 폴더에 파일로 만들어집니다. 예전처럼 그림판에 붙여 넣은 뒤 별도로 저장하지 않아도 됩니다.

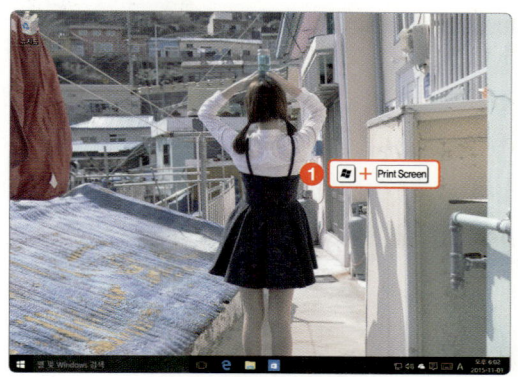

특정 앱 스크린샷 = ⊞ + H

일부의 스크린샷을 보여줄 목적이라면 ⊞ + H 를 눌러 보세요. 특정 앱을 실행해 단축키를 누르면 해당 앱만 캡처되며 메일이나 트위터, 페이스북, 원노트 등에 저장할 수 있습니다. 트위터나 페이스북을 선택하여 스크린샷을 소셜 미디어에 빠르게 게시할 수도 있습니다.

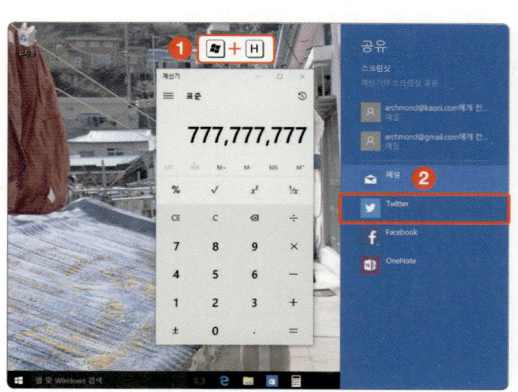
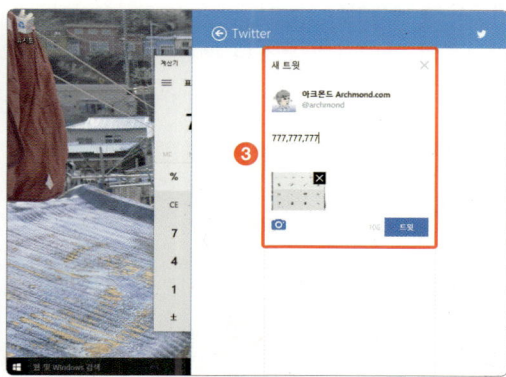

스크린샷을 자동으로 원드라이브에 저장하기

작업 표시줄 알림 영역의 [원드라이브☁] 아이콘을 마우스 오른쪽 버튼으로 누른 뒤 [설정]에 들어갑니다. [자동 저장] 탭의 [캡처한 스크린샷을 OneDrive에 자동 저장]에 체크합니다. 이제 Print Screen 를 눌러 캡처하면 원드라이브에 바로 저장됩니다.

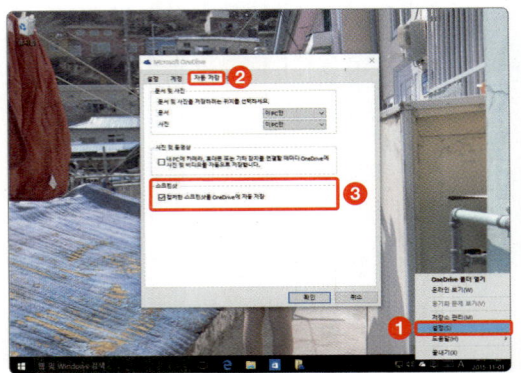 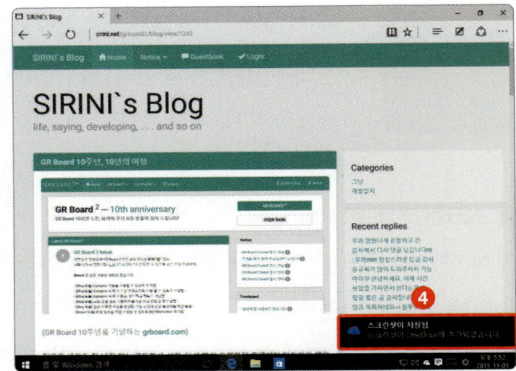

〈☁️ 원드라이브〉에서 〈사진〉의 〈스크린샷〉 폴더에 자동으로 저장됩니다. 웹 브라우저로 onedrive
.com에 접속해도 스크린샷을 살펴볼 수 있습니다.

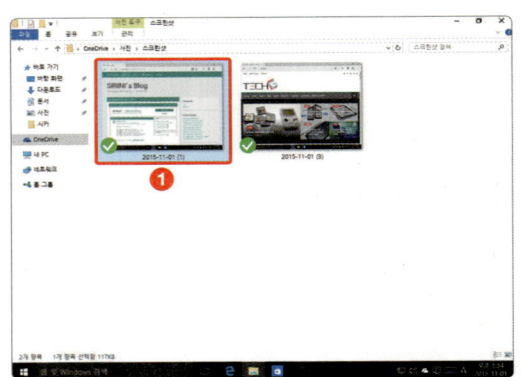 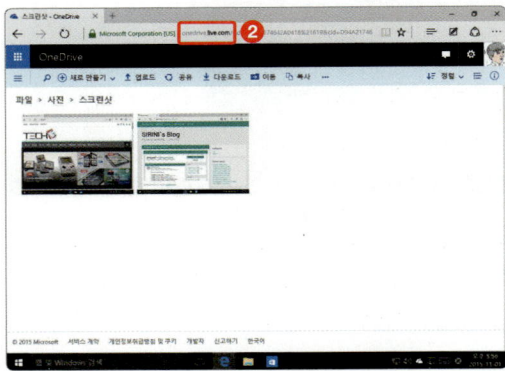

마우스로 캡처하기

키보드가 아니라 마우스나 펜으로 캡처하고 싶다면 캡처 도구를 사용해 보세요. [웹 및 Windows
검색]에서 '캡처'를 입력해 실행합니다. 여러 옵션을 사용해 스크린샷을 촬영해 보세요.

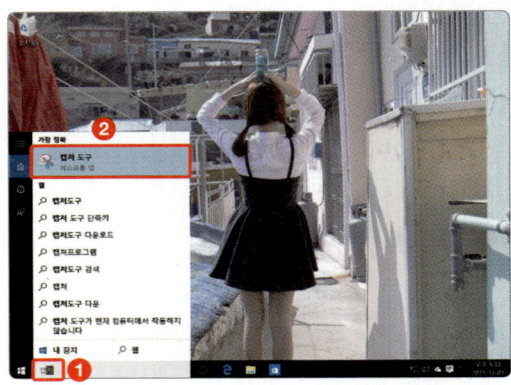 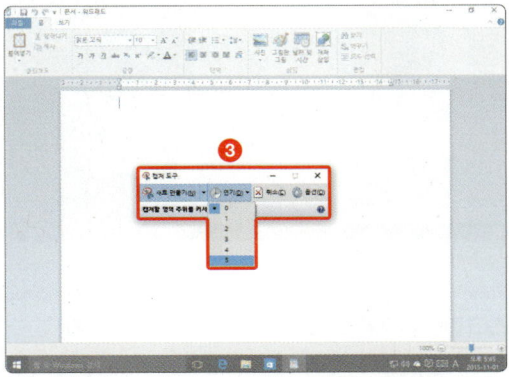

> **tip** 캡처 도구에서 [연기]를 눌러 1~5초 뒤의 화면을 촬영할 수 있습니다. 0은 즉시 촬영하는 옵션입니다.

원격 데스크톱
연결

원격 데스크톱 _ 컴퓨터를 원격으로 사용하기

원격 데스크톱을 사용하면 다른 컴퓨터로 내 PC에 빠르게 접속할 수 있습니다. 한 번만 설정해 놓으면 언제든 쉽게 접속해서 사용 가능합니다.

사전 설정: 원격 데스크톱 연결 허용하기

[웹 및 Windows 검색]에 '원격 액세스'를 입력해 [컴퓨터에 대한 원격 액세스 허용📧]을 실행하세요. 원격 설정이 열리면 [이 컴퓨터에 대한 원격 연결 허용]을 체크하면 됩니다.

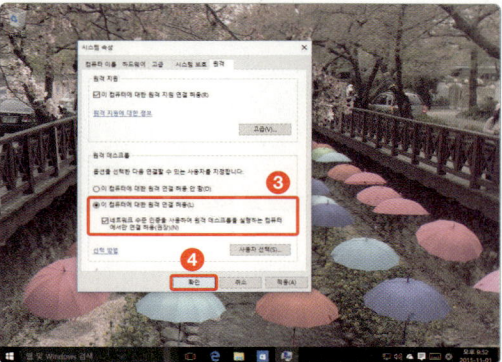

이제 방화벽에서 원격 데스크톱에 대한 외부 접속 제한을 풀어야 합니다. [웹 및 Windows 검색]에 '앱 허용'을 입력하여 [Windows 방화벽에서 앱 허용🖼]을 선택하세요. [설정 변경🛡]을 누른 뒤 [원격 데스크톱] 항목에서 [개인]과 [공용]에 모두 체크하면 외부 네트워크에서 원격으로 접속할 준비가 끝납니다.

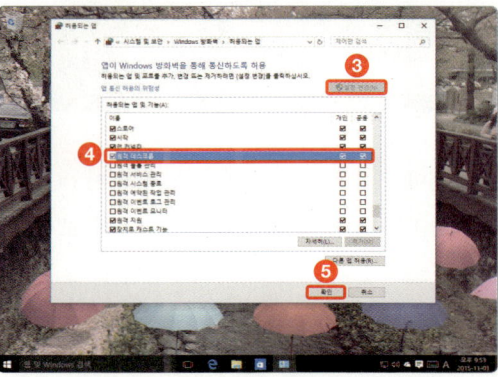

> **tip** 개인 PC가 아니라 회사 컴퓨터라면 기업의 원격 접속 허용과 관련한 정책에 위반되지 않는지 IT 담당자에게 확인할 필요가 있습니다. 특히 [공용]에 대한 방화벽 설정은 외부로 회사 자산이 유출될 수 있으므로 정책적으로 사용 가능한 환경에서만 원격 접속 허용을 설정하기 바랍니다.

원격 데스크톱 연결: 외부에서 컴퓨터에 원격으로 접속하기

이제 원격 데스크톱을 허용한 컴퓨터에 접속하는 방법을 알아보겠습니다. [웹 및 Windows 검색]에 '원격'을 입력해서 [원격 데스크톱 연결]을 실행합니다. 원격 데스크톱 연결이 나타나면 접속할 컴퓨터의 주소(컴퓨터 이름이나 IP 주소)를 입력한 뒤 [연결]을 누릅니다.

접속할 컴퓨터의 사용자 이름과 암호를 입력하고 [확인]을 누릅니다. 원격 컴퓨터에 대한 보안 창이 나오면 [예]를 누릅니다.

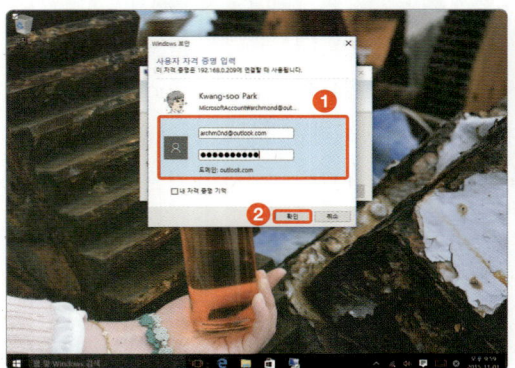 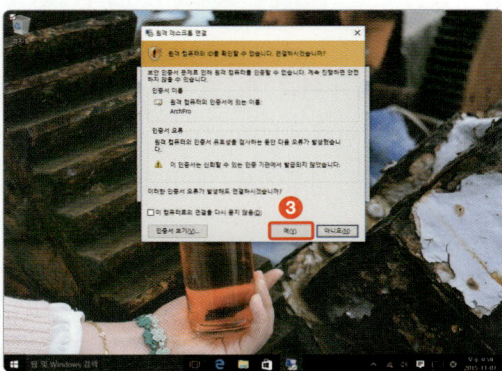

컴퓨터에 원격으로 접속됩니다. 평소에 PC를 사용하듯이 자연스럽게 이용할 수 있습니다. 문서 작업이나 웹 브라우징 등 자유롭게 사용해 보세요.

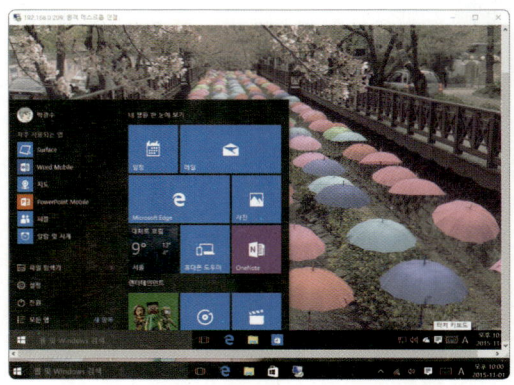 

tip 컴퓨터 이름(호스트명)을 알아내려면 ⊞+R을 눌러 실행 창을 열어 보세요. cmd /k hostname을 입력해 실행하면
컴퓨터 이름이 나타납니다. 원격 데스크톱으로 컴퓨터에 연결할 때 IP 주소 대신 호스트명을 넣어도 좋습니다.

주의: 홈 버전에서는 제한되는 원격 기능

홈 버전에서는 원격 데스크톱 연결 허용이 불가능합니다. 홈 버전은 [기업용 기능]에서 [원격 데스크
톱] 부분이 빠져 있으므로 28쪽을 참고하세요. 원격 허용은 불가능하지만 외부 컴퓨터에 접속하는
데는 문제가 없습니다. 내 PC가 홈 에디션인지 확인하려면 ⊞+X를 눌러 [시스템]에 들어가세요.

 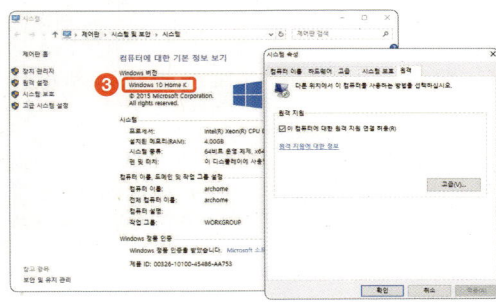

tip 290쪽에서 설명하는 팀뷰어(TeamViewer) 앱을 사용하면 홈 버전에서도 문제없이 원격 연결을 사용할 수 있습니다.

원격 데스크톱 팁: 옵션 변경, 탐색기의 네트워크 위치 활용하기

원격 데스크톱 연결의 옵션에서 [작업 환경] 탭을 누르면 원격 PC 접속 시 나타나는 화면의 품질을
설정할 수 있습니다. 네트워크 속도에 따라 적절한 옵션을 선택하세요. 같은 네트워크에 있는 컴퓨
터라면 탐색기에서 [네트워크 🖧]에 접속해 보세요. 컴퓨터 목록을 마우스 오른쪽 버튼으로 누른 뒤
곧바로 [원격 데스크톱 연결]을 사용할 수 있습니다.

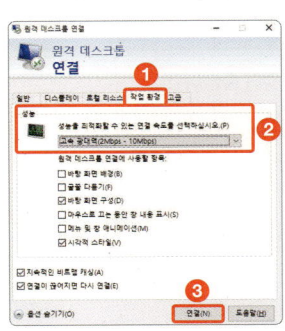 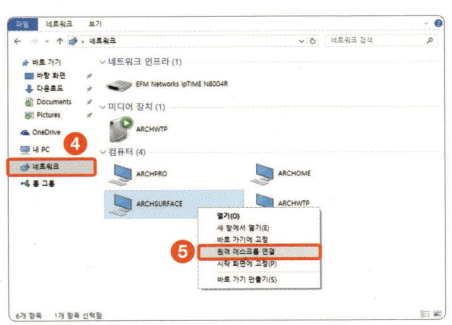

VPN(가상 사설망) _ 외부에서 회사 네트워크 접속하기

VPN(Virtual Private Network)은 공용 인터넷 회선을 사설 전용망처럼 사용하는 기술입니다. 집 PC에 회사 VPN을 추가해 연결하면 공유 폴더에 접근하거나 원격 데스크톱으로 회사 PC에 접속할 수 있어 편리합니다.

사전 설정: VPN 연결 추가하기

[웹 및 Windows 검색]에 'vpn'을 입력한 뒤 [VPN(가상 사설망) 변경]을 실행합니다. 곧이어 [VPN 연결 추가]를 실행합니다.

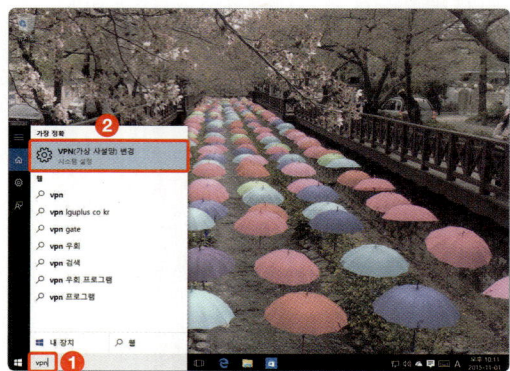
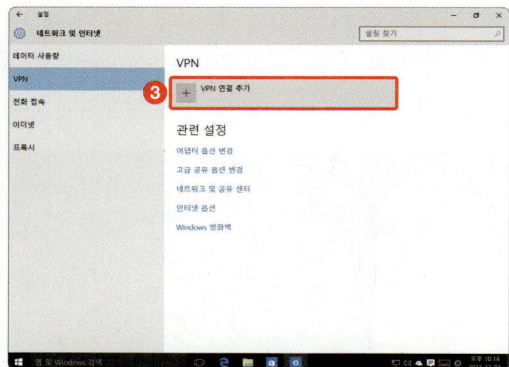

발급받은 VPN 정보를 입력합니다. 오른쪽 아래의 [네트워크 🖥]를 눌러 회사 VPN을 선택하세요.

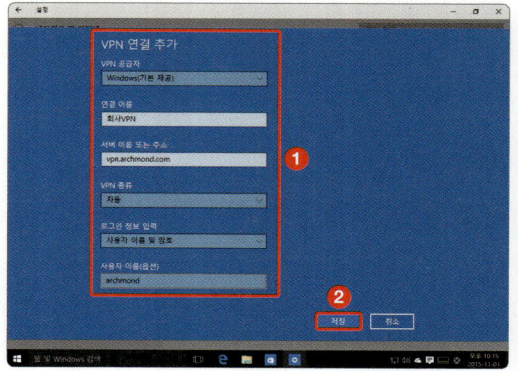

> **tip** 회사의 VPN 접속 권한을 갖고 있더라도 보안상 안전하지 않은 장소에서는 연결하지 않는 것이 좋습니다.

VPN 접속: 외부에서 회사 네트워크에 연결하기

[회사 VPN ✺]을 선택해 [연결]을 누릅니다. [연결됨]으로 나오면 이제부터 회사 네트워크를 사용할 수 있습니다.

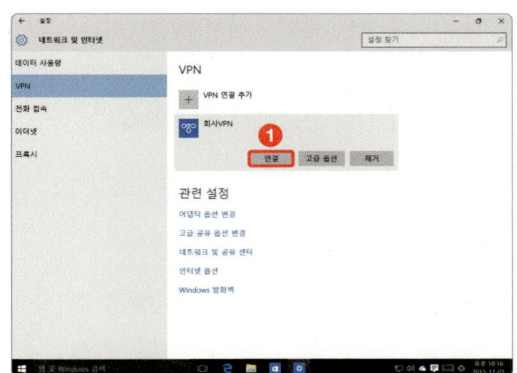 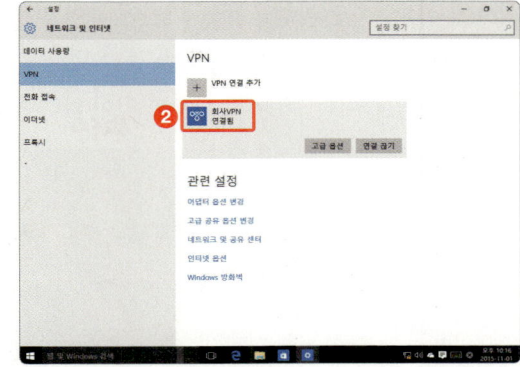

원격 데스크톱 연결: 회사 컴퓨터에 원격으로 접속하기

회사에 있는 PC의 IP 주소나 컴퓨터 이름을 입력해 연결합니다. 사용자 이름과 암호를 입력합니다.

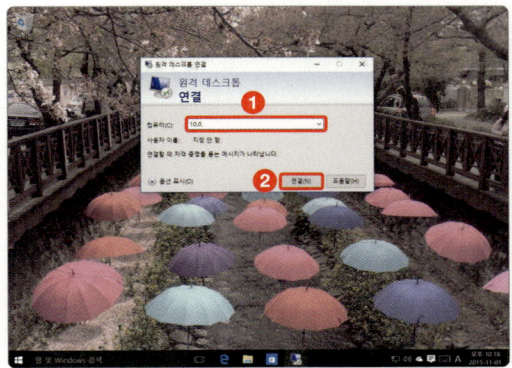 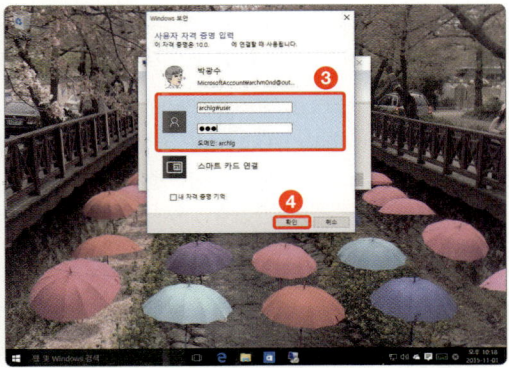

회사에서 열어 놓은 창을 그대로 보면서 집에서 업무를 계속할 수 있습니다. 파일을 복사하는 것도 가능합니다.

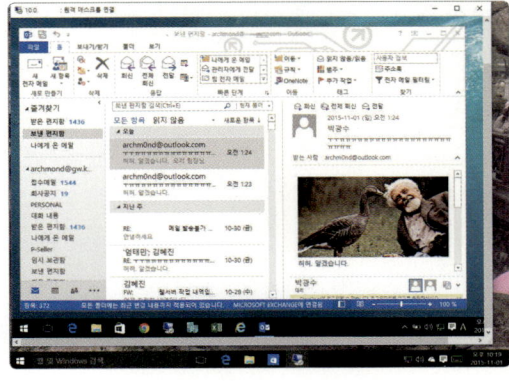 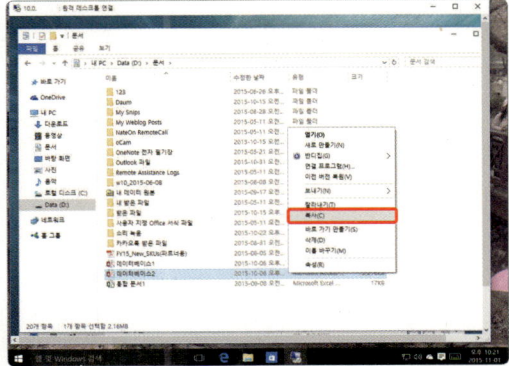

회사에서 작업하던 파일을 바탕 화면에 붙여 넣은 모습입니다. 사용이 끝났다면 VPN 연결을 종료하세요. 알림 영역의 [네트워크 🖥️]를 눌러 회사 VPN을 다시 선택합니다. [연결 끊기]를 누르면 접속을 끝낼 수 있습니다. 더 이상 사용할 일이 없다면 반드시 VPN 연결을 종료하시기 바랍니다.

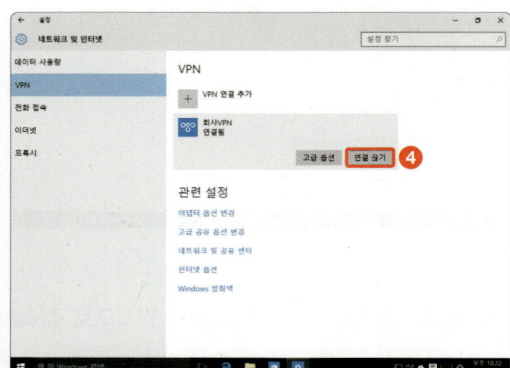

---

tip 사용하는 공유기에서 VPN을 지원한다면 한번 설정해 보세요. 외부에서 홈 네트워크에 접근 가능해집니다.

- ipTIME(EFM): https://goo.gl/96MHVN (공식 홈페이지 Q&A)
- D-Link: http://goo.gl/Ud8NMP (커뮤니티 사이트 클리앙 게시물)
- netis: http://goo.gl/Y7HRTs (공식 홈페이지 Q&A)

장치 및 프린터

PDF로 인쇄 _ 언제 어디서나 PDF 문서로 저장하기

윈도우 10에 내장된 PDF 인쇄 기능을 활용해 보세요. PDF로 저장하는 데 별도의 프로그램이 필요하지 않습니다.

인쇄할 때 [Microsoft Print to PDF]를 선택해 저장하기

인터넷 웹 브라우저에서 [Microsoft Print to PDF] 프린터를 지정해 인쇄해 보세요.

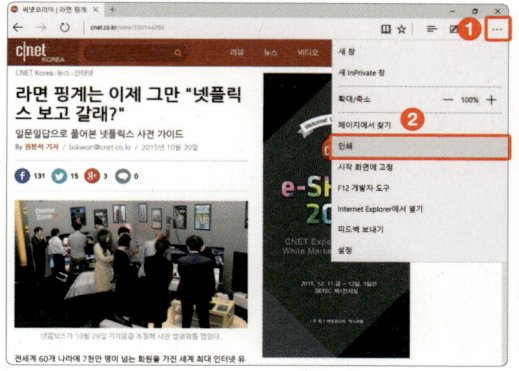 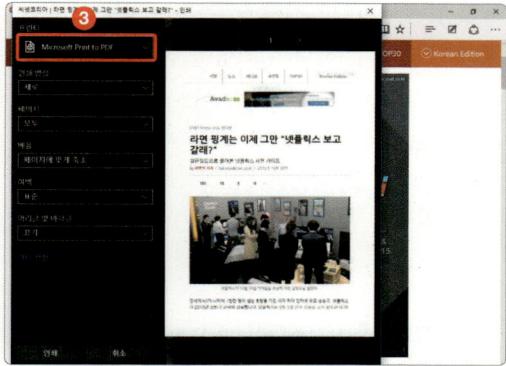

인쇄가 완료되면 오른쪽 아래에 [저장됨]이라는 메시지가 보입니다. 탐색기를 열어 문서 폴더에 들어가면 웹 페이지 제목으로 되어 있는 PDF 파일을 찾을 수 있습니다. 워드, 파워포인트, 엑셀뿐 아니라 인쇄가 가능한 모든 프로그램에서 PDF 인쇄 기능을 지원합니다.

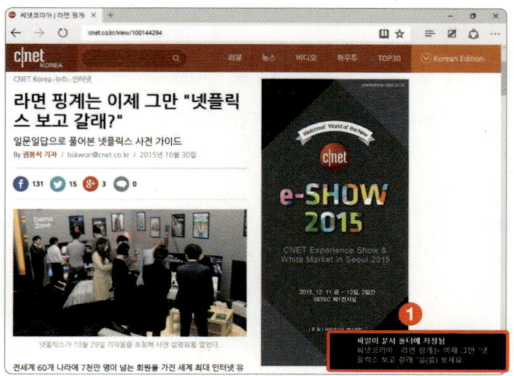 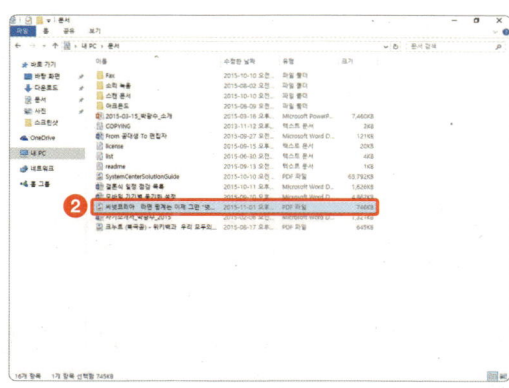

> **tip** 마이크로소프트가 만든 가벼운 PDF 뷰어를 알아보려면 208쪽을 참고하세요.

문자표

문자표 _ 특수문자를 쉽게 입력하는 방법

문자표를 이용하면 여러 특수문자들을 한번에 보고 입력할 수 있습니다. 문자표에서 찾아낸 특수문자들을 이용해서 문서를 좀 더 쉽게 작성해 보세요.

일반적으로 사용하는 특수문자 입력법

일반적으로는 한글의 초성(ㄱ~ㅎ)을 입력하고 한자를 누른 뒤 특수문자를 입력합니다(특수문자 목록을 펼쳐보려면 [≫]를 누릅니다). 하지만 이런 방법은 여러 개의 특수문자를 입력하기 힘들다는 한계가 있습니다. 하나의 초성을 넘어가는 다양한 특수문자를 한자리에서 볼 수 없다는 문제도 있습니다. 내가 원하는 특수문자가 어느 초성에 포함되어 있는지 확인하느라 시간을 허비하기도 합니다.

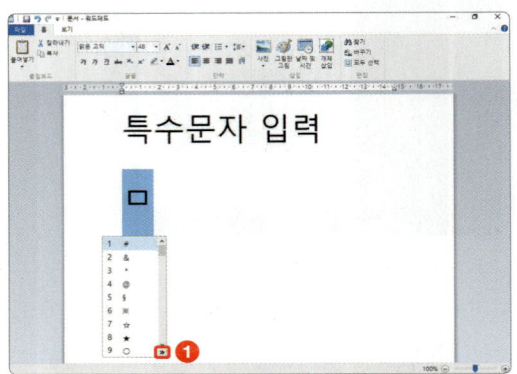 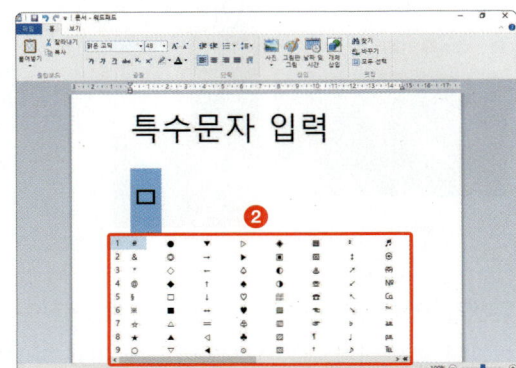

문자표에서 특수문자 복사하기

문자표를 이용하면 여러 특수문자를 한번에 보고 입력할 수 있습니다. [웹 및 Windows 검색]에서 '문자표'를 입력해서 실행합니다. 문자표가 열리면 글꼴 종류를 바꿔 줍니다. 자주 사용하는 [맑은 고딕]을 선택해 보세요.

 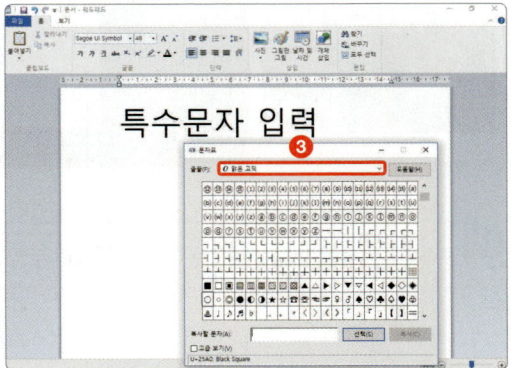

문자표의 특수문자 활용하기

스크롤바를 내리면서 다양한 특수문자를 보고 원하는 것을 선택할 수 있습니다. 입력하고 싶은 문자를 더블클릭한 뒤 [복사]를 누르면 붙여넣을 준비가 끝납니다. 한번에 여러 개의 특수문자를 입력하는 것도 가능합니다. 입력할 곳을 마우스 오른쪽 버튼으로 누른 뒤 [붙여넣기]를 누르거나 Ctrl + V를 눌러도 됩니다.

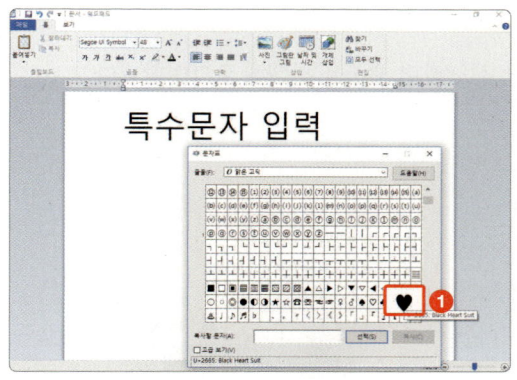 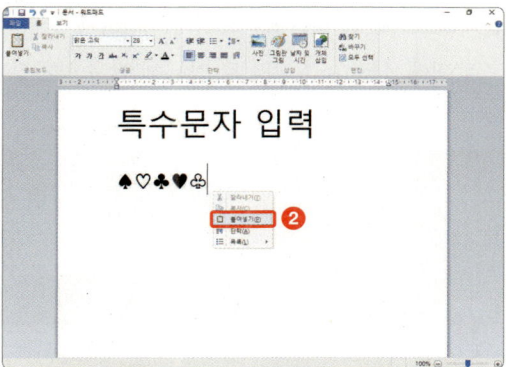

다양한 특수문자를 지원하는 wingdings, webdings 글꼴

좀 더 다양한 특수문자를 입력하고 싶다면 글꼴을 [wingdings], [webdings]로 바꿔 보세요.

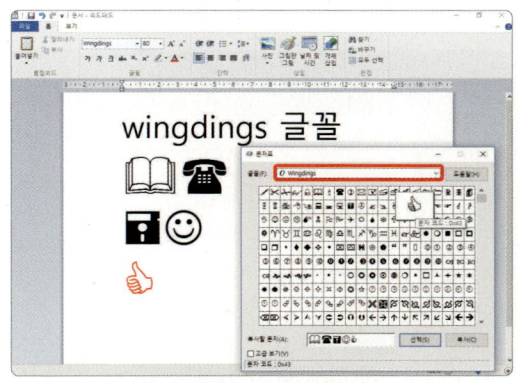 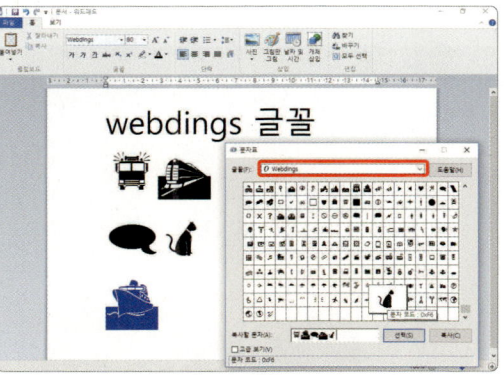

tip Wingdings는 기호 문자를 모은 글꼴로 윈도우 3.1 시절부터 기본으로 제공됩니다. Webdings는 윈도우 98에서 처음 제공되었으며 주로 웹 페이지에 사용할 목적으로 만들어졌다고 합니다. Segoe UI Symbol도 추천할 만한데 체스 카드, 수학 기호, 화살표 기호, OCR, 점자 등 다양한 문자를 입력할 수 있어 편리합니다.

분더리스트 _ 강력한 작업 관리 앱

분더리스트(Wunderlist)는 유명한 '할 일 목록' 앱입니다. 분더리스트 앱으로 중요한 작업부터 효율적으로 처리해 보세요. iOS나 안드로이드용 앱, 심지어는 웹 사이트에서도 분더리스트를 사용할 수 있습니다.

분더리스트로 할 일을 스마트하게 처리하기

스토어에서 'wunderlist'로 검색해 앱을 설치합니다. 실행하면 계정을 선택해 로그인합니다.

텅 비어 있는 보관함에 차곡차곡 할 일을 입력하고 새 목록을 만들어 관련 항목끼리 묶어 보세요.

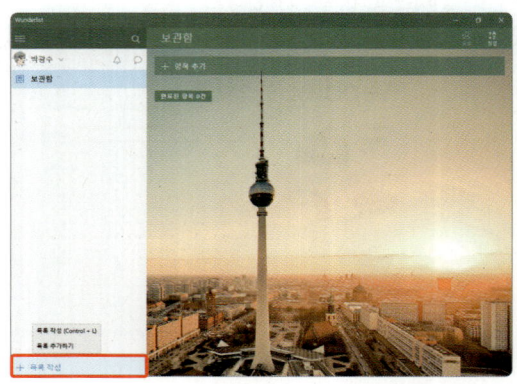
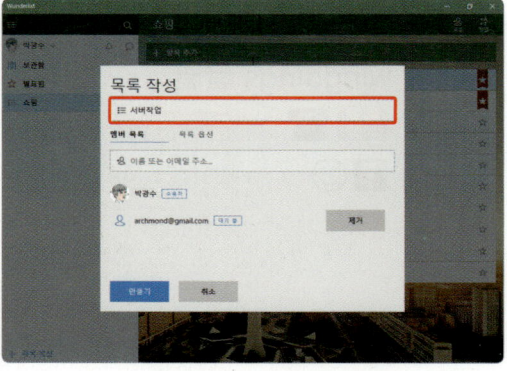

> **tip** 분더리스트 웹 사이트는 wunderlist.com입니다. 다양한 플랫폼용 앱이 준비되어 있습니다.

Bamboo Paper _ 미래의 작가를 위한 아이디어 노트

자료를 수집하는 데 원노트도 좋지만 실제 노트와 비슷한 환경에서 아이디어를 끄적일 땐 Bamboo Paper 앱이 좋습니다. 오프라인의 향이 짙은 Bamboo Paper 앱을 사용해 보세요.

부드러운 펜 입력이 특징인 Bamboo Paper 앱 사용하기

스토어에서 'bamboo'로 검색해 앱을 설치합니다. 앱을 실행하면 사용 방법을 알려줍니다.

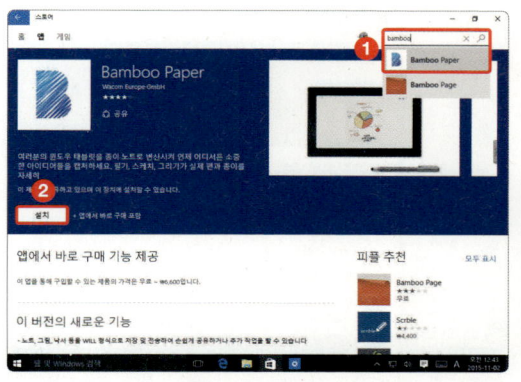

마음에 드는 노트 디자인을 선택하면 마치 실제 노트처럼 부드럽게 필기할 수 있습니다. 사진을 넣거나 형광펜으로 강조하는 것도 물론 가능합니다. 노트한 내용을 PNG나 PDF 파일로 내보낼 수도 있습니다. 다채로운 추가 도구가 제공되며 일부는 유료입니다. 간단한 아이디어 메모라면 무료 도구만 사용해도 충분합니다.

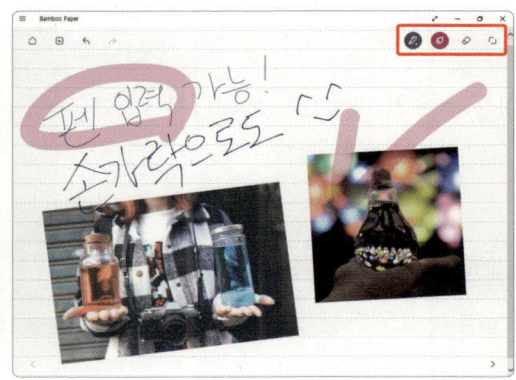

> **tip** 아이디어 노트 작성이 아니라 그림을 그리고 싶다면 142쪽의 FreshPaint 앱을 참고하세요.

팀뷰어 _ 홈 버전에서도 쉽고 빠르게 원격 접속하기

팀뷰어(TeamViewer)를 사용하면 윈도우 10 홈 버전에서도 문제없이 원격 연결을 사용할 수 있습니다. 접속할 대상 컴퓨터에는 데스크톱 버전을 설치하고, 접속할 윈도우 10 PC에서는 가벼운 터치 버전 앱을 사용하세요.

팀뷰어 설치: 원격 접속 환경 준비하기

웹 브라우저로 teamviewer.com에 접속해 정식 버전을 다운로드합니다. 개인이 비영리로 사용할 때에만 무료이며 [설치해 나중에 이 컴퓨터를 원격 제어], [개인용/비상업용]을 선택해 설치합니다.

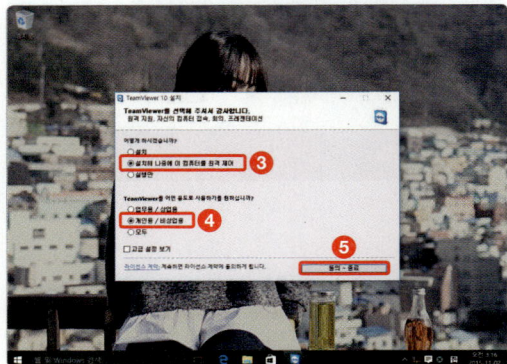

컴퓨터의 비밀번호를 설정하고 TeamViewer 계정을 생성합니다. 원치 않으면 계정을 만들지 않아도 됩니다.

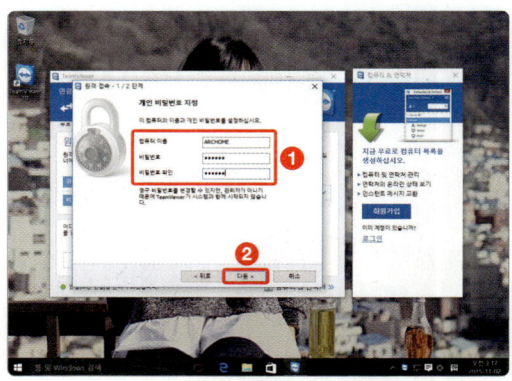
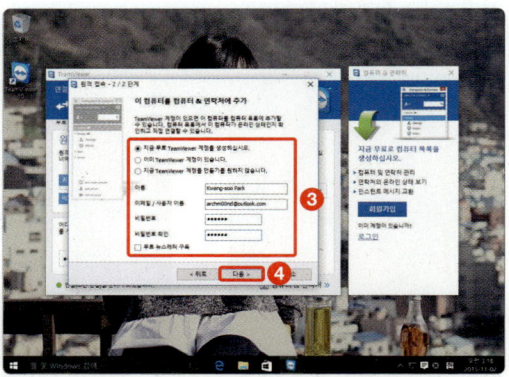

설정이 끝나면 임의로 생성되는 ID와 비밀번호를 확인할 수 있습니다. 방금 생성한 TeamViewer 계정 또는 팀뷰어 프로그램에 보이는 ID와 비밀번호를 통해 컴퓨터에 연결할 수 있습니다.

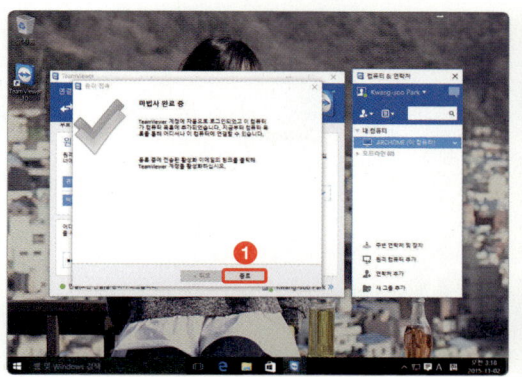 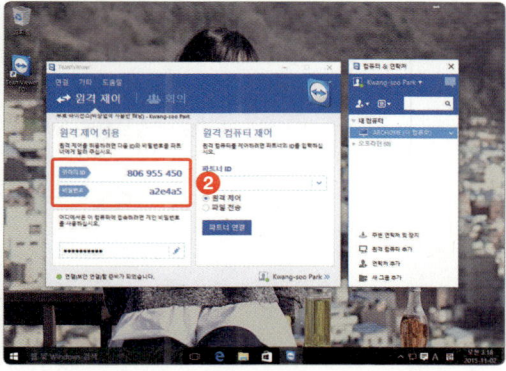

팀뷰어 터치 앱: 원격에서 컴퓨터에 접속하기

원격에서 접속할 컴퓨터가 윈도우 10을 사용한다면 스토어에서 'teamviewer'로 검색해 앱을 설치하세요. 이전에 팀뷰어를 설치할 때 메모했던 ID를 입력해 [원격 제어]를 누르고 비밀번호를 추가로 적어 주면 연결됩니다.

 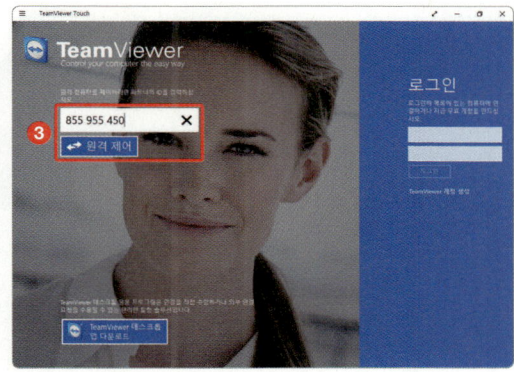

또는 만들어 두었던 TeamViewer 계정으로 로그인하면 연결된 PC가 나옵니다. 컴퓨터 이름을 눌러 접속하면 멀리 있는 컴퓨터를 마치 내 컴퓨터처럼 사용할 수 있습니다.

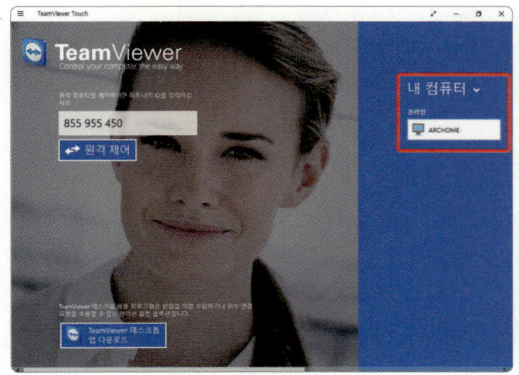 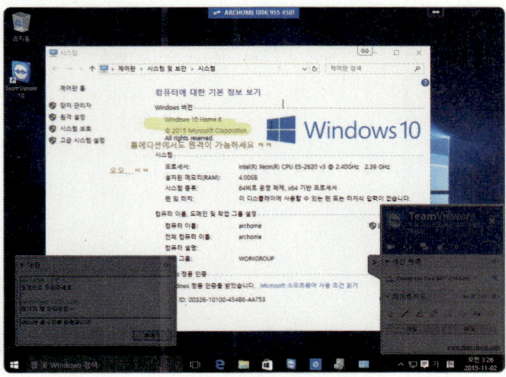

마스터키
숨겨진 기능부터
고급 관리법까지

윈도우 10에 숨어 있는 강력한 기능을 모았습니다.

홈 네트워크, 작업 관리자, 언어 팩 추가 등은 실생활에 많은 도움을 줍니다.

마이크로소프트 계정을 생성하고, 설정을 동기화하며,

윈도우의 분위기를 싹 바꿔 주는 테마 등은 자신만의 PC를 꾸미도록 도와줍니다.

고급 기능인 Hyper-V 가상 컴퓨터 생성과

시험판 윈도우 사용까지 세밀하게 살펴봅시다.

LESSON 01

파일 탐색기
강력한 파일 관리 도구의 모든 것

파일 탐색기는 파일이나 폴더를 관리하는 앱입니다. 파일 만들기, 열기, 편집, 보기, 인쇄, 재생, 이름 바꾸기, 이동, 복사, 삭제, 검색, 속성 수정 등을 할 수 있습니다. 윈도우 95 이후부터 향상되어 온 탐색기의 강력한 파일 관리 기능을 살펴봅시다.

탐색기 화면 구성 살펴보기

[시작 ■]을 눌러 [파일 탐색기 📁]를 선택합니다. 작업 표시줄의 [파일 탐색기 📁]를 눌러도 됩니다. 키보드가 편하다면 단축키 ⊞+E로도 실행할 수 있습니다.

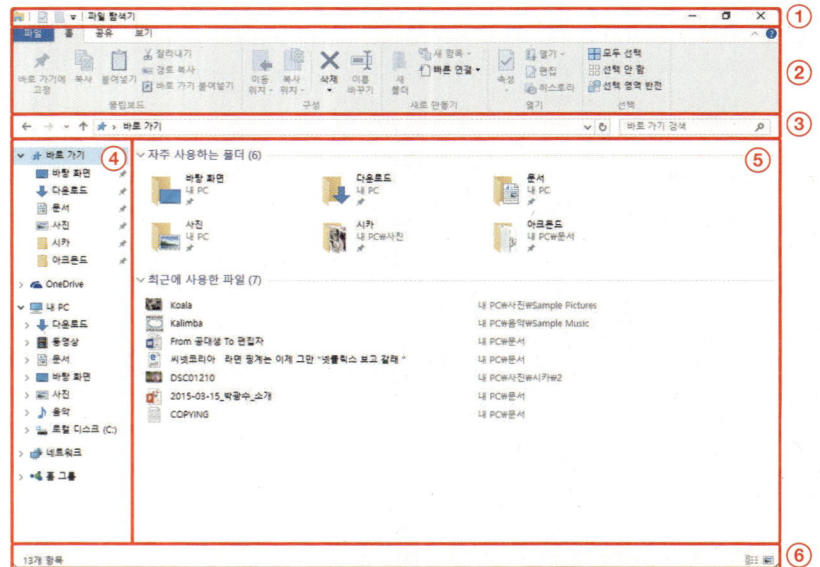

① 빠른 실행 및 제목 표시줄 ② 파일과 폴더의 형식에 따라 바뀌는 리본 메뉴 ③ 내비게이션 바와 검색 상자

④ 탐색 창 ⑤ 파일과 폴더의 내용이 보이는 공간 ⑥ 상태 표시줄

탐색기의 바로 가기 살펴보기

윈도우 10의 탐색기는 조금 더 지능적으로 변했습니다. 탐색기를 실행하면 [⭐바로 가기]가 나타납니다. 이는 웹 브라우저의 [즐겨찾기]와 [자주 찾는 웹 사이트]가 합쳐진 듯한 기능을 제공합니다. 사용자가 굳이 추가하지 않아도 최근에 사용한 폴더와 파일이 나타나며 직접 고정할 수도 있습니다.

자주 찾는 폴더와 파일에 빠르게 접근하기

[⭐바로 가기] 화면을 살펴보겠습니다. 빨간 색 부분은 직접 고정한 항목이며, 푸른 색 부분은 탐색기로 연 파일이 자동으로 추가된 것입니다. [핀📌]은 사용자가 고정시킨 항목에 나타납니다. 이로써 자주 찾는 폴더와 파일에 쉽고 빠르게 접근할 수 있습니다.

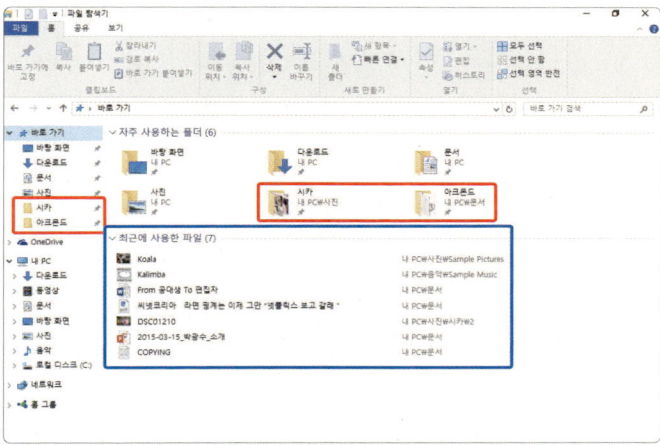

자동 또는 수동으로 바로 가기에 추가하기

파일을 만들거나 수정하면 자동으로 [⭐바로 가기]에 추가됩니다. 직접 고정하려면 원하는 폴더를 마우스 오른쪽 버튼으로 누르고 [바로 가기에 고정]을 선택하세요. 바로 가기에서 지우려면 반대로 [바로 가기에서 제거]를 누르면 됩니다. 일정 시간 후에는 자주 찾는 폴더도 바로 가기에 자동으로 추가됩니다.

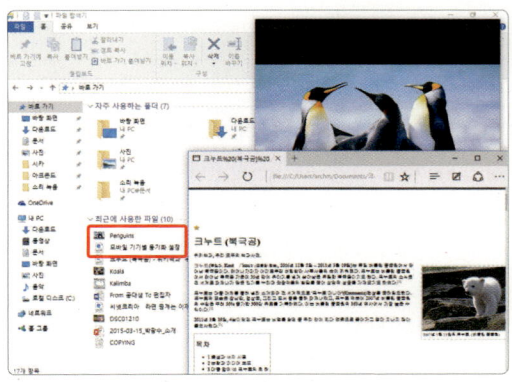
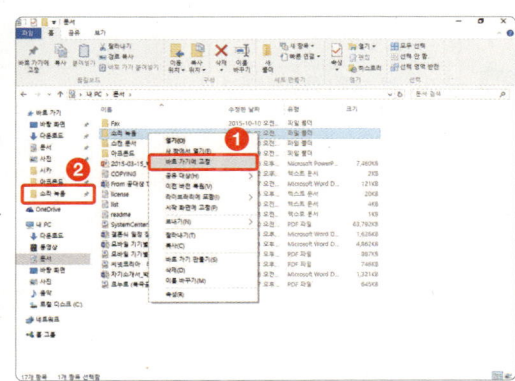

바로 가기 대신 내 PC가 열리게 만들기

파일 탐색기를 열면 [⭐ 바로 가기] 대신 곧바로 [🖥 내 PC]가 열리게 변경할 수 있습니다. 탐색기에서 [파일]의 [폴더 및 검색 옵션 변경]에 들어갑니다. 폴더 옵션 창이 열리면 [파일 탐색기 열기]에서 [내 PC]를 선택하면 됩니다. 이제 탐색기를 켜면 내 PC가 먼저 나타납니다.

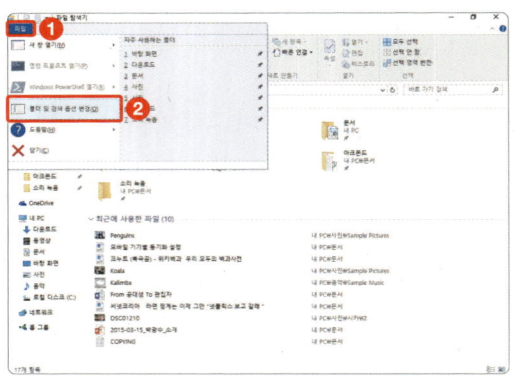 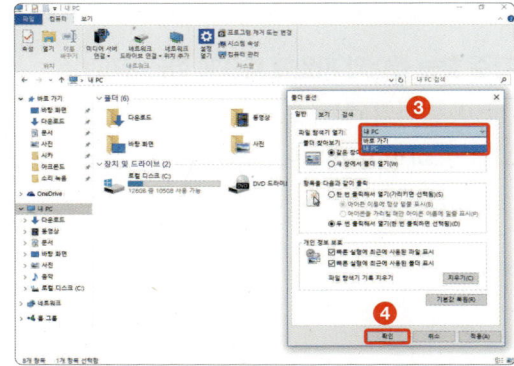

최근에 사용한 파일 지우기

[⭐ 바로 가기]에서 최근 파일을 곧바로 보여 주니 편리하지만, 보안에 민감하거나 보여주지 말아야 할 자료라면 목록에서 지우는 편이 좋습니다. 또는 아예 쌓이지 않게 설정해도 괜찮습니다. [파일]의 [폴더 및 검색 옵션 변경]을 누른 뒤 폴더 옵션 창에서 [개인 정보 보호]의 옵션을 변경하면 됩니다.

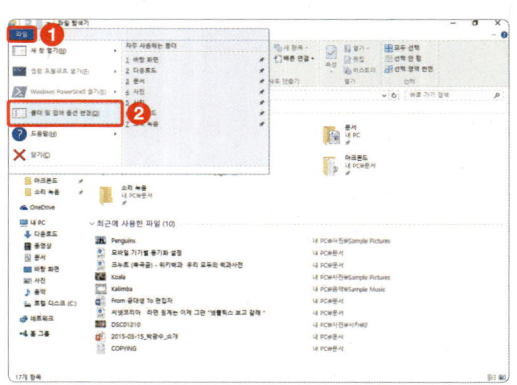 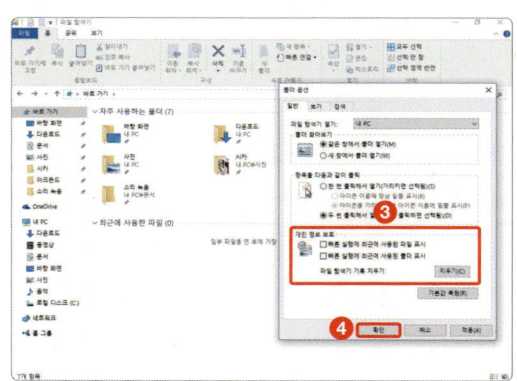

---

tip [개인 정보 보호] 옵션 알아보기   🖥 W i n d o w s 1 0

- [빠른 실행에 최근에 사용된 파일 표시]의 체크를 해제하면 바로 가기에서 [최근에 사용한 파일]이 사라집니다.
- [빠른 실행에 최근에 사용된 폴더 표시]의 체크를 해제하면 고정된 폴더를 제외하고 최근에 사용한 폴더가 나타나지 않습니다. 마치 윈도우 7/8의 '즐겨찾기'처럼 동작하게 됩니다.

사용자 폴더를 다른 드라이브로 옮기기

〈사용자〉 폴더는 윈도우 10에서 중요한 역할을 합니다. '검색, 다운로드, 링크, 문서, 바탕 화면, 비디오, 사진, 연락처, 음악, 저장된 게임, 즐겨찾기'처럼 컴퓨터를 사용하면서 자주 사용하는 작업에 대한 기본적인 폴더를 미리 만들어 놓았습니다.

사용자 폴더를 옮기는 이유

C:₩ 드라이브(부팅 드라이브)에 존재하는 폴더들은 윈도우 10 재설치 또는 하드디스크 포맷 등으로 인해 없어지거나 손상될 가능성이 높습니다. 그래서 자주 쓰는 〈사용자〉 폴더를 부팅 드라이브가 아닌 곳으로 옮기는 것을 추천합니다. 관리나 백업 시에 편리하기 때문입니다.

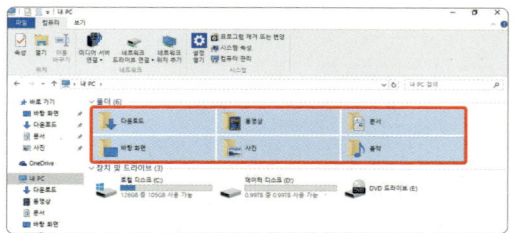 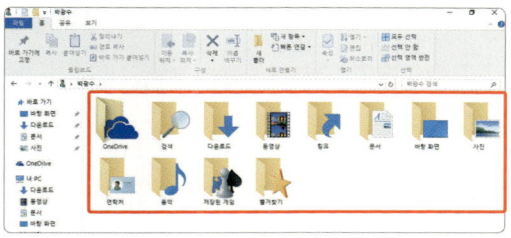

〈내 PC〉의 6가지 폴더는 〈사용자 폴더〉 중 자주 사용하는 항목만 모은 것입니다.

〈사용자〉 폴더는 실제로 〈C:₩사용자〉에 존재합니다.

tip 이 팁은 윈도우 10을 처음 설치하고 나서 바로 적용해 주면 좋습니다.

실전! 사용자 폴더 요소를 옮기기

우선 〈문서〉 폴더를 옮겨 보겠습니다. 〈문서〉 폴더를 마우스 오른쪽 버튼으로 누른 뒤 [속성]을 선택합니다. 속성 창의 [위치] 탭을 누른 뒤 [이동]을 선택해 이동할 위치를 정하고 [확인]을 누릅니다. 파일을 옮길 것인지 물어보면 [예]를 누릅니다. 같은 방법으로 다른 폴더도 옮겨 봅시다.

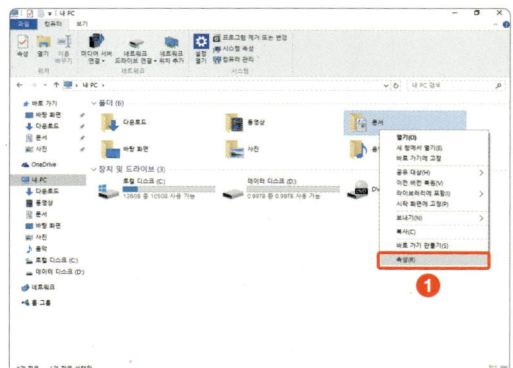 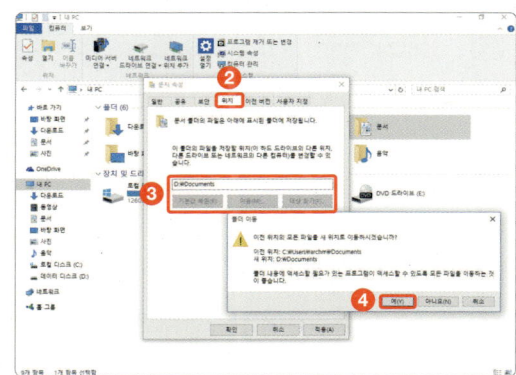

tip 이후 윈도우 10을 새로 설치했을 때 옮겨 놓은 드라이브의 〈사용자〉 폴더들을 다시 지정해 간단하게 복원할 수 있습니다.

공유 기능 활용하기

윈도우 10에서 작업한 파일을 다른 사람과 쉽게 공유하는 방법을 알려드립니다. 탐색기에 별도로 마련된 [공유] 탭을 활용하면 클릭 몇 번 만에 자료를 공유할 수 있습니다.

메일로 파일 공유하기

[공유] 탭에서 메일로 공유하는 방법은 크게 두 가지로 나눕니다. 먼저 메일 앱을 사용하는 방법입니다. [공유] 탭의 [공유 ⚙]를 눌러 [메일 ✉]을 선택하면 메일 앱에 선택한 파일이 첨부됩니다. 본문과 받을 사람을 입력해 메일을 보내세요.

 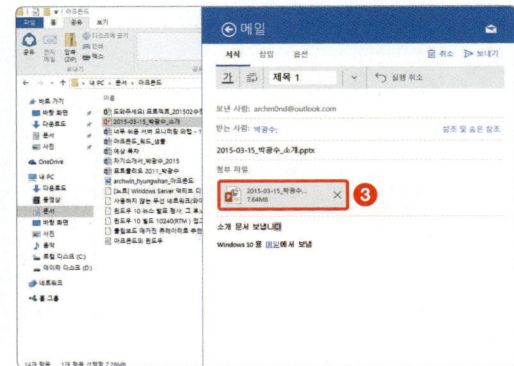

[전자메일 ✉]을 눌러 아웃룩이나 썬더버드 등 데스크톱의 메일 프로그램을 사용할 수도 있습니다. 받을 사람과 내용만 입력하면 해당 파일을 메일로 첨부해 보낼 수 있습니다.

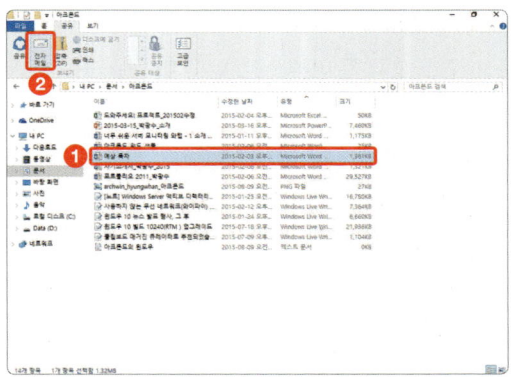 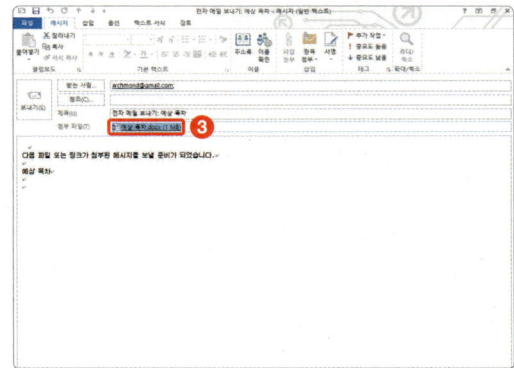

네트워크 공유 설정하기

특정 폴더를 네트워크에 공유하려면 [공유] 탭의 [특정 사용자 👥]를 눌러 보세요. 공유할 사용자를 선택한 뒤 [공유]를 누르면 폴더가 공유됩니다. ₩₩로 시작하는 주소를 잘 메모해 두세요.

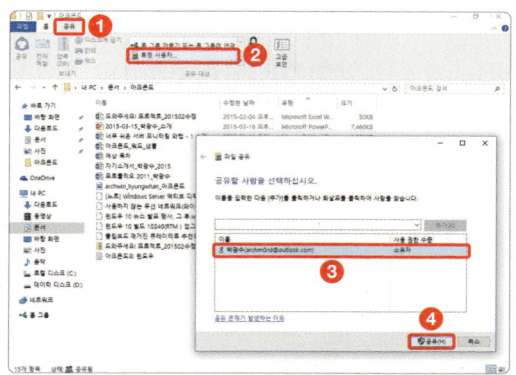
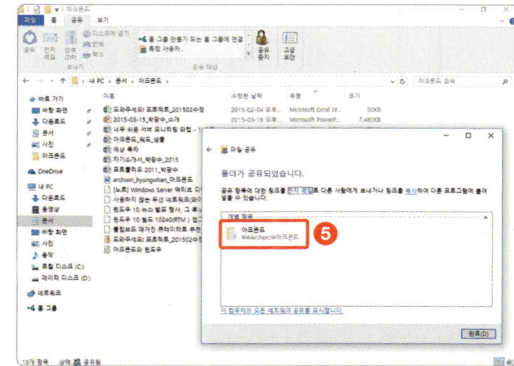

다른 PC에서 공유 폴더에 접근하려면 ₩₩로 시작하는 주소를 입력해 엔터를 누릅니다. 앞에서 공유한 사용자 계정으로 로그인하면 공유된 폴더를 사용할 수 있습니다. 두 컴퓨터가 동일한 계정을 사용한다면 공유 폴더에 접근할 때 암호를 입력하지 않아도 됩니다.

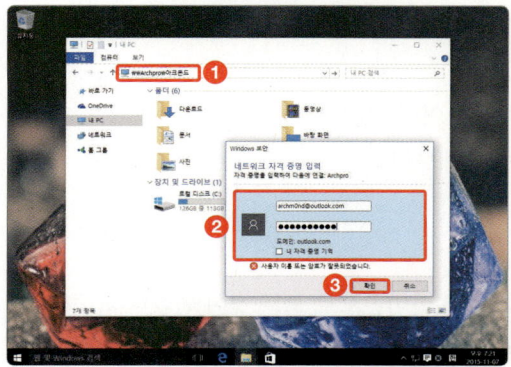
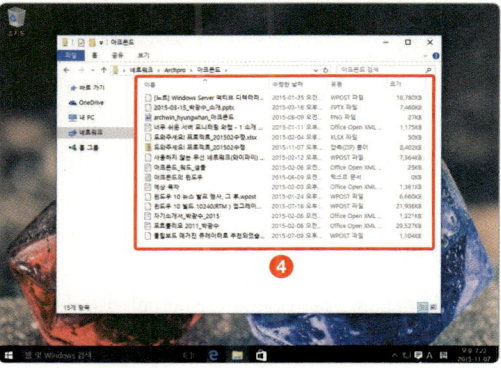

tip 공유를 중단하려면 [공유 중지]를 누른 뒤 한 번 더 [공유 중지]를 선택하세요.

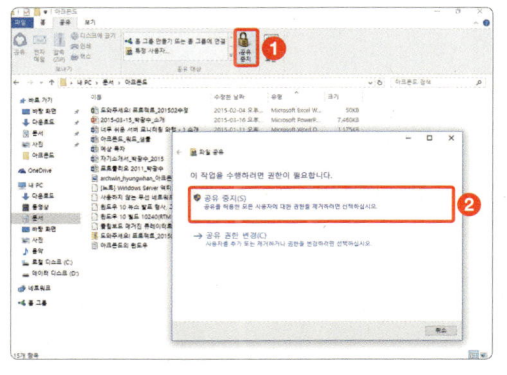

ZIP 파일로 압축하기

문서, 사진을 압축하려면 원하는 항목을 선택한 뒤 [공유] 탭에서 [압축(ZIP) 📙]을 누르세요. 손쉽게 ZIP 압축 파일로 만들어 줍니다. 압축 파일의 이름은 맨 처음에 선택한 파일의 이름을 따라갑니다.

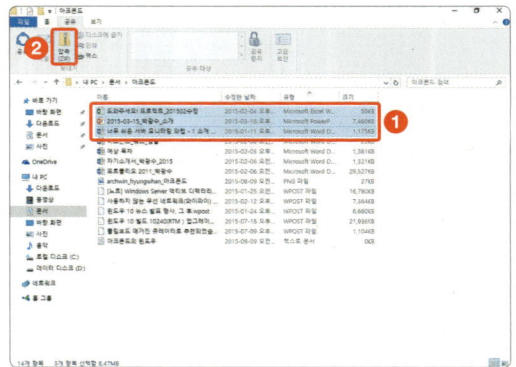
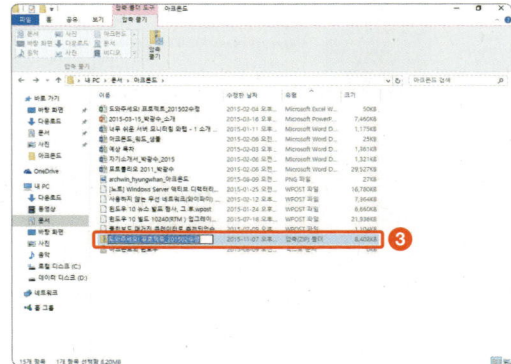

보기 옵션 변경하기

탐색기의 보기 옵션을 적합한 형태로 변경할 수 있습니다. 아이콘을 크게 만들어 내용을 바로 파악하거나, 좀 더 자세한 정보가 나타나도록 보기 옵션을 변경해 보세요.

오른쪽 아래의 단추로 바꾸기

지금 보고 있는 폴더에 사진이나 동영상 파일이 많다면 큰 아이콘으로 보는 것이 편합니다. 그럴 때는 탐색기 오른쪽 아래의 [큰 아이콘 보기🖼]를 누르세요. 반대로 파일 수가 많고 자세한 정보를 확인하고 싶다면 [자세히 보기▤]를 선택하세요.

마우스로 바꾸기

[보기] 탭의 [레이아웃]에서 원하는 보기 방법에 마우스를 갖다 대기만 하면 보기 옵션이 자동으로 달라집니다. 매번 누르지 않아도 편리하게 결과를 확인할 수 있습니다. 아이콘 크기를 조절하려면

Ctrl을 누른 채 마우스 휠을 위아래로 움직여 보세요. 아이콘 크기가 커지거나 작아지는 모습을 살펴볼 수 있습니다.

원하는 보기 모드에 마우스를 갖다 대보세요.

Ctrl+마우스 스크롤을 사용하면 크기가 바뀝니다.

tip Ctrl+마우스 스크롤로는 아이콘의 크기만 조절할 수 있습니다. 목록, 자세히, 타일 모드를 보려면 직접 선택해야 합니다.

단축키로 바꾸기

탐색기의 보기 모드는 단축키인 Ctrl+Shift+1~8로도 빠르게 적용됩니다. 굳이 마우스를 사용하지 않아도 원하는 보기 모드를 빠르게 변경할 수 있습니다.

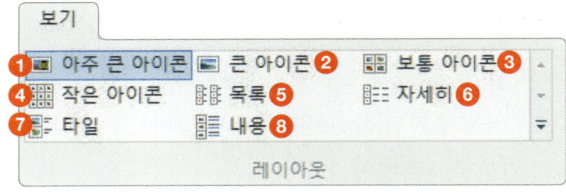

Ctrl+Shift+해당 보기 모드의 숫자 키

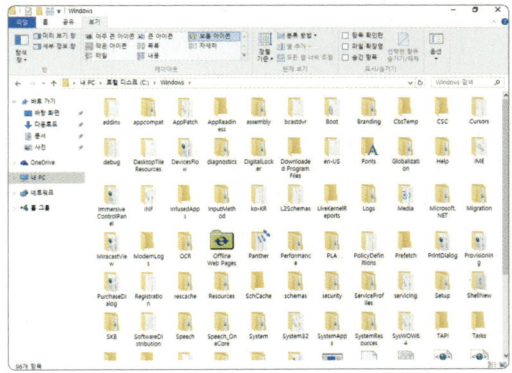

탐색기에서 Ctrl+Shift+3을 눌렀을 때

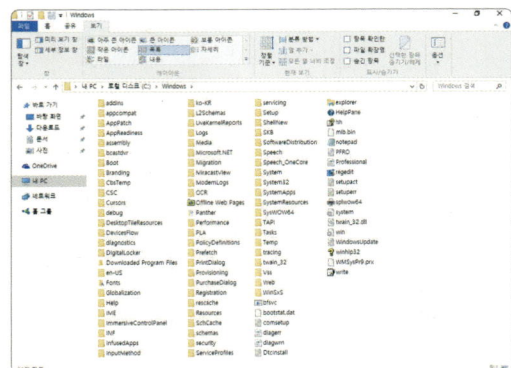

탐색기에서 Ctrl+Shift+5를 눌렀을 때

심지어는 바탕 화면에서도 단축키를 사용할 수 있습니다. 바탕 화면에서 Ctrl + Shift + 1 ~ 8 을 눌러 보세요. 바탕 화면에서도 아이콘 목록을 '자세히' 볼 수 있다는 것이 이 단축키의 묘미입니다.

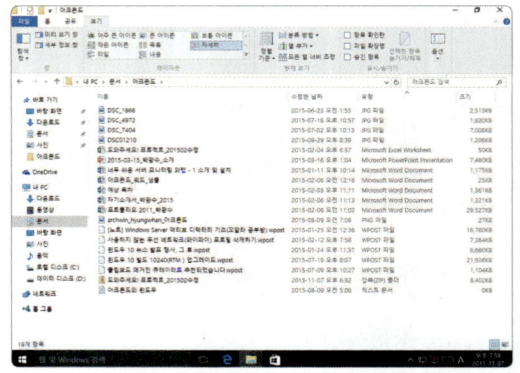

탐색기에서 Ctrl + Shift + 6 을 눌렀을 때

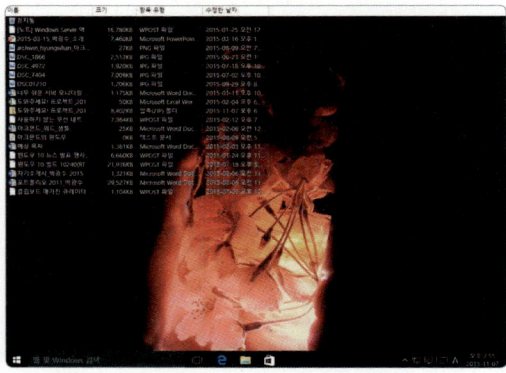

바탕 화면에서 Ctrl + Shift + 6 을 눌렀을 때

빠른 실행 모음에 자주 사용하는 기능 추가하기

탐색기의 제목 표시줄 왼쪽에는 [빠른 실행 도구 모음]이라고 하는 자그마한 공간이 제공됩니다. 이 곳에 자주 사용하는 기능을 추가하면 빠르게 실행할 수 있습니다. 여러분의 작업 스타일에 최적화된 탐색기를 만들어 보세요. 탐색기뿐 아니라 리본 메뉴가 제공되는 모든 앱에서 사용 가능한 팁입니다.

빠른 실행 도구 모음에 아이콘 추가하기

자주 사용하는 기능을 마우스 오른쪽 버튼으로 누른 뒤 [빠른 실행 도구 모음에 추가]를 선택합니다. 추가한 아이콘은 제목 표시줄의 왼쪽에 나타납니다. 이제 추가된 아이콘만 누르면 곧바로 해당 기능 이 실행됩니다. 빠른 실행 도구 모음은 리본 메뉴의 기본적인 특징입니다.

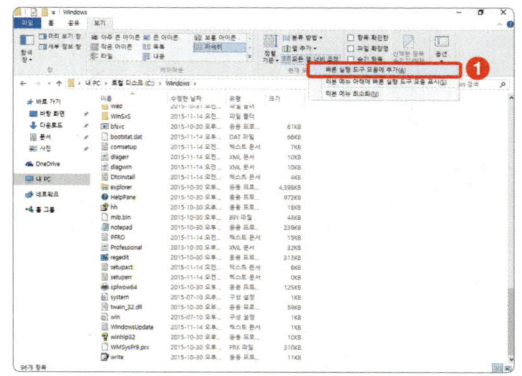

빠른 실행 도구 모음에 [모든 열 크기 조정]을 추가했습니다.

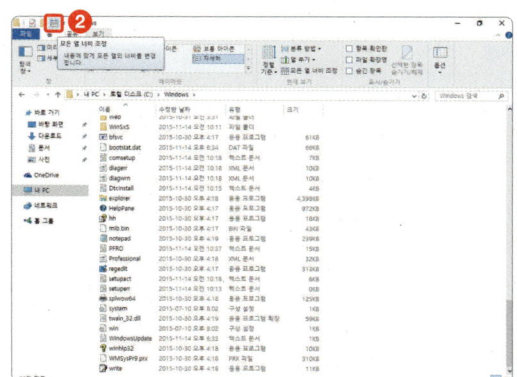

빠른 실행 도구 모음에 추가된 아이콘만 누르면 열의 너비가 적절하게 변경됩니다.

빠른 실행 도구 모음을 아래쪽으로 옮기기

[빠른 실행 도구 모음 사용자 지정 ▼]을 눌러 [리본 메뉴 아래에 표시]를 선택해 보세요. 리본 메뉴 아래에 바 형태로 빠른 실행 도구 모음이 제공됩니다. 빠른 실행 도구 모음을 좀 더 적극적으로 사용할 수 있습니다.

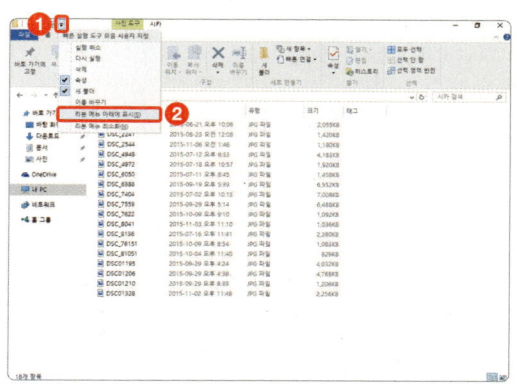 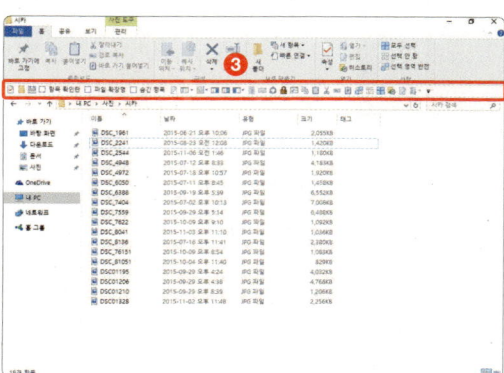

---

tip **키보드로 빠른 실행 도구 모음을 실행하기**   ⊞ Windows10

탐색기에서 Alt를 누르면 빠른 실행 도구 모음을 키보드로 실행할 수 있습니다. Alt를 누른 후 화면에 나타나는 숫자를 누르면 해당 기능이 바로 실행됩니다.

LESSON 02

데이터 CD/DVD 또는 디스크 이미지 굽기

탐색기에서 파일을 끌어 놓기만 하면 데이터 CD/DVD를 손쉽게 만들 수 있습니다. 디스크 이미지라고 불리는 ISO 파일 역시 'Windows 디스크 이미지 버너'를 활용해 간단히 제작 가능합니다. iso 및 img 파일을 지원하며 정상적으로 기록되었는지 확인하는 기능도 갖추었습니다.

데이터 CD/DVD 만들기

기록 가능한 CD/DVD를 컴퓨터에 삽입하면 자동 실행을 거쳐 어떤 작업을 할지 물어봅니다. [디스크로 파일 굽기]를 선택합니다.

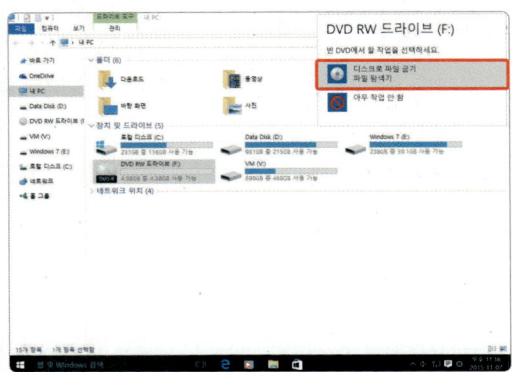

'USB 플래시 드라이브처럼 사용'으로 만들기

디스크 제목(만들어질 CD/DVD의 제목)을 정하고 디스크의 형식을 선택한 후 [다음]을 누릅니다. 디스크의 제목에는 기본적으로 오늘 날짜가 지정되어 있습니다. 선택한 디스크 형식에 따라 디스크를 초기화하는 방법이 달라집니다. 먼저 [USB 플래시 드라이브처럼 사용]을 선택합니다.

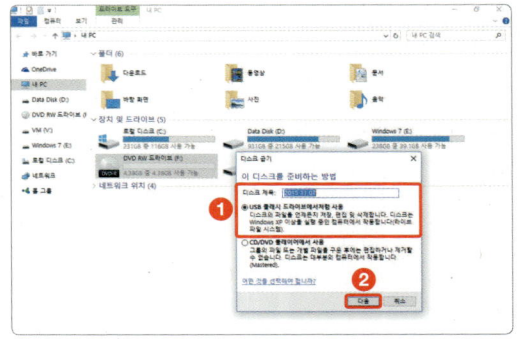
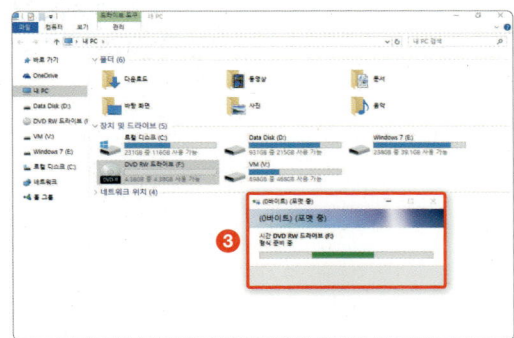

- **USB 플래시 드라이브처럼 사용(라이브 파일 시스템 옵션으로 포맷된 디스크)**: USB 플래시 드라이브처럼 작동합니다. 즉 파일을 즉시 복사합니다. 특정 파일을 삭제하는 것이 가능합니다.
- **CD/DVD 플레이어에서 사용(Mastered 옵션으로 포맷된 디스크)**: 파일을 즉시 복사하지 않습니다. 즉 디스크에 복사할 전체 파일 모음을 구성한 다음 한 번에 구워야 합니다. 특정 파일 몇 개만 삭제하는 옵션을 제공하지 않습니다. MP3 음악 CD처럼 파일이 많은 경우 편리합니다. 컴퓨터, CD 플레이어, DVD 플레이어 및 블루레이 같은 다양한 가전제품과 잘 호환됩니다.

CD/DVD에 넣을 데이터를 선택하고 단축 메뉴를 열어 [보내기]에서 [CD/DVD RW 드라이브]를 선택합니다. 원하는 데이터가 곧바로 디스크에 기록됩니다. 마치 USB 메모리처럼 원하는 데이터를 그때그때 추가해 기록할 수 있습니다.

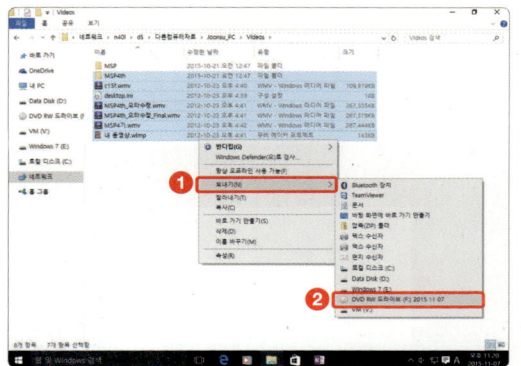
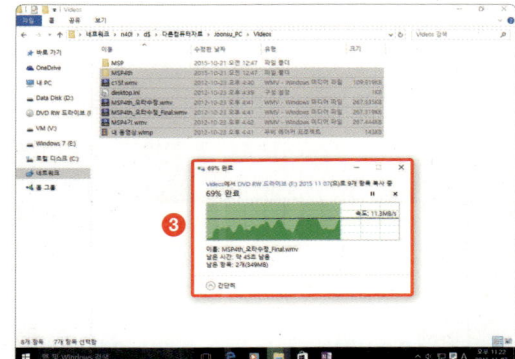

'CD/DVD 플레이어에서 사용'으로 만들기

전체 데이터를 한 번에 구워서 디스크를 마감하는 방식입니다. 한 번 굽고 나면 다시 구울 수 없습니다. 다른 장치와 잘 호환되야 하거나 중요한 데이터라면 이 옵션을 사용하세요. CD/DVD에 넣을 데이터를 선택하고 단축 메뉴를 열어 [보내기]에서 [CD/DVD RW 드라이브]를 선택하면 됩니다.

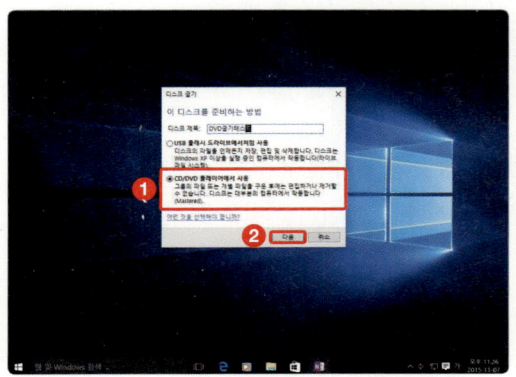
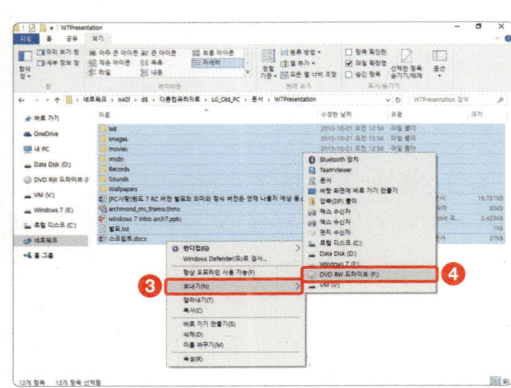

빈 CD/DVD에 구울 파일을 모두 추가한 뒤 준비를 마쳤다면 [굽기 완료]를 누르세요. 디스크에 굽기 창이 나타나면 디스크 제목과 기록 속도를 정한 뒤 [다음]을 누릅니다.

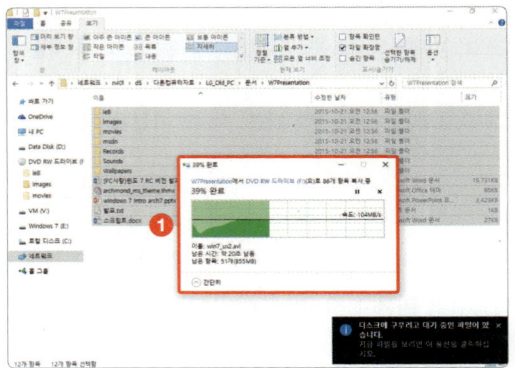
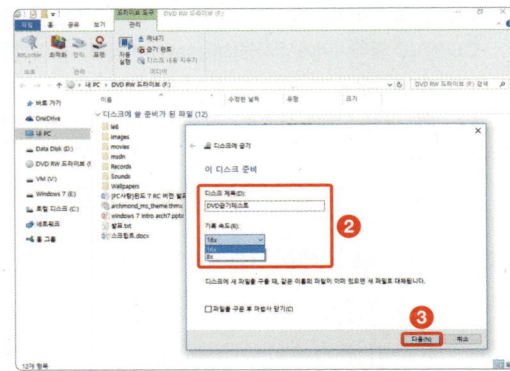

자동으로 디스크에 데이터 파일을 굽습니다. 진행 시간은 기록 속도에 좌우됩니다. 다 구워지면 ODD에서 자동으로 꺼내집니다. [마침]을 눌러 마무리합니다.

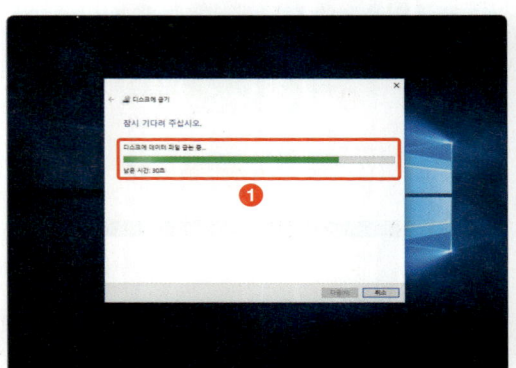
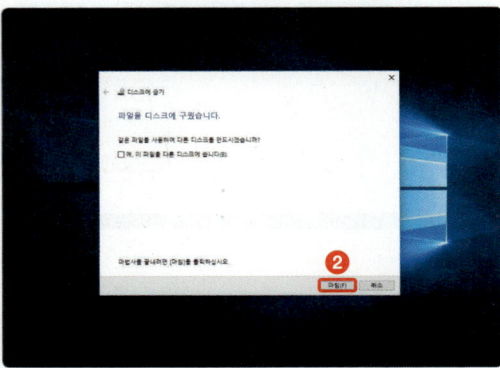

tip 소중한 데이터를 굽는다면 낮은 속도를 선택하세요. 더 안정적입니다.

디스크 이미지 굽기

디스크 이미지 파일 역시 별도의 프로그램 없이도 탐색기에서 편리하게 구울 수 있습니다. 중요한 준비물인 공 CD/DVD를 PC에 삽입합니다. 굽기를 원하는 디스크 이미지 파일을 선택해서 단축 메뉴를 열어 [디스크 이미지 굽기]를 선택합니다.

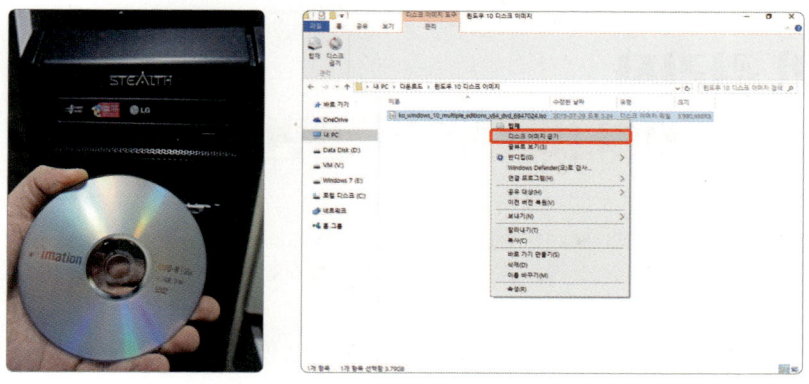

Windows 디스크 이미지 버너가 나타납니다. 아래의 [굽기]를 누르면 바로 작업이 시작됩니다.

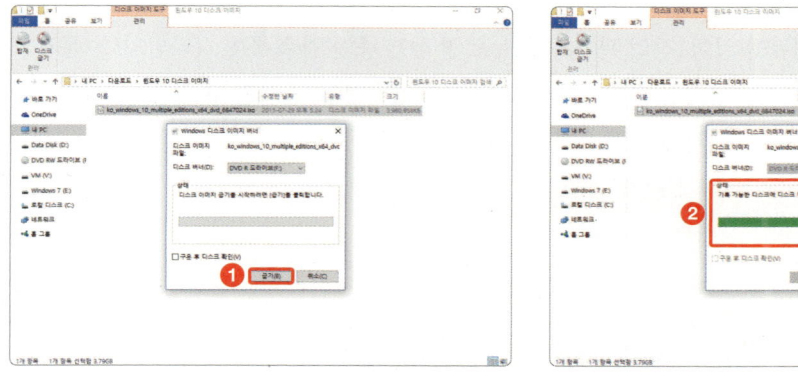

작업이 완료되면 자동으로 디스크가 꺼내집니다. 구워진 DVD를 컴퓨터에 넣어 결과를 확인하세요.

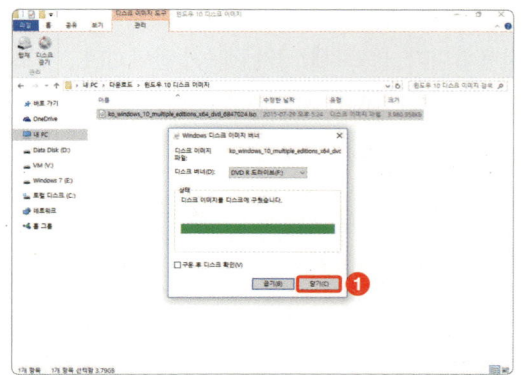

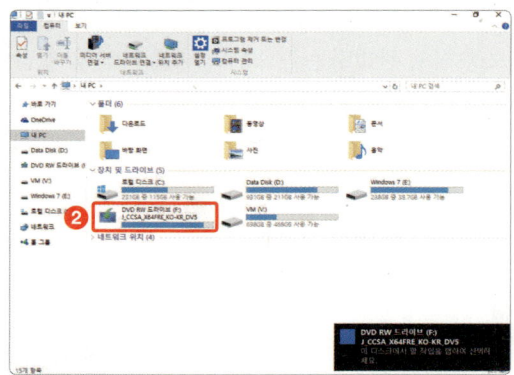

LESSON 03
작업 관리자
컴퓨터를 모니터링하는 간편 도구

이번에 소개할 윈도우 10의 작업 관리자는 일반인도 간단히 컴퓨터를 모니터링 할 수 있는 도구로, 사용 방법이 어렵지 않습니다. 작업 관리자로 실행 중인 프로그램을 확인하고 해당 프로그램이 어떤 상태인지 바로 파악해 보세요.

작업 관리자 기초 배우기

작업 표시줄에서 단축 메뉴를 열어 [작업 관리자]를 누르면 실행 중인 앱 목록이 나타납니다. 문제가 생겼거나 종료할 앱을 선택하여 [작업 끝내기]를 누르면 그 항목을 바로 종료할 수 있습니다. 작업 관리자의 전체 기능을 사용하려면 [자세히]를 누릅니다.

작업 관리자로 컴퓨터 상태 모니터링하기

보통 작업 관리자는 시스템 상태를 확인할 때 많이 사용합니다. [프로세스]와 [성능] 탭의 CPU, 메모리, 디스크, 네트워크에 대한 모니터링만 잘해도 PC 상태를 파악하고 시스템에 영향을 미치는 요소를 살펴볼 수 있습니다.

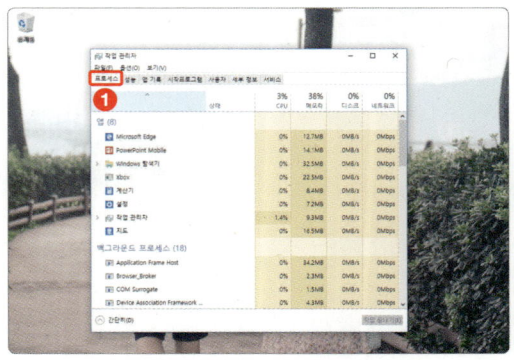

> **tip** 작업 관리자를 실행하려면 Ctrl + Shift + Esc 를 누르거나 Ctrl + Alt + Delete 을 누른 뒤 [작업 관리자]를 선택하세요.

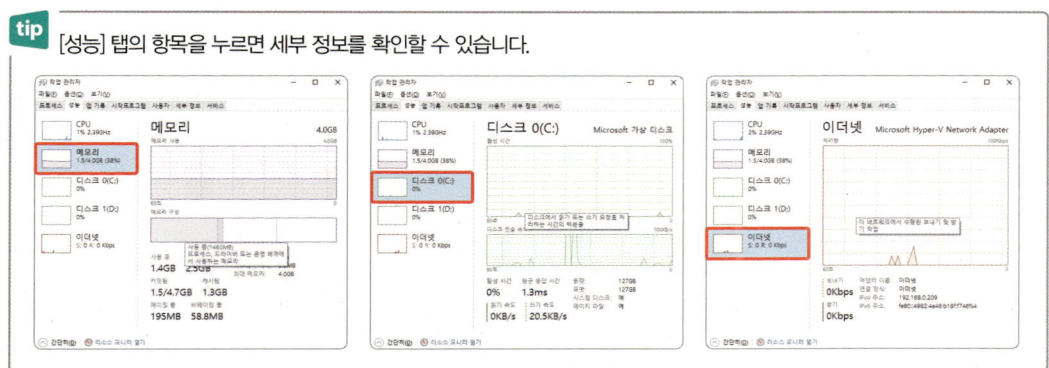

tip [성능] 탭의 항목을 누르면 세부 정보를 확인할 수 있습니다.

작업 관리자로 시작 프로그램 관리하기

컴퓨터를 켜는 시간이 많이 걸리거나 처음보다 시스템 속도가 느려지면 [시작프로그램] 탭에서 필요 없는 항목을 [사용 안 함]으로 설정하세요. 꼭 필요한 것만 남겨 두고 사용하지 않는 것은 끄면 됩니다.

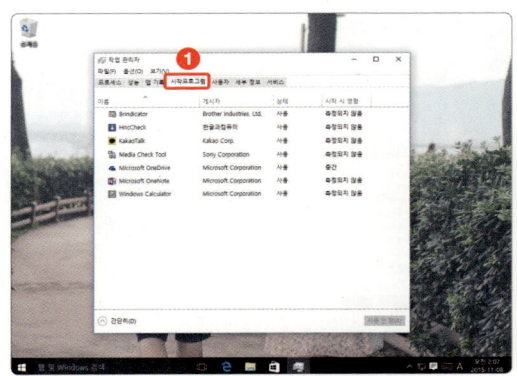
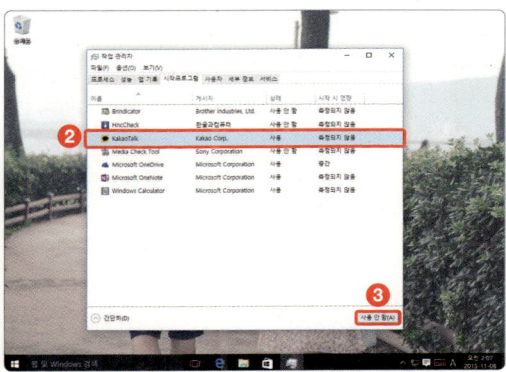

로그인한 사용자별 자원 사용량 보기

[사용자] 탭에서는 PC에 로그인된 유저의 시스템 자원 사용량을 볼 수 있습니다. 여러 명이 사용하는 PC라면 한번 살펴보세요.

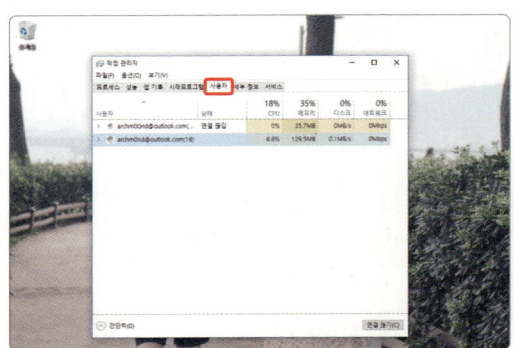
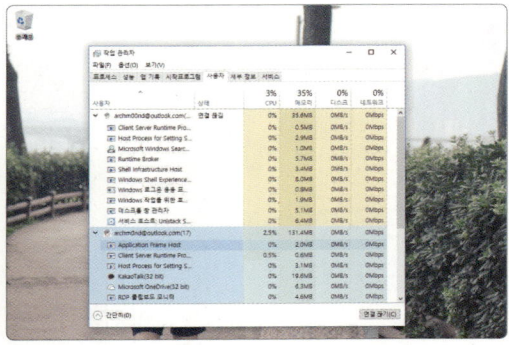

세부 정보 및 서비스 확인하기

[세부 정보] 탭과 [서비스] 탭에서는 실행 중인 프로그램과 서비스의 상태, 자세한 정보를 살펴볼 수 있습니다.

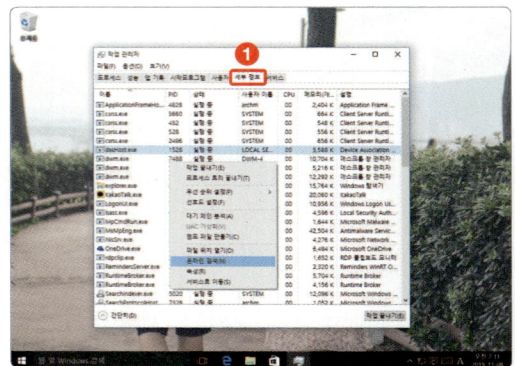 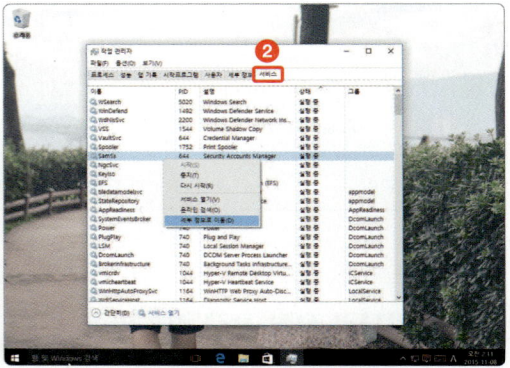

tip 시스템이 멈췄거나 바탕 화면, 작업 표시줄이 제대로 응답하지 않으면 [Windows 탐색기]를 [다시 시작]하세요. 전체적인 창이 다시 열리면서 바탕 화면, 파일 탐색기, 작업 표시줄 등의 문제가 해결되는 경우가 있습니다.

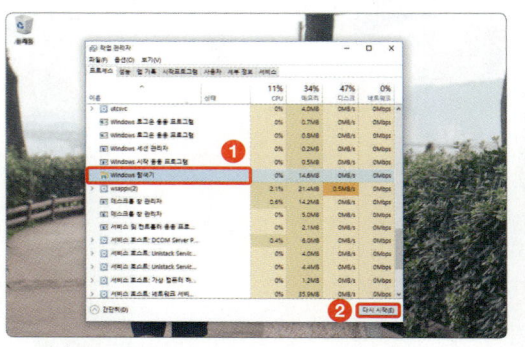

시스템 상태를 위젯으로 살펴보기

컴퓨터 자원을 실시간으로 모니터링하는 위젯으로 작업 관리자를 탈바꿈시킬 수 있습니다. 먼저 작업 [옵션] 탭에서 [항상 위에 표시]를 선택하면 다른 작업 중일 때도 작업 관리자 창이 가려지지 않고 계속 나타납니다. [성능] 탭에서 CPU나 메모리, 디스크 등 왼쪽 항목을 더블클릭해 보세요.

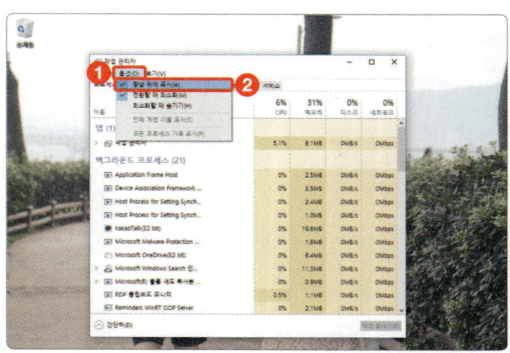 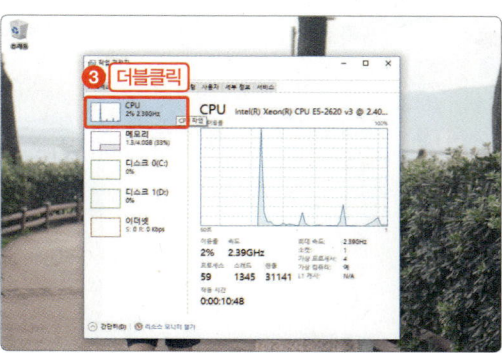

작업 관리자가 작고 귀여운 크기로 변하면서 마치 위젯처럼 나타납니다. 다른 창을 띄우더라도 제일 앞에 나타납니다. 위젯 위에서 마우스 오른쪽 버튼을 누른 뒤 [그래프 숨기기]를 선택하면 필요한 수치 정보만 나옵니다. 시스템 자원의 사용 현황을 실시간으로 파악하고 싶다면 위젯을 띄워 보세요.

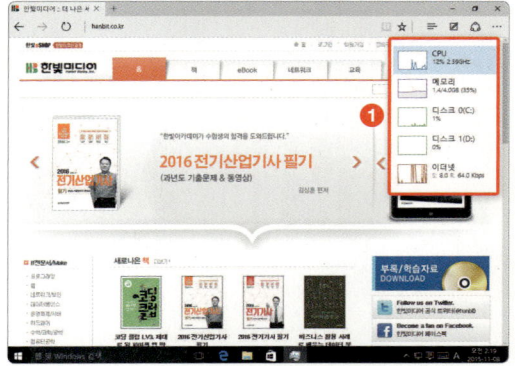

tip 복사 기능이 있다는 것도 잊지 마세요. 왼쪽의 CPU, 메모리, 디스크 등의 항목을 복사해서 텍스트 형식으로 붙여 넣을 수 있습니다.

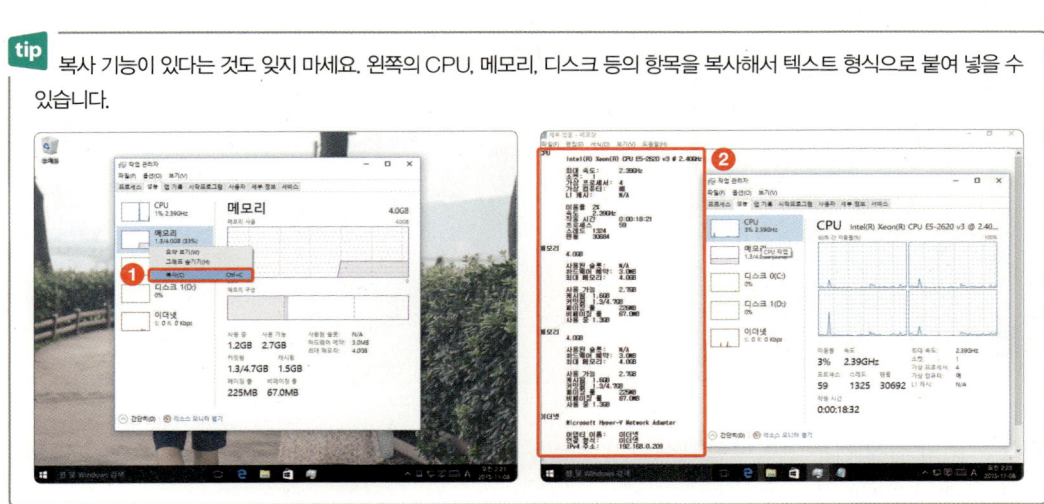

LESSON 04

설정
제어판을 대체하는 새로운 앱

제어판은 PC의 여러 옵션을 바꾸는 역할을 합니다. 윈도우 10에는 전통적인 제어판보다 더 빠르게 옵션을 변경하는 설정 앱이 추가되었습니다. 기존 설정부터 새로운 기능의 옵션 변경까지 더욱 풍성해졌습니다. 설정 앱의 검색 상자에 키워드를 입력하면 원하는 설정 메뉴로 곧바로 이동합니다.

설정 앱 살펴보기

[시작 ⊞]을 눌러 [설정]에 들어가 보세요. 윈도우 10 시대의 제어판은 각종 설정이 범주별로 직관적인 아이콘과 설명으로 구성되어 있습니다. ⊞+ I 또는 알림 센터에서 [모든 설정]을 눌러도 됩니다.

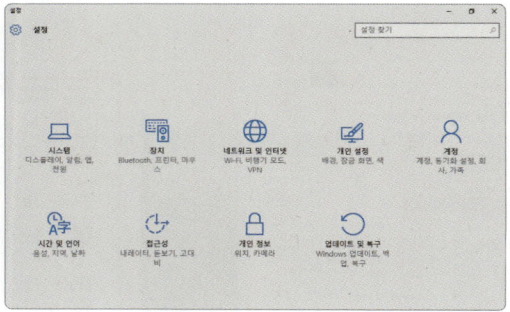

윈도우 10의 설정 앱은 고전적인 제어판의 기능을 대부분 흡수했지만 여전히 구식 제어판에서만 제공하는 기능도 남아 있습니다.

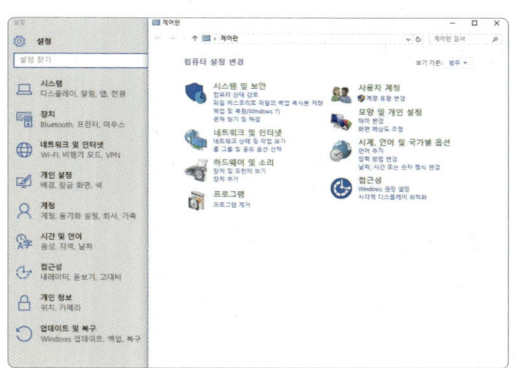

새로운 설정 앱 vs 고전적인 제어판

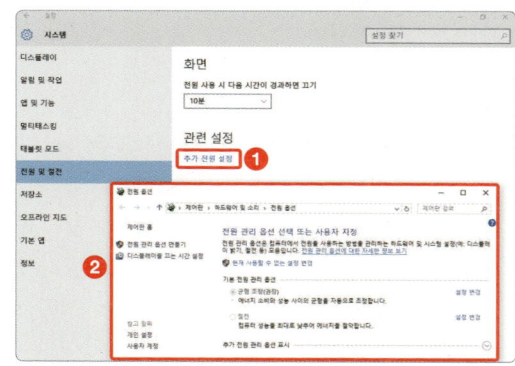

예전 제어판의 항목은 [관련 설정]에 [추가 ## 설정]이라는 링크로 제공됩니다.

 이후에는 설정 앱으로 모든 설정 항목이 들어갈 예정이므로 익숙해지는 것이 좋습니다.

내가 원하는 설정 항목을 검색하기

검색 상자에 키워드를 입력하면 관련 옵션이 나타납니다. 설정하려는 항목이 있다면 검색해 보세요.

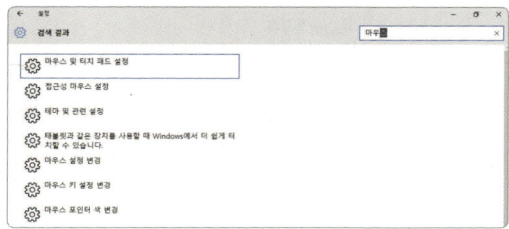 

시작 메뉴에서 설정 검색하기

[웹 및 Windows 검색]에 키워드를 입력하면 관련 설정이 나타납니다. [내 장치]를 눌러 좀 더 자세히 검색할 수 있으며, [표시]에서 [설정]을 선택하면 제어판에서 검색하는 것과 비슷합니다. 굳이 설정 앱까지 가지 않아도 됩니다

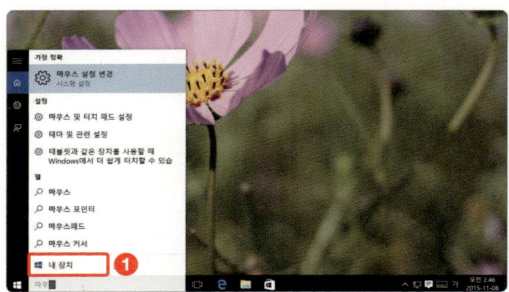 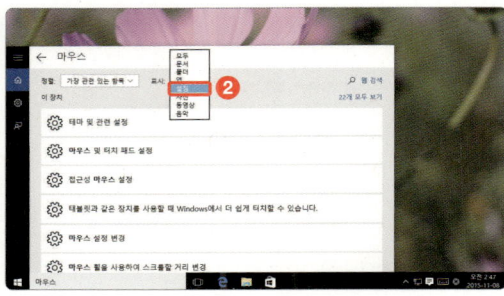

자주 찾는 설정을 시작 화면에 고정하기

자주 찾는 설정이 있다면 단축 메뉴를 열어 보세요. [시작 화면에 고정]을 선택하면 시작 화면에서 쉽고 빠르게 해당 옵션에 접근할 수 있습니다.

 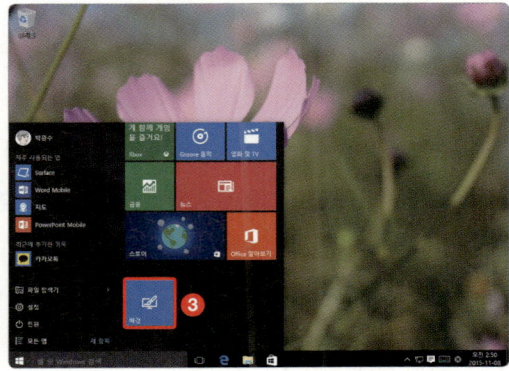

윈도우 업데이트에서
시험판 윈도우 업그레이드까지

윈도우 10은 업데이트가 자동으로 진행되기 때문에 사용자가 설정할 수 있는 항목이 많지 않습니다. 하지만 이후 업데이트될 내용을 미리 확인하고 테스트할 방법을 제공합니다.

윈도우 업데이트 살펴보기

윈도우 업데이트 설정을 변경하려면 설정 앱의 [업데이트 및 복구]에 들어갑니다. [고급 옵션]을 누르면 업데이트 설치 방법을 선택할 수 있습니다. 하지만 기본인 자동 업데이트를 끌 수 있는 방법은 없습니다.

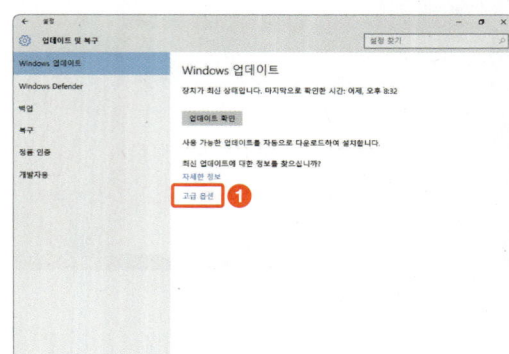
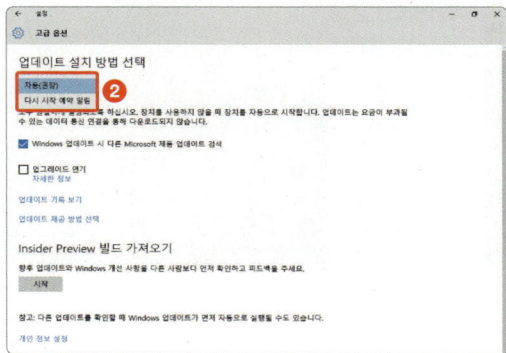

Insider Preview 빌드로 누구보다 먼저 최신 버전 만나기

윈도우 10은 지속적으로 업데이트되는 운영체제입니다. 반년에서 일 년 주기로 대규모 기능 업데이트가 예정되어 있는데 이러한 업데이트를 가장 먼저 테스트할 수 있는 방법이 바로 Insider Preview 빌드를 내려받는 것입니다.

Windows 참가자 프로그램에 가입하기: 시험판을 받기 위한 준비

Insider Preview 빌드를 받으려면 먼저 http://insider.windows.com에 접속해 [Windows 참가자 프로그램]에 가입합니다. 이후 설정 앱의 [업데이트 및 복구]에서 [고급 옵션]에 들어가 Insider Preview 빌드 가져오기의 [시작]을 누릅니다. 시험판 운영체제 및 서비스가 설치된다는 알림이 나오면 [다음]을 누릅니다.

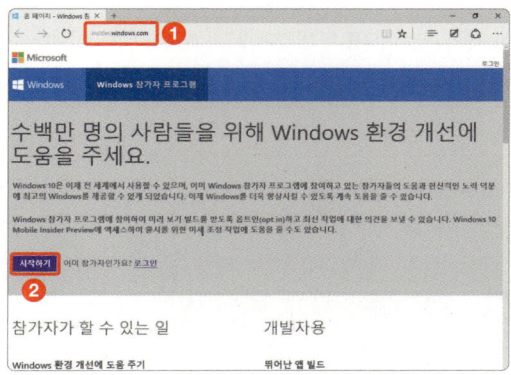 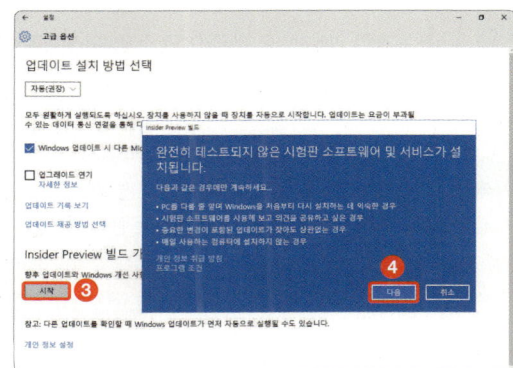

tip 윈도우 10과 참가자 프로그램에 가입한 계정과 마이크로소프트 계정이 동일해야 Insider Preview 빌드를 받을 수 있습니다. 참가자 프로그램에 가입하기 전에는 해당 PC에 시험판 소프트웨어를 설치해도 되는지, 문제 발생 시 복구할 준비가 되어 있는지, 데이터는 제대로 백업되어 있는지 등을 확인할 필요가 있습니다. 매일 사용하는 가정/업무용 컴퓨터에는 적용하지 않는 것이 좋습니다.

Insider Preview 빌드를 중지하면 PC의 모든 내용이 제거되고 윈도우를 재설치해야 할 수 있다는 경고를 보여줍니다. [확인]을 누른 뒤 [지금 다시 시작]을 선택합니다.

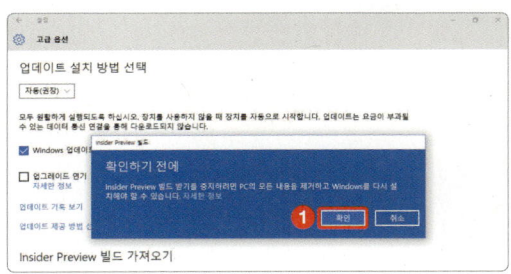 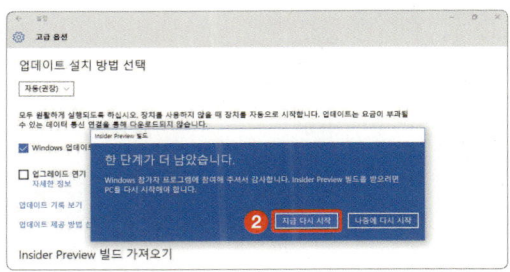

시스템을 다시 시작하면 Insider Preview 빌드를 받을 준비가 끝납니다. 새 빌드는 [초기(Fast)]와 [이후(Slow)] 중에서 선택 가능합니다. [업데이트 확인]을 눌러도 곧바로 새 빌드가 올라오지 않을 가능성이 큽니다.

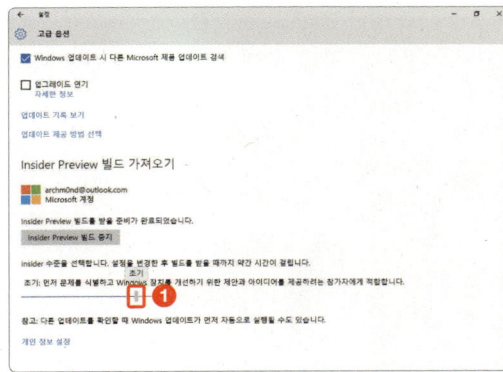 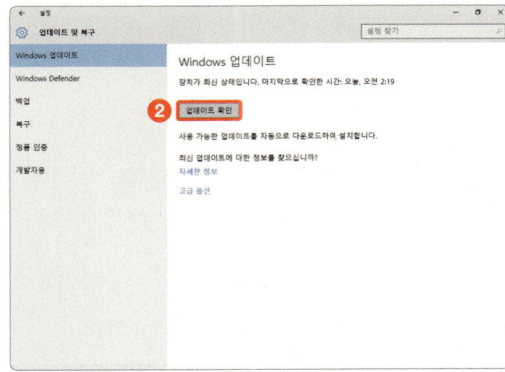

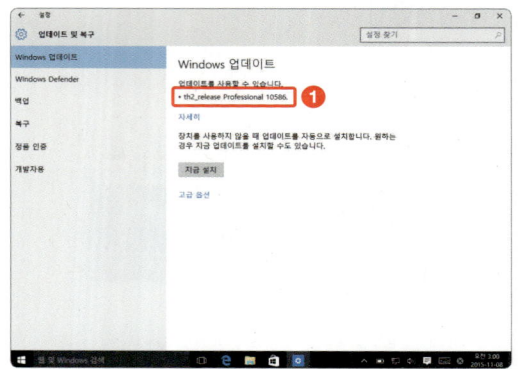 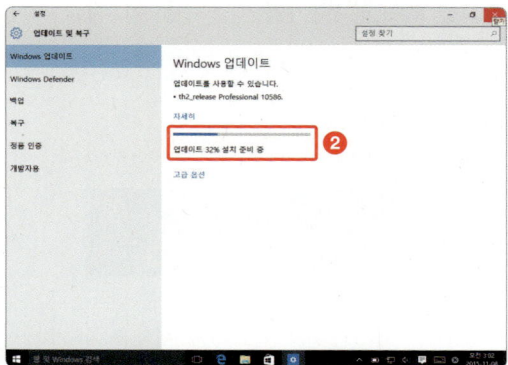
Insider Preview 받기

참가자 빌드를 사용하도록 설정하고 나면 며칠에서 몇 주 후에 윈도우 10의 최신 테스트 버전을 만날 수 있습니다. 일반적인 윈도우 업데이트와 동일하게 Insider Preview 빌드를 내려받아 설치합니다.

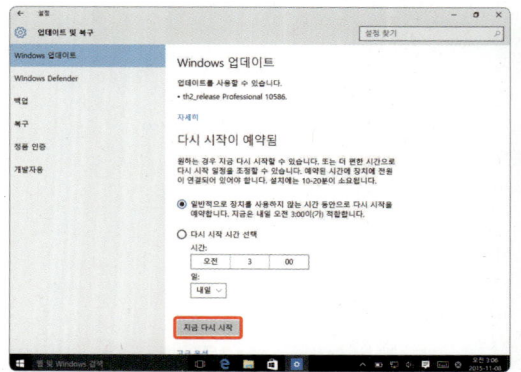 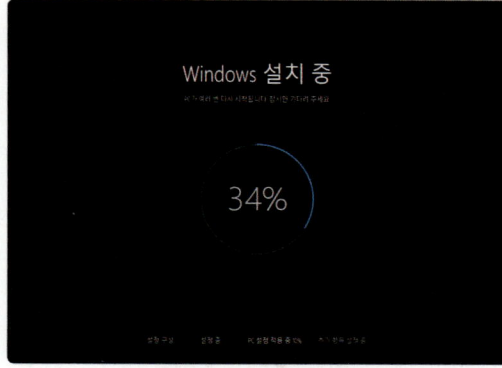

설치 준비가 되면 시스템 재시작이 예약됩니다. 원하는 설치 시간을 선택하거나 [지금 다시 시작]을 눌러 새 버전을 설치할 수 있습니다. 컴퓨터가 재부팅되면 새 윈도우 버전으로 업그레이드합니다.

Insider Preview 빌드에서 이전 버전으로 되돌리기

참가자 프로그램에서 빠져나오기: Insider Preview 빌드 중지하기

더 이상 Insider Preview 빌드를 사용하지 않으려면 [Insider Preview 빌드 중지]를 누르면 됩니다. 테스트 버전 수신을 영구적으로 중지하려면 [Insider Preview 빌드 수신 중지]를 누르세요.

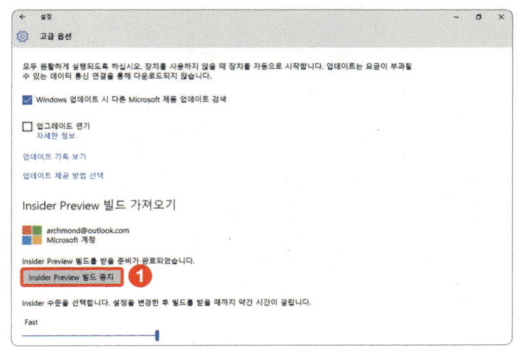 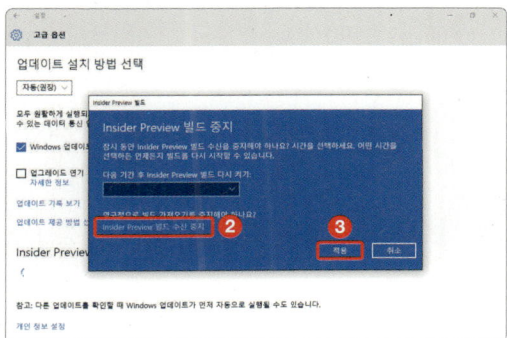

Insider Preview 빌드 중지를 [확인]한 뒤 [지금 다시 시작]을 눌러 컴퓨터를 재부팅합니다.

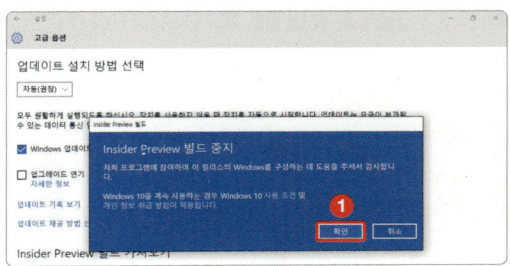 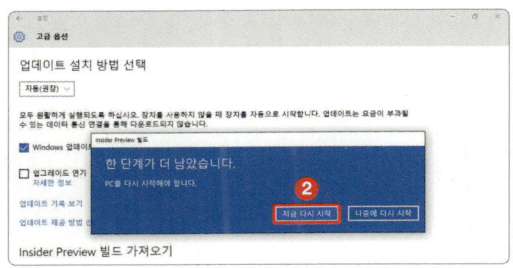

> **tip** 복구 과정에도 여전히 데이터 유실 위험은 존재합니다. 데이터를 충분히 백업하고 진행하세요.

이전 빌드로 되돌리기: 이전 윈도우 버전으로 복구하기

설정 앱의 [업데이트 및 복구]에서 [복구]에 있는 이전 빌드로 되돌리기의 [시작]을 누릅니다. 되돌리려는 사유를 선택하고 [다음]을 누릅니다.

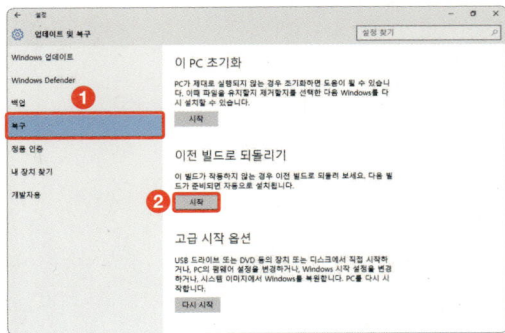 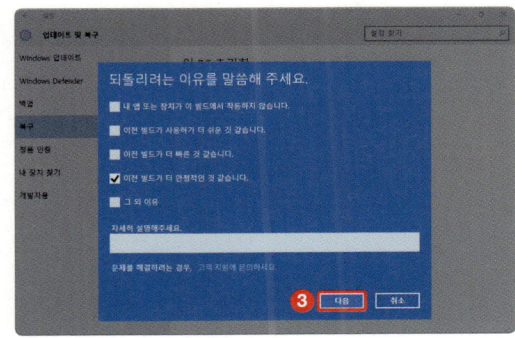

버전을 되돌리는 대신 단순히 업데이트를 할지 물어보는데 [아니오]를 선택합니다. [이전 빌드로 되돌리기]를 누르면 예전 버전으로 돌아갈 수 있습니다.

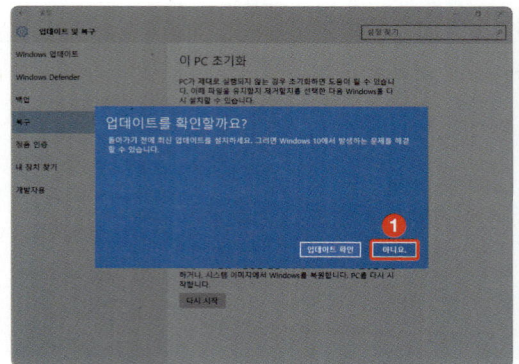 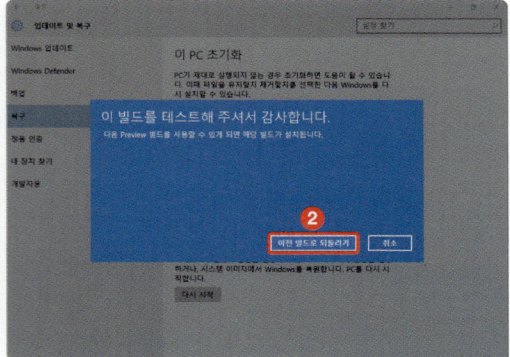

---

tip **디스크 정리로 이전 Windows 빌드 정보 삭제하여 디스크 공간 확보하기** ⊞ Windows10

잦은 윈도우 10 빌드 업데이트로 인해 디스크 용량이 부족해지는 경우가 있습니다. 디스크 정리를 통해 [이전 Windows 설치] 등을 제거하면 디스크 공간이 큰 폭으로 늘어납니다. [웹 및 Windows 검색]에서 '디스크'를 입력해 [디스크 정리]를 실행합니다. C:\에 대해 디스크를 정리하며, [시스템 파일 정리]를 눌러 [이전 Windows 설치] 등을 체크한 뒤 [확인]을 누르면 정리 작업을 거쳐 그만큼의 여유 공간을 확보해 줍니다.

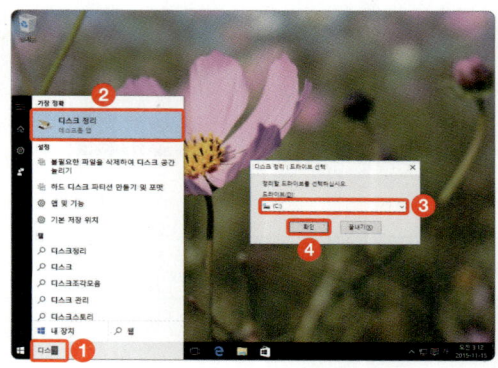 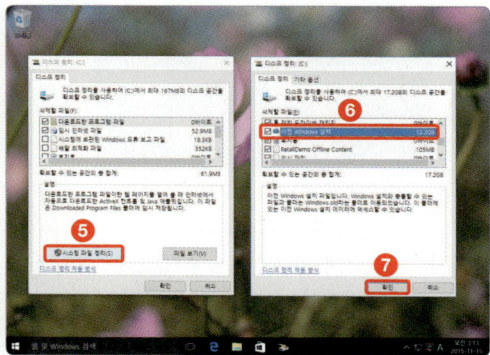

이렇게 [이전 Windows 설치]를 정리할 경우 이전 빌드로 복구하지 못하다는 점은 주의해야 합니다. 현재 사용 중인 버전에서 더 이상 이전으로 돌아가지 않을 때에만 사용하기 바랍니다.

LESSON 06

사용자 계정
필수 요소인 마이크로소프트 계정

윈도우 10은 마이크로소프트 계정으로 컴퓨터에 로그인합니다. 안드로이드에서 구글 계정으로, 아이폰에서 애플 계정으로 로그인하듯 윈도우 10에서도 마이크로소프트 계정을 활용하는 것이 좋습니다. 마이크로소프트가 제공하는 여러 서비스 간의 연계 혜택을 누릴 수 있습니다.

마이크로소프트 계정 알아보기

마이크로소프트 계정을 사용하면 다양한 장치에서 제공하는 각종 서비스를 활용할 수 있습니다. 아웃룩닷컴, 원드라이브, 스카이프, Xbox, 스토어 등에서 사용 가능합니다.

http://www.microsoft.com/ko-kr/account에서 마이크로소프트 계정에 대한 소개를 읽어보세요.

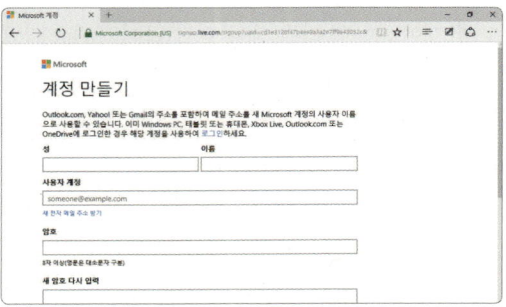

인터넷에서 마이크로소프트 계정을 만들려면 http://signup.live.com에 방문하세요.

마이크로소프트 계정으로 로그인하기

로컬 계정에서 마이크로소프트 계정으로 전환하기

[시작 ⊞]을 눌러 설정에 들어간 뒤 [계정 ⨀]을 누릅니다.

[대신 Microsoft 계정으로 로그인]을 눌러 기존에 사용하던 마이크로소프트 계정으로 로그인하세요.

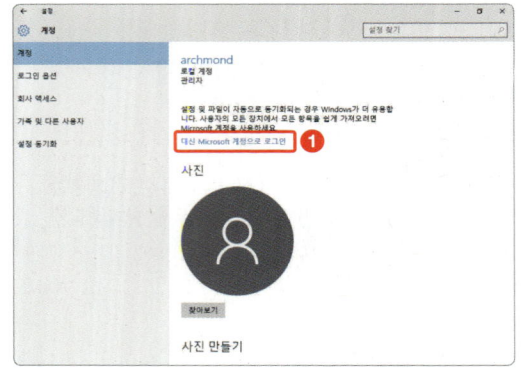 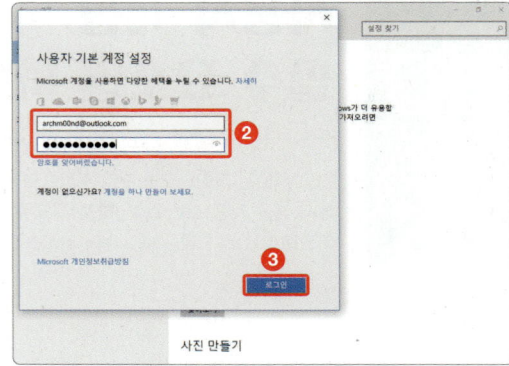

마이크로소프트 계정을 새로 만들기

계정이 없다면 사용자 기본 계정 설정에서 [계정을 하나 만들어 보세요.]를 눌러 새롭게 만들 수 있습니다. [새 전자 메일 주소 받기]를 눌러 새 이메일 주소를 만드는 것도 가능합니다(이미 기존 계정으로 로그인했다면 다음 내용으로 넘어가세요).

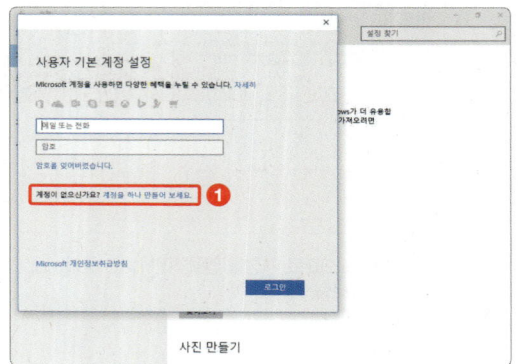 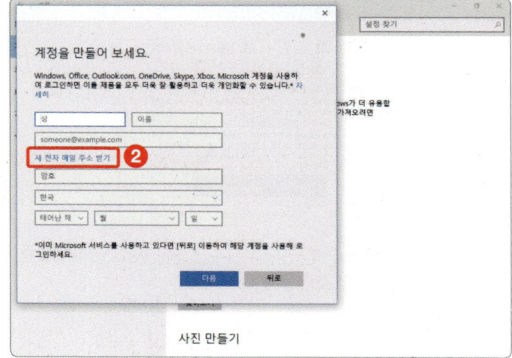

적절한 정보를 추가해 계정을 만듭니다. 마이크로소프트에서 수집할 정보도 선택할 수 있습니다.

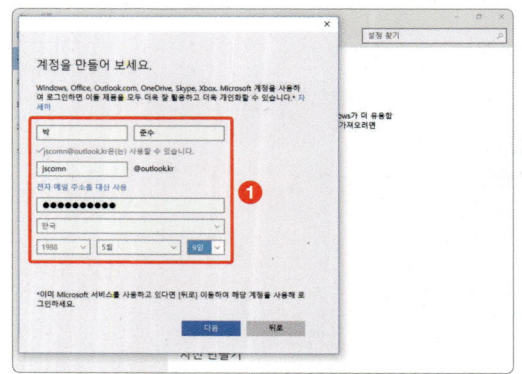 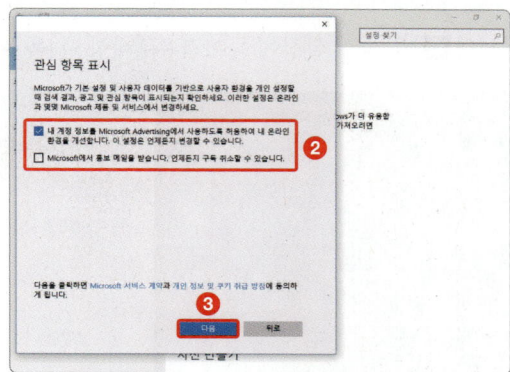

이전에 사용하던 로컬 계정의 암호를 입력합니다. PIN 설정까지 마치면 로그인 준비가 끝납니다.

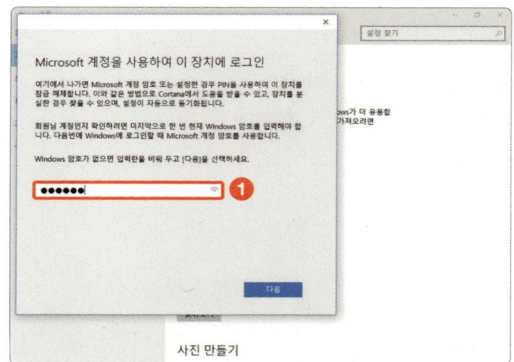 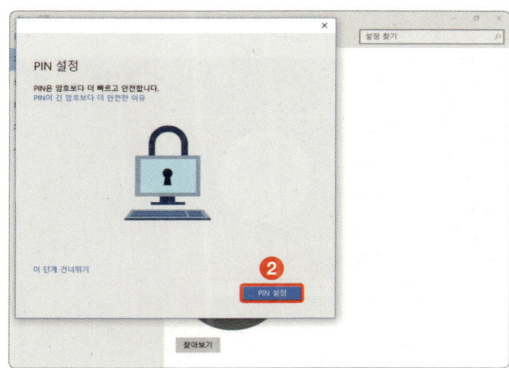

> **tip** PIN 암호 설정에 대해 자세히 알아보려면 325쪽을 참고하세요.

마이크로소프트 계정 확인하고 로그인하기

이전 단계를 잘 마쳤다면 마이크로소프트 계정으로 로그인 방식이 변경됩니다. [이 PC에서 ID를 확인해야 합니다.]의 [확인]을 눌러 등록한 마이크로소프트 계정의 보안 정보로 본인 확인을 합니다.

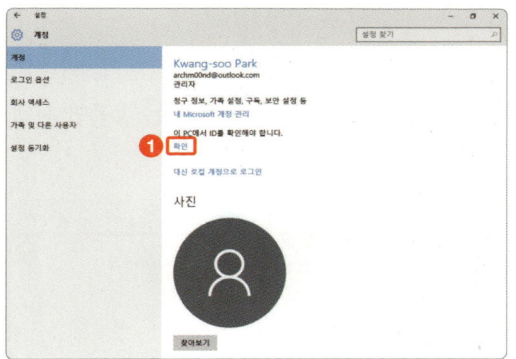 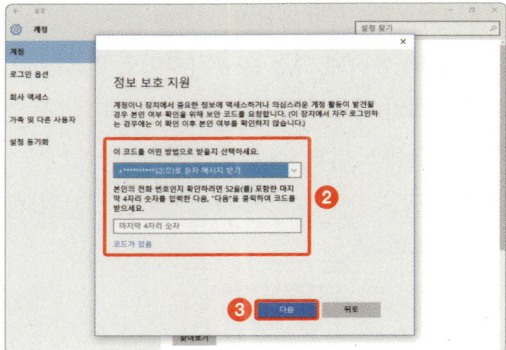

사용자 인증이 완료되면 확인 링크가 사라집니다. 컴퓨터를 다시 시작해 보세요.

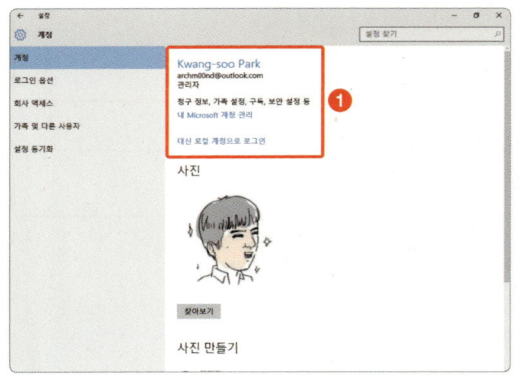 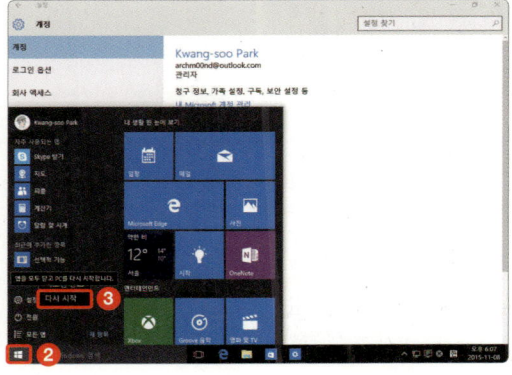

변경한 마이크로소프트 계정으로 로그인됩니다. 만약 다른 기기에서도 해당 계정을 사용한다면 동일한 바탕 화면을 만날 수 있습니다.

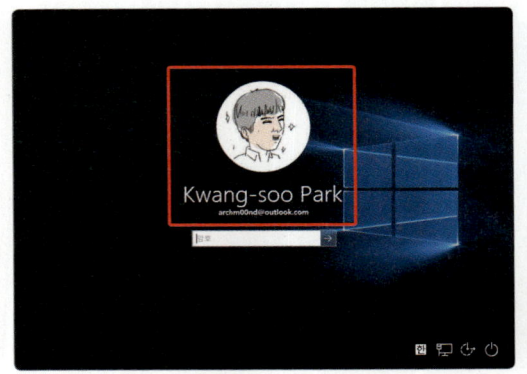 

설정 동기화: 모든 기기에서 동일한 설정 유지하기

마이크로소프트는 윈도우 10에 클라우드를 통합하려고 열을 올리고 있습니다. 원드라이브와의 데이터 동기화로 클라우드와 운영체제의 결합도가 높아졌으며, 마이크로소프트 계정을 통해 운영체제의 여러 설정을 다른 컴퓨터나 기기와 동기화합니다.

윈도우 10 장치의 설정을 동기화하면 PC를 새로 설치하더라도 즐겨찾기 등이 보존됩니다. 아래의 다양한 개인 정보가 클라우드(마이크로소프트 계정)에 저장되어 동기화됩니다. 원하는 항목만 선택해 동기화해 보세요.

 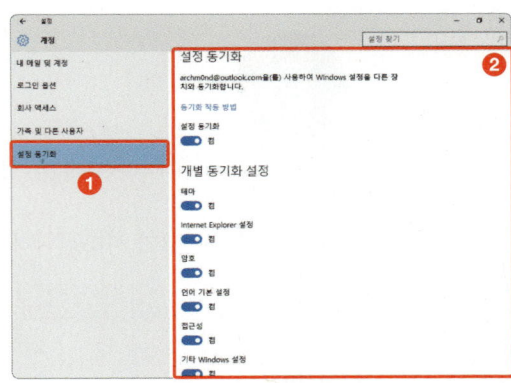

tip 원드라이브에 대한 자세한 정보는 269쪽을 참고하세요.

tip **스마트폰과 게임기에서도 마이크로소프트 계정을 활용합니다.** Windows10

스토어에서 앱을 내려받고, 원드라이브 저장소를 사용하기 위해서는 마이크로소프트 계정이 필수입니다. 마이크로소프트 계정의 중요성이 이전보다 훨씬 높아졌는데요. 데스크톱과 태블릿, PC와 스마트폰, Xbox 등을 함께 사용한다면 더욱 필요합니다. Xbox와 윈도우 10의 연계에 대해서는 146쪽을 참고하세요.

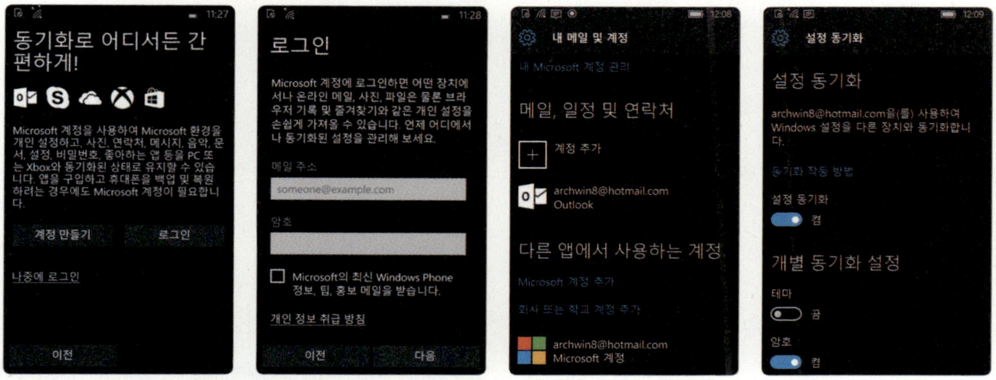

윈도우 10 모바일(스마트폰)

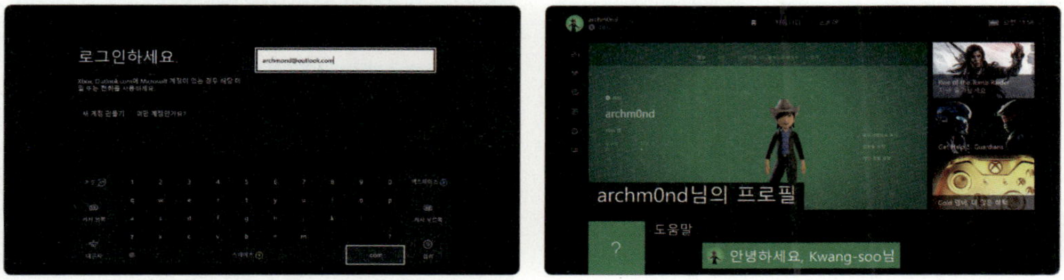

Xbox One(게임 콘솔)

계정 암호 변경하기

계정 암호를 잊어버렸거나 변경하려면 설정 앱에 들어갑니다. [계정]의 [로그인 옵션]에서 암호의 [변경]을 누른 뒤 [암호를 잊으셨나요]를 선택하세요.

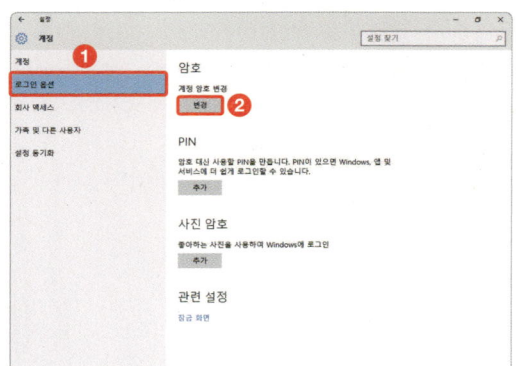

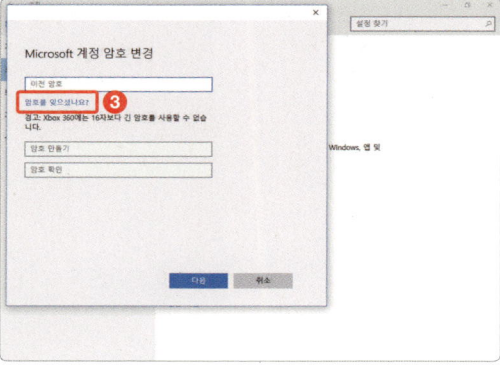

계정을 만들 때 입력한 사용자 인증 방법을 선택해 본인임을 확인한 뒤 [새 암호]를 입력합니다.

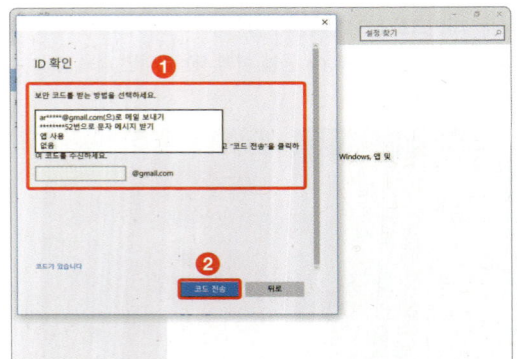

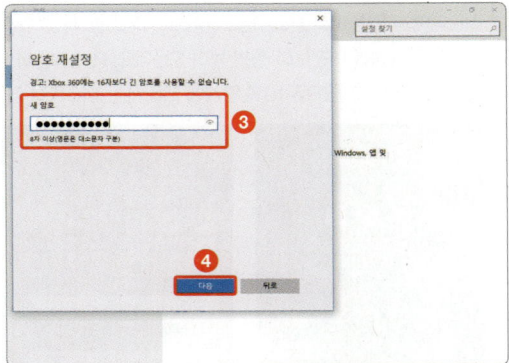

암호 변경이 완료되면 시스템을 다시 시작하세요. 새 암호를 입력해 로그인하면 됩니다.

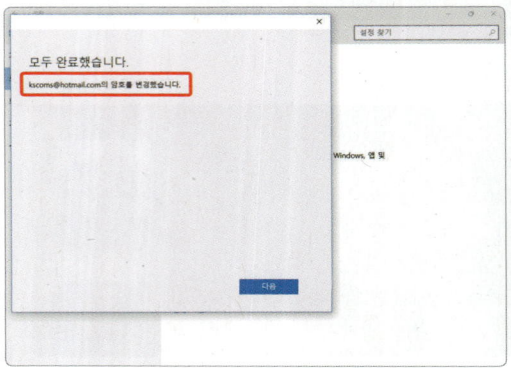

좀 더 편리한 PIN 암호 사용하기

윈도우 10은 상황에 따라 입맛대로 골라 쓰는 암호 방식(보통 암호, 사진 암호, PIN 등)을 제공합니다. 윈도우 설치 시 PIN 암호를 소개하는 화면(44쪽 참고)에서 '암호는 구시대 방식이기에, PIN을 이용하면 더 빠르고 안전하다'고 알려줍니다. 그 이유와 사용법을 살펴봅시다.

PIN 암호를 사용하는 이유

PIN은 Personal Identity Number로 4~6자 정도의 숫자로 이루어진 비밀 번호입니다.

- **안정성 측면**: PIN 암호는 컴퓨터 내부에 저장됩니다(TPM 칩이 있으면 그곳에 저장됩니다). 그래서 네트워크에 암호가 노출되지 않으며 원래 계정의 암호를 보호하는 효과를 가집니다.
- **편의성 측면**: 4~6자리 숫자만 입력하면 곧바로 컴퓨터를 사용할 수 있어 편리합니다.

PIN 암호를 추가해 사용하기

윈도우 10 설치 시 PIN 암호를 설정하지 않았다면 따라 해 보세요. 설정 앱의 [계정]에 들어간 뒤 [로그인 옵션]에서 PIN을 [추가]합니다. 현재 사용 중인 계정의 암호를 확인합니다.

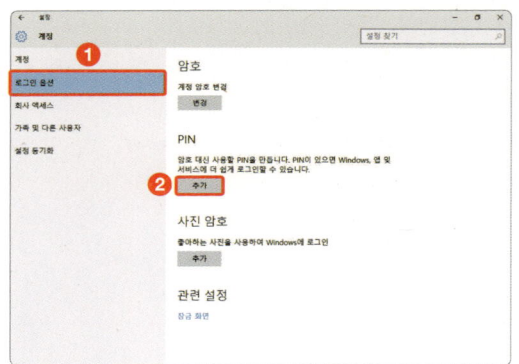 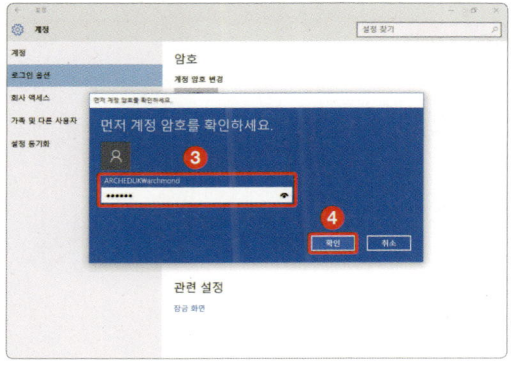

PIN 설정 창에 원하는 암호를 두 번 입력합니다. PIN 암호가 설정되면 [추가]가 [변경]으로 바뀝니다.

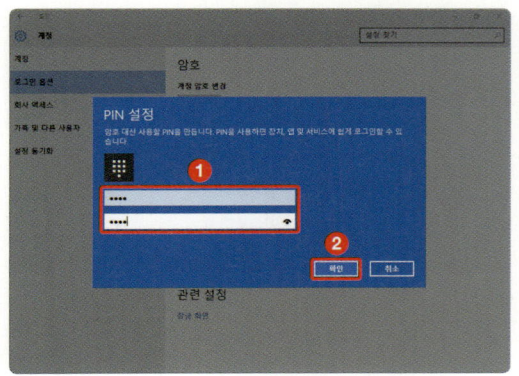 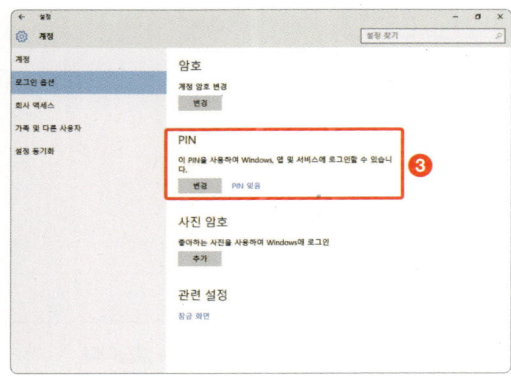

PIN 암호로 로그인하기

컴퓨터를 다시 시작하면 로그인 화면이 나옵니다. 로그인 옵션에서 [PIN ▦]을 눌러 입력하세요.

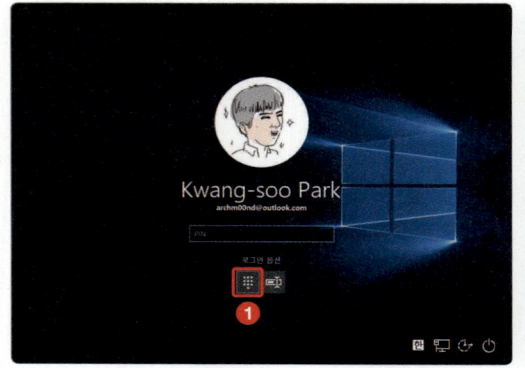

마이크로소프트 계정에서 PIN 암호로 로그인하는 모습　　　　로컬 계정에서 PIN 암호로 로그인하는 모습

PIN 암호를 변경하기

PIN 암호를 잊었을 때는 설정 앱의 [계정]에 들어간 뒤 [로그인 옵션]에서 [PIN 잊음]을 누릅니다.

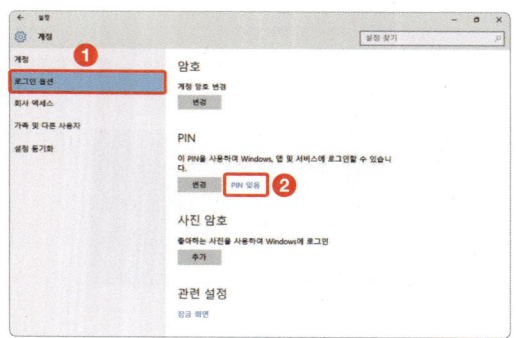

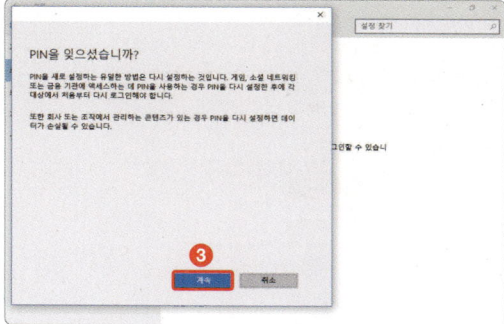

마이크로소프트 계정이나 로컬 계정의 암호를 다시 입력한 뒤 PIN 암호를 변경합니다.

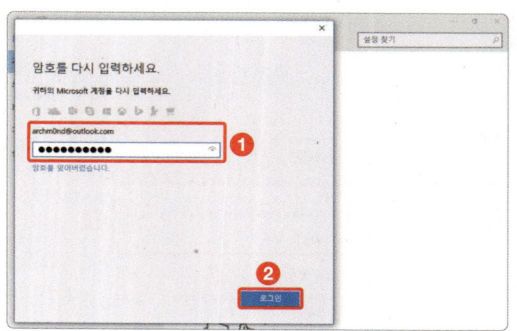

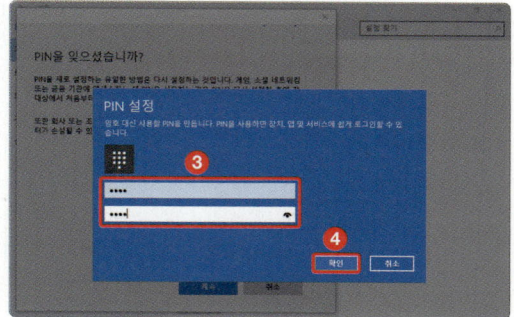

tip PIN 번호를 만든 다음에는 제거할 수 없습니다.

윈도우 헬로우_ 생체 정보로 로그인하기

윈도우 10에는 사용자의 생체 정보를 이용해 로그인하는 기술이 탑재되어 있습니다. 윈도우 헬로우 (Windows Hello)라는 이 기술은 사용자의 얼굴, 지문, 홍채 등으로 로그인할 수 있도록 도와줍니다.

지문 인식 등록하기

윈도우 헬로우는 여러 생체 정보를 이용합니다. 가장 흔하게 사용되는 지문을 등록해 보겠습니다. 설정 앱의 [계정]에서 [로그인 옵션]에 들어가면 [Windows Hello]가 나타납니다. 지문을 [설정]합니다.

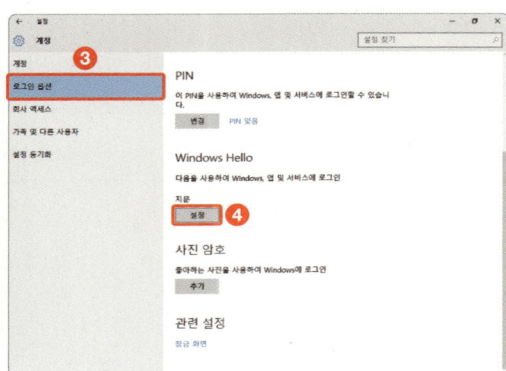

> **tip** 윈도우 헬로우 기능은 지원되는 장치에서만 사용할 수 있습니다. 이 내용은 지문 인식을 지원하는 Lenovo ThinkPad x1 Carbon 노트북을 기준으로 설명합니다.

윈도우 헬로우에 대한 소개가 나타납니다. 사용자 본인의 PIN 암호를 넣어 본인임을 확인합니다.

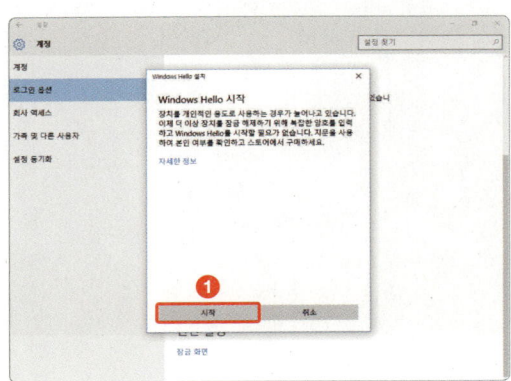
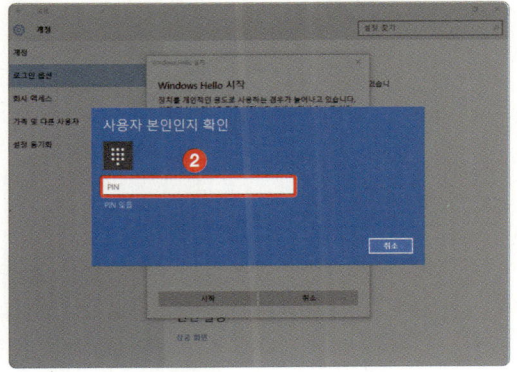

> **tip** 윈도우 헬로우를 설정하려면 먼저 PIN 번호를 등록해야 합니다. PIN 암호 설정은 325쪽을 참고하세요.

안내에 따라 지문 인식기에 손가락을 스캔해 주세요. 같은 손가락을 여러 번 스캔해야 합니다.

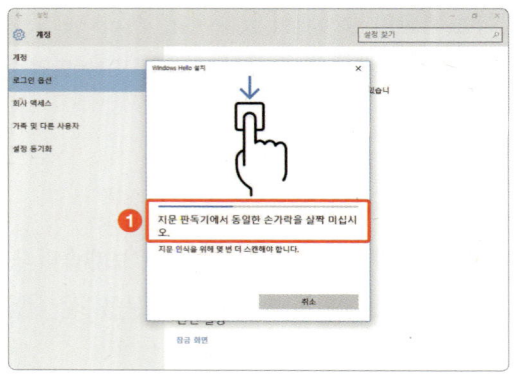 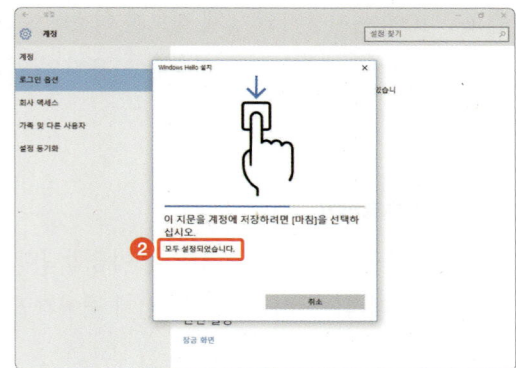

다른 손가락도 등록할 수 있습니다. 설정이 완료되면 시스템을 다시 시작해 [지문 🖐]으로 로그인하세요.

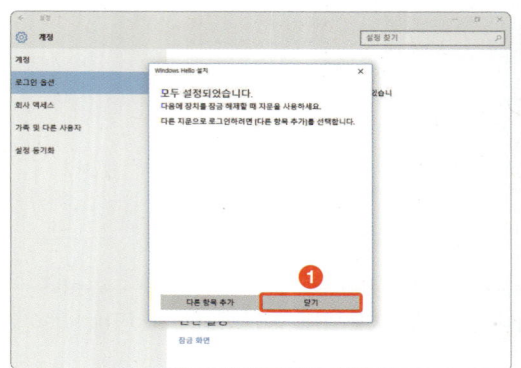 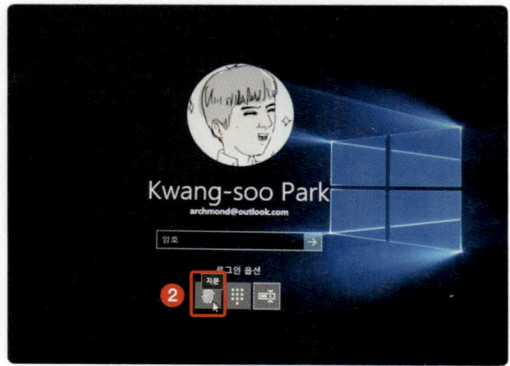

장치의 지문 인식기에 등록한 손가락을 스캔합니다. 별도의 암호 입력 없이 신속하게 로그인됩니다.

> **tip** 윈도우 헬로우는 얼굴 인식도 가능합니다. 얼굴 인식을 사용하려면 인텔의 RealSense 카메라가 필요합니다. 윈도우 10을 얼굴로 로그인하는 방법은 http://blogs.technet.com/b/koalra/archive/2015/10/06/windows-10-windows-hello.aspx 블로그 포스트를 참고하세요(한국 마이크로소프트 백승주 에반젤리스트 블로그).

사진 암호로 우아하게 로그인하기

보통은 암호를 직접 입력하지만 모바일 기기, 특히 터치 기능이 제공되는 태블릿에서는 사진 암호 기능이 편리합니다. 원하는 사진을 선택해 손가락 제스처만으로 잠금을 해제해 보세요.

사진 암호 설정하기

설정 앱의 [계정]에 들어간 뒤 [로그인 옵션]에서 사진 암호의 [추가]를 누릅니다. 사진 암호를 만들기 전에 먼저 사용자의 암호를 확인합니다.

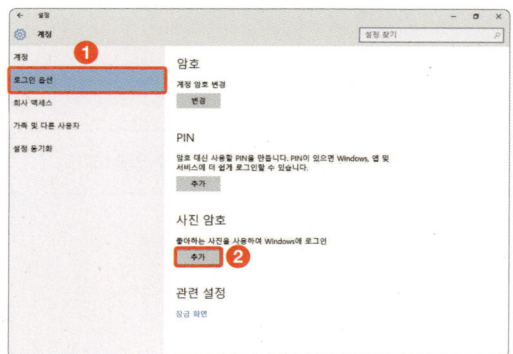
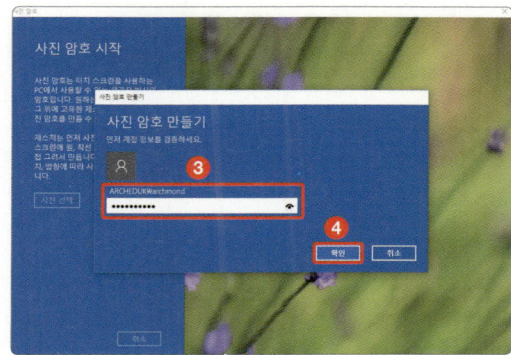

[사진 선택]을 누른 뒤 입력할 제스처를 염두에 두고 예쁜 사진을 골라 보세요.

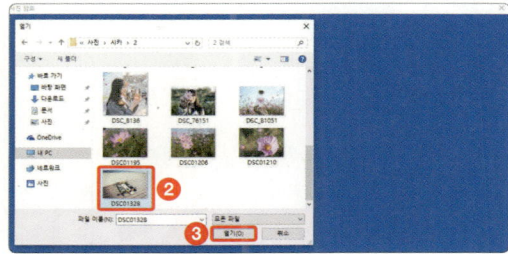

선택한 사진을 사용하려면 [현재 사진 사용]을 누릅니다. 이제 아래처럼 곡선이나 직선, 동그라미를 긋는 등 자유롭게 응용하여 암호를 만들 수 있습니다. 세 번에 나눠서 제스처를 그리세요.

제스처 입력이 끝나면 [마침]을 누릅니다. 이제 좋아하는 사진으로 로그인할 준비가 되었습니다.

 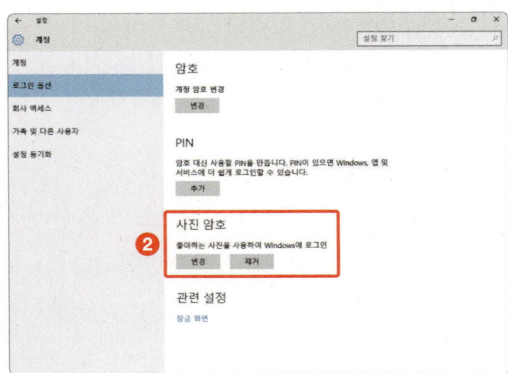

> **tip** 사진 암호는 손가락, 펜 터치뿐 아니라 마우스를 사용할 수도 있습니다. 하지만 터치보다는 조금 불편할 수 있습니다.

사진 암호로 로그인하기

컴퓨터를 다시 시작한 뒤 로그인 옵션에서 [사진 암호 🖼]를 누릅니다. 설정했던 제스처를 사용해 보세요. 터치에 문제가 생겼거나 다른 방식을 사용하고 싶을 때는 원래 암호를 입력할 수도 있습니다.

자동으로 로그인하기

여러 사람이 아니라 혼자 사용하는 PC라면 매번 켤 때마다 비밀번호를 입력할 필요 없이 자동으로 로그인되게 설정할 수 있습니다. ⊞+R을 눌러 'netplwiz'를 입력해 실행합니다. 사용자 계정 창이 열리면 [사용자 이름과 암호를 입력해야 이 컴퓨터를 사용할 수 있음(E)]의 체크를 해제합니다. 그리고 [확인]을 누릅니다. netplwiz 대신 control userpasswords2를 입력해도 됩니다.

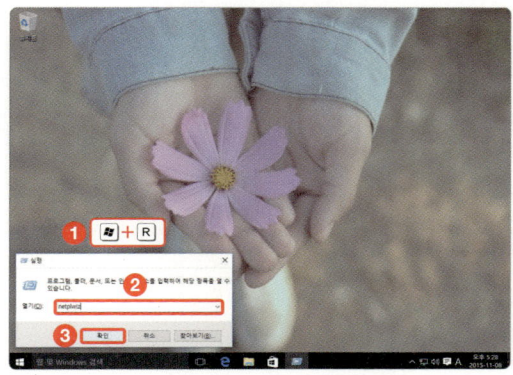
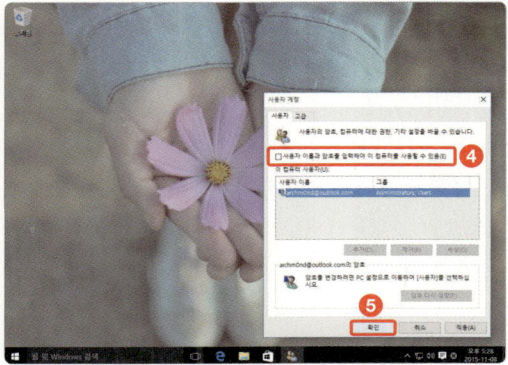

자동 로그인 창이 나오면 자동 로그인에 사용할 [사용자 이름]과 [암호]를 입력합니다. 여러 계정이 있을 때에는 원하는 계정을 선택해 암호를 입력하면 해당 계정으로 자동 로그인됩니다.

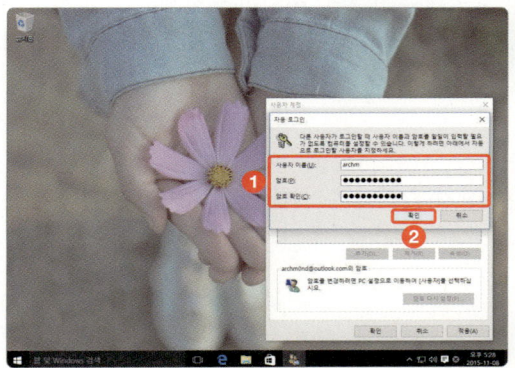

사용자 계정이 하나만 있을 때

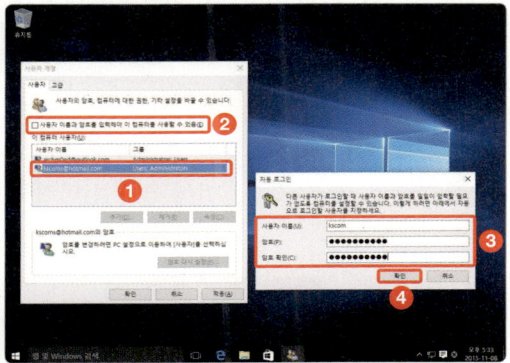

사용자 계정이 여러 개일 때

앞으로는 위에서 설정한 사용자 이름 및 비밀 번호로 자동으로 로그인됩니다. 시스템을 다시 시작해서 자동 로그인이 제대로 동작하는지 살펴보세요.

tip 자동 로그인 팁을 적용하기 전에 먼저 보안을 생각해 보세요. PC에 중요한 정보가 있고 보안이 보장되지 않는 환경이라면 자동 로그인을 적용하지 않는 것이 좋습니다.

LESSON 07

언어 팩을 설치해 다른 언어로 사용하기

윈도우 비스타 이후 언어 팩(Language Packs)만 설치하면 운영체제에서 언제든지 언어를 변경할 수 있게 되었습니다. 윈도우 10도 마찬가지입니다. 표시 언어를 다른 나라의 언어로 바꾸면 해당 국가의 윈도우로 깜짝 변신합니다.

언어 추가 및 언어 팩 설치하기

윈도우 10에서 다른 언어를 입력하려면 먼저 언어를 추가해야 합니다. 언어만 추가해도 해당 언어로 된 문서를 편집하거나 텍스트를 입력할 수 있습니다. 사용하고 싶은 언어를 먼저 추가해 보세요.

입력 언어 추가하기

[웹 및 Windows 검색]에 '언어 추가'를 입력하여 [이 장치에 언어 추가]를 연 뒤 [언어 추가]를 누릅니다.

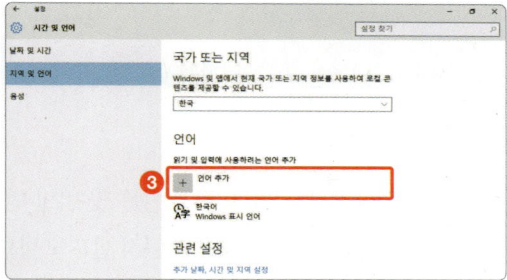

여기서는 [日本語(일본어)]를 골라 봤습니다. 곧 윈도우에 기능이 추가된다고 알려줍니다. 해당 언어의 [옵션]을 눌러 봅시다. 언어를 추가하자마자 입력 가능한 상태가 됩니다.

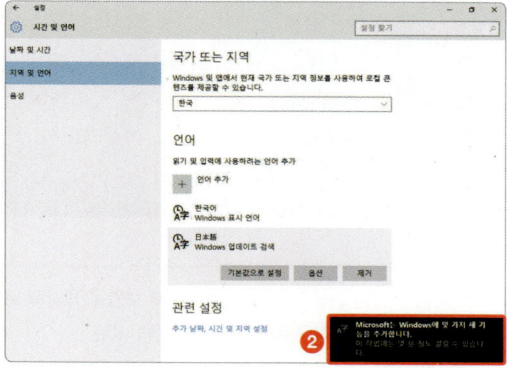

언어별 키보드 입력 옵션이 다릅니다. Microsoft 입력기의 [옵션]을 열어 원하는 대로 설정하세요.

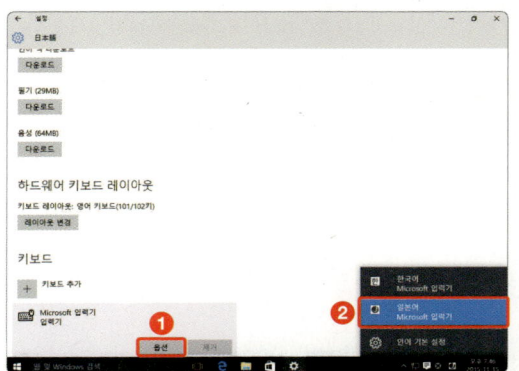
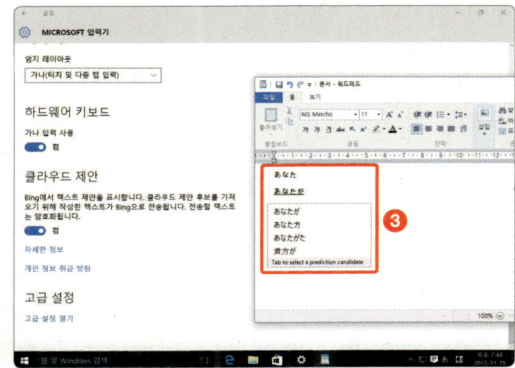

tip 여기까지만 진행하면 해당 언어를 키보드로 입력할 수 있습니다. 나아가 다른 나라의 언어로 윈도우 10을 사용하고 싶다면 다음 내용을 읽어 보세요.

언어 팩 다운로드 및 설치하기

언어를 추가한 후 [옵션]을 눌러 언어 팩 다운로드의 [다운로드]를 선택하면 설치를 시작합니다.

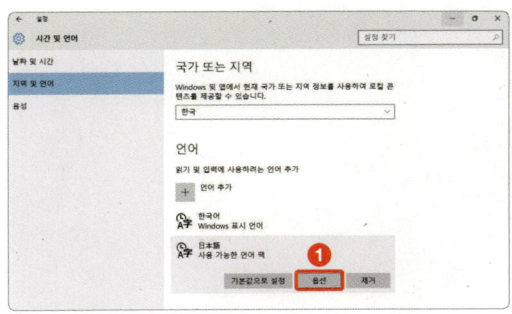
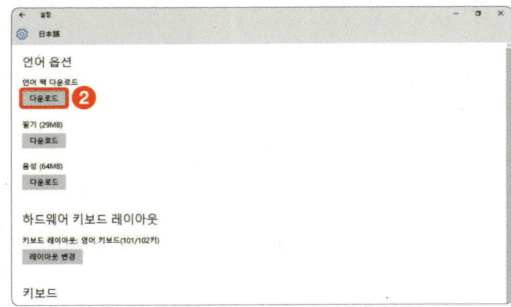

언어 팩 다운로드 및 설치가 자동으로 이뤄집니다. [필기] 및 [음성]도 필요하다면 내려받으세요. 완료되면 일본어(日本語)를 [기본값으로 설정]하고 국가 또는 지역을 [일본]으로 설정합니다. 더 확실하게 윈도우를 변신시키려면 [추가 날짜, 시간 및 지역 설정]을 누릅니다.

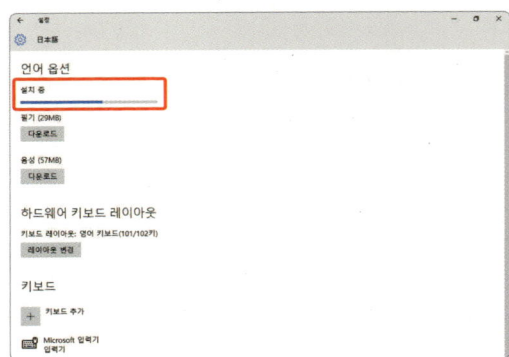
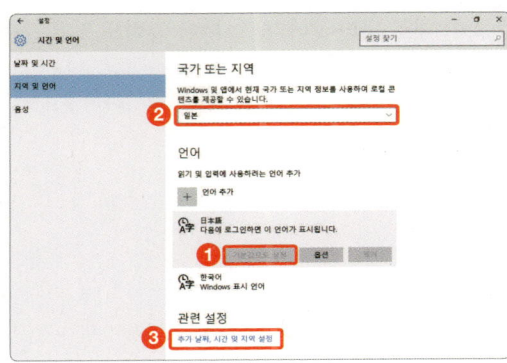

[국가 또는 지역]을 눌러 [관리자 옵션] 탭의 [설정 복사]를 누릅니다. 현재 사용자의 국가/언어 설정을 전체 PC에도 적용(복사)하는 과정입니다.

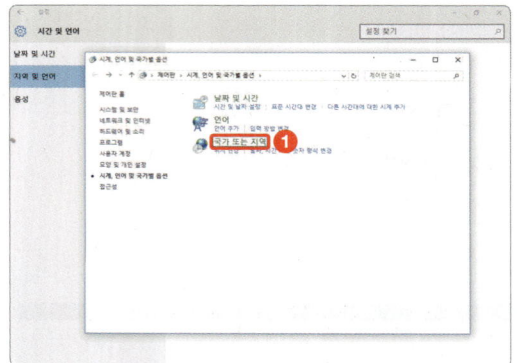
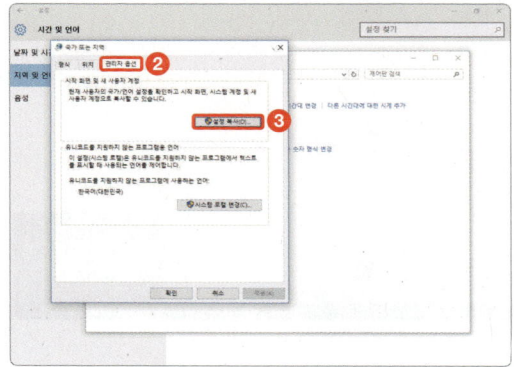

tip 국가 또는 지역 변경과 관련된 정보는 103쪽을 참고하세요. 다른 나라의 스토어를 사용하려면 언어 팩을 설치할 필요 없이 [국가 또는 지역]만 변경하면 됩니다.

[시작 화면 및 시스템 계정], [새 사용자 계정]에 모두 체크한 뒤 [확인]을 누르고 컴퓨터를 [다시 시작]합니다. 시작 화면에서 'ようこそ(잘 오셨어요)'라고 일본어로 표시됩니다.

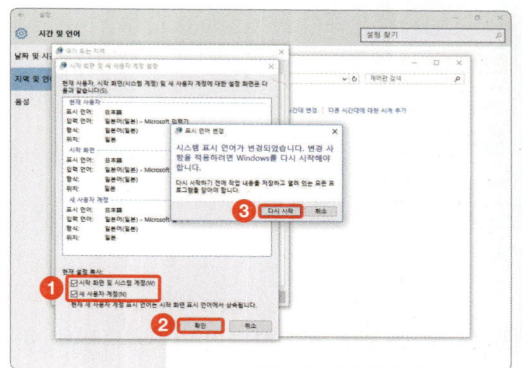

시작 메뉴를 열어 보면 일부 앱은 일본어로 표시되지 않습니다. 그래도 대부분의 기능이 언어 팩에서 설치한 대로 나타납니다. 일본어 입력도 자유롭습니다.

 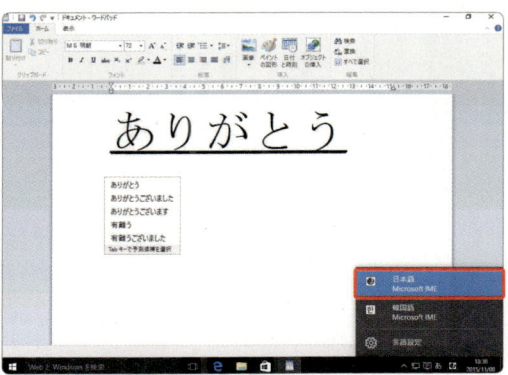

영어(United States, English)를 언어 팩으로 설치하면 윈도우 10에 탑재된 개인 비서인 코타나 (Cortana)를 사용할 수 있습니다. 다시 윈도우를 한국어로 만들려면 [언어]에서 한국어를 원래대로 [기본값으로 설정]하면 됩니다.

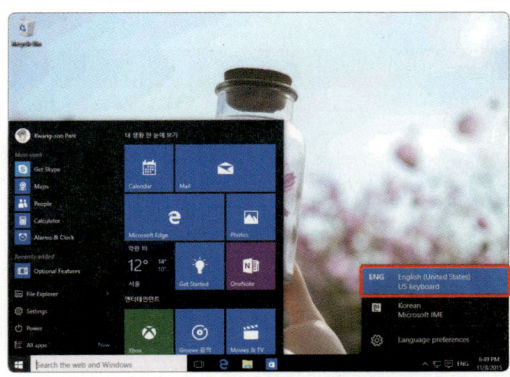 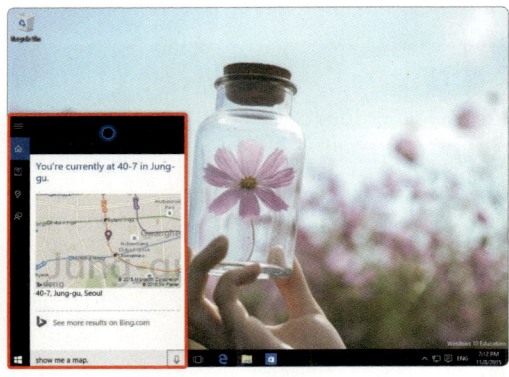

tip 코타나에 대한 자세한 정보는 58쪽을 참고하세요. 다른 나라의 시간을 표시하고 싶다면 75쪽을 참고하세요.

LESSON 08

홈 그룹
홈 네트워크의 모든 것

홈 그룹(Home Group)은 집에서 사용하는 여러 대의 컴퓨터를 네트워크로 간단하게 묶어 주는 기능입니다. 홈 그룹 기능으로 집에서 사용 중인 PC의 파일(문서, 음악, 비디오 등) 및 프린터를 쉽게 공유할 수 있습니다.

홈 그룹 만들기

[웹 및 Windows 검색]에서 '홈 그룹'을 입력해 실행합니다. 홈 그룹을 사용하려면 네트워크 위치가 '개인'이어야 한다고 알려줍니다. [네트워크 위치 변경]을 누릅니다.

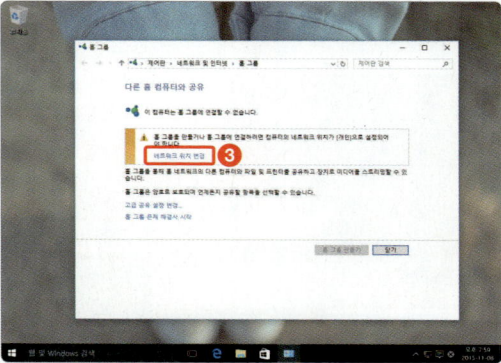

'개인' 네트워크가 되면 다른 PC에서 사용자 PC를 검색할 수 있습니다. [예]를 누른 뒤 현재 네트워크에 홈 그룹이 없으면 [홈 그룹 만들기]를 누릅니다(기존의 홈 그룹이 있다면 다음 내용으로 넘어가세요).

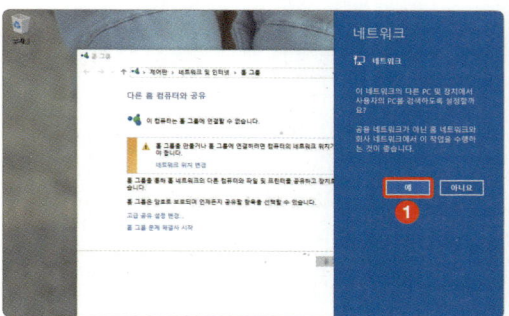
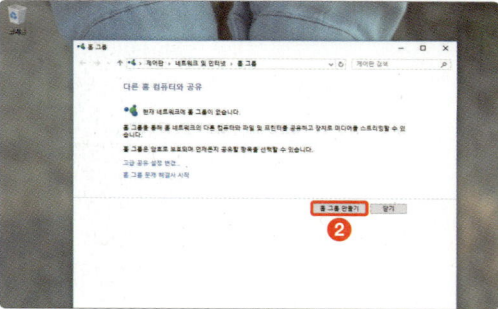

> **tip** 개인 네트워크에서 공용 네트워크로 전환하려면 343쪽을 참고하세요.

홈 그룹 만들기가 나타나면 [다음]을 누릅니다. 홈 그룹에서 공유할 항목을 선택합니다.

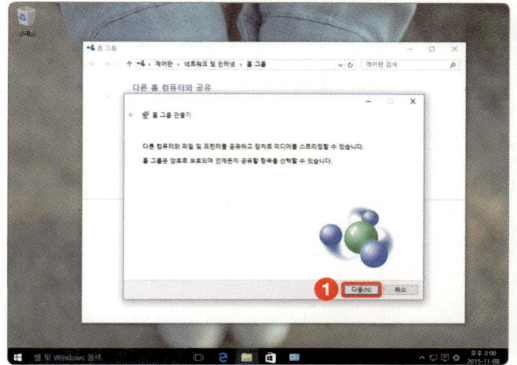 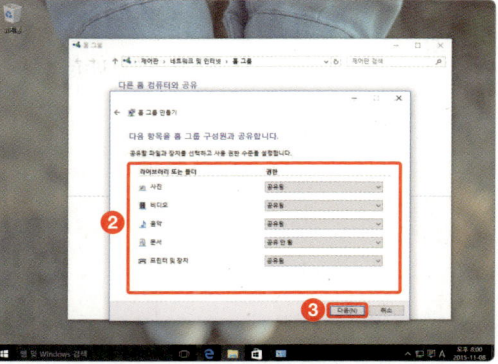

홈 그룹 가입에 필요한 암호가 나타납니다. 잘 메모해 두세요. 홈 그룹이 설정되면 현재 공유하고 있는 항목을 쭉 확인할 수 있습니다. 홈 그룹을 만든 PC도 바로 공유할 준비를 마쳤습니다.

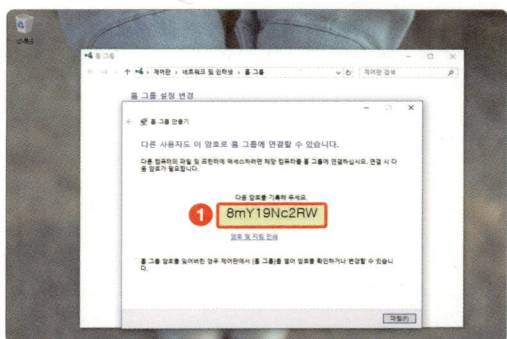 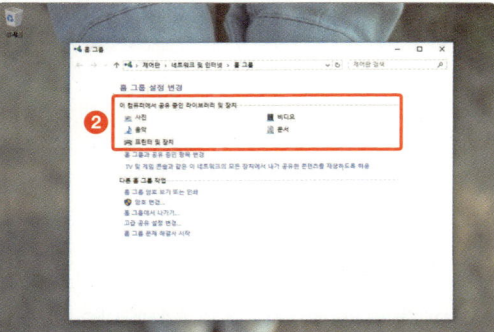

홈 그룹에 참여하기

홈 그룹에 가입할 PC에서도 [홈 그룹]을 엽니다. 홈 그룹이 있으면 [지금 연결]을 눌러 가입합니다.

 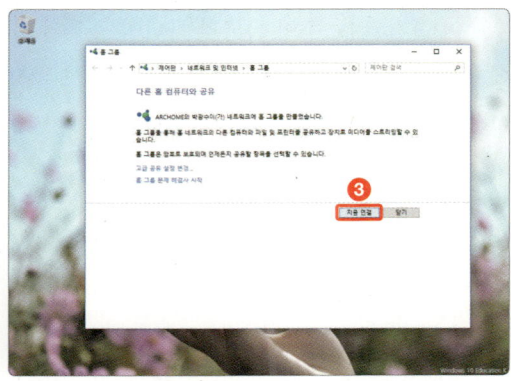

tip 홈 그룹에 가입하는 PC 또한 '개인 네트워크'를 사용 중이어야 합니다.

[다음]을 눌러 홈 그룹에 참여합니다. 홈 그룹에 공유할 항목을 선택한 뒤 [다음]을 누릅니다.

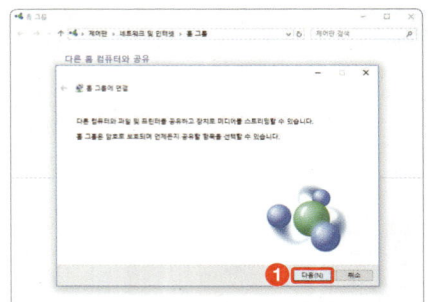 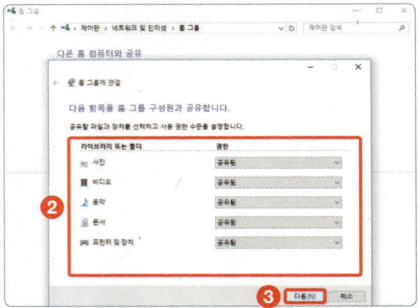

홈 그룹을 만들 때 생성된 암호를 입력하고 [다음]을 누릅니다. 홈 그룹에 연결되었다는 메시지가 나타나면 [마침]을 누릅니다.

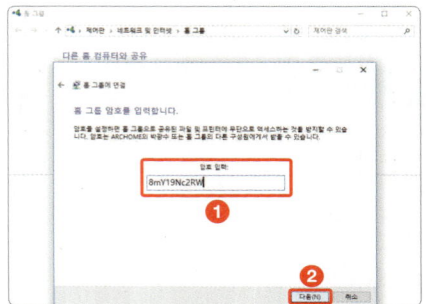 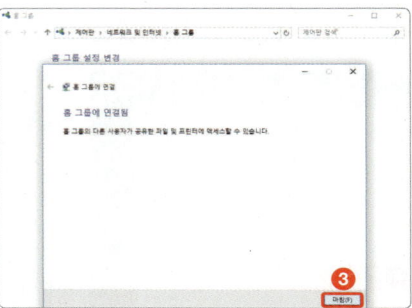

> **tip** 홈 그룹 암호를 찾으려면 342쪽을 참고하세요.

홈 그룹 활용하기

홈 그룹에 가입하면 여러 컴퓨터의 중요한 폴더를 자동으로 공유합니다. 탐색기에서 [홈 그룹 🔗]을 누르면 연결된 PC들의 목록뿐 아니라 공유된 라이브러리도 만날 수 있습니다. 윈도우 10의 홈 그룹에서는 사용자의 문서뿐 아니라 원드라이브 문서까지 확인할 수 있어 편리합니다.

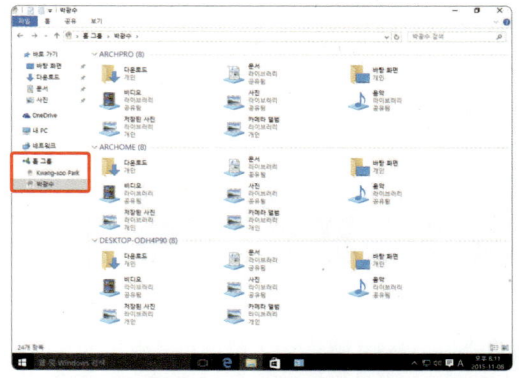 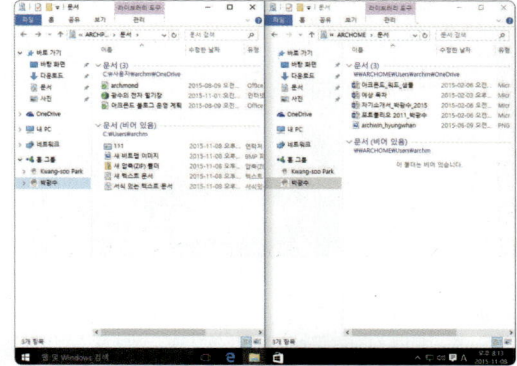

또 홈 그룹에 가입한 컴퓨터의 다양한 장치도 공유됩니다. [웹 및 Windows 검색]에서 '장치 및 프린터'를 입력해 실행하면 홈 네트워크 내의 프린터 등을 만날 수 있습니다.

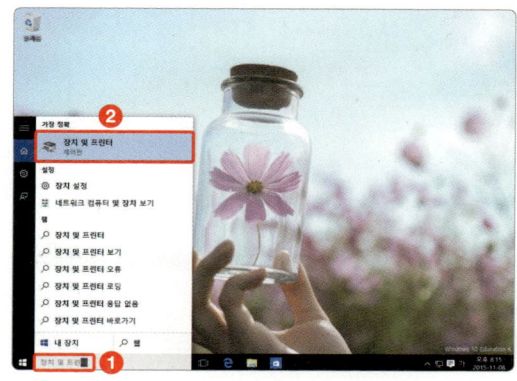 

공유 폴더 및 파일 추가/제거하기

윈도우 10에서는 내 PC가 홈 그룹에 있다면 좀 더 편하게 자료를 공유할 수 있습니다. 그런데 공유되는 자료 중에서 공유하고 싶지 않은 항목이 있다면 어떻게 해야 할까요?

파일 및 폴더를 홈 그룹에 공유하기

홈 네트워크로 묶어진 다른 PC들과 편하게 자료를 공유할 수 있습니다. 내가 원하는 폴더를 홈 그룹의 공유 목록에 추가하는 것도 가능합니다. 탐색기에서 단축 메뉴를 열면 홈 그룹의 공유 목록에 쉽게 추가할 수 있습니다. [공유 대상]에 [홈 그룹●◕]을 선택하면 됩니다.

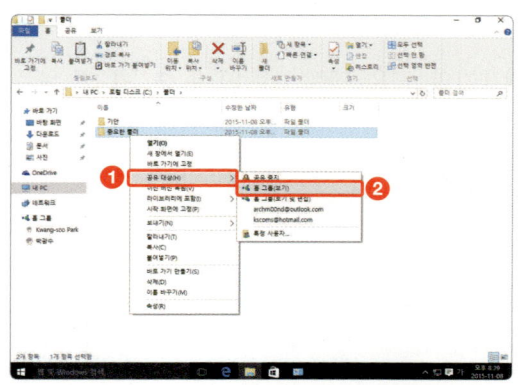 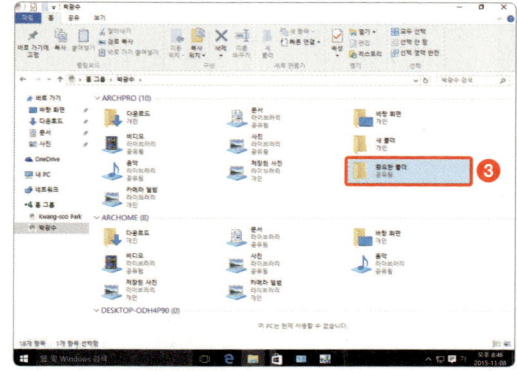

라이브러리 단위로 제거하기

먼저 사용자의 라이브러리를 공유에서 제외하는 방법을 살펴봅시다. 홈 그룹은 공유하기도 쉽지만 이를 해제하기도 간편합니다. 탐색기의 [홈 그룹●◕]에서 제거할 폴더의 단축 메뉴를 열어 [홈 그룹 설정 변경]에 들어갑니다. [홈 그룹과 공유 중인 항목 변경]을 누르세요.

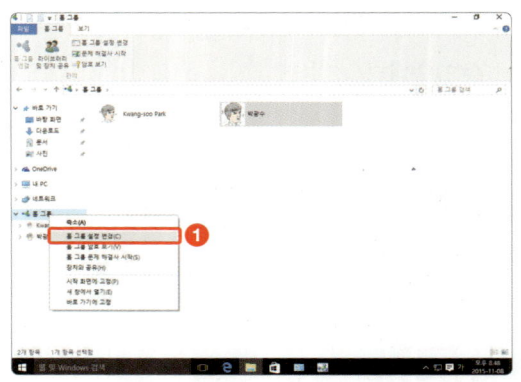
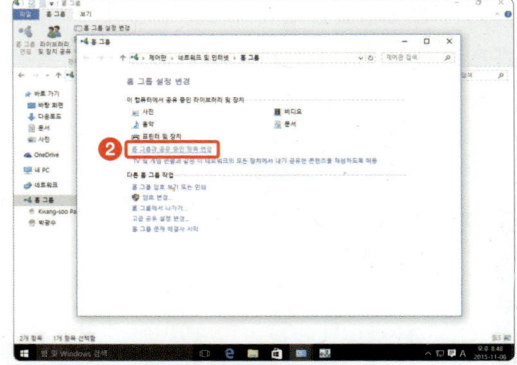

홈 그룹에서 공유하지 않을 라이브러리를 [공유 안 함]으로 바꿉니다. 다시 홈 그룹으로 들어가 보면 공유하지 않은 라이브러리가 목록에 나타나지 않습니다.

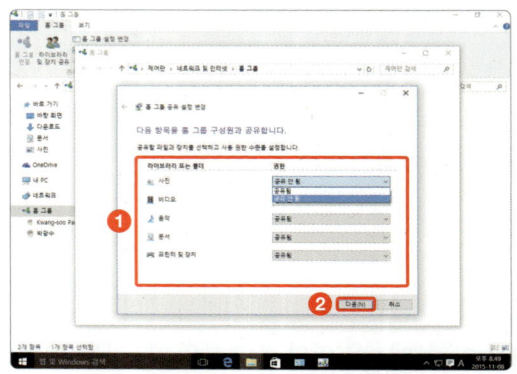
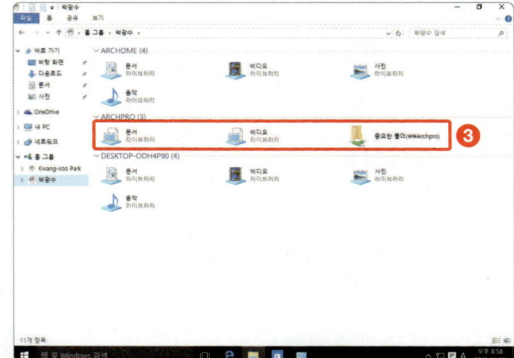

폴더 단위로 제거하기

홈 그룹에서 공유하고 싶지 않은 폴더를 선택하고 탐색기의 [공유] 탭에 있는 [공유 중지 🔒]를 누르면 홈 그룹의 공유 폴더에서 사라집니다.

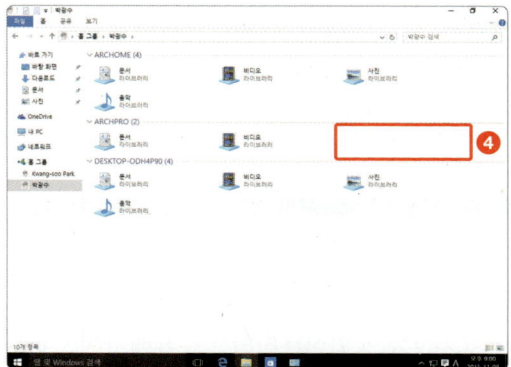

파일 단위로 제거하기

공유하고 싶지 않은 파일이 있다면 해당 파일을 선택해 단축 메뉴를 연 뒤 [공유 대상]에서 [공유 중지🔒]를 누릅니다. 잠시 뒤 홈 그룹에서 해당 파일만 숨겨지는 모습을 볼 수 있습니다.

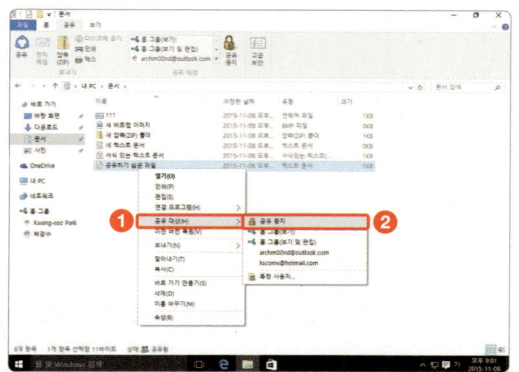
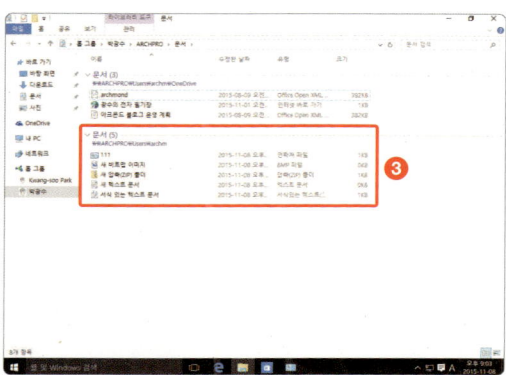

> **tip** 홈 그룹에서 공유하거나 공유를 해제하면 곧바로 적용되지 않을 수 있습니다. 이는 PC와 네트워크 속도, 공유하는 라이브러리의 파일 수 등에 좌우됩니다.

홈 그룹 문제를 빠르고 쉽게 해결하기

홈 그룹에서 공유한 항목이 보이지 않거나 가입 등에 문제가 발생하면 [홈 그룹 문제 해결사]를 활용해 보세요. 문제를 자동으로 찾고 해결해 줍니다. 문제가 있는 PC에서 [홈 그룹●◀]의 단축 메뉴를 열어 [홈 그룹 문제 해결사 시작]을 선택한 뒤 [다음]을 누릅니다.

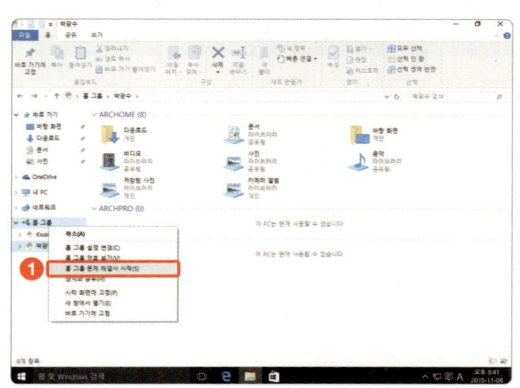
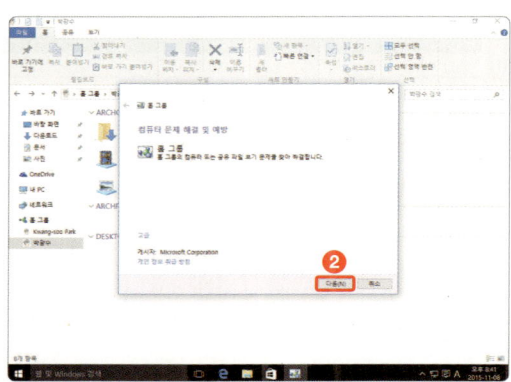

홈 그룹과 네트워크는 깊이 관련되어 있습니다. [네트워크 문제 해결]을 누르면 잠시 후 [홈 그룹 ●🔵]에서 보이지 않던 PC의 공유 항목이 다시 나타나는 것을 볼 수 있습니다.

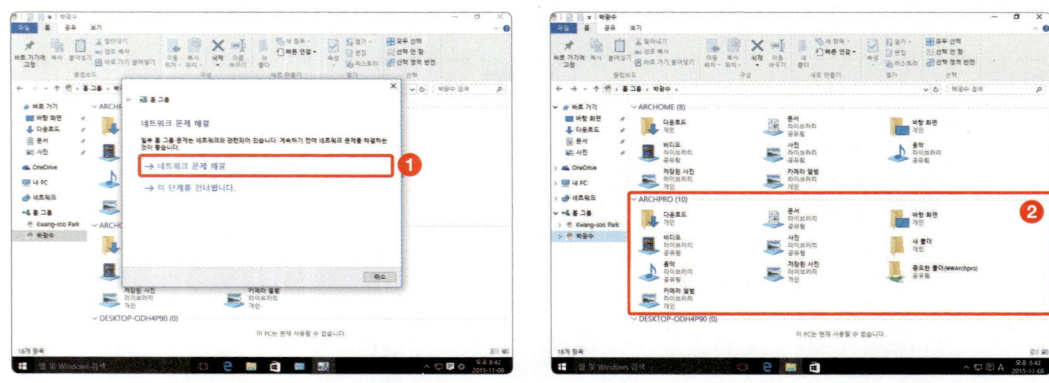

홈 그룹에 가입할 때 사용하는 암호를 찾으려면 홈 그룹에 가입된 PC에서 탐색기를 엽니다. [홈 그룹] 탭의 [암호 보기 🔑]를 누르면 암호가 나타납니다.

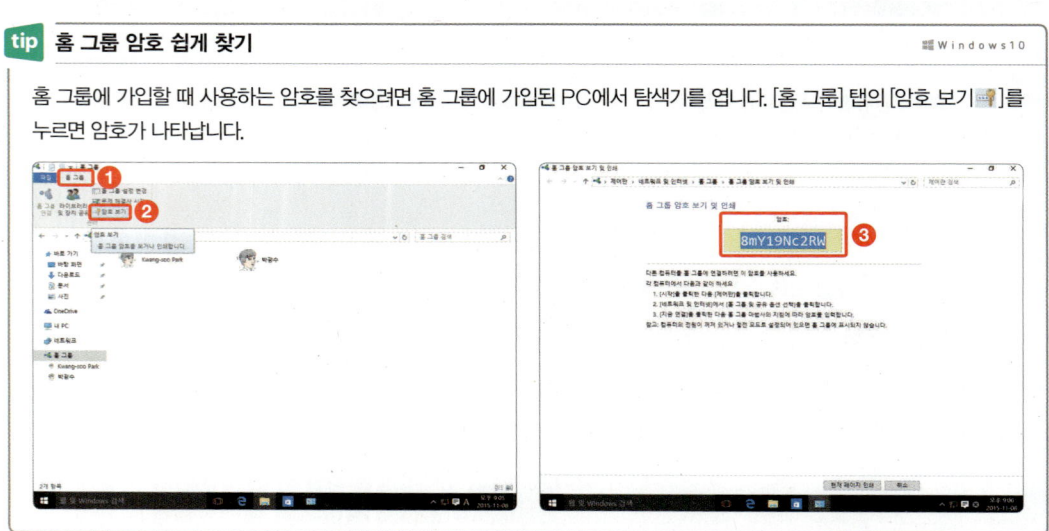

홈 그룹을 완전히 끄기

홈 그룹을 만들고 가입하고 공유하는 방법까지 살펴봤습니다. 이번에는 홈 그룹을 사용하지 않을 경우를 위해 홈 그룹을 끄는 방법을 살펴보겠습니다.

홈 그룹에서 나가기

더 이상 홈 그룹에 포함된 다른 컴퓨터들과 공유하고 싶지 않다면 [웹 및 Windows 검색]에 '홈 그룹'을 입력해서 실행합니다. [홈 그룹에서 나가기]를 선택합니다.

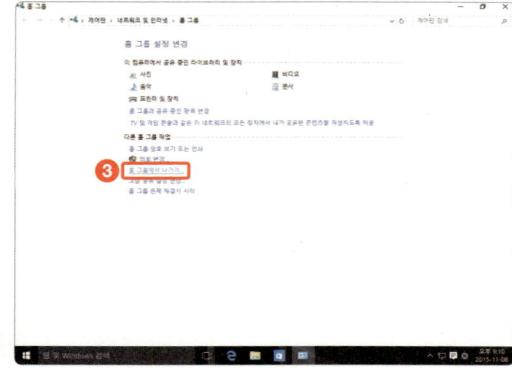

[홈 그룹에서 나갑니다]를 선택하면 홈 그룹과의 공유가 끊어집니다.

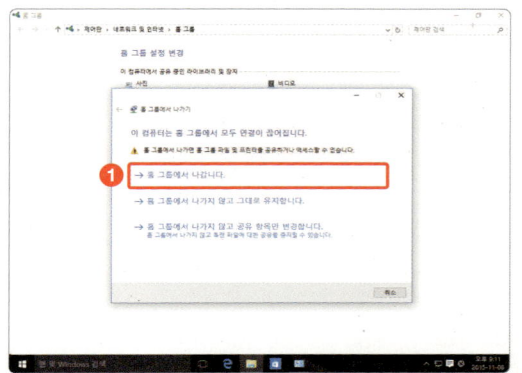
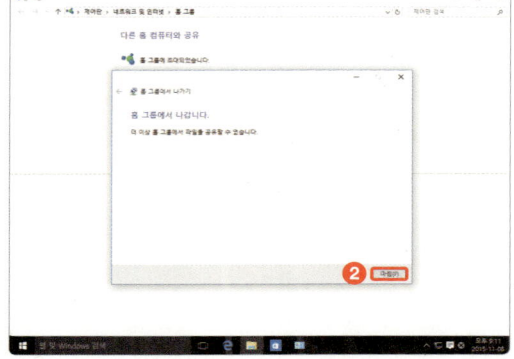

홈 그룹 아이콘 숨기기: 개인에서 공용 네트워크로 위치 바꾸기

홈 그룹에서 나가도 여전히 탐색기에는 홈 그룹이 보입니다. 개인 네트워크로 지정되어 있기 때문인데 네트워크 위치를 공용으로 바꾸면 됩니다. 작업 표시줄의 오른쪽 아래에 있는 [네트워크 💻]를 눌러 [현재 네트워크 💻]를 선택합니다. '연결됨'이라고 나오는 [이더넷 💻]을 다시 눌러 보세요.

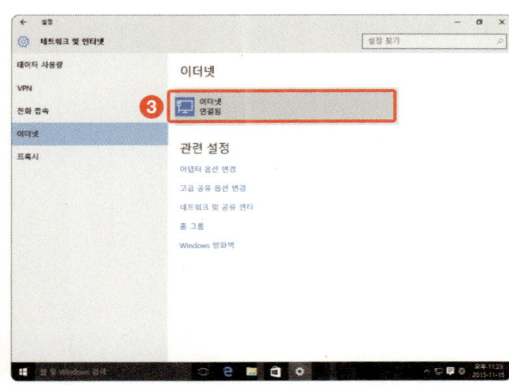

[이 PC를 검색 가능하게 설정]을 [끔 ●]으로 바꿉니다. 그러면 탐색기에서 [홈 그룹 ●●●]이 사라집니다. 네트워크 공유나 홈 그룹을 전혀 사용하지 않는 환경에서 유용합니다.

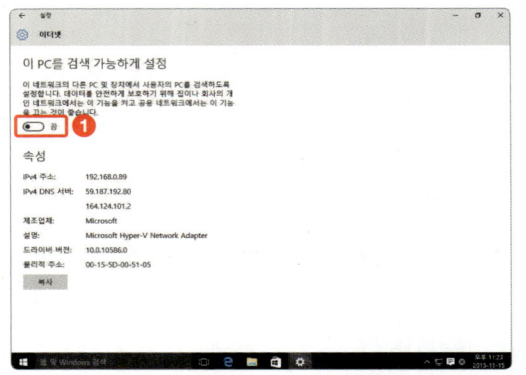 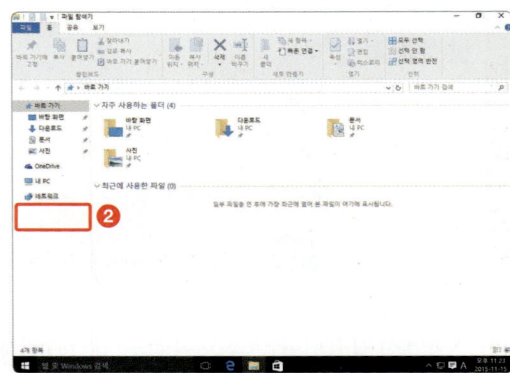

tip **Wi-Fi에서 홈 그룹 끄기**   Windows10

유선 랜 없이 Wi-Fi만 사용하는 경우 홈 그룹을 끄려면 설정 앱의 [네트워크 및 인터넷]에서 [Wi-Fi]의 [고급 옵션]에 들어갑니다. 이더넷과 동일하게 [이 PC를 검색 가능하게 설정]을 [끔 ●]으로 바꿉니다. 그러면 탐색기에서 [홈 그룹 ●●●]이 사라집니다.

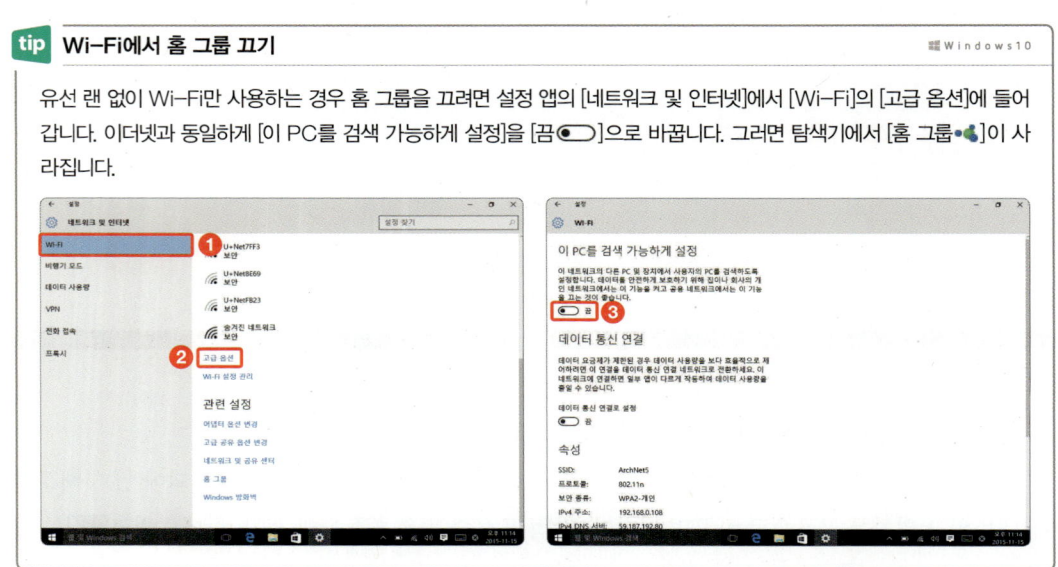

개인 설정
테마로 나만의 PC 꾸미기

바탕 화면 배경, 색 등이 조화를 이룬 나만의 PC를 만들 수 있습니다. 윈도우 10을 오랜 기간 사용하다
보면 왠지 지루한 느낌을 줍니다. 새로운 느낌이 나도록 꾸며 보세요.

배경 사진 바꾸기

바탕 화면에서 단축 메뉴를 열어 [개인 설정 🖼]에 들어갑니다. 배경 이미지를 원하는 사진으로 꾸며
보세요. [찾아보기]를 눌러 원하는 사진으로 배경 화면 사진을 지정할 수 있습니다.

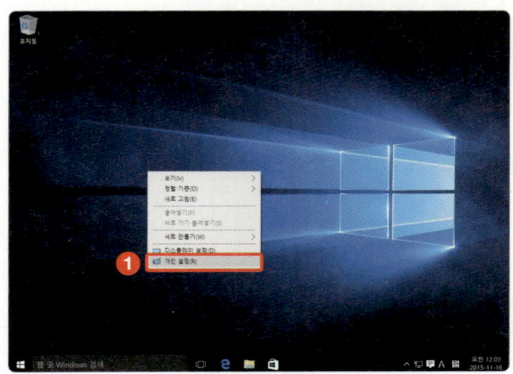
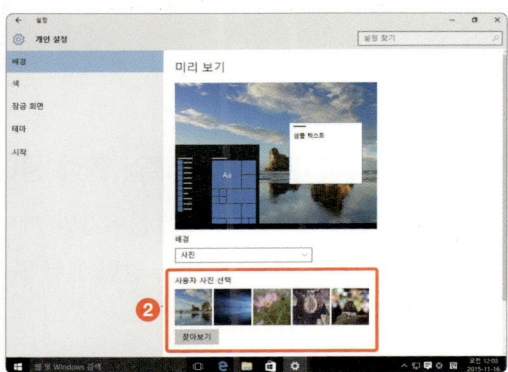

윈도우 10에서 기본으로 제공하는 배경도 좋지만 업무에 집중이 잘되는 단순한 배경이 좋다면 단색으
로 설정해도 좋습니다. 배경만 변경해도 컴퓨터의 인상이 상당히 크게 변합니다.

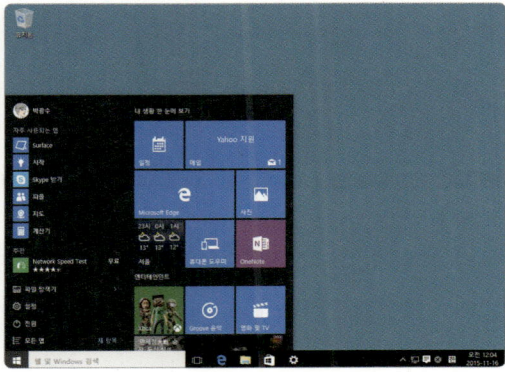

바탕 화면 슬라이드 쇼

순환하는 사진, 즉 슬라이드 쇼를 바탕 화면 배경으로 사용할 수 있습니다. [배경]에서 [슬라이드 쇼]로 설정한 뒤 사진을 많이 저장한 폴더를 지정하면 해당 폴더의 사진이 기본 30분 간격으로 바탕 화면에 나타납니다. 원한다면 바탕 화면에서 단축 메뉴를 열어 [다른 바탕 화면 배경]을 누르면 다음 사진으로 직접 넘길 수도 있습니다.

설정 앱에서 설정하기   바탕화면에서 설정하기

테마 색 선택하기: 작업 표시줄, 알림 센터, 시작 메뉴를 컬러풀하게

설정 앱의 [개인 설정]에서 [색]에 들어가면 [테마 컬러 선택]을 통해 원하는 색상으로 윈도우를 꾸밀 수 있습니다. [시작, 작업 표시줄, 알림 센터 및 제목 표시줄에 색 표시]를 선택하면 좀 더 다양한 부분에 색이 적용됩니다.

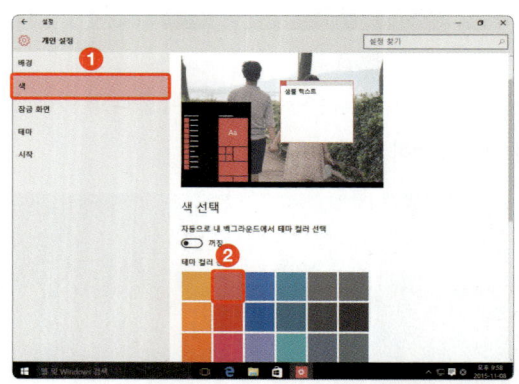

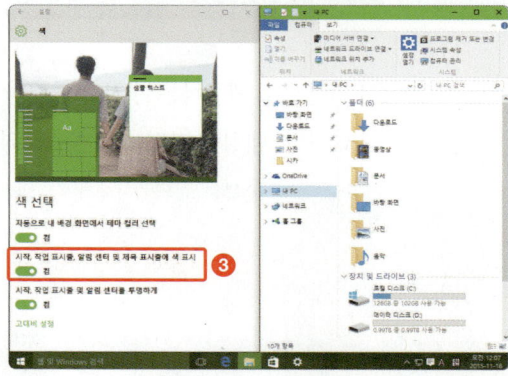

아래와 같이 다양한 색상으로 윈도우를 꾸밀 수 있습니다. 예쁜 바탕 화면 사진과 어울리는 색으로 나만의 윈도우를 꾸며 보세요.

잠금 화면 꾸미기: 배경 이미지부터 슬라이드 쇼까지

이젠 잠금 화면을 꾸며 보겠습니다. [배경]을 선택하면 바탕 화면을 꾸몄던 것처럼 잠금 화면에 사진이 나타납니다.

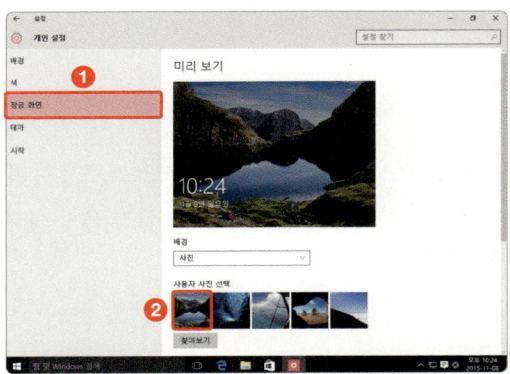 

잠금 화면에도 슬라이드 쇼를 지정할 수 있습니다. 예쁜 사진이 많이 있는 폴더를 추가해 보세요. 잠금 화면에서 여러 사진이 슬라이드 쇼로 나타납니다.

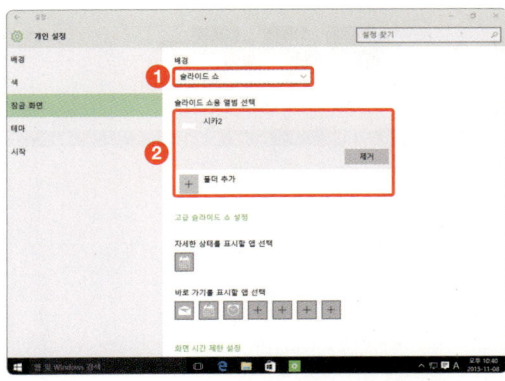 

마이크로소프트가 추천하는 잠금 화면

[개인 설정]의 [잠금 화면]에서 [Windows 추천]을 선택하면 마이크로소프트가 추천하는 예쁜 사진을 잠금 화면에 표시해 줍니다. 내가 '좋아요'한 사진을 기준으로 아름다운 잠금 화면 이미지를 자동으로 설정해 줍니다. 좋아하는 사진을 자주 표시하고, 마음에 들지 않는다고 표시하면 새로운 이미지를 내려받아 주는 스마트한 잠금 화면이 됩니다.

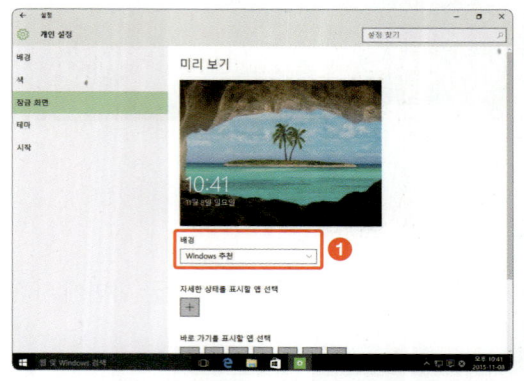 

인터넷의 멋진 테마 이용하기

컴퓨터 화면을 오래 보고 작업하는 분들은 윈도우 테마의 중요성을 잘 압니다. 마이크로소프트가 제공하는 다양한 테마를 내려받아 적용할 수 있습니다. [개인 설정]의 [테마]에서 [테마 설정]을 누릅니다. [온라인으로 추가 테마 보기]를 선택해 보세요.

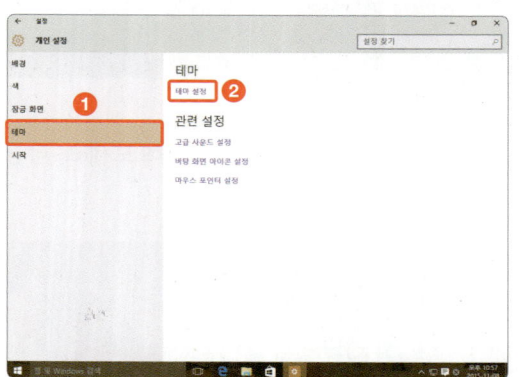 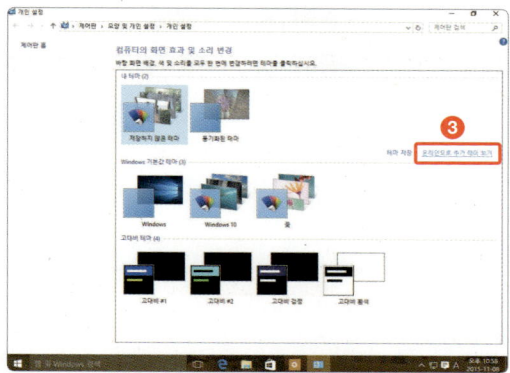

다양한 테마를 다운로드할 수 있는 웹 사이트에 연결됩니다. 마음에 드는 테마를 [다운로드]해서 실행해 보세요. 예쁜 테마를 무료로 내려받고 적용할 수 있습니다.

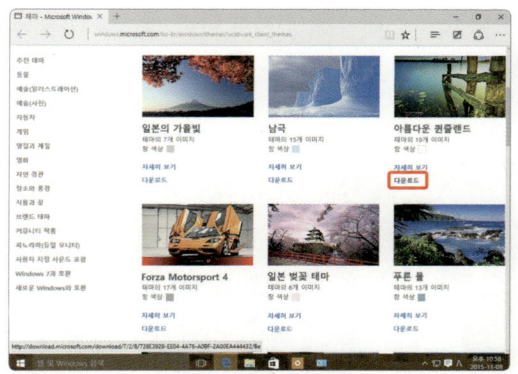 

파노라마 테마: 듀얼 모니터 사용자에게 딱!

모니터를 두 개 이상 사용하는 분께 좋은 팁입니다. 파노라마 이미지를 배경 화면으로 지정할 수 있습니다. 테마 다운로드 사이트에서 [파노라마(듀얼 모니터)]를 선택해 내려받으면 됩니다.

> **tip** http://windows.microsoft.com/ko-kr/windows/themes에서는 마이크로소프트에서 배포하는 테마를 내려받을 수 있습니다.

저장 기능으로 테마 공유하기

바탕 화면, 색 등을 지정해 윈도우를 예쁘게 꾸몄다면 이를 테마로 저장해 친구와 공유할 수 있습니다. [개인 설정]의 [테마]에서 [테마 설정]을 눌러 [저장되지 않은 테마]를 선택해 단축 메뉴를 열어 보세요. [공유할 테마 저장]을 눌러 테마 파일로 저장하고 다른 사람과 공유해 보세요. 해당 테마 파일을 실행하면 바로 설치됩니다.

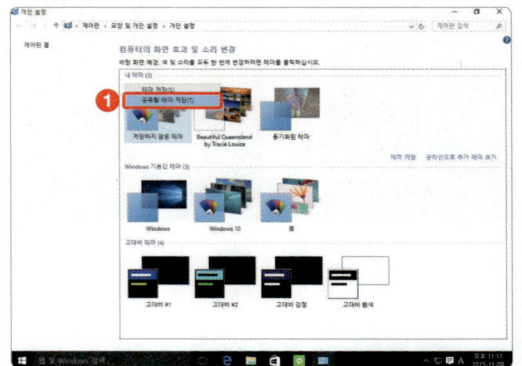
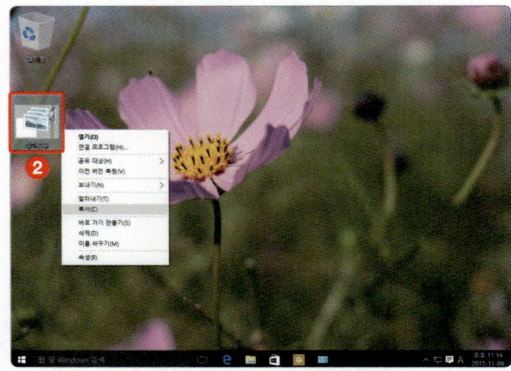

LESSON

10

눈을 편안하게 하는
화면 설정의 모든 것

여러분은 몇 인치의 모니터를 사용하고 계시나요? 그리고 해상도 설정은 어떻게 되어 있나요? 윈도우
10에서 눈을 편하게 만들어 주는 화면 설정을 모두 살펴보겠습니다.

DPI를 조절해 화면 편하게 보기

윈도우 10에서는 DPI(Dots per inch)를 조절해 화면에 표시되는 글자의 크기를 확대시켜서 화면의
내용을 읽기 쉽게 만들 수 있습니다.

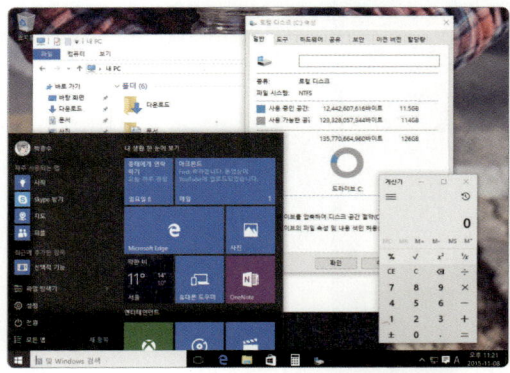

DPI가 100%일 때

DPI가 125%일 때

> **tip** DPI는 디스플레이 해상도의 측정 단위이며, 1제곱인치(2.54 제곱센티미터) 안에 만들어진 점이나 화소의 수를 말합니다.

바탕 화면에서 단축 메뉴를 열어 보세요. [디스플레이 설정 🖥]에 들어가 [텍스트, 앱 및 다른 항목의
크기를 변경합니다]를 조절하면 됩니다. 오른쪽으로 갈수록 크게 확대됩니다.

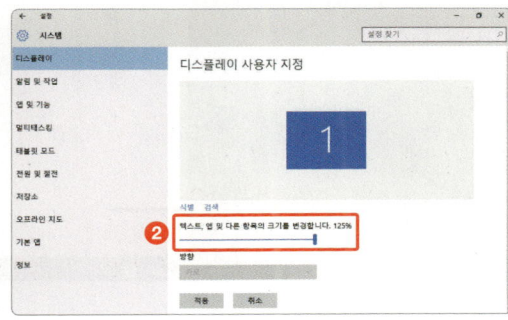

평소에 보이는 화면의 125%만큼 확대된 화면을 볼 수 있습니다. 엣지도 마찬가지로 125% 확대됩니다.

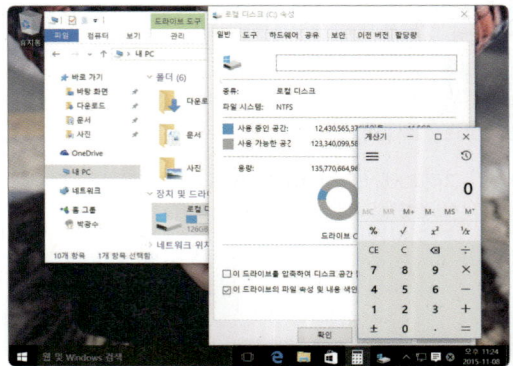 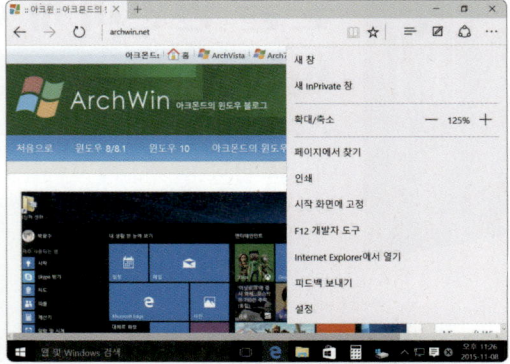

DPI 설정은 해상도가 높은 컴퓨터를 사용할수록 차이가 커집니다. 큰 화면에서 여러 창의 내용을 한번에 확인하려면 DPI를 낮추고, 글자를 큼직하게 읽고 싶다면 DPI를 높이면 됩니다.

2160*1440 해상도에서 100% DPI를 적용한 모습

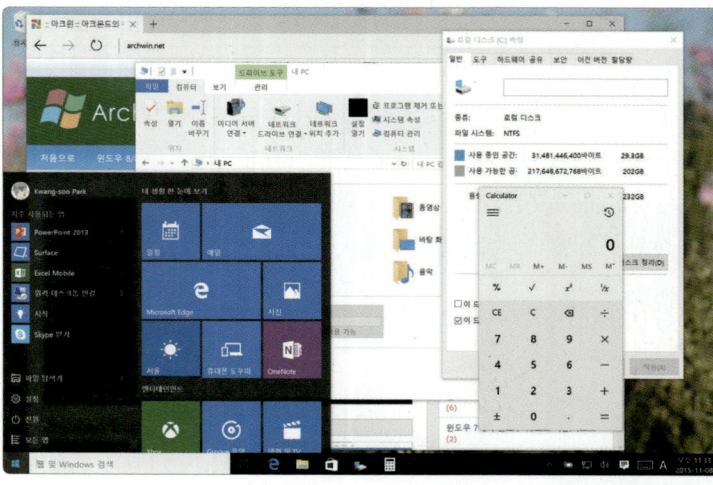

2160*1440 해상도에서 175% DPI를 적용한 모습

클리어타입(ClearType) 글꼴을 읽기 좋게 만들기

윈도우 비스타 이후 맑은 고딕체가 운영체제의 기본 글꼴로 지정되었습니다. 아직도 각종 대화 상자에서 굴림체와 혼용되긴 하지만 많은 곳에서 맑은 고딕체를 볼 수 있습니다. 맑은 고딕은 클리어타입(ClearType)을 지원하는 글꼴입니다. 윈도우 10에는 맑은 고딕체처럼 클리어타입 글꼴을 읽기 편하게 만들어 주는 도구(ClearType 텍스트 조정)가 내장되어 있습니다. 이를 이용해 윈도우 10의 클리어타입 글꼴들의 가독성을 높일 수 있습니다.

[웹 및 Windows 검색]에 'clear'를 입력해서 [ClearType 텍스트 조정]을 실행합니다. [ClearType 사용]에 체크되어 있는지 확인하고 [다음]을 누릅니다.

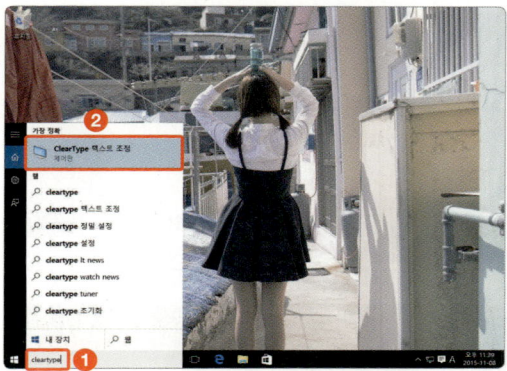
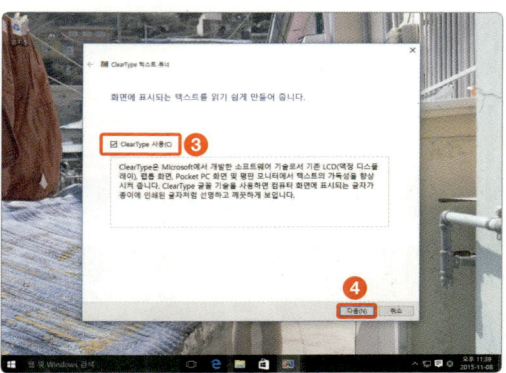

가장 깔끔해 보이는 것을 클릭합니다. 텍스트 조정을 마치면 [마침]을 눌러 종료합니다.

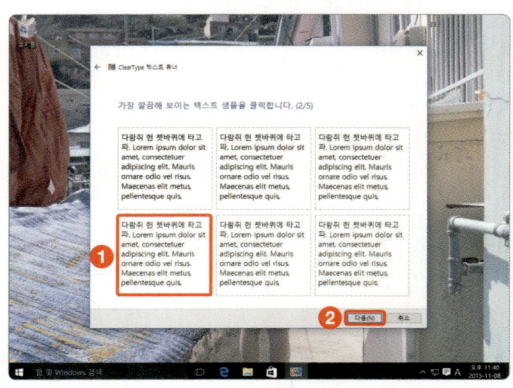
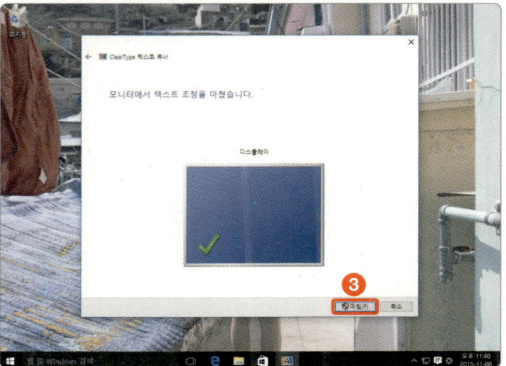

돋보기 사용하기

이 기능은 본래 장애인을 위한 기능입니다. 하지만 일반인들도 일상에서, 프레젠테이션 시에도 쓸 수 있는 기능이라 활용 폭이 넓은 편입니다. ⊞+⊞를 함께 누르면 돋보기가 실행됩니다. 더하기를 누를 때마다 계속 커집니다(최대 1600%까지 확대됩니다).

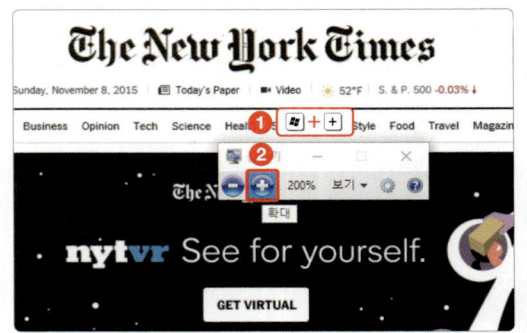

+➖를 함께 누르면 화면이 축소됩니다. 빼기를 누를 때마다 계속 작아집니다. 그리고 화면 확대 중에 [Ctrl]+[Alt]+[Space Bar]를 사용하면 잠깐 동안 전체 화면을 미리 볼 수 있습니다. 이 기능은 직접 사용해 효과를 체험해 보면 좋습니다.

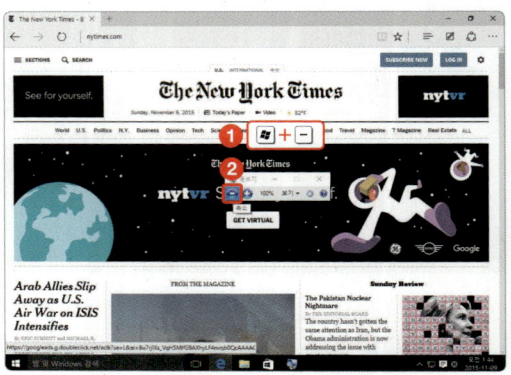

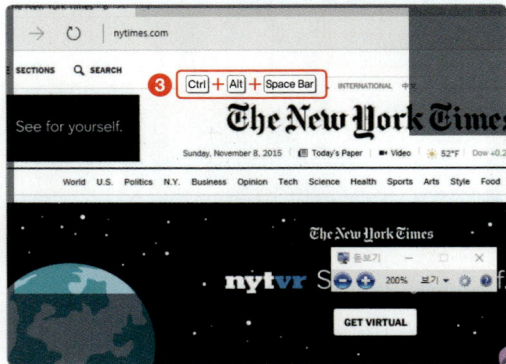

렌즈 모드 사용하기

윈도우 10의 돋보기에는 렌즈 모드를 제공합니다. 렌즈 모드에서는 마우스 포인터 주위의 일정 영역이 확대됩니다. 마우스 포인터를 이동하면 화면 영역(렌즈)도 함께 이동합니다. 돋보기 창에서 [보기]의 [렌즈]를 누릅니다. 해제하려면 돋보기 창을 닫거나 [보기]에서 [전체 화면]을 누릅니다.

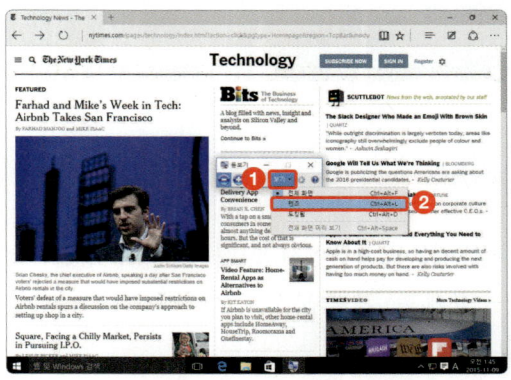

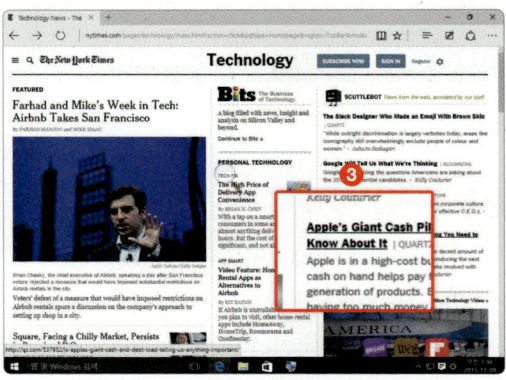

도킹 모드 사용하기

도킹 모드에서는 화면의 일부분만 확대해서 보여줍니다. 기본적으로 도킹 영역은 화면의 위에 나타나며 나머지 화면은 정상적인 상태로 유지됩니다. 도킹 영역을 조절하는 것도 가능합니다. 돋보기 창에서 [보기]의 [도킹됨]을 클릭합니다. 화면 위의 도킹 창에서 확대된 화면을 보여줍니다. 마우스를 움직이면 근처를 확대해 보여줍니다. 돋보기를 끝내려면 ⊞ + Esc 를 누릅니다.

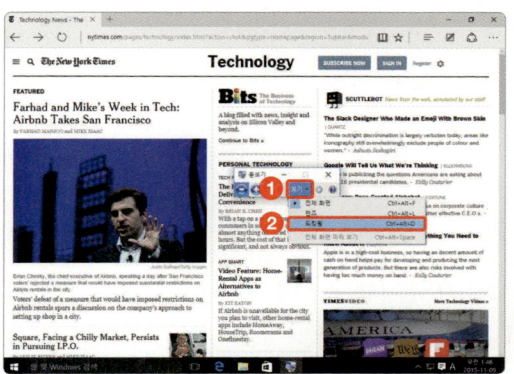 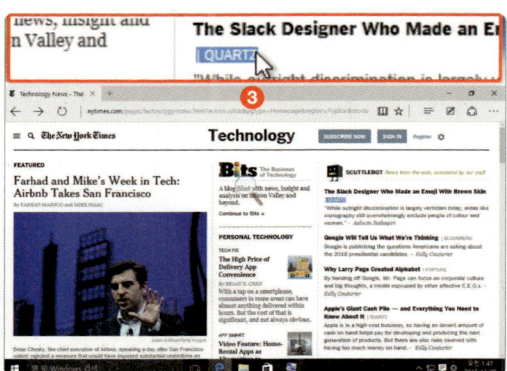

태블릿에서 돋보기 사용하기

터치가 지원되는 태블릿에서는 조금 다른 화면이 나타납니다. 화면의 가장자리에 나오는 바를 드래그해서 화면을 이동하며, [+]를 눌러 확대하고 [−]를 눌러 축소합니다. [X]를 누르면 돋보기가 꺼집니다.

Hyper-V
윈도우 속의 또 다른 윈도우

LESSON 11

윈도우 10 프로 이상의 에디션에서 제공하는 Hyper-V(하이퍼-V)로 가상 컴퓨터를 만들면 다양한 용도로 활용할 수 있습니다. 윈도우 속에 또 다른 윈도우를 만들어 주는 가상화 기술을 사용해 보세요. 윈도우 7이나 윈도우 8/8.1 등을 설치해 사용하면 편리합니다.

가상화의 기반인 Hyper-V 설치하기

⊞+X를 누르거나 [시작⊞]의 단축 메뉴에서 [프로그램 및 기능]을 선택한 뒤 [windows 기능 켜기/끄기]를 누릅니다. [Hyper-V] 항목에 체크한 뒤 [확인]을 누르세요.

 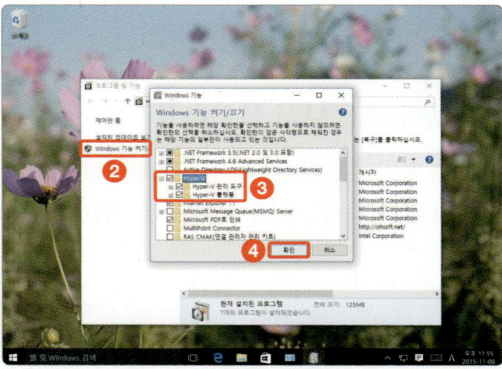

컴퓨터가 다시 시작되고 나면 Hyper-V가 설치됩니다. [웹 및 Windows 검색]에 'hyper-v'를 입력해 [Hyper-V 관리자]를 실행하세요.

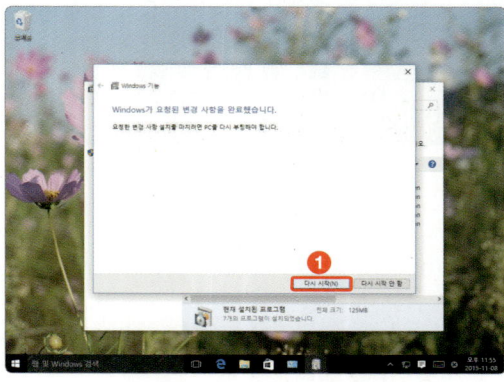 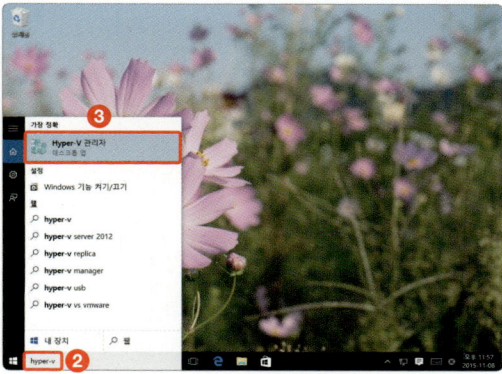

Hyper-V 가상 스위치 만들기

가상 컴퓨터와 네트워킹이 가능하도록 스위치를 만들어 봅시다. Hyper-V 관리자에서 [가상 스위치 관리]를 누른 뒤 [외부]에서 [가상 스위치 만들기]를 선택합니다.

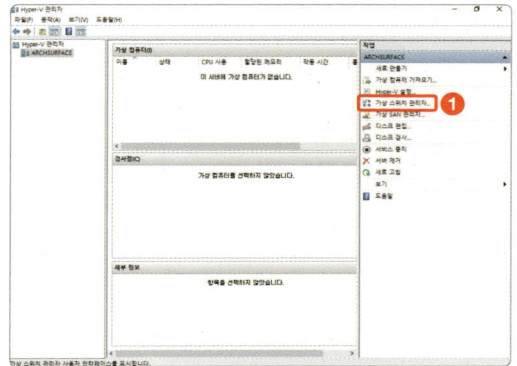 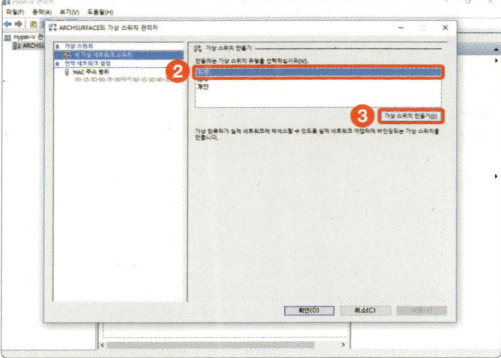

인터넷이 연결된 네트워크 카드를 선택하고 이름을 적절하게 적은 뒤 [확인]을 누릅니다.

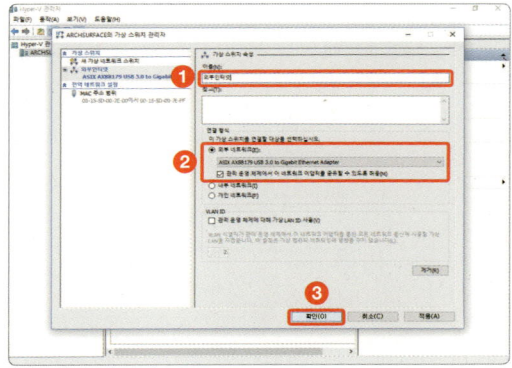 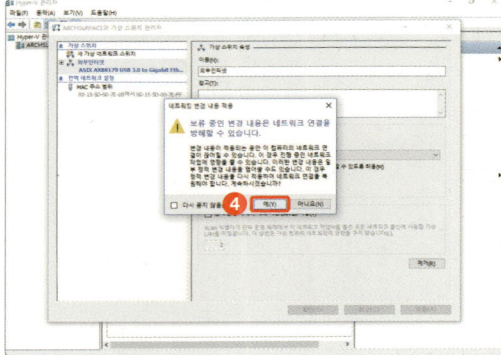

Hyper-V 가상 컴퓨터 만들기

이제 [새로 만들기]의 [가상 컴퓨터]를 선택해서 가상 PC를 만들어 봅시다. 가상 컴퓨터는 VM(Virtual Machine)이라고도 합니다. 가상 컴퓨터의 이름을 정하고 저장될 위치를 선택합니다.

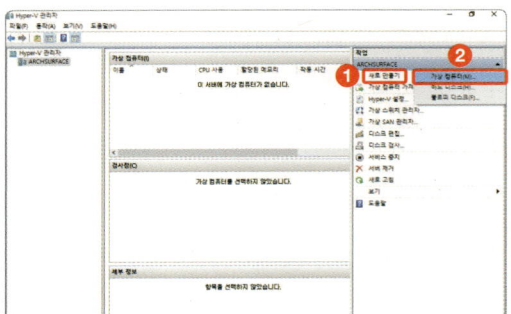 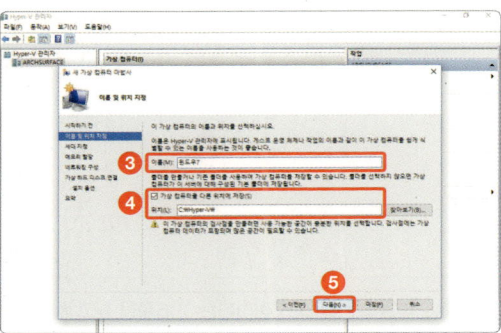

가상 컴퓨터의 세대를 정합니다(윈도우 7의 경우 1세대 선택, 윈도우 8 이상의 경우 2세대 선택). 가상 컴퓨터에 할당할 메모리를 적당히 입력합니다. 윈도우 7을 동작시키려고 한다면 2048MB 정도로 설정합니다.

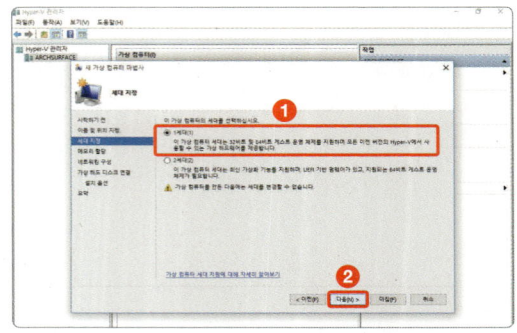 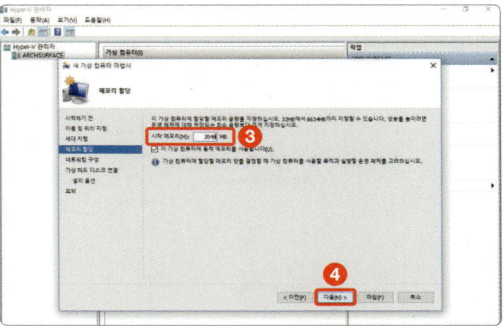

앞에서 만든 가상 스위치를 선택합니다. 가상 하드 디스크가 만들어질 위치와 크기를 선택합니다. 기본 값 그대로 진행해도 무방합니다.

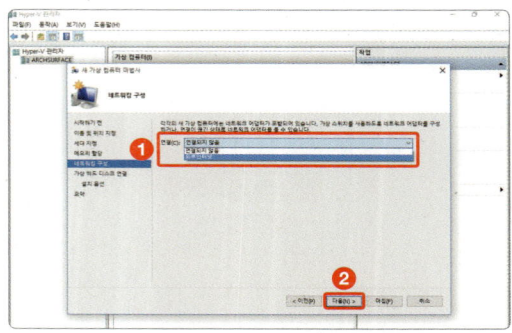 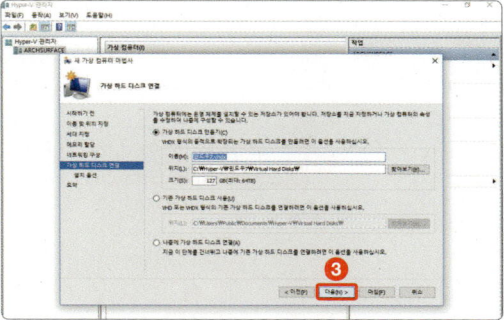

이미지 파일(*.iso)을 선택해서 운영체제를 바로 설치하는 것이 좋습니다. [부팅 가능 CD/DVD-ROM에서 운영 체제 설치]에서 윈도우 7 설치 디스크 또는 이미지를 선택합니다. 모두 설정되었다면 [마침]을 누릅니다.

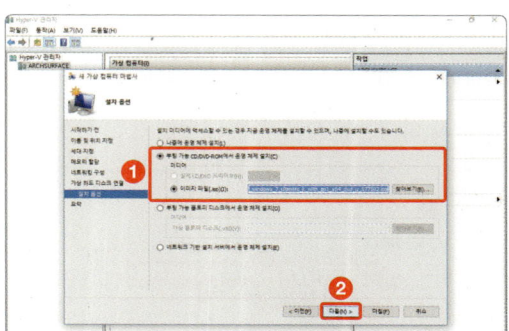 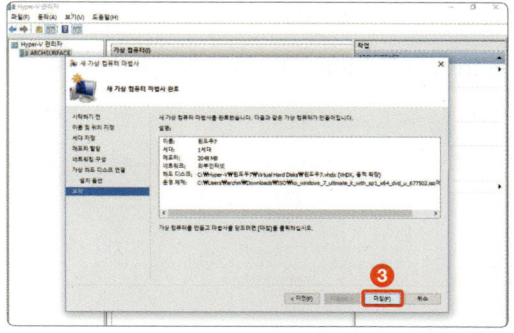

tip iso 파일 같은 디스크 이미지는 306쪽을 참고해 실제 CD나 DVD로 구울 수 있습니다.

Hyper-V 가상 컴퓨터 켜고 끄기

가상 컴퓨터를 켜고 끄는 것도 일반 컴퓨터를 조작하는 것과 마찬가지입니다. 가상 컴퓨터를 선택해 단축 메뉴를 열어 보세요. [시작]을 눌러 컴퓨터를 켜면 자동으로 윈도우 7을 설치합니다.

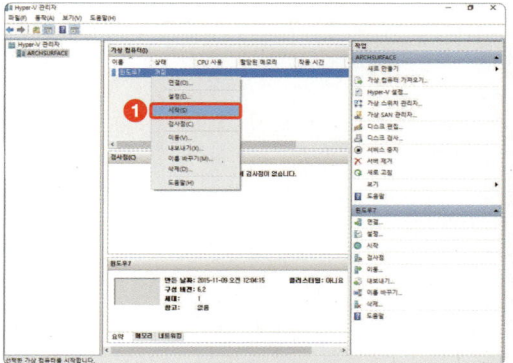
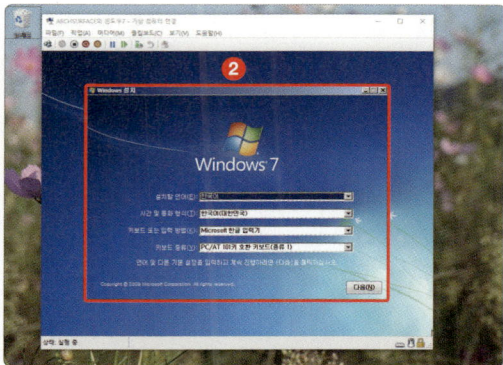

설치가 끝나면 일반적인 윈도우 7처럼 사용할 수 있습니다. 종료하려면 빨간 색 [종료◉]를 누릅니다. 가상 컴퓨터를 끄면 할당되었던 CPU, 메모리 등 시스템 자원을 사용하지 않습니다.

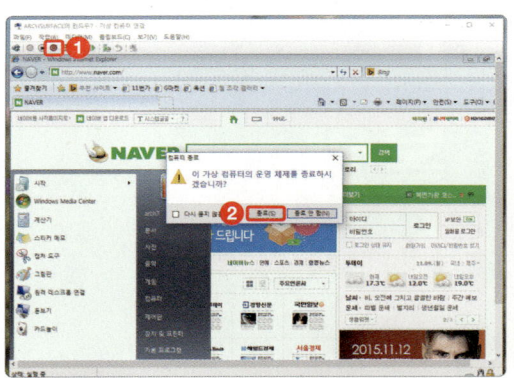
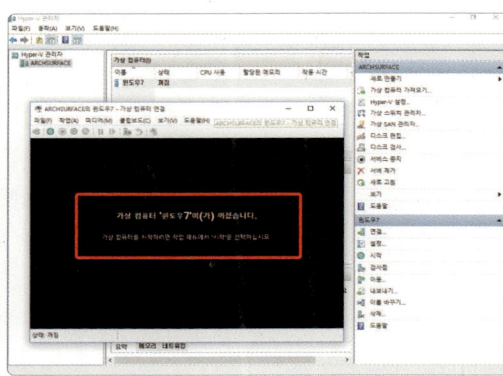

tip 가상 컴퓨터 또한 원격 데스크톱을 사용할 수 있습니다. 279쪽을 참고하세요.

tip 윈도우 10 홈 에디션에서는 Hyper-V 기능이 제공되지 않습니다. 28쪽을 참고하세요.

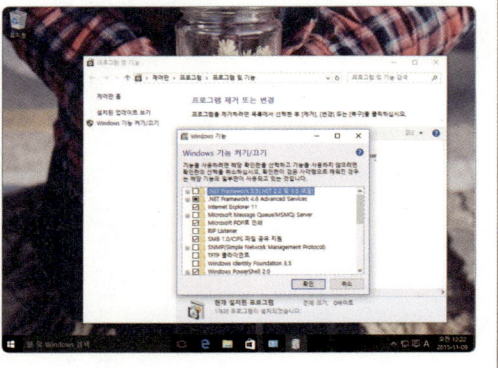

백업과 복원
스마트한 사고 예방과
문제 해결법

윈도우 10에서 자료를 백업하고 정보를 보호하는 방법을 살펴보세요.
따로 설치하지 않아도 내장된 백신이 윈도우 업데이트를 통해 최신으로 유지됩니다.
또 다양한 백업 및 복원 도구를 제공하여 사용자의 입맛에 맞게,
좀 더 스마트하게 컴퓨터를 안전한 상태로 만들어 줍니다.
시스템을 통째로 백업하는 방법부터, 매주 원하는 시간에 자동으로
원하는 폴더만 백업하는 방법 등, 윈도우 10에서 제공하는
거의 모든 백업 및 복원 기능을 살펴봅시다.

LESSON 01

안정성 모니터
내 컴퓨터에 무슨 일이 있었나?

문제가 있거나 오류가 난 컴퓨터를 살펴볼 때 안정성 모니터를 이용해 보세요. 업데이트가 실패했거나 윈도우가 비정상적으로 종료된 기록 등이 이곳에 고스란히 남아 있습니다.

안정성 모니터 살펴보기

[웹 및 Windows 검색]에 '안정성'을 입력해 [안정성 기록 보기]를 선택합니다. 업데이트, 드라이버, 앱 등의 정상 여부를 확인할 수 있습니다.

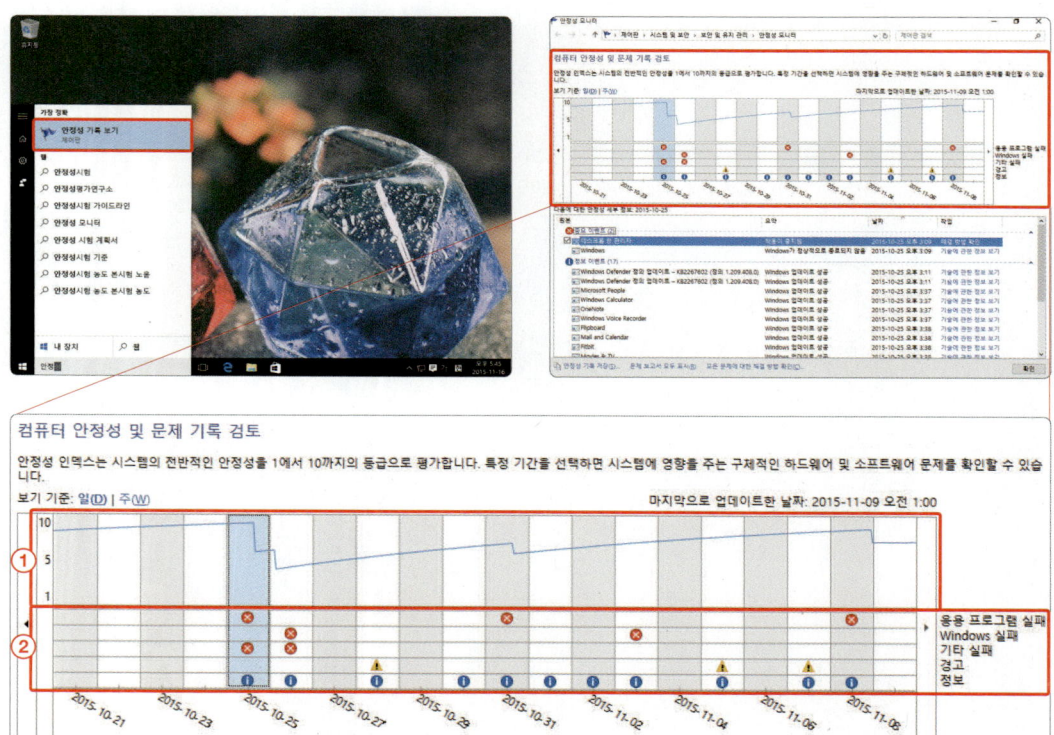

① 안정성 모니터는 하드웨어 및 소프트웨어 문제 및 시스템 변경 내용을 측정하는 도구입니다. 이 도구는 1(매우 불안정)부터 10(매우 안정)까지의 안정성을 평가하는 등급을 제공합니다. 안정성 그래프가 어떻게 변하는지 살펴보면 PC 안정성 추이를 파악하는 데 도움이 됩니다.

② [정보 이벤트 ❶]나 [경고 ⚠]는 시스템에 큰 영향을 미치지 않을 수 있습니다. 하지만 기타 실패, Windows 실패, 응용 프로그램 실패 같은 [중요 이벤트(오류) ❌]는 주의 깊게 살펴봐야 합니다.

안정성 모니터 사용법: 해결 방법 확인, 시스템 상태 파악하기

안정성 모니터에 나타난 [중요 이벤트❌]는 [해결 방법 확인]을 누르면 관련된 해결책을 알려 주는 경우가 있습니다. 물론 해결 방법을 찾을 수 없는 경우도 있지만 어떤 문제가 있었는지 상세히 알려 주므로 원인 파악에 도움이 됩니다.

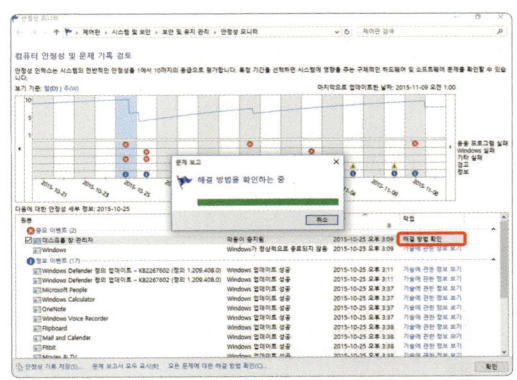 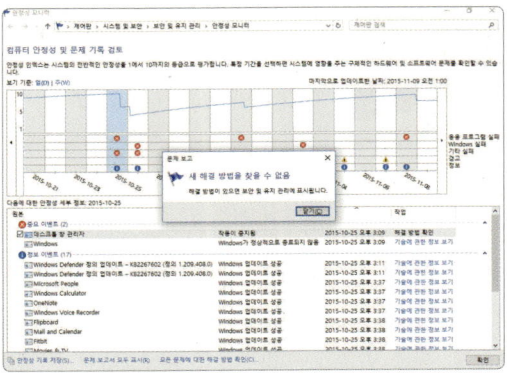

[정보 이벤트❶]나 [경고⚠]에는 [기술에 관한 정보 보기] 링크가 있습니다. 이를 누르면 어떤 작업이 있었는지 확인 가능하므로 세부적인 시스템 사항을 파악하기 쉽습니다.

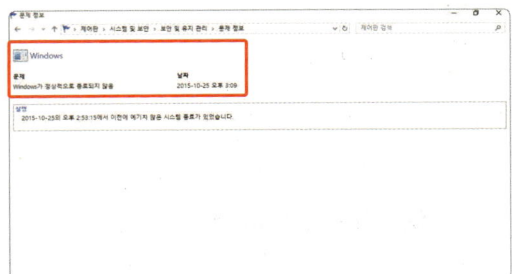 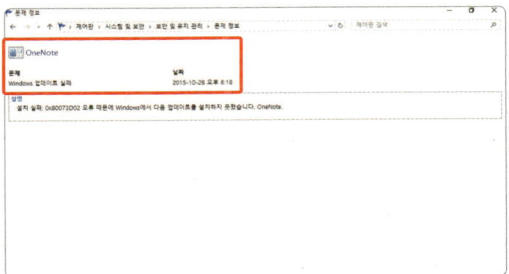

아래쪽의 [안정성 기록 저장]을 누르면 XML 파일로 내역이 백업되며, [문제 보고서 모두 표시]를 누르면 컴퓨터에 일어난 각종 [오류❌]를 한눈에 살펴볼 수 있습니다.

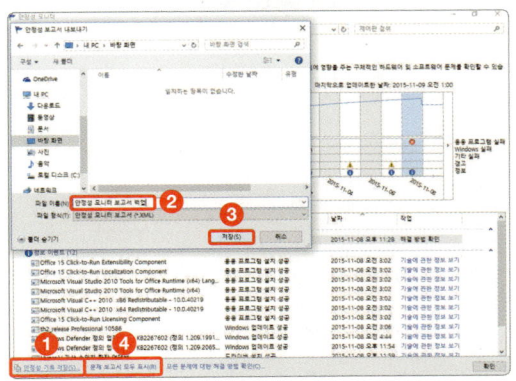 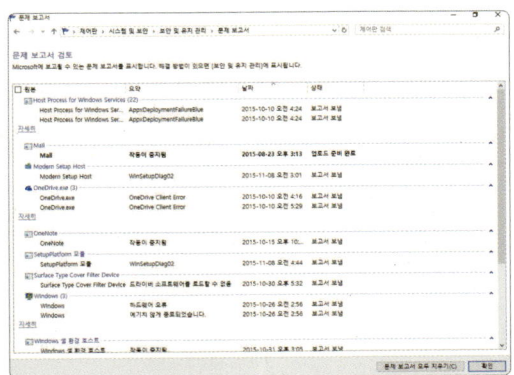

LESSON 02

문제 단계 레코더
문제 상황을 기록해 전달하기

문제 단계 레코더(Problem Steps Recorder)는 말 그대로 문제 상황을 단계별로 촬영하는 도구입니다. 오류가 빈번하게 일어난다면 이 도구로 화면을 녹화해 보세요. zip 파일로 압축된 내용을 IT 관리자에게 전달한 뒤 조언을 구하면 됩니다.

문제 상황 녹화하기

[웹 및 Windows 검색]에 'psr'을 입력해 [단계 레코더]를 실행합니다. PSR은 Problem Steps Recorder의 줄임말입니다. 녹화를 시작하려면 [녹화 시작●]을 누릅니다.

한 단계씩 차근차근 문제 상황을 기록하고 오류가 나는 지점을 명확하게 재현해 보세요.

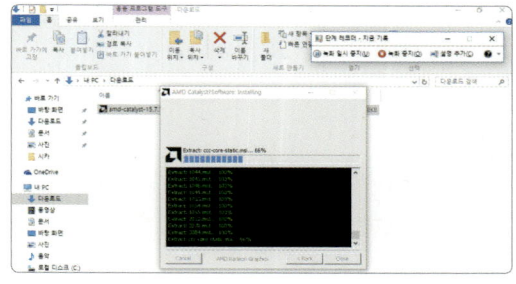

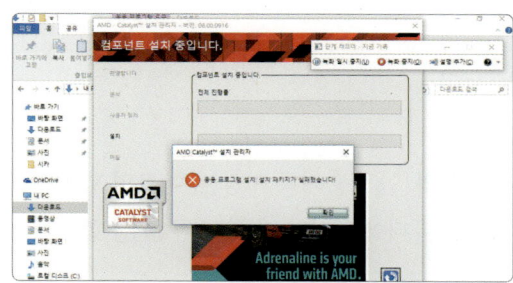

특히 문제의 원인이나 중요한 부분에는 [설명 추가▦]를 눌러 세부 사항을 기록하세요. 모든 내용이 다 기록되었다면 [녹화 중지●]를 눌러 녹화를 마무리합니다.

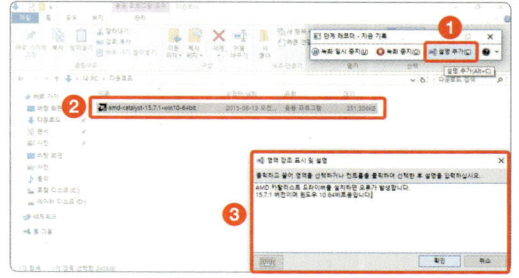

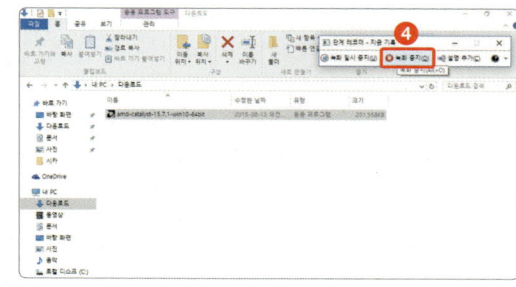

녹화가 끝나면 [기록된 단계]를 보여주는데 이 내용이 그대로 전달됩니다. 문제 상황을 잘 기록했는지 다시 확인하세요. 사진을 한 장씩 살펴보는 [슬라이드 쇼] 보기도 가능합니다.

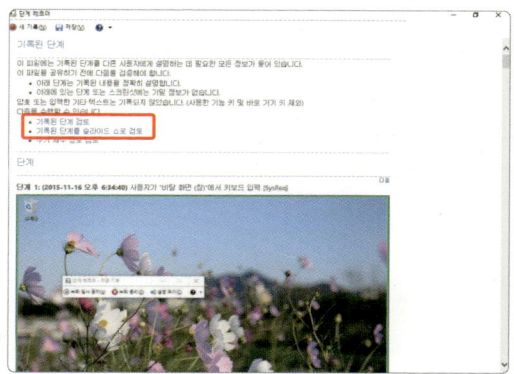

검토가 끝났다면 [저장 💾]을 누릅니다. zip으로 저장된 파일을 전문가에게 전달하세요.

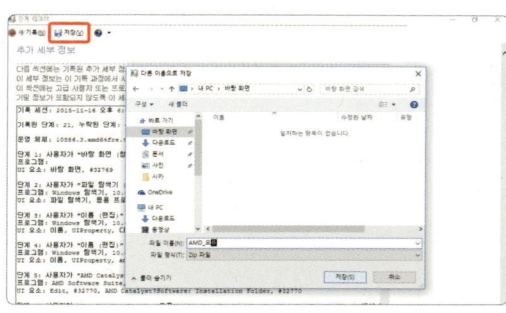

녹화된 파일 살펴보기

zip 파일 안의 .mht 파일을 열면 기록된 문제 상황을 웹 브라우저에서 살펴볼 수 있습니다. 백문이 불여일견, 오류 내용을 가장 명확하고 빠르게 확인할 수 있습니다.

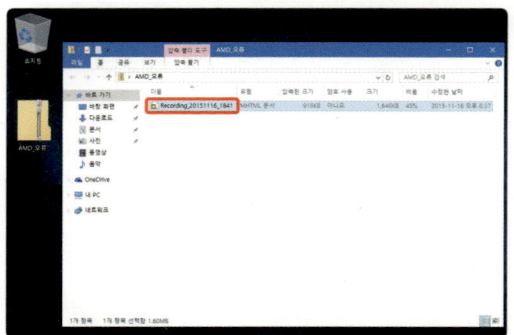

tip 단계 레코더는 PC 사용법을 간단하게 녹화해 다른 사용자에게 알려 주는 데 활용할 수도 있습니다.

LESSON 03

윈도우 디펜더
기본으로 내장된 강력한 백신

윈도우 10에서는 별도의 백신 프로그램을 설치할 필요가 없습니다. 마이크로소프트의 백신 프로그램인 윈도우 디펜더(Windows Defender)가 내장되어 있기 때문입니다. 이 백신은 윈도우 업데이트를 통해 자동으로 최신 상태를 유지합니다.

기본적인 바이러스 검사와 치료하기

[웹 및 Windows 검색]에 'defender'를 입력해 [Windows Defender]를 실행합니다. 윈도우 디펜더 오른쪽의 검사 옵션을 잘 살펴보세요. 원하는 옵션을 선택하고 [검사 시작]을 누릅니다.

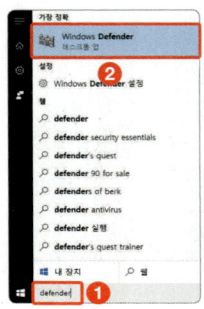

[빠른 검사]나 [전체 검사]를 선택해 컴퓨터의 일부나 전체를, [사용자 지정]을 선택해 원하는 위치를 골라 검사할 수 있습니다. 원하는 파일이나 폴더에서 단축 메뉴를 열어 [Windows Defender로 검사]해도 됩니다. 또 실시간 보호 기능은 위협이 되는 요소를 자동으로 찾아내 처리해 줍니다.

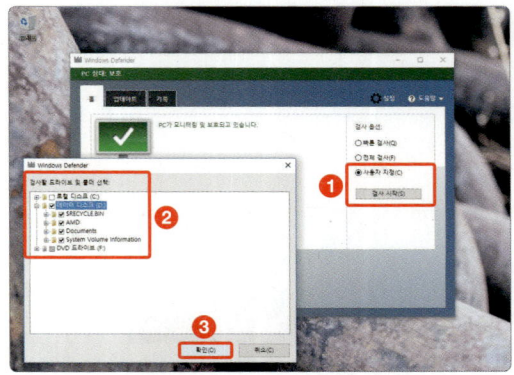

[사용자 지정]으로 검사하기

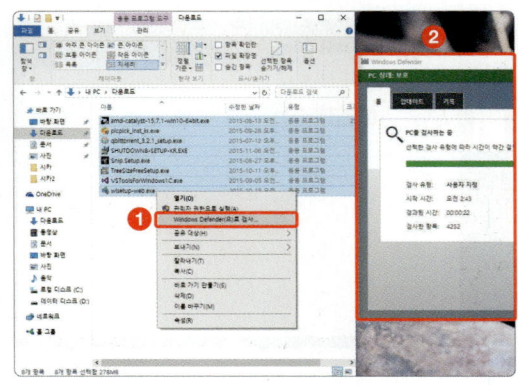

원하는 파일을 직접 검사하기

바이러스나 악성 코드 검사 기록 보기

[기록] 탭에서 [자세히 보기🛡]를 눌러 감지된 위협 요소를 살펴볼 수 있습니다. 바이러스나 악성 코드 중 일부는 제거되지 않고 격리되어 있습니다. [모두 제거🛡]를 눌러 이 항목을 완전히 삭제할 수 있습니다.

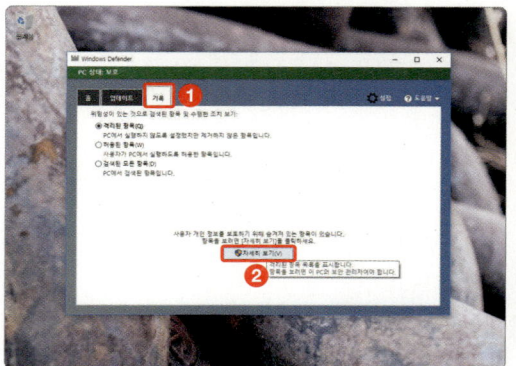 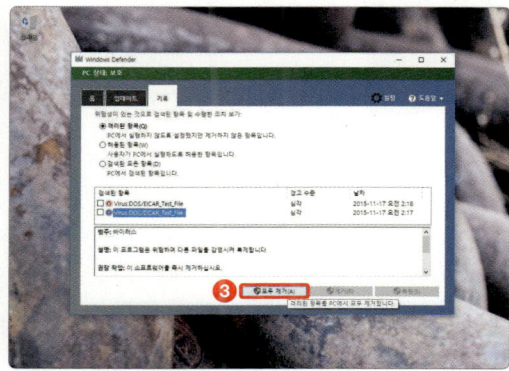

내 컴퓨터에 알맞은 설정 고르기

오른쪽 위의 [설정⚙]을 누르면 윈도우 디펜더를 내 입맛에 맞게 설정할 수 있습니다. 실시간 보호 기능의 사용 여부나 마이크로소프트에 바이러스 샘플을 전송하는 옵션 등을 매만질 수 있습니다. 더 아래쪽에 있는 [제외 사항 추가]에서는 감시/검사에서 제외할 항목을 선택할 수 있습니다.

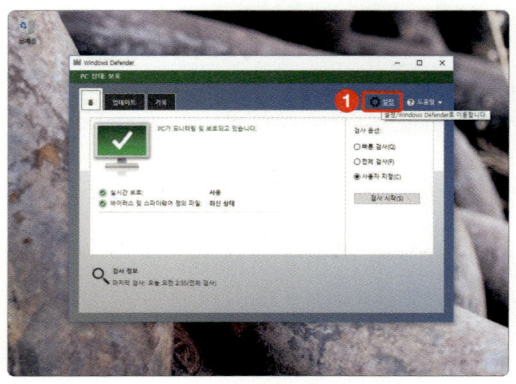 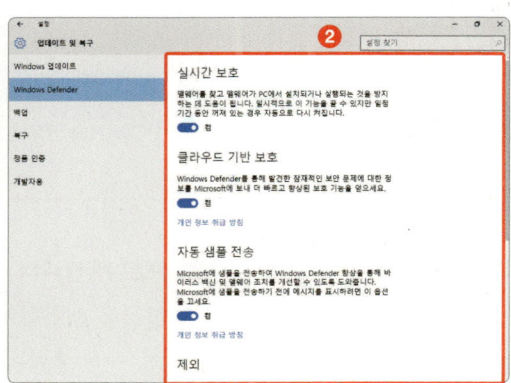

> **tip** V3나 어베스트(Avast) 등 다른 백신을 설치해 사용할 수도 있습니다. 이 경우 윈도우 디펜더는 자동으로 기능이 꺼지면서 백신 프로그램끼리 충돌할 염려를 덜어 줍니다.

파일 히스토리
데이터를 지키는 타임머신 기능

중요한 자료는 유실될 수 있으므로 미리미리 대비해야 합니다. 단순히 [저장]을 잘못 누르는 것만으로도
내용이 유실되기 때문입니다. 다행스럽게도 윈도우 10에는 파일 히스토리 기능을 준비해 놓았습니다.
파일을 변경하거나 삭제하더라도 1시간 전의 데이터로 복구하는 자동 백업 기능을 활용해 보세요.

간단하게 파일 히스토리 설정하기

[웹 및 Windows 검색]에서 '파일 히스토리 설정'을 입력해 실행합니다. [드라이브 추가]를 누른 뒤
백업이 저장될 드라이브만 선택하면 설정이 끝납니다.

 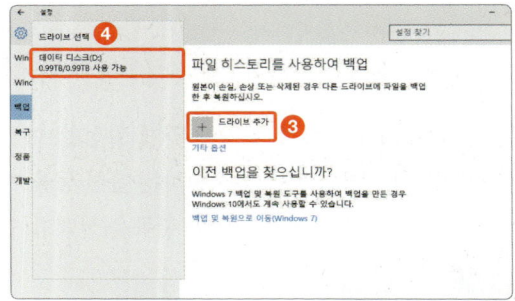

> **tip** 외장 하드 디스크 드라이브도 좋지만 PC에 계속 연결해 놓은 다른 드라이브를 선택하는 것이 좋습니다. 해당 드라이브는
> 남은 공간이 많을수록 좋습니다.

[자동으로 파일 백업]이 [켬●]으로 바뀝니다. [기타 옵션]을 누르면 몇 시간마다 백업할지, 백업
데이터를 얼마나 유지할지, 어떤 항목을 백업할지를 선택할 수 있습니다.

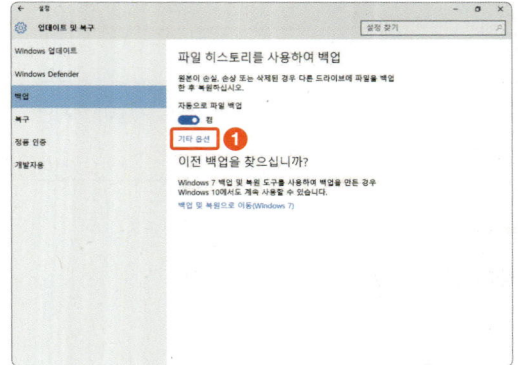 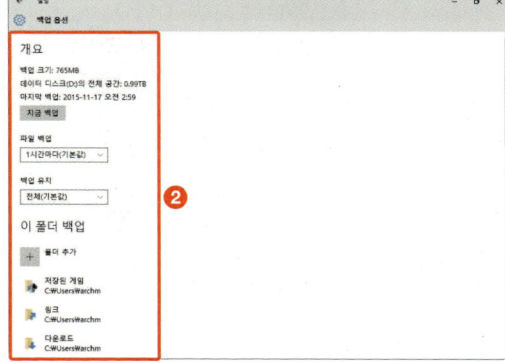

파일 히스토리는 컴퓨터를 매시간 검색하여 변경된 내용은 없는지 확인합니다. 파일이 변경될 때마다 사용자가 선택한 외부 저장 장치에 복사본이 저장됩니다. 이 기능은 윈도우 7에서 제공되었던 기존의 백업 및 복원 기능을 대체합니다.

> **tip** 파일 히스토리를 설정하면 기본으로 아래처럼 개인(사용자) 폴더와 원드라이브(OneDrive) 폴더가 백업됩니다. 정기적으로 백업하기를 원하는 폴더가 더 있다면 [폴더 추가 ➕]를 눌러 해당 위치를 추가하세요.

파일 히스토리 사용하기

파일 히스토리가 제대로 동작하는지 살펴보기 위해 사진 라이브러리 〈시카〉 폴더의 사진을 모두 삭제했습니다. Shift + Delete 를 눌러 완전히 삭제한 상태입니다. [웹 및 Windows 검색]에서 '파일 히스토리'를 입력해 [파일 히스토리로 파일 복원]을 엽니다.

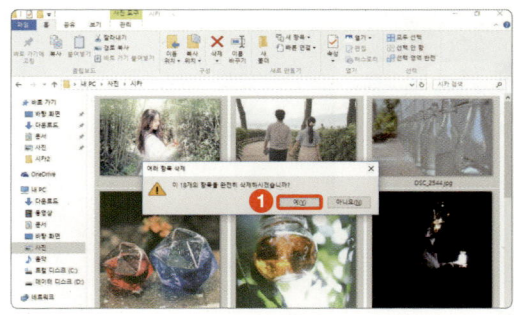

> **tip** 파일 히스토리를 설정한 직후에는 제대로 복원되지 않습니다. 파일 히스토리는 1시간 간격으로 백업하기 때문에 최소한 1시간이 지난 후에 사용하기 바랍니다.

파일 히스토리를 열면 백업 중인 폴더의 목록이 쭉 나열됩니다. 사진의 〈시카〉 폴더로 이동합니다.

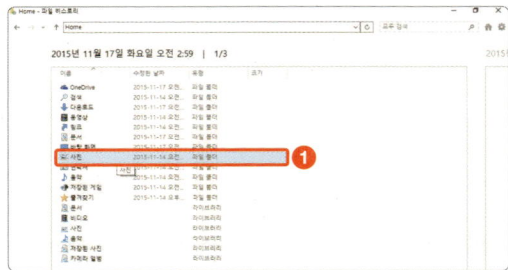
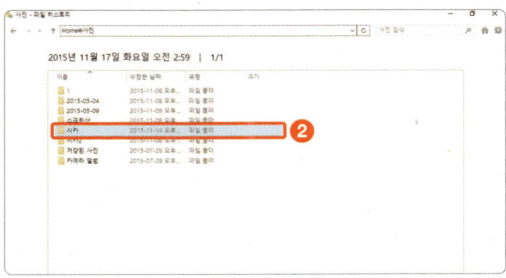

방금 전에 지웠던 사진 파일 목록이 보입니다. 원하는 파일을 선택한 뒤 아래의 [원래 위치로 복사하세요. ↻]를 누르면 복원됩니다. 완전히 삭제했던 파일이 모두 복구된 모습을 볼 수 있습니다.

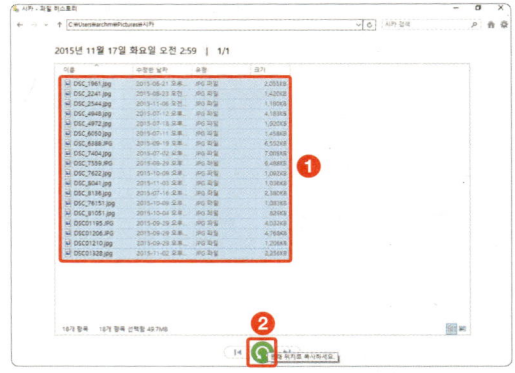

파일 히스토리 동작 방식 이해하기

왜 파일 히스토리라고 부르는지 살펴볼까요? '윈도우 역사'라는 텍스트 파일을 만든 뒤 '윈도우 1.0'의 내용까지 적고 저장합니다. [웹 및 Windows 검색]에서 '파일 히스토리 설정'을 입력해 실행합니다.

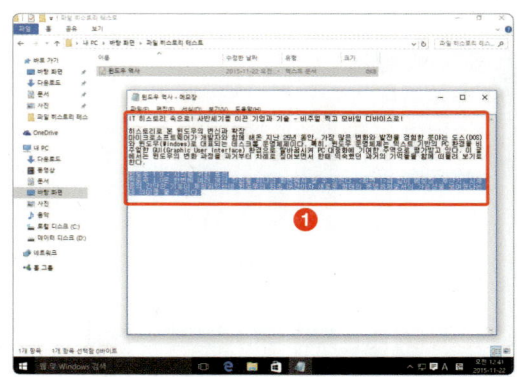

[기타 옵션]을 눌러 [지금 백업]을 누릅니다. 현재 상태를 기억하기 위해 백업을 수행했습니다.

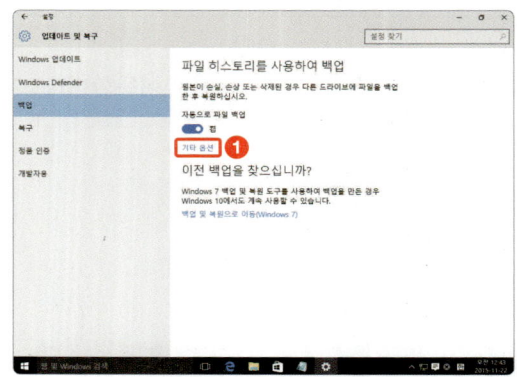
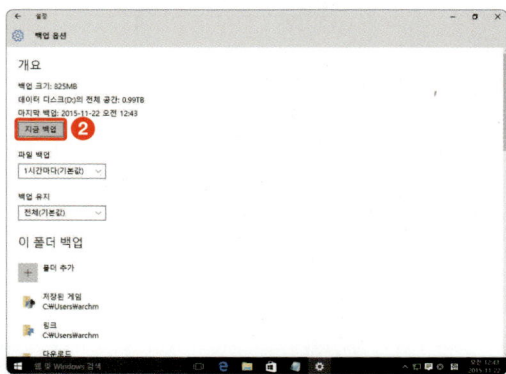

다시 같은 파일을 수정해서 뒷부분에 '윈도우 3.1과 95'의 내용을 추가했습니다. 다시 파일 히스토리 설정에서 [지금 백업]을 눌러 현재의 상태도 기록합니다.

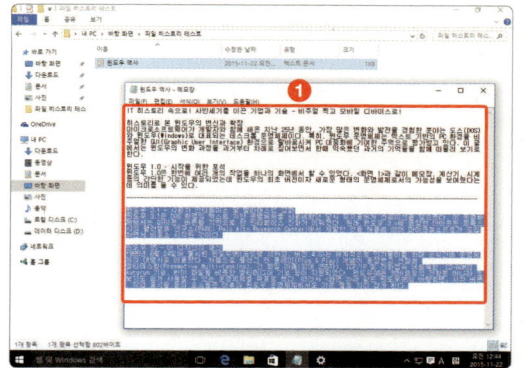
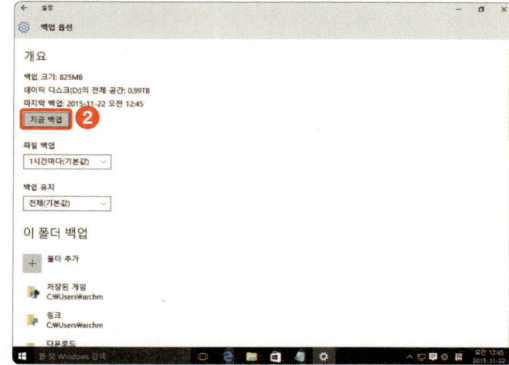

탐색기에서 '윈도우 역사' 파일을 선택하여 [홈] 탭의 [히스토리]를 누릅니다. [이전 버전 ◄◄]을 눌러 보세요.

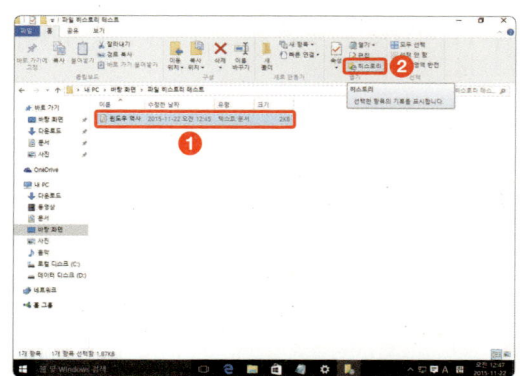
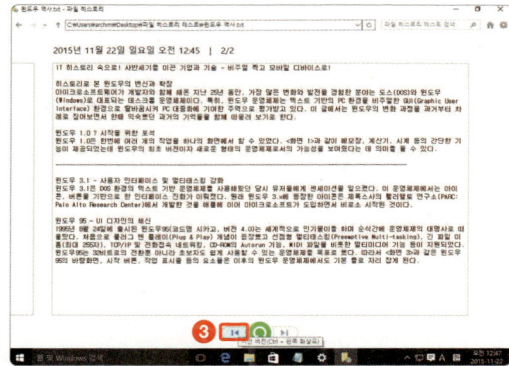

처음에 입력했던 내용이 나타납니다. 파일 히스토리에서 이전 버전을 고스란히 보관한 겁니다. 아래의 [원래 위치로 복사하세요. ◉]를 눌러 [대상 폴더의 파일 덮어쓰기]를 선택하면 이전 버전으로 돌아갈 수 있습니다.

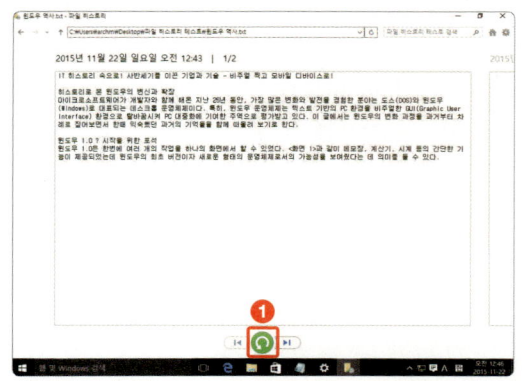
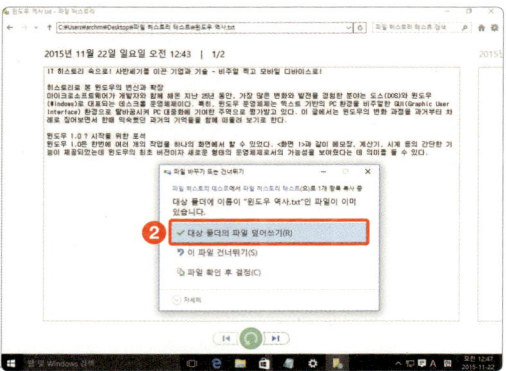

추가, 삭제 항목까지 살펴보기

파일 히스토리는 특정 시점으로 되돌리기뿐만 아니라 파일과 폴더가 추가되거나 삭제된 사실까지 기억합니다. 테스트 폴더에 'PC의 역사'라는 파일을 추가했습니다. 그러곤 파일 히스토리 설정에서 [지금 백업]을 눌러 현재의 상태를 기록했습니다.

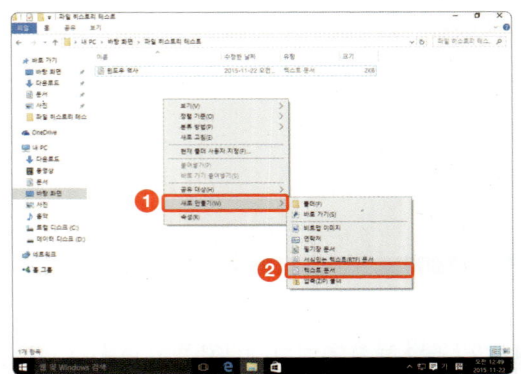 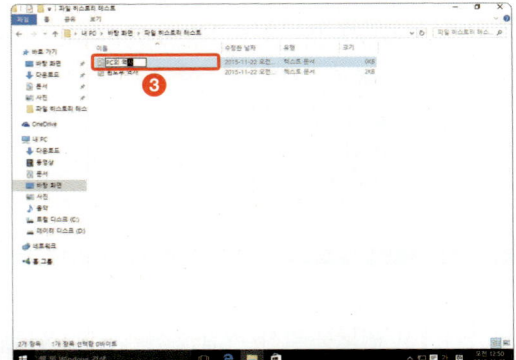

파일 히스토리를 실행하면 추가된 파일을 포함한 목록이 나타납니다. 이전 버전을 보면 원래 하나의 파일만 있었다는 사실을 알 수 있습니다.

파일 히스토리 백업 폴더 살펴보기

파일 히스토리의 백업 공간으로 설정한 드라이브에 들어가면 〈FileHistory〉 폴더가 있습니다. 이 폴더를 거슬러 들어가면 백업된 항목이 버전별로 저장되어 있음을 확인할 수 있습니다. 이 파일을 직접 선택해 복사해도 됩니다.

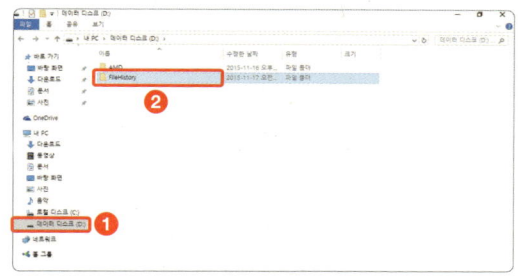

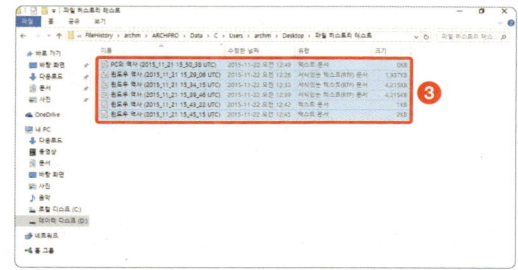

파일 히스토리 관리: 백업 드라이브의 용량이 부족하다면?

파일 히스토리는 기본적으로 1시간마다 실행되며 변경된 데이터를 백업합니다. 잦은 자료 작성과 대용량 파일 사용으로 백업 디스크의 사용 공간이 적어지면 이전 버전을 삭제하세요. 파일 히스토리 복원 창에서 [설정 ⚙]을 눌러 [파일 히스토리 설정]을 선택합니다. 그리고 [고급 설정]에 들어가세요.

저장된 버전 유지의 [버전 정리]를 누르면 파일 히스토리 정리 창이 나타납니다. 기준 시점을 선택한 뒤 정리를 시작합니다. 또 저장된 버전을 얼마나 유지할지도 설정할 수 있습니다. 공간이 넉넉하다면 기본 값을 사용하고 또는 원하는 설정을 선택한 뒤 [변경 내용 저장]을 선택해 적용합니다.

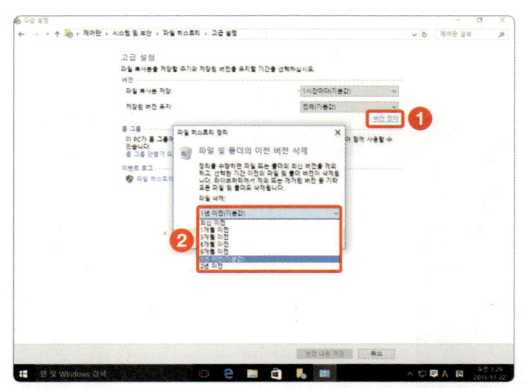

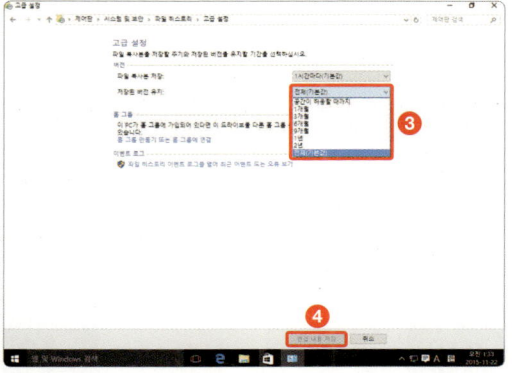

tip 윈도우 10에서 개인 파일은 '파일 히스토리'로, 시스템 전체는 다음에 소개할 '이미지 백업'으로 보호하세요. 두 가지 기능을 활용하면 매우 안정적인 환경을 갖출 수 있습니다.

시스템 이미지 백업
내 컴퓨터를 통째로 보관하기

LESSON 05

파일이나 폴더가 아니라 이젠 시스템 전체를 백업해 봅시다. 개인적인 데이터뿐 아니라 윈도우 시스템 자체를 백업할 수 있습니다. 시스템 이미지 백업은 윈도우 비스타부터 제공되는 기능으로, 잘 알려진 시스템 백업 도구인 노턴 고스트(Norton Ghost)와 비슷합니다.

시스템 이미지 만들기

[웹 및 Windows 검색]에 'windows 7'을 입력해 [백업 및 복원(Windows 7)]을 실행합니다. 백업 및 복원 창이 열리면 왼쪽의 [시스템 이미지 만들기]를 누릅니다.

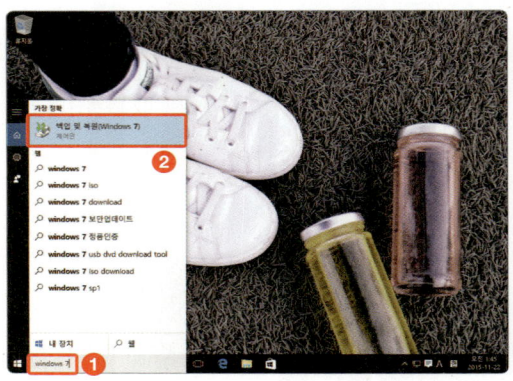
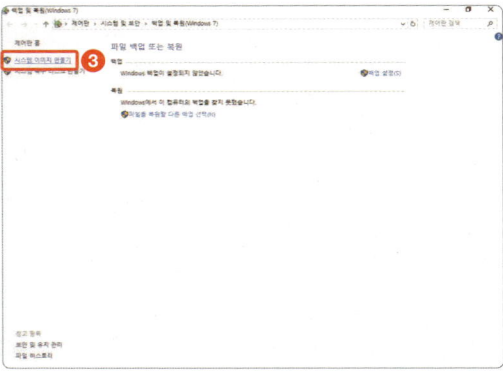

백업을 저장할 위치를 선택하여 [다음]을 누릅니다. 어떤 항목이 백업되는지 확인하고 [백업 시작]을 누릅니다.

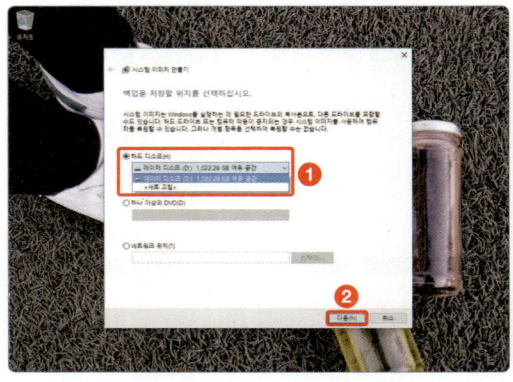
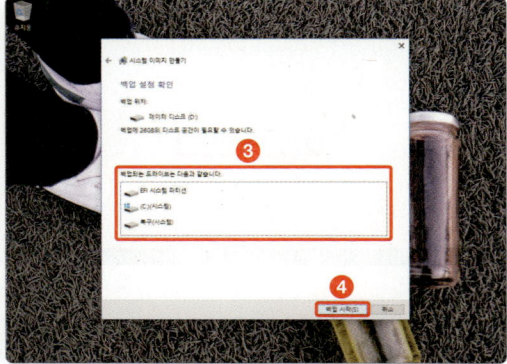

자동으로 백업이 만들어집니다. 드라이브 속도와 데이터의 크기에 따라 백업 속도가 달라집니다. 완료되면 시스템 복구 디스크를 만들지 물어봅니다. 여분의 USB 메모리가 있으면 만들어 두면 좋습니다.

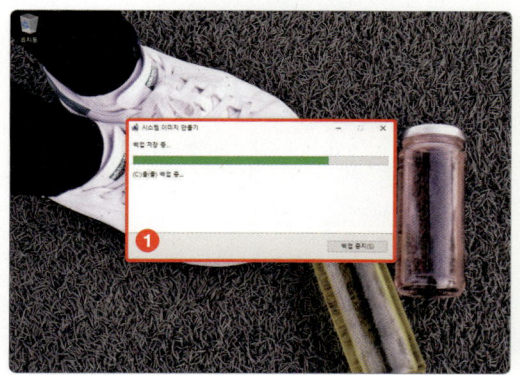 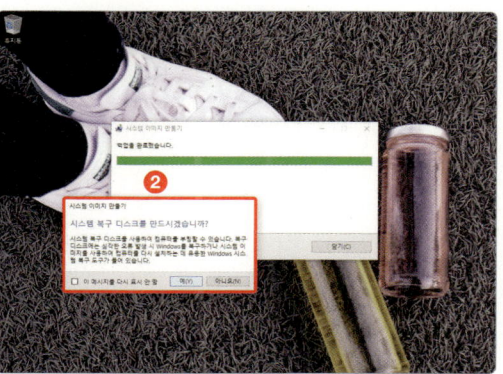

> **tip** 백업을 저장할 위치를 선택할 때, '네트워크 위치'를 선택해 여유 공간이 넉넉한 공유 폴더를 선택해도 좋습니다.

시스템 이미지로 컴퓨터 복구하기

만들어 놓은 시스템 이미지로 컴퓨터를 복구하는 방법을 알아보겠습니다.

윈도우로 부팅 가능한 경우: 고급 시작 옵션을 활용하기

먼저 윈도우가 정상적이어서 사용 가능한 경우입니다. [시작 ⊞]을 눌러 [설정 ⚙]에 들어갑니다. 그리고 [업데이트 및 복구 ↻]를 누릅니다.

 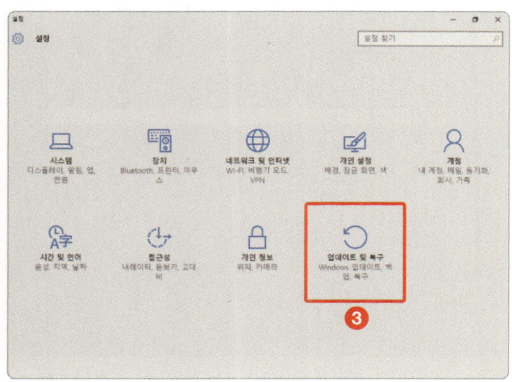

[복구]에 있는 고급 시작 옵션의 [다시 시작]을 눌러 재부팅합니다. 푸른색 배경의 옵션 선택 화면에서 [문제 해결 🔧]을 누릅니다.

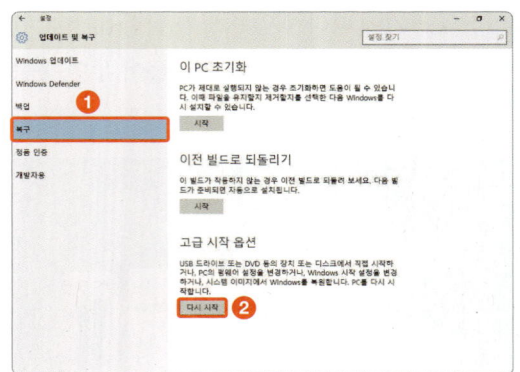
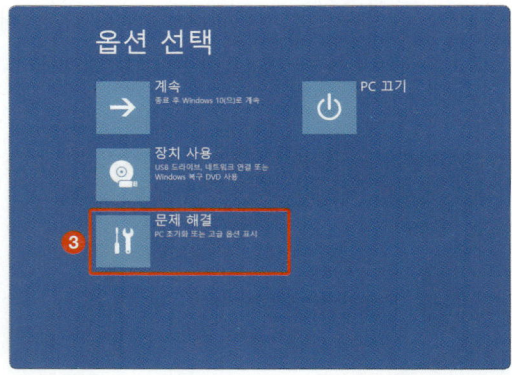

[고급 옵션 ☰]을 누른 뒤 [시스템 이미지 복구 🖥]를 선택합니다.

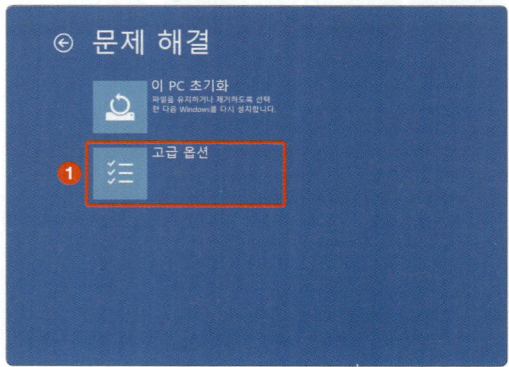
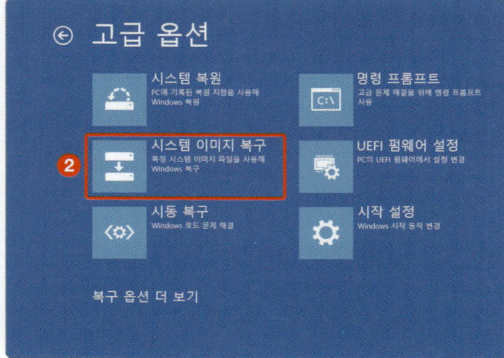

시스템 이미지 복구를 하려면 사용자 계정으로 로그인해야 합니다. [시스템 이미지 선택]을 눌러 진행합니다.

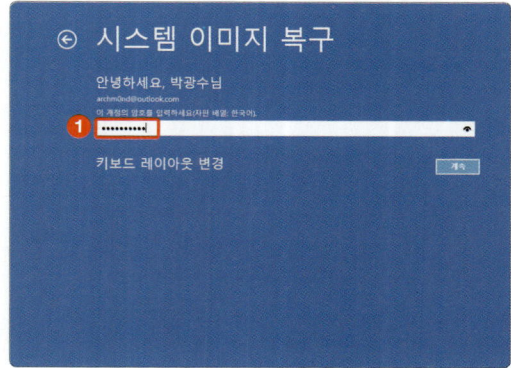
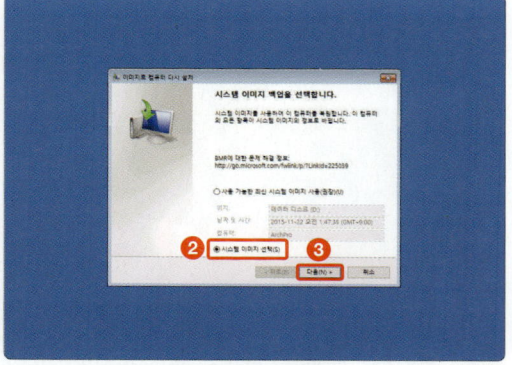

백업 위치와 시스템 이미지를 선택하고 복원할 이미지 정보를 확인한 후 [다음]을 누릅니다.

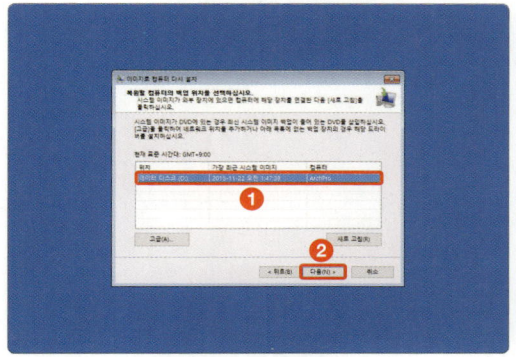
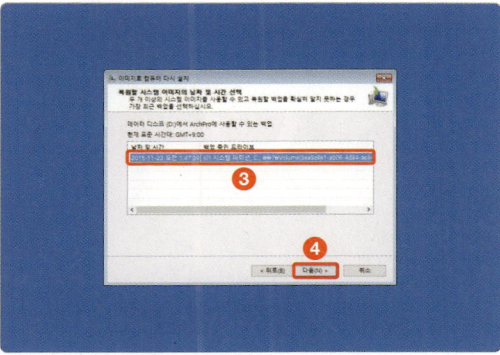

추가 복원 옵션을 선택한 뒤 [마침]을 누릅니다. 복원할 드라이브의 내용이 시스템 이미지 백업의 데이터로 바뀐다는 경고를 보여줍니다. [예]를 눌러 계속 진행합니다.

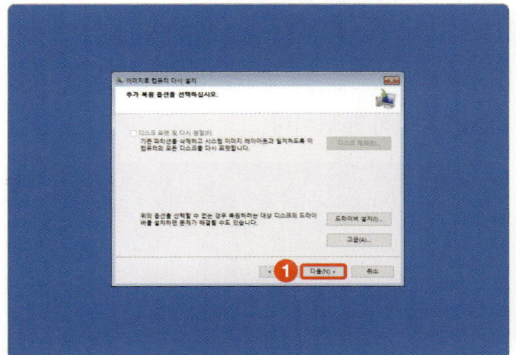
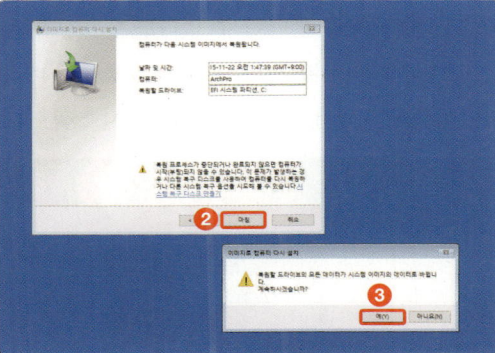

tip 시스템 이미지 백업을 자동으로, 또 정기적으로 정해진 일자에 진행하도록 설정할 수 있습니다. 백업 스케줄에 시스템 이미지 백업을 포함시키려면 381쪽을 참고하세요.

컴퓨터가 자동으로 복원됩니다. 백업 내용에 따라 시스템 이미지 복구에 오랜 시간이 걸릴 수 있습니다. 작업이 끝나면 자동으로 컴퓨터가 다시 시작됩니다.

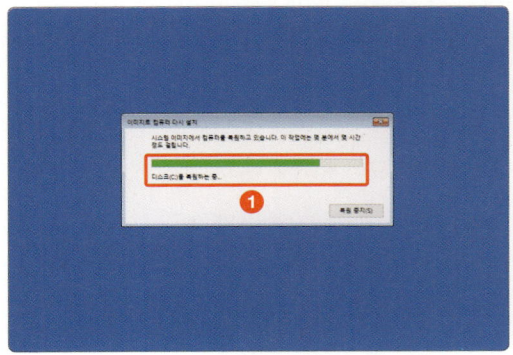
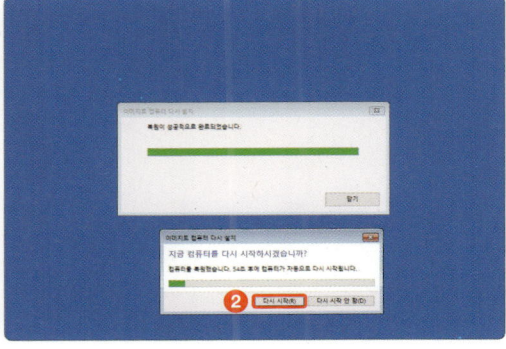

시스템 이미지를 백업했을 당시의 환경으로 돌아갑니다.

윈도우로 부팅할 수 없는 경우: 설치 디스크나 시스템 복구 디스크로 부팅하기

윈도우를 제대로 부팅할 수 없다면 윈도우 10 설치 디스크나 시스템 복구 디스크로 PC를 부팅해야 합니다. [컴퓨터 복구]를 선택한 뒤 푸른색 배경의 옵션 선택 화면이 나오면 [문제 해결]을 누릅니다. 이후에는 앞에서 살펴본 것처럼 시스템 이미지 백업을 복원하면 됩니다.

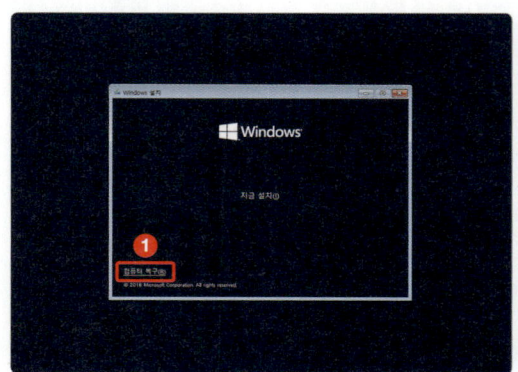 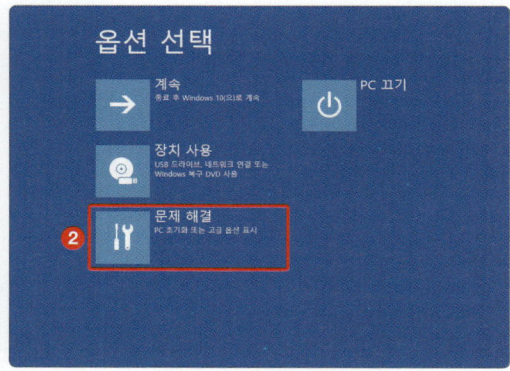

> **tip** 윈도우 10 설치 디스크를 만들려면 38쪽을 참고하세요.

LESSON 06

시스템 복원
컴퓨터를 지키는 복구 기능

윈도우 10에 문제가 생긴다면 운영체제를 다시 설치하기 전에 시스템을 복원해 보세요. 이는 시스템 파일을 이전 시점으로 복원하는 기능입니다. 시스템 복원 시에는 윈도우가 설치된 영역만 복원됩니다. 따라서 윈도우가 설치되지 않은 영역의 데이터는 복원을 진행해도 문제가 발생하지 않습니다.

시스템 복원은 개인 파일에 영향을 주지 않고 컴퓨터에 대한 시스템 변경 내용을 취소합니다. 프로그램이나 드라이버 설치 때문에 오동작이 발생하면, 보통 이를 제거해 문제를 해결합니다. 그래도 해결되지 않는다면 올바르게 작동했던 이전 날짜로 컴퓨터 시스템을 복원하는 방법을 사용합니다.

시스템 복원하기: 자동으로 만들어진 시스템 복원 지점 활용하기

정상적으로 동작했던 시점으로 복원하는 방법을 살펴봅시다. [웹 및 Windows 검색]에서 '복원'을 입력해 [복원 지점 만들기]를 실행합니다. 창이 열리면 [시스템 복원]을 누릅니다.

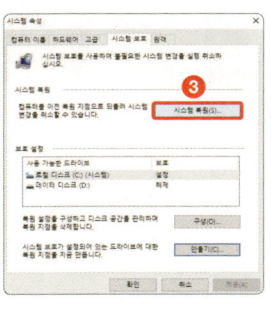

시스템 파일 및 설정 복원 마법사가 나타나면 [다음]을 누릅니다. 시스템이 정상적으로 동작했던 날짜 및 시간을 선택하고 [영향을 받는 프로그램 검색]을 눌러 보세요.

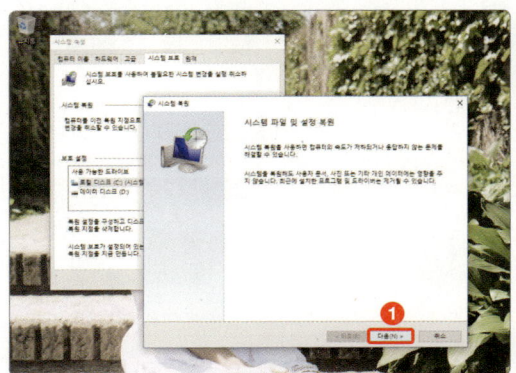
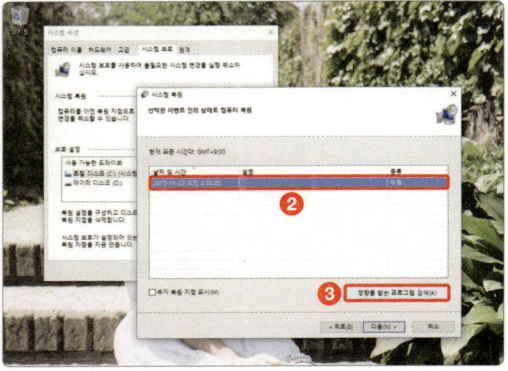

시스템 복원에 영향을 받는 프로그램과 드라이버 목록이 나타나는데 이러한 프로그램들이 복원 시 제거될 수 있습니다. [마침]을 누르면 도중에 중단할 수 없다는 경고를 보여줍니다. [예]를 누릅니다.

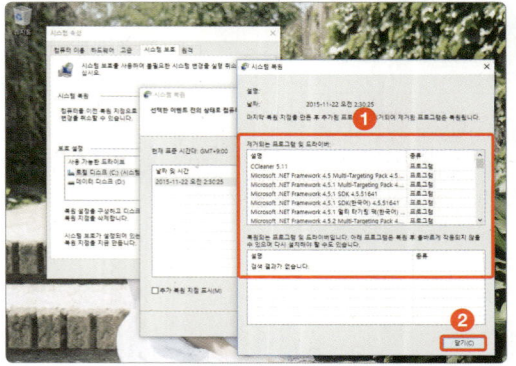
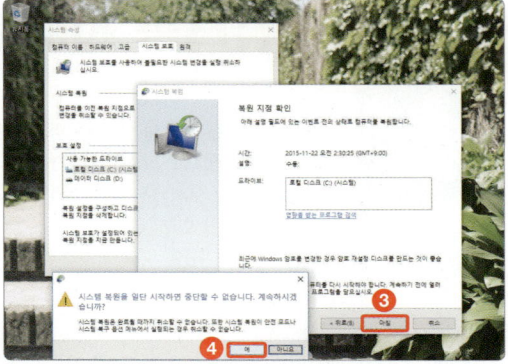

시스템 복원이 동작하면서 선택한 날짜로 상태를 복구합니다. 작업이 완료되면 알림을 보여줍니다.

시스템 복원 지점 만들기

시스템 복원 지점을 직접 만들어 봅시다. 시스템이 정상적일 때 복원 지점을 만들어 두면 문제가 생겼을 때 그 지점으로 복구할 수 있습니다. [웹 및 Windows 검색]에서 '복원'을 입력해 [복원 지점 만들기]를 실행합니다. 창이 열리면 [만들기]를 누른 뒤 설명을 입력하고 [만들기]를 선택합니다.

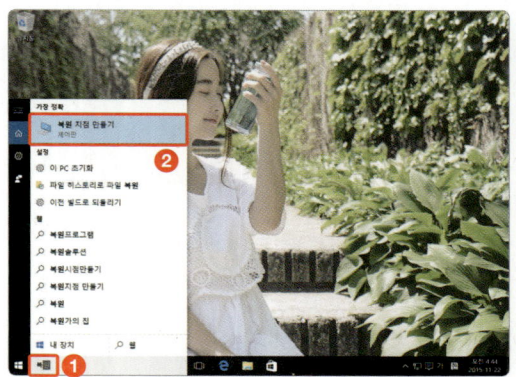
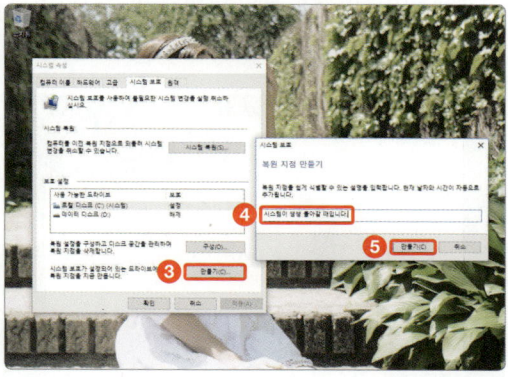

> **tip** 시스템 복원을 이용하더라도 사용자 폴더의 파일에는 영향을 미치지 않고 동작시키는 시스템 파일만 복원합니다.

LESSON 07

백업 및 복원
중요한 자료만 정기적으로 백업하기

윈도우 10은 파일 히스토리 외에도 윈도우 7 시절의 백업 및 복원 방식도 여전히 제공합니다. 파일 히스토리 기능보다 고전적인 방법으로 백업과 복원을 수행하려면 살펴보세요. 시스템 이미지 백업을 정해진 스케줄대로 실행하고 싶을 때에도 유용합니다.

중요한 자료 백업하기

[웹 및 Windows 검색]에서 '백업'을 입력해서 [백업 및 복원(Windows 7)]을 실행합니다. [백업 설정]을 누른 뒤 백업을 저장할 위치를 선택하고 [다음]을 누릅니다.

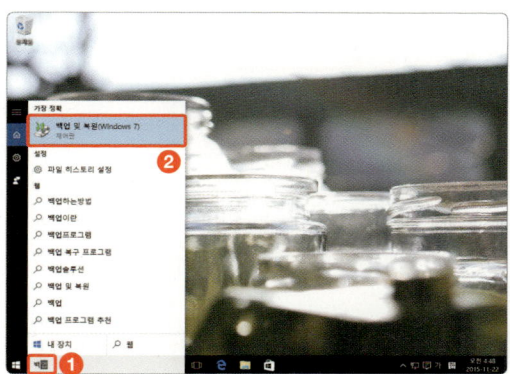 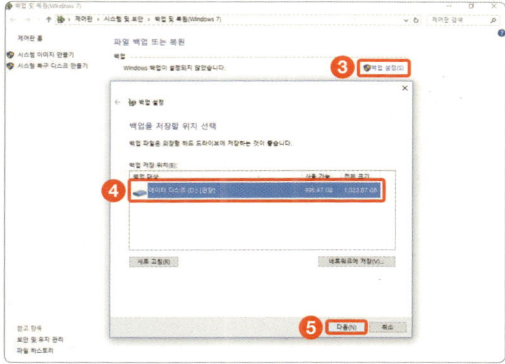

백업할 대상을 선택합니다. 원하는 대로 설정하려면 [직접 선택]을 고르세요. 기본적으로 백업 대상에는 라이브러리 파일이 체크되어 있고 아래의 시스템 이미지가 포함되어 있습니다.

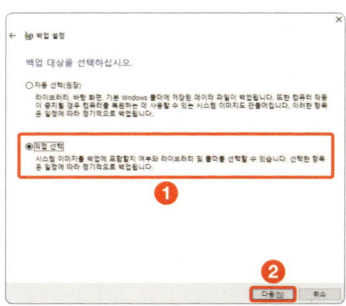 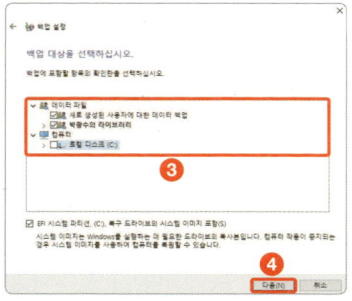

> **tip** 드라이브를 통으로 백업하고 싶다면 백업 설정에서 [시스템 예약, 시스템 이미지 포함]을 체크하세요. 백업되는 데이터는 커지지만 문제가 생겼을 때 시스템을 완전하게 복원할 수 있습니다.

백업에 포함할 항목을 체크한 뒤 [시스템 예약, 시스템 이미지 포함]의 체크를 해제합니다. 여기서는 하나의 폴더를 백업하기로 했습니다. 아래쪽에 있는 [일정 변경]을 누릅니다.

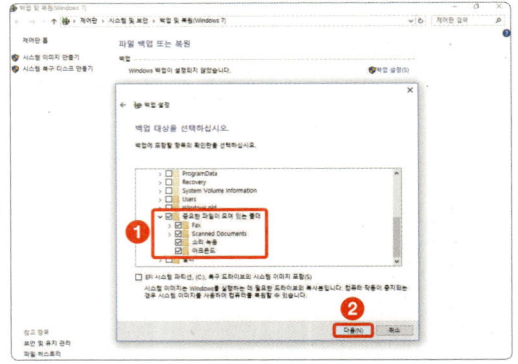
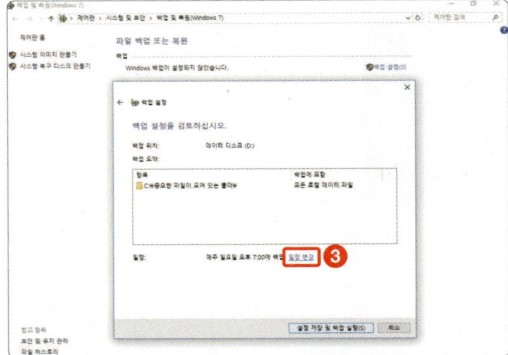

백업 주기를 선택합니다. 원하는 시간대를 지정하면 해당 시기에 자동으로 백업을 수행합니다. 그리고 [설정 저장 및 백업 실행]을 누르면 자료가 바로 백업됩니다.

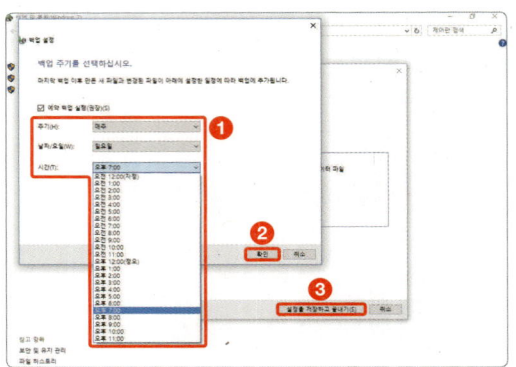
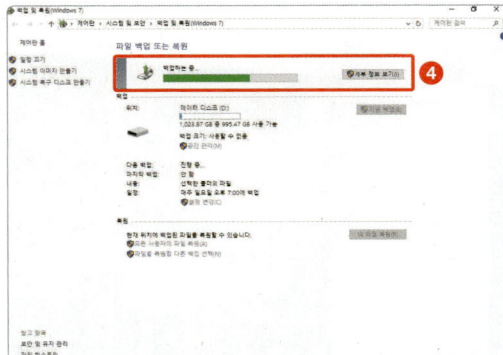

백업된 자료 복원하기

[웹 및 Windows 검색]에서 '백업'을 입력해서 [백업 및 복원(Windows 7)]을 실행합니다. [내 파일 복원]을 누른 뒤 복원할 파일이나 폴더를 선택해 추가합니다. 특정 파일이나 폴더만 복원하고 싶다면 [검색]을 눌러 찾아볼 수도 있습니다.

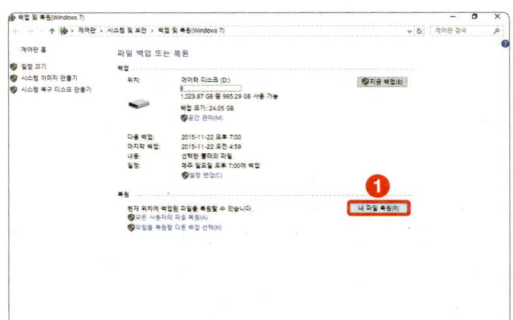

복원하고 싶은 파일이나 폴더를 선택했다면 [다음]을 누릅니다. 파일을 복원할 위치를 선택합니다. 여기서는 [원래 위치]를 골랐습니다.

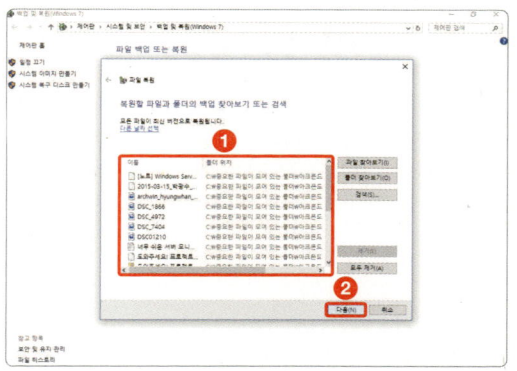
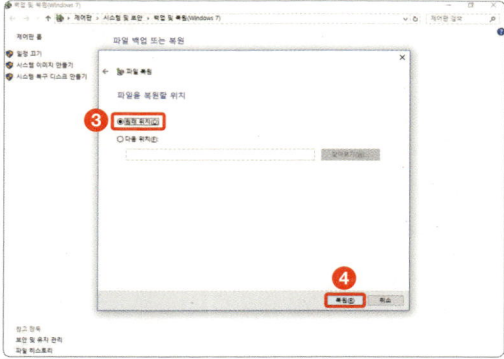

원래 위치로 파일을 복원할 때 같은 이름의 파일이 있으면 어떤 파일을 우선할지 물어봅니다. 백업된 자료를 신뢰하는 경우 [복사하는 파일로 대상 파일 덮어쓰기]를 선택합니다.

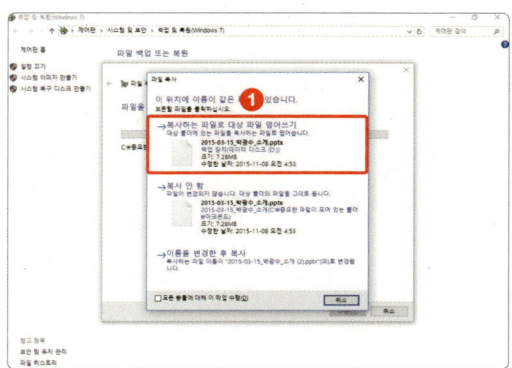
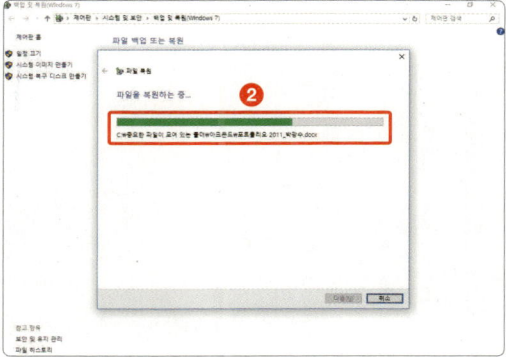

작업이 완료되면 [마침]을 누릅니다. 복원한 폴더를 찾아가 파일을 체크해 보세요.

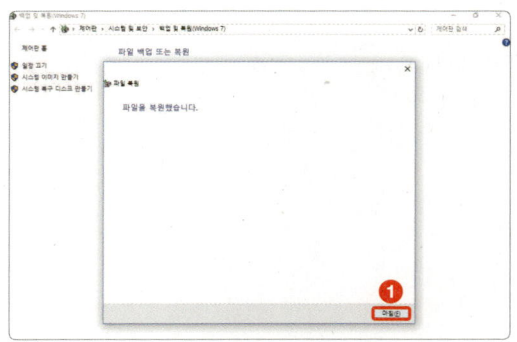
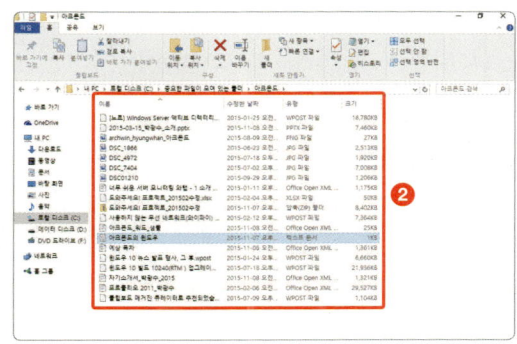

> **tip** 가벼운 문서나 사진 파일만 백업하려면 원드라이브를 활용해도 좋습니다. 실시간으로 최신 자료를 클라우드에 업로드해 줍니다. 269쪽을 참고하세요.

PC 초기화
윈도우 10을 손쉽게 다시 설치하기

Windows10

복원이 아니라 윈도우를 새로 설치하려면 어떻게 해야 할까요? 윈도우 10 설치 디스크로 부팅해서 다시 설치하거나(38쪽), 시스템 이미지 파일을 복원(374쪽)하는 등 다양한 방법이 있습니다. 이번에는 제어판의 [복구]에서 [고급 방법]을 사용하는 방법을 살펴봅시다. 마치 스마트폰의 공장 초기화처럼 간단합니다.

PC를 손쉽게 초기화하기

[시작 ⊞]을 눌러 [설정 ⚙]에 들어갑니다. 그리고 [업데이트 및 복구 ↻]를 누릅니다.

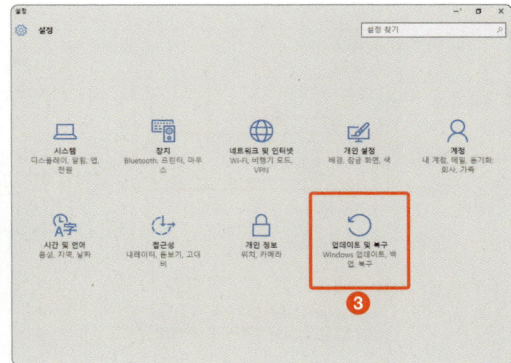

[복구]에서 이 PC 초기화의 [시작]을 누릅니다. 그러면 [내 파일 유지]와 [모든 항목 제거] 옵션 중에서 선택할 수 있습니다.

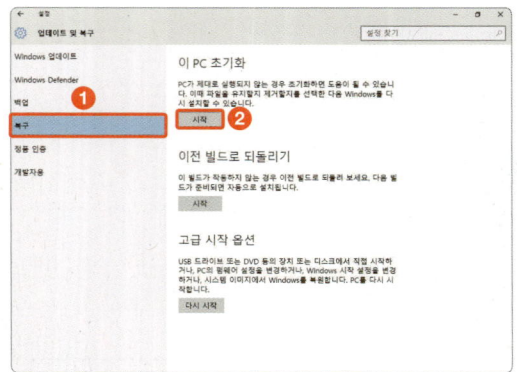
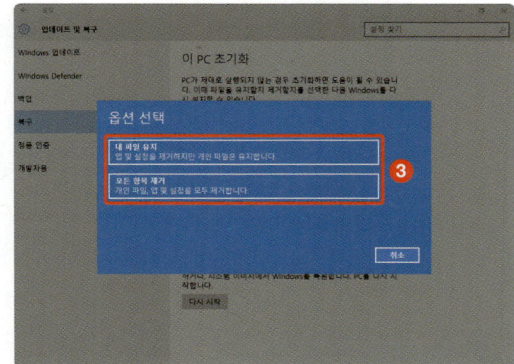

내 파일 유지: 사용자 파일에 영향을 주지 않고 컴퓨터 복구하기

[내 파일 유지]를 선택하면 사용자의 개인 파일을 삭제하지 않으면서 컴퓨터를 초기화할 수 있습니다. 이전 빌드의 윈도우로 되돌아갈 수 없다는 경고가 나타납니다. [다음]을 누르세요.

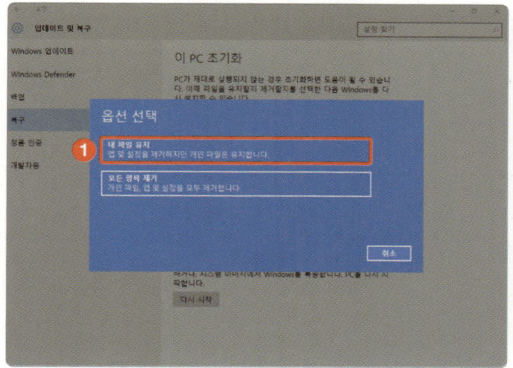
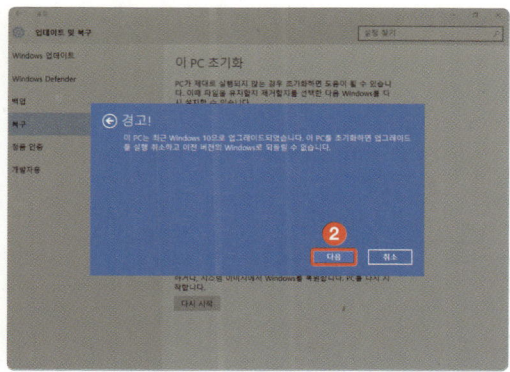

PC를 초기화하면 윈도우 설정이 기본 값이 되고 추가로 설치한 앱이 모두 사라진다고 알려줍니다. 사용자의 개인 파일은 제거하지 않는다고 합니다. 그래도 만약을 대비해 백업해 두는 것이 좋습니다. [초기화]를 누르면 자동으로 PC 초기화 작업을 시작합니다.

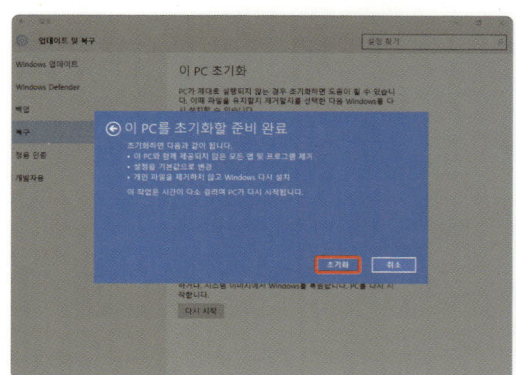
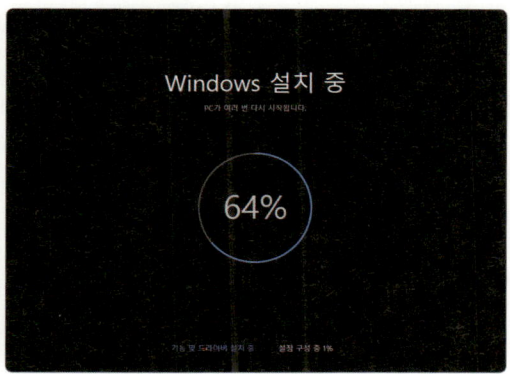

PC 초기화가 완료되면 로그인합니다. 개인적인 파일이 손상되지 않았는지 꼭 확인해 보세요.

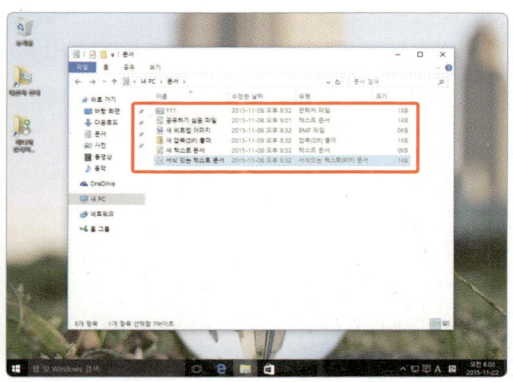

모든 항목 제거: 모든 항목을 제거하고 윈도우 10 다시 설치하기

다른 사람에게 컴퓨터를 넘겨주거나 완전한 초기 상태로 컴퓨터를 복구하려면 [모든 항목 제거]를 선택하세요. PC에 설치된 드라이브가 여러 개일 때에는 아래와 같이 알려줍니다. [영향을 받을 드라이브 목록 표시]를 눌러 보세요.

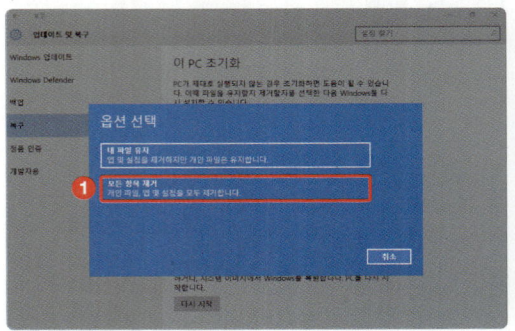
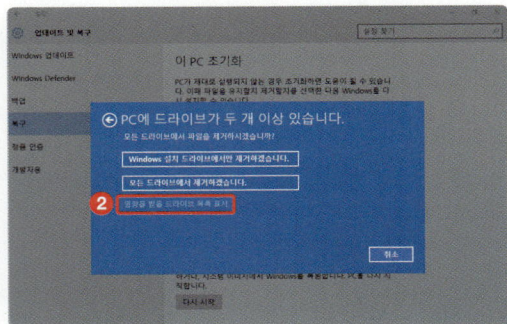

C:W와 D:W 모두 영향을 받는다고 알려줍니다. 여기서는 [뒤로 ⬅]를 눌러 옵션 중에서 [모든 드라이브에서 제거하겠습니다.]를 선택했습니다(이 경우 모든 드라이브의 데이터가 전부 삭제됩니다). 제대로 백업되지 않았다면 [Windows 설치 드라이브에서만 제거하겠습니다.]를 선택하세요.

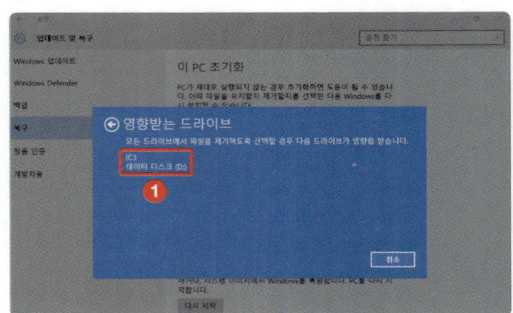
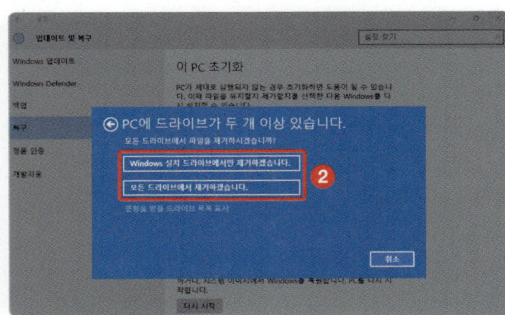

데이터를 빠르게 지울지 또는 완전히 지울지 묻는 메시지가 나타납니다. [내 파일만 제거]를 선택하면 작업 시간은 짧지만 파일 복구 소프트웨어로 복구될 가능성이 있습니다. [파일 제거 및 드라이브 정리]를 선택하면 데이터를 완전히 지우므로 시간은 더 오래 걸리지만 데이터가 복구될 가능성이 훨씬 낮아집니다. 이전 빌드의 윈도우로 되돌아갈 수 없다는 경고가 나타나면 [다음]을 누릅니다.

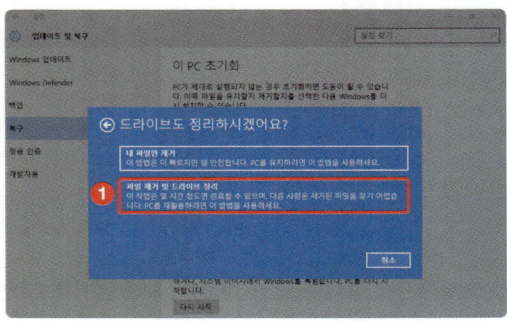
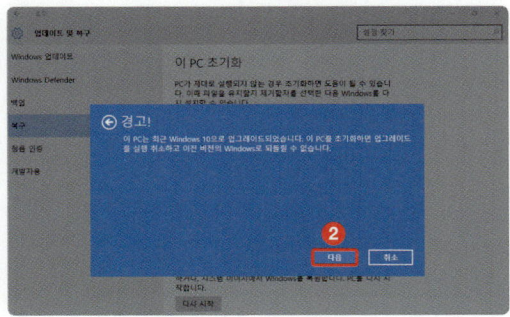

복원 작업을 시작하면 모든 사항이 초기화된다고 알려 줍니다. 만약을 대비해 데이터를 미리 백업해 두는 것이 좋습니다. [초기화]를 누르면 자동으로 PC 초기화 작업을 시작합니다.

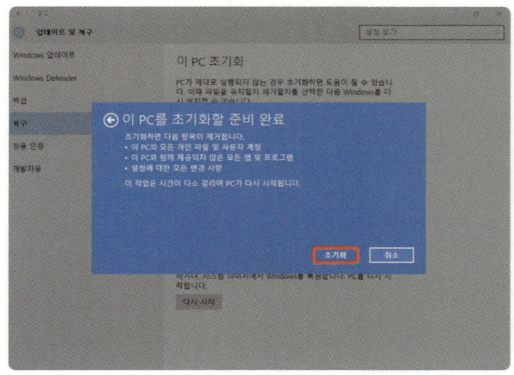
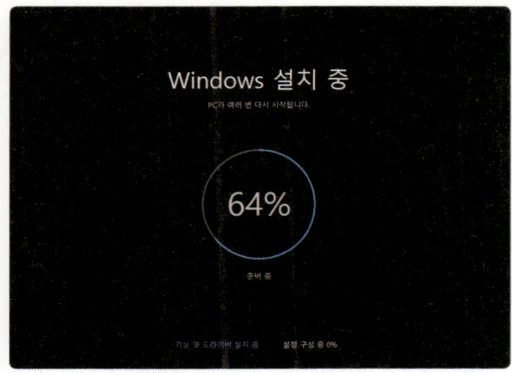

윈도우 10을 처음 설치할 때와 동일한 설정 화면이 나타납니다. 42쪽을 참고하세요.

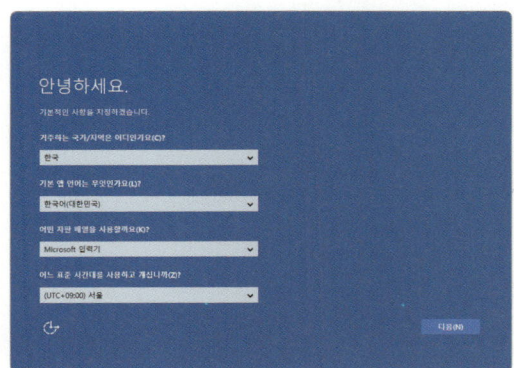
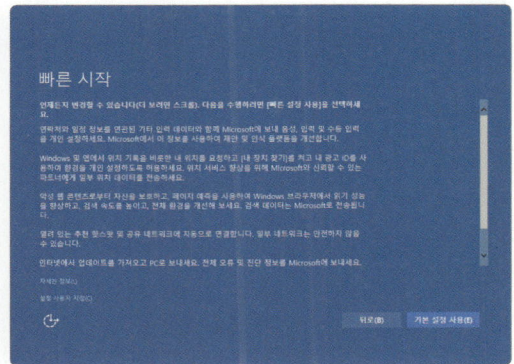

PC 초기화가 완료되면 설정한 대로 드라이브가 깨끗하게 정리되었는지 살펴보세요. 마치 컴퓨터를 처음 구입했을 때처럼 시스템 속도가 빨라집니다.

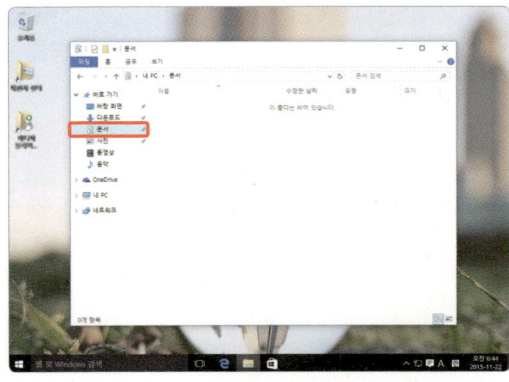
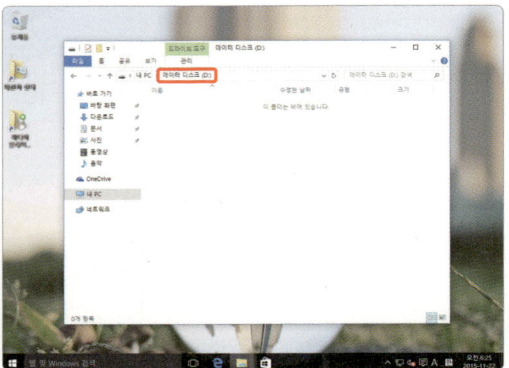

문제 해결
스스로 검사하고 해결까지

여기에서는 스스로 문제를 검색하고 알맞은 대처 방법을 소개하는 윈도우 10의 문제 해결사를 살펴보겠습니다. 문제 해결사는 자동으로 문제를 검색하고 조치 가능한 부분을 처리합니다. 341쪽에서 소개한 홈 그룹 문제 해결 등에도 유용하게 사용됩니다.

문제 해결: 몇 번만 눌러 문제를 찾고 해결하기

[웹 및 Windows 검색]에 '문제'를 입력해 [문제 해결]을 실행하고 [모두 보기]를 누릅니다.

하드웨어 및 장치, 인터넷, 프로그램 호환성 등 일반적인 문제를 자동으로 해결하는 도구를 제공합니다. 시험 삼아 [시스템 유지 관리]를 누른 뒤 [다음]을 누르면 자동으로 문제를 검색하고 해결합니다.

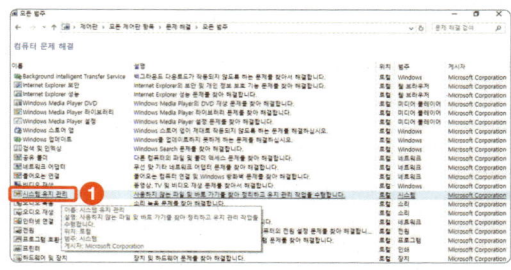
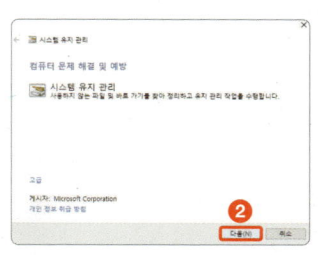

문제가 없으면 다음 화면이 나타납니다. [자세한 정보 보기]를 눌러 어떤 작업이 수행되었는지 확인할 수 있습니다.

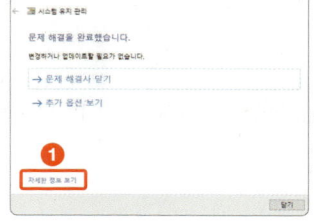
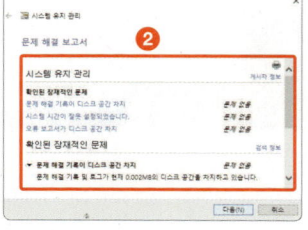

LESSON 10

안전 모드로 부팅하는 2가지 방법

소프트웨어나 운영체제에 이상이 생겼을 때, 안전 모드로 들어가면 윈도우가 최소한의 기능들만 사용하기 때문에 문제 해결에 도움이 됩니다. 안전 모드는 운영 체제를 진단하기 위한 모드로 기기에 이상이 생겼을 때 주로 사용합니다. 안전 모드로 들어가는 두 가지 방법을 살펴봅시다.

설치 디스크나 복구 모드로 안전 모드 들어가기

윈도우를 제대로 부팅할 수 없다면 윈도우 10 설치 디스크나 시스템 복구 디스크로 PC를 부팅하고 [컴퓨터 복구]를 선택합니다. 윈도우가 부팅된다면 [시작 ■]에서 [전원 ⏻]을 선택한 뒤 Shift 를 누른 채 [다시 시작]을 선택합니다.

윈도우로 부팅되지 않을 때

윈도우로 부팅될 때

푸른색의 옵션 선택 화면(복구 모드)이 나오면 [문제 해결 🛠]을 누른 뒤 [고급 옵션 ☷]을 선택합니다.

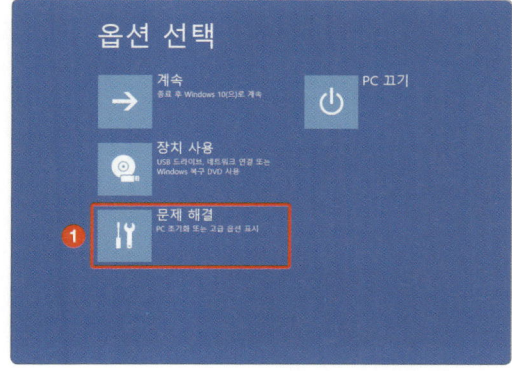

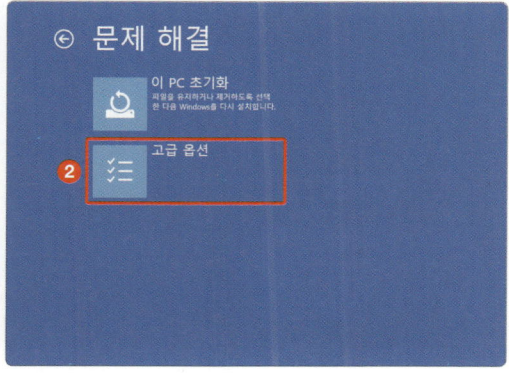

[시작 설정⚙]에 들어간 뒤 [다시 시작]을 누릅니다.

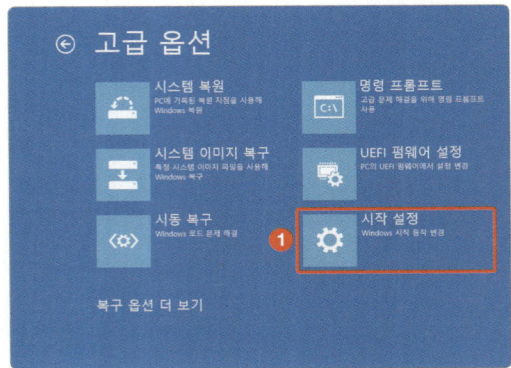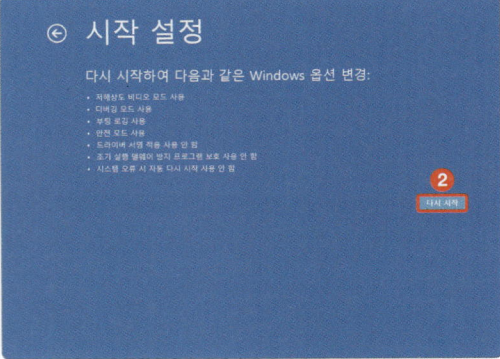

시작 설정이 나타나면 원하는 안전 모드로 들어가 보세요. 해당 숫자를 키보드로 누르면 됩니다.

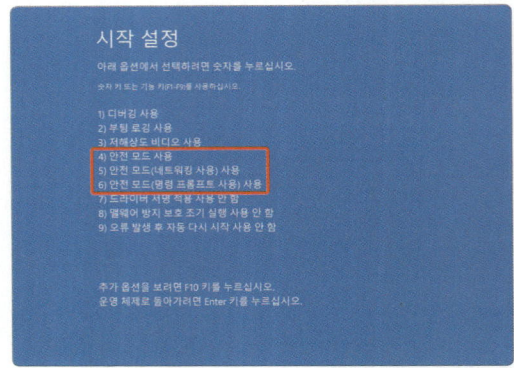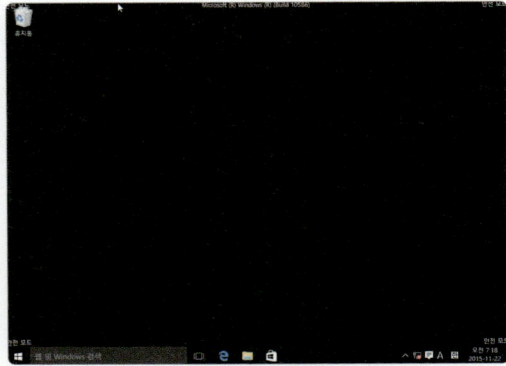

시스템 구성(msconfig)으로 안전 부팅 설정하기

⊞+R을 눌러 실행 창을 연 뒤 'msconfig'를 입력해 [확인]을 누릅니다. 시스템 구성 창이 나타나면
[부팅] 탭의 [안전 부팅]에 체크하세요. 이제 [확인]을 누르면 됩니다.

시스템을 [다시 시작]하면 안전 모드로 들어옵니다.

 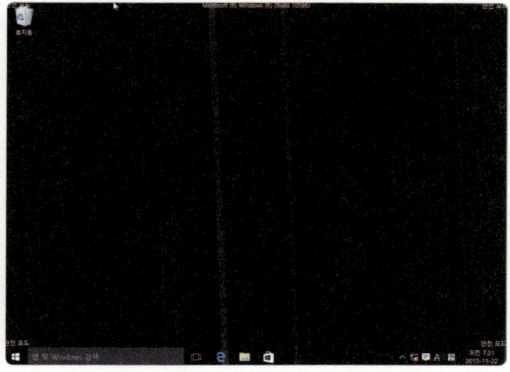

tip 화면에 명령 프롬프트(대체 셸)만 나타날 때   ▓▓Windows10

명령 프롬프트가 열리면 화면에 검은색 창만 나타납니다. 다시 정상적인 윈도우로 부팅하고 싶다면 'msconfig'를 입력해 실행하세요. [부팅] 탭의 [안전 부팅]의 옵션을 체크 해제하여 [확인]을 누르면 됩니다.

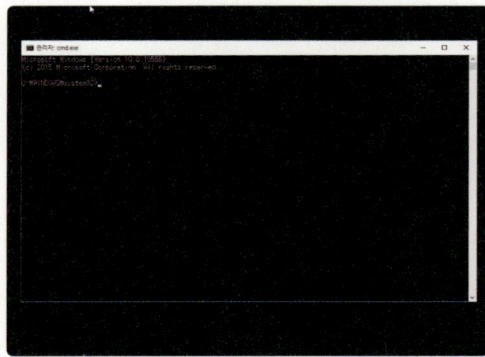 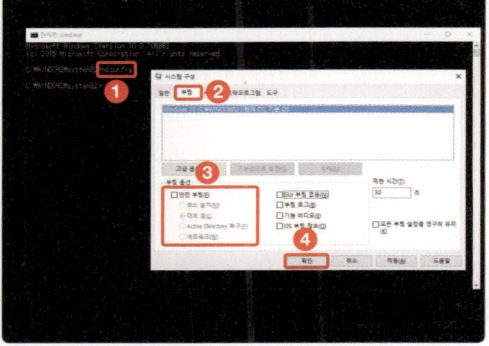

tip 윈도우 10 설치 디스크를 만들려면 38쪽을 참고하세요.

모바일
끈끈하게 연결하고
자유롭게 활용하기

이 장은 노트북이나 태블릿 사용자를 위한 특집입니다.

윈도우 10은 별도의 태블릿 모드를 제공하여 터치스크린에 최적화된 메뉴로 변신합니다.

또한 태블릿이나 노트북을 좀 더 자유롭게 만들어 주는

무선 기술인 블루투스, 미라캐스트 등을 자유자재로 활용할 수 있습니다.

기기 간 연결이 아주 긴밀하게 이루어지는 미래지향적 윈도우를

어떻게 활용하는지 한번 살펴보겠습니다.

LESSON
01

태블릿을 위해 새로 태어난
윈도우 10 태블릿 모드

윈도우 10은 태블릿이나 터치스크린을 위한 태블릿 모드를 지원합니다. 손가락으로 조작하기 쉽게 시작 메뉴가 전체 화면으로 확대되는 등 여러 요소가 변경됩니다. 로그인 방법부터 시작해 태블릿 모드를 이용하는 방법을 살펴봅시다.

잠금 화면과 로그인 화면에서 터치 사용하기

키보드나 마우스가 없는 태블릿에서는 손가락으로 화면을 터치해 로그인하는 것이 편리합니다. 긴 암호보다는 4자리의 짧은 숫자로 이루어진 PIN 암호를 입력하는 것도 수월합니다. 로그인 시 숫자 키패드를 누르면 색깔이 반전됩니다. [☀]를 눌러 [□]으로 바꾸면 숫자를 누르더라도 불이 들어오지 않아 비밀번호 유출 가능성이 줄어듭니다.

좀 더 쉽고 멋있는 로그인 방법도 있습니다. 329쪽에서 설명하는 사진 암호를 설정해 보세요. 제스처 세 번으로 순식간에 로그인됩니다. 여러 로그인 방법 중에서 자신에게 딱 맞는 것을 찾아보세요.

알림 센터에서 수동으로 태블릿 모드 전환하기

태블릿 모드를 켜려면 작업 표시줄의 오른쪽 아래에 있는 [알림 📑]을 눌러 [태블릿 모드 🔲]를 선택합니다.

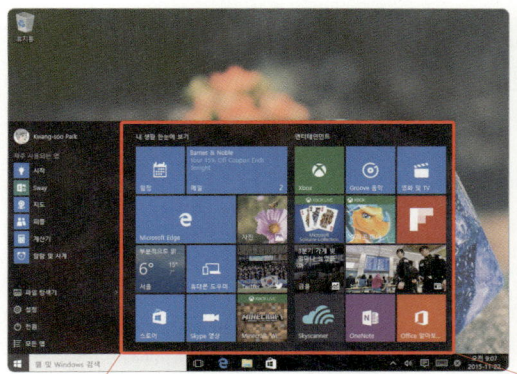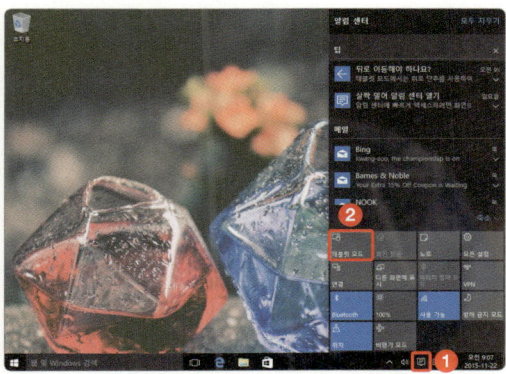

태블릿 모드의 시작 화면은 56쪽에서 설명한 전체 화면 크기로 확대한 시작 메뉴와 사용 방법이 동일합니다. 큼직큼직한 타일을 눌러 앱을 손쉽게 실행해 보세요.

> **tip** 태블릿 모드와 데스크톱 모드에서 시작 메뉴는 어떤 차이점이 있을까요? 태블릿의 특성상 타일이나 섹션의 제목을 선택하려면 손가락으로 오랫동안 누르고 있어야 한다는 점만 다릅니다. 그 외에는 52쪽에서 설명한 시작 메뉴와 사용 방법은 동일합니다.

키보드를 이용해 자동으로 태블릿 모드 전환하기

마이크로소프트 서피스 등 지원되는 기기에 한해 태블릿 모드를 자동으로 설정하거나 해제할 수 있습니다. 착탈이 가능한 키보드를 태블릿 본체와 붙이거나 떼 보세요.

데스크톱 모드에서 키보드를 분리했을 때 : 오른쪽 아래에 [태블릿 모드로 전환하시겠어요?]란 메시지가 나타납니다. [예]를 누르면 태블릿 모드로 전환되어 큼지막한 시작 화면이 나타납니다.

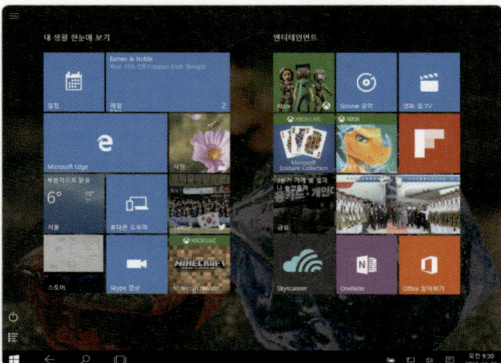

태블릿 모드에서 키보드를 연결했을 때 : 오른쪽 아래에 [태블릿 모드를 종료하시겠어요?]란 메시지가 나타납니다. [예]를 누르면 데스크톱 모드로 전환되어 이전의 작은 시작 메뉴로 돌아옵니다.

tip 태블릿 모드를 입맛대로 설정하려면 설정 앱의 [시스템]에서 [태블릿 모드]에 들어가 보세요. 키보드를 분리하거나 장착할 때 자동으로 모드를 변경하는 등 다양한 설정이 준비되어 있습니다.

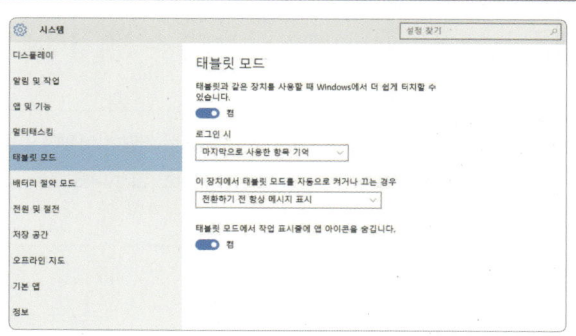

태블릿 모드의 작업 표시줄 살펴보기

데스크톱 모드(위)에서 태블릿 모드(아래)로 바꾸면 작업 표시줄도 변경됩니다. [뒤로 ←]가 생기면서, [코타나(검색) 🔍]의 크기가 작아집니다. 실행 중인 앱 아이콘은 나타나지 않습니다.

① 시작   ② 뒤로   ③ 코타나   ④ 작업 보기   ⑤ 알림 영역   ⑥ 시계

다양하게 활용되는 [뒤로] 살펴보기

태블릿 모드에서 [뒤로 ←]는 다양하게 활용됩니다. 웹 브라우저나 탐색기, 기타 앱에서 [뒤로 ←]를 누르면 이전 페이지가 나타납니다. 더 이상 뒤로 갈 수 없을 경우에는 시작 화면으로 돌아옵니다. 작은 태블릿을 두 손으로 잡고 사용할 때 왼손의 엄지손가락만으로 편리하게 조작할 수 있습니다.

> **tip** [작업 보기 🔲]에 대한 설명은 62쪽을 참고하세요. 태블릿 모드의 [작업 보기 🔲]는 가상 데스크톱 기능이 빠져 있습니다. 태블릿 모드는 앱 하나가 화면 전체를 차지하므로 가상 데스크톱이 큰 의미가 없습니다.

> **tip** 코타나(검색)에 대한 설명은 58쪽을, 알림 영역의 아이콘의 사용법에 대해서는 74쪽을 참고하세요.

LESSON 02

태블릿 모드에서 활용하는
다양한 입력 방법 살펴보기

태블릿 모드는 키보드와 마우스뿐만 아니라 훨씬 더 다양한 입력 방법을 지원합니다. 전통적인 방법을 떠나 손가락, 스타일러스 펜, 터치패드 등 다양하고 능동적인 입력 방법들을 살펴보세요.

터치 제스처의 필수 공간, 상하좌우 가장자리

• **왼쪽 가장자리에서 살짝 밀기** : 작업 보기가 실행됩니다. 실행 중인 앱을 보고 전환할 수 있습니다.

• **위쪽 가장자리에서 아주 살짝 밀기** : 제목 표시줄이 나타납니다.

• **위쪽 가장자리에서 양쪽 가장자리의 중간까지 밀기** : 창 분할(스냅)을 사용합니다. 왼쪽과 오른쪽 중 원하는 곳으로 옮길 수 있습니다.

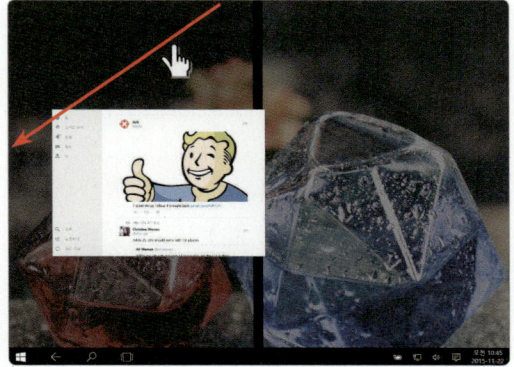

데스크톱의 분할과 마찬가지로 한 번만 끌어 놓고, 다른 앱은 선택하기만 하면 두 창을 한 화면에서 나눠 볼 수 있습니다. 또 중간의 검은색 바를 좌우로 끌어서 비율을 조절할 수도 있습니다.

• **위쪽 가장자리에서 아래쪽 끝까지 밀기** : 앱을 종료합니다.

 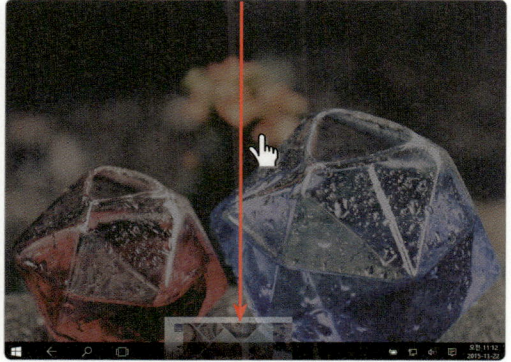

• **오른쪽 가장자리에서 살짝 밀기** : 알림 센터를 켭니다. 알림 센터에서 태블릿 사용자에게 유용한 설정에 빠르게 접근할 수 있습니다(67쪽 참고).

tip 데스크톱 모드에서 작업 표시줄을 감췄을 경우, 아래쪽 가장자리에서 위로 살짝 밀면 작업 표시줄이 나타납니다.

한 손가락으로 오랫동안 누르기

손가락으로 오랫동안 누르면 단축 메뉴가 나타납니다. 시작 화면에서도 마찬가지입니다. 또 시작 화면의 타일을 이동하려면 오랫동안 눌러 선택 모드로 바꾼 뒤 원하는 위치로 끌어다 놓으면 됩니다.

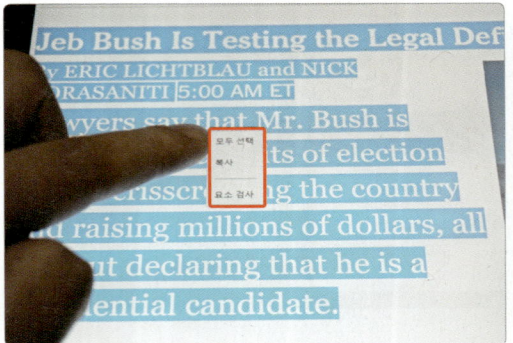
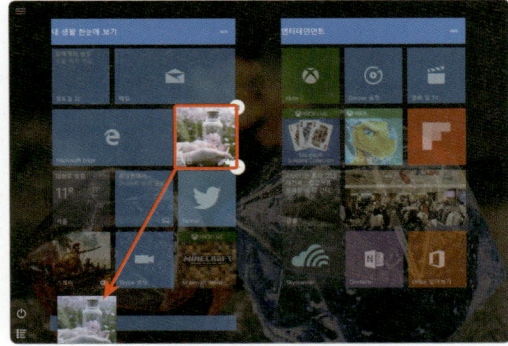

한 손가락으로 상하좌우로 쓸기

메일 등 지원하는 앱에 따라 좌우로 쓸어 주는 제스처를 활용할 수 있습니다. 221쪽을 참고하세요.

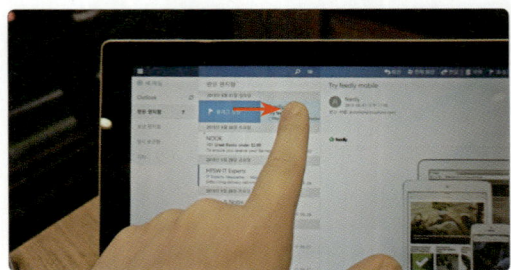
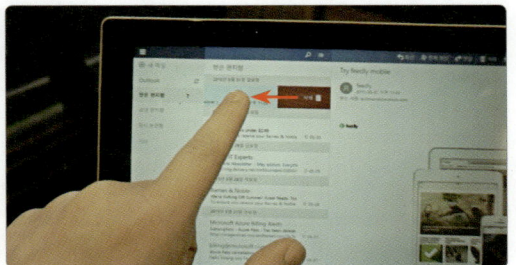

두 손가락으로 펼치거나 돌리기

두 손가락을 모으거나 펼치면 축소 또는 확대되며, 두 손가락으로 동시에 회전시키면 지도 앱 등에서 보고 있는 장면이 회전됩니다.

스타일러스 펜으로 태블릿을 노트처럼

위에서 한 손가락으로 했던 제스처 대부분을 펜 입력으로도 수행할 수 있습니다(두 손가락을 사용하는 확대나 회전 등은 제외). 여기서는 서피스 프로 3을 기준으로 설명하겠습니다. 본체와 펜을 연결하는 방법은 414쪽을 참고하세요.

서피스 프로 3의 스타일러스 펜은 아래와 같은 모습입니다. 주로 ①과 ③을 사용해 윈도우 10을 조작합니다. ②와 ④는 원노트나 그림판 등 가능한 상황에서만 활용합니다.

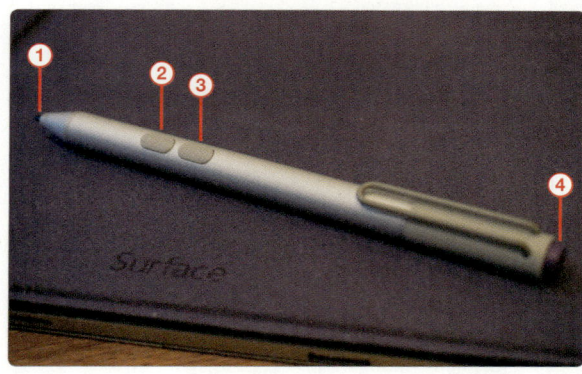

① 펜 끝(tip)
② 지우개 단추(Eraser)
③ 오른쪽 클릭 단추(Right-click Button)
④ 위쪽 단추(Top Button)

펜은 마우스 대용 또는 엣지 웹 브라우저 등에서 필기하는 데 쓰입니다. 그림을 그리기에도 좋으며 지우개와 올가미 같은 특수 기능을 펜에 달린 단추로 빠르게 활용할 수 있습니다.

> **tip** 원노트 필기 입력은 256쪽을, 엣지 브라우저의 필기 입력은 88쪽을 참고하세요.

손가락을 더 자유롭게 만드는 터치 패드 제스처

윈도우 10의 새로운 터치 패드(트랙 패드) 제스처로 여러 가지 동작을 유려하게 처리하세요.

두 손가락으로 상하 쓸기 : 보고 있는 화면을 상하로 스크롤합니다. 인터넷 서핑 등에 유용합니다.

세 손가락으로 상하 쓸기 : 작업 보기 기능이 실행되거나 꺼집니다(시작 화면으로 돌아감).

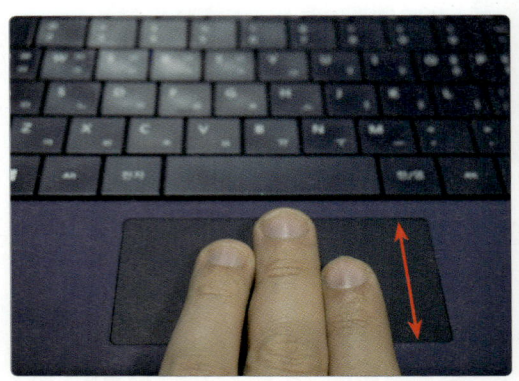 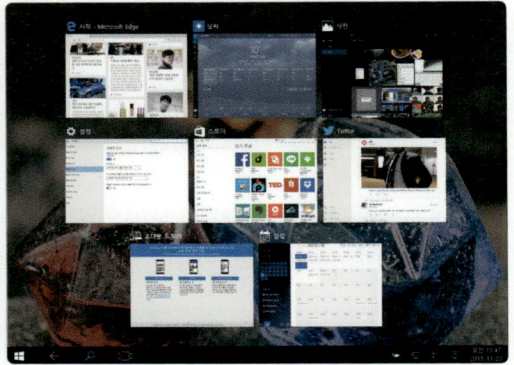

세 손가락으로 좌우 쓸기 : 이전/다음 앱으로 전환됩니다. Alt + Tab 과 동일합니다.

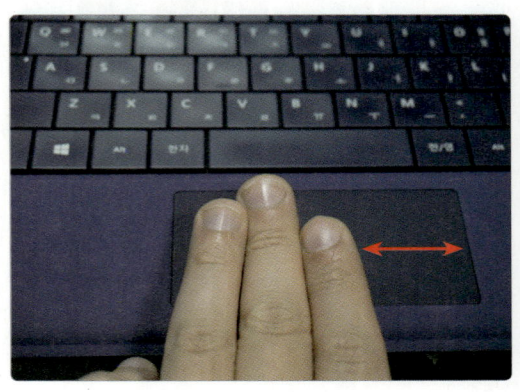 

> **tip** 터치 패드와 관련된 설정을 변경하려면 설정 앱의 [장치]에서 [마우스 및 터치 패드]에 들어가세요. [탭 작동 전의 지연]을 [긴 지연]으로 하면 키보드 사용 중에 터치 패드가 눌러져서 방해되는 일이 줄어듭니다. 그 외의 옵션도 자유롭게 바꿔 보세요.

왼손잡이를 위한 마우스 및 펜 설정 변경하기

세상 대부분의 물건이 오른손잡이용으로 만들어져 있는데 이런 경향은 컴퓨터에서도 마찬가지입니다. 여기에서는 왼손잡이를 위한 마우스와 펜(스타일러스) 입력 설정에 대해 알아보겠습니다.

마우스 설정하기

[시작 ▦]를 눌러 [설정 ⚙]에 들어갑니다. [장치 ▦]를 눌러 보세요.

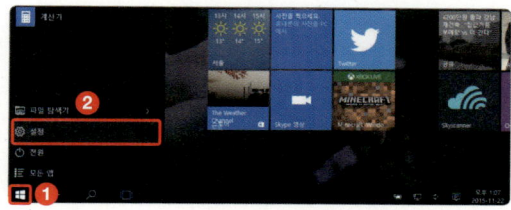 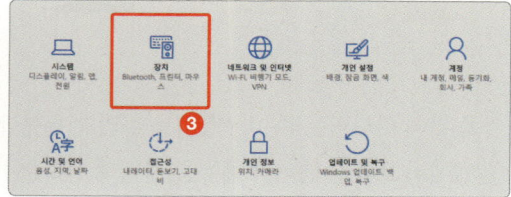

[마우스 및 터치 패드]에 들어가면 기본 단추 선택을 [오른쪽]으로 변경할 수 있습니다. 추가 설정을 원한다면 아래에 있는 [추가 마우스 옵션]을 눌러 보세요.

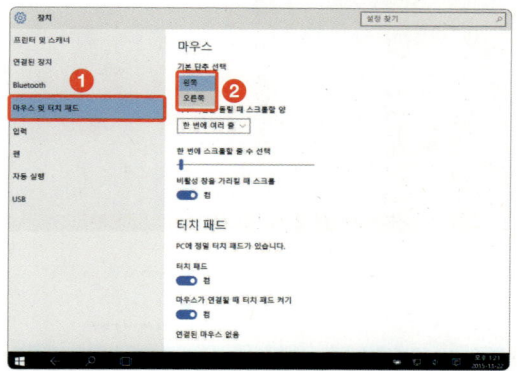 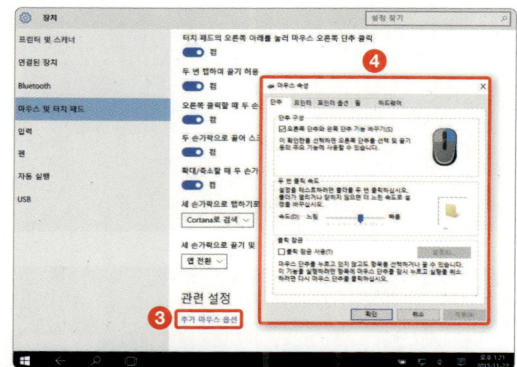

펜 설정하기

이번엔 펜 설정입니다. [펜]에서 [오른손]으로 설정하거나, 검색 상자에 '왼손'을 입력해 [왼손잡이/오른손잡이 설정 지정]을 누르면 왼손잡이에게 알맞은 설정을 할 수 있습니다.

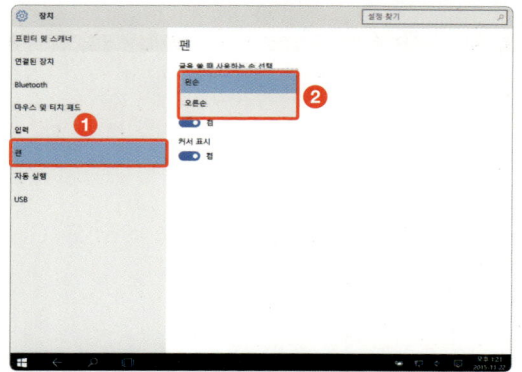 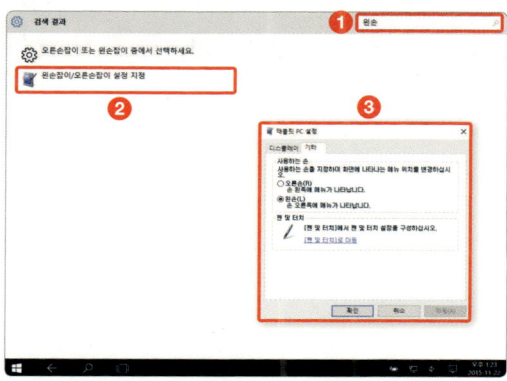

이미 여러 태블릿용 앱에서 활용 중인 햄버거 메뉴

스마트폰을 사용하다 보면 아래와 같은 아이콘을 자주 만날 수 있습니다. 보통 메뉴나 내비게이션 기능을 담당하는데 해외에서는 '햄버거 메뉴'라는 재미있는 이름으로 불립니다. 그리고 보니 3개의 선이 빵과 패티가 쌓인 햄버거처럼 보이기도 합니다.

hamburger menu © demacmedia.com

왼쪽 위에 나타나는 [햄버거 ≡]를 눌러 메뉴를 열면 좀 더 널찍하게 볼 수 있습니다. 시작 메뉴나 각종 앱에서 보이는 햄버거 메뉴를 선택해 원하는 기능을 좀 더 빠르게 찾고 실행해 보세요.

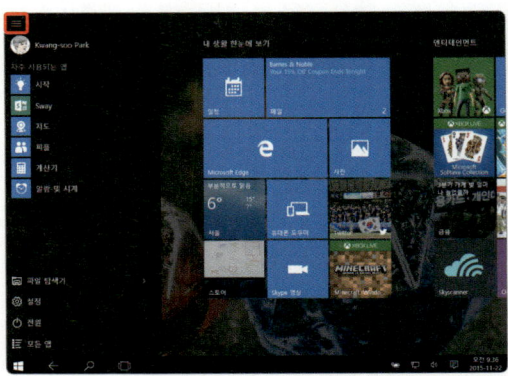

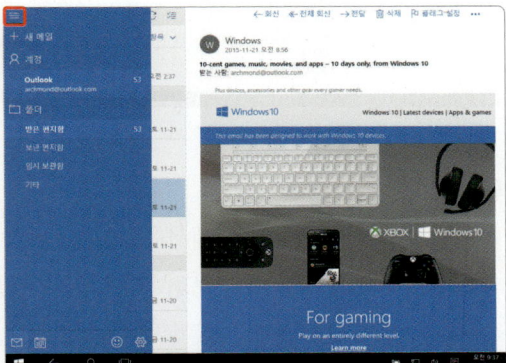

LESSON 03

단순하지만 모든 걸 갖춘 터치 키보드

태블릿은 대부분 터치용 키보드를 사용합니다. 이를 위해 윈도우 10에서는 어떤 키보드를 준비했을까요? 검은색 바탕을 가진 깔끔한 터치 키보드를 살펴보세요.

터치 키보드 켜기

입력 화면에서 터치 키보드 켜기

워드나 엑셀 등에서 본문을 누르면 하단에 터치 키보드가 나타납니다.

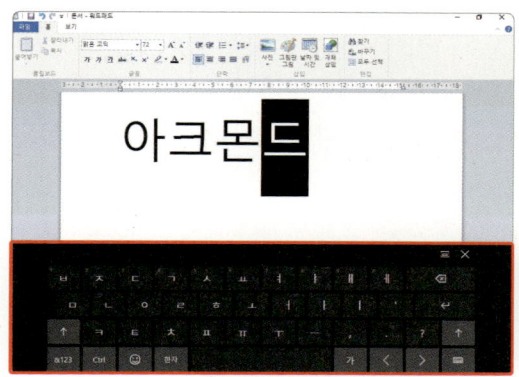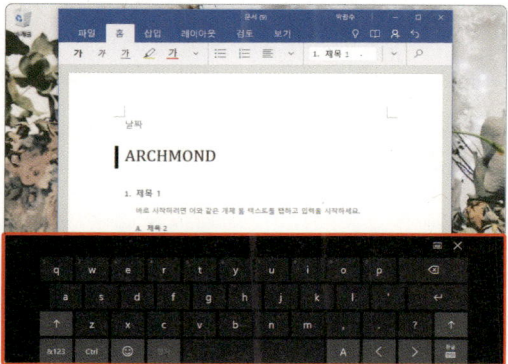

터치 키보드 단추를 눌러 켜기

작업 표시줄을 오랫동안 눌러 단축 메뉴를 연 뒤 [터치 키보드 단추 표시]를 선택하면 오른쪽에 [터치 키보드 ▦]가 나타납니다. 이 단추를 누르면 터치 키보드가 올라옵니다.

원하는 위치로 터치 키보드 움직이기

기본으로 화면 아래에 나타나는 터치 키보드는 [도킹 해제 ▭]를 누른 후 [이동 ✛]을 잡고 움직이면 상하좌우로 이동시킬 수 있습니다. 상황에 따라 자유롭게 옮겨 사용하세요.

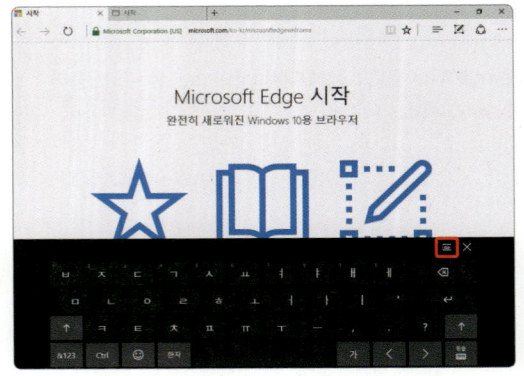 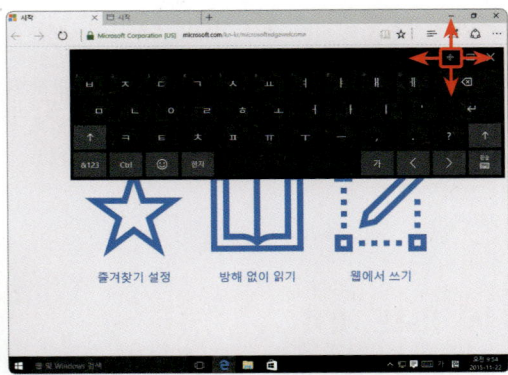

키를 오랫동안 누르기

된소리를 입력하거나 다른 문자를 입력하려면 키를 오래 눌러 보세요. 여러 문자가 숨어 있는 키가 있습니다. [.com]를 누르고 있으면 .kr, .net 등 다양한 키가 나타납니다(상황에 따라 입력할 수 있는 키가 달라집니다).

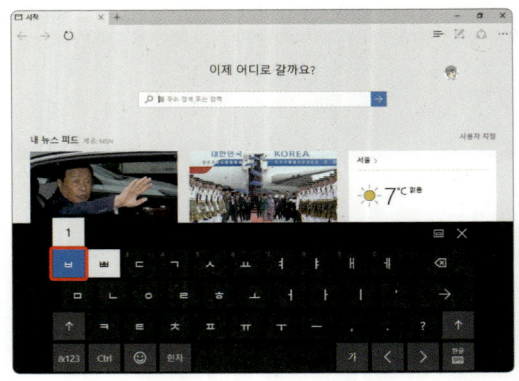 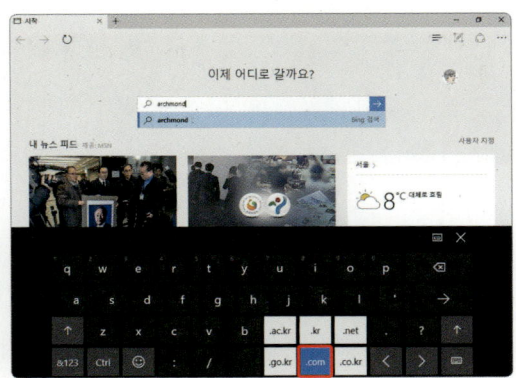

숫자와 기호 입력하기

[&123]을 눌러 숫자와 기호를 입력할 수 있습니다. 여기에서도 키를 누르고 있으면 여러 문자가 나타납니다. [₩]를 누르고 있으면 [$], [¥] 등을, [5]를 오랫동안 누르면 [五], [V] 등이 나타납니다. ①, ②처럼 원에 들어 있는 숫자를 입력할 때도 아주 유용합니다.

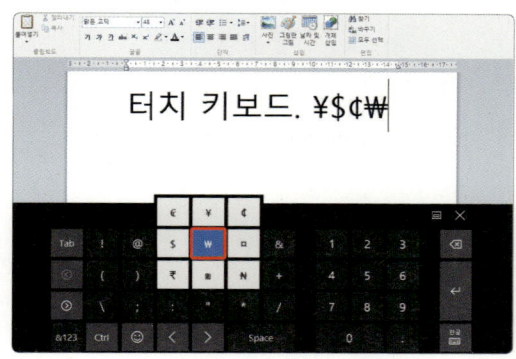
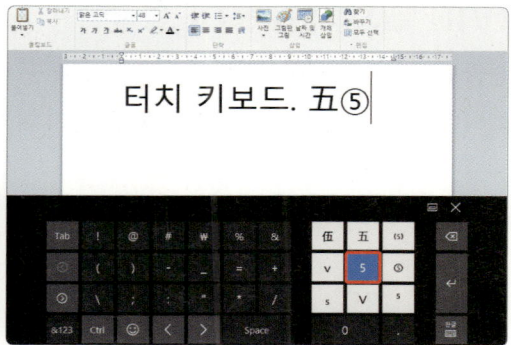

복사와 붙여넣기도 자유롭게

[Ctrl]을 누르면 각종 단축키를 사용할 수 있습니다. Ctrl + C (복사) 및 Ctrl + V (붙여넣기)는 물론 Ctrl + A (모두 선택)와 Ctrl + Z (실행 취소) 또한 가능합니다.

복사하기　　　　　　　　　　　　　　　붙여넣기

이모티콘 입력하기

[😊]를 누르면 정말 다양한 이모티콘을 입력할 수 있습니다. 가끔은 구구절절한 말보다 [좋아요👍] 이모티콘 하나가 훨씬 공감될 때가 있습니다. 예쁜 이모티콘을 찾아보세요.

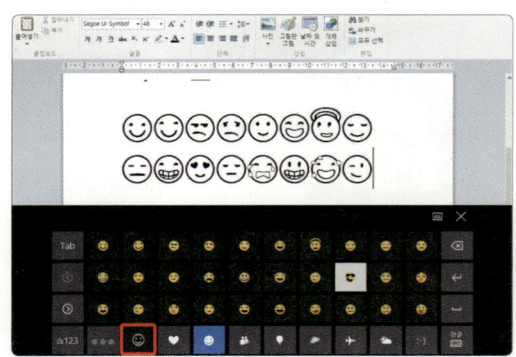

한자와 특수문자 입력하기

한글로 입력한 후 [한자]를 눌러 보세요. 그러곤 키보드 위에 나오는 한자 중에서 알맞은 것을 고르면 됩니다. 스페이스 바가 [다음]으로 바뀌며 이를 누르면 다음 한자로 넘어갑니다. 특수문자도 당연히 입력 가능합니다. □을 누르고 [한자]를 눌러 보세요.

 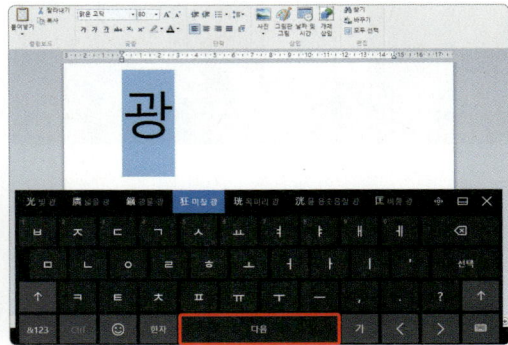

한자

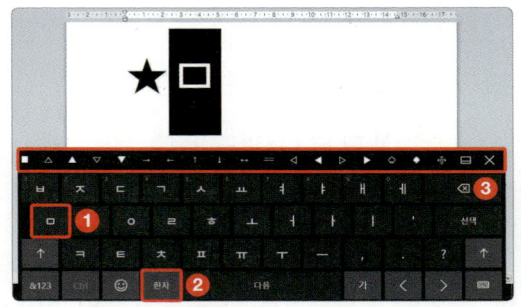

특수문자

> **tip** 좀 더 다양한 특수문자를 한눈에 보며 입력하려면 286쪽을 참고하세요.

엄지 키보드 사용하기

태블릿의 크기와 형태에 따라 원하는 대로 터치 키보드의 모드를 변경할 수 있습니다. 양손으로 태블릿을 잡아 사용한다면 좌우로 분할되는 엄지 키보드가 적합합니다. 터치 키보드의 오른쪽 아래에 있는 [⌨]를 눌러 [엄지 키보드 ⌨]를 선택하세요.

엄지 키보드의 왼쪽 아래에 있는 [▮]를 눌러 크기를 조절하거나, [✥]를 눌러 위치를 이동할 수 있습니다.

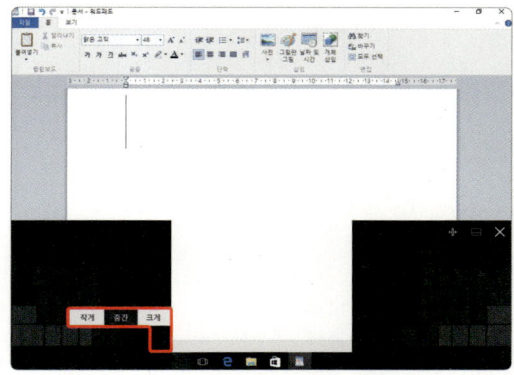 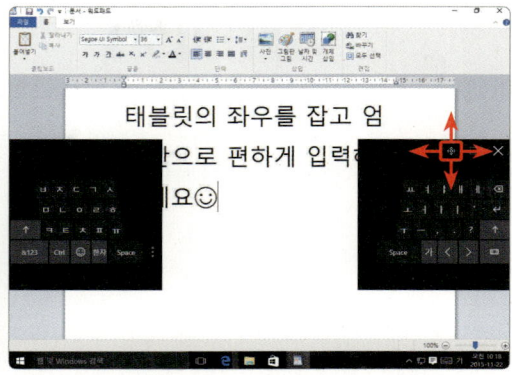

필기 입력 사용하기

터치 키보드의 오른쪽 아래에 있는 [▦]를 눌러 [필기 입력✎]을 선택해 보세요. 네모난 박스 속에 펜으로 글자를 쓰듯 한글, 영어, 한자 등을 적으면 실제 문자로 변환됩니다. 한자를 입력할 때 편리합니다.

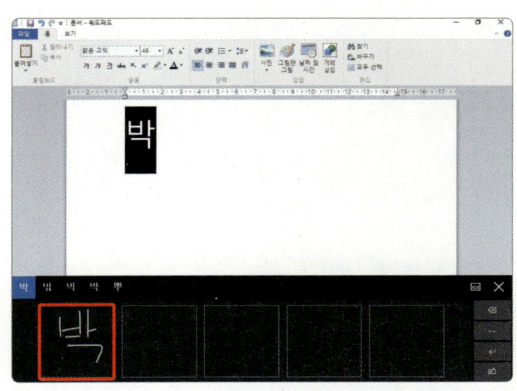 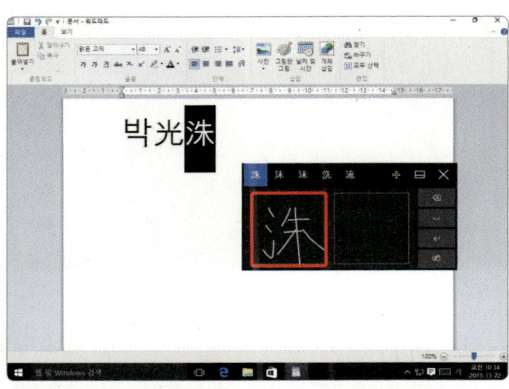

> **tip** 터치 키보드로 다른 나라의 언어를 입력하려면 332쪽을 참고해 입력 언어를 추가하세요.

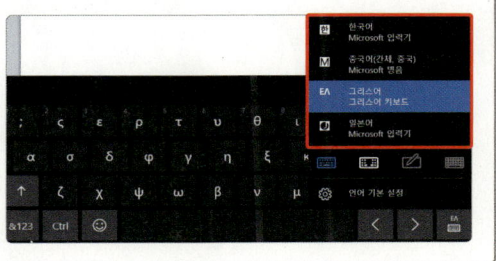

LESSON 04

언제든지 활용할 수 있는
화상 키보드

윈도우 10은 터치 키보드 외에 화상 키보드도 추가로 제공합니다. 터치 키보드와 비슷하면서도 키 구성이나 사용 방법이 조금 다릅니다.

터치 키보드가 활성화되지 않는다면 화상 키보드를

로그인 화면 또는 입력 창에서 가끔 터치 키보드가 나타나지 않는 경우가 있습니다. 이럴 때는 오른쪽 아래의 [접근성🕭]을 누른 뒤 화상 키보드를 선택하세요. 화면 상단에 화상 키보드가 나타납니다. 크기를 자유롭게 늘릴 수 있으며 키를 누르면 문자가 입력됩니다.

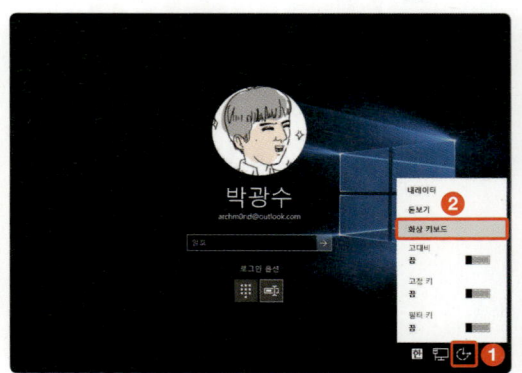

터치 키보드가 먹통일 때 활용해 보세요. 평소에도 '화상 키보드'만 입력해 실행하면 됩니다.

LESSON 05

모바일 센터
태블릿과 노트북에 필요한 모든 설정

노트북이나 태블릿 사용자에게 필요한 설정이 모두 모여 있는 모바일 센터를 살펴봅시다. 이 기능은 태블릿이나 노트북에서만 제공되며 데스크톱에서는 실행되지 않습니다.

모바일 센터 살펴보기

작업 표시줄의 [코타나(검색) 🔍]를 눌러 '모바일 센터'를 입력해 실행합니다. 밝기, 볼륨, 배터리 상태, 화면 방향 등 태블릿과 노트북에 필요한 설정을 한자리에서 만날 수 있습니다.

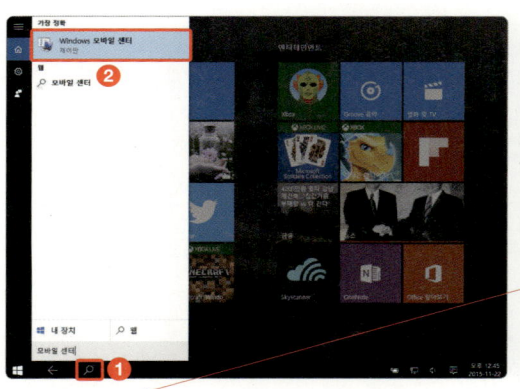 

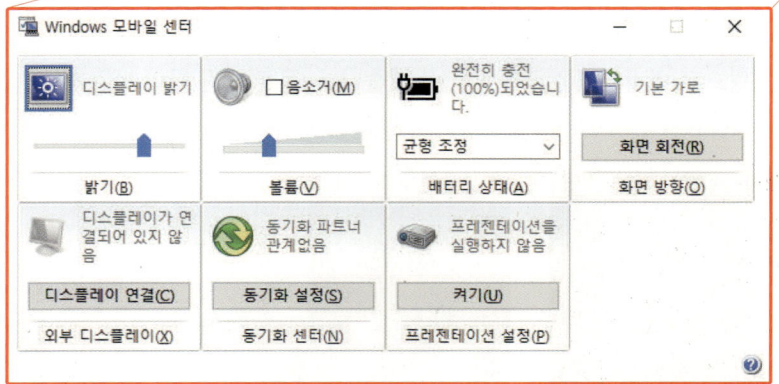

tip 일부 설정 항목이 비활성화되어 있다면 기기에서 필요한 하드웨어나 기능을 제공하지 않기 때문입니다.

디스플레이 밝기와 볼륨을 변경하거나, 전원과 소리 옵션에 빠르게 접근할 수 있어 편리합니다.

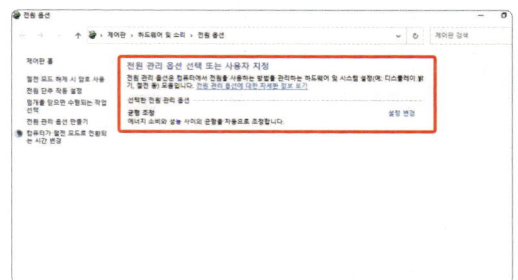 

프레젠테이션 설정: 신속하게 발표 준비하기

모바일 센터에는 프레젠테이션 설정 기능이 있습니다. 이 기능을 활용하면 발표할 때마다 번거롭게 스피커 볼륨을 조절하거나 화면 보호기를 끌 필요가 없습니다. 먼저 프레젠테이션 설정을 [켜기]로 바꾸고 [프레젠테이션 설정 🖥]을 눌러 보세요.

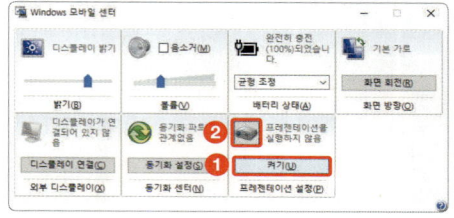 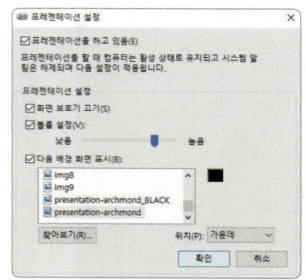

발표 시 동영상을 재생하는 경우가 많으니 볼륨은 높게 설정하면 좋습니다. 그러면 프레젠테이션 모드를 켰을 때 자동으로 소리가 크게 들립니다. 또 [다음 배경 화면 표시]를 체크해서 프레젠테이션 설정 후 자동으로 검은 배경이 나타나도록 설정한 뒤 [확인]을 누릅니다. 차분한 느낌을 주는 검은 배경 화면에, 미리 설정해 놓은 음량으로 변경되었음을 확인할 수 있습니다. 물론 물론 화면 보호기나 시스템 알림은 꺼진 상태입니다. 발표가 끝나면 [끄기]를 눌러 원래 환경으로 돌아올 수 있습니다.

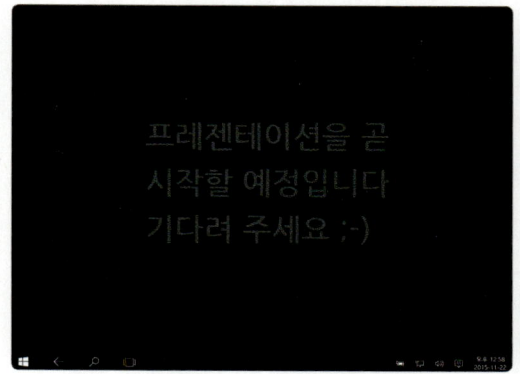 

LESSON 06

무선의 자유
블루투스 살펴보기

블루투스 연결 과정을 페어링(Pairing, 쌍연결)이라고 합니다. 이를 사용하면 무선으로 마우스나 키보드를 연결할 수 있으며 헤드셋이나 스피커로 소리를 들을 수 있습니다. 다양한 블루투스 장비를 연결해 보세요.

블루투스로 각종 기기 연결하기

블루투스 마우스 연결하기

컴퓨터와 연결하기 위해 블루투스 마우스를 페어링(Pairing) 모드로 만듭니다. [웹 및 Windows 검색]에서 'Bluetooth'를 입력해 [Bluetooth 설정]을 실행합니다.

블루투스 마우스가 보이면 선택하여 [연결]을 누릅니다. '연결됨'으로 나타나면 마우스를 사용할 수 있습니다.

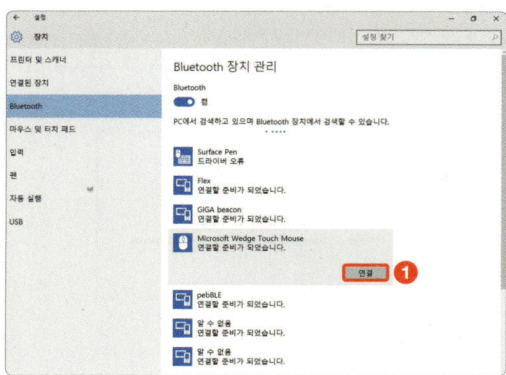
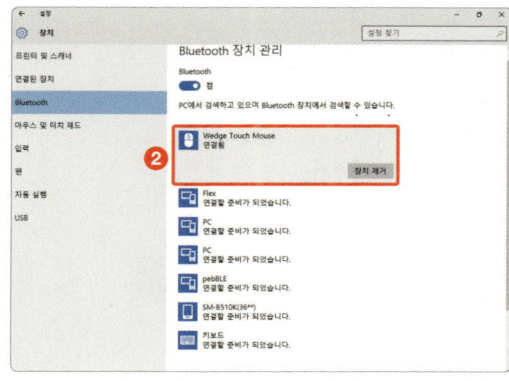

블루투스 키보드 연결하기

블루투스 키보드도 마찬가지입니다. 페어링 모드로 만든 다음 블루투스 장치에 나타나는 키보드를 [연결]하세요.

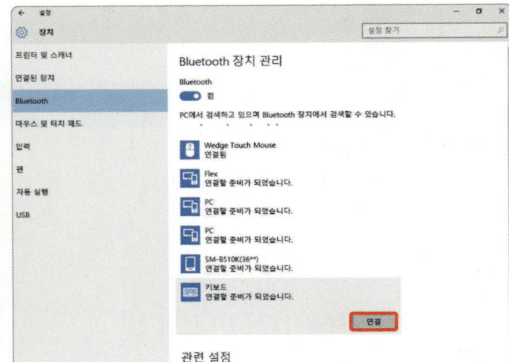

블루투스 키보드로 6자의 숫자를 입력하고 [엔터]를 누릅니다. '연결됨'이 되면 키보드를 사용할 수 있습니다.

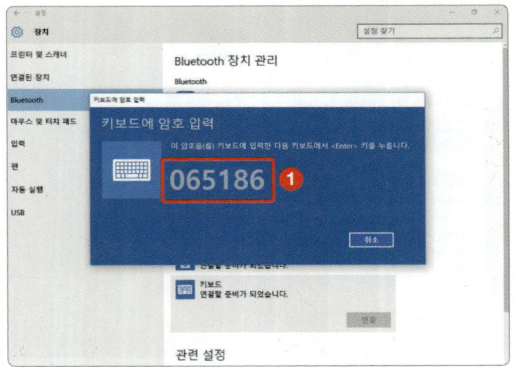
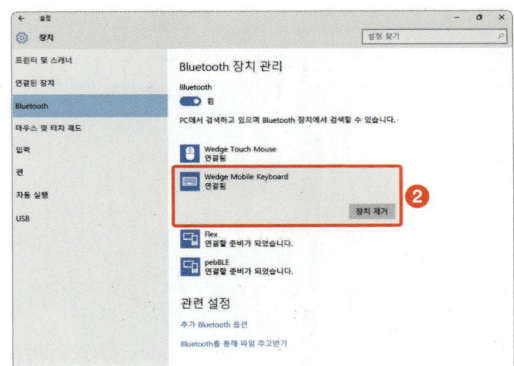

블루투스 펜(스타일러스) 연결하기

블루투스 펜(스타일러스)도 페어링 모드로 만든 다음 [연결]을 눌러 설치할 수 있습니다.

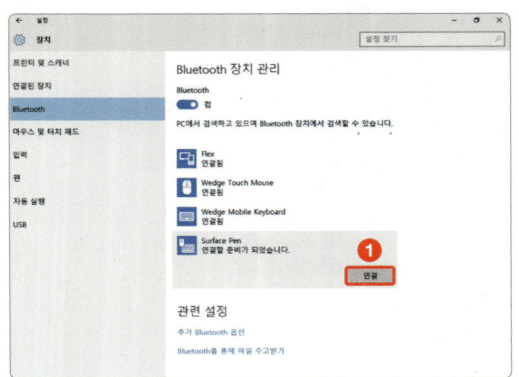
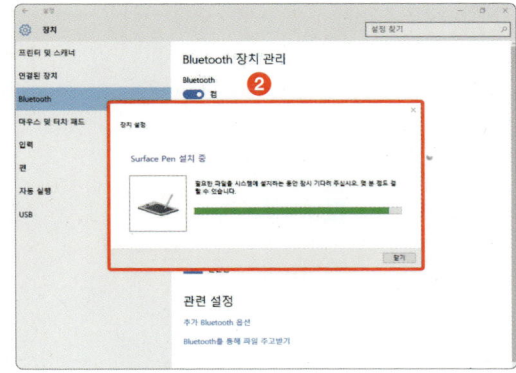

블루투스 스피커 연결하기

블루투스 스피커도 페어링 모드로 [연결]하여 사용할 수 있습니다. 블루투스 스피커 자체의 볼륨을 적절히 조절해 사용하되 소리가 너무 작거나 크다면 작업 표시줄의 [볼륨 🔊]을 눌러 조절하세요.

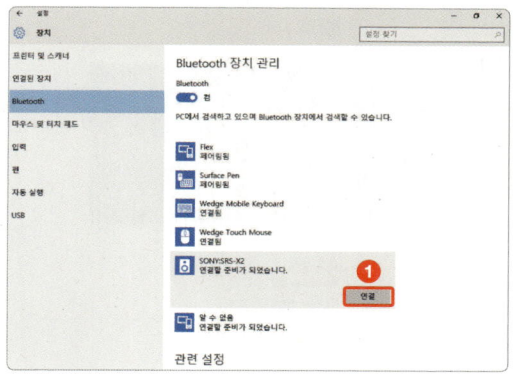 

tip 한 번 연결하고 나면 알림 센터의 [연결]을 통해 블루투스 오디오에 빠르게 연결할 수 있습니다. 421쪽을 참고하세요.

블루투스로 스마트폰에 파일 보내고 받기

Wi-Fi나 USB 케이블 등을 사용할 수 없는 환경이라면 블루투스로 파일을 전송하세요. 속도는 좀 느리지만 꼭 필요할 때 유용할 수 있습니다. 미리 스마트폰과 컴퓨터를 페어링(연결)해 놓으면 인터넷이 되지 않는 환경에서도 자유롭게 파일을 주고받을 수 있습니다.

블루투스로 스마트폰에 파일 보내기

먼저 설정 앱의 [장치]에서 [Bluetooth]의 관련 설정에 있는 [추가 Bluetooth 옵션]을 누릅니다. [Bluetooth 장치가 이 PC를 찾을 수 있도록 허용]에 체크합니다. 스마트폰에서도 블루투스 설정으로 컴퓨터 이름을 눌러 페어링합니다.

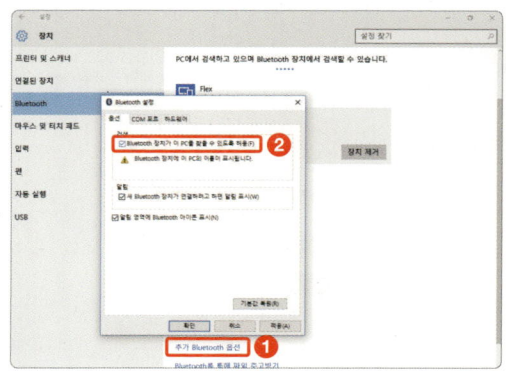 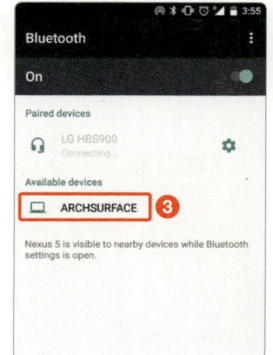 

오른쪽 아래에 [장치 추가] 알림이 나타납니다. 알림을 눌러서 스마트폰에 나오는 비밀번호와 동일한지 확인합니다. 동일하다면 [예]를 눌러 연결합니다.

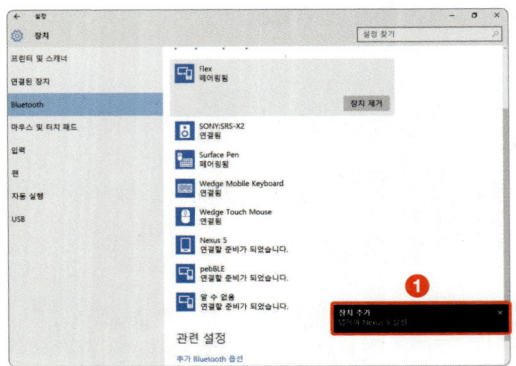

관련 설정에 있는 [Bluetooth를 통해 파일 주고받기]를 누릅니다. [→파일 보내기]를 누르고 스마트폰의 이름(예: Nexus 5)을 선택한 뒤 [다음]을 누릅니다.

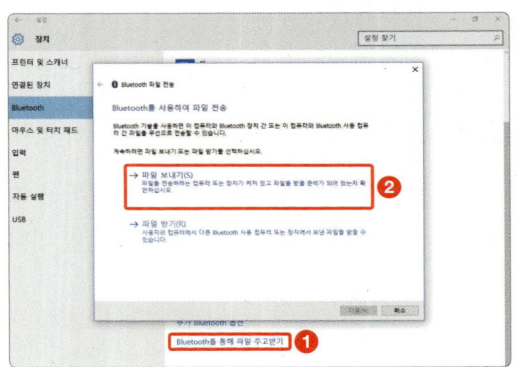
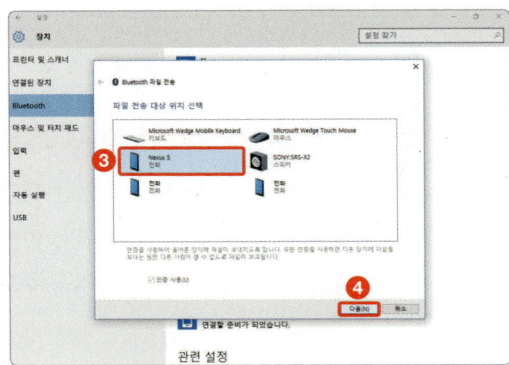

> **tip** 페어링이 정상적으로 완료되지 않으면 스마트폰과 PC에서 모두 제거한 뒤 다시 페어링하세요.

스마트폰에 보낼 파일을 선택해야 합니다. [찾아보기]를 눌러 파일을 선택한 뒤 [열기]을 누릅니다.

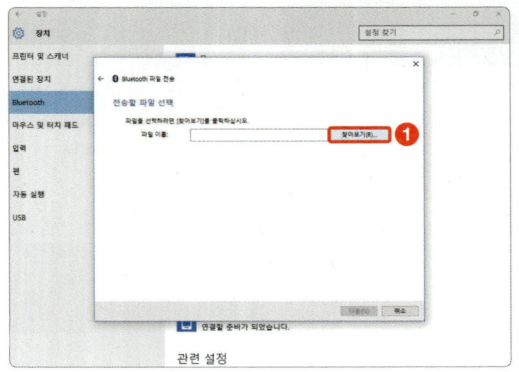
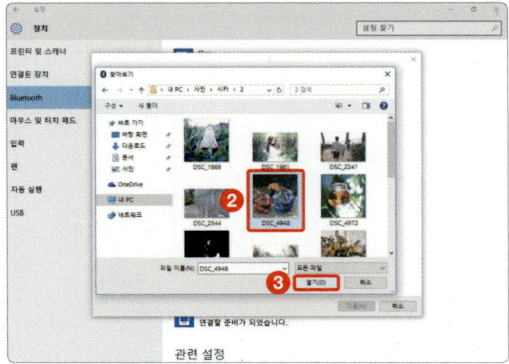

스마트폰에서 파일을 받을지 물어보는 창이 나타나면 [예, Accept]를 눌러 파일을 받습니다. PC 화면에도 파일 전송 진행 상황이 나타납니다.

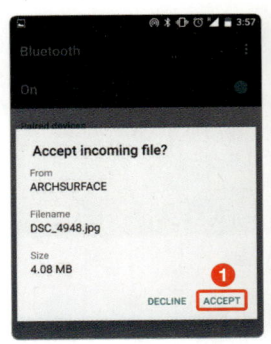 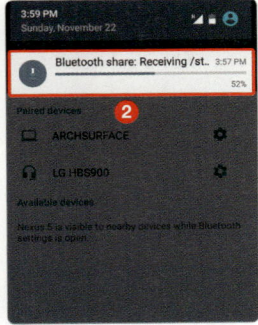 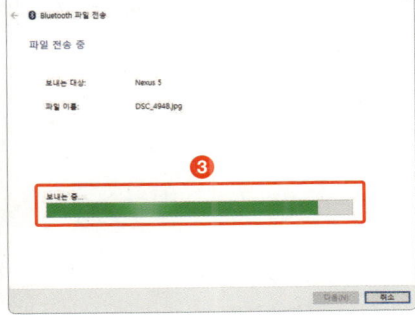

파일 전송이 완료되면 스마트폰에서 파일을 열어 볼 수 있습니다.

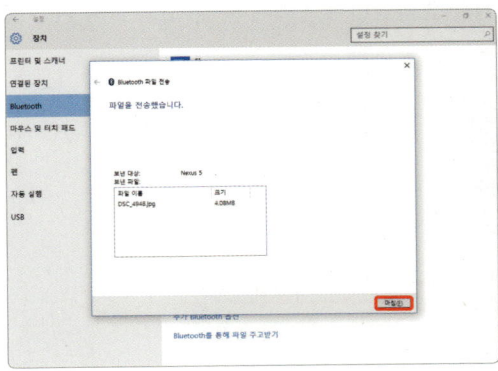 

블루투스로 PC에 파일 보내기

이번에는 반대로 스마트폰에서 PC로 파일을 전송해 봅시다. 먼저 설정 앱의 [장치]에서 [Bluetooth]의 관련 설정에 있는 [추가 Bluetooth 옵션]을 누릅니다. [Bluetooth 장치가 이 PC를 찾을 수 있도록 허용]에 체크합니다. 스마트폰의 이름을 눌러 [연결(페어링)]합니다.

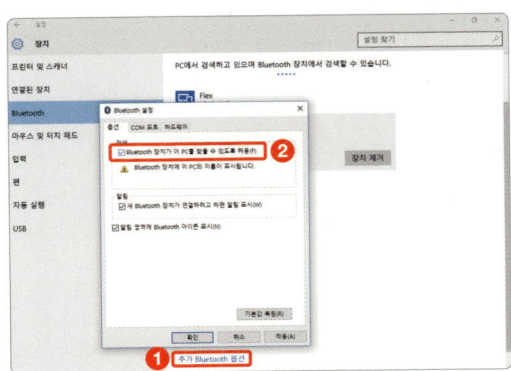 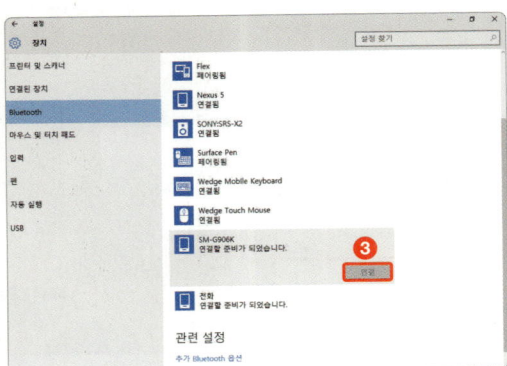

6자리의 숫자가 나타납니다. 스마트폰에서 동일한 암호가 나타나면 [확인]을 누릅니다. 스마트폰에서 원하는 사진을 선택해 블루투스로 공유합니다.

 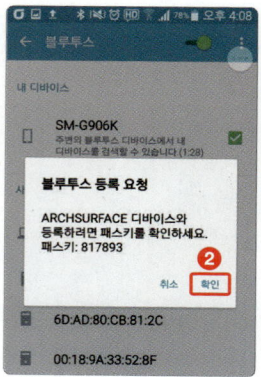 

[관련 설정]에 있는 [Bluetooth를 통해 파일 주고받기]를 선택합니다. [→파일 받기]를 눌러 파일을 받습니다.

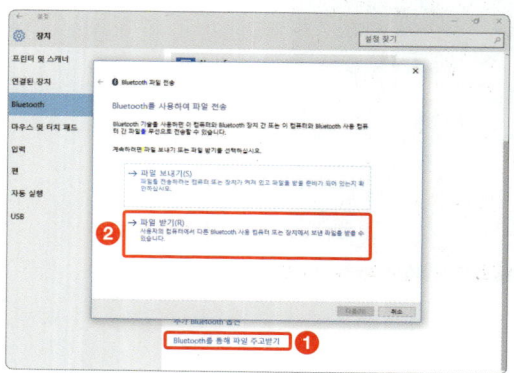 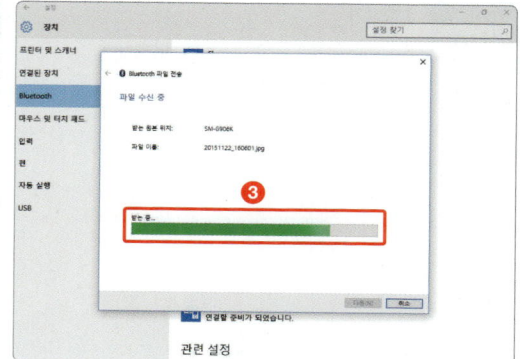

스마트폰에서 파일의 전송률이 나타납니다. 100%가 될 때까지 기다립니다. 완료되면 PC에서 받은 파일 저장 창이 나타납니다. 파일을 저장할 위치를 정하기 위해 [찾아보기]를 누릅니다.

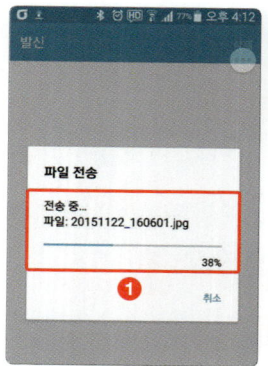  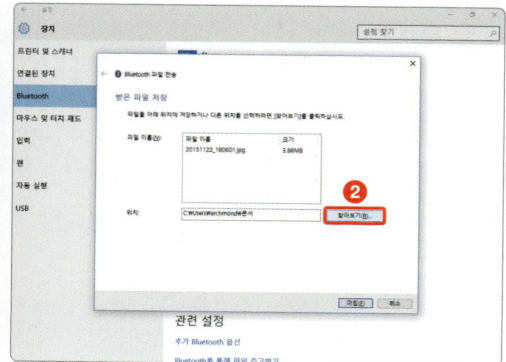

바탕 화면 등 원하는 위치를 정한 뒤 [확인]을 누르고 [마침]을 선택합니다. 지정한 폴더에 스마트폰에서 보낸 파일이 저장되어 있습니다. 파일을 열어서 내용을 확인합니다.

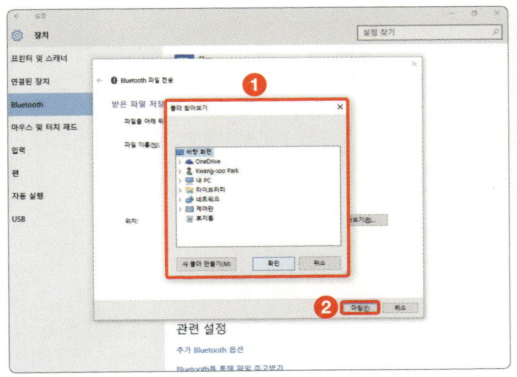 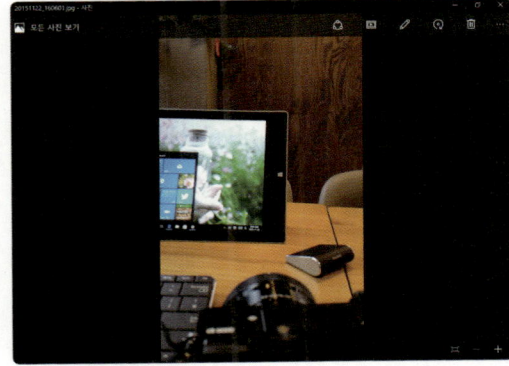

tip 블루투스 파일 전송은 시간이 오래 걸립니다. 전송 중에 스마트폰이나 PC가 절전 모드로 들어가지 않도록 주의합니다. 절전 모드 설정은 432쪽을 참고하세요.

LESSON 07

각종 디스플레이와 연결하기

디지털 기기가 다양하게 늘어나면서 컴퓨터와 연결해 사용하는 디스플레이의 종류도 무척 많아졌습니다. 외부 모니터나 프로젝터, 또는 무선으로 화면을 공유하는 다양한 방법을 살펴봅시다.

외부 모니터나 프로젝터와 연결하기

먼저 외부 모니터(또는 프로젝터)를 동작시키고 VGA/HDMI 단자에 케이블을 꽂아서 내 PC와 외부 모니터(또는 프로젝터)를 연결합니다. 키보드의 ⊞ + P를 눌러 원하는 출력 방식을 선택합니다.

① **PC 화면만** : 내 컴퓨터의 모니터에만 화면을 출력합니다(프로젝터 연결 끊기).
② **복제** : 내 컴퓨터와 외부 디스플레이에 같은 내용의 화면을 나타냅니다.
③ **확장** : 내 컴퓨터 화면에서 프로젝터로 바탕 화면을 확장시킵니다.
④ **두 번째 화면만** : 내 컴퓨터에는 출력하지 않고, 외부 디스플레이에만 화면을 표시합니다.

> **tip** 확장을 선택하면 연결된 외부 모니터나 프로젝터에 걸쳐 바탕 화면이 늘어납니다. 이때는 파노라마 배경 화면을 지정할 수 있으므로 349쪽을 참고하세요.

무선 디스플레이를 미라캐스트로 연결하기

미라캐스트(Miracast)를 사용해 무선으로 외부 모니터나 TV 등으로 컴퓨터의 화면을 전송할 수 있습니다. 미라캐스트를 지원하는 스마트 TV나 미라캐스트 어댑터(동글)가 있다면 연결해 보세요.

미라캐스트 어댑터를 프로젝터나 모니터에 연결하고 전원을 켠 뒤 준비가 되었는지 확인합니다.

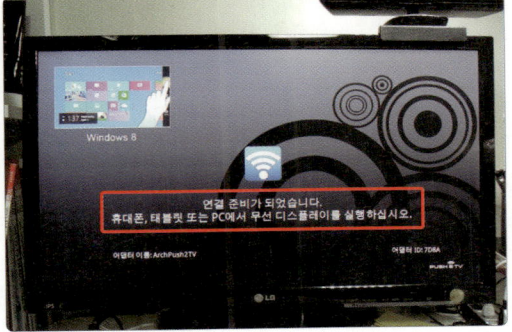

작업 표시줄의 [알림 센터📋]에서 [연결🖥]을 누른 뒤 연결할 미라캐스트 어댑터를 선택합니다.

조금 뒤 외부 모니터와 연결됩니다. [프로젝트 모드 변경]을 눌러 원하는 출력 방식을 선택합니다.

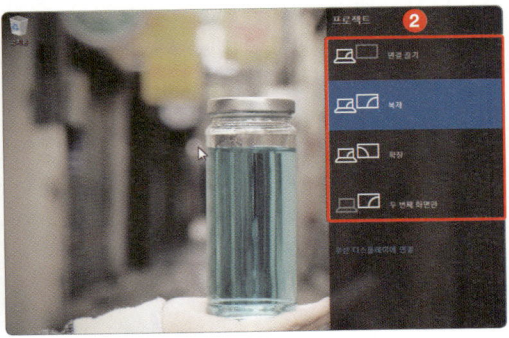

> **tip** 알림 센터의 [연결]에서 무선 디스플레이 또는 블루투스 오디오와 빠르게 연결할 수 있습니다.

LESSON 08

Wi-Fi를 활용하는 다양한 방법

윈도우 10에서는 좀 더 스마트하게 Wi-Fi를 사용하거나 유선에 연결된 컴퓨터를 공유기처럼 설정해 인터넷을 이용할 수 있습니다.

접속 정보를 공유하는 Wi-Fi 센스

Wi-Fi 센스는 와이파이의 접속 정보를 공유하는 시스템입니다. 윈도우 10이 설치된 내 PC 혹은 스마트폰에 저장된 와이파이 비밀번호를 페이스북 친구, 아웃룩 닷컴 주소록, 스카이프 주소록에 등록된 다른 윈도우 10 이용자에게 자동으로 전달해 줍니다. 친구들과 와이파이 비밀번호를 공유하려면 이 기능을 활용하고, 보안이 염려된다면 기능을 끌 수 있습니다.

작업 표시줄의 [Wi-Fi📶]을 눌러 [네트워크 설정]에 들어간 뒤 [Wi-Fi 설정 관리]를 누릅니다.

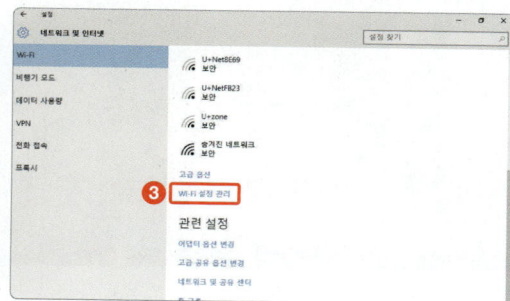

Wi-Fi 센스의 설정을 변경할 수 있습니다. 페이스북(Facebook) 친구와 암호를 공유하려면 [Wi-Fi 센스에서는 Facebook 계정을 사용할 수 있는 권한이 필요합니다.]를 눌러 로그인합니다.

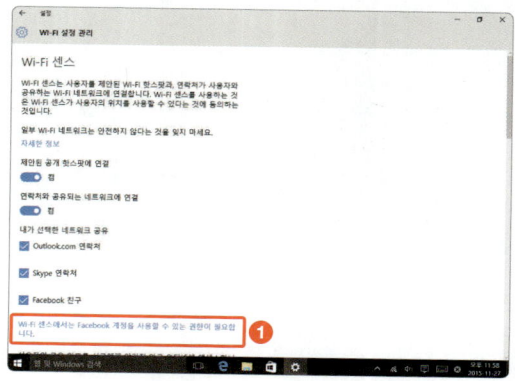
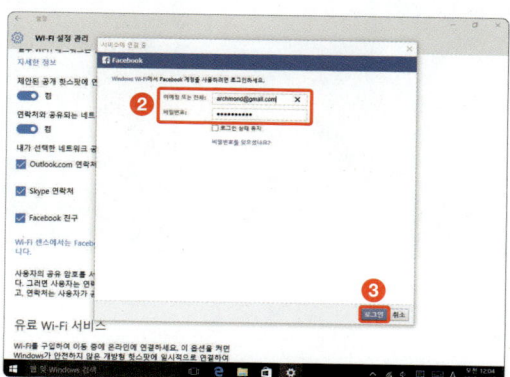

아래쪽에 [사용자의 공유 암호를 알리지 않고 인터넷에 액세스합니다.]가 나타나는지 확인합니다. [알려진 네트워크 관리]에서 와이파이를 공유하거나, Wi-Fi 연결 화면에서 [연락처와 네트워크 공유]를 선택하면 친구와 공유할 수 있습니다.

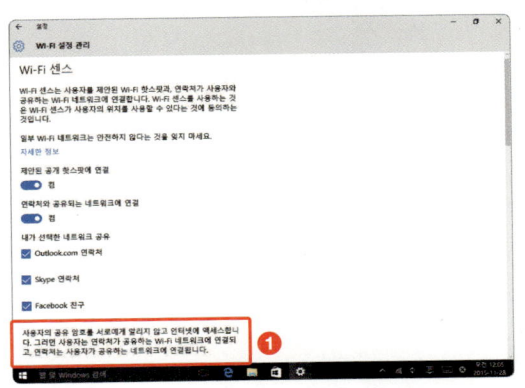 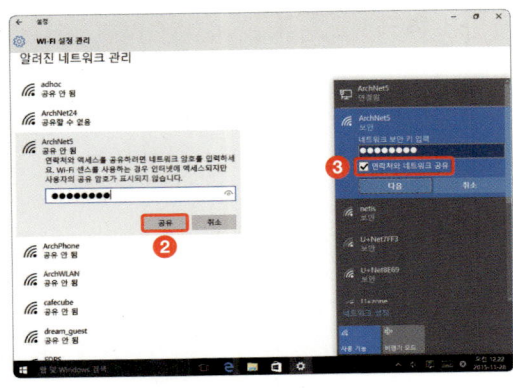

한 번 연결했던 와이파이 비밀번호 찾기

와이파이의 비밀번호를 깜빡깜빡하는 분들을 위해 저장된 비밀번호를 알아내는 방법을 제공합니다. 비밀번호를 찾을 와이파이에 미리 연결하세요. 작업 표시줄 오른쪽의 [네트워크 🖥 또는 🛜]에서 단축 메뉴를 열어 [네트워크 및 공유 센터 열기]를 선택합니다. [어댑터 설정 변경]에 들어갑니다.

Wi-Fi 어댑터의 [상태]를 연 뒤 [무선 속성]을 누릅니다.

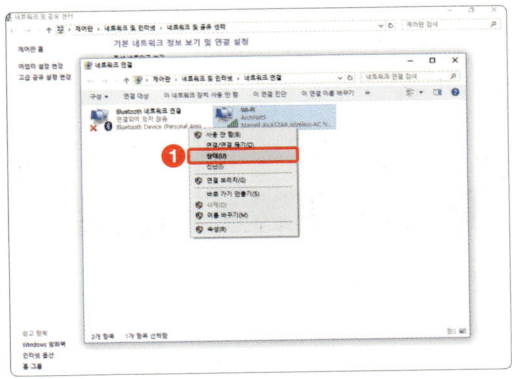 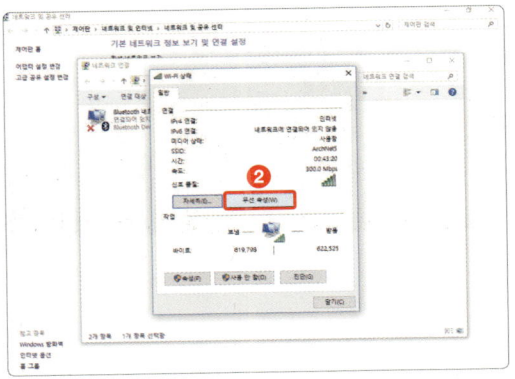

[보안] 탭을 눌러 네트워크 보안 키의 [문자 표시]에 체크하면 저장되어 있던 암호가 나타납니다.

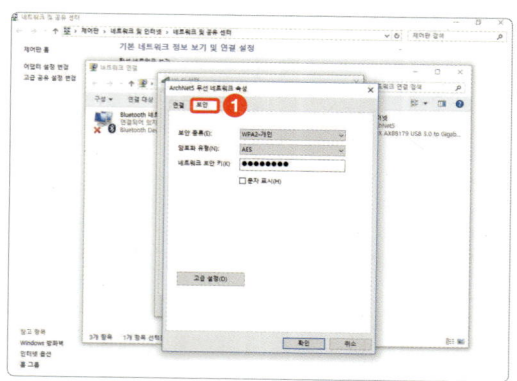 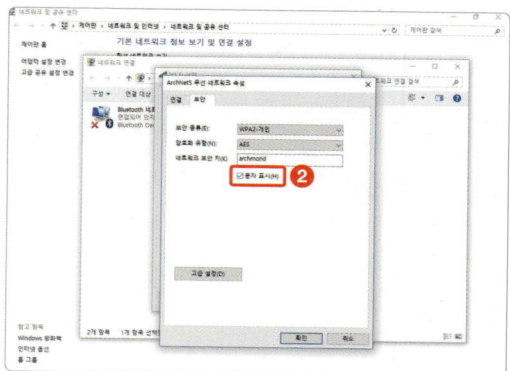

노트북을 공유기로 만드는 무선 애드혹 네트워크

무선 애드혹 네트워크(Ad-hoc network)를 설정하면 유선으로 인터넷에 연결된 노트북을 AP(무선 인터넷 공유기)로 만들 수 있습니다. 별도의 프로그램 없이 윈도우 10에서 제공하는 기능을 이용해 무선으로 인터넷을 공유해 보세요.

무선 애드혹 네트워크 설정하기

[시작 █]에서 단축 메뉴를 열어 [명령 프롬프트(관리자)]에 들어갑니다. 명령 프롬프트가 열리면 아래 명령을 입력하고 엔터를 누릅니다(무선 어댑터 드라이버에 대한 속성을 표시합니다).

netsh wlan show drivers

'호스트된 네트워크 지원' 부분이 '예'로 되어 있는지 확인합니다. '아니오'이면 이번 내용을 실행할 수 없습니다.

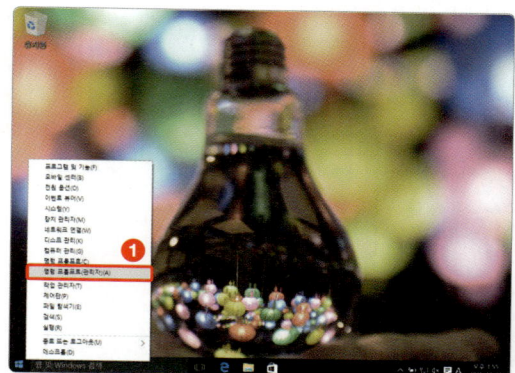 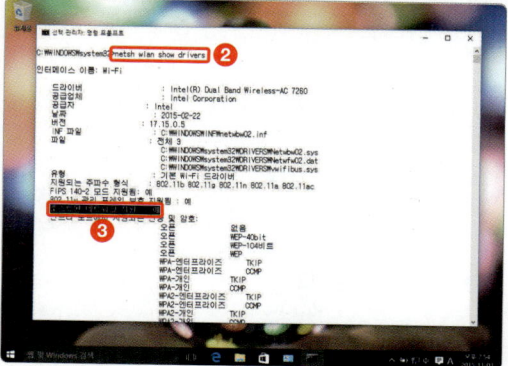

아래의 명령을 입력하고 엔터를 누릅니다(무선 공유 네트워크를 생성합니다).

netsh wlan set hostednetwork mode=allow ssid=adhoc key=12345678

그리고 다음 명령어를 입력합니다(호스트된 네트워크를 시작합니다).

netsh wlan start hostednetwork

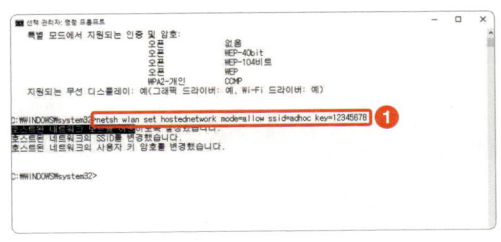 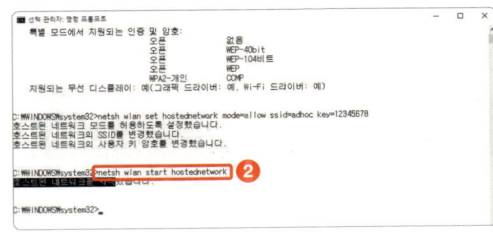

• ssid에서 adhoc은 원하는 이름으로 바꿀 수 있습니다. (예: ssid=sharewifi)

• key에서 12345678은 비밀번호를 뜻합니다. 8자리 정도로 마음에 드는 비밀번호를 구성하세요.

작업 표시줄의 알림 영역에 있는 [네트워크🖥]에서 단축 메뉴를 엽니다. [네트워크 및 공유 센터 열기]를 선택한 뒤 [어댑터 설정 변경]에 들어갑니다.

 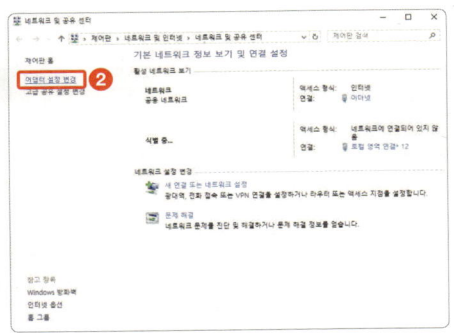

인터넷에 연결된 네트워크 어댑터(주로 로컬 영역 연결이나 이터넷이라는 이름을 갖고 있습니다)를 선택해 단축 메뉴를 열어 [속성]에 들어갑니다. [공유] 탭에 있는 [다른 네트워크 사용자가 이 컴퓨터의 인터넷 연결을 통해 연결할 수 있도록 허용]에 체크합니다. 그리고 [홈 네트워킹 연결]에서 새롭게 만들어진 무선 네트워크 이름을 선택합니다. 네트워크 어댑터에 [공유됨]이란 메시지가 나타나는지 확인합니다. 이제 마음껏 공짜 Wi-Fi를 즐기세요.

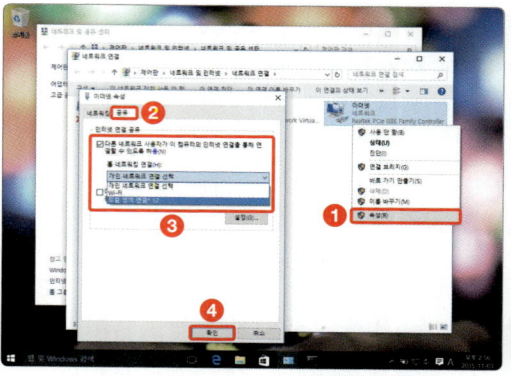 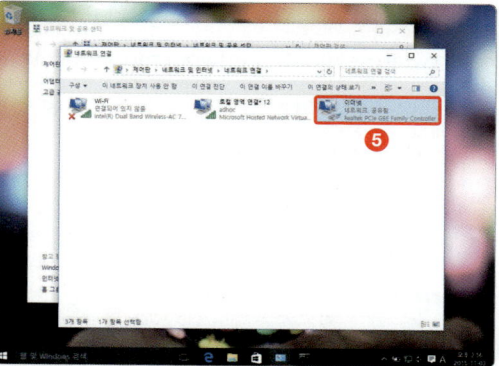

> **tip** 새로 만들어진 무선 네트워크는 'Microsoft Hosted Network Virtual Adapter'라는 이름을 갖고 있습니다. [홈 네트워킹 연결]에서 이 항목을 선택합니다.

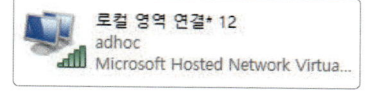

로컬 영역 연결* 12
adhoc
Microsoft Hosted Network Virtua...

공유된 무선 인터넷에 연결해 사용하기

스마트폰 등에서 새로 만들어진 [adhoc] 와이파이에 접속합니다. 위에서 설정한 비밀번호를 입력하면 인터넷을 자유롭게 사용할 수 있습니다.

무선 애드혹 네트워크 설정 해제하기

관리자 권한의 명령 프롬프트를 연 뒤 다음 명령을 입력합니다.

netsh wlan stop hostednetwork (호스트된 네트워크 중지)

netsh wlan set hostednetwork mode=disallow (호스트된 네트워크 사용 안 함)

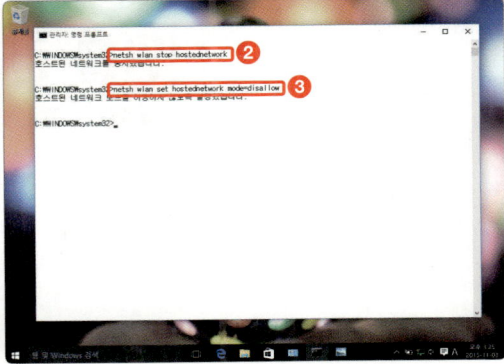

새로 만들었던 adhoc 무선 네트워크가 없어졌음을 볼 수 있습니다. 공유된 네트워크 어댑터를 선택해 [속성]을 엽니다. [공유] 탭의 [다른 네트워크 사용자가 이 컴퓨터의 인터넷 연결을 통해 연결할 수 있도록 허용]의 체크를 해제합니다.

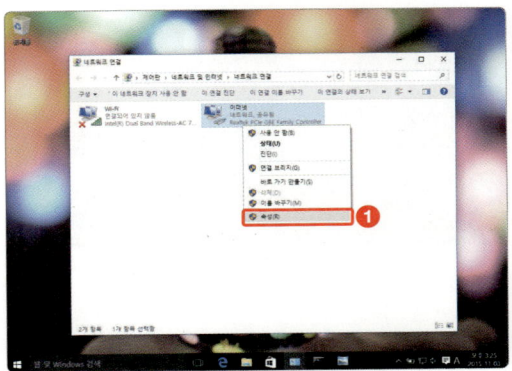
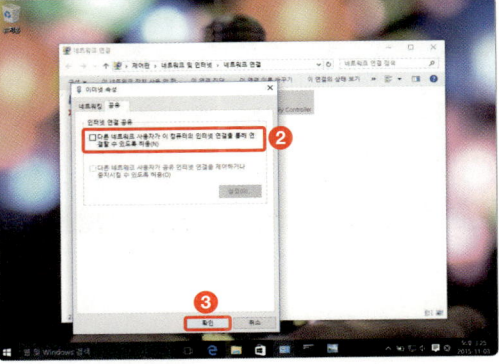

> **tip** 애드혹 네트워크로 만든 공짜 와이파이에 잘 접속되지 않는다면 애드혹 네트워크가 꺼져 있을 가능성이 있습니다. 명령 프롬프트에서 앞에서 설명했던 'netsh wlan start hostednetwork' 명령을 다시 입력해 실행해 보세요.

LESSON 09

기기 전원을 관리하는 꿀팁 살펴보기

노트북이나 태블릿을 사용하다 보면 자주 배터리 부족에 시달리기 마련입니다. 윈도우 10은 향상된 전원 관리 기능뿐 아니라 에너지 효율성을 진단하는 도구도 내장하고 있습니다. 배터리 절약 모드를 비롯해 전원을 관리하는 효율적인 팁을 살펴봅시다.

배터리 절약 모드로 사용 시간 늘리기

작업 표시줄의 [배터리🔋]를 누르면 남아 있는 배터리 용량이 나타납니다. 배터리 절약 모드를 켜면 간단하게 배터리 사용 시간이 늘어납니다.

최근 배터리를 많이 사용한 앱 확인하기

[웹 및 Windows 검색]에 '배터리 절약 모드'를 입력해 실행합니다. [배터리 사용]에 들어가세요.

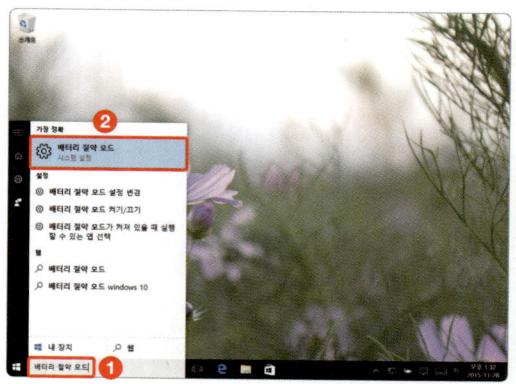
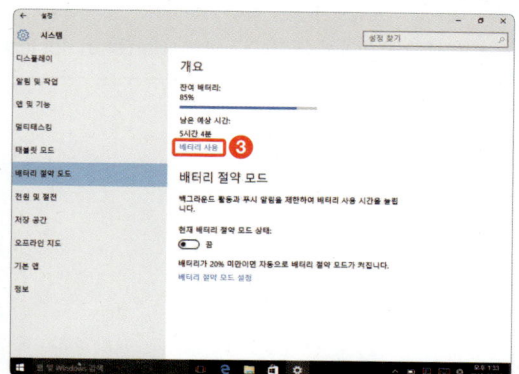

아래쪽의 앱 목록 중 최근 24시간 동안 어떤 항목이 많은 배터리를 사용했는지 확인할 수 있으며, [백그라운드 앱 설정 변경]에 들어가면 선택적으로 앱을 끌 수 있습니다. 여기서 끈 앱은 배터리 절약 모드를 켤 때 백그라운드에서 실행되지 않습니다.

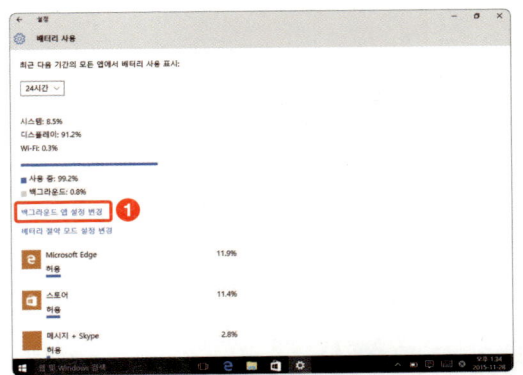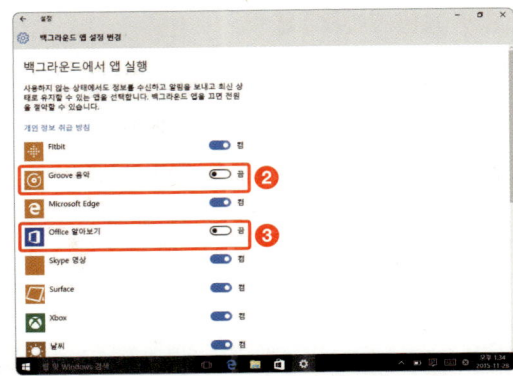

tip 노트북이나 태블릿의 배터리를 절약하려면 다음과 같이 설정하세요. 화면 밝기 낮추기, 사용하지 않는 USB 장치 분리하기, 스피커 볼륨 줄이기, 충전 중일 때 윈도우 업데이트하기, 인터넷을 사용하지 않을 때 비행기 모드로 바꾸기, 또 기기를 사용하지 않을 때는 시스템을 종료하세요.

자동으로 배터리 절약 모드와 사용할 앱 켜기

[뒤로←]를 눌러 [배터리 절약 모드 설정 변경]에 들어갑니다. [배터리 절약 모드 설정]에서 [배터리가 다음 미만이면 자동으로 배터리 절약 모드 켜기]를 설정할 수 있으며, 앞에서와는 반대로 배터리 절약 모드에서 항상 사용을 허용할 앱을 고를 수도 있습니다. 항상 허용의 [+앱 추가]를 눌러 보세요.

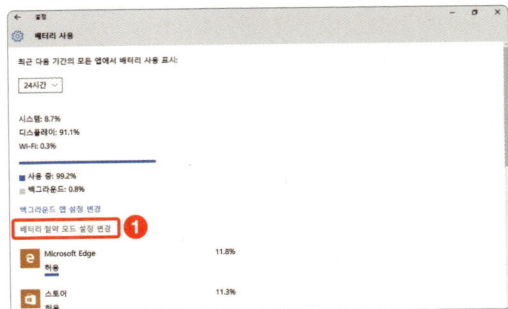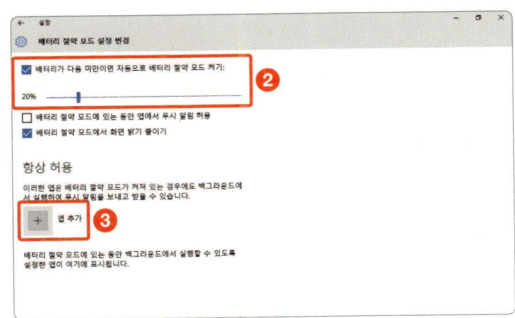

배터리 절약 모드에서도 백그라운드로 동작할 앱을 선택한 뒤 [추가]를 누르면 됩니다.

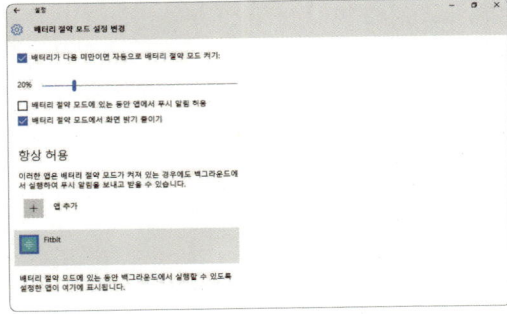

전원 옵션 변경하기

적절한 전원 관리 옵션을 설정하는 것 또한 배터리를 아끼는 좋은 방법입니다. 설정 앱의 [시스템]에 들어간 뒤 [전원 및 절전]에서 관련 설정에 있는 [추가 전원 설정]을 누릅니다. 여러 전원 관리 옵션 중에 자신에게 딱 맞는 옵션을 골라 보세요.

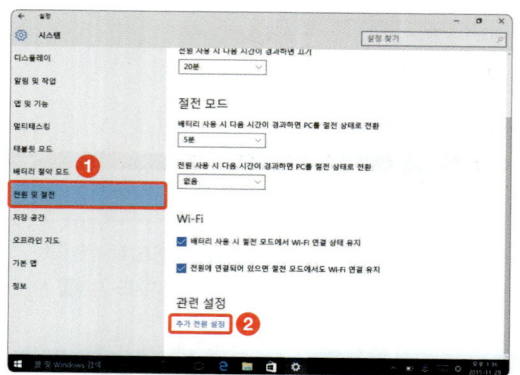 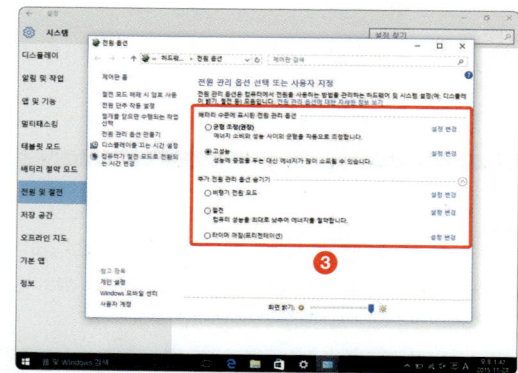

전원 효율성 진단 보고서 만들기

윈도우 10에서는 에너지 효율성을 진단해 내 컴퓨터에서 에너지 효율을 저하시키는 요인을 분석할 수 있습니다. [시작 ⊞]에서 단축 메뉴를 열어 [명령 프롬프트(관리자)]에 들어갑니다. 명령 프롬프트가 열리면 'powercfg /energy'를 입력하고 Enter를 누릅니다. 1분(60초) 동안 PC의 동작을 추적해서 보고서를 만들어 줍니다. 완료되면 'C:₩Windows₩System32₩energy-report.html'을 복사해서 붙여넣은 뒤 Enter를 눌러 열어 보세요.

 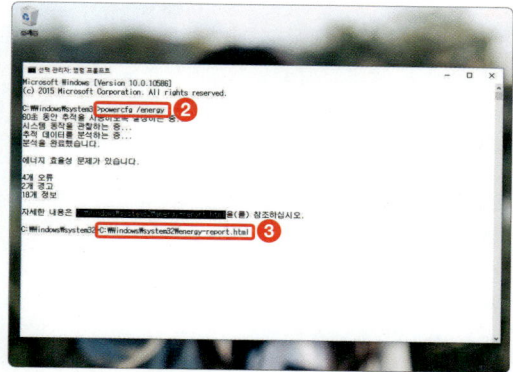

전원 효율성 진단 보고서 분석하기

전원 효율성 진단 보고서의 내용이 나타납니다. 빨간색 배경이 오류 항목으로 전원 효율성을 저하시키는 요소라 할 수 있습니다. 중간쯤에는 노란색의 경고가 나타납니다. 마지막에는 내 PC에서 지원하는 전원 관리 옵션과 배터리 정보 등이 표시됩니다.

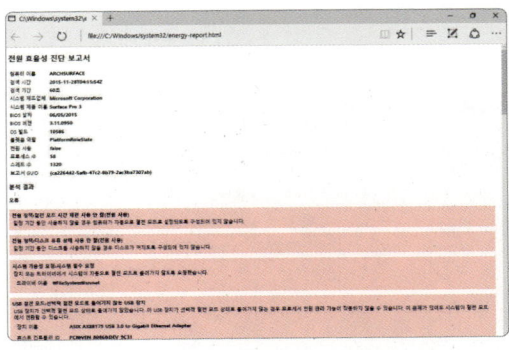
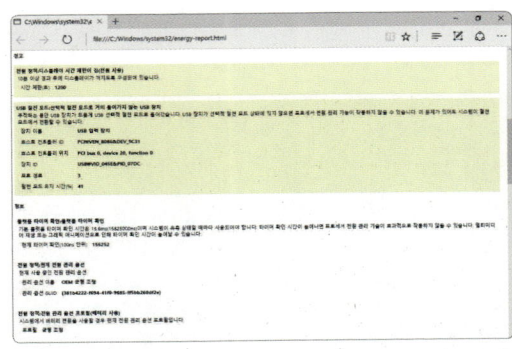
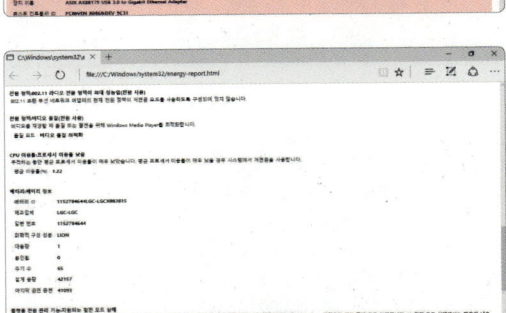
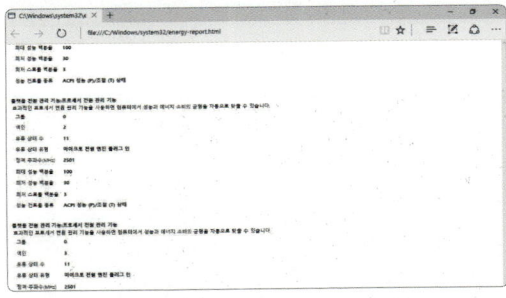

배터리 상태를 확인하는 사용 시간 보고서 만들기

배터리는 오랫동안 사용하면 수명이 줄어듭니다. 내 PC의 배터리 상태를 체크해 봅시다. [시작 ⊞]에서 단축 메뉴를 열어 [명령 프롬프트(관리자)]에 들어갑니다. 명령 프롬프트가 열리면 'powercfg /batteryreport'를 입력하고 Enter를 누릅니다. 완료되면 'C:₩Windows₩System32₩battery-report.html'을 복사해서 붙여넣은 뒤 Enter를 눌러 열어 보세요.

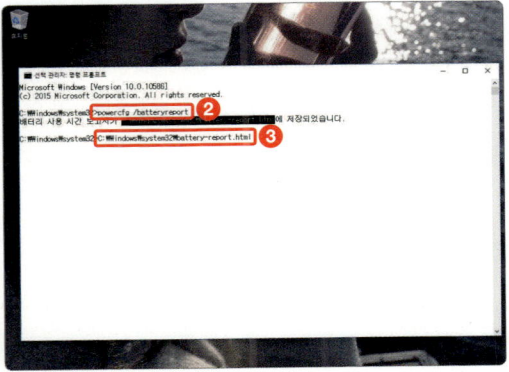

배터리 사용 시간 보고서 분석하기

장착된 배터리(Installed batteries)에는 배터리의 설계 용량(Design Capacity)과 마지막 완전 충전 용량(Full Charge Capacity), 완전 충전 횟수(Cycle Count) 등이 표시됩니다. 최근 사용량 (Recent usage)뿐 아니라 배터리 수명 예측(Battery life estimates) 정보도 확인할 수 있습니다. 장착된 배터리 정보만 살펴봐도 아주 유용합니다.

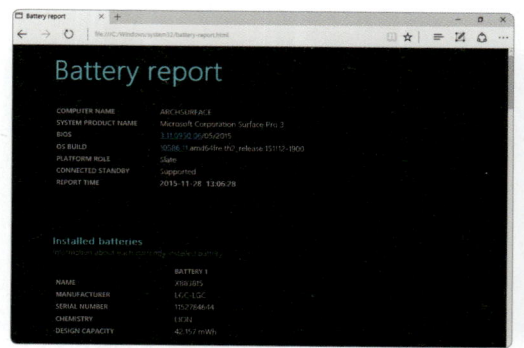
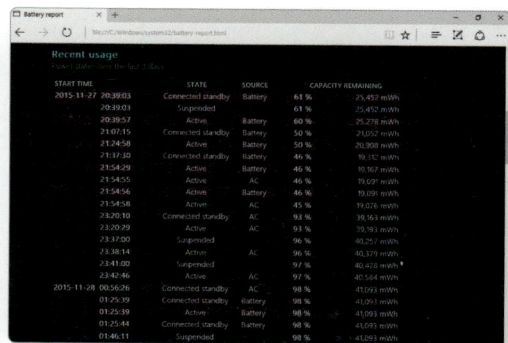
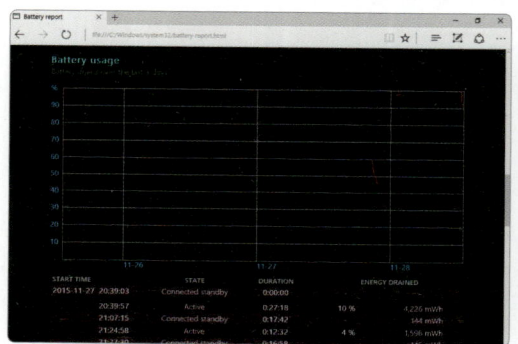
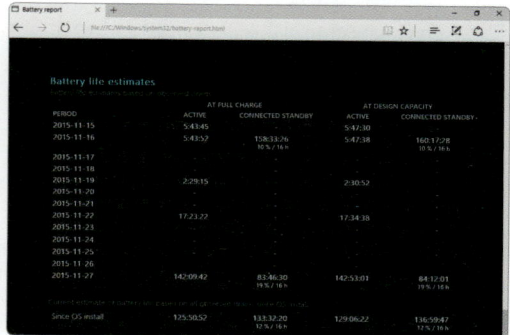

> **tip** Connected Standby는 PC가 대기 상태로 빠지더라도 Wi-Fi 등의 통신은 연결되도록 유지하는 기술입니다. 스마트폰에 비유하면 슬립 상태에서 전화나 SMS 같은 푸쉬가 왔을 때 알려 주는 기능입니다. 노트북이나 태블릿이 대기 상태에 들어가더라도 정기적으로 메일, 일정, 알림 등의 업데이트가 가능합니다.

컴퓨터의 절전 모드 관리하기

사용자가 일정 시간 동안 PC를 사용하지 않을 때, 자동으로 절전 모드로 진입하는 기존 설정을 바꿔 봅시다. 전원에 연결하거나 노트북을 닫더라도 절전 모드로 들어가지 않도록 설정할 수 있습니다.

전원 옵션을 고성능으로 바꾸기

[웹 및 Windows 검색]에 '전원 옵션'을 입력해 실행합니다. [전원 관리 옵션 선택]에서 [고성능]을 선택합니다. 기본적으로 고성능 모드는 절전 모드를 사용하지 않습니다.

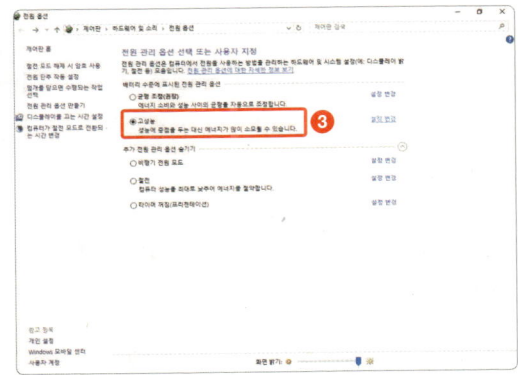

사용 중인 전원 옵션을 수정하기

사용 중인 전원 옵션에서 [설정 변경]을 누른 뒤 [컴퓨터를 절전 모드로 전환]을 원하는 대로 설정할 수 있습니다.

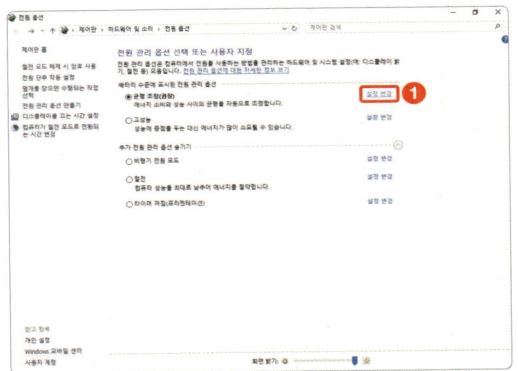
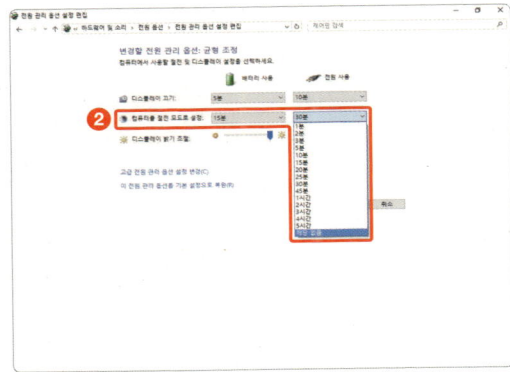

노트북의 덮개를 닫을 때 절전 모드로 들어가지 않게 하기

외쪽의 [덮개를 닫으면 수행되는 작업 선택]을 누릅니다. [덮개를 닫을 때]의 옵션을 [아무 것도 안함]으로 바꾸세요.

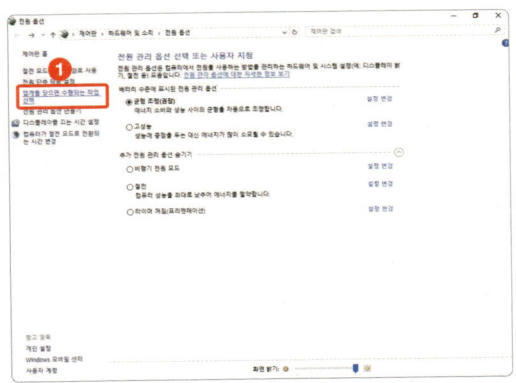
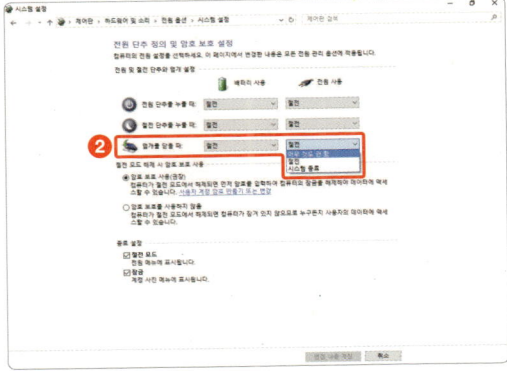

LESSON 10

네트워크 사용량과 저장 공간 모니터링

네트워크 사용량과 저장 공간을 모니터링해 봅시다. 해외여행처럼 제한된 인터넷 사용 환경에서나 효율적으로 드라이브 공간을 활용하기 위해서는 참고할 만합니다. 데이터를 아껴야 하거나 드라이브 공간이 부족할 때 참고하세요.

네트워크 데이터 사용량 확인하기

작업 표시줄에서 단축 메뉴를 열어 [작업 관리자]를 실행합니다. [프로세스] 탭에서 현재 실행 중인 앱의 네트워크 사용률이 나타납니다. [앱 기록] 탭에는 특정일 이후 어떤 앱이 네트워크를 많이 사용했는지 기록을 살펴볼 수 있습니다.

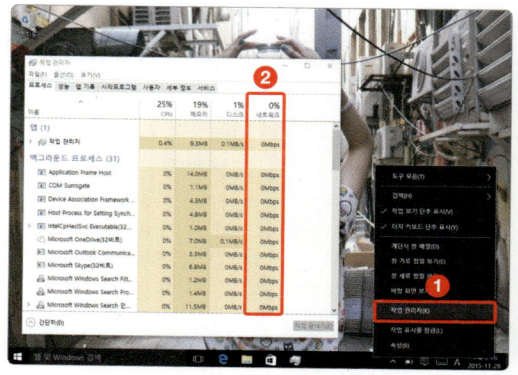
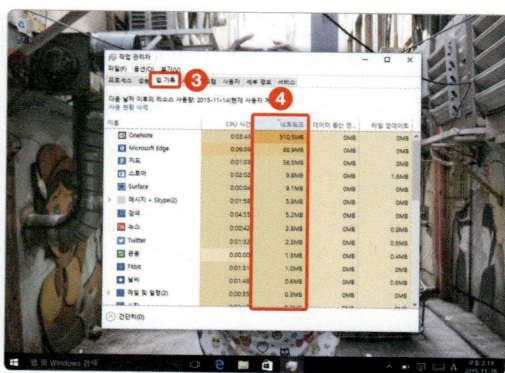

설정 앱의 [네트워크 및 인터넷]에서 [데이터 사용량]에 들어가면 지난 30일 동안 Wi-Fi와 이더넷으로 데이터를 얼마나 소비했는지 확인할 수 있습니다. [사용량 정보]를 누르면 어떤 앱이 얼마나 데이터를 사용했는지 확인할 수 있습니다.

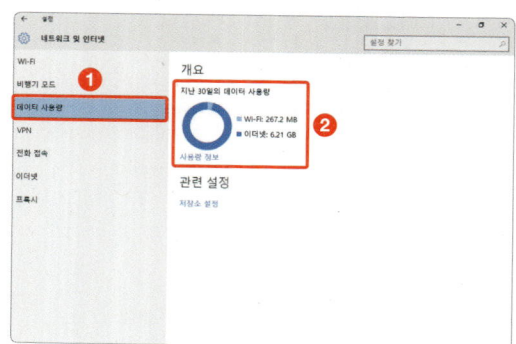
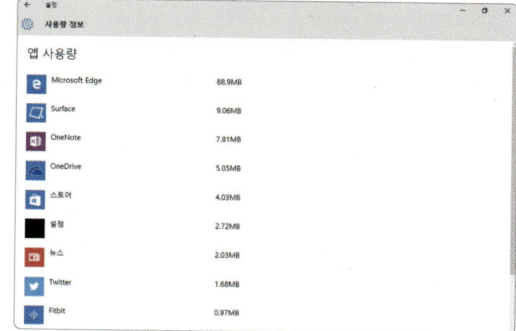

테더링 사용 시 데이터 절약하기

스마트폰/패드의 테더링으로 인터넷을 사용할 때 데이터를 절약하려면 설정 앱의 [네트워크 및 인터넷]에서 [Wi-Fi]의 [고급 옵션]에 들어가세요. [데이터 통신 연결로 설정]을 켜면 데이터 사용량을 절약할 수 있습니다.

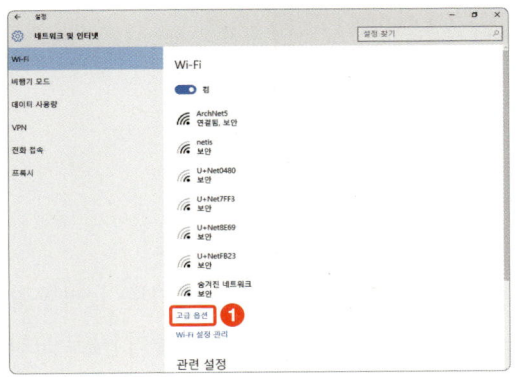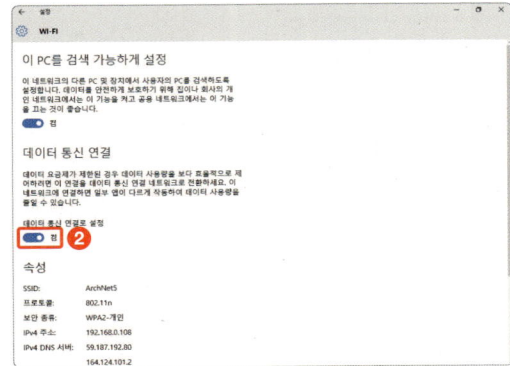

> **tip** 데이터 통신 연결은 데이터 제한이 걸린 인터넷 연결 모드입니다. 데이터 통신 연결 모드에서는 윈도우 업데이트와 스토어의 자동 업데이트가 중지되고, 타일 데이터 업데이트가 중지되는 등 데이터 사용량을 줄이도록 되어 있습니다.

디스크를 많이 차지하는 앱 찾기

태블릿이나 노트북뿐 아니라 일반 데스크톱에서도 많은 드라이브 공간을 차지하는 앱을 확인하고 필요 없는 항목을 제거하는 것은 중요합니다. 드라이브 공간이 부족할 때 참고하세요. 설정 앱의 [시스템]에서 [저장 공간]에 들어갑니다. 원하는 드라이브를 선택해 어떤 항목이 저장 공간을 사용하고 있는지 확인하세요.

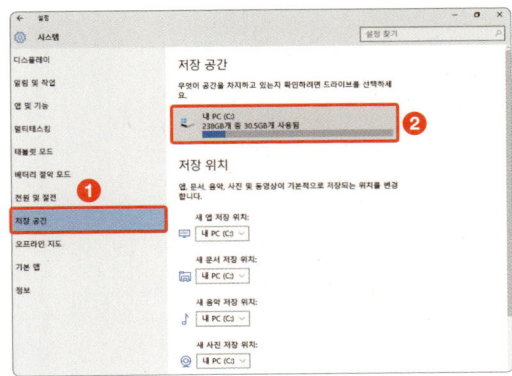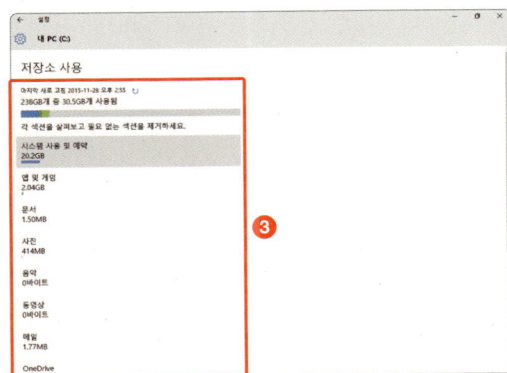

섹션을 선택하면 어떤 항목이 얼마나 용량을 차지하는지 알려 줍니다. [앱 및 게임]을 선택해 보세요.

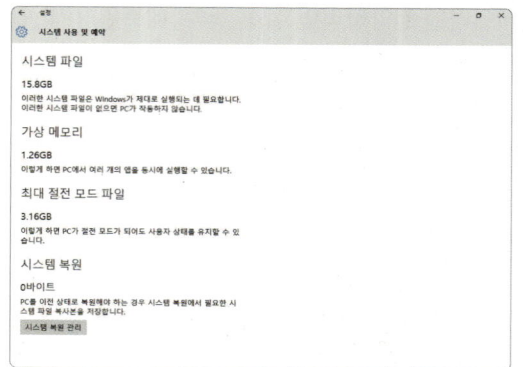 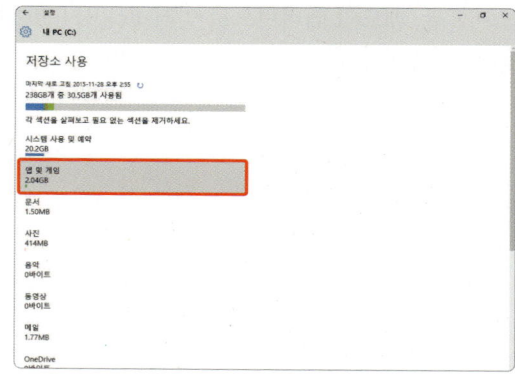

[크기별 정렬]을 선택하면 용량이 큰 앱부터 보여줍니다. 필요 없는 앱을 선택해 [제거]를 눌러 용량을 확보하세요. 유니버설 앱뿐 아니라 데스크톱 앱도 제거 가능합니다. [←뒤로]를 눌러 [새로 고침 ↻]을 선택하면 확보된 용량을 확인할 수 있습니다.

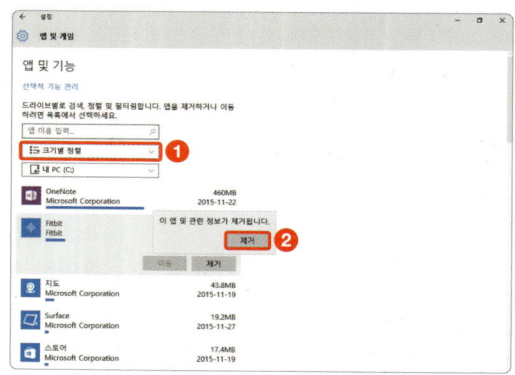 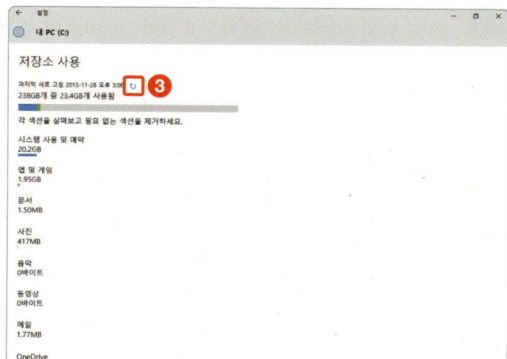

LESSON
11

오피스 2013/2016을 손가락 터치에 알맞게 만들기

오피스 365나 설치형 오피스 2013/2016을 사용 중이라면 터치 모드를 사용해 손가락으로 누르기 좋은 인터페이스로 바꿀 수 있습니다. 마우스 모드와 터치 모드를 자유롭게 전환해 사용하세요.

[웹 및 Windows 검색]에 'excel'을 입력해 [Excel 2016(2013)]을 실행합니다. 엑셀 화면 상단의 [터치/마우스 모드]를 눌러 [터치]를 선택하세요.

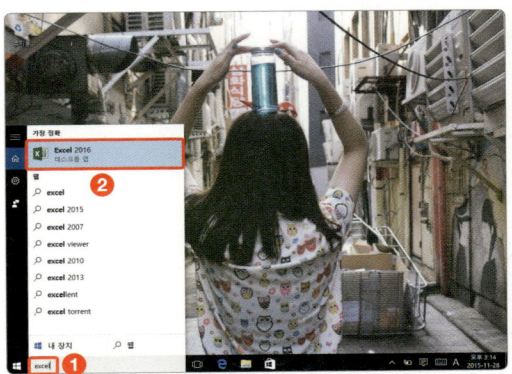

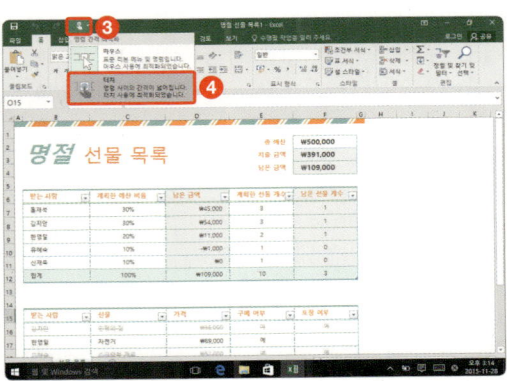

엑셀, 파워포인트, 워드 등 다양한 오피스 앱의 화면이 터치 모드로 바뀝니다. 터치 모드를 사용하면 화면의 각종 메뉴가 큼직큼직하게 변경됩니다. 마우스와 키보드를 사용한다면 언제든지 원래의 [마우스]로 변경할 수 있습니다.

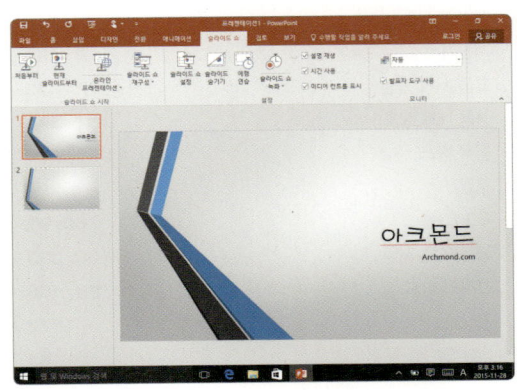

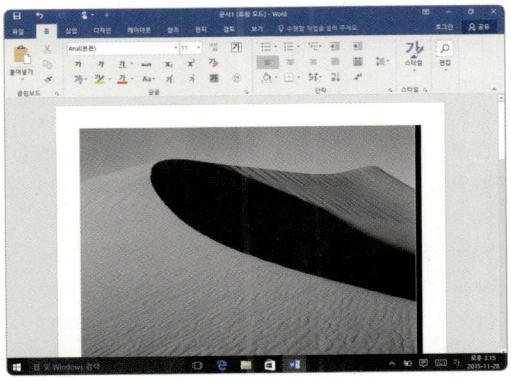

> **tip** 화면 크기가 8인치 이하라면 오피스 모바일(터치 버전의 오피스)을 사용하는 것이 좋습니다. 228쪽을 참고하세요.

INDEX

INDEX